जैन धर्म का इतिहास

तृतीय खण्ड
मध्यकालीन जैन धर्म

कैलाश चन्द जैन

डी॰के॰ प्रिंटवर्ल्ड (प्रा॰) लि॰
नई दिल्ली

Cataloging in Publication Data — DK

[Courtesy: D.K. Agencies (P) Ltd. <docinfo@dkagencies.com>]

Jain, K.C. (Kailash Chand), 1930-

Jaina dharma kā itihās / Kailāśa Canda Jaina.

-- 1. saṁskaraṇa.

3 v. 23 cm.

In Hindi.

Title on t.p. verso in roman: Jain dharma ka itihaas.

History of Jainism.

Includes bibliographical references.

ISBN 8124603162 (set)

ISBN 8124603197 (vol. 3)

Contents: v. 1. Mahāvīra ke pūrva Jaina dharma aura usakā kāla — v. 2. Jaina dharma kā aitihāsika sarvekshaṇa aura prasāra — v. 3. Madhyakālina Jaina dharma.

1. Jainism — History. I. Title. II. Title: Jain dharma ka itihaas.

DDC 294.409 21

ISBN 81-246-0319-7

प्रथम संस्करण, 2005

प्रकाशक एवं मुद्रक

डी॰के॰ प्रिंटवर्ल्ड (प्रा॰) लि॰

पंजीकृत कार्यालय : 'श्री कुंज', एफ-52, बाली नगर,

नई दिल्ली - 110 015

दूरभाष : (011) 2545 3975, 2546 6019; फैक्स: (011) 2546 5926

ई-मेल : dkprintworld@vsnl.net

वेब : www.dkprintworld.com

जैन धर्म का इतिहास तृतीय खण्ड

विषय-अनुक्रमणिका

प्रथम खण्ड
महावीर के पूर्व जैन धर्म और उसका काल

द्वितीय खण्ड
जैन धर्म का ऐतिहासिक सर्वेक्षण और प्रसार

तृतीय खण्ड
मध्यकालीन जैन धर्म

पश्चिमी भारत
(राजस्थान, गुजरात और महाराष्ट्र)

दक्षिण भारत
(कर्नाटक, आन्ध्र प्रदेश और तमिलनाडु)

प्राक्कथन्

भारत के अन्य प्राचीन धर्मों से जैन धर्म मौलिक और स्वतंत्र धर्म ज्ञात होता है और यह दर्शन, जीवन के दृष्टिकोण, आचार के नैतिक नियमों, संघ और संगठन में बिलकुल अलग है। इसकी उत्पत्ति मगध में हुई किन्तु शनैः-शनैः यह समस्त भारत का प्राचीन धर्म हो गया। जैन साधुओं और श्रावकों ने भारतीय इतिहास के विभिन्न युगों में भारत के विभिन्न हिस्सों के राजनैतिक, सामाजिक और धार्मिक घटनाओं के निर्माण में महत्त्वपूर्ण योगदान दिया। पुरातत्त्व और साहित्य के रूप में जैन सामग्री समृद्ध और विभिन्न प्रकार की है। यह समय और स्थान की दृष्टि से बहुत फैली हुई है। प्राचीन जैन गुहा, मंदिर, धार्मिक चैत्य स्थापत्य की दृष्टि से महत्त्वपूर्ण हैं। बहुत सी प्राचीन काल की मूर्तियां भी मिली हैं जिनमें से कुछ तो गज़ब की कलात्मक हैं। अनेक जैन अभिलेख भी हैं। विभिन्न भाषाओं में रचित जैन साहित्यिक ग्रंथ जैन इतिहास पर प्रकाश डालते हैं। शास्त्र भण्डारों में समृद्ध साहित्यिक सामग्री है। जैन इतिहास के निर्माण के लिए इन साधन स्रोतों का विद्वानों ने विवेकता से परीक्षण व उपयोग किया है।

इस ग्रंथ में प्राचीन समय से अठारहवीं सदी तक जैन धर्म के इतिहास के निर्माण के लिए प्रयत्न किया गया है। इसके लिए विभिन्न विद्वानों के बहुत से ग्रंथों का भी सहारा लिया गया है। विद्वानों में जैन धर्म की उत्पत्ति के बारे में विभिन्न मत हैं।

एच॰एच॰ विल्सन, लेज़र और वेबर की राय है कि जैन धर्म विभिन्न सम्प्रदायों में से एक है जो महात्मा बुद्ध की मृत्यु के पश्चात् आगे या पीछे बौद्ध धर्म के विभाजन के रूप में सामने आया। काल बुक, प्रिन्सेप, स्टीवेन्सन, इ॰ थॉमस और अन्य का विचार था कि जैन धर्म बुद्ध धर्म से भी प्राचीन है। याकोबी, ए॰ के॰ चटर्जी और अन्य विद्वानों के अनुसार पार्श्वनाथ एक ऐतिहासिक पुरुष और जैन धर्म के संस्थापक थे, जो महावीर की मृत्यु के 250 वर्ष पूर्व हुए थे और जो आठवीं सदी ई॰पू॰ में रहे थे।

एच॰ याकोबी, जिन्होंने *"आचारांग, सूत्रकृतांग," "कल्पसूत्र"* और *"उत्तराध्ययन"* का अनुवाद किया, जैन धर्म का बड़ा, विद्वान् था। जे॰सी॰ जैन का ग्रंथ *"लाइफ इन एंशियन्ट इण्डिया एज़ डेपिक्टेड बाइ जैन केनन्स"* और बी॰सी॰ लाल की *"इंडिया एज़ डिस्क्राइब्ड*

इन द अर्ली टेक्सट्स ऑफ बुद्धिज्म एण्ड जैनिज्म" जैन धर्म का प्राचीन इतिहास लिखने के लिये उपयोगी हैं। लेखक का *"लॉर्ड महावीर एण्ड हिज़ टाइम्स"* नामक ग्रंथ छठी सदी में महावीर के युग के इतिहास और संस्कृति पर वृहद् प्रकाश डालती है।

मुनि जिन विजय ने ऐतिहासिक ग्रंथ हेमचन्द्र का *"कुमारपाल चरित,"* राजशेखर का *"प्रबंध कोष,"* प्रभाचन्द्र का *"प्रभावक चरित्र," "पुरातन प्रबंध संग्रह,"* जिनेश्वर सूरि का *"कथाकोष प्रकरण"* और जिनप्रभसूरि के *"विविध तीर्थ कल्प"* का सम्पादन किया। हजारी प्रसाद द्विवेदी ने मेरूतुंग के *"प्रबंध चिंतामणि"* का अनुवाद किया। इन ग्रंथों का उपयोग जैन धर्म का इतिहास लिखने में किया गया है।

याकोबी ने हरिभद्र सूरि के *"समराइच्च कहा"* और सिद्धर्षि के *"उपमितिभव प्रवंचकहा"* का सम्पादन किया और ए॰एन॰ उपाध्याय ने हरिषेण के *"बृहद्कथा कोष"* और हरिभद्र के *"धूर्ताख्यान"* और *"कुवलयमाला"* का संपादन किया। ये साहित्यिक ग्रंथ कभी-कभी जैन धर्म के इतिहास पर भी प्रकाश डालते हैं। हिण्डीकी का *"द यशस्तिलक एण्ड इण्डियन कल्चर"* सांस्कृतिक दृष्टि से जैन धर्म के इतिहास के लिए महत्त्वपूर्ण है।

जोहान्स क्लॉट के *"खरतरगच्छ पट्टावली"* और *"तपागच्छ पट्टावली"* के उदाहरण जैनियों के इतिहास के लिये बहुत कुछ सूचनाएं देते हैं।

लालचन्द भगवानदास गांधी द्वारा सम्पादित जैसलमेर और पाटन के भंडारों की ग्रंथ सूचियां, के॰सी॰ कासलीवाल के राजस्थान के जैन शास्त्र भण्डारों की सूचियां और अन्य जैन धर्म के इतिहास के लिये सार्थक सिद्ध हुए हैं। जिन विजय, पुण्यविजय, भुजबलिशास्त्री, अमृतलाल मगनलाल, जुगलकिशोर मुख्तार, परमानन्द शास्त्री, अगरचन्द नाहटा और कस्तूरचन्द कासलीवाल ग्रंथों की प्रशस्तियां प्रकाश में लाये, जो जैन धर्म के राजनीतिक और सांस्कृतिक इतिहास के लिये बहुमूल्य सिद्ध हुईं।

जैन अभिलेख भी जैन धर्म के इतिहास के निर्माण में बहुत सहायक सिद्ध हुए हैं। इनका सम्पादन राइस बी॰, नरसिंहाचार, आर॰ई॰ हुल्स, जे॰एफ॰ फ्लीट, जी॰ बुहलर, डी॰आर॰ भंडारकर, के॰एन॰ दीक्षित, एच॰ ल्यूडर्स, किल हार्न, एल॰डी॰ बर्नेट, के॰पी॰ जायसवाल, आर॰डी॰ बेनर्जी, के॰बी॰ पाठक, भगवानलाल इन्द्रजी, बर्गिस, जी॰एस॰ गाई, आदि द्वारा हुआ। अनेक जैन अभिलेखों की खोज का श्रेय जी॰एच॰ ओझा, पी॰सी॰ नाहर, एम॰बी॰ गर्डे, जिन विजय, जयन्त विजय, अगरचन्द नाहटा, हीरालाल जैन, विद्या विजय, कामता प्रसाद, कान्तिसागर, कस्तूरचन्द कासलीवाल, एस॰एस॰ निगम और के॰सी॰ जैन "सुमन" को जाता है।

इसके अतिरिक्त जैन धर्म की बिखरी हुई सामग्री आधुनिक इतिहास की पुस्तकों और जैन धर्म के स्थानीय ग्रंथों में पाई जाती है। *"कैम्ब्रिज हिस्ट्री ऑफ इण्डिया"* में चार पेन्टियर का "हिस्ट्री ऑफ जैनिज्म" का अध्याय है जिसका सम्पादन रेप्सन ने किया है। इसका संबंध जैन धर्म के प्राचीन इतिहास से है। आर॰सी॰ मजूमदार द्वारा संपादित *"इन दि हिस्ट्री एण्ड कल्चर ऑफ द इन्डियन प्यूपिल"* में ए॰एम॰ घाटगे ने जैन धर्म के योगदान का श्रेय "द एज ऑफ इम्पीरियल यूनिटी" और "द क्लासिकल ऐज" को दिया है। ए॰डी॰ पुसालकर ने *"एम्पीरियल कन्नौज* और एच॰एल॰ जैन ने *"स्ट्रगल फार एम्पायर"* में इसके योगदान को वर्णित किया है। लेखक का ग्रंथ *"एन्शियन्ट सीरिज एण्ड टाउन्स ऑफ राजस्थान"* भी प्राचीन जैन तीर्थों और ऐतिहासिक स्थलों से संबंध रखता है। *"मध्य प्रदेश थ्रू द एजेज़"* के ग्रंथ में लेखक ने प्राचीन समय से 1305 ई॰ तक जैन धर्म के विकास और उत्थान पर विचार किया है।

जैन धर्म के स्थानीय ग्रंथ इंगित करते हैं कि जैन धर्म विभिन्न क्षेत्रों में कैसे विकसित और उन्नत हुआ। विन्सेन्ट स्मिथ का *"द जैन स्तूप एण्ड अदर एन्टिक्वीटीज़ ऑफ मथुरा"* जैन साध्वियों के बारे में रोचक और विस्तृत जानकारी देता है कि जैन साध्वियों का अस्तित्व था और जैन संघ में नारियों का प्रभावशाली स्थान था। सी॰जे॰ शाह ने *"जैनिज्म इन नार्थ इण्डिया" (800 बी॰सी॰ – 526 ए॰डी॰)* में जैन धर्म के पूर्व इतिहास पर विचार किया है। वह प्रगट करता है कि जैन धर्म के पूर्व इतिहास में क्या ऐतिहासिक है और क्या पौराणिक है। वह जैन धर्म की दो सीमाएं निश्चित करता है – एक भौगोलिक और दूसरी क्रमवार। ज्योतिप्रसाद जैन का *"उत्तर प्रदेश और जैन धर्म"* मध्यकाल में जैन धर्म की बहुमूल्य सूचना देता है।

टी॰वी॰ सेठ, *"जैनिज्म इन गुजरात"* का लेखक है जो विभिन्न क्षेत्रों में जैनियों की प्रवृत्तियों का संक्षिप्त वर्णन है और मध्यकाल में (1100-1600 ई॰) मध्य गुजरात के सांस्कृतिक जीवन में उनके योगदान के बारे में भी विवरण देती हैं। *"जैनिज्म इन राजस्थान"* में लेखक ने प्राचीन समय से अठारहवीं सदी तक जैन धर्म का राजस्थान में सर्वेक्षण किया है और बतलाया है कि वीर राजपूत राजाओं के उदार आश्रय में एक बड़ी सांस्कृतिक और गतिशील शक्ति रहा है। पी॰सी॰ राय चौधरी का *"जैनिज्म इन बिहार"* और बी॰के॰ तिवारी के *"जैनिज्म इन बिहार"* से ज्ञात होता है कि बिहार में जैन धर्म का किस प्रकार से जन्म हुआ, फला-फूला और प्रसार हुआ। एल॰एन॰ साहू का हिन्दी में *"उड़ीसा में जैन धर्म"* और ए॰सी॰ मित्तल का *"अर्ली हिस्ट्री ऑफ उड़ीसा"* का संबंध उड़ीसा में जैन धर्म के इतिहास से रहा है।

दक्षिण भारत में जैन धर्म का इतिहास उत्तर भारत के जैन धर्म से पूर्ण भिन्न है। विद्वानों ने दक्षिण भारत में "जैन धर्म के इतिहास" पर ग्रंथ लिखे हैं। एम॰एस॰आर॰ आय्यंगर और बी॰ शेषाद्रिराव के द्वारा *"स्टडीज़ इन साउथ इण्डियन जैनिज्म"* लिखी गई। बी॰ए॰ सेलिटोर ने *"मेडिवल जैनिज्म विद स्पेशल रेफरेन्स टू विजय नगर एम्पायर"* लिखा। यह मध्यकालीन हिन्दु राजाओं के नेतृत्व में जैन धर्म का अध्ययन है। दक्षिण भारत में जैन धर्म का इतिहास मूलरूप में कर्नाटक क्षेत्र का जैन धर्म का इतिहास है। *"जैनिज्म एण्ड कर्नाटक कल्चर,"* मूल नाम *"जैनिज्म इन साउथ इण्डिया,"* एस॰आर॰ शर्मा के द्वारा लिखा गया था। पी॰बी॰ देसाई की *"जैनिज्म इन साउथ इण्डिया एण्ड सम जैन इपिग्राफ्स"* का संबंध दक्षिण भारत, आंध्र प्रदेश, तमिलनाडु और कर्नाटक में जैन धर्म के योगदान से है।

गुलाबचन्द चौधरी और वी॰पी॰ जोहरापुरकर ने *जैन शिलालेख संग्रह* के क्रमशः तीसरे और चौथे भाग में दिगम्बर संघों, जैन राजकीय वंशों, मंत्री, सेनापति, जैन जाति और वर्ग आदि की दक्षिण भारत की सूचना देते हुए प्रामाणिक भूमिका लिखी है।

बलभद्र द्वारा पांच भागों में लिखी गई *"भारत के दिगम्बर जैन तीर्थ"* का संबंध उत्तर प्रदेश, बिहार, बंगाल, उड़ीसा, मध्य प्रदेश, राजस्थान, गुजरात, महाराष्ट्र और कर्नाटक के तीर्थों से है।

नाथूराम प्रेमी द्वारा लिखित *"जैन साहित्य और इतिहास"* से ज्ञात होता है कि इस पुस्तक में विचार किये हुए विषयों को दो बड़े भागों में बांटा जा सकता है। पहला जैन साहित्य से संबंधित समस्याएं और दूसरा जैन धर्म से संबंधित सामाजिक ऐतिहासिक विषय। जुगल किशोर मुख्त्यार का ग्रंथ *"जैन साहित्य और इतिहास पर विशद प्रकाश"* जैन इतिहास और साहित्य पर प्रकाश डालता है।

"ओसवाल जाति का इतिहास" और *"प्राग्वाट जाति का इतिहास"* का संबंध क्रमशः ओसवालों और पोरवालों के इतिहास से है। विलास ए॰ संघवे की पुस्तक, *"जैन कम्युनिटी – ए सोशल सर्वे"* पहली बार जैनियों के सामाजिक इतिहास और उनकी उपलब्धियों का विवेचनात्मक वर्णन प्रस्तुत करती है। इसमें जैन धर्म के पतन और उसके अस्तित्व को बनाए रखने पर विचार किया गया है।

वी॰पी॰ जोहरापुरकर का *"भट्टारक सम्प्रदाय"* "जैन धर्म के मध्यकालीन इतिहास" की जानकारी के लिये उपयोगी ग्रंथ है। जैन समाज में भट्टारकों का महत्त्वपूर्ण स्थान रहा है। यह ग्रंथ जैनियों के केन्द्रों, कला और साहित्य को योगदान, तीर्थों की व्यवस्था, विभिन्न संघ, मूर्तियों की प्रतिष्ठा और राजाओं के उनसे संबंध का उल्लेख करता है।

ज्योतिप्रसाद जैन का *"द हिस्ट्री ऑफ जैन सोर्सेस ऑफ द स्टडी ऑफ एन्शियन्ट इण्डिया"* का संबंध करीब 100 से 900 ई॰ तक के इतिहास से है। इसका संबंध जैन मनीषियों से भी है। परमानन्द शास्त्री का *"जैन धर्म का प्राचीन इतिहास"* भगवान महावीर और उनकी संघ परम्परा के बारे में विस्तार से जानकारी देता है। चार भागों में संकलित *"जैन धर्म का मौलिक इतिहास"* जैन धर्म के इतिहास से संबंधित है।

असीम कुमार चटर्जी की पुस्तक, *"ए काम्प्रेहेन्सिव हिस्ट्री ऑफ जैनिज्म"* पहला व्यवस्थित जैन धर्म का ऐतिहासिक अध्ययन है। यह दो भागों में विभाजित है। पहले भाग में लेखक ने बहुत प्राचीन समय से 1000 ई॰ तक के जैन धर्म के इतिहास का वर्णन किया है। दूसरे भाग का संबंध 1000 ई॰ से 1500 ई॰ तक है। इस ग्रंथ में जैन मनीषियों और जैन तीर्थों के अध्याय भी हैं।

विभिन्न साधन स्रोतों से प्राप्त सामग्री का गहराई से परीक्षण कर इस ग्रंथ के लिखने में प्रयोग किया गया है। मैंने यह ध्यान रखा है कि जैन धर्म के विभिन्न सम्प्रदायों के विचारों और अनुश्रुतियों पर विचार करने में पक्षपात नहीं आवे। हर कदम पर विभिन्न मतों के प्रलोभन का सामना किया गया जिससे कि एकता और उच्चता बनी रहे।

पहली बार धार्मिक अनुश्रुतियों का पुरातात्त्विक प्रमाण के साथ सामंजस्य स्थापित करने का प्रयोग किया गया जिससे कि सच्चाई की जानकारी मिल सके।

यह ग्रंथ तीन खण्डों में विभाजित है, प्रथम खण्ड में पांच अध्याय हैं, दूसरे में भी पांच हैं और तृतीय में छः हैं। अध्याय प्रथम में जैन ग्रंथों में दिए हुए पौराणिक विवरणों का पुरातात्त्विक प्रमाण के प्रकाश में विवेचनात्मक परीक्षण किया गया है। बौद्ध और जैन ग्रंथों से ऐसा ज्ञात होता है कि पार्श्वनाथ एक ऐतिहासिक पुरुष थे, और जैन धर्म का इतिहास उस समय से शुरू किया जा सकता है। अध्याय द्वितीय में महावीर युग और उत्तर महावीर युग के साधन स्रोतों पर विचार किया गया है। उत्तर महावीर युग की सामग्री बहुत अधिक है।

अध्याय तृतीय बाल्यावस्था से निर्वाण तक महावीर के जीवन का विवरण है। कुछ विवाद ग्रस्त प्रश्न जैसे उनका जन्म स्थल, और निर्वाण के वर्ष पर विचार किया गया है। अध्याय चतुर्थ में मूल ग्रंथों के आधार पर उनके उपदेशों पर विचार किया गया है। अध्याय पंचम में महावीर का युग है जिसमें विभिन्न क्षेत्रों में जैसे धर्म, राजनीति, समाज, अर्थ-व्यवस्था, कला और साहित्य में उपलब्धियों का वर्णन किया गया है।

अध्याय षष्ठ जैन धर्म के ऐतिहासिक महत्त्व का है। इस अध्याय में यह बतलाया गया है कि अठारहवीं सदी तक विभिन्न राजवंशों के नेतृत्व में जैन धर्म का कैसे विकास और उत्थान हुआ।

सप्तम अध्याय का संबंध जैन साधुओं, राजनीतिज्ञों और श्रावकों से है जिन्होंने जैन धर्म की उन्नति में योगदान दिया।

अष्टम अध्याय में भारतीय संस्कृति को जैन धर्म का योगदान पर विचार किया गया है। नवम् अध्याय का संबंध जैन धर्म के धार्मिक विभाजनों से है जो अनेक संघों, गणों और गच्छों की उत्पत्ति पर प्रकाश डालता है। मध्यकाल में भट्टारकों का समाज में महत्त्वपूर्ण स्थान था। इस काल में चैत्यवासी प्रचलित थे। मूर्ति-पूजा और मूर्ति-पूजा विरोधी सम्प्रदाय अस्तित्व में आ गये थे। दशम अध्याय का संबंध सामाजिक विभाजनों से है जो आठवीं सदी के बाद जातियों और गोत्रों के रूप में अस्तित्व में आ गए थे। अध्याय ग्यारह का संबंध प्राचीन जैन तीर्थ और ऐतिहासिक स्थल से है।

चूंकि जैन धर्म की मध्यकाल की अतुल सामग्री मिलती है, मैंने ए॰एच॰ निज़ामी, सुरेन्द्र गोपाल, एस॰एस॰ निगम और प्रकाश जैन को इसका अध्ययन विभिन्न दृष्टियों से करने की प्रार्थना की। मैं उनका आभारी हूँ क्योंकि इस शोध प्रयोजन के लिए इन लोगों ने अपने अलग-अलग अध्याय लिखकर सहयोग दिया।

ए॰एच॰ निज़ामी ने देहली सल्तनत युग (1200-1526 ई॰) तक जैन धर्म का अध्ययन अध्याय बारह में किया। इसमें तुर्की आक्रमणों के समय की जैन संस्कृति, जैन-सूफी संबंधों और प्रभाव का विवेचन किया गया है। अहिंसा, जैन धर्म और सूफी मत दोनों की सामान्य विशेषता हो गई है और वे सर्वव्यापी भ्रातृत्व भावना में विश्वास करते थे। तेरहवीं से पन्द्रहवीं सदी का युग जैन-सूफी आन्दोलन का स्वर्ण युग माना जा सकता है। नागौर का सूफी संत हमेउद्दीन रिहानी जैन धर्म से अधिक प्रभावित हुआ। जैनियों में स्थानकवासी सम्प्रदाय अस्तित्व में आया। अलाउद्दीन खिलज़ी, मोहम्मद तुगलक और फिरोज़ तुगलक जैन संतों के संपर्क में आए जो जैन धर्म की सुरक्षा और उन्नति चाहते थे। जैन अधिकारियों और महाजनों के प्रयत्नों से उत्तर भारत के राज्यों में जैन धर्म की उन्नति हुई। चौदहवीं और पन्द्रहवीं शताब्दी में मूलसंघ और काष्ठासंघ शंक्तिशाली हो गए और उनके भट्टारकों ने विभिन्न स्थानों पर गद्दियां स्थापित कर लीं। इनमें दिल्ली, ग्वालियर और चन्देरी महत्त्वपूर्ण केन्द्र हो गए थे। इन भट्टारकों ने जैन धर्म की उन्नति के लिए विभिन्न क्षेत्रों में योगदान दिया किन्तु भट्टारक व्यवस्था तेरह पंथी सम्प्रदाय के उत्थान से शनैः-शनैः पतन की ओर चली गई।

सुरेन्द्र गोपाल ने अध्याय तेरह में मुगल काल (1526-1800 ई॰) के जैन समाज के सामाजिक और आर्थिक जीवन के बारे में लिखा है। इसमें पहले विभिन्न स्रोतों से जैन समाज का श्वेताम्बर और दिगम्बर सम्प्रदायों के रूप में विवेचन किया गया है। इस काल में सुरक्षा तथा मुसलमानों और जैनियों में पारस्परिक अच्छे संबंध होने के कारण जैन

धर्म का जनांकिकीय प्रसार हुआ है। जैन धर्म में जाति-भेद और उनके गोत्र हो गए। जैनियों में नारी की प्रतिष्ठा उच्च थी। सामाजिक समारोह, त्यौहार और कर्मकाण्ड होते थे। लोग अच्छे वस्त्र और आभूषण पहनते थे और नृत्य-संगीत का आनन्द लेते थे। व्यवस्थित शिक्षा प्रणाली थी। ग्रंथों की प्रतिलिपियां करवाने पर ज़ोर दिया जाता था। वे ज्योतिष शुभ-मुहूर्त्त और चमत्कारों में विश्वास करते थे और पक्षी, कीड़े-मकोड़ों और पशुओं के जीवन की रक्षा करते थे। वे शराब, जुआ, वेश्यागमन से दूर रहते थे। अकाल के समय वे दान पर ज़ोर देते थे।

मुगल काल के समय के आर्थिक जीवन के बारे में भी कुछ निश्चित तथ्य मिलते हैं। उद्योग में व्यापार का अधिक महत्त्व था। अपने व्यापार के लिए वे पश्चिम में मुल्तान से लेकर पूर्व में पटना, राजमहल आदि तक समस्त उत्तर भारत में फैल गए थे। वे बड़े गाँवों में, छोटे नगरों और महत्त्वपूर्ण व्यापारिक मण्डियों में फैले हुए थे। उस समय उधार द्वारा व्यापार में लगाने के लिए आसानी से पूंजी मिल सकती थी।

साधारण काम-धन्धे के लिए ऋण उपलब्ध था। कुछ जैनियों ने व्यापार, लेन-देन तथा सर्राफी के सम्मिलित प्रयत्नों से बहुत-सा धन कमा लिया। कुछ जैन वर्णिक ऐसे थे जो अपने समय में शिखर पर थे। वीरजी बोहरा का भाग्य विदेशी और आंतरिक व्यापार के कारण चमका। शांतिदास की समृद्धि आंतरिक वाणिज्य और जवाहरात के व्यापार के कारण थी। जगत सेठ की समृद्धि आंतरिक व्यापार और लेन-देन के परिणामस्वरूप हुई। इनके अतिरिक्त बहुत से अन्य जैन भी थे जिनको विभिन्न प्रकार से सफलता प्राप्त हुई।

एस॰एस॰ निगम ने अध्याय चौदह में अपने प्रबंध मध्यकालीन जैन धर्म को प्रकाश में लाते है कि किस प्रकार जैन धर्म दो मुख्य सम्प्रदायों दिगम्बर और श्वेताम्बर से विभिन्न पंथों, संघों, गणों और गच्छों में विभाजित हो गया। उत्तर और दक्षिण भारत में भट्टारकों का क्या योगदान रहा। इसके अलावा यह भी बतलाया गया है कि जैन धर्म का जन्म पूर्व में हुआ और बाद में लुप्त हो गया। इसके पश्चात् पश्चिम और दक्षिण में बाद के युग में इसका उत्थान हुआ। अभी हाल में प्रकाशित नए साहित्यिक ग्रंथों का भी इसमें उपयोग किया गया है।

प्रकाश जैन ने अध्याय पंद्रह में मालवा के सुलतानों और मुगलों के समय जैन धर्म का विवेचन किया है। इस समय मंदिरों का निर्माण, मूर्तियों की प्राण-प्रतिष्ठा और जैन ग्रंथ लिखे गए। दिगम्बरों और श्वेताम्बरों में संघों, गणों और गच्छों का अस्तित्व था। दिगम्बरों में मूलसंघ और काष्ठासंघ शक्तिशाली थे । श्वेताम्बरों में खरतर और तपागच्छ लोकप्रिय थे। स्थानकवासियों के कार्यकलापों के बारे में भी पता चलता है। इनके

अतिरिक्त दिगम्बर और श्वेताम्बर जैन जातियां भी थीं। अध्याय सोलह का संबंध जैन धर्म के पतन और अस्तित्व से है जिसके लेखक डा॰ के॰सी॰ जैन है।

जैन एकेडमिक फाउन्डेशन ऑफ नार्थ अमेरिका (जाफना) की देख-रेख में *इनसाइक्लोपीडिया ऑफ जैनिज्म* तैयार हो रहा है। मुझे उसके साथ जुड़ने में प्रसन्नता हो रही है। मैं शोध प्रयोजन के निर्देशक प्रेमचन्द बी॰ गाडा के प्रति कृतज्ञ हूँ जिन्होंने इस इनसाइक्लोपीडिया का प्रथम ग्रंथ मेरी देखभाल में रखा। मुझे इस ग्रंथ के तैयार करने और प्रकाशन में कुछ व्यक्तियों का किसी-न-किसी प्रकार से सहयोग प्राप्त हुआ। इस शोध प्रयोजन के मुख्य सम्पादक कमल चन्द सोगानी का बहुत ही आभारी हूँ जिन्होंने इस ग्रंथ को लिखने में महत्त्वपूर्ण सुझाव दिए हैं। समय-समय पर उन्होंने मुझे प्रेरणा भी दी और इसको पूर्ण करने के लिए सुविधाएं भी प्रदान कीं। इस ग्रंथ के कुछ अध्यायों के अनुवाद के लिए एस॰एम॰ पहाड़िया और एम॰एल॰ दलाल का भी आभारी हूँ। मैं इस ग्रंथ के लिखने में सहयोग देने हेतु प्रकाशचन्द जैन का भी ऋणी हूँ।

मैं नक्शे बनाने के लिऐ ओढेकर को भी धन्यवाद देता हूँ। छाया-चित्रों को तैयार करने में सहयोग देने के लिए पुरातत्त्व विभाग तथा उज्जैन के श्री उमेश जोशी एवं जी॰आर आसनानी, जयपुर का भी आभारी हूँ। अन्त में मैं अपनी पत्नी चन्द्रकला जैन के प्रति भी आभार व्यक्त करना चाहता हूँ जिसने मेरे स्वास्थ्य और आराम का भरसक ध्यान रखा।

कैलाशचन्द जैन

एम॰बी॰ III, डयूप्लेक्स बिल्डिंग
महाश्वेता नगर
देवास रोड,
उज्जैन (म॰प्र॰)

तृतीय खण्ड का वैशिष्ट्य

मध्य कालीन भारत में मुस्लिम राज्यों की स्थापना हुई और समय-समय पर विदेशियों के आक्रमण भी हुए। मोहम्मद गोरी और मोहम्मद तुगलक जैन साधुओं का सम्मान करते थे। अकबर ने अंतिम समय में जैन धर्म ग्रहण कर लिया था, ऐसा कुछ विद्वानों का कहना है। जैन धर्म का प्रभाव समस्त समाज पर पड़ा जिससे अधिक से अधिक लोग शाकाहारी हो गये थे और पशु हिंसा भी बन्द करवा दी गई थी।

जैन धर्म के प्रचार के लिए अनेक जैन तीर्थों जैसे अतिशंय और सिद्ध क्षेत्रों की स्थापना हुई। इन तीर्थों की पहाड़ों और नदियों के किनारों पर स्थापना की गई। इनकी उत्पत्ति के संबंध में जो अनेक अनुश्रुतियां प्रचलित हैं, उनमें कुछ सत्यता हो सकती है। समय-समय पर श्रावक और जैन साधु धर्म प्रचार के लिए यहां आकर मंदिरों और मूर्त्तियों की प्रतिष्ठा करते थे। श्रावकों के द्वारा अनेक प्रकार के दान देने का भी उल्लेख है। साथ ही इनकी रक्षा करने के भी प्रयत्न किये जाते थे। साहित्यिक ग्रंथों की इन स्थानों पर बैठकर रचना की गई। इन तीर्थों ने जैनियों के चरित्र निर्माण में बहुत बड़ा योगदान दिया है। कुछ मुस्लमानों ने भी इनकी रक्षा करने में कोई कमी नहीं की है।

कुछ जैन विद्वानों ने जैन धर्म की उन्नति करने में अपनी रचनाओं से बहुत बड़ा योगदान दिया है जिसका बहुत सासाहित्य विद्यमान है। उनका विशद्वर्णन इस खण्ड में किया जायेगा। इसके उपरांत भी बहुत सा मध्यकालीन साहित्य जैन ग्रंथ भंडारों में लुप्त है। जैन विद्वानों द्वारा उसे प्रकाश में लाने की बहुत आवश्यकता है। समाज और सरकार को भी इसको प्रोत्साहित करने का प्रयत्न करना चाहिए। जैन साहित्य की सुरक्षा के लिए आधुनिक वैज्ञानिक पद्वतियों से इनके संरक्षण और प्रचार की आवश्यकता है। यह इस खण्ड का विषय बना है।

संकेत-सूची

अ॰कां॰ / अका॰	*अनेकांत*
अ॰ प्रा॰ जै॰ ले॰ सं॰	*अर्बुदाचल प्राचीन जैन लेख संदोह*
अंगु॰ /अंग॰	*अंगुत्तरनिकाय*
अनु॰	*अनुयोगद्वार*
अंत॰	*अंतगड़स्काओ*
आ॰ गृ॰ सू॰	*आश्वलायन गृह्य सूत्र*
आ॰ स॰ इं॰ ए॰ रि॰	*आर्क्योलॉजिकल सर्वे ऑफ इंडिया एन्युअल रिपोर्ट्स*
आ॰ स॰ इं॰ रि॰	*आर्क्योलॉजिकल सर्वे ऑफ इंडिया रिपोर्ट्स,* (ए॰ कनिंघम)
आचा॰	आचारांग
आप॰ध॰सू॰	*आपस्तंब धर्म सूत्र*
आव॰	*आवश्यक*
आव॰चू॰	*आवश्यक चूर्णि*
आव॰नियु॰	*आवश्यक निर्युक्ति*
इं॰ आ॰ रि॰	*इंडियन आर्क्योलोजी – ए रिव्यू*
इं॰हि॰क्वा॰	*इण्डियन हिस्टोरिकल क्वार्टली*
इंडि॰ ऐंटी॰	*इंडियन ऐंटीक्वेरी*
उ॰ रा॰ इ॰	*उदयपुर राज्य का इतिहास,* लेखकः गौ ही च ओझा
उत्तरा॰	*उत्तराध्ययन*
उवा॰	*उवासगदसाओ*
ऋ॰	*ऋग्वेद*
ए॰इं॰हि॰ट्रे॰	*एन्शियंट इंडियन हिस्टॉरिकल ट्रेडिशन,* (एफ॰ई॰ पार्जिटर)
ए॰भं॰ओ॰रि॰इ॰	एनल्स ऑफ भंडारकर ओरियंटल रिसर्च इंस्टीट्यूट पूना

ए॰ रि॰ आ॰ डि॰ ग्वा॰	*एन्युअल रिपोर्ट ऑफ दी आर्कियोलोजिकल डिपार्टमेंट, ग्वालियर स्टेट, ग्वालियर*
ए॰ रि॰ ए॰	*एनसाइक्लोपीडिया ऑफ रेलिज्यन एण्ड एथिक्स*
ए॰ रि॰ रा॰ म्यू॰ अ॰	*एन्युअल रिपोर्ट ऑफ दी राजपूताना म्यूज़ियम,* अजमेर
ए॰सी॰टा॰रा॰	*एन्शियंट सिटीज़ एण्ड टाउन्स ऑफ राजस्थान*
एच॰टी॰बी॰	हवेनसांग, सिचुकी बुद्धिस्ट रेकार्ड्स ऑफ दी वेस्टर्न

वर्ल्ड, सेमुएल बीज

एपि॰ इण्डि॰	*एपिग्राफिका इण्डिका*
एपि॰ कर्णा॰	*एपिग्राफिका कर्णाटिका*
ऐ॰ ब्रा॰	*ऐतरेय ब्राह्मण*
ओध॰	*ओधनिज्जुत्ति*
ओवा॰	*ओववाइय*
औप॰	*औपासक सूत्र*
क॰ श्र॰ भ॰ म॰	कल्याण विजय, *श्रमण भगवान महावीर*
कल्प	*कल्पसूत्र*
के॰ म॰ थ्रू॰ ए॰	के॰सी॰ जैन, *मध्य प्रदेश थ्रू दी एजेज़*
का॰ इं॰ इं॰	*कॉर्पस इन्सक्रिप्शन्स इंडिकेरम*
का॰ हि॰ ध॰ शा॰	पी॰वी॰, काणे॰ *हिस्ट्री ऑफ धर्मशास्त्र, धर्म शास्त्र का इतिहास, (हिन्दी)*
काले॰	*कार्मेयिकल लेक्चर्स भण्डारकर*
के॰ एस॰	*दि बुक ऑफ किन्डर्ड सेइंगस्*
कै॰ हि॰ इं॰	*दी कैम्ब्रिज हिस्ट्री ऑफ इंडिया*
को॰ हि॰ जै॰	*कॉम्प्रिहेन्सिव हिस्ट्री ऑफ जैनिज्म*
कोमे॰	कमेंटरी
कोषि॰ उप॰	*कौषतकीय उपनिषद्*
गा॰ ओ॰ सि॰	गायकवाड्स ओरियंटल सीरीज़, बड़ौदा
गो॰ ब्रा॰	*गोपथ ब्राह्मण*
गौ॰ ध॰ सू॰	*गौतम धर्म सूत्र*
ग्रे॰ से॰	*दी बुक ऑफ ग्रेजुअल सेपिंग्स्*

चुव॰ / चु॰ व॰	चुल्लवग्ग (विनयपिटक)
चू॰	चूर्णि
छा॰ उप॰	छान्दोग्य उपनिषद्
ज॰ इं॰ हि॰	जर्नल ऑफ इंडियन हिस्ट्री
ज॰ ए॰ एस॰ ब॰	जर्नल ऑफ एशियाटिक सोसायटी ऑफ बंगाल, कलकत्ता
ज॰ ओ॰ इं॰ ब॰	जर्नल ऑफ द ओरियंटल इस्टिट्यूट ऑफ बड़ोदा
ज॰ डि॰ ले॰	जर्नल ऑफ डिपार्टमेंट ऑफ लेटर्स, कलकत्ता यूनीवर्सिटी, कलकत्ता
ज॰ न्यू॰ सो॰ इं॰	जर्नल ऑफ न्यूमिस्मेटिक सोसायटी ऑफ इंडिया
ज॰ बि॰ ओ॰ रि॰ सो॰	जर्नल ऑफ बिहार एण्ड ओरिसा रिसर्च सोसायटी, पटना
ज॰ बो॰ ब्रां॰ रो॰ ए॰ सो॰	जर्नल ऑफ दी बॉम्बे ब्रांच ऑफ दी रॉयल एशियाटिक सोसायटी, बॉम्बे
ज॰ यू॰ हि॰ सो॰	जर्नल ऑफ द यू॰ पी॰ हिस्टोरिकल सोसाइटी
ज॰ला॰ऐं॰इ॰डे॰जै॰के॰	जे॰सी॰ जैन, जैन लाइफ इन एन्शियंट इंडिया एज़ डेपिक्टेड इन दी जैन केनन्स
जयध॰	जयधवला
जा॰	जातक
जी॰ ई॰ बी॰	ज्योग्राफी ऑफ अर्ली बुद्धिज्म
जी॰ एस॰	दि बुक ऑफ ग्रेजुअल सेइंगस्
जीवा॰	जीवाभिगम
जै॰ग्रं॰प्र॰सं॰	जैन ग्रंथ प्रशस्ति संग्रह
जै॰ शि॰ सं॰	जैन शिलालेख संग्रह
जै॰ स॰ प्र॰	जैन सत्य प्रकाश, अहमदाबाद
जै॰ स॰ शि॰	जैन साहित्य शिक्षा
जै॰ सा॰ इ॰	जैन साहित्य और इतिहास
जै॰ सा॰ सं॰	जैन साहित्य संशोधक, अहमदाबाद
जै॰ सो॰ हि॰ इं॰	दी जैन सोर्सेस ऑफ हिस्ट्री ऑफ इंडिया, ज्यो॰ प्र॰ द्वारा
जो॰ अ॰ बु॰ बी॰	ज्योग्राफी ऑफ अर्ली बुद्धिज्म, बी॰सी॰ला॰
ज्यो॰ उ॰ प्र॰ जै॰	ज्योति प्रसाद जैन, उत्तर प्रदेश और जैन धर्म

टी॰	टीका
डाइ॰ / डा॰ बु॰	डायलॉग्स ऑफ बुद्ध
डि॰ पी॰ प्री॰ ने॰	डिक्शनरी ऑफ पालि प्रॉपर नेम्स
तंदुल॰	तंदुलवेयालिय
तै॰ सं॰	तैत्तिरीय संहिता
थेर॰	थेरगाथा
दस॰	दसवेयालिए
दीघ॰	दीघनिकाय
ध॰ प॰	धम्मपद
न॰डे॰जो॰डि॰ऐ॰मि॰इ॰	एन॰एल॰डे, ज्योग्रफिकल डिक्शनरी ऑफ एन्शियंट एण्ड मेडिवल इंडिया
ना॰ आ॰ त्रि॰ अ॰	नागराज, आगम और त्रिपिटक – एक अनुशीलन
ना॰ जै॰ इं॰	नाहर जैन इन्सक्रिप्शन्स
ना॰ प्र॰ प॰	नागरी प्रचारिणी पत्रिका
नाया॰	नायाधम्मकहा
नाया॰ टी॰	नायाधम्मकहा टीका
निर॰	निर्युक्ति
निर्या॰	निर्यावलियाओ
निशी॰	निशीथ
न्यू॰ स॰	न्युमिस्मेटिक सप्लीमेंटरी
प॰ जै॰ प्रा॰ इ॰	परमानन्द शास्त्री, जैन धर्म का प्राचीन इतिहास
पण्ण॰	पण्णकथा
परि॰	हेमचन्द्र का परिशिष्ट पर्वन
पा॰	पाणिनि की अष्टाध्यायी
पा॰ गृ॰ सू॰	पारस्कर गृहय सूत्र
पिंड	पिंड निज्जुत्ति
पी॰ एस॰ ओ॰ बी॰ इंडिया	पाण्डे जी॰सी॰, स्टडीज़ इन दी ओरिजन ऑफ बुद्धिस्ट
पी॰ रि॰	पीटरसन्स रिपोर्ट, बॉम्बे, 1883-84

पेत॰	पेतवत्थु
पो॰हि॰एं॰इं॰	पॉलिटिकल हिस्ट्री ऑफ एन्शियंट इण्डिया
प्र॰सं॰	प्रशस्ति संग्रह, कस्तूरचन्द कासलीवाल
प्रा॰ ले॰ सं॰	प्राचीन लेख संग्रह, भावनगर, 1939
प्रो॰ रि॰ आ॰ स॰ वे॰ स॰	प्रोग्रेस रिपोर्ट आर्क्योलॉजिकल सर्वे वेस्टर्न सर्कल
फ॰ स॰ ओ॰ न॰ बु॰	फिक, आर, दी सोशल ऑर्गनाइजेशन इन नॉर्थ ऑफ-ईस्ट इंडिया इन बुद्धिस्ट टाइम
ब॰ हि॰ प्री॰ इ॰ फि॰	बी॰ एच॰ बरुआ, ए हिस्ट्री ऑफ प्रीबुद्धिस्टिक इंडियन फिलॉसफी
बी॰ जो॰ अ॰ बु॰	बी॰जी॰ला॰, ज्योग्रफी ऑफ अर्ली बुद्धिज्म
बु॰ किं॰ से॰	दी बुक ऑफ किंर्डड सेयिंग्स
बृह॰	बृहत्कल्प
बृह॰ उप॰	बृहदारण्यकोपनिषद्
बो॰ ध॰ सू॰	बोधायन धर्म सूत्र
भग॰	भगवती सूत्र
भा॰	भाष्य
भा॰ दि॰ जै॰ ती॰ ब॰	भारत के दिगम्बर जैन तीर्थ (बलभद्र)
भागवत	भागवत पुराण
म॰ नि॰ सं॰	महावीर निर्वाण संवत
मै॰ सं॰	मैत्रायणी संहिता
मज्झि॰ / मज्झि॰ नि॰	मज्झिम निकाय
मत्स्य॰	मत्स्य पुराण
मव / म॰व॰	महावग्ग (विनयपिटक)
महा॰	महाभारत
महानि॰	महानिशीथ
मा॰ थ्रू॰ ए॰	मालवा थ्रू दी एजेज़, के॰सी॰ जैन
मिलिन्द॰	मिलिन्द पन्हो
मोह॰ इंड॰	मोहनजोदड़ो एण्ड इंडस वैली सिविलाइजेशन
राय॰	रायपसेणिय (रायपसेनैयसूय)

रि॰ बु॰ इं॰	रिजडैविड्स, *बुद्धिस्ट इंडिया*
ला॰ म॰ ला॰ टी॰	बी॰ सी॰ ला, *महावीर – हिज़ लाइफ़ एण्ड टीचिंग्स*
ले॰	लेखक
व॰ ध॰ सू॰	*वसिष्ठ धर्म सूत्र*
वि॰ ती॰ मं॰	विजयेन्द्र सूरि, *तीर्थंकर महावीर*
विनय॰, / वि॰ पि॰	*विनयपिटक*
वृ॰	वृत्ति
व्य॰	*व्यवहार*
श॰ ब्रा॰	*शतपथ ब्राह्मण*
सं॰ / संयुत॰	*संयुत्तनिकाय*
संय	*संयुक्त निकाय*
सम॰ / समवा॰	*समवायांग*
सा॰ इ॰ इं॰	*साउथ इंडियन इन्सक्रिपशन्स*
सामज्ञ॰	*सामज्ञ फल सूत्र*
सि॰ जै॰ सि॰	*सिंघी जैन सीरीज़*
सी॰ क॰ ए॰ जी॰	कनिंघम, *एन्शियंट ज्योग्रफी ऑफ इंडिया*
सी॰ ए॰ जी॰	*कनिंघमस् ऐशियंट ज्योग्राफी ऑफ इण्डिया*
सू॰	*सूत्र*
से॰ बु॰ बु॰	*सेक्रेड बुक्स ऑफ दी बुद्धिस्ट्स,* लंदन
से॰ बु॰ ई॰	*सेक्रेड बुक ऑफ दी ईस्ट,* ऑक्सफोर्ड
सु॰ नि॰	*सुत्त निपात*
सूत्र॰	*सूत्र कृतांग (सूत्रगड़ांग)*
स्टे॰ हा॰ जे॰	स्टेवेन्सन, *दी हार्ट ऑफ जैनिज्म*
स्थाना या ठा॰	*स्थानांग या ठाणांग*
हि॰ ओ॰	*हिस्ट्री ऑफ ओसवाल्स*
ही॰ भा॰ सं॰ जै॰ यो॰	हीरालाल जैन, *भारतीय संस्कृति में जैन धर्म का योगदान*
त्रि॰ पु॰ च॰	हेमचन्द्र, *त्रिषष्टि शलाका पुरुष चरित*

12

मध्यकालीन जैन धर्म

तुर्की विजय के पूर्व जैन संस्कृति

चूंकि ऋषभदेव को जैन धर्म का संस्थापक माना गया है अतएव जैन धर्म उतना ही पुराना है जितना प्रागैतिहासिक काल में *ऋग्वेद*। ऋषभदेव के बाद पार्श्वनाथ तक 22 तीर्थंकर हुए। पार्श्वनाथ को चौबीसवें तीर्थंकर के पूर्व ऐतिहासिक पुरुष माना गया है। चौबीसवें तीर्थंकर छठी ई॰पू॰ में बुद्ध के समकालीन थे। उन्होंने प्राचीन जैन धर्म को प्रगामी दृष्टिकोण दिया। महावीर का मुक्ति और उद्धार का सिद्धांत विश्वबन्धुत्व पर आधारित था और सभी जाति, वर्ण व लिंग के लोगों का वह जन्मसिद्ध अधिकार था। इसलिए म्लेच्छ भी श्रमणों में दीक्षित या अभिषिक्त हुए और उनकी लड़कियों से जैन राजाओं ने विवाह किया। एक सच्चा जैन उन सभी प्रकार के रिवाजों और प्रथाओं का अनुपालन कर सकता था जो मुक्ति के आदर्श के विरुद्ध नहीं थे। वास्तव में कुन्दकुन्दाचार्य के अनुसार जैन धर्म में जाति का कोई महत्त्व नहीं था। पूर्व जन्म के भील अंतिम तीर्थंकर स्वयं, मगध का अधीश बिम्बसार, वैदिक सम्प्रदाय का विद्वान् ब्राह्मण इन्द्रभूति, आदि अहिंसा व्रत लेने के बाद जैन धर्म में परिवर्तित हुए। यदि अन्त्यजों की सीढ़ी के सबसे नीचे के डण्डे का चाण्डाल भी सत्य प्रतीति से सम्पन्न है तो उसका भी सम्मान किया जाना चाहिए और उसे देवता मानना चाहिए। बौद्ध धर्म की तुलना में जैन धर्म अधिक विश्वसनीय था। जैन संघ में यूनानी, फ़ारसी और शक भी प्रविष्ट थे। यह विश्वसनीयता बारहवीं सदी तक बनी रही। राजस्थान के आशाधर ने जैन संघ के सदस्यों को अंतर्विवाह के आदेश दिये थे। वर्ण-परिवर्तन के उदाहरण भी पूर्व मध्य-युग के अंत तक मिलते हैं।

चौथी ई॰पू॰ जैन धर्म श्वेताम्बर और दिगम्बर में बंट गया। यह विभाजन इस बात को लेकर हुआ कि जैन मुनियों और यतियों को नग्न रहना चाहिए या उन्हें अपने गुप्त अंग ढकने चाहिए। यद्यपि जैन धर्म को अशोक, कनिष्क और हर्ष जैसे सम्राटों का समर्थन प्राप्त करने का सौभाग्य तो नहीं मिला, तथापि स्वयं के बूते पर शनैः-शनैः यह भारत के अनेक भागों में फैला और इसे स्थानीय समर्थन मिलता रहा।

चौथी ई॰पू॰ पश्चिम भारत के अलावा जैन विद्वान् भद्रबाहु के दक्षिण में जाने से जैन धर्म दक्खन में फैला। समय के साथ वहां की एक तिहाई जनता जैन हो गई। यह आश्चर्य की बात है कि जैन धर्म ने अपने जन्म-स्थान मगध (बिहार) में और आसपास के क्षेत्रों में अपना प्रभाव खो दिया, जबकि भारत के दूरस्थ भागों में यह गुप्त काल तक लोकप्रिय रहा। सबसे पहले जैन धर्म सीधे दक्खन पहुंचा; फिर 800 और 1200 ई॰ के मध्य यह गुजरात, मालवा और राजस्थान में अत्यधिक प्रभावी हुआ।

पौराणिक हिन्दू धर्म ने अपनी अनम्य या सख्त जाति प्रथा के साथ जैन अयाजक वर्ग को वीर, शैव, लिंगायत और रामानुज, आदि नये सम्प्रदायों में परिवर्तित किया। शेष अल्पसंख्यक ज़ैन अपने हिन्दू पड़ोसियों से काफी प्रभावित हुए। जैन आचार्य अब इतने अतिनियमनिष्ठ और आत्मसंयमित हो गये कि उन्होंने अपने अनुयायियों के छोटे-छोटे समूह बनाये जो मंडल कहलाते थे। प्रत्येक मंडल मंडलाचार्य भट्टारक के द्वारा नियंत्रित था; भट्टारक की गद्दी किसी महत्त्वपूर्ण स्थान पर होती थी। भट्टारकों ने जैन सिद्धान्तों को फैलाया और समाज के विभिन्न वर्गों के लोगों का धर्म परिवर्तन किया। नवदीक्षितों को उनके अलग-अलग व्यवसायों और स्थानों के आधार पर विभिन्न तहों में रखा। जैन धर्म की अहिंसा और नैतिकता से प्रभावित हो समय के साथ कई वैश्य भी कुछ शासन कर रहे परिवारों के साथ जैन धर्म के प्रमुख समर्थक हो गए।

पूर्व-मध्य युग में जैन दर्शन और धार्मिक अनुशासन में कोई परिवर्तन नहीं हुए, और प्राचीन दिगम्बर और श्वेताम्बर सम्प्रदायों को छोड़कर कोई नये पंथ अस्तित्व में नहीं आये; तथापि स्थानीय लक्षण जरूर अस्तित्व में आये। दोनों ही सम्प्रदाय संघ, गण, कुल, शाखा और गच्छ में उप-विभाजित हुए। दसवीं सदी में गच्छों की संख्या 84 थी। इसके अलावा थे – श्वेतपट, पांडुभिक्षु, निर्ग्रन्थ, क्षपणक, इत्यादि।

बौद्ध और हिन्दू धर्म के प्रभाव से जैनियों ने छठी ई॰ में मूर्ति बनाना शुरू किया; आगम शास्त्र के आधार पर जैन धर्म के आदर्शों के अनुसार जिन-पूजा शुरू हुई। फिर शीघ्र ही बड़ी तादाद में तीर्थंकारों की मूर्तियों की प्रतिष्ठा हेतु मन्दिर बनने लगे। हिन्दुओं के अनुकरण में जैनियों ने भी पंच परमेष्टि – अर्हत, सिद्ध, आचार्य, उपाध्याय और साधु के अलावा अनेक हिन्दू देवी-देवताओं की पूजा शुरू कर दी। इस संदर्भ में विन्ध्य का दक्षिण भाग करीब 500 वर्ष (550-1050) तक काफी प्रभूत रहा। भारतीय मूर्तिकला की महानतम उपलब्धि श्रवणबेलगोला में गोमटेश्वर की विशाल मूर्ति है जिसके बारे में फर्ग्यूसन लिखता है – "मिस्र के बाहर कहीं भी इससे अधिक भव्य और प्रभावशाली कृति नहीं है; और वहाँ पर भी कोई ज्ञात मूर्ति इसकी ऊंचाई को नहीं छूती।"

पूर्व मध्य-युग के अंतिम दो सौ वर्षों (1000-1200) में जैन मूर्ति-विद्या के क्षेत्र में

अनेक नवीनताएँ विकसित हुईं। कई जैन साधुओं ने तो इनके अनुयायियों को ब्राह्मण देवताओं की मूर्ति गढ़ने के लिए भी प्रोत्साहित किया। ब्राह्मण धर्म के पशु-देवता गणेश के समान हाथी के सिर वाले यक्ष के साथ ही जैन उपासकों ने खून पीने वाली इण्डो-आस्ट्रिक देवी माता को भी शाकाहारी देवी के रूप में ग्रहण कर लिया। ब्राह्मण नारी देवियों में सरस्वती और लक्ष्मी को क्रमशः साधुओं के लिए ज्ञान व गृहस्थों के लिए धन अर्जित करने वाली देवियों के रूप में ले लिया। जैनियों के चतुर्मुख मन्दिर गुप्तकालीन चतुर्मुख शिव की अवधारणा से विकसित हुए लगते हैं। नाना भुजाओं, नियत वस्तुओं को अपनी भुजाओं और गोद में लिए तथा अन्य सभी साधनों के साथ यक्षिणी, अम्बिका और चक्रेश्वरी देवियाँ अधिक लोकप्रिय थीं। देवी जितनी अधिक लोकप्रिय होती चली गई, जैन श्रमण उतना ही अधिक कर्मकांडी होता चला गया जबकि वस्तुतः उसके विरोध में ही महावीर ने अपना धर्म-सुधार शुरू किया था। जैनियों ने सिर्फ जिन-पूजा भक्ति ही शुरू नहीं की बल्कि उन्होंने जाति-प्रथा, श्राद्ध, पितृ-आदि को भी आत्मसात कर लिया जिस कारण वे पौराणिक हिन्दू धर्म के अधिक निकट आ गए। पूजा के उद्देश्य से शुरू हुई जिन-पूजा जिन-भक्ति में विकसित हो गई।

जैन समाज दो भागों में विभक्त था – गृहस्थ और संन्यासी। संन्यासी वर्ग दया, तप, त्याग, निःस्पृहता (वासना से मुक्ति) आदि से ओत-प्रोत था। इस वजह से उन्हें शासन कर रहे नृपों/वृतों और जैन समाज में आदर और सम्मान का स्थान मिला। सभी जैन संन्यासियों का जीवन आदर्श नहीं था। उनमें से अनेकों ने जिंदगी का मजा लेने हेतु साधु की भूमिका ग्रहण कर ली थी। फिर भी, कुल मिलाकर, जैन साधुओं का नैतिक स्तर निंदा से ऊपर था। इस कारण वे लोकप्रिय थे और शासन व समाज दोनों से आदर पाते थे। उन्होंने व्यापारियों और धनवानों को चार प्रकार के दान – ज्ञान बांटना, सुपात्र को अनाज व औषधि देना, उपासरा या शरण-स्थल के निर्माण के लिए दान देना – के लिए प्रोत्साहित किया, और साथ में अपने लिए कुछ भी स्वीकार नहीं करने और परोपकार के लिए भी। इस वजह से पूर्व मध्य-युग में देश के कई भागों, विशेषकर पश्चिम भारत – राजस्थान, मालवा और गुजरात में कई जिनालय और उपासरे बने।

इस समय अन्यों की तरह जैनियों ने भी मुक्ति के लिए इन मंत्रों – "ओम णमो अरिहंताणम्," "महावीराय नमः" और "अरिहंत" में आस्था जाहिर की और उन्हें उच्चारित किया।[1]

1. लुधियाना (पंजाब) के बनारसीदास ने चौदहवीं सदी की फारसी में एक प्रार्थना संदर्भित की है जो फलतः मुहम्मद तुगलक (1325-51) के सुविख्यात मित्र जिनप्रभ सूरि द्वारा रचित थी और जिसे मुनि जिनविजय ने खोजी और संस्कृत टिप्पणी के साथ उसे प्रकाशित की थी (जैन साहित्य संशोधक, पूना 111, 1921)।

→

ज्ञान से सम्बन्धित जैनियों की ख्याति ने पूर्व मध्य-युग में जैन धर्म के प्रमुख केन्द्र गुजरात के कई ब्राह्मणों को प्रेरित किया, जबकि दक्षिण में जैनियों को शैव और वैष्णव प्रतिद्वन्द्वियों का सामना करना पड़ा था। शायद संपीड़न से थककर कुछ जैन और दूसरे परिवार गुजरात लांघ गये जहां सोलंकी शासक जैन धर्म, जैन मन्दिर और हरिभद्र द्वारा धर्मान्तरण के प्रति उदार थे और जहां जिनेश्वर सूरी को चैत्यवासियों को वाद-विवाद में परास्त करने के लिए दुर्लभराज द्वारा 'खरतर' की उपाधि दी गई थी। गुर्जर-प्रतीहार सम्राट् ने अपनी मुख्य राजधानी कन्नौज और दूसरी राजधानी ग्वालियर में महावीर स्वामी की विशाल मूर्ति स्थापित की थी। काफी तादाद में सवालाख, ताहनगिरी और आबू में रहने वाले जैन गुजरात में, विशेषकर जयसिंह, सिद्धराज और कुमारपाल (जो हेमचन्द्र के प्रभाव से जैन हो गया था) के समय, काफी प्रभावशाली हो गये थे। जैन पट्टावलियों के अनुसार जैन आचार्य उपदेशार्थ मालवा से राजस्थान गये। उज्जैन के जैनाचार्य मेघचन्द्र द्वितीय ने बारां को अपनी गतिविधियों का केन्द्र बनाया, जबकि दूसरे चित्तौड़ चले गए; दोनों ही स्थान परमारों के मालवा साम्राज्य के हिस्से थे जहां जैन परिवार धार, मांडू, नालछा, उज्जैन, ऊन, आदि में बस गए। दसवीं सदी में एक संघ शत्रुंजय गया और अमितगति, महासेन, धनपाल और धनेश्वर सूरि सरीखे आचार्यों ने वाक्पति मुंज का राज्याश्रय पाया।

धंग चन्देल (950-70) के समय खुजराहो (पूर्व बुंदेलखंड) में पार्श्वनाथ का मंदिर बना, और वहां जैन धर्म ब्राह्मणों के संरक्षण में फला-फूला । परशुराम, राम-सीता, कृष्ण-लीला, हनुमान, शिव, नवगृह, दिक्पाल, आदि हिन्दू देवता भी खुजराहो के जैन मन्दिरों में उकेरे गये। आधुनिक उत्तर-प्रदेश के ललितपुर जिले का देवगढ़ पश्चिम बुंदेलखंड का एक बड़ा मुख्य जैन धर्म का सांस्कृतिक केन्द्र था।

हिन्दू धर्म के पुनरुद्धार के कारण दक्षिण भारत में जैन धर्म को धक्का लगा, यद्यपि शासकों, वैश्यों, कृषकों, आदि में यह बना रहा। राष्ट्रकूट नरेश अमोघवर्ष जैन था ही।[2]

→ श्री ऋषभदेव स्तवन

अल्लाल्लाही! तुरा हं कीम्बरू सहियान तुं मरा रव्वांद।

दुनीय कंस मेदानइ बुस्मारई बुध चिरा नहयं ॥

"अल्लाह, ओ अल्लाह, मैं तेरा सेवक हूँ। तू मेरा मालिक है, ओ दुनिया के स्वामी! तू संसार के लोगों को जानता है। यह क्यूं है कि तू मुझे नहीं जानता?" (*सिद्धभारती*, होशियारपुर, पृष्ठ 47-48)।

2. शरद पगारे, पूर्व मध्ययुगीन धार्मिक आस्थाएँ: एक ऐतिहासिक सर्वेक्षण (650-1150), पी॰एच॰डी॰ थीसिस, 1973-74, पृष्ठ 185-93; कामता प्रसाद जैन, केथोलिसिटी ऑफ जैनिज्म एंड रिएक्शन ऑफ आउटर इनफ्लुएंस आन इट, आल इंडिया जैन शासन कांफ्रेंस, कलकत्ता (*जैन एंटिक्वेरी*, XIII, 1(9–18) को भेजा गया पेपर; *अर्ली चौहान डायनेस्टीज*।

जैन धर्म, धर्म के रूप में ह्रास के रास्ते पर

बहुसंख्यक हिन्दुओं के अधिक निकट रहने से अल्पसंख्यक जैन समुदाय में नवीनताएं आना स्वाभाविक था और परिवर्तन भी। एक जैन विद्वान् का मत है कि उधार लिये गये रस्मो-रिवाज जैन धर्म में कोई खास फर्क नहीं डालते बशर्ते कि वे मुक्ति के आदर्श के विरुद्ध न हों। परन्तु, यहां सही मार्ग से भटकाव और सत्य से विचलन का प्रमाण भी इस बात से मिलता है कि कुछ जैन मुनि, जिन्हें एक स्थान पर घूमते ही रहना था, चैत्य या विश्राम गृहों में रहने लगे। यह बात जैन धर्म के मजबूत गढ़ गुजरात में आठवीं सदी में कई जैन विद्वानों के लिए एकदम नागवार हुई। चित्तौड़ का हरिभद्र सूरि (700-05) उनमें से एक था। हरिभद्र सूरी एक विद्वान् ब्राह्मण था। उसने जैन धर्म को अधिक युक्तिसंगत धर्म समझकर अपनाया था और उसके उपदेशों का बड़ी कड़ाई से पालन किया था। उसके अनुसार जैन धर्म एक प्रज्ञ धर्म था; उसमें प्रचुर कर्म-कांडों और संस्कारों के कोई रहस्य नहीं थे; वह एक ऐसा धर्म था जिसका सन्देश बिना किसी जाति, वर्ग, धन, सम्पदा के भेदभाव के प्रत्येक के पास पहुँचना था। वैराग्य या तप, स्वपरित्याग, आत्मशासन, सदाचार या ब्रह्मचर्य या परिमार्जन जिन के एक सच्चे अनुयायी की विशेषताएं थीं जो उसे आत्म-कल्याण के मार्ग में बाधक भौतिक पदार्थों से विमुक्त करती थीं। तो भी हरिभद्र ने कई जैन साधुओं (अब चैत्यवासी के नाम से जाने जाने वाले) को चैत्यों और मठों में रहते, जैन मंदिरों का निर्माण कराने, धार्मिक कार्य के लिए आवंटित राशि को व्यक्तिगत उपयोग में लेने, रंगीन और खुशबूदार वस्त्र पहनने, औरतों की महफिलों में गाते, धनवानों के दरबार में जाते, तांबूल (पान) लवंग और पुष्प उपयोग करते, गरिष्ठ भोजन करते, जिन की मूर्तियां बेचते, फलित विद्या का अभ्यास करते, शकुन बतलाते, शिष्य बनाने के लिए एक-दूसरे से झगड़ते और धार्मिक वार्तालाप को यह कहकर टालते देखा कि गूढ़ विषयों पर कम समय में वार्तालाप नहीं किया जा सकता। वस्तुतः जैन साधु वह सब करने लगे थे जो उन्हें नहीं करना चाहिए था (हरिभद्र सूरि की कृति – *सम्बोध प्रकरण*)। हरिभद्र सूरि ने उसके विरुद्ध ओजपूर्ण आवाज उठाई। उसने अपनी वाणी और कलम से जैन संघ की अनेक बुराइयों का शुद्धिकरण करने हेतु बौद्ध और हिन्दू प्रतिद्वन्द्वियों के तर्कों का सामना करने के लिए किसी अन्य जैन गुरु से अधिक कार्य किया।[3]

उद्योतन सूरि (*कवलयमाला कथा* का लेखक) के एक शिष्य सिद्धसी ने हरिभद्र सूरि का अनुकरण किया। सिद्धसी सूरि (नौवीं सदी में) *उपमिति भव प्रपंचकथा* का लेखक था जिसने महान् अगुआ के कार्य को जारी रखा। परन्तु वे आचार्य जो अधिक सफल हुए

3. *अर्ली चौहान डायनेस्टीज*, 1959, पृष्ठ 221-22 (हरिभद्र सूरि के सम्बोध प्रकरण पर आधारित)।

वे संभवतः उस गच्छ के थे, जो खरतर के नाम से जाना जाता है। हरिभद्र की शिक्षाओं का प्रचार करते हुए उन्होंने वास्तव में उसे जीवित आध्यात्मिक शक्ति बनाया (ग्यारहवीं सदी में)।

जिनेश्वर सूरि (पुनः एक ब्राह्मण), जिसके समय उसके अनुयायियों ने जैन धार्मिक ग्रंथों (शुद्धाचारवाद) में वर्णित कठोर और सत्य पथ को अपनाने के कारण खरतर का खिताब प्राप्त किया, गुजरात के दुर्लभराज सोलंकी (लगभग 1010-22 ई॰) के दरबार में चैत्यवासियों को धार्मिक परिचर्चा या बहस (शास्त्रार्थ) में हराया।

विधि मार्ग

अभयदेव सूरि का महान् शिष्य जिनवल्लभ (1169-1212 ई॰) ने असिक (हांसी) के लोगों को मार्गदर्शन दिया। वर्धमान सूरि द्वारा स्थापित "सही रास्ता" – "विधि मार्ग" द्वारा जैसाकि खरतरों ने इसे पुकारा, (उसने) पाटन को छोड़ते हुए, धार्मिक आंदोलन के लिए राजस्थान क्षेत्र का चयन किया। राजस्थान में, जो इस समय गुजरात के समान चैत्यवासियों और अनुयायियों से पूर्ण था, में वह विधि चैत्य स्थापित करने में सफल हुआ। उसके इस प्रयास और अपने मत के प्रचार में कुछ रक्त भी बहा।[4]

जिनवल्लभ ने चित्रकूट (चित्तौड़) को अपना मुख्यालय बनाया। अनेक अनुयायी, सामान्य, साथ ही पुजारी वर्ग के भी, जिन्होंने शीघ्र ही राजस्थान और मालवा में, विशेषकर वागड़ (अर्थात् डूंगरपुर-बांसवाड़ा-प्रतापगढ़) में, उसकी शिक्षाओं को लोकप्रिय बनाया। पुनर्गठित मन्दिर (विधि-चैत्य) मरुकोट्ट, नरवर, नागोर और चित्तौड़ व शायद अन्य स्थानों में भी स्थापित किये गए जिनमें से प्रत्येक में यह अभिलेख था।

यहां उनके धार्मिक अनुष्ठानों का पालन नहीं होता जो सूत्रों के विरुद्ध जाते

4. चैत्यवासियों के द्वारा उत्पीड़न का एक उदाहरण था वह असहिष्णु प्रयास जिसके द्वारा गुजरात के राजा बनराजचन्द्र (765-825 ई॰) के गुरु शीलगुण सूरि ने उसे यह आदेश प्रसारित करने को कहा कि अनहिलवाड़ शहर में चैत्यवासियों के अलावा दूसरे साधु नहीं ठहर सकते। इसका उल्लंघन कर 957 ई॰ में जिनेश्वर सूरि और बुद्धिसागर सूरि ने दुर्लभराज (उपरोक्त) के दरबार में बहस में चैत्यवासियों को परास्त किया और पाटन ने विधिमार्गी के प्रवेश की अनुमति प्राप्त की (कैलाशचन्द जैन, *जैनिज्म इन राजस्थान,* पृ॰ 89)। अनुदार शासक जोज्वलदेव ने विधि-चैत्य आंदोलन को दबाने की कोशिश की थी। उसके आदेश कि, त्यौहार पर या लक्ष्मणस्वामिन् जैसे किसी देवता के जुलूस में, दूसरे देवताओं से अनुलग्न गणिकाएं व उनके प्रबंधक, कलाकार संगीत वाद्यों के साथ सर्वश्रेष्ठ वस्त्र पहनें। इस प्रथा के विरोध में यदि कोई साधु या विद्वान् पुरुष सामने आता तो उसे राजा द्वारा दंडित किया जाता था। यदि हम राजस्थान के संदर्भ में भी अलबेरूनी के साक्ष्य (डी॰ शर्मा, तथैव) पर ध्यान दें तो पता चलेगा कि कई ब्राह्मण और विधि-चैत्य आंदोलन जैन मंदिरों में गणिकाओं के नृत्य के विरोध में थे।

हैं। यहां रात्रि में कोई स्नान भी नहीं करता। यह साधुओं की सम्पत्ति नहीं है। यहां रात्रि में औरतें प्रवेश नहीं पातीं। यहाँ जातियों और उप-जातियों के विशेषाधिकारों पर कोई आग्रह नहीं है। यहां के उपासकों को ताम्बूल (पान पत्तियाँ) नहीं दिया जाता। यह एक विधि-चैत्य के नियम हैं। (पाद॰ टीप॰ 15, तभैव)।

मालवा के राजा नरवर्मन् जो उस समय चित्तौड़ का राजा भी था, उसे (जिनवल्लभ) उसकी काव्य-प्रतिभा और निःस्वार्थ जीवन[5] के अभिज्ञान में धार बुलावा भेजा और दो विधि-चैत्यों के रख-रखाव के लिए उसे चित्तौड़ के चुंगी-घर से रोज दो परुथ्थद्रम देना स्वीकार किये।

समीक्षा

तथाकथित साधु मठवासीय पोशाक पहनने के बाद भी सुख और आनन्द की मनोकामना करते थे। इसके धार्मिक ग्रंथों के अनुसार कोई भी जैन साधु वह भोजन ग्रहण नहीं कर सकता था जो खासकर उसके लिए बनाया गया हो। वह उसी का प्रापी था जो अतिरिक्त हो और जो गृहस्थ के द्वारा दूसरों के लिए आसानी से दिया जा सकता था। परन्तु ये तथाकथित साधु उनके चेलों द्वारा तैयार किया गया भोजन बड़ी आतुरता से खाते थे। उन्होंने जैन मंदिरों को ही अपना निवास बना लिया, बावजूद इसके कि वहां उनके धार्मिक जीवन में गवैयों के गानों, गणिकाओं के नाच, ढोलक की आवाज, पुष्पमाला व कीमती मालाएं पहने दर्शकों की भीड़, आदि से विघ्न होना स्वाभाविक था। एक सच्चे साधु के लिए एक सामान्य व्यक्ति का घर बेहतर निवास था, और वास्तव में, यही महान् जैन गुरुओं और तीर्थंकरों का आचरण भी था। जिन धार्मिक विधि धन और सम्पदा की स्वीकृति को तिरस्कृत करती है, साथ ही भौतिक/सांसारिक योजनाओं को हाथ में लेने और दिन में कई बार खाने की अजैन आदत को भी। वह गद्देदार और आरामदायक बैठकों की भी अनुमति नहीं देती क्योंकि वे आत्म-नियंत्रण में शैथिल्य और भोग-विलास की कामना के परिचायक हैं; भिक्षुओं में इनका प्रचलन हास्यास्पद है। वे लोगों को कहते हैं कि वे अपने गच्छ से लगे रहें, क्योंकि उनका गच्छ हमेशा के लिए निश्चित है। सम्पत्ति के बारे में प्रश्न किये जाने पर उन्होंने कहा कि यति की भी आखिर आवश्यकताएं होती हैं। ऐसे लोगों की टोली जो सड़क से उठाये गये थे और आचार्य बना दिये गये थे और जो सारे धार्मिक निर्देशों को ललकारते हुए व सर्वोत्तम जिंदगी जीते हुए धार्मिक जुलूसों, देवताओं

5. परमार राजा ने उसे या तो 3 ग्राम या 30000 परुथ्थद्रम में से कोई एक स्वीकार करने का विकल्प दिया था। जिनेश्वर सूरि ने जैन धर्म को पुनर्जीवित किया था, इसलिए उसे "युगप्रधान" (वक्त का व्यक्ति) कहा गया – वही, पृष्ठ 204.

को नहलाने के अनुष्ठान, चमत्कार, आदि का संचालन कर लोकप्रियता को ललचाते थे और जो लगभग साधारण गृहस्थों की तरह रहते थे और गच्छों को अपनी गृहस्थी और मन्दिरों को अपनी सम्पत्ति मानते थे, ऐसे साधु जनसाधारण के लिए मजाक का पात्र होते थे। सामान्य जनता यह महसूस करती थी कि वे उन जैन साधुओं से बढ़कर पाखंडी नहीं थे जो तपस्वी समझे जाते बावजूद इसके कि उनके पास संपत्ति थी, रहने को आरामदेह मकान थे, सोने को बिस्तर थे और जो एक साधारण आदमी के दुर्गुण और कमजोरी से ग्रस्त थे।

जब जिनवल्लभ सं॰ 1169-1212 ई॰ में पंचतत्त्व को प्राप्त हुए, तब विधिचैत्य आंदोलन चलाया जा रहा था। उसके प्रतिष्ठित शागिर्द (राजस्थान का) जिनदत्त सूरि (वि॰सं॰ 1211 या 1154 ई॰), जो सामान्यतया दादाजी के नाम से जाना जाता है और जिसने शायद खरतर खेमे में उसके पूर्व या बाद के किसी भी आचार्य से ज्यादा अनुयायी बनाये, ने अपभ्रंश भाषा को अपनाते हुए *चरचरी, उपदेश रासय* और *कलसवरूपकुलक* की सरल परन्तु काव्यात्मक भाषा में रचना की। प्रथम दो के साथ तो नाच और गाना भी हो सकता था। चित्रकूट (चित्तौड़), नागोर, नरभट और कन्यानयन (उत्तरी वागड़), अजमेर, विक्रमपुरा (दक्षिण वागड़), रुद्रपल्ली, उज्जयिनी और धार उच्छ (सिंध) ऐसे स्थानों में से थे।[6]

दूसरा आचार्य जिनचन्द्र सूरि था जिसकी कृति *प्रबोधवादस्थल* में विधि-चैत्य नजरिए की तरफदारी की गई थी।[7] जिनपति सूरि (वि॰सं॰ 1277 या 1220 ई॰) ने और आगे प्रगति की। सुधारों की आवश्यकता कई दूसरे आचार्यों, जिनका खरतरगच्छ से सम्बन्ध नहीं था, विशेषकर हेमचन्द्र सूरि, द्वारा भी पूर्ण रूप से महसूस की गई। जैन धर्म को अनेक चौहान शासकों और उनके मंत्रियों का या तो अनुग्रह या सक्रिय और स्थायी समर्थन प्राप्त था। पृथ्वीराज तृतीय ने अपनी सेवा में अनेक जैनियों को रखा और जिनपाल सूरि को वि॰ 1239 (1182 ई॰) में जयपत्र प्रदान किया। जैन सम्राट् कुमारपाल, नाडौल के राजाधिराज इत्यादि का राज्याभिषेक सुधारवादी आंदोलन के प्रसार में सीमा-चिह्न था। अमामरी (अवध) की उद्घोषणाएं जैन त्यौहार-दिवसों पर आमतौर पर मिलती हैं। जैन धर्म एक धर्म-परिवर्तन वाला धर्म था। सभी जातियों, यद्यपि वैश्य जाति शायद अधिक प्रबल रही, ने जैन समाज में प्रतिनिधित्व प्राप्त किया। बारहवीं सदी के कई राजपूत ब्राह्मण सामिष रहे प्रतीत होते हैं। आज उनके वंशज निरामिष हैं; बहुत संभवतः जैन धर्म के प्रभाव के

6. जिनदत्त सूरि एक बहुत अच्छा संचालक था। उसके द्वारा अनुशासन के नियम प्रतिपादित थे – देखिए, अगरचन्द नाहटा, जिनदत्त सूरि; पृ॰ 94-96.

7. जिनचन्द्र का दिल्ली के तोमर राजा मदनलाल ने स्वागत किया था, जहाँ कुतुब मीनार के पास उसका स्तूप आज भी विद्यमान है।

कारण। इसने न केवल मांसाहारी संरक्षकों राजपूत राजकुमार और मुखियों को व्यग्र किया, वरन् समय के साथ इसने उन्हें अहिंसा[8] का पक्का अधिवक्ता बना दिया (नागोर सूफ़ियों की अहिंसा के लिए कृपया तेरहवीं सदी के खरतरों के प्रतिरूपों को इस लेख के अगले उपयुक्त हिस्से को सन्दर्भित कीजिए)। ये सूफ़ी राजस्थान के विधिमार्ग की पृष्ठभूमि में अपनी शिक्षाओं और त्याग के आचरणों (तर्क-ई-दुनिया) में फले-फूले, और जिन्होंने अगली सदी में जिनप्रभ सूरि के समान, दिल्ली की गद्दी पर बैठने वाले बहुत ही विद्वान् सुल्तान (परन्तु व्यवहार में कठोर) मुहम्मद तुगलक के साथ सौहार्दपूर्ण सम्बन्ध रखे और जिसने सूफ़ी हमीउद्दीन उर्फ़ (सुल्तान-उत) तारीकिन का पौत्र शेख फ़रीदउद्दीन उर्फ़ चकपरन की उदारता का उपभोग किया।

जैन सूफ़ी सम्पर्क

उत्तरी भारत में उसके बारम्बार आक्रमणों के बावजूद ग्यारहवीं सदी के प्रथम चतुर्थांश में गजनी का सुल्तान महमूद मुस्लिम संस्कृति के महान् पंडित अबु रैहन अलबेरूनी का संरक्षक था। अलबेरूनी द्वारा अरबी में लिखी गई पुस्तक ही भारत पर तुर्की विजय के समय की भारतीय संस्कृति के ज्ञान का एकमात्र आधार-ग्रंथ या आकर-ग्रन्थ है। दुर्भाग्य से अलबेरूनी जब भारत के मुल्तान सरीखे स्थानों में रुका और जहां उसने *किताब-उल हिन्द* की रचना की तब उसके जैन विद्वानों से कोई सम्पर्क नहीं थे, और हमें इस स्रोत से जैनियों की दशा और उनकी विज्ञता आदि के बारे में कोई जानकारी नहीं मिलती।

दूसरी पुस्तक जो गजनवियों के समय में लाहौर में शायद सुल्तान इब्राहीम गजनवी (1059-99) के शासनकाल में लिखी गई, वह थी – शेख अबुल हसन अली हुजवैरी उर्फ़ दाता गंज बख़्श (कोष देने वाला) की *कशफल महजब*,[9] जो फ़ारसी में सूफ़ी मत पर लिखी गई प्रथम नियम पुरतक थी। यह वह समय था जब पश्चिम भारत में राजस्थान में गुजरात केन्द्र के हांसी के जिनवल्लभ सूरि के तहत श्वेताम्बर जैनियों का विधिमार्ग आन्दोलन अपने पूरे शबाब पर था, बावजूद इसके कि चैत्यवासियों के द्वारा इसका उत्पीड़न किया जा रहा था। पुनर्गठित मन्दिरों (विधि-चैत्यों) में एक नागोर (सवा-लाख), जो सांभर के चौहान शासकों की राजधानी थी, में स्थापित था।

फारसी लेखक मिनहाज-उस-सिराज के अनुसार सुल्तान इब्राहीम बहुत ही विद्वान्, बहुश्रुत, न्याय-प्रेमी, ईश्वर से डरने वाला, दयालु, उलेमा का मित्र, धर्मोत्साही और धार्मिक था (*तबकात-इ-नासिरी*, उर्दू रूपान्तर, पृष्ठ 428-29)। पृथ्वीराज प्रथम (लगभग 1090-

8. दशरथ शर्मा, वही, पृष्ठ 221, 223, 225-27, 229, 129, 260 और आगे के पृष्ठ।
9. दोनों ही पुस्तकों – *किताब उल हिन्द* और *कशफुल महजब* का अंग्रेज़ी में तरजुमा हो चुका है और दोनों ही इंग्लैंड से प्रकाशित हैं।

1110 ई॰) के समय से मेल खाते हुए आनुवर्णिक तिथिबंध के अनुसार उसने सैयद अनस मशहदी (डीडवाना), सैयद ताहिर मशहदी (खाटु) और सैयद रोशनअली (अजमेर, अर्थात् सांभर) का एक शिष्टमंडल भेजा जो हि॰ 424 (1091 ई॰) में पहुंचा। इसे इस आश्चर्यजनक समाचार का पता लगाना था कि राजस्थान में मुस्लिम नरहत्या प्रचलित थी। जहां तक इन मुसलमानों का सम्बन्ध है, वहां पश्चिम भारत, गंगा-यमुना घाटी, और प्रव्राजी या प्रवासी लोगों, जैसे पर्यटकों और व्यापारियों के तटवर्ती प्रदेशों में काफी तादाद में वे उपनिवेश थे जिनके सम्पर्क में अन्त्यज, अस्पृश्य वर्ग के लोग आये और जो इस्लाम धर्म में परिवर्तित हो गए। वास्तव में ये नवदीक्षित अन्त्यज जिनका अलबेरूनी और जैन स्रोत वर्णन करते हैं, नागोर में भैरव सरीखे मांस और रक्त के पिपासु ब्राह्मण देवताओं के पुजारियों के हाथों बलि के शिकार हुए।

शेख हमिउद्दीन रैहिनी का नागोर में पहुंचना

इस शिष्टमंडल के सिर्फ तीन वर्ष बाद ही स्वच्छन्द सूफ़ी शेख हमिउद्दीन रैहिनी उर्फ रैहिनी दादा का नागोर आना होता है जिसका संदर्भ फारसी तिथिबंध *दौर-इ-नागोर* (नागोर युग) में है जो हि॰ 487 = 1094 ई॰ के समतुल्य है। अलबेरूनी ने पहले ही यह दर्ज किया है कि महमूद के आक्रमणों ने लोगों में भय पैदा कर दिया था जिसने मुसलमानों (तुर्क और गैर-तुर्क) के विरुद्ध अनेक पूर्वाग्रहों और विद्वेष को जन्म दिया; और ग्यारहवीं सदी में गजनवियों के आक्रमण प्रत्यावर्ती लक्षण[10] थे; चौहान राजा दुर्लभराज तृतीय सुल्तान इब्राहीम के विरुद्ध युद्ध में मारा गया था। इसने दो समुदायों के बीच घृणा की आग को ईधन दिया। इस मुस्लिम सूफ़ी ने, जो अहिंसा के उत्कृष्ट सिद्धान्त में सह-विश्वासी था, ओसवाल जैनियों में, जो शहर की प्रभावशाली कौम थी और जिसकी संख्या लगभग 999 परिवारों की थी, अच्छा स्वागत और आतिथ्य पाया। जिस परिवार में उसे सूफ़ी के लिबास में या जैन जाति के रूप में प्रवेश दिया गया वह मोहल्ला (बस्ती) कालीपोल में विख्यात पन्नालाल के पुत्र राजमल चौधरी के वंशजों में से था। योग साधनार्थ नौ कोठरियों का बना "नौ कौठरी उपासरा" आज भी उसके द्वार के अग्रभाग सहित जीर्ण-शीर्ण अवस्था में मौजूद है। यह स्थापत्य का अद्भुत नमूना है जहां रैहिनी दादा ने तप का अभ्यास किया था और साथ ही समीप में पोजल (जिसकी इमारत का अभी नवीकरण किया गया है) में जैन (शायद ब्राह्मण भी) बालकों को पढ़ने, लिखने और गणित की शिक्षा दी थी। इस प्रकार तप-अभ्यास करते और जैन बालकों को पढ़ाते उसने अहिंसा समुदाय के लोगों से बंधुत्व और आत्मीयता विकसित कर ली और ऐसा माना जाता है कि उसने अपनी अंतिम श्वास 1164-65 (या बाद में) विग्रहराज चतुर्थ के अंतिम वर्ष में ली जब

10. *खिंची चौहान हिस्ट्री*, पृ॰ 12-13, इन्द्रोका, जोधपुर 1990.

एक नये सूफ़ी विचार वाले व्यक्ति, शेख मुहम्मद अता, आगे चलकर काजी हमीदुद्दीन नागौरी, ने दफन-इबादत की; इस कौटुम्बिक प्रथा को उसके वंशजों ने रोहेल काजियां के ग्राम में बनाये रखा है।[11]

खिदमत-इ-खल्क (जन कल्याण) एक सूफ़ी का प्रथम चिर-सम्मानित कर्त्तव्य था और जिसका विश्वास इस मुहावरे में था – *अल खल्क अयाल अल्लाह* (सभी प्राणी अल्लाह की संतान हैं)। रैहिनी दादा को जैन के समान माना जाता था। उसके स्मारक, स्टेशन रोड पर दादावाड़ी, बजरवाड़ा मोहल्ला का उपासरा और नागोर शहर के बाहर 2 कि०मी० की दूरी पर "नौ छत्रियों का स्थान" आज भी उसकी स्मृति को ताजा रखने के लिए अस्तित्व में हैं। जहां तक रैहिनी दादा के अन्तिम संस्कार का सम्बन्ध है, जब उसकी अर्थी या शव को माई दरवाजे के बाहर जैनियों के कन्धों पर चिता की ओर ले जाया जा रहा था तब कुछ मुसलमानों ने उनका रास्ता रोका और यह दावा किया कि उनके मृत शरीर को दफनाया जायेगा, न कि जलाया जाएगा। पवित्र शव को नीचे रखा गया और जब उसे उघाड़ा गया तो देखा वहां शरीर नहीं था, केवल कुछ फूल थे; शरीर मुसलमानों की तरफ पाया गया; मुसलमानों ने उसे माई द्वार के बाहर दफनाया जहां रैहिनी दादा के अवशेषों पर एक साधारण मकबरा खड़ा किया गया। यह रोहेल के काजी रहमान बख्श[12] की अधिक पठित उर्दू पुस्तिका में हदीस परम्परा का अभिलिखित अनुवाद है।

नागोर में अन्त्यज अछूतों की नरबलि

यह तो मानी हुई बात है कि अजमेर के प्रथम चौहान शासक विग्रहराज चतुर्थ (लगभग 1150-64-65) उर्फ बीसलदेव जो कि अहिंसक जैनियों के प्रति अत्यधिक विचारशील था, के शासनकाल में चौहानों के स्वर्णयुग में हिंसा के मामले में ओसवाल श्वेताम्बरों के शहर में, जो सुधारवादी खरतरगच्छ का मिलन स्थल था, नरबलि सहन की जाती थी और जिस स्थान पर खरतरगच्छ के साधु (तोमरों की) दिल्ली के रास्ते जाते कभी-कभी ठहरते थे, और जिन्होंने राजस्थान को अपनी धार्मिक गतिविधियों का केन्द्र ही नहीं बनाया था, बल्कि जिनके अनुयायी विधि-चैत्य को चलाते भी थे। यह आगे होने वाले सूफ़ी आगन्तुक (1164-65) के सुपुर्द किया गया, जब पहले से ही चौहानों की राजधानी लगभग आधी सदी पूर्व अजयदेव द्वारा अजमेर स्थानांतरित हो चुकी थी और जबकि नागोर किला स्थानीय गवर्नर बीसलदेव के हाथो में था कि वह रोहेल परम्परा में गलती से या मनोवैज्ञानिक विस्मरण से गवर्नर पर उसका आध्यात्मिक प्रभाव डालकर तेली जाति की उस विधवा के जवान

11. *इफजत-इ-हमीद* (उर्दू), 1927.
12. *इफजत-इ-हमीद* 1927; "नागौर थ्रू एजेस" 1999, एम०एम०पुस्तक प्रकाश, मेहरगढ़ फोर्ट जोधपुर भी देखिए।

बच्चे की जान बचायी जा सके जिसे इस्लाम में परिवर्तित होने के बाद भी अछूत समझा जाता था। मुहम्मद अता की इस आध्यात्मिक सफलता[13] को *फतह-इ-नागोर* (नागोर की विजय) के नाम से जाना जाता है। मुहम्मद-बिन (पुत्र) अता के प्रस्थान के बाद जिसकी मस्जिद खरदियान मोहल्ला में आज भी अस्तित्व में है जो राजस्थान में निर्मित मस्जिदों में प्रथम है। स्थानीय जैनियों पर इसकी क्या प्रतिक्रिया थी, यह ज्ञात नहीं।

आधुनिक इतिहासकारों की दूसरी अभिलिखित परम्परा महान् ख्वाजा (*ख्वाजा-इ-बुजुर्ग*) की हिन्दुस्तान की उस प्रथम यात्रा के बारे में है जो उसने उसी वर्ष की थी जिस वर्ष मुहम्मद अता ने की थी; परन्तु रास्ते में वह मुल्तान की ओर बढ़ने हेतु लाहौर में "चिल्ला" (चालीसा) अदा करने के लिए रुका; वापसी में उसका उद्देश्य हिन्दवी (भारतीय) बोली सीखना था। वह 3 दशक बाद हि० 587 (1191 ई०) में राय पिथौरा के समय हुई तराईन की दूसरी लड़ाई (1192) के भी पूर्व लौट गया। अजमेर के दरगाह क्षेत्र में प्रचलित परम्परा के अनुसार अजमेर के अपरिपक्व उम्र के जवान शासक पृथ्वीराज तृतीय को कुछ हितबद्ध लोगों द्वारा इस बात के लिए कायल किया गया कि वह ख्वाजा की आध्यात्मिकता को जयपाल जोगी द्वारा परखे। जोगी के न केवल छक्के छुड़ा दिये, वरन् वह स्वयं भी अब्दुल्ला के नाम से उसका मुरीद (शिष्य) हो गया।

नागोर के सूफ़ी तारिकीन

जिस दिन शमसुद्दीन गौरी के जनरल ऐबक ने दिल्ली को अजमेर-नागोर खालसा भूमि से सम्बद्ध कर दिया था, उसी दिन एक अरबी अनुस्थापित ज्योतिषी की लड़की, जिसे उसने (ज्योतिषी ने) लाहौर के एक अप्रवासी के साथ ब्याह दिया था, को एक लड़का हुआ था। वह और कोई नहीं था बल्कि अपने पिता के धनी परिवार का एक खूबसूरत होनहार लड़का था और जिसने उसका उसके अजमेर के ख्वाजा के सम्पर्क में आने से पूर्व बचपना बिगाड़ दिया था। ख्वाजा ने उसके ललाट पर मंगलकारी निशां देखकर अपने स्वयं की देखरेख में आध्यात्मिक प्रशिक्षण दिया और इस हद तक उसके सामाजिक आदर्श रूपांतरित कर दिये कि वह अपने पूर्व के साथियों के आमंत्रणों को ठुकराकर उन्हें यह कहता था – "मैंने अपना कमरबंद इतना करड़ा बांध दिया है कि कयामत के दिन जन्नत की हूरें भी उसे ढीला नहीं कर सकती।" यह छोकरा कोई और नहीं अपितु भविष्य का सुल्तान-उत-तारिकीन हमीदुद्दीन नागौरी था और जो आमतौर पर तारिकीन साहिब के नाम से प्रख्यात था, और जिसकी दो प्रमुख विशेषताएं थीं – वैराग्य (तर्क) और सूफ़ीवादी अहिंसा (अचोट, अक्षति)। उसका चिश्तिया संघ या सिलसिला गुजरात-खरतर का अजमेर प्रतिरूप था। ख्वाजा के इस कनिष्ठ खलीफ़ा को नमक उत्पादकों व संगमरमर खनकों

13. अर्थात् मासूम अछूत नवदीक्षित की जान बचाया जाना।

के क्षेत्र में पदस्थ किया गया था जहां धनिक जैन-व्यापारियों की प्रभावशाली जनसंख्या थी। इसलिए अब हमें तेरहवीं सदी के मध्य में नागोर शहर के जैन समाज की तस्वीर खींचने दीजिए। जब सूफ़ी (उसका पारम्परिक खिताब) तारिकीन (जैसाकि उसके गुरुवर ने उपाधि दी) अधेड़ कुंवारे की तरह सवालाख (मारवाड़) के हृदय में बसा; उसका वरिष्ठ पीर भाई ख्वाजा कुतुबद्दीन ऊशी था जिसके नाम पर महरौली ग्राम की मीनार का नाम पड़ा और जिसे आमतौर पर कुतुब साहिब की लाट के नाम से जाना जाता है और सूफ़ी संगीत कव्वाली का आशिक था और जिसे काजी हमीदुद्दीन नागौरी[14] ने उस समय लोकप्रिय बनाया जब दिल्ली के नागरिक कव्वाली-संगीत को इस्लाम में विधि-सम्मत नहीं मानते थे।

नागोर में जैन धर्म

हमने परिश्रमपूर्वक वर्णन किया है, नागोर में सूफियों के आगमन और अजमेर में चिश्तिया सिलसिले का संगठन उसकी दो शाखाओं सहित पहले के तोमरों के शहर दिल्ली उपरांत में गुलाम ऐबक की राजधानी थी, जहां सुल्तान मुहम्मद गौरी (1206) की मृत्यु के बाद गुलाम कुतुबुद्दीन ऐबक शासक तथा उसके बाद शमशुद्दीन इल्तुतमिश सुल्तान बना। मुहम्मद-बिन-अता दो बार नागोर आया – एक बार गजनियों के तहत तीन वर्ष के लिये काजी (न्यायाधीश) बनकर और बाद में रोहेल काजियां के प्रचारक, और उसके पुराने बगदाद के गुलाम बालसाथी इल्तुतमिश क़े तहत उसी जागीर के प्रापक के रूप में। इल्तुतमिश के शासनकाल में तोमरों की दिल्ली तुर्की साम्राज्य की महानगरी/राजधानी के रूप में विकसित हुई। हमने ऐसा इसलिए किया है कि खरतर विधि चैत्यवादी-जिनदत्त सूरि और जिनपति की गतिविधियों को प्रकाशमय किया जा सके; इनमें से प्रत्येक बारहवीं सदी में नागोर ठहरे थे, और उन्होंने ब्राह्मण समाज के बजाय राजपूतों में से अधिक लोगों को नवधर्मी बनाया था। इसी प्रकार हमीदुद्दीन रैहिनी (1094) और मुहम्मद अता (1164-65) के समान जिनवल्लभ और जिनदत्त सूरि भी नागोर ठहरे थे। सुल्तान मुहम्मद तुगलक का प्रिय साथी जिनप्रभ सूरि भी हांसी होते हुए दिल्ली के रास्ते में पड़ने वाले नागोर में रुका था। उस समय मांडू के पेथड शाह के महान् निर्माण व लिप्यांतर क्रिया-कलापों ने अलाउद्दीन खिलज़ी की ओर से ऐनुल मुल्क मुल्तानी द्वारा मालवा और चंदेरी विजय के पूर्व ईसाई युग की तेरहवीं सदी में उसके लिए शोहरत जीती थी। उसके उत्तराधिकारी सुल्तान कुतुबुद्दीन खिलज़ी के शासनकाल में सेठ समल के निवेदन पर सरावगियों (गृहस्थ ज़ैनी) ने संघ (तीर्थ-यात्रा दल) में हिस्सा लिया था जो भीमपल्ली से शुरू हुआ

14. काजी हमीदुद्दीन नागौरी एक सुहरावर्दी था – बगदाद के शेख शहाबुद्दीन सुहरावर्दी का एक खलीफ़ा।

था। उसी सदी में दोनों समकालीन स्थानीय अधिकारियों और दिल्ली सुल्तान ने नागोर के धार्मिक और मिताहारी या संयमी जैनियों, जैसे ठाकुर अचलसिंह जिसने दिल्ली से 1317 ई० में तीर्थ-यात्रा हेतु अनुज्ञा-पत्र प्राप्त किया था, का आदर-सम्मान किया था। इसके पूर्व 1117 ई० में नागोर के एक दूसरे तपागच्छ के पद्मप्रभ सूरि ने पहले ही महान् तपस्या (भव्य आत्मसन्तापन) द्वारा नागौरिया तपा का खिताब अर्जित कर लिया था।

नागोर में घटित हो रही एक दिलचस्प बात थी, पन्द्रहवीं सदी में नागवंशी क्षत्रियों, नागवंशी जैनियों, खानजादा कहे जाने वाले नागवंशी मुसलमान राजपूत टक शासकों का अस्तित्व था जो नागोर की जैन बिरादरी के कृपापात्र थे (विस्तार के लिए देखिए, *नागोर थ्रू एजेज़,* अध्याय 1 और 6)।

1192-93 में तराईन की दूसरी लड़ाई के अनुकरण में जो महान् क्रान्ति हुई उसे आधुनिक इतिहासकारों ने उत्तर भारत का अधःपतन कहा है, और पृथ्वीराज तृतीय को "अंतिम हिन्दू सम्राट्"। भयावह युद्ध का परिणाम निर्णयात्मक, व्यापक, टिकाऊ, अनन्तकालीन चिरस्थायी था – राजस्थान (और दिल्ली) में से भारत उसके कम-से-कम सात सौ सदियों पुराने इतिहास में प्रथम बार विदेशी धार्मिक सभ्यता का मुक्त प्रवेश हुआ और जिसके स्वच्छन्द प्रतिनिधि पिछले सौ या उससे भी अधिक वर्षों से यहां आते और बसते रहे और जिनका एक बहुत ही विकसित समाज था जो विशुद्ध एकेश्वरवादी आम्नाय को खुलेआम स्वीकारता और उसे आचरण में लाता था और जिसका पौराणिक हिन्दू धर्म के सर्वेश्वरवादी बुतपरस्ती से असामंजस्य रखते हुए विशुद्ध एकेश्वरवाद में विश्वास दिलाता था तथा जिसने, विशेषकर सूफ़ियों ने धर्म व साहित्य के क्षेत्र में अपना विशिष्ट योगदान देकर विगत सहस्राब्दी में महावीर के विशुद्ध अमिश्रित जैन धर्म पर प्रभाव डाला था।

जैसाकि पथ इतिहासकार इस्लामी ने सूचित किया है, सुल्तान इल्तुतमिश (1210-35) के शासनकाल में तुर्क-विजय के समय मध्यम वर्ग के असंख्य परिवार भारत में आये। उनमें काजी हमीदुद्दीन नागौरी, ख्वाजा कुतुबुद्दीन जैसे अनेक सूफ़ी प्रमुख थे। जहां तक ख्वाजा मुईनुद्दीन चिश्ती का प्रश्न है, उसके कनिष्ठ खलीफा अर्थात् हमीदुद्दीन नागौरी उर्फ सुल्तान-उत-तारिकीन (महात्यागी) ने नागोर में सूफ़ी धर्म के हेतु सेवा की। उसकी शिक्षाएं, अहिंसा के अलावा, जो तीन या उससे अधिक सदियों तक जैन अयाजक वर्ग के लिये प्रमुख आकर्षण का केन्द्र रहीं, वर्तमान में तेरहवीं सदी के जैन धर्म के परिप्रेक्ष्य में बहुत ही प्रासंगिक हैं।

एक त्यागी की अर्हताएं

सुरर-अस-सुदुर – सूफ़ी हमीदुद्दीन नागौरी के संवाद या वार्तालाप की पुस्तक के अनुसार, एक बार जब महान् ख्वाजा (अर्थात् उसके गुरु) अजमेर के किले (अर्थात् तारागढ़) में

मौजूद थे और जब एक दरवेश (भिक्षु या संन्यासी) ने एक त्यागी की अर्हताओं के बारे में पूछा तो ख्वाजा ने शेख हमीन को बुलाकर प्रश्नकर्त्ता को चिश्ती स्कूल के तरीकत के मुतालिक मुसलमानों के फायदे के लिए विस्तृत वर्णन प्रदाय करने को कहा। प्रथम उसे कमाई नहीं करना चाहिए। दूसरे, उसके ऋण अपने ऊपर नहीं लेना चाहिए। तीसरे सात दिन के उपवास के बाद भी उसको किसी को अपना यह राज नहीं बतलाना चाहिए, न ही किसी की मदद मांगनी चाहिए। चौथे, उसे यदि काफी तादाद में भोजन, पैसा, अन्न, कपड़ा दिया जाय तो उसे दूसरे दिन के लिये कुछ भी बचाकर नहीं रखना चाहिए। पांचवें उसे किसी को अभिशाप से ग्रस्त नहीं करना चाहिए। छठे, सुखमयता की स्थिति में उसे उसका श्रेय पीर (गुरु) की अनुकम्पा (शफकाज), पवित्र कार्य के शफात और सर्वशक्तिमान अल्लाह की कृपा (रहमत) को देना चाहिए। सातवें, यदि उसके द्वारा कोई अधार्मिक कार्य हो जाता है तो उसे अपशकुन मानना चाहिए और बुरे कामों से बचना चाहिए और अल्लाह से डरना चाहिए ताकि पुनः वह कार्य घटित न हो। आठवें, जब वह इस सीढ़ी पर पहुंच जाय तब उसे दिन में व्रत रखना चाहिए और रात्रि में प्रार्थना के लिये अरुणोदय के पूर्व (या तहज्जुद) खड़ा हो जाना चाहिए। नवें उसको तब तक मौन बरतना चाहिए जब तक कि पैगम्बर मुहम्मद की "शरीयत" (पवित्र कानून) में निर्देशित नियमों के अनुसार बोलना अवश्यंभावी न हो जाय, क्योंकि बोलना हराम (प्रतिबंधित) है, और जब अल्लाह ताला की साख अर्जित करने के लिये शब्दोच्चारण जरूरी हो तब मौन रहना हराम है।

चीतल अपने युग का शेख

1224 ई॰ के कुछ समय बाद किसी एक अवसर पर लगभग पाँच प्रतिष्ठित सूफ़ी साधु दिल्ली में एकत्रित हुए, यथा नक्षबी शेख नजीबुद्दीन (सुल्तान इल्तुतमिश का दत्तकी पिता), शेख मुईनुद्दीन चिश्ती (अजमेरी), शेख जलालुद्दीन तबरेजी, शेख कुतुबुद्दीन बख्तियार (ऊशी) और शेख हमीदुद्दीन (धिल्लवी, बाद में नागौरी), उस समय के एक उपाख्यान का वर्णनकर्त्ता/कथक। जब प्रश्न उठा कि, "समय का शेख कौन हो सकता है और कौन (वास्तव में) है?", तब शेख हमीदुद्दीन ने टिप्पणी की कि "चीतल शेख-ए-वक्त" है। इस अर्थपूर्ण वाक्यांश को सुनकर दूसरे उपस्थित साधु शांत हो गये।[15]

15. "चीतल" एक मध्यकालीन सिक्का था जो पैसे के बराबर था और जिसे फ़ारसी और अंग्रेज़ी में गलती से "जीतल" लिप्यांतरित किया गया है। चीतल-धारक या आसामी जैन चैत्यवासियों के वे व्यावसायिक सूफ़ी प्रतिरूप या प्रस्थानी थे जिन्हें भारतीय सूफ़ीवाद के स्वर्णयुग में शेख हमीदुद्दीन त्यागी ने यंभ्य से संदर्भित किया है, जैसाकि हमें उसके मुलतान के सुहरावर्दी सिलसिले के साधु शेख बहाउद्दीन जकारिया के साथ शब्दों और पत्राचार के माध्यम से हुए विवाद का पता चलता है। सुहरावर्दियों को धन एकत्रित करने में कोई उज्र नहीं था बशर्ते उसे दान में विपुलता से खर्च किया जाता था।

नागोर में एक गृहस्थी के रूप में सूफ़ी हमीदुद्दीन

एक सूफ़ी ब्रह्मचर्य अविवाहित जीवन को स्वीकार नहीं करता; वह आवश्यक रूप से ब्रह्मचारी या अविवाहित नहीं होता। जैन धर्म योगियों का धर्म है इसलिए हमें यह देखने दीजिए कि क्या सूफ़ी हमीदुद्दीन, जो आचरण में एक शाकाहारी या निरामिष था और हिंसा का परहेजी था, जैनियों के प्रतिमाधारी क्षुल्लक श्रावक की अवस्था के अनुरूप था या उससे मेल खाता था।

सूफ़ी हमीदुद्दीन नागोर में सैयद वंश के लाडनूं के काजी परिवार की धार्मिक और बुद्धि वैभव सम्पन्न लड़की खादिजा माई के साथ कमी और अभाव या निर्धनता का सादा जीवन जी रहा था; वह स्वयं इस्लाम के दूसरे खलीफा हजरत उमर के फारूखी परिवार का प्रतिनिधि था। जब नागोर का गवर्नर खिन्ता सूफ़ी साहिब के पास जमीन का टुकड़ा और कुछ नकद देने के लिये गया तो उसने अजमेर के उस्ताद की चिश्ती आम्नाय की परम्परा में उसे अस्वीकार कर दिया। पुनः पाँच सौ चांदी के टके के साथ एक राजकीय अनुदान भी उस पर्दानशीं औरत की सलाह पर उस समय ठुकरा दिया था। पति का उत्तरीय फटा हुआ था और जिसके जर्जर शिरोवस्त्र (ओढ़ना या दुपट्टा) के कारण वह कुर्ती के पिछले हिस्से से अपना सिर ढांकने को मोहताज हुई थी और तब उसने कहा था — "मेरे पास स्वयं के द्वारा काते हुए सूत का दुपट्टा और तुम्हारे लिये तहमद है; तुम क्यों चिंता करते हो?" यह गृहणी अपनी गृहस्थी का कार्य स्वयं अपने हाथों से करती थी। दही-बिलौना, सूत कातना और गरीबों की आवश्यकताओं की पूर्ति करना उसका कर्त्तव्य था। इसने एक बनिया पंसारी के लड़के को दत्तक ले लिया था।

समूचे इस्लामी जगत् के इस महान् विवादी युग में प्राचुर्य और अभावग्रस्तता में कौन बेहतर है? – इस बात को लेकर सूफ़ी साहिब का ऊपर सन्दर्भित शेख बहाउद्दीन जकारिया मुल्तानी से इतना विवाद हुआ और इतना लम्बा पत्राचार चला कि उसका लड़का उत्तेजित हो नागोरी की जुमा नमाज में अनुपस्थिति को लेकर उसे दोषी मानते हुए एक बड़ा झगड़ा चुनने मुल्तान से सारे रास्ते चलकर नागोर आया। पावन पैगम्बर ने "फकीरी" (निर्धनता/अभावग्रस्तता) के अलावा किसी भी अन्य चीज में गर्व महसूस नहीं किया। उसका आह्वान था, "ओ अल्लाह! मुझे एक "मिसकीन" (निर्धन) की तरह जिन्दा रखना, मुझे मौत भी एक "मिसकीन" की देना, और कयामत के दिन भी मुझे "मिसकीनों" के साथ पुनर्जीवित करना।" सूफ़ी तारिकीनों के समाज में लोक या जहान या दुनिया का कोई भी सन्दर्भ वर्जित या निषिद्ध था। वह (सूफ़ी) भौतिकता या सांसारिकता से इतना दूर था कि अपने लिए "कुजा" (मिट्टी का पात्र) भी नहीं खरीदता था। यदि कभी कोई "फुतुह" (बिन मांगी भेंट) उसे प्राप्त होती तो वह उसकी परवाह नहीं करता था; वह उसे

भूल जाता था, सो उसके खर्च करने का तो उल्लेख ही क्या करना। जहां तक "फुतुह" स्वीकार करने का सवाल था, वह कहेगा, "यदि मैं यह जानूं कि भेंट लाने वाला व्यक्ति मेरे द्वारा उसकी भेंट अस्वीकार कर देने पर दुःखी नहीं होगा तो मैं निश्चित ही उसे स्वीकार करने को मना करूंगा। चूंकि मैं अवगत या सजग हूं कि मेरा इन्कार उसके भावों को चोट पहुंचाएगा, तो मैं भेंट लेता हूं।" (तुलना कीजिए, अगली सदी में जिनप्रभ सूरि का आचरण)।

एक बार शेख बिना पगड़ी के नंगे सिर देखा गया। उसने अपनी पिछली रात का स्वप्न उद्घाटित किया कि "फरिश्ते असांसारिक या अलौकिक व्यक्तियों के नाम लिख रहे थे। जब वे मेरे पास आए तो उन्होंने अब तक मुझे चहार-गजी (चार गज की पगड़ी) बांधे पाया। यह सुनकर मैंने मेरी छोटी पगड़ी को सिर से गिरा दिया। इस पर वे मेरा नाम "असांसारिकों" की सूची में शामिल करने के लिए खुश हुए। जब मैं उठा, तो देखा। मैंने अपनी पगड़ी जमीन पर बिखरी पायी और पाया अपने सिर को नंगा।"

मलिक करीह एक तुर्की अफसर था, अनुमानतः एक स्थानीय गवर्नर, जो "मदद-ए-माश" अदा नहीं करता था, सिर्फ शेख स्वयं की उपस्थिति को छोड़कर। महान् शेख ने उसकी दाढ़ी पर हाथ फेरते हुए कहा, "यह उम्र प्राप्त हो जाने पर यदि मुझे अपना वजीफ़ा किसी दूसरे व्यक्ति से प्राप्त करना पड़ता तो तुम कह चुके होते कि तुर्क के दूर से दर्शन करने के बजाए, बाबा वजीफ़ा छोड़ देना बेहतर।"

सुल्तान-उत-तारिकीन और शाकाहारवाद

जैसाकि मांस खाना इस्लामी शरीयत में वैकल्पिक या ऐच्छिक है, शेख के अपने पोते और वारिस ने बतलाया कि बाबा ने उसकी मौत पर उसकी आत्मा की शांति के लिए मांस पेश न करने के लिए लोगों को व्यादेश दिया था। तबसे उसकी "उर्स" (सालगिरह) पर मांस पकाना निषिद्ध है और यह निषेध आज तक लागू है जो कि उलेमा वर्ग का बड़ा संताप है। *सुहरावर्दी नियम पुस्तिका,*[16] जो समान रूप से चिश्तियों को भी स्वीकार्य थी, बतलाती है कि पवित्र पैगम्बर ने, जो मांस खाते थे और जिन्हें यह पसन्द था, अपने आप मांस से परहेज कर लिया।[17] अठारहवीं सदी का प्रसिद्ध संत लेखक, मीर गुलाम अली उर्फ आज़ाद बिलग्रामी अहिंसा की प्रशंसा में कहता है कि सैयद महमूद अकबर ने कभी

16. अरबी अवारिफ-उल-मा-आरिफ तेरहवीं सदी व उसके बाद उदारता से चिश्ती शरणस्थलों या धर्मशालाओं में सिखाया गया।

17. अरबी अवारिफ-उल-मा-आरिफ, बगदाद के सुहरावर्दी शेख शिहाबुद्दीन (उर्दू तरजुमा)।

जीवित प्राणी को नहीं सताया। यह अब्दालों[18] का व्यवहार है जो किसी भी जिंदा प्राणी को नहीं मारते, न ही इंसानों को क्षति पहुंचाने वाले जानवरों, जैसे डंक मारने वाले बिच्छू, को सताते। संयोग से किसी साधु से एक चींटी को चोट लग गई, जिससे वह मर गई। इसका नतीजा यह हुआ कि उसकी (साधु की) दिव्य-दृष्टि जाती रही (*मा-आसिर-अल-किरम*, उर्दू तरजुमा, पृष्ठ 116)। ऐसी ही एक चींटी की कहानी सूफ़ी हमीदुद्दीन नागौरी के बारे में है कि एक चींटी रेंगती हुई कहीं दूर से आई और उसके कपड़ों पर चढ़ गई जिसे वह उसके रेंगने के मूल स्थान पर छोड़ आए (*सरूर-अस-सुदूर* पांडुलिपि)।

ख्वाजा उस्मान हरूनी (ख्वाजा अज़मेरी का पीर) के एक संदिग्ध मलफुजात (वार्ताएं) में वर्णन है कि "जिसने दो गायों (बैलों) को मारा उसने एक नर हत्या की, यदि चार बैल तो दो (नर हत्या), और यदि दस बकरे मारे तो उसने उसी प्रकार एक की नर हत्या की।" सूफ़ी हमीदुद्दीन के एक पालतू गाय थी जिसे कोई चोट लग गई थी। यह पाया गया कि वह (हमीदुद्दीन) उसके घावों (मरहम और पट्टी करते हुए) की मरहम-पट्टी कर रहा था। ठीक इसी समय एक हिन्दू कवि ने अधिक नजदीक पहुंचने पर जब उसे ऐसा करते देखा तो उसकी (कवि के) इरादतन हत्या या हिंसा के बारे में सारी गलतफहमियां या मिथ्या संकल्पनाएं काफूर हो गईं।

संक्षेप में एक सूफ़ी साधु जीवधारी (या मनुष्यत्व आरोपित) अहिंसा का प्रतीक था।

गैर मुसलमानों से सम्बन्ध

हमारे पास अल्प या लगभग कुछ नहीं है यह जानने के लिए कि सूफ़ी साहिब के गैर मुसलमानों या इस संदर्भ में जैनियों के साथ कैसे सम्बन्ध थे, सिवा उनके एक हिन्दू मित्र के जिसके बारे में उन्होंनें टिप्पणी की थी: "वह वली है" (अल्लाह का मित्र)। उसके एक बनिया परिवार से सम्बन्ध थे जिसका पंसारी-पुत्र बहुधा उसकी पत्नी खादिजा माई के पास उसके दत्तक पुत्र के समान आता था।

सूफ़ी संगीत (कव्वाली या समा, अर्थात श्रवण) या मौसिकी

सिर्फ यह बतलाते हुए कि काजी हमीदुद्दीन दो कठमुल्ला मुफ्तियों के "फतवा" के शिकार हुए थे, काजी सैयद और सुल्तान इल्तुतमिश के साम्राज्यीय दरबार में काजी साद और काजी इमाद नामक मुफ्तियों सुल्तान की मौजूदगी में उसकी सफल चुनौती और बगदाद में बचपन के दिनों में उसकी काजी से पहचान, हम काजी हमीदुद्दीन नागौरी और ख्वाजा

18. सूफ़ी संतों के संत तंत्र में एक अब्दाल को दूसरा स्थान प्राप्त है; सूफ़ी हमीदुद्दीन नागौरी को इतिवृत्तों और अभिलेखों में अब्दाल कहा गया है, और यह ओहदा शायद "थुल्लक" या "सिद्ध" से समता रखता है।

कुतुबुद्दीन ऊशी जैसे दो कट्टर समर्थकों के माध्यम से तुर्कियों की राजधानी दिल्ली में कव्वाली संगीत का लोकव्यापीकरण देखते हैं। इसका इतना अधिक लोककरण हुआ कि अगली सदी में कव्वाली, वस्तुतः एक कलाविधा बन गई। इसमें कवि-प्रवर या राज-कवि हजरत अमीर खुसरो, जिन्होंने उनके महान् गुरु और कव्वाली संरक्षक दिल्ली के हजरत निजामुद्दीन औलिया के संरक्षण में इण्डो-पर्सियन संगीत में कला कौतुकी हासिल की थी, ने इसमें विशेष योगदान किया। यहां तक कि काजी हमीदुद्दीन नागौरी की कव्वाली का स्तर दो सूफ़ी श्रोताओं काजी का दिल्ली में स्वयं को सूफ़ी संगीत-शास्त्र में सहकर्मी ख्वाजा कुत्ब और सूफ़ी हमीदुद्दीन नागौरी का सबसे बड़ा पुत्र शेख अजीज़, जो ओसवाल श्वेताम्बरों की नगरी सवालाख में नागौरी का उत्तराधिकारी भी था, के "आध्यात्मिक समापन" के लिये जिम्मेवार था। कव्वाली के परवर्ती समय में इस घटना ने बीसवीं सदी तक निरन्तर प्रभाव बनाये रखा और रैहिनी दादा, जिसके स्मारक को आज भी पन्नालाल के पुत्र (स्व.) राजमल चौधरी के घर में अति जतन से सुरक्षित रखा हुआ है, की अंतरंगता व भाईचारे की वजह से सामान्य रूप से जैनियों और विशेषकर नागोर के ओसवालों पर बहुत ही अधिक प्रभाव पड़ा।

शेख फरीदुद्दीन उर्फ चकपर्रन

अब हम आते हैं सूफ़ी तारिकीन साहिब के पोते/नाती पर, जो कव्वाली-प्रेमी था और अपने पिता की आध्यात्मिक विदाई के बाद उनके आसन, जो महान् शेख द्वारा रिक्त हुआ था, पर बैठा। नागोर के चिश्तिया सिलसिले (संघ) का शेख फ़रीद दूसरी सदी (चौदहवीं) में दिल्ली के विद्वान्-शैक्षिक बादशाह मुहम्मद तुगलक का प्रिय सूफ़ी योगी था। वह खरतरगच्छ को महान् जिनप्रभ सूरि, जो हांसी होता हुआ दिल्ली जाते वक्त नागौर से गुजरा था, का भी समान रूप से प्रशंसक था। अब हम यह अभिलेखित करने के लिए श्रम कर रहे हैं कि सूरि के राजस्थान के चिश्ती प्रतिरूप पर विशेष अनुकम्पा प्रदत्त की गई थी। उसके शीघ्र पूर्व के पूर्वगामी के कब्रिस्तान के संदर्भ में भी ऐसा ही किया गया था जिसके फलस्वरूप वह महान् ऐतिहासिक प्रकृति का एक महान् स्मारक या यादगार बन गया। फ़रमानों और अभिलेखों पर आधारित कहानी शुरू होती है तुगलकी स्थापत्य शैली में बने बुलन्द-दरवाजे से जो, टक राजपूत वंश के खानजादों में प्रथम स्वशासी मुस्लिम शासक शम्स खान दनदानी द्वारा बनायी गई शुक्रवारी मस्जिद (जुमा मस्जिद) के खड़े होने के पूर्व शहर की सजावट का एक महान् स्रोत था। खानजादों ने पन्द्रहवीं सदी के प्रथम दशक में अपना शासन शुरू किया था और शेख फरीद के पोते को सुल्तान की पुत्री बीबी रस्ती ब्याही गई थी तथा उसे नागोर के पास देह गांव अनुदान में दिया गया था जहां राजकुमारी एक साधारण छत, जो उसके सुसराल वाले उसके लिए मुहैया

करवा पाये, के नीचे दफन पड़ी है। विवाह की रस्म सुल्तान की नई राजधानी दक्खन में दौलताबाद (पूर्व की देवगिरी) में हुई थी जहाँ से गंभीर दार्शनिक महत्त्व के विषय पर विचार-विमर्श के लिए जिनप्रभ सूरि को बुलवाया गया था।

खातू का शेख अहमद खट्टू

अब हम उत्तर भारत में जैन धर्म की सूफ़ी पृष्ठभूमि के वर्णन का समापन करने के लिए नागोर क्षेत्र (खट्टू) में खातू के मगरीबी संघ (सिलसिला) की ओर घूमते हैं। मगरीबी सिलसिला बाबा या दिल्ली के बाबू इशाक द्वारा खातू में उत्तर अफ्रीका के मोरक्को से लाया गया था जहां इसे मगरीब या पश्चिम कहा जाता था ठीक वैसे ही जैसे हम दक्षिण के लिए दक्खन (दक्षिण) और मराठों के लिए दक्खिनी शब्द का प्रयोग करते हैं। उसका दत्तक लड़का, दिल्ली का अहमद (जो अपने घर दिल्ली से प्रचंड अंधेरी या काली हवा द्वारा अर्थात् नागोर जिले के डीडवाना में कारवां के द्वारा उड़ा ले जाया गया था और जो शाह अहमद खट्टू अर्थात् खातू के नाम से जाना जाता था) क्रूर आक्रान्ता अमीर तैमूर का समकालीन था जिसकी सेना के साथ वह दिल्ली से पकड़े हुए असंख्य हिन्दू और मुस्लिम कैदियों को छुड़ाने के इरादे से समरकन्द चला गया था। वह अन्ततोगत्वा गुजरात की नई राजधानी अहमदाबाद की नींव डलने के पहले सरखेज में बस गया था। अपने गुजरात में ठहराव के लगभग 50 वर्ष में इस महान् संत ने पन्द्रहवीं सदी की पृष्ठभूमि में अहिंसा और ब्रह्मचर्य का पालन किया। उस बारे में उसकी वार्ताओं का संकलन (मलफुज) एक महत्त्वपूर्ण आधार ग्रंथ है। यहीं गुजरात में श्वेताम्बर लोंकाशाह कट्टरपंथी मूर्तिपूजक समाज के विरुद्ध उठ खड़ा हुआ और असनातनी या अशास्त्रीय स्थानकवासी जैनियों के लिए मालवा सल्तनत के हिस्से बुंदेलखंड के तरन-तारन ने एक उदाहरण पेश किया। कट्टरपंथी जैन धर्म के विरोधी इन दोनों अलोचकों का यथास्थान वर्णन किया जाएगा। फारसी *मिराकत उल वसूल इल्लाही वार-रसूल* (उर्दू तर्जुमा) के आधार पर अब प्रतिमा श्रावक से समता रखने वाले शतवर्षीय अहमद खट्टू से सम्बन्ध चरित्र का वर्णन प्रस्तुत है।

शेख अहमद काव्य-रसिक व्यक्ति था। वह हिन्दी, फारसी और अरबी में कविताएं लिखता था। गाने के लिए उसकी आवाज मधुर, सुरीली थी, और एक औरत, जिसने उसको बुरी तरह मोह लिया था, के "सोहैल" सुनने के लिए उसके पास दत्तचित्त कान थे। औरत की खातिर जवानी में एक बार वह सीढ़ी वाले कुएं की जिस सीढ़ी के किनारे बैठा था वहाँ से वह गिर भी गया था। उसके बाद उसके द्वारा नियमित "समा" या सूफ़ी संगीत (कव्वाली) में रुचि लेने के कोई उदाहरण नहीं मिलते।

जहां तक उसके चरित्र का सवाल है, शेख अहमद गैर-मुसलमानों में लोकप्रिय था।

परन्तु नागोर या गुजरात में विशेषकर जैनियों में, उसके सम्बन्धों का कोई प्रकरण उद्धृत नहीं है। सामाजिक मामलों में उसका रवैया (अभिवृत्ति), विशेषकर गरीब और दरिद्र वर्ग के लोगों के साथ, दयालुता और उदारता का था। खासकर कोई भी औरत उसके पास से खाली हाथ नहीं लौटी। एक बार जैसलमेर में उसने एक भिक्षाजीवी या कंगाल को अपनी पगड़ी का आधा हिस्सा फाड़कर दे दिया ताकि वह उसे बेचकर अपनी जरूरत पूरी कर ले। शेख अहमद ने गुजरात के जोगियों और कोलियों की मदद की और परिपुष्टों या बिगड़ैलों को उपहार लौटा दिये जिनमें गुजरात के जैन अभिजात-तंत्र के प्रभावी वर्ग के भी कई सदस्य होंगे, जिनका प्रचुर वर्णन फारसी इतिहास में मिलता है।

अहिंसा

अब हम जैन धर्म और सूफ़ीवाद के आम लक्षण या गुण या विशेषता पर, अर्थात् अहिंसा पर, आते हैं। जिस अहिंसा या अ-चोट को शेख व्यवहार में लाया उसका श्रेष्ठतम प्रदर्शन या निरूपण या निदर्शन या प्रतिपादन हमें पक्षियों और चौपायों के प्रकरण में मिलता है। छोटा गोरैया पक्षी भी उसके सिर या घुटनों पर बैठ जाया करता था। उसके परिचारियों को यह सख्त हिदायतें थीं कि वे यह देखें कि इन पंखधारियों के छोटे-छोटे बच्चों के साथ कौऐ छेड़छाड़ न करें, और शेख स्वयं भी अपने दंडे से कौओं को भागते पाया गया था। एक बार वह एक घायल चील (शिकारी-पक्षी) को लाया, उसे अपनी देख-रेख या देखभाल या परिचर्या में रखा, और जब तक वह ठीक नहीं हो गई और उड़ नहीं गयी तब तक उसे शाकाहारी खुराक दी। एक बार कोई एक जलपक्षी पेलिकन या हवासिल या गगन बड़ लाया जिसके पंख उखाड़ दिये गए थे। शेख ने उस लाने वाले को उस पक्षी की कीमत अदा की, और उसके लिए पंख आ जाने तक उसके भोजनार्थ मछली का प्रबन्ध किया; उसके ठीक हो जाने पर उसे जंगल में छोड़ दिया गया। एक बार एक सिपाही कुत्ते को लेकर आया; और कुत्ता वापस उसके साथ जाने को तैयार नहीं और वह उसे छोड़ने को तैयार नहीं। कुत्ता आखिर नहीं गया। यह वफादार जानवर हर रोज़ शेख की देहली पर बैठता था और शेख जानवर-पहरेदार/संतरी/गारद के लिए रोज़ की भोजन की व्यवस्था करता था। यह प्रहरी शेख के घर आने वाले दर्शनार्थियों या मेहमानों/आगंतुकों को वापस उनके घरों तक छोड़कर आता था, और शेख की जागीर के गांव उतेलिया के मवेशियों की चौकसी रखता था। मरिकात (वार्ताओं की पुस्तक) में एक ऐसी गाय की कहानी का वर्णन है जिसे शेख का कोई भक्त दान में दे गया था जिसे शेख ने उसे भेंट कर दी थी जो उसे किसी कसाई को बेच देने का गुनाहगार था। किसी प्रकार यह गाय कसाईखाने से छूटकर वापस आकर शेख की सराय (खनका) में आकर चिल्लाने लगी और उसके पीछे-पीछे उसे लेने के लिए कसाई भी भागता हुआ आया परन्तु

जिसकी अनुमति शेख ने नहीं दी। कसाई को उसने उसकी कीमत दे दी और उसे अपने मवेशियों के झुंड में शामिल कर लिया। एक दिन शेख ने देखा कि उसके जमात-ए-खाना (सम्मेलन शाला) में एक पंडुक या फाख्ता चरता हुआ आ गया है; उसने कबूतर समान जीव की कल्पना कर उसके लिए हर रोज़ उस स्थान पर अन्न-दाने बिखेरने की व्यवस्था की जहां अनाज के दाने खाने के लिए उसके अन्य साथी आते थे। मिरकात में यह भी उल्लेखित है कि शेख उसके स्वयं के हाथों से नियमाधीन बलि के पशु का भी वध नहीं करेगा, और न ही वह रक्तादि कृत्य का दृश्य सहन करेगा। धार्मिक कर्त्तव्य के निष्पादन हेतु वह नकद कीमत (गरीब को) देगा या मौलाना अब्दुल कासिम[19] वास्तव में कार्य का संपादन करेगा।

शेख, जो धैर्य और दीनता का महान् पोषक था, वास्तव में अपने आप में विनम्र मानवीकृत (जीवधारी) था। उसे कभी भी अपना धैर्य खोते नहीं देखा। सूफ़ी होने के नाते सार्वत्रिक या वैश्व भाई-चारे में उसका विश्वास था। (यह धर्म वैधानिक जैन धर्म से समता रखता था), और गैर-मुस्लिम परिवारों (शायद अवर्णित जैनियों से भी) से उसके मैत्रिक या सौहार्दपूर्ण सम्बन्ध थे। उसे योगियों और ब्राह्मणों से भी अपने विचारों के आदान-प्रदान का मौका प्राप्त हुआ था। अस्पृश्यता में विश्वास न रखने के कारण उसे अपनी जवानी में एक मोची (चमार) के लड़के के साथ कुश्ती परीक्षा की चुनौती स्वीकार करनी पड़ी। हिन्दू समुदाय (अनुमानतः जैनियों को सम्मिलित करते हुए) का सूफ़ी संतों के साथ अच्छा व्यवहार था; वे आदर-सत्कार, मान-सम्मान देते थे और स्वयं शेख के साथ स्नेह और आदर का बर्ताव करते थे। उसकी अधेड़ उम्र में जब वह बड़े और छोटे पुरुषों और महिलाओं के साथ 1389 ई॰ में हज यात्रा पर जा रहा था, तब, उदाहरणार्थ, एक हिन्दू महिला ने उसे अपने परिवार के सदस्यों की अनुपस्थिति में अपने घर ठहराया था, और एक गांव के राय मांडलिक ने उसके इलाज के लिए खुले हाथों पैसा खर्च किया था। दूसरी बार उसकी मेजबान एक गरीब महिला थी। विशषकर व्यापारी (बनिया) वर्ग के लोगों के भी उसके साथ घनिष्ठ सम्बन्ध थे (विस्तृत वर्णन के लिए देखिये *मिरकात,* पांडुलिपि, कलकत्ता और पी॰एम॰एस॰ लाइब्रेरी, अहमदाबाद; उर्दू अनुवाद और *मालफुजात साहित्य,* डॉ॰ जेड॰ए॰ देसाई का अंग्रेजी में व्याख्यान, खुदाबख्श लाइब्रेरी पटना)।

जब-जब जोगी लोग शेख से मिले, तब-तब उन्होंने उसे कीमियाणिरी अर्थात् साधारण धातु को सोने में परिवर्तित करने की कला सिखाने के लिए तत्परता बतलाई। परन्तु शेख ने इस प्रस्ताव को यह कहकर ठुकरा दिया: "एक दरवेश (मुस्लिम साधु) के

19. पाडुलिपि, पृष्ठ 22-23, रूपान्तर, पृष्ठ 89-91.

लिए संतोष और सांसारिक इच्छाओं का अभाव ही अपने आप में सोना है।" (वही, 53-55, 103-04; III, 196-98, 209 भाषान्तर)।

वास्तव में अहिंसा के सिद्धांत वाले अद्‌भुत व्यक्तित्व के शेख अहमद खान, जिसे बाबू इशाक[20] ने प्रशिक्षण दिया था, चौदहवीं और पन्द्रहवीं सदी के मध्य में जिसे सूफ़ीवाद का स्वर्ण युग कहा जा सकता है और जब चौदहवीं सदी में सूफ़ीवाद अखिल भारतीय आंदोलन के रूप में विकसित हो गया था, लोगों द्वारा एक महान् आध्यात्मिक शक्ति के रूप में पहचाना जाने लगा था। उसने न देखे, न सुने, व्यापारी जैन समुदाय से घनिष्ठ सम्बन्ध स्थापित कर लिए थे; सिर्फ कुछ जैन श्रावकों के नाम दरगाह माला, दरवेश शेख[21] और औलिया साह में वर्णित है जो पीर या भारत में सुहवर्दिया (पंजाब-सिन्ध) और फिरदौसिया (बिहार) संघों और सत्तारिय (गालवा) या कादरिय। की तुलना में चिश्तिया[22] सम्प्रदाय के अधिक साधुओं के नजदीकी सम्पर्क में थे। कादरिया तो आगरा के सिकंदर लोदी के समय हाल ही में आया था। जैन समुदाय के साथ ही हम कुछ उन सूफ़ी अभिमुखित नामों के सम्पर्क में भी आते हैं जो राजपूत बच्चों में पाये जाते हैं जैसे शेख के नाम पर शैख या शेख लड़के के लिए – जिसका अर्थ होता है वृद्ध व्यक्ति या पीर – जैसाकि राजस्थान में कहा जाता है और जिसका आशय है शेख सन्त ने उस प्रांत या उस राज्य के एक भाग को शेखावटी (अब फतेहपुर-झुनझुन और सीकर) नाम दिया, और इसी प्रकार प्रसिद्ध मेड़तिया राजपूत जाति की कवयित्री मीरा – कृष्ण की भक्त – जिसकी शादी मेवाड़ के सिसोदिया खानदान में हुई थी और जिसके प्रेरक-गीत आज भी उत्तर भारत के हिन्दी राज्यों में श्रद्धापूर्वक पढ़े, गाये और पढ़ाये/सिखाए जाते हैं; और मीरा शाह मुगलकालीन एक मशहूर सूफ़ी संत का नाम है जो मेड़तिया राजपूत माता-पिता ने इस नाम के महान् पोशीदा इल्म वाले सूफ़ी योगी में विश्वास और भक्ति या श्रद्धा अभिव्यक्त करने के लिए अपनी बच्ची को दिया था।[23]

हमारी समन्वित, समष्टिगत, सामासिक या संश्लिष्ट संस्कृति अंशतः 1200-1800 ई० के बीच जैन-हिन्दू-मुस्लिम पुनर्मेल की ऋणी है और स्वतंत्रता के बाद के अरसे में जिसका अध्ययन करने हेतु आवश्यकता के अनुरूप कई सक्षम विद्वान् प्रेरित हुए जिसके लिए इस

20. दरवेश जिसका अंग्रेज़ीकरण दरविश-मुस्लिम संत।

21. शेख जैसा ही जो शेखावत या शेखावटी की ओर प्रेरित करता है।

22. औलिया औलिया के लिए – फारसी (अरबी) "मित्र" (ईश्वर का) – सूफ़ी संत, उदाहरणार्थ दिल्ली का निजामुद्दीन औलिया जिसने चिश्तिया सिलसिले को अखिल भारतीय पंथ के शिखर तक उठा दिया (जे०जी० प्रा० संग्रह II,पृष्ठ 58, 59, 74)।

23. जैनियों की सूफ़ी अनुस्थापित नामावली के लिए, देखिए *जैन ग्रंथ, प्रशस्ति-संग्रह*। बच्चों के राजपूत नामों के लिए, देखिए *खिंची चौहान हिस्ट्री*, 1990, इन्द्रोक, जोधपुर।

लेख में स्थानाभाव है और इसलिए हम अब जैन धर्म के उस पक्ष की ओर मुड़ते हैं जिसे जैन-सल्तनत सम्बन्ध कहा जाता है।

जैन-सल्तनत सम्बन्ध

मुहम्मद-बिन-साम उर्फ शिहाबुद्दीन गोरी द्वारा उत्तर भारत की प्रथम विजय की प्रतिक्रिया थी – अनेक दिगम्बर जैन संतों और विद्वानों का व्रजन या प्रवास (प्रवसन, अभिगमन, देशांतरण)। मांडलगढ़ का आशाधर इनमें से एक था। वह धार आया और मांडो (मांडु नहीं) के प्रवेश या मुख्य द्वार नालछा में बसा जहां उसने नेमिनाथ स्वामी का मंदिर बनवाया और अपने विद्वानोचित क्रिया-कलापों का पुनरारंभ किया।

जैन धर्म पर सूफ़ी अवस्थिति की पराकाष्ठा का तब सही भान होगा, जब हम गुजरात के लोंकाशाह (पन्द्रहवीं सदी) और बुंदेलखंड मालवा के तरन-तारन की जीवन-वृत्तियों का अध्ययन करेंगे और यह देखेंगे कि वह किस प्रकार परम्परानिष्ठ, कट्टरपंथी आचार्यों से असहमत हुए और कैसे उन्होंने आगम साहित्य में मूर्ति-पूजा के लेश (संकेत, इशारा) का खंडन किया।

लगता है आशाधर ने कम उम्र में ही अपने परिवार के साथ राजस्थान से मालवा को प्रवास किया था और विजय वर्मा (विंध्य वर्मा) के शासनकाल में संस्कृत शिक्षा के महान् केन्द्र धार में पहले बसा था जहां उसे "कलियुग का कालिदास" कहा गया। वास्तव में राजस्थान का नुकसान, अप्रत्याशित, अनपेक्षित, अनुमानित मालवा का नफा था, जहां सम्राट् अर्जुनदेव के राजगुरु, दिगम्बर मुनि व मदनकीर्ति उर्फ बाल सरस्वती के अपने आप को आशाधर का मुख्य शिष्य कहकर सम्मानित किया। अब अज्ञात कारणों से आशाधर ने परमार राजाओं के एक अन्य महत्त्वपूर्ण केन्द्र नालछा जाने का निर्णय लिया जहाँ उसने मौजूद तीन कृतियों – *सागरधारामृत* (1228 ई॰), *अंगारधारामृत* (1239) और *जिनयज्ञ कल्प* (1243), जो जैन विद्वता (पांडित्य) के स्मारक (यादगार) माने जाते हैं, में से दो की रचना की।[24]

हमें फारसी इतिहास, विशेषकर हसन निजामी की *ताज-उल-मासिर* से पता चलता है कि अजमेर और दिल्ली विजय के बाद तुर्की साम्राज्य का पूर्वी समतल (क्षैतिज) फैलाव हुआ, जब 1196 ई॰ में मुहम्मद-बिन-सम (शिहाबुद्दीन गोरी) ने एक समृद्ध, सम्पन्न जैन केन्द्र त्रिभुवनगिरि या ताहनगढ़ (बयाना के पास) पर हिज़री 572 में धावा बोला; और जहाँ

24. *जैन हितैषी*, 5/10; *जैन ग्रंथ प्रशस्ति संग्रह*, 1, पृ॰ 8-9; *जैन साहित्य और इतिहास*, पृ॰129; *अनेकान्त* 3/2, पृ॰ 669-76 और पृ॰ 697-706.

हम *जिनदत्त चरित*[25] के लेखक कवि लक्ष्मण या लाखू के सम्पर्क में आते हैं, जिसे आशाधर (उक्त) के समान अपना घरु शहर छोड़ने को बाध्य होना पड़ा और यत्र-तत्र भटकते हुए बिलरामपुर (एटा जिला, उत्तर प्रदेश) में एक श्रीधर परिवार के यहाँ शरण लेनी पड़ी जहाँ उसने अपने आप को सुखकर पाया। फिर वह चौहान साम्राज्य की राजधानी रायबद्दिया (रायभा), आज जमुना किनारे की रापरी, को प्रवासित हुआ जहाँ तब राजा आहवमल्ल का शासन था। वहाँ उसने चौहानों के मुख्यमंत्री कृष्णादित्य, जो प्राचीन नगर-सेठियों के लमेछु गोत्र वाले परिवार का था, के संरक्षण में अपनी दूसरी पुस्तक *अनुवायरायनापाइव* की ई॰ 1256 में रचना की।

जहाँ तक ताहनगढ़ के उन जैन-व्यापारियों का सम्बन्ध है जो अपने जान-माल के लिए भाग गये थे, उन्हें अन्य स्थानों के साधन-सम्पन्न व्यापारियों के साथ सुल्तान मुहम्मद गोरी के तुर्की गवर्नर बहाउद्दीन तुगरिल के द्वारा निर्जन हुए स्थान को पुनः बसाने हेतु बुलवाया गया जो दोनों पक्षों – (नये) शासकों और (पुराने) शासितों के हित में था। भारत के बाहर खुरासन से लोगों को आमंत्रित किया गया, और यह प्राचीन भारत, जो तुगरिल द्वारा शासित था और जिसने पूरब में कालिंजर तक धावे बोले थे, एक बार फिर से तेरहवीं सदी के मध्य और चौदहवीं सदी के प्रथम अर्द्ध भाग में अपने सामान्य जीवन को लौट आया। इस वक्त कई जैन मुनि और आचार्य वहाँ बस गये। यह वही स्थान है जहां माथुर संघ के उदयमुनि के प्रधान शिष्य और भट्टारक बालचंद मुनि के शिष्य विनयचन्द्र ने राजा कुमारपाल के भतीजे राजा अजयपाल के बगीचे में *चुनरीरास* की रचना की थी और त्रिभुवन पहाड़ी की तलहटी में *निर्झर पंचमी कथारस* की भी। इससे लगता है कि पुनर्मेल की प्रक्रिया के अन्य स्थानों, जैसे अजमेर और दिल्ली (जिनके बारे में तत्काल आगे देखेंगे), के समान ताहनगढ़ में भी संतोषजनक परिणाम निकले।

अब हमें दिल्ली की पट्टावलियों का सूक्ष्म परीक्षण करने दीजिए ताकि हम पूर्व की तोमरों की राजधानी दिल्ली में, जो अब तुर्की साम्राज्य की महानगरी है और जिस साम्राज्य का गंगा-यमुना की घाटी के मध्य-पूर्व में बंगाल तक विस्तार हुआ, जैन गतिविधियों की झलक पा सकें। जो राजावलियाँ और वंशावलियाँ हाल ही में प्राप्त हुई हैं उन्हें 1248 ई॰ के खरतरगच्छ की अद्भुत *गुरुवावली* का भी समर्थन था। इससे यह पता चलता है कि खरतरगच्छ के जिनचन्द्र सूरि का, जो जिनदत्त सूरि का शिष्य था, दिल्ली के पास के गाँव में न केवल जैन समुदाय की श्रावक जनता ने स्वागत किया, वरन् तब शासन कर रहे तोमर राजा मदनपाल ने भी उसके पदाधिकारियों सहित उसकी सैनिक सम्मान के साथ अगवानी की। उसका प्रवचन सुनने के बाद मदनलाल ने उसे अपनी राजधानी

25. जे॰एस॰भास्कर (डायमंड जुबली वाल्यूम) 23/1; *अनेकान्त* 8,8-9; *जे॰जी॰प्र॰ संग्रह*, 2, पृ॰ 67-70, 116-17.

दिल्ली की शोभा बढ़ाने का निवेदन किया। सूरि का दिल्ली-प्रवेश महान् जय-जयकार और प्रख्याति से मनाया गया; बादशाह स्वयं संत के साथ जुलूस में चला था। सूरिजी ने राजा की इच्छा स्वीकार कर चातुर्मास (बरसाती पड़ाव या शिविर) वहीं किया और वहीं उसका देहावसान भी हुआ था। कुतुब-मीनार (विजय का बुर्ज या लाट) के पास ही महरौली के पास ग्राम में, जहाँ मीनार और कव्वाली-ख्याति का सूफ़ी संत कुतुब साहिब दफन है, के समीप सूरी का स्तूप है जो आज भी मौजूद है। लगभग पिछले 100 वर्षों से स्तूप तीर्थगाह (तीर्थाटन) बना हुआ है।[26]

तोमरों की इस जैन पीठिका वाली राजधानी दिल्ली को शहाबुद्दीन गौरी ने तीन दशकों में अजमेर विजय के उपरांत अपने सेनापति ऐबक को सौंप दिया जिसने इसे मुहम्मद गोरी की मृत्यु के उपरांत सन् 1208 ई॰ में अपने राज्य का मुख्यालय बनाया। चार वर्षों बाद उसकी मृत्यु हो गयी। सुल्तान इल्तुतमिश ने दिल्ली का एक महानगर के रूप में विकास किया। इस प्रकार चन्द्रगुप्त मौर्य और उसके जैन मार्गदर्शक भद्रबाहु के व्यवहार व सिद्धांत के अहिंसा-समर्थक युग के लगभग डेढ़ हजार वर्षों उपरांत इस नव-स्थापित तुर्क साम्राज्य ने इस उपमहाद्वीप का अधिकांश क्षेत्र अधिकृत कर लिया। फिर भी अहिंसा या अचोट का आध्यात्मिक ध्वज तेरहवीं से पन्द्रहवीं सदी के मध्य लगभग तीन सौ वर्षों तक सूरियों और सूफ़ियों के मिश्रित प्रयत्नों से ऊंचा फहराता रहा और इसी वजह से इस युग को जैन-सूफ़ी आन्दोलन का स्वर्ण युग कहा जाता है।

सुहरावर्दिया या चिश्तिया सूफ़ीवाद का प्रबल समर्थक सुल्तान शमसुद्दीन राजपूतों के विरुद्ध अधिक प्रगति नहीं कर पाया। परन्तु उसने सल्तनत को मजबूत नींव पर छोड़ा। बाद में गियासुद्दीन बलबन ने उसे और सशक्त किया। परन्तु वह राजपूतों के विरुद्ध अभियान ले जाने के खिलाफ था, क्योंकि चंगेज़ खान के वंशज मुगलों (मंगोलों) का उसे भय था। उनके क्रूर बर्ताव से मध्य एशिया में शासन कर रहे कई मुखिया दिल्ली में संरक्षण हेतु उसके पास आ रहे थे। जब मुहम्मद गोरी और सुल्तान कैकुबाद के मध्य लगभग एक सदी गुजर गई, तब खिलज़ी साम्राज्यवाद के घेरे में अनेक नये क्षेत्रों को लाने के लिये नवीन विजय-अभियानों और सहिष्णुता, धर्मान्तरण, भ्रातृत्व और भारतीय समाज में तुर्की अनुक्रम में रोज़गार और ऊंचे पदों पर अस्पृश्यों[27] के अन्त्यज वर्ग के लोगों को स्थान व उनकी तरक्की दोनों प्रक्रियाएँ साथ-साथ चलीं। सूफ़ियों में यह समय ख्वाजा निजामुद्दीन औलिया और राष्ट्रकवि हज़रत अमीर खुसरो का था। खुसरो की देश-भक्ति

26. *खरतरगच्छ गुरूवावली*।

27. कफूर (मालिक नायब) और खुसरो खान दोनों गुजरात के परिवार के उदाहरण हैं। खुसरो ने तो अलाउद्दीन के उत्तराधिकारी को खत्म करने के बाद सिंहासन ही हड़प लिया था।

उसके स्वयं के सुप्रसिद्ध और बारम्बार उद्धृत चरणार्द्ध या अर्द्धपद में बेहतर अभिव्यक्ति पाती है जिसमें वह अपने आप को "हिन्दुस्तान-ए-तुर्क" कहता है और जो फारसी के विरुद्ध हिन्दवी को प्राथमिकता देता है। अपनी बोलने और लिखने की भाषा में वह ईरान और तूरान[28] के अनेक कवियों को मात देता है। अलाउद्दीन राजपूत विरोधियों में सबसे बड़े विरोधी रणथम्भौर के चौहान हम्मीर ने अपने अथक् प्रयासों से जैनियों और हिन्दुओं को अपने घर-बार की रक्षा करने हेतु प्रेरित ही नहीं किया बल्कि उसकी लड़की को अलाउद्दीन की पत्नी बनाने से इंकार कर अपने सम्मान को बचाया भी। वह जीते जी तो उसकी लड़की को उसे नहीं ब्याहता। मौत के बाद भले ही यह संभव हो पाता। इसी वजह से उसने लोकप्रिय "हठी" का खिताब अर्जित किया। उसने अपने मुस्लिम शरणार्थियों को, जिन्होंने खिलज़ी सम्राट् के, जो अपने आपको सिकन्दर द्वितीय कहता था, के विरुद्ध बलवा किया था, सौंपने से इंकार कर दिया था। इसलिए आश्चर्य नहीं कि नयचन्द्र सूरि ने अपनी काव्य-प्रतिभा के लिए पुरानी विषय-वस्तु छोड़कर अपने प्रसिद्ध *हम्मीर महाकाव्य* के लिए रणथम्भौर का "राष्ट्रीय नायक" चुना। इसके द्वारा उसने शासन कर रही कौम का मस्तिष्क शुद्ध-स्वच्छ किया और यह बतलाया कि हम्मीर के पहले हुए सभी राजाओं में उसका चरित्र बहुत ऊंचा था। अलाउद्दीन और हम्मीर, निजामुद्दीन औलिया और अमीर खुसरो, और एक सदी बाद नयचन्द्र और विरम तोमर मध्य युग के प्रतिनिधि हैं जिनमें से प्रत्येक अपने क्षेत्र में माहिर हैं और उनमें से बाद के युग्म का वर्णन हम ग्वालियर में जैन धर्म वाले खंड में करेंगे। यहां हम गुजरात के अंतिम अलोकप्रिय, यदि घृणित नहीं, बघेल शासक कर्ण घेलो (पागल) को भगा देने हेतु अलप खान के तहत गुजरात में खिलज़ी अभियान (129) से शुरू करते हैं।

मुहम्मद गजनवी द्वारा अछूते गुजरात को असफलतापूर्वक मुहम्मद गोरी ने विजय करने की ठानी। यह राजपूत राज्यों में उत्कृष्टतम और धनी राज्य था और अलाउद्दीन ने अपने चाचा को गंगा के पानी पर कड़ा और मानिकपुर की मध्य धारा में मार डालने के बाद जो धन उसने कड़ा के राजकुमार गवर्नर की हैसियत से देवगिरी (दक्खन) से प्राप्त प्रचुर सम्पदा को हत्या के अपराध को धोने के लिए उड़ा दिया था, उसकी पूर्ति हेतु धन-प्राप्ति के उद्देश्य से उसने अपना जीवन यहीं से शुरू किया। उसकी उपलब्धियों का प्रशंसनीय वर्णन *नाभिनन्दन जिनोध्दार प्रबन्ध* में है, जिसकी रचना वि॰सं॰ 1393 (1336 ई॰) में हुई थी।

दिल्ली सल्तनत में शायद प्रथम बार अलाउद्दीन खिलज़ी ने प्रशासकीय उद्देश्यों से

28. उसके गुरु द्वारा प्रशिक्षित और दीक्षित अमीर खुसरो, खड़ी बोली हिन्दी का "आदि कवि" बाद की पीढ़ी के अबदुर रहीम खान-ए-खाना और आजाद बिलग्रामी के लिये एक अच्छा आदर्श उपस्थित करता है। ये तीनों ही मध्य युग में इंडो-मुस्लिम संस्कृति के श्रेष्ठ प्रतिनिधि थे।

गुजरात की जैन प्रतिभा यथा, ठक्कुर फेरु को नौकरी में टकसाल के अध्यक्ष के रूप में रखा। उसने *खनिजकी* (खनिज-विज्ञान) और मलिक काफूर पर *द्रव्य प्रकाश* नामक पुस्तक लिखी। मलिक काफूर वाराणसी के तांत्रिक ब्राह्मण राघवचेतन, जो अलाउद्दीन और मुहम्मद तुगलक के दरबार में जैन विरोधी मुलाकाती (आगंतुक) था, की चाणक्य-सी साजिश (चालबाजी या षडयंत्र) के बावजूद परवारी गुलाम के पद से प्रतिनिधि या मालिक नायब के पद पर पहुंच गया था और जो दक्खन का विजेता भी था। अलाउद्दीन के समान अभियानकारी (योद्धा) और विजेता की पूंजीपतियों के प्रति यह प्रवृत्ति उसकी स्थायी सेना के भरण-पोषण (संधारण) के लिए पूंजी की जरूरत को पूरी करने हेतु उभरी होगी जो आंशिक रूप से उसके द्वारा अपनायी गई आर्थिक युक्तियों से पूरी हुई। अब हमें जैन नियंत्रित गुजरात की विजय के बाद की उन घटनाओं की तरफ मुड़ने दीजिए जो साधारण जैन वर्ग को अनहिलवाड़-पाटन और दिल्ली में शासन कर रहे नये अधिकारियों के गहरे और प्रगाढ़ सम्पर्क में लाई।

कहानी शुरू होती है 1311 ई० में जैन मूर्ति को क्षतिग्रस्त किये जाने से। अलाउद्दीन के सम्पर्क में आने के बाद पाटन के ओसवाल श्वेताम्बर जैन समरसिंह ने उसकी मरम्मत करवाई थी। समरसिंह तुर्की अधिकारियों के जमादारों के अनुरक्षण में पाटन से सोरठ एक संघ ले गया था जिसका वापसी पर भव्य स्वागत भी हुआ था। इससे खिलज़ी विजय के दो दशक बाद परिस्थितियों में बदलाव आया और सन् 1313 में क्षतिग्रस्त हुए पालिताना के शत्रुंजय मंदिर के लिए गुजरात के गवर्नर अल्प खान ने न केवल उसकी तत्काल मरम्मत के आदेश दिए थे परन्तु बड़ी उदारता से उसके फ़रमान द्वारा रत्नों की एक दान-मंजूषा भी दी गई थी। समरसिंह ने अपने तईं 1315 ई० में लम्बे और बहुत अनुष्ठान और तड़क-भड़क के साथ उसकी मरम्मत करवाई थी।

जैन श्रीमाल व्यापारी लगभग समूचे उत्तर भारत में फैले थे। उन्होंने सन् 1314 ई० में दर मारवाड़ के फलौदी मन्दिर के लिए लगभग 300 गाड़ियों के साथ यात्रियों के तीर्थाटन का एक विशाल संघ निकाला था। दक्षिण के गहन ज्ञान और तप वाले महासेन के अलावा दिगम्बरियों में अलाउद्दीन के निकट के पूरणचन्द्र और अन्यों ने उसे काफ़ी प्रभावित किया था।

कुतुबुद्दीन मुबारक खिलज़ी ने समरसिंह को दिल्ली बुलवाया और उसे अपना व्यवहारी (बैंकर) बना दिया। 1318 में नागोर के ठक्कुर अचलसिंह ने कुतुबुद्दीन मुबारक से फ़रमान प्राप्त कर जयचन्द्र सूरी (1248-1319) और फेरू के नेतृत्व में हस्तिनापुर, कन्यानयन, मथुरा, आदि की यात्रा के लिए एक संघ-यात्रा का संचालन किया। जब वे दिल्ली के पास तिलहट पहुँचे तो प्रतिद्वन्द्वी द्रमकपुरीय पंथ के एक आचार्य ने सुल्तान

से यह शिकायत की कि जिनचन्द्र सूरि छाता (आतपत्र) और स्वर्ण-सिंहासन (एकमात्र सुल्तान का विशेषाधिकार) का उपयोग करता है। सुल्तान ने सूरि को बुलवाया और जब शिकायत की तो जाँच करने पर कोई तथ्य नहीं पाया गया, तब उसने प्रतिद्वन्द्वी शिकायतकर्ता की कैद के आदेश दिये। तथापि जिनचन्द्र सूरि ने फेरु की सहायता से अधिकारियों से अनुनय-विनय कर उसकी रिहाई प्राप्त की। उसके बाद दूसरे शासक गियासुद्दीन तुगलक ने समरसिंह के साथ लड़के-सा व्यवहार किया और उसे तेलंगाना (आंध्र प्रदेश) में प्रतिनियुक्त कर दिया और गियासुद्दीन के उत्तराधिकारी मुहम्मद तुगलक ने उसे भाई मान तेलंगाना का गवर्नर नियुक्त किया। इस हैसियत से समरसिंह स्थानीय हिन्दुओं के लिए बहुत ही उपयोगी सिद्ध हुआ। उसने दोनों तुगलक सुल्तानों पर प्रभाव डालकर वीर बल्लाल समेत अनेक युद्ध के कैदियों की रिहाई के लिए उन्हें राजी कर लिया। वीर बल्लाल को तो उसकी लम्बी कैद के बाद अपने घर पांड्य देश के राजा की हैसियत से लौटने की अनुमति दे दी गई। समरसिंह को तेलुगु देश की राजधानी

उरंगलपुर (अब वारंगल) में कई जैन मन्दिर बनवाने का श्रेय जाता है। ऐसा माना जाता है कि 1337 ई॰ के कुछ समय पूर्व उसका इंतकाल हुआ। वीर भल्ल की ओर से मध्यस्थता करने के लिए सुल्तान ने समरसिंह को राजा संस्थापनाचार्य की उपाधि दी थी। वि॰सं॰ 1393 (1336 ई॰) में कक्क सूरि ने *नाभिनन्द जिनोद्धार प्रबन्ध* की रचना की थी जिसका मुख्य विषय था – समरसिंह द्वारा जैन तीर्थंकर आदिनाथ की मूर्ति का संस्थापन (प्रतिष्ठापन)।

जिनप्रभ सूरि

एक लब्धप्रतिष्ठ जैन गृहस्वामी से हम पुनः गुजरात, जो इस युग में जैन क्रिया-कलापों और तुर्की सुल्तानों के लिये महत्त्व का केन्द्र था, के ही एक श्वेताम्बर साधु की ओर घूमते हैं। श्रावक और साधु दोनों ही संयुक्त रूप से जैन धर्म के हित और यश के लिए कार्यरत थे। हमने गुजरात और राजस्थान के श्वेताम्बर सम्प्रदाय के खरतरों की जिनपति सूरि (वि॰सं॰ 1277=1220 ई॰) की हमारे लेख के प्रथम खंड में पट्टावलियां रेखांकित की हैं, जो प्रथम खरतर जिनेश्वर सूरि से शुरू होकर विधि-मार्ग के संस्थापकों अभयदेव सूरि (जिन्-जगत् के महानतम विद्वानों में से एक), जिनवल्लभ और जिनदत्त सूरि उर्फ दादाजी – "एक महान् संचालक", को घेरती हुई सुल्तान इल्तुतमिश के शासनकाल में जिनपति सूरि (वि॰सं॰ 1277=1220 ई॰) की मौत पर खत्म होती है। जिनपाल ने *खरतरगच्छ पट्टावली* लिखी जो 1336 ई॰ तक के इन साधुओं के उत्तराधिकार के सिलसिले के हमारे ज्ञान का स्रोत है।

अलाउद्दीन खिलज़ी पूर्ण रूप से एक निरंकुश नरेश था जिसे धार्मिक मामलों में कोई

रुचि नहीं थी और हमें उसके शासनकाल के जैन धर्म की दशा के बारे में बहुत कम या कुछ नहीं सुनाई देता है, सिवा इसके कि उसके समय बमुश्किल कोई प्रतिष्ठित दिगम्बर जैन आचार्य उत्तर भारत में था, जबकि ब्राह्मण राघोचेतन, जिसका सुल्तान पर बहुत प्रभाव था, ने फरेब से जैन साधुओं की अनावृत्तता (नग्नता) के कारण उनके विरुद्ध उकसाहट जगाई। कहा जाता है, दिगम्बर जैन लोग दक्षिण को भाग गये, और आचार्य महासेन इस जैन-विरोधी अहितकारी (धूर्त) शत्रुता का प्रतिवाद करने दिल्ली आया और उसने धार्मिक वादानुवाद से ऐसा कर दिखाया जिससे अलाउद्दीन संतुष्ट ही नहीं हुआ बल्कि उसकी गहन विद्वत्ता और तप से काफी प्रभावित भी हुआ। दिल्ली का पूरणचन्द्र अग्रवाल भी अलाउद्दीन का मित्र था। साथ ही सुल्तान के नगर सेठ की हैसियत से उसने गिरनार की यात्रा भी की थी। काष्ठा और नंदि संघ के स्थापक माधवसेन और प्रभाचन्द्र का अलाउद्दीन ने क्रमशः सत्कार किया था, ऐसा कहा जाता है। दूसरे शब्दों में यह कहा जा सकता है कि पूर्व तुर्की युग में तोमर शासकों के दिनों से दिल्ली ने दिगम्बरियों के केन्द्र के रूप में अपनी पहचान बनाये रखी। दिगम्बर साधुओं की अनावृत्तता (नग्नता) ने तुर्की शासकों का विशेष रूप से ध्यान आकर्षित किया। अनावृत्तता के बारे में उनके विचार तनुकृत हुए खासकर तब जब "उत्सर्ग" के विरुद्ध अपवाद का सिद्धांत कमजोर हुआ। बसंतकीर्ति ने प्रथम बार इस पर आचरण किया था। उसे सुल्तान मुहम्मद गोरी के अंतःपुर की बेगमों की अनावृत्त (नग्न) फकीर के बारे में जिज्ञासा शांत करने के लिए जब प्रवेश दिया गया, तब उसने किसी भी प्रकार की संकटपूर्ण स्थिति दूर करने के लिए घास के वस्त्र से अपनी नग्नता ढाँकी थी।

दिल्ली के दिगम्बरियों के लिए इतना कुछ ही गुजरात के श्वेताम्बरियों ने उनके तुर्की सुल्तानों के साथ सम्बन्धों के संदर्भ में अपनी अग्रगामी नीति के द्वारा उन्हें (दिगम्बरियों को) काफी पीछे छोड़ दिया, जैसाकि हम पट्टन के समरसिंह के संदर्भ देख चुके हैं। अब सुल्तानों को अपने श्रेय गीतों द्वारा आह्लादित करने और उनका अनुग्रह प्राप्त करने के लिए जिनप्रभ सूरि की बारी थी। जिनसिंह सूरि के बाद उसका पट्ट संभालते हुए जिनप्रभ सूरि प्रथम बार दिल्ली क्षेत्र में एक घुमक्कड़ साधु की तरह सामने आया, और उसने अपनी जीवन वृत्ति की शुरुआत स्तोत्रों (स्तुति पाठों) और दूसरे काव्यों की रचना से की। उसने संस्कृत, प्राकृत, बोलचाल की बोली और, जैसाकि पूर्व में उद्धृत फारसी के स्तुति गान से पता चलता है कि, फारसी में भी अद्भुत पांडित्य और काव्य-प्रतिभा प्रदर्शित की थी। 1319 ई॰ में उसे दिल्ली के देवराज द्वारा शुरू किये गए संघ में भाग लेते हुए भी देखा गया। उसने उत्साही और खुशदिल तबीयत के जवान सुल्तान कुतुबुद्दीन खिलज़ी को इस हद तक अपने (मन को प्रसन्न करने वाले) श्लोकों से रिझाया कि वह उसे हर हमेशा अपने दरबार में बुला लेता था। परन्तु, किसी गाँव या हाथी आदि

शाही भेंटों को उसने अस्वीकार कर दिया था। यह भी एक अभिलिखित प्रमाण है कि समरसिंह और जिनप्रभ सूरि ने ससंघ, शाही फरमान के तहत, मथुरा और हस्तिनापुर का तीर्थाटन किया।

मुहम्मद तुगलक से सम्बन्ध

1328 में तब सूरि जी शाहपुर (देहली) में ठहरे थे जब दार्शनिक सुल्तान मुहम्मद तुगलक ने अपनी विद्वत-परिषद् में उसके बारे में पूछा, और उसे नक्षत्र-विद्या में निपुण धराधर ने जन "लब्धप्रतिष्ठ ईश्वरीय" कहा। सूरि को शाही दरबार में आदरपूर्वक बुलवाया गया। सूरिजी सुल्तान से शाम को मिले। सुल्तान ने विद्वान् को अपने बहुत ही करीब बिठाया, और कुशल-क्षेम की पूछताछ (जाँच-पड़ताल) और बदले में आशीर्वाद के विनिमय के बाद व्यक्तिगत वार्तालाप लगभग अर्द्धरात्रि तक चलता रहा।

इतने देर रात के बाद सूरि और वहाँ नहीं रुक सकता था। सुल्तान ने सूरि को पुनः सवेरे बुलवाया और उसे 1000 गायें, काफी राशि, सुन्दर बगीचा, 100 वस्त्र, 100 कम्बल और (इत्र समान) अगर, चंदन, कपूर आदि भेंट में दिये, परन्तु उसने उन्हें वापस लौटा दिया; सम्राट् का मान रखने के लिए उसने सिर्फ कम्बल आदि कुछ चीजें रखीं।

सम्राट् ने अनेक देशों के विद्वानों की एक विवाद-गोष्ठी बुलवाई और बाद में एक शाही हाथी[29] पर जिनप्रभ सूरि को बैठाया और दूसरे पर उसके शिष्य जिनदेव सूरि को जो समान रूप से वरिष्ठ था। जुलूस में काफी शाही संगीत-वाद्य वगैरह भी थे। फिर दोनों को पोशध शाला में भेज दिया। समूचे रास्ते, भाट लोग स्तुतिगान गा रहे थे; उनके साथ उच्च पद के अधिकारी और समाज के चारों वर्णों के लोग भी थे। खुशी से ओत-प्रोत संघ (जुलूस) ने आकाश को जय-ध्वनि से गुंजायमान कर दिया। श्रावकों ने प्रवेश-महोत्सव बड़े ही जय-जयकार के साथ मनाया और भिक्षुओं को विपुल दान दिया।

अब संघ के संरक्षण और तीर्थों की रक्षा के बारे में सुल्तान से चर्चा करने का प्रश्न उठा। इस आरंभिक भेंट के बाद विद्वत्ता के आधार पर सूरि का सुल्तान से मेलजोल बढ़ता ही चला गया। यथासमय श्वेताम्बर संघ के संरक्षण का फरमान आया और उसकी प्रतियां चारों दिशाओं में भेजी गईं। इसी प्रकार शत्रुंजय, गिरनार, फलबद्धी (फलौदी), इत्यादि तीर्थ-स्थानों के संरक्षण के फरमान प्रतियाँ सभी सम्बन्धित तीर्थों को भेजी गईं।

उसी वर्ष (1328 ई॰) एक दूसरे अवसर पर सम्राट् ने सूरिजी के उपदेशों के प्रभाव से अनेक बन्दियों को रिहा कर दिया। पर, हांसी के अलावी परिवार के एक क्रूर अधिकारी ने कई साधुओं को जेल में डाल दिया, कन्यानयन[30] की पाषाण की पार्श्वनाथ की मूर्ति

29. हाथी पर सवार गैर-मुनि आचार होने के बावजूद।

30. बागड़ क्षेत्र में हांसी के निकट, कन्यानयन।

को तोड़ डाला, और जिनपति सूरि द्वारा 1176 में स्थापित महावीर स्वामी की चमत्कारी मूर्ति को लदवाकर उस समय दिल्ली ले आया जब सुल्तान देवगिरी (दौलताबाद) से बाहर था। इसलिए उसने उस मूर्ति को तुगलकाबाद के शाही खजाने में रखवा दिया जहाँ 15 माह तक वह तुर्की हिरासत या संरक्षण में रही।

मूर्ति-प्राप्ति हेतु सूरि महाराज बारिश के दिन कीचड़ से सने पैरों से शाही दरबार में आये। सुल्तान ने कीमती कपड़े से उनके कीचड़ भरे पांवों को धोकर साफ किया।[31] इस पर एकदम काव्य में ऋषितुल्य आशीर्वाद प्रस्फुटित हुए जिनका अर्थ/मायना सम्राट् को समझाया गया। यह तत्काल आशीर्वाद या कृपा-प्रसाद जो सुल्तान को प्राप्त हुआ, उससे विस्मय की हद तक सम्राट् का दिल द्रवित हुआ। अवसर का लाभ उठाते हुए व महावीर स्वामी की मूर्ति की कहानी सुनाते हुए उन्होंने सम्राट् को उसे जैन समाज को लौटा देने का निवेदन किया जिसे उसने (सम्राट् ने) स्वीकार कर लिया। यही नहीं, विधि-मार्ग के अनुसार तो सुल्तान ने मूर्ति को मलिक के कांधों पर उठवाकर राज-सभा में लोगों के दर्शनार्थ रखवाई और फिर सूरि के सुपुर्द कर दी। जैन संघ मूर्ति पुनः प्राप्त कर आह्लादित था व सामूहिक रूप से जय-जयकार कर रहा था और खुशी से विभोर संघ ने उन्हें सुखासन (पालकी) में विराजमान किया, और फिर मलिक ताजुद्दीन सराय[32] के जैन मंदिर में प्रतिष्ठापित किया।

सुल्तान ने सूरिजी के गमन हेतु सारी सुविधाएं मुहैया करवाईं। सूरिजी अपने पीछे जिनदेव सूरि (उनके शिष्य) को चौदह साधुओं सहित दिल्ली में छोड़ स्वयं देवगिरी की ओर प्रस्थान कर गये जहाँ स्थानीय संघ ने प्रवेशोत्सव (प्रवेश उत्सव या समारोह) सम्पन्न किया। देवगिरी से वे प्रतिष्ठापनुर (पैठन) गये और फिर लौटे (1330 ई॰)। शाही फरमान (मूल) के सहारे सूरि ने उन मन्दिरों को बचाया जिन्हें समय के उस मोड़ पर क्षति पहुंचाई जा सकती थी जब प्रयोगी शाही तानाशाह ने अपनी नई राजधानी देवगिरी ले जाये जाने के आदेश दिये थे और जिसका नया नाम दौलताबाद (धन अर्थात् दौलत का शहर) रखा गया था। इस प्रकार सूरि ने सुरक्षा के लिए सावधानी नहीं बरती, बल्कि लम्बे तीन वर्ष वहां रहे और उन मुख्य (धार्मिक) विवादियों को निराश किया जिन्होंने विवाद हेतु उन्हें ललकारा। उन्होंने वहाँ के जैनियों को मूल जैन शास्त्रों की शिक्षा दी।

जहाँ तक दिल्ली का सवाल है, जिनदेव सूरि निष्क्रिय या सुप्त नहीं बैठे थे। वे

31. जिस मालिक ने उनके पैर धोये, वह कफूर नहीं हो सकता था, जैसाकि यहाँ इसे कालदोष की तरह अभिलिखित किया गया है।

32. "सराय" शब्द का प्रयोग धर्मशाला और महल दोनों के लिए किया जाता है। तुर्की की अजमेर विजय के समय से इस मूर्ति का अपना इतिहास रहा है जिसे हम स्थानाभाव के कारण छोड़ते हैं।

सुल्तान को शाही सैन्य प्रदेश (शाही छावनी) में मिले। सुल्तान ने उन्हें सम्मान दिया और उनके संघ के निवास हेतु सराय (महल) दिया, जिसे "सुल्तान सराय" का नाम दिया गया। वहाँ बादशाह ने जैन मन्दिर को और पौशधशाला का निर्माण किया और चार सौ श्रावकों को वहाँ बसने की अनुमति दी। उक्त महावीर स्वामी की कन्यानयन की मूर्ति यहाँ प्रतिष्ठापित की गई और सुल्तान की उदार और सहिष्णुता की नीति व उसके महानगर में जैन संरक्षण के कारण इस मूर्ति को श्वेताम्बर और दिगम्बर दोनों ही पूजने लगे। एक बार विद्वानों की बौद्धिक गोष्ठी में भाग लेने के दरम्यान सुल्तान को किसी दार्शनिक भावना-विज्ञान से सम्बन्धित किसी बिन्दु पर कुछ संदेह हुआ जिसे वहाँ मौजूद दिव्यात्माएँ भी दूर नहीं कर सकीं। उसने यकायक जिनप्रभ सूरि को याद किया और कहा "यदि राज-सभा में आज जिनप्रभ सूरि मौजूद होते तो हमारी शंकाओं का निराकरण हो जाता। वास्तव में उनका ज्ञान अथाह है।" इसी वक्त तजुल मुल्क दौलताबाद से वहाँ पहुँचा और उसने कुरनिश[33] में सिर झुकाकर निवेदन किया — "संत फिलहाल दौलताबाद में हैं परन्तु वहाँ की आबोहवा उन्हें रास नहीं आती और इसलिए वे बिल्कुल कृश हो गये हैं।" यह सुनकर महान् (महामहिम) ने मालिक को आदेश दिया कि वह शीघ्र सचिवालय जाए और फरमान लिखवाकर खाद्य-सामग्री सहित देवगिरी पहुंचाए और वहाँ से आचार्य को दिल्ली बुलवाने की व्यवस्था करे। फरमान दौलताबाद के दीवान (कुतलुग खान) के पास पहुँचा और कोतवाल के द्वारा उसे सूरि को दिखलाया गया। सूरि एक सप्ताह या दस दिन के अन्दर-अन्दर रवाना होने हेतु तत्पर हुए और एक शुभ दिन वे वहाँ से अपने संघ-सहित रवाना हुए। कई स्थानों से होते हुए वे अल्लवपुर की गढ़ी पहुँचे जहाँ म्लेच्छों (तुर्कों) ने दल के पास का बहुत सा सामान छीन लिया और इस प्रकार अशांति सृजित कर दी। यह समाचार दिल्ली के जिनदेव सूरि के पास पहुँचा जिन्हें उन्होंने सम्राट् को सम्प्रेषित किया। इस पर सम्राट् ने स्थानीय अधिकारियों के पास फरमान भेजा और लूटी हुई सम्पत्ति को उनके मालिकों को वापस करवाई। वहाँ लगभग डेढ़ माह रुकने के बाद यात्रा पुनः आरम्भ की गई। जैसे ही संत सिरोह[34] पहुँचे, सम्राट् द्वारा भेजे नये दस वस्त्रों के उपहार सहित उनका भव्य स्वागत किया गया।

दिल्ली पहुँचकर सूरि अपने मुनि मंडल (साधुओं का जमाव) और श्रावक संघ (गृहस्थों का समुदाय) सहित राजदरबार गये। सम्राट् ने उनका कुशल-क्षेम पूछते हुए उनके हाथ का बोसा (चुम्बन)[35] लिया, और स्वयं का अपने दिल पर रखा। उन्हें अनेक हिन्दू राजाओं

33. दरबारी सलाम।
34. शायद सिरोही या सिरोंज।
35. हाथ का चुम्बन, जिसे दस्त-बोसी कहा जाता है, लेना मुस्लिम तहज़ीब है। सूरि ने प्रत्युत्तर में हाल ही में रची नई कविताओं से सम्राट् को आशीर्वाद दिया।

और विशिष्ट भद्र पुरुषों सहित महान् समारोहपूर्वक व बहुत ही आदर से सुल्तान सराय की पौशधशाला पहुँचाया गया। सारे समय, सारे रास्ते, संगीत वाद्य बजते रहे। उनका प्रवेश उत्सव (प्रवेशोत्सव) बहुत ही आनन्दप्रद और दर्शनीय था।

तदनन्तर संघ ने सूरि जी द्वारा *पर्यूषणकल्प*[36] के प्रपठन का उत्साह मनाया। प्रपठन को लोगों ने बड़ी ही अनुरक्ति और समर्पण भाव से सुना। चूंकि संघ सूरि के आगमन से आनन्दविभोर था, उन्होंने सरकारी जेल के बन्दियों को लाख रुपये के जुर्माने से व अन्यों को भी बंदीगृह से मुक्त करवाया और इस प्रकार जो उपेक्षा हुई थी उसके बाद इसके द्वारा प्रतिष्ठा, मान-सम्मान पुनर्स्थापित हुआ। तत्पश्चात् सूरिजी बराबर राजसभा में जाते रहे और धर्म में अनेक विवादियों के विरुद्ध विजय प्राप्त करते रहे। 1332 ई० में उन्होंने *विविध तीर्थकल्प* समेत दो पुस्तकों का रचना कार्य पूर्ण किया।

फाल्गुन माह में सम्राट् की माता मखदूम-इ-जहान (रानी माता) के देवगिरी से आगमन पर सम्राट् ने उनका सूरिजी को साथ में रखकर चतुरंगी सेना द्वारा स्वागत किया। बथुन[37] नामक स्थान पर रानी माता से मुलाकात करने के बाद सम्राट् ने सभी सम्बन्धितों को प्रचुर उपहार दिये; मुख्य अधिकारियों को राजकीय पोषाक (खिल-अत) और कपड़े आदि सूरिजी के (दिल्ली लौटने पर) उनके सम्मान में बांटे। प्रशासकीय सहयोग और राजकीय अनुमति से सम्राट् द्वारा भेंट किये गए सैबान (तंबू मंडान) के तले या छाँव में सूरि ने एक प्रतिमा की प्रतिष्ठा की। इस अवसर पर 5 शिष्यों ने दीक्षा ली; विपुल धार्मिक दान दिया गया। इसी प्रकार उन्होंने हाल ही में 13 अर्हन्तों की तराशी गई नई मूर्तियों को समारोहपूर्वक स्थापित किया और प्रचुर दान दिया।

चूंकि सुल्तान सराय पर्याप्त रूप से दूर थी, सूरि को आने में हमेशा कठिनाई का अनुभव हुआ। अतः सुल्तान ने अपने महल के समीप उत्कृष्ट कोठियों वाली एक नई सराय भेंट की जिसका नाम "भट्टारक सराय" रखा गया। यहाँ तत्र महान् (महामहिम) ने महावीर भगवान का एक मन्दिर और एक पौशधशाला बनवाई और सूरि ने 1332 ई० के आषाढ़ माह में पौशधशाला में काफी दान आदि देते हुए प्रवेश किया।

माघ मास में सुल्तान ने अपनी सेना सहित पूर्व की ओर विजय हेतु प्रस्थान किया। साथ में सूरिजी भी थे। रास्ते के स्थानों में कैदियों को रिहा किया गया, और मथुरा तीर्थ को यात्रियों के लिए खोला गया। चूंकि सूरि पैदल चल रहे थे, सम्राट् ने उन्हें आगरा से दिल्ली लौटा दिया। वे हस्तिनापुर के फरमान (आदेश) सहित दिल्ली पहुंचे। दिल्ली पहुँचने पर चतुर्संघ निकाला गया; तिलकोत्सव, अर्थात् संघपति को तिलक लगाने का

36. सूरि द्वारा रचित प्रबन्ध।

37. राजस्थान और पूर्व की ओर मध्य प्रदेश की सीमा पर।

उत्सव मनाया गया, स्थान-स्थान पर उत्सव मनाया गया। पुनः तीर्थ-यात्रा शुरू हुई; मूर्ति प्रतिष्ठापित की गई। तीर्थ-यात्रा का वर्णन सूरि ने स्वयं अपने *हस्तिनापुर तीर्थकल्प* में किया है। हस्तिनापुर से लौटने पर सूरि ने कन्यानयन की एवं महावीर स्वामी की मूर्ति की सम्राट् द्वारा भट्टारक सराय (उपरोक्त) में बनाये गये जैन मन्दिर में प्रतिष्ठा की।

सुल्तान जब दिग्विजय कर दिल्ली लौटा तब जैन मन्दिर और उपाश्रयों में उत्सव मनाये जा रहे थे। सुल्तान से हर हमेशा बढ़ती हुई नजदीकी ने दोनों को और अधिक एक-दूसरे का अंतर्तम या घनिष्ठ बना दिया। नतीजा यह हुआ कि सूरिजी के प्रभाव से दिगम्बर-श्वेताम्बर कलह और वस्तुतः सभी जैन संघों और तीर्थों की परेशानी शाही फरमानों द्वारा दूर हो गई।

सूरिजी के चमत्कार (करामात)

जिनप्रभ सूरि के चमत्कार जैन कृतियों में दर्ज किये हुए हैं। एक बार दिल्ली आते वक्त जब सूरिजी शाहपुर (1328) में ठहरे थे और जब वे शुद्धि के लिए (मल त्यागने के लिए) बाहर गये तब अकुलीनों (अनार्यों) ने उन पर पत्थर फेंककर उनका निरादर किया। इस पर (सुल्तान) मुहम्मद शाह (तुगलक) ने उन्हें अपनी तरफ बुला लिया। दूसरी बार सम्राट् ने सूरि को यह बतलाया कि उसकी अम्मीजान (रानी मां, मखदुम-इ-जहाँ अर्थात् संसार की मालिका या स्वामिनी) किसी लोकातीत, आधिदैविक या आसमानी रूह से पीड़ित है और उस वजह से वह अपने जिस्म (शरीर) पर कपड़े भी नहीं पहन सकती। और, सूरिजी उसे इस तकलीफ से निजात (मुक्ति) दिलवा सकते हैं। सूरिजी ने शाही मोहतरमा (महिला) की स्वास्थ्यप्रदता के लिए ऐसा ही किया। तीसरे जब चाणक्य (मैक्यावली) प्रकृति व प्रवृत्ति का वाराणसी का ब्राह्मण राघवचेतन दिल्ली आया तो उसने सुल्तान की राजकीय चिह्न वाली पुस्तिका (मैनुअल) चुरा ली, और चोरी का इल्जाम सूरि पर लगा दिया (हुआ कुछ नहीं)। चौथे, कलंदर मुल्ला (जैसाकि जाना जाता है) खुरासन से राजसभा में आया था और विवाद में सूरि से उसका सामना हुआ जिसमें उसे बेचैन होना पड़ा । पांचवें, सूरी के पास भविष्य की घटनाओं के बारे में पहले से ही कह देने की अद्भुत आत्मिक ऊर्जा (मनःशक्ति, मनीषा या मानसिक शक्ति) थी। छठे, एक बार उन्होंने गादुर वृक्ष को अपने साथ-साथ चलाया।

जिनप्रभ सूरि ने जैन साहित्य की अपूर्व सेवा की। उसकी कृतियों की संख्या 27 मानी जाती है और स्त्रोतों (स्तुतियों) की संख्या 73। परन्तु स्थानाभाव के कारण हम उनका नाम नहीं दे रहे।

आलोचना और मूल्यांकन

चौदहवीं सदी के बीसे में दिल्ली के विद्वानों में सम्राट् मुहम्मद तुगलक और विधि-मार्गी खरतरगच्छ का प्रधान या मुख्य (पट्टधारी या पट्टाधीश) जिनप्रभ सूरि में से प्रत्येक को अपने-अपने क्रिया-कलापों के क्षेत्र में सर्वोच्च स्थान प्राप्त था। यदि सुल्तान सम्प्रभुता के मुकुट को भी दार्शनिक अनुधावन के साथ ही एक निरंकुश की तरह संभालना जानता था तो सूरि आचार्य भी जैनियों की प्रतिमा-पूजा या बुतपरस्ती या मूर्ति-पूजा के लिए एकेश्वरीय विश्वास वाले विदेशी शासकों के तहत भौतिक लाभ अर्जित करने में सफल हुए। विदेशी शासकों ने हाल ही में अपने राजनीतिक और आर्थिक हितों के लिए अल्पसंख्यक पूंजीवादी वर्ग के लिए अपना अधिकारवादी या सत्तावादी झुकाव दिखलाया। इस वर्ग की अपनी स्थायी सेना थी, जिसकी वजह से शासक को उप-महाद्वीप के बड़े भागों को जीतने और अपने क्षेत्रिक कब्जे में लाने के लिए सहायता मिलती थी, यद्यपि दिल्ली से दूर उत्तर में समस्त क्षेत्र में अपना प्रभुत्व जमाये रखना कोई आसान बात नहीं थी। अपने-अपने वर्ग के ये दोनों प्रतिनिधि अपने-अपने दलों के हित में एक-दूसरे के अधिक नजदीक आये। आधुनिक विशेषज्ञ के शब्दों में "सुल्तान मुहम्मद-बिन-तुगलक (1325-51) अपने समय का एक विद्वान् व्यक्ति व समकालीन ज्ञान की सभी शाखाओं में निष्णात था। उसका उर्वर या आविष्कारक्षम दिमाग हमेशा नई-नई योजनाएँ ईजाद करता रहता था जिसकी उपयोगिता से इंकार नहीं किया जा सकता।" परन्तु उन योजनाओं के व्यावहारिक अनुप्रयोग में उसकी अनावश्यक जल्दी ने समाज के विभिन्न तबकों (वर्गों) में गलतफहमी फैला दी और आम जनता में विवाद और विरोध फैला दिया। हिन्दुस्तान इतना बड़ा उप-महाद्वीप है कि हाल ही में विजित दक्खन पर केन्द्रीय सरकार द्वारा कब्जा बनाये रखना संभव नहीं, भाग्याधीन था। वह एक ऐसा प्रतिभास था जिसे उसने मुस्लिम आबादी की अल्पता या न्यूनता पर आरोपित किया। मुस्लिम आबादी इतनी कम थी कि आपातकाल में उस पर आश्रित नहीं रहा जा सकता था। यह अड़चन खिलज़ी पूर्वगामियों के लिए अहितकर (हानिकारक) थी। दक्षिण भारत में सशक्त राजनीतिक संगठन के लिए उसने इस्लामी सभ्यता और संस्कृति को सूफियों की धर्म-प्रचारक गतिविधियों के माध्यम से फैलाने की आवश्यकता महसूस की।

सुल्तान का इरादा सही था, परन्तु दावा गलत था। वह उस सिद्धांत में विश्वास रखता था[38] कि "दीन (धर्म) और मुल्क (राज्य) दोनों युग्म/जुड़वाँ (अद दीन वाल मुल्क तुवाम्मान) हैं" और इसी आधार पर उसने अपने आदेशों के परिपालन में सूफ़ियों को देश

---

38. गजनी के सुल्तान मुहम्मद के समान, जैसाकि समकालीन विद्वान् अबुल रैहन अलबेरूनी ने उसकी *किताब उल हिंद* में प्रमाणित किया है, "सिंहासन और वेदी का सामंजस्य।"

के चारों कोनों में प्रस्थान करने को कहा। इसकी टकराहट पोशीदा (रहस्यवादी) स्कूल के सूफ़ियों के मूल सिद्धान्त से हुई। वे (सूफ़ी) किसी भी कीमत पर उस स्थान को छोड़ने के लिए तैयार नहीं थे जहाँ उनके धर्मगुरु ने उन्हें आसीन किया था। उन्होंने सुल्तान के इस प्रयत्न का जी-जान या तन-मन या पूरी शक्ति से विरोध किया। नतीजा हुआ, सूफ़ियों से उसकी लड़ाई। इस वजह से वह अपने शाही प्रभाव को (सूफ़ी) संत वर्ग पर व्यावहारिक ढिठाई से अमल में लाया।

यह रस्साकशी चल ही रही थी कि उसने मुस्लिम जनसंख्या को दिल्ली से देवगिरी प्रवास करने को कहा। इस आदेश ने शेखों को असहाय कर दिया और उन्हें बेमन या अनिच्छा से दिल्ली, जो उपांत्य दिवंगत निजामुद्दीन औलिया के प्रभाव से चिश्तिया सिलसिले का केन्द्र बन गई थी, छोड़ना पड़ा। कुछ जवां तत्त्वों जैसे सूफ़ी हमीदुद्दीन नागौरी का पोता/नाती और उत्तराधिकारी, शेख फरीद-उद्-दीन चकपर्रन ने सरकारी दबाव के कारण समर्पण कर दिया, और अन्य वदान्य उपहारों के साथ सुल्तान की लड़की बीबी रस्ती से अपने पोते/नाती फतुल्ला (1329 ई०) से शादी का प्रस्ताव भी कबूल कर लिया। और, इस समारोह के लिए सन् 1330 में नागोर का संत दौलताबाद पहुँचा, जब रानी और रानी माँ वहाँ (दौलताबाद में) उपस्थित थे और सुल्तान स्वयं मुल्तान में उपद्रव को दबाने के लिए देहली में ही रुका था।

इस प्रकार 1328 ई० में सुल्तान का नागोर के सूफ़ी और गुजरात के सूरि के साथ सम्पर्क मेल खाता है। जब जिनप्रभ सूरि प्रथम बार शाही राजसभा में उपस्थित हुआ था और देवगिरि की यात्रा की थी और देवगिरि से पैठन गया था और तीन वर्ष तक वहाँ रुकने के बाद (1329-32) जब वापस हुआ था, तब बादशाह ने उसे किसी दार्शनिक समस्या से उलझा होने के कारण वापस बुलवाया था ताकि वह उसे सुलझा सके। यह वह समय था जब मखदूम जहाँ (रानी माँ) के कहने पर प्रधानमंत्री क्वीआम बुरहान, जिसे उलुगखाँ की पदवी दी गई थी, ने नागोर के शेख की दौलताबाद की यात्रा को त्वरित पूरी करने का तकाजा किया था और तब महान् (महामहिम) ने शरफुद्दीन मुहम्मद रशीद को फरमान दिया था कि वह मालिक उलेमा शेख फरीदुद्दीन नागौरी को वापसी यात्रा (1331 ई० शादी के बाद) पर सारी सुविधाएं उपलब्ध कराये। ये घटनाएँ देवगिरि में सूरि के ठहरने (1329-39 ई०) और रानी मां के आगमन तक से मेल खाती हैं। सम्राट् शाही महिला को लेने के लिए महान् सूरि के साथ दिखाई देता है। सुल्तान की यह स्थायी दोस्ती सूरि के लिए क्रमशः अफसरों व सुल्तान के सहयोग और उनकी अनुमति प्राप्त करने में उपयोगी सिद्ध हुई। इससे पुरानी और नई मूर्तियों को प्रतिष्ठापित करने में मदद मिली। स्वयं शासक-संरक्षक ने भट्टारक सराय में महावीर के मंदिर और पौषधशाला का निर्माण

करवाया। हम उक्त विवरण से जो निष्कर्ष निकालना चाहते हैं वह यह है कि नागोर के अंतिम सूफ़ी (1329-33 ई॰) के लम्बे जीवन के अंतिम वर्ष और गुजरात के अंतिम महान् सूरि का समय एक-दूसरे की संपाति है और यह प्रबल संभावना है कि दोनों के दिल्ली या देवगिरि और पुनः दिल्ली में आपसी सम्पर्क रहे हों, बावजूद इसके कि इस दिलचस्प घटना का कोई उल्लेख फारसी या जैन इतिवृत्तियों में नहीं है, जो निःसंदेह एक खलने वाली बात है।

श्रावक समरसिंह और सूरि जिनप्रभ के क्रिया-कलापों में जब हम प्रथम बार समानांतरता देखते हैं तो यह तुर्की तत्त्वाधान में कुतुबुद्दीन मुबारक खिलज़ी के शासनकाल में जैन संघ की प्रगति के लिए शुभ लक्षण प्रतीत होता है। इस समय दोनों पंथों के जैनियों के संघों की शृंखला शुरू हुई। शीघ्र ही संस्कृत, प्राकृत, देशी और फारसी में प्रगतिशील भाषाविद् की काव्य-प्रतिभा और पांडित्य ने नौसिखिया खिलज़ी (कुतुबुद्दीन मुबारक) और विशेषज्ञ तुगलक को विशेषकर सूरि द्वारा उसे आशीर्वाद देने हेतु तत्काल सर्जित कविताएँ/गीतों/श्लोकों ने मुग्ध किया। प्रथम बार जो विचारों का विनिमय संत और शासक, जिसे राजदरबारी इतिहासकार ने अपनी पुस्तक *तारीख-इ-फिरोजशाही* में एक दोस्त, दार्शनिक और अनेक देशों के स्वच्छन्द विचारकों का पथप्रदर्शक है, में हुआ। उससे उसे आधी-आधी रात तक जागकर चिंतन करने के लिए बाध्य होना पड़ा। जैन साधु के असाधारण तर्कों ने सम्राट् के बुद्धिसंगत दिमाग को काफी प्रभावित किया। इसी वजह से उसने सूरि के हाथों को चूमकर उसके कीचड़ से सने पैरों को धोकर, उन्हें हाथी पर बैठाकर उनका आदर-सत्कार किया। जैन समाज के प्रति फरमान जारी किये गए जिनकी वजह से जैन संघों की अनुरक्षा और तीर्थों की सुरक्षा हो सकी। शासकीय निगरानी में रह रहे कैदियों को रिहा किया गया और गैर-मूर्तिपूजक सम्राट् ने न केवल मूर्ति-पूजा सहन की बल्कि उसे संरक्षण और प्रोत्साहन भी दिया। मलिक ताजुद्दीन सराय से सुल्तान सराय और फिर भट्टारक सराय तक जैन धर्म की प्रशंसनीय प्रगति हुई। मन्दिरों और मूर्तियों के निर्माण तथा उनके प्रतिष्ठापन, श्रावकों को उपदेश, विरोधियों से सफल विवादों, शिष्यों की दीक्षा, आदि का कार्य और साहित्य का प्रचुर सर्जन आदि साथ-साथ चलते रहे। वास्तव में श्वेताम्बर और दिगम्बर दोनों जैनियों की अल्पता की अड़चनें व मुश्किलें प्रथम बार दूर की गईं। ऐसा पहले लगभग डेढ़ सौ वर्षों के विदेशी तुर्की शासन में कभी नहीं हुआ। यह जिनप्रभ सूरि के लिए कोई मामूली या अर्थहीन उपलब्धि नहीं थी। इसमें मुहम्मद तुगलक ने अनौपचारिक या बेतकल्लुफी की भूमिका अदा की। जहाँ तक चमत्कारों का प्रश्न है, वे जैन साधु की साधुता और उसके स्वार्थ-त्याग का सकारात्मक प्रमाण हैं। सम्राट् द्वारा असंयमित रूप से विपुल दयालुता बतलाते हुए जो उपहार उन्हें (साधु को) दिये गए थे, उनका उनके द्वारा ठुकरा दिया जाना इस बात की

याद दिलाता है कि ठीक इसी प्रकार एक सदी पूर्व नागोर के एक त्यागशील व वैरागी व्यक्ति सुल्तान-उत-तारिकीन ने भी ऐसा ही किया था; तारिकीन का आचरण भी ऐसा ही था। मुहम्मद तुगलक, जो विरोधाभासों का मिश्रण था, का व्यवहार महान् श्वेताम्बर के साथ बिल्कुल एक बदले हुए इंसान जैसा था। इसके विपरीत सम्राट् ने युग के शेख नसीरुद्दीन, जिसे दिल्ली का चिराग (चिराग-ए-दिल्ली) कहा गया है, के साथ छेड़छाड़ की थी और उसे उत्पीड़ित किया था। फलतः उसने घृणा में यह वसीयत की कि उसके उस्ताद (स्व॰) ख्वाजा निजामुद्दीन औलिया के अवशेषों को उसकी मृत्यु के बाद उसके शव के साथ दफनाया जाए। यह वसीयत अखिल भारतीय चिश्तिया सम्प्रदाय की एक केन्द्रीय संगठन के रूप में परिसमाप्ति के समार्थक (बराबर या तुल्य) थी।

जिनप्रभ सूरि के शिष्यों की आनुक्रमिक वंशावली हमारे पास है। जिनदेव सूरि के बाद उसकी पंक्ति का कोई भी सूरि इतना ताकत सम्पन्न नहीं हुआ जो फिरोजशाह के बाद परवर्ती तुगलकों के बखेड़ों का सामना कर सकता। तैमूर के बाद अराजकता फैल गई। सिर्फ जिनहंस सूरि ने मुश्किल से साधे जाने वाले सम्राट् सिकन्दर लोदी को आह्लादित किया था, ऐसा पता चलता है।

जिनप्रभ सूरि के स्तुति गीत, जिन्होंने कुतुबुद्दीन मुबारक खिलज़ी और मुहम्मद तुगलक से शासक को लुभाया था, मूल्यवान विरासत है। उनसे उस भाषागत लालित्य का बोध होता है जिसका उपयोग चौदहवीं सदी के कवि-संत ने अपने जीवन के मिशन की पूर्ति के लिए किया था।[39]

मुहम्मद तुगलक का जैन समुदाय के प्रति असंयमित रूप से रियायती सलूक के बारे में एक विवादास्पद निर्णय यह निकाला जा सकता है कि तत्र महामहिम का उसकी उतावली, अपरिपक्व, हठी, अमर्यादित योजना के वशीभूत मुस्लिम जनसंख्या को देवगिरि से ही स्वयं के खर्चे पर वापसी वहन का उद्यम, उसके द्वारा सांकेतिक मुद्रा के प्रसार और बाद में उसके निर्वासन या अपनयन के कारण मिथ्या टंककों और जालसाजों को बड़े पैमाने पर भुगतान किया जाना, तथा हिमाचल प्रदेश से होकर चीन विजय करने की उन्मत्त असम्भावी योजना जिसमें सम्पूर्ण हमलावर सेना में कइयों की जान चले जाना – आदि सबके लिए वह जैन साहूकारों का वित्तीय कारणों से ऋणी था क्योंकि उन्होंने उसकी सभी योजनाओं में वित्तीय सहायता की थी। महाविद्यालयों और विश्वविद्यालयों के

---

39. देखिए जिनप्रभ सूरि की *विधिमार्ग प्रथा,* बंबई 1941; अगरचन्द और भंवरलाल नाहटा की *जीवन की रूपरेखा,* पृ॰ 1-9; जैन कविताओं में ऐतिहासिक संदर्भ, पी॰आई॰एस॰सी॰, 1937.

शिक्षकों द्वारा असावधानी या बेपरवाही से इस विषय पर उपलब्ध जैन स्रोतों को अनदेखा कर दिया गया। अतः इनका मंथन कर नये प्रकाश में अध्ययन किया जाना जरूरी है।

फिरोजशाह तुगलक

राजपूत मां के लड़के और राजपूत पत्नी के पति फिरोजशाह तुगलक के जैन प्रजा से सम्बन्धों का लेखा-जोखा भी इस लेख के दूसरे खंड में पहुंचने के पूर्व जरूरी है। वह खण्ड मुख्यतः जैन जनसंख्या पर सूफ़ी प्रभाव की पराकाष्ठा से सम्बन्ध रखता है। वे जैन गुजरात और मालवा-चन्देरी के क्रमशः श्वेताम्बर और दिगम्बर जैन थे जो नववादी जैन साधु लोंकाशाह और तरन-तारन की शिक्षाओं के प्रभाव के कारण मूर्ति-पूजा से परहेज रखते थे। फिरोजशाह के युग ने भी यह नया प्रतिभास देखा। मध्य व इर्द-गिर्द के राजस्थान के कई क्षेत्रों में टांक (गुजरात और नागोर के शासन), फतेहपुर, झुंझनूं के चौहान, खिंची खानजादा कहलाने वाले मेवात के मेवे, मोहिलवाटी (लाडनूं) के मोहिल, आदि कई राजपूत परिवार इस्लाम में परिवर्तित हुए। पूर्व के सांभर के चौहान वंश की सैन्य-राजधानी नागोर की साधुओं ने पहले भ्रमण-यात्रा की और हमीदुद्दीन नागौरी (तेरहवीं सदी) सरीखे संत ने उसे अपना गृहनगर बना लिया। साथ ही उस वक्त चिश्तिया सिलसिले के संस्थापक, महान् ख्वाजा मुईनुद्दीन चिश्ती द्वारा अजमेर, दिल्ली और नागोर में उनके सिलसिले का संगठन किया गया।[40]

फिरोजशाह के समय की प्रथम चीज जो हमारा ध्यान आकर्षित करती है, वह यह है कि फिरोजशाह, जो मगरीबी शाह और शाह अहमद खट्टू जैसे सूफ़ियों के संतवाद में विश्वास रखता था, ने अपने अंतःपुर की शाही जनानाओं की जैन साधुओं की अनावृत्तता या नग्नता के बारे में जानने की जिज्ञासा को संतुष्ट करने के लिये, बसन्तकीर्ति की भांति ही, एक जैन साधु को विधिवत् वस्त्र से आवृत्त हो अपने अंतःपुर या जनानखाने में आमंत्रित किया था। जैन साधु द्वारा अपनायी गयी नग्नता को अपवाद का सिद्धान्त कहा जाता है। इसे बाद के अनुयायियों ने भी अपनाया था। परन्तु तेरहवीं सदी, जो तुर्की शासन की प्रथम सदी थी और जिस शासन ने दिगम्बरियों को नवीनता या नवीकरण की प्रवृत्ति अपनाने के लिए प्रेरणा दी थी, में आवृत्त मुनियों सहित भट्टारक सम्प्रदाय का भी उदय हुआ। फिरोजशाह ने कई ब्राह्मणों और जैन सूरिओं के साथ उसके द्वारा खिज़्राबाद गाँव से फिरोजाबाद-दिल्ली लाये गये। अशोक के स्तम्भ का पालि अभिलेख पढ़ने या अधिक सही अर्थ निकालने के लिए आमंत्रित जैन कवि रत्नाकर को भी सम्मानित किया। ऐसा भी कहा जाता है कि उसने प्रभाचन्द्र और रत्नशेखर सूरि का भी सत्कार किया।

---

40. मगरीबी सिलसिले (चौदहवीं-पन्द्रहवीं सदी) के सौ वर्षीय शेख अहमद खट्टू को न छोड़ते हुए।

हम इस खंड को एक दिलचस्प प्रतिभास से बंद करते हैं कि विदेशी तुर्कों के शासन में जैन धर्म को जो धक्का लगा, वह हिन्दुओं की तुलना में कुछ नहीं था। इसमें विलक्षण जैनाचार्यों की दूरदर्शी नीति काम आयी जिसकी वजह से उन्होंने खिलज़ियों, तुगलकों और अन्यों से अच्छे और सौहार्दपूर्ण सम्बन्ध बनाये रखे। एक पुराविद् विद्वान् मुनि जिनविजयजी के कलकत्ता के भाषण के अनुसार – "गुजरात में हिन्दुओं का एक 400 वर्ष पुराना मंदिर अभीप्सित या अभीष्ट है, जबकि 800 या 1000 वर्ष पुराने जैन मन्दिर काफी तादाद में सुरक्षित हैं। और जबकि ताड़-पत्रों आदि पर लिखी गई हजारों वर्ष प्राचीन पांडुलिपियाँ जैन भंडारों में मिल जाएंगी, परन्तु कोई भी एक ऐसी प्रतिलिपि गैर-जैन संग्रह में उपलब्ध नहीं है। इस तथ्य का गहन विचार जैन मुनियों और श्रावकों द्वारा जैन धर्म की प्रगति और उसके संरक्षण के लिए दी गई सेवाओं का राज उजागर करेगा . . .। हजारों मूर्तियां तराशी गईं, सैकड़ों मन्दिर निर्मित हुए, हजारों की तादाद में पुस्तकें संकलित हुईं और नई लिखी गईं; बिना किसी बाधा और रोक-टोक के उन्हीं मुसलमान शासकों के फरमानों के तहत तीर्थ-यात्रा हेतु बड़े-बड़े संघ निकाले गये; उनके स्वयं के धार्मिक समारोह विकसित हुए, अर्थात् महान् विकास (धर्म का) उपार्जित हुआ . . ." (जे॰ एस॰ भास्कर, 15, 1 (25-31)। जैन धर्म की उन्नति के लिए जिनप्रभ सूरि और मुहम्मद तुगलक के संयुक्त प्रयास ने आने वाली पीढ़ी के लिए एक प्रकाश-स्तम्भ का काम किया।

जैन धर्म के विरुद्ध प्रतिक्रिया और विवाद

महावीर स्वामी के समय से अनुनमार्गणीय मूर्ति-पूजा छठी ई॰ से लगभग सहस्राब्द फली-फूली। बाद में पश्चिम भारत के एक राज्य में, जो श्वेताम्बर जैनियों का लगभग 250 वर्षों से केन्द्र (नाभि) था और जो अब मुहम्मद तुगलक की मृत्यु के बाद तुगलक साम्राज्य के विघटन के कारण मुस्लिम राजपूतों के प्रांतीय वंश द्वारा शासित था, इस पर (मूर्ति-पूजा पर) प्रश्न किया गया। जहाँ तक सूफ़ियों का सवाल है, यह युग चिश्ती संत साहिब नागौरी और मगरीबी संत शेख अहमद खट्टू का था। दोनों का ही शासकों और शासितों पर समान रूप से यथेष्ट या पर्याप्त या विचारणीय प्रभाव था। राजस्थान (नागोर) और गंगा-यमुना घाटी (वाराणसी)[41] में लम्बे सौ वर्ष के काल में (1350-1450) एक आंदोलन शुरू हुआ। इसे हिन्दुओं में क्रमशः स्थानीय राजपूतों और ब्राह्मणों ने शुरू किया था। यह एक ईश्वर (ब्रह्म) में व निर्गुण में आस्था का प्रचार-प्रसार करता था और सुस्पष्ट शब्दों में मूर्ति-पूजा की निंदा करता था। सूफ़ियों द्वारा प्रचारित ईश्वरवादी (एक निर्गुण) विचारधारा से गुजरात के जैन प्रतिनिधि प्रभावित हुए बिना नहीं रह सके। उनसे और सुल्तान शासकों

---

41. नागोर और वाराणसी संतों से तात्पर्य है (दोनों राजपूत) और निर्गुण एकेश्वरवाद का समर्थक महान् ब्राह्मण, गुरु रामानन्द।

से उनकी अब घनिष्ठ आत्मीयता और गहरे वित्तीय सम्बन्ध थे। गुजरात में जिस व्यक्ति ने मूर्ति के औचित्य का इंकार किया, वह था लोंकाशाह जिसका जैन धर्म के आगम-शास्त्र से अच्छा परिचय था, और जो व्यवसाय से या तो नकलनवीस था या पांडुलिपियों का प्रतिलिपिक। हाल ही में दो पुस्तिकाएँ प्राप्त हुई हैं जो लोंका के पक्ष की हैं जिन्होंने दलसुखभाई मलवानी सरीखे विद्वानों को लोंका के नजरिये की एक संतुलित तस्वीर प्रस्तुत करने में मदद की है, और जिन्होंने पूर्व के लोंका-विरोधी लेखकों के नजरिये को दुरुस्त करने में मदद की है। लोंका-विरोधियों ने लम्बे समय तक विद्वता के मैदान को थामे रखा था।[42]

बहुसंख्यक ब्राह्मणों में से जैनियों से अल्पसंख्यकों ने सहस्राब्द के दरम्यान अनेक धार्मिक व अर्द्धधार्मिक आचरण/व्यवहार धारण कर रखा था; मूर्ति-पूजा काफी व्यापक और सार्वत्रिक थी। अबु रैहन अलबेरूनी, जिसने गजनी में भारत की भारतीय सभ्यता के बारे में ग्यारहवीं सदी में अपनी लब्ध प्रतिष्ठित पुस्तक लिखी, हिन्दुओं की अवतार शाखा के बारे में कहता है – इसमें ब्राह्मण विद्वानों का एकाधिकार था, वैदिक और औपनिषदी दर्शन इससे अछूता था। शायद ब्राह्मणों से संकेत लेते हुए पन्द्रहवीं सदी के जैन आचार्यों ने आगम-शास्त्रों को व्यवहार से अलग कर दिया। आगम-शास्त्र उनके लिए एक प्रकार से अपावन हलफनामे के सम्मोहन से अधिक और कुछ नहीं थे। मूर्ति-निर्माण और मूर्ति-पूजा के इस युग में जैन-विद्या (जैनालॉजी) के ये प्रतिनिधि कोई और न होकर चैत्यवासी थे, जो भट्टारक कहलाते थे और जिनकी अपनी नैतिक और आध्यात्मिक ढिलाइयां और शिथिलताएं थीं जो उनके तथाकथित मुनि या यति जीवन की छाप थीं। परन्तु इन सांसारिक साधुओं की ये गतिविधियाँ भावुक या संवेदनशील लोंकाशाह के लिए प्रतिक्रिया का स्रोत थीं। लोंकाशाह का जीवन इतिहास उसके विरोधियों की इतिवृत्तियों में है। उसके विरोधियों के लिए मूर्ति-पूजा-विरोध अभिशाप से कम नहीं था क्योंकि उसने साहसपूर्वक उस समय के मूर्ति-पूजकों के विरुद्ध आवाज उठाई थी। इसमें उसके दो युग्म साथियों का सहयोग और समर्थन मिला था। उन्होंने मूर्ति-पूजा में आये आडम्बर व पूजा के लिए पूजा की सामग्री में निहित हिंसा के आधार पर मूर्ति-पूजा का विरोध किया।

बीकानेर के नाहटा विद्वान् भंवरलाल ने 1486-87 से शुरू होकर 100 वर्षों के दरम्यान लिखी गई लगभग छः पुस्तिकाओं को संदर्भित किया है जो लोंकाशाह के विरुद्ध तर्क-वितर्क वाली हैं और किसी और समर्थक लेखन के अनुपलब्ध स्रोतों के कारण उसने (नाहटा ने) उसके (लोंकाशाह के) जीवन के लिए उन्हें ही आधार माना है।

---

42. श्रीमद् राजेन्द्र सूरि स्मारक ग्रंथ : श्री सौधर्म वृहततपागच्छीय जैन श्वेताम्बर संघ, आहोर बागड़, वि॰सं॰ 2013 (1957) मारवाड़, राजस्थान।

ऐसा माना जाता है कि लोंकाशाह का जन्म लगभग 1418 ई॰ में अरहतवाड़ के सिरोही राज्य में परिवार या प्राग्वाट कुटुंब में हुआ था। उसके आर्थिक साधन कमजोर होने की वजह से उसने अपनी जीविका हेतु पांडुलिपियों की नकल करने का धंधा अपनाया जिसे पन्द्रहवीं सदी के श्रावकों ने भट्टारक गुरुओं के प्रभाव में आकर काफी प्रोत्साहित किया। लोंकाशाह की सुन्दर लिखावट ही उसे नियुक्ताओं को अनुशंसित करती थी। शायद गुजरात राज्य की नई राजधानी अहमदाबाद के यतियों के लिए भी इस सन्दर्भ में यही बात लागू थी। 1451 ई॰ में उसकी चढ़ती जवानी के दिनों में उसके प्रतिलेखन के कार्य में कुछ गलती हो जाने की वजह से उसका भट्टारक (पूज्य) कहे जाने वाले संत-संरक्षकों के धर्मगुरुओं के वर्ग से वाक्कलह या विवाद हो गया। उसकी गलती पर यतियों द्वारा निंदित किये जाने पर यह आत्माभिमानी नकलनवीस शास्त्रों के अनुरूप उसके बर्ताव के बारे में प्रश्न करने को उत्तेजित हुआ। इसी वक्त मंडपगढ़ (मालवा में मांडू) का लक्ष्मी पारख उससे मिला और उसके संयोजन से यतियों के आध्यात्मिक शैथिल्य के बारे में और अधिक विरोध उभरकर सामने आया। उनके विरुद्ध आरोप था – "साधु के गुणों से रहित यति को क्यूं आदर दिया जाना चाहिए?" इस पर उन्होंने जवाब दिया – "सत्ता रूप में हैं। भगवान की मूर्ति भगवान के गुणों को धारण नहीं करती, तथापि वह पूजी जाती है।" तब लोंकाशाह ने अपना दृष्टिकोण और आगे स्पष्ट किया – "सद्गुणों से जो मूर्ति प्रदत्त न हो उसका आदर करना उपयुक्त नहीं है; उसकी पूजा भी हिंसा अंतर्भावित करती है।" भगवान के अनुसार धर्म छुपा होता है – दया (करुणा) में। लोंकाशाह को अपने विचारों के प्रचार में कई वर्ष लगे। पन्द्रहवीं सदी के सत्तर के दशक में उसका एक दूसरा आगंतुक/भेंटकर्ता, भान, उसकी (लोका की) शिष्यता या शागिर्दगी में दीक्षित हुआ (1470 और 1477 के मध्य) जो लोंकावाद की परम्परा में प्रथम मुनि के ओहदे तक उठा। परन्तु उसका (परम्परा का) फैलाव कम रहा और उसका जीवन भी कम रहा क्योंकि विद्वान्, योग्य, सक्षम नेता (लोंका के बाद) के अभाव में उसका विघटन हो गया। सौ वर्ष के भीतर लोंका पंथ के साधुओं ने मूर्ति-पूजा के सिद्धांत को अपास्टेटिज्ड (apostatised) कर दिया, जैसाकि होबोरोपंथियों के साथ हुआ। दृष्टिकोण यह था कि मूर्ति-पूजा का प्रचलन सदियों से चला आ रहा है और "आदमी स्वभाव से मूर्ति पूजने वाला प्राणी रहा है।" तेरह उप-सम्प्रदायों में से चार आज भी बीकानेर, बड़ौदा, पंजाब या उत्तर-प्रदेश और कोटा (हाड़ोती) में विद्यमान हैं।

भंवरलाल नाहटा के इस लेख के प्रकाशन के लगभग एक दशक बाद अहमदाबाद के दलसुखभाई मलवानिया ने लोंकाशाह मत या पंथ या सिद्धान्त की दो पोथियों के आधार पर अपनी रिपोर्ट में लिखा है –

लोंकाशाह को स्थानकवासी सम्प्रदाय का प्रथम संस्थापक माना जाता है। लोंकाशाह पर लिखा गया अभी तक का इतिहास उसके विरोधियों के वृत्तान्त पर आधारित है जो वास्तविक तथ्यों को प्रस्तुत करने में असमर्थ है। हस्तलिखित दो पुस्तिकाएँ, जो लोंकाशाह के स्वयं के सम्प्रत्यय या अभिशंसा या विश्वास पर आधारित हैं परन्तु जो उसके विरोधियों द्वारा लिप्यांतरित या अभिलिखित की गई हैं, प्रकाश में आई हैं। उनमें से एक लुंका के स्थान पर संस्कृत लुंपक लिखती है और दूसरी विश्वासपूर्वक लोंका के बारे में नहीं बोलती बल्कि लोंका शाह के 58 बोलों में विश्वास के बारे में निरूपण करती है, और दूसरे 33 दूसरी पोथी में हैं।

"इसमें शंका नहीं लोंकाशाह ने तराशने, पूजा करने, मूर्ति की प्रतिष्ठा में और तीर्थयात्रा में भी हिंसा का अनुभव किया है और इसलिए उसने करुणा (दया) या अहिंसा (अचोट) के नाम में उनका विरोध किया और यह भी आधार दिया कि शास्त्र में मूर्ति-पूजा को एक कर्त्तव्य या आवश्यक (धार्मिक) बाध्यता नहीं माना है। यदि कोई शास्त्र किसी व्यक्ति, जैसे द्रौपदी, की मूर्ति-पूजा का वर्णन करता है तो इसका मतलब है कि वह किसी सांसारिक या भौतिक उद्देश्य से ऐसा करता या करती है, न कि मोक्ष-प्राप्ति के उद्देश्य से। इसे (दावे को) सिद्ध करने के लिए लोंकाशाह उसके समर्थन में कोई एक आगम की पोथी के आधार पर एक बात कहता है कि "धर्म दया (करुणा) में निहित है और संसार (जगत्) हिंसा में; इसलिए मूर्ति-पूजा एक असंगत कार्य है।"

"कई विद्वानों ने सक्षम घोषणाओं के साथ लोंकाशाह के अभिकथन का खंडन करने की कोशिश की है और यह शायद इसी का नतीजा है कि स्थानकवासियों में गैर-मूर्ति-पूजा के प्रचलन के बावजूद भी लोंकागच्छ मूर्ति-पूजा से सकारात्मक रूप से प्रभावित हुआ। मूर्ति-पूजा आज भी विद्यमान है और उसका उन्मूलन वशवर्ती नहीं हो पाया। मूर्ति-पूजा में कई आडम्बर प्रवेश कर गये जिन्हें निकालना जरूरी है, परन्तु मूर्ति-पूजा को उसके आडम्बर सहित अलविदा करना सम्भव नहीं . . .।

"समन्वय या संश्लेषण किसी सम्प्रदाय को जन्म नहीं देता। जैनियों में (निःसंदेह) लोंकाशाह का गैर-मूर्ति-पूजा वाला समुदाय उठा परन्तु गैर-मूर्ति-पूजक जैन आज अपने आप को स्थानकवासी या तेरापंथी कहते हैं, न कि लोंकाशाही। लोंकाशाह की गैर-मूर्ति-पूजा को आदर देने के बावजूद इन पंथों के अगुवाओं ने इनमें कुछ नवाचारों को स्थान दिया जिससे ये पंथ नये नामों से पहचाने गये। जहाँ तक लोंकाशाह का सवाल है, वह स्वयं किसी साधु से दीक्षित नहीं हुआ था; वह भिक्षुक (भिक्षाजीवी) था। फिर भी उसने महाव्रतों की अनुशंसा नहीं की। इसलिए वह न तो श्रावक ही था, और न ही साधु। जब भानजी उसका अनुयायी (पन्द्रहवीं सदी के 70 के दशक में) हुआ तो उसने अवश्य

महाव्रतों को अपनाया, स्वीकार किया और उनका पालन किया। बाद में (डेढ़ सदी बाद) लगभग 1687 ई॰ अथवा वि॰सं॰ 1630 में भानजी (पूर्व के भानजी से भिन्न) धुंध में बस गया क्योंकि उसके गुरु से उसकी अनबन हो गयी थी, या कि मतभेद हो गया था। इसलिए उसका दल या गुट *धुंधिया* कहलाया जिसकी कई शाखाएँ और उप-शाखाएँ हो गईं और जिनमें से सबके सब आज स्थानकवासी कहलाते हैं। इनमें कुछ उपशाखाओं के लोग स्थानकों (अवस्थान) में ठहरना स्वीकार नहीं करते। भीखाजी ने अपने को वि॰सं॰ 1818 (1761 ई॰) में अलग करते हुए तेरापंथ की नींव डाली। सभी इस बात पर एकमत हैं कि मूर्ति-पूजा नहीं की जानी चाहिए, परन्तु जो आरोप लोंकाशाह पर लगाया गया वह यह है कि उसका समकालीन बादशाह के समान ही कई एक मन्दिर विनष्ट करना दोनों के बीच एक सामान्य कारण था। परन्तु सुल्तान ने मूर्ति-पूजा का विध्वंस के द्वारा विरोध किया और लोंकाशाह ने इस आधार पर विरोध किया कि शास्त्रों में मूर्ति-पूजा का कोई ठोस प्रमाण नहीं है। इस तथ्य से भी इंकार नहीं किया जा सकता कि लोंकाशाह ने मुस्लिम दबाव के कारण आगमों का आधार बतलाकर मूर्ति-पूजा का विरोध किया हो।

आज के स्थानकवासियों और तेरापंथियों के मध्य 32 मूल आगम आधिकारिक तौर पर या प्रामाणिक रूप से स्वीकार किये गये हैं, जबकि लोंकाशाह ने 45 को कबूल किया है जिसमें निर्युक्ति (धर्मादेश), चूर्णि (गद्य रचना) और टीका (व्याख्या), आदि शामिल हैं, बशर्ते वे आगम से असहमत न हों।

लोंकाशाह रजोहरण (धूल दूर करने वाला), डंडा (पिच्छी), मुखपट्टी (मुंह का कपड़ा), कम्बल, आदि नहीं रखता था, जबकि अन्य समकालीन यति और साधु यह सब रखते थे। निःसन्देह वह पात्र रखता था, परन्तु पुता हुआ या पलास्तर किया हुआ नहीं। इसी प्रकार धुंधियों द्वारा मुख-पट्टी की रस्सी को कान से बांधने का प्रचलन भी परवर्ती लोंका काल में शुरू हुआ। पट्टी की नाप में कुछ परिवर्तन कर तेरापंथियों ने ऐसा करना शुरू किया था। लोंकाशाह ने अन्य वस्तुओं के साथ जिस मुख-पट्टी की बात कही है वह आश्चर्यजनक रूप से दोनों पांडुलिपि पोथियों में अनुपस्थित है।

विरोधियों ने लोंकाशाह पर मूर्ख (अज्ञानी, ज्ञानशून्य) आदि खिताब उंडेले हैं परन्तु दो पांडुलिपि पोथियाँ इस निर्णयात्मक तथ्य को उजागर करती हैं कि उसे ज्ञात आगमों और उनकी टीकाओं, जिसकी उसने अपनी तरह से व्याख्या की है, के आधार पर यह कहना कि शास्त्रों का उसे ज्ञान नहीं था, युक्तियुक्त नहीं है।

जहाँ तक मूर्ति-पूजा का सम्बन्ध है, उसने उसके विरोध में सशक्त आक्रमण साधे हैं, परन्तु हर डग, हर कदम पर उसके शब्द विवेक से भरपूर हैं। कई अवसरों पर वह अन्त में सिर्फ एक ही चीज कहता या लिखता है कि "बुद्धिजीवी इस विषय पर विचार

करें और विवेकयुक्त अर्थात् विवेकी या विवेकशील व्यक्ति इस पर ध्यान करें।" इससे यह स्पष्ट है कि उसके लेखन में कटुता बढ़ाने का उसका कोई उद्देश्य नहीं था।

लोंकाशाह के विरोध को सफलता मिली, और वह वर्ग जो मूर्ति-पूजा के विरुद्ध था लोंकाशाह को निःसंदेह अपने समर्थन में खड़ा करता है। लोंकाशाह के कारण कई जैनियों ने मूर्ति-पूजा छोड़ दी और जो इससे चिपके रहे, आडम्बरों के विरुद्ध प्रतिरोध और साधुओं के आचरण में निष्क्रियता, शिथिलता या काहिली का विरोध भी संकटापन्न स्थिति में चला गया। नतीजा यह हुआ कि जैन धर्म आज भी अपनी आध्यात्मिकता बनाये हुए है। इस दिशा में स्वयं मूर्ति-पूजक साधुओं ने भी संघर्ष किया। कई लोगों ने जैन धर्म की मौलिक आध्यात्मिकता बनाये रखने में अभूतपूर्व योगदान दिया। उनमें से लोंकाशाह भी प्रतिष्ठित स्थान प्राप्त करता है, इस बारे में कोई दो मत नहीं हो सकते।

ऊपर की दो पंथियों[43] में एक "लुंकनी हुंडी" है जिसमें 33 बोलों का संग्रह है। इनमें अहिंसा के समान महाव्रतों पर *निशीथचूर्णि* से कुछ अपवादों का वर्णन है। उदाहरणार्थ *निशीथचूर्णि* का यह वर्णन कि "यदि गच्छ के बचाव के लिए चीता मारा गया" तो यह कार्य अप्रायश्चित्तिक घोषित किया गया, और लोंकाशाह को स्वीकार्य नहीं। इसी प्रकार यह कि भीड़, आगमन पर, चक्रवर्ती (सम्राट) की समस्त सेना नष्ट कर सकती है" – ऐसे वर्णनों के बारे में यह टिप्पणी है कि "ऐसे अपवाद भद्रबाहु स्वामी की कृति नहीं हो सकते, और इस प्रकार के कथनों की किताबें सभी दृष्टिकोणों से प्रामाणिक नहीं हो सकतीं। इसलिए विद्वान् व्यक्तियों को इस विषय पर चिंतन करना चाहिए और इहलोक में और परलोक में खुशी या आनन्द प्राप्त करने के लिए अपना विश्वास मूलभूत सिद्धान्तों पर जमाना चाहिए"।

नकलनवीस की विपरीत टिप्पणी के बावजूद भी यह प्रतिलेखन लोंकाशाह के सिद्धान्त को उपयुक्त रूप से उल्लेखित करता है। संक्षेप में 33 बोलों का विषय यह बतलाता है कि सिर्फ आगम का मूल पाठ ही प्रामाणिक है, निर्युक्ति वगैरह या आगमों की टीकाओं को छोड़ते हुए, जिनकी लोंकाशाह ने संवीक्षा की थी।

लुकना सद्धिया 58 बोल दूसरी पोथी है जिसमें 58 बोलों का संग्रह है। इनमें लोंका का विश्वास था और जिन्हें उसने वर्णन-सहित दूसरों को भी दिया था, इसका अनुगमन करती है – 54 बोलों की सूची जिसमें आगम के 54 तथ्यों के मूल पाठ के पता-ठिकाना के बारे में पूछताछ (अनुयोग) है। आगम व्यवहारों और उपदेशों का एक संग्रह है जो तब

43. श्री लालभाई दलपतभाई भारतीय संस्कृत विद्या मंदिर, (मुनिराज श्री पुण्यविजय संग्रह), अहमदाबाद।

जैन समाज में प्रचलित थे परन्तु धर्म-ग्रंथ (आगम) के मूल पाठों में वे अपनी अनुपस्थिति से विशिष्ट या सुस्पष्ट हैं।

इस लेख के विद्वान् लेखक ने अनेकों व्याख्याओं सहित इस प्रति को मुद्रित और प्रकाशित करवाना प्रस्तावित किया था जिसके बारे में हमें कोई जानकारी नहीं है। हम सिर्फ तीसरे विद्वान् के लेख को सन्दर्भित कर सकते हैं जिसमें लोंकाशाह को "युग-प्रवर्तक" (युग का परिक्रमी) और "धार्मिक क्रांति का प्रमुख प्रबन्धक" कहा गया है। साथ ही उसके लिए विद्रोह के अनैतिक पथ को नाकबूल भी किया है क्योंकि वह सत्यप्रतिज्ञों के बीच व्यवहारी-विश्वासी व्यक्तित्व था।[44] वह यथोचित रूप से आज उपलब्ध दो कृतियों को बराबर संदर्भित करता है – *लुकना सद्धीद्य*, 58 बोल और *लुकना हुंडी*, 33 बोल।

चन्देरी देश का जिन् तरन-तारन

उत्तर भारत में गैर-मूर्ति-पूजा आंदोलन हिन्दुओं में एक ओर टांक राजपूत मुसलमानों के खानजादा वंश से शासित मध्य राजस्थान के नागोर (एक जैन-मुस्लिम केंद्र) और गंगा-यमुना के शर्की-तुर्की राज्य में और, दूसरी ओर गुजरात की नयी राजधानी अहमदाबाद (पश्चिम भारत में एक दूसरा जैन-मुस्लिम केन्द्र) में गैर-मूर्ति-पूजा आंदोलन के साथ ही शुरू हुआ। जब वाराणसी के रामानन्दी आन्दोलन ने समय के साथ राजपूत संत पीपा खिंची की धार्मिक गतिविधियों के फलस्वरूप समूचे राजस्थान और गुजरात को अपनी बाँहों में समेट लिया, तब गुजराती आन्दोलन गैर ब्राह्मणों के उस सम्प्रदाय से उठा जहाँ वैश्य व्यापारियों का बोलबाला था जो अपने आयात और निर्यात के सामानों को बड़े-बड़े बाजारों में ले जाते थे, जहाँ वे दूसरे सर्वोत्कृष्ट शहरी समुदाय के आध्यात्मिक प्रतिनिधि सूफ़ियों के सम्पर्क में आये। इस श्वेताम्बर आंदोलन ने लोंकाशाह के सबसे शुरू के अनुरागी, मांडू के लक्ष्गी के द्वारा मालवा को प्रभावित किया होगा। तब मालवा के श्वेताम्बर मांडू पहाड़ियों पर किले की राजधानी में केन्द्रित थे, तब जैन दिगम्बर जनसंख्या समूचे चन्देरी क्षेत्र में, जो मंडलाचार्य का मुख्यालय था और बटीहगढ़ में जो लेफ्टिनेंट गवर्नर का केन्द्र था और जो बाद में दमोह (जैन-ग्रंथ प्रशस्तियों का दमोह देश) स्थानांतरित हो गया, फैली हुई थी। यहाँ बिल्हरी (जैन बोलचाल में पुष्पावती) के तरन-तारन के पिता गढ़ा शाह मालवा के सुल्तान के एक जिम्मेदार अफसर की हैसियत से रहते थे; उसके (गढ़ा शाह के) श्वसुर सेमलखेडी (विदिशा जिले के उप-विभाग का सिरोंज) में रहते थे जहाँ उसके पुत्र तरन-तारन का लालन-पालन उसके मामा के तत्त्वावधान में एक होनहार बालक की तरह किया गया था।

---

44. मुनि द्वय अभिनंदन ग्रंथ, ब्यावर, 1973 में अमरमुनि उपाध्याय का लेख, पृ॰ 274-92.

एक घुमक्कड़ साधु की तरह तारन की आध्यात्मिक गतिविधियों के क्षेत्र की पृष्ठभूमि समझने के लिए *"चंदेरी अंडर मालवा सुल्तान"* का आवश्यक वर्णन जानना होगा। "दिल्ली के तुगलक साम्राज्य के विघटन और 1398 में तैमूर के हाथों उसके निर्जलीकरण की वजह से कई स्वतंत्र प्रांतीय राजवंश अस्तित्व में आ गये। मालवा में दिलावर खान ने मांडोगढ़ में एक मजबूत और शक्तिशाली साम्राज्य की नींव डाली। चन्देरी (गुना जिला, मध्य प्रदेश) और शिवपुरी (सिप्री) में क्रमशः 1416 ई॰ और 1420 ई॰ के दो अभिलेख कादर खान के मिले हैं और एरच और कालपी का इतिहास, जिसे *तारीख-ए-मुहम्मदी* भी कहा जाता है और जिसकी एकमात्र ज्ञात पांडुलिपि ब्रिटिश म्यूज़ियम में है, का लेखक मोहम्मद बिहमद खानी कादर खान के अफसर काजी जुनैद द्वारा पनियागढ़ (जटहरा, अब जतारा का उपनगर) के अपहरण को संदर्भित करता है। वह यह भी संदर्भित करता है कि थाना को पुनः प्राप्त करने के लिए मलिक जादा सुल्तान, कालपी के कादिर शाह के द्वारा एक सैन्य अभियान भेजा गया था। *अदल-उल-फुदल* नामक कोष का लेखक, काजी खान-बद्र-मुहम्मद, जो दिल्ली का बादशाह भी था, अपने आप को धारवाल (धार का निवासी) कहता है, और जो चन्देरी के गवर्नर कादर खान के दरबार में 1419 में जौनपुर आया था; वह गवर्नर को उसके कवियों और विद्वानों को संरक्षण देने के लिए सभेंट प्रशस्ति देता है और उसे खान-ए-आजम, खक्न-ए-मुअज्जम, मसनद-ए-अली कादर खान इब्न दिलावर खान की उपाधियों से विभूषित करता है। अलबत्ता यह स्पष्ट नहीं है कि उसके पिता के समय से ही कादर खान राज्यपाल के पद पर था या उसके उत्तराधिकारी अलपखान ने सुल्तान शाह-ए-आलम के नाम से सिंहासन पर आने पर उसे यह नियुक्ति दी थी। सुल्तान शाह-ए-आलम ही बाद में होशांगशाह के नाम से जाना जाने लगा। इस प्रकार पन्द्रहवीं सदी में बुंदेलखण्ड दो केन्द्रों से शासित थाः 1. चन्देरी से जो सीधे मालवा सुल्तान के गवर्नर के अधीन था, और 2. एक छोटे राज्य कालपी से जहाँ दिल्ली के स्वतंत्र मलिकजादा तुर्कों का अधिकार था और जिसका क्षैतिज-विस्तार पश्चिम में भांडेर से पूर्व में महोबा तक जो मोटे रूप से उत्तर प्रदेश के झांसी संभाग से मेल खाता था, परन्तु जिसमें वह ललितपुर जिला नहीं था, जिसकी निष्ठा या स्वामिभक्ति मांडू से थी और जिसमें जैनियों का एक महान् केन्द्र देवगढ़, दतिया (ग्वालियर संभाग), टीकमगढ़, छतरपुर और बिना पवई तहसील वाला पन्ना (सागर संभाग) के जिले शामिल थे। मालवा के चंदेरी जिले का उदग्र विस्तार उत्तर में शिवपुरी और देवगढ़ से दमोह (तब सागर संभाग सम्मिलित) और दक्षिण में क्यान नदी के उद्गम तक था। जबलपुर के पास गढ़ा में पन्द्रहवीं सदी की शुरुआत में राजगोडों का शक्ति-केन्द्र स्थापित हुआ। राज्य का वास्तविक विकास अगली सदी के प्रथम चतुर्थांश में राजा अमहनदास उर्फ़ संग्रामशाह के नेतृत्व में एक शक्तिशाली राज्य के रुप में हुआ। यह संग्रामशाह का दुस्साहस था

कि वह विघटित हो रहे मालवा के दमोह, मड़ियाद और हटा आदि राज्यों पर कब्जा करें। इनमें से कुछ राज्य तत्कालीन गोंड शासक के 52 गढ़ों में महत्त्वपूर्ण थे। इसी शासक की चंदेल पुत्रवधू संरक्षिका रानी दुर्गावती थी जिसने सुल्तान बयाज़िद उर्फ मालवा के बाजबहादुर को शर्मनाक विफलता दी थी।

सुल्तान महमूद खिलज़ी प्रथम (1436-69) के तहत चंदेरी का परिहार-अनुस्थापित प्रशासन हमें एक सदी पूर्व के तुगलक शासन की याद दिलाता है। गोरी कुटुम्ब के पराजित शासक के साथ सहयोगी विद्रोही अमीरों की गतिविधियों को नियंत्रित करने हेतु खिलज़ी परिवार के मुहम्मद शाह को चंदेरी भेजा गया। उसने विद्रोह का शमन ही नहीं किया, वरन् क्षेत्र में शान्ति और व्यवस्था बनाये रखने के लिए भी कदम उठाये। इसके लिये उसने बटियागढ़ के उप-गवर्नर के मुख्यालय को दमोह से ब्यारमा घाटी के हृदय तक दक्षिण में बढ़ाया। वह परिहार राजपूतों का गढ़ था। वहाँ से उन्हें अधिक आगे दक्षिण में गढ़ा के नजदीक तक खदेड़ा। जैसाकि मांडू में सुल्तान ग्यास खिलज़ी (न कि पूर्व का दिल्ली का ग्यास तुगलक) के नाम पर बसे गैसाबाद (ग्यासबाद) की स्थिति से पता चलता है, मालवा के खिलज़ी सुल्तानों ने क्यान नदी की तरफ फैलाव की सुदृढ़ नीति अपनाई। इस सुल्तान के व उसके उत्तराधिकारियों के संस्कृत और फारसी के कई अभिलेख, जिनमें राजाधिराज या "महाराजाधिराज" का खिताब आवश्यक रूप में प्रयुक्त हुआ है, मालवा के सुल्तानों के यहाँ पर प्रभावशाली शासन को प्रमाणित करते हैं। जो खान-ए-आजम, खाकान-ए-मुअज्जम के खिताबों का प्रतिमान बाद के गवर्नरों के लिए नियत हुआ, उसकी अनुपालना बाद के अभिलेखों और जैन-ग्रंथ-प्रशस्तियों में भी है। उनमें भी इसी प्रकार की उपाधियाँ उनके विकृत रूप में जैसे "महाखान मोजखान" रूढ़िबद्ध तरीके से प्रयुक्त हुई हैं। इन उपाधियों के कुछ धारक सशक्त, बहादुर और अनुभवी सूबेदार थे। इसलिए कोई आश्चर्य नहीं कि क्यान पार क्षेत्र में कोटरा के परिहारों ने अपने आप को काफ़ी दूर ऊंचेहरा में केन्द्रित किया जबकि ब्यारमा घाटी के परिहार आगे दक्षिण में सिंगोरगढ़ के गढ़ा की तरफ खिसकते चले गये और उसे ही उन्होंने अपना केन्द्र बनाया। *माथिर-ए-मुहम्मदशाही* में वर्णन है कि वे 1440-41 ई॰ में महमूद को मिले थे जब वह हाथियों के संचयन के लिए बांधोगढ़ और सरगुजा के रास्ते था। महमूद के पहले बांदा जिले (उत्तर प्रदेश) के गहोरा के वैरीसिंहदेव बघेल (1501-31) ने दक्षिण में दो अभियान किये थे – प्रथम, गढ़ा के संग्रामशाह गोंड के विरुद्ध उसे देशद्रोह (या पितृ-हत्या) करने के लिए दण्डित करने हेतु, और दूसरे छत्तीसगढ़ में रत्नपुर के कलचुरि शासक[45] के विरुद्ध। उसके दूसरे अभियान के दौर में वैरीसिंहदेव ने दमोह क्षेत्र के इन

45. कलचुरि शासक शायद बहार साय रहा होगा।

स्थानीय परिहार मुखियाओं (परिहार राजाओं) को हराया, जैसाकि वैरीसिंहदेव के पुत्र और उत्तराधिकारी राजा वीरभानु के दरबार में संस्कृत में लिखी गई बघेल वंश के अधिकृत इतिहास, *वीर भानूदय काव्यम्* के लेखक माधव कवि के वर्णन से पता चलता है। तुलनात्मक दृष्टि से ग्यासशाह के शांत शासन में माण्डू की शक्ति बाद के वर्षों में भी बनी रही। फिर बहुत ही महत्त्वाकांक्षी शासक महमूद प्रथम, जो अपने आपको अलाउद्दीन, द्वितीय सिकन्दर कहलाना पसंद करता था, की विस्तारवादी नीति के कारण परिस्थिति में बदलाव आया। अधिक बदतर स्थिति उसके पोते नासिर शाह (1500-11) के समय हुई। महमूद द्वितीय के समय तो मालवा की हालत अत्यधिक कारुणिक और दयनीय हो गयी थी। अमीरों के विद्रोह के कारण राणा सांगा द्वारा समर्पित मेदिनी राय के तहत राजपूतों का प्राबल्य बढ़ा। यहाँ तक कि राणा और गुजरात के हस्तक्षेप से सुल्तान महमूद द्वितीय को गिरफ्तार भी कर लिया था। इसी दरम्यान रायसेन (तोमर) और चन्देरी (चौहान) के दो राजपूत राज्य भी अस्तित्व में आ गये थे और इसलिए कोई विस्मय नहीं कि वीरसिंह बघेल के दिग्विजय अभियान के दौरान दक्षिण दमोह (सिंगोरगढ़) के परिहार बड़ी आसानी से पराजित हो गये।

पहले संग्रामशाह से पराजित, सिंगोरगढ़ को सन् 1540 में गोंड दलपत शाह ने अपने अधिकार में किया। निश्चयपूर्वक हमें कुछ पता नहीं कि परिहार सरदार के गोंड सत्ताधारियों से क्या सम्बन्ध थे? यह अंदाजा निकाला जा सकता है कि कुछ परिहार गोंडों की सेवा में आ गये थे और वे (परिहार) उनसे (गोंडों से) खूब प्रभावित हुए थे। राठ-महोबा के चंदेल सरदार, जिसने अपनी प्रख्यात लड़की दुर्गावती की शादी दलपत से की थी, के उदाहरण का अनुकरण परिहारों ने भी किया। उदाहरणार्थ, बिलहरी गढ़ी के लक्ष्मणसेन परिहार ने अपनी पुत्री की शादी किसी राजगोंड सरदार से की थी और जिसके वंशज खटोलागोंड (छतरपुर जिले की बीजापुर तहसील के खटोला के गोंड) कहलाते हैं। वे आज भी बिलहरी के पूर्व-पश्चिम में 13 कि॰मी॰ दूर मगरधा गाँव में पाये जाते हैं।

अब चंदेरी के सांस्कृतिक पहलू पर आते हैं। चंदेरी के अभिलेखों से एक ओर चंदेलों और दूसरी ओर परमारों से स्वतंत्र परिहार की सूची ज्ञात नहीं होती। भेलसा (विदिशा) उनके तहत एक समृद्ध व्यापारिक केन्द्र था जो बहुत संभवतः चंदेरी राज्य में शामिल था और जब कड़ा (इलाहाबाद) के गवर्नर, अलाउद्दीन खिलज़ी ने सुल्तान जलालुद्दीन के नेतृत्व में 1292 ई॰ में लूटमार का धावा बोला था। चंदेरी की समृद्धि (संभवतः जैन) की ख्याति दिल्ली तक थी। तभी तो अपने चाचा की हत्या के बाद अलाउद्दीन के सिंहासनारोहण के समय उसके जिंदादिल साथी अला-उल-मुल्क (दिल्ली का मोटा कोतवाल) ने उसका ध्यान मालवा और गुजरात के साथ चंदेरी-विजय की ओर भी

आकर्षित किया था और जब अंततोगत्वा ऐन-उल-मुल्क मुल्तानी मालवा की आसान विजय के बाद चंदेरी पर कब्जा करने बढ़ा तो चंदेरी, जो अब याज्ञवल्क्य वंश से शासित था, ने शाही तुर्कों के उत्कृष्ट हथियारों के सामने घुटने टेक दिये (1304)। चंदेरी के 1312 ई॰ के अभिलेख में इख्तियारउद्दीन तिमूर सुल्तानी (अर्थात् सुल्तान का गुलाम) को चंदेरी का गवर्नर कहा गया है, और बाद की दो सदी या उससे भी अधिक समय के लिए चंदेरी उत्तरी-पूर्वी मालवा में पहले दिल्ली के सुल्तान के अधीन तुर्की सत्ता के वंश में रहा और फिर मांडू के सुल्तान के। फिर थोड़े समय के लिए मेदिनी द्वारा स्वतंत्र रूप से शासित रहा। मेदिनी पूर्व में कठपुतली शासक महमूद खिलज़ी II के समय इसका अपहरणकर्ता रह चुका था। महमूद खिलज़ी द्वितीय के बाद मेदिनी चित्तौड़ के सांगा का आश्रित/रक्षित रहा जिसे बाद में पानीपत (1526) और खानवा (1527) के मुगल विजेता जहीरुद्दीन बाबर (1528) ने अपने नये प्राप्त राज्यों में मिला लिया था।

ब्राह्मण वृत्तों या विवरणों के अभाव में, चंदेरी वंश की सांस्कृतिक गतिविधियों के बारे में जो झलकी हमें मिलती है, उसका सम्बन्ध जैन स्रोतों से है। दिल्ली में तुगलक शक्ति के आ जाने पर मलिक जुल्ची (पूर्व में सुल्तान अलाउद्दीन खिलज़ी, जिसे जैन स्रोत *नाभिनंदन जिनोधार प्रबंध* (1330)[46] में वर्णित उसकी विजय उपलब्धियों के संदर्भ में खप्पर कहा गया है, के नेतृत्व में मंगोल दस्ते का कमांडर) के व्यक्तित्व में एक शक्तिशाली व्यक्ति को नियुक्त कर राजकीय शक्ति को प्रबलित किया गया। आधुनिक दमोह जिले के उत्तरी हट्ट तहसील में जुल्ची के नेतृत्व में उप-गवर्नर जलालुद्दीन खोजा का मुख्यालय नटिहागढ़ निश्चित कर दिया गया था। जलालुद्दीन, जिसे आम तौर पर जलाल खोजा कहा जाता है, ने राय बहादुर हीरालाल के शब्दों में, अन्य चीजों के साथ, अपनी नियुक्ति के स्थान पर एक गोमठ (जानवरों के लिए विश्राम-स्थल) स्थापित किगा था। यह हठी परिहार राजपूतों के विरुद्ध जैन प्रभाव दर्शाता है। ये राजपूत तेरहवीं सदी में चंदेरी के स्वतंत्र शासक थे, और अब दमोह क्षेत्र के एक बड़े भाग पर शासन कर रहे थे। अब से एक सदी बाद यह क्षेत्र नरवर और सोनगिरी के भट्टारकों की सीटों के साथ जैन संस्कृति के केन्द्र के रूप में उभरने लगा था और चंदेरी, तोमरों के ग्वालियर के बाद, दिगम्बर मंडलाधीश की सीट के रूप में विकसित हुआ।

चंदेरी का परम्परागत महत्त्व बरकरार रहा, या शायद उसमें शासन कर रहे वंश के कादर खान, जो युवराज अल्पखान का छोटा भाई था, की नियुक्ति के समय से और भी बढ़ोतरी हुई। वह 1405 ई॰ में अपने पिता दिलावर खान गोरी का एक शासक के रूप

---

46. *नाभिनंदन जिनोधार प्रबंध;* दशरथ शर्मा, *इंडियन हिस्टॉरिकल क्वार्टरली,* नं॰ 1, मार्च 1956, पृ॰ 96-98.

में उत्तराधिकारी हुआ। चंदेरी देश में देवगढ़ के दिगम्बर जैसे समाज में वह बहुत ही अधिक लोकप्रिय हुआ। 1424 ई॰ के अभिलेख में आदरपूर्वक (यदि स्नेहपूर्वक नहीं तो) उसका उल्लेख हुआ है। इसमें उसे "शाह आलम" कहा गया है। यह उसके द्वारा "होशांगशाह" की पदवी ग्रहण करने के पूर्व की पदवियों में से एक है। उसकी "होशांगशाह" की पदवी मृत्यु-पर्यन्त बनी रही।

दो और संस्कृत अभिलेख प्रकाशित हुए हैं। उनमें से एक को (संक्षिप्त) उन्नीसवीं सदी में एक बंगाली विद्वान् ने प्रकाशित किया है (*जे॰ए॰एस॰बी॰*, कलकत्ता); (अलीगढ़ मुस्लिम विश्वविद्यालय की श्रीमती डॉ॰ पुष्पाप्रसाद ने उसे पुनः सम्पादित किया है)। दूसरे (विस्तृत) को दमोह के डॉ॰ भागचन्द जैन ने अपनी हिन्दी के शोध में (नेशनल म्यूज़ियम, नई दिल्ली में संरक्षित), जिसमें होरी (उसकी मां के साथ) बड़े आदर से सुल्तान होशंग के उच्च पदाधिकारी के रूप में सामने आता है। दूसरे की कार्यस्थली देवगढ़, पश्चिम बुंदेलखंड, थी जो तेरहवीं सदी में चंदेल शक्ति के पतन के पूर्व जेजाकभुक्ति के नाम से जाना जाता था। खुजराहो के विनाश के काल के बाद चंदेरी देश कहा जाने लगा था, जहाँ एक बहुत बड़ा दिगम्बर सांस्कृतिक केन्द्र था। 1434 के एक अभिलेख का सम्बन्ध मंदिरों की एक मूर्ति से है, और इससे मालवा सुल्तानों की अल्पांश जैनियों के धर्म के प्रति सहिष्णुता जाहिर होती है। जैनियों ने भी उसका बदला दयालुता से दिया था जो नजदीकी सम्बन्धों में परिपक्व हुई।

ग्रंथ-प्रशस्तियों के अलावा दिगम्बरियों के मूल और काष्ठा संघों की अनेक मूर्तियों पर अनगिनत अभिलेख आधुनिक विद्वानों ने खोजे हैं जो भट्टारक मुनियों की फुर्तीली व जीवंत गतिविधियों पर प्रकाश डालते हैं। इन गतिविधियों का सम्बन्ध इस काल में चंदेरी देश में मूर्तियाँ तराशने, मंदिर बनवाने, मुनियों और यात्रियों हेतु विश्रामगृह बनवाने, आदि से था। चंदेरी देश में कुछ छोटे जैन केन्द्र जैसे उदयगिरि, एरच, आहार और पपोरा, आदि भी पनपे।

नंदी आम्नाय के मूल संघ सरस्वतीगच्छ के भट्टारक देवेन्द्रकीर्ति द्वारा स्थापित चंदेरी पट्ट या गद्दी में दिये गए तीन नाम हमारे लिए प्रासंगिक हैं। गुजरात से आने वाला देवेन्द्रकीर्ति भट्टारक पद्मनंदि का चेला था और उसे पहले चंदेरी का मंडलाचार्य नियुक्त किया गया था। माना जाता है कि उसने 1436 ई॰ के आसपास चंदेरी पट्ट स्थापित किया था। यह वर्ष मांडू में शासन कर रहे वंश के लिए उग्र परिवर्तन का वर्ष था। सत्ता गोरी से खिलज़ी वंश के हाथ जा रही थी। उक्त संदर्भित देवगढ़ मूर्ति अभिलेख (1424 ई॰) में भी उसका जिक्र है। उसका शिष्य विद्यानन्दि परवार, जो त्रिभुवनकीर्ति की उपाधि से विभूषित था, 1468 ई॰ के आसपास चंदेरी मंडलाचार्य हो गया था। बाद में वह अपने चंदेरी

पट्ट के गुरु का उत्तराधिकारी हुआ। त्रिभुवनकीर्ति का शिष्य यशकीर्ति अपभ्रंश के लेखक के रूप में एक जाना-माना नाम है। वह खिलज़ी शासकों, शाह गियास और शाह नासीर का समकालीन था। वह आमतौर पर जेरहट[47] के नेमिनाथ चैत्यालय में ठहरता था। जेरहट की अभी तक पहचान नहीं हो पायी है। अभी तक यशकीर्ति की 4 कृतियाँ प्राप्त हो पायी हैं – *हरिवंश पुराण, धर्म परीक्षा, परमेष्ठि प्रकाश सार* और *योगसार*। ये सभी 1495 ई॰ की हैं। इनमें गवर्नर की "खान-इ-आजम", "खानकन-इ-मुअज्जम" की घिसी-पिटी उपाधि "महाखान मोजखान" सन्दर्भित हैं। यह उसके लिए है जो राज्यपाल के पद पर था। प्रस्तुत संदर्भ में मल्लू खान प्रथम के लड़के मल्लू खान द्वितीय के अलावा और कोई नहीं हो सकता। चंदेरी पट्ट के भट्टारकों के बारे में एक विशेष बात यह थी कि वे सभी दिगंबर समुदाय की परवार जाति के थे। परवार जाति आज भी बुंदेलखंड में अपना दबदबा कायम रखे है।

सोनगिरी (ग्वालियर संभाग में दतिया जिला) का पट्ट ग्वालियर पीठ की शाखा थी। ग्वालियर उस समय तोमर शासकों का राजधानी नगर था और दिगम्बर जैनियों का एक महानतम और बहुत ही उन्नत केन्द्र था। सोनागिरी नाम श्रमनसेन मुनि (वि॰सं॰ 1335) के नाम पर ही लिया गया प्रतीत होता है। इस केन्द्र के भट्टारक काष्ठा संघ, माथुरगच्छ, पुष्करगण के थे। 1449, 1453 और 1473 ई॰ के अभिलेखों के अनुसार प्रथम गुरु कमलकीर्ति थे। उनका उत्तराधिकारी शिष्य शुभचन्द्र, जिन् तरन-तारन था।

पन्द्रहवीं सदी हिन्दू-मुस्लिमों के एक साथ होने की थी। इस वक्त दोनों समुदायों का सम्मिश्रण व आपसी पुनर्मेल हुआ। युद्धों, विजयों और केन्द्रीय सरकार के अभाव के बावजूद सभी ओर सम्पन्नता व समृद्धि थी; अनाज और जीवन की आवश्यकताओं की दूसरी चीजें किफ़ायती (सस्ती) थीं। चिश्तिया संघ के सूफ़ी भी मुस्लिम और गैर-मुस्लिम, खासकर जैन, जन-साधारण और साधारण वर्गों पर समान रूप से अपने निरामिषी होने और अहिंसा के सिद्धांत का पालन करने की वजह से अपना प्रभाव डाल रहे थे। ये लोग लोगों के पास मातृभाषा, जिसे अब हम हिन्दी की उप-भाषाओं – यथा खड़ी बोली, अवधी, ग्वालियरी, ब्रज भाषा, पश्चिमी हिन्दी या गुजराती कहते हैं, के माध्यम से पहुंचते थे। इन्होंने प्रेम-काव्य भी लिखे। परन्तु सदी के अंत में कायस्थ, खत्री, कश्मीरी पंडितों, आदि ने दरबारी भाषा फारसी सीखी और सुल्तान के राजस्व दफ़्तरों की अपनी सेवाओं से परिपूर्ति की।

---

47. फ़ारसी की अभिव्यक्ति जरहट्ट-हट्ट के नीचे, अर्थात् दमोह जिले की उत्तरी तहसील हटा; जर का मायना होता है – तलहटी।

नागोर (राजस्थान) और जौनपुर (उत्तर प्रदेश) के अलावा जो प्रांतीय राज्य हमारे लिये प्रासंगिक हैं, वे थे – उत्तर भारत में दिल्ली और पश्चिम भारत में ग्वालियर और मांडू (चंदेरी को शामिल करते हुए)। हजारी प्रसाद द्विवेदी की कृति *संत कबीर* के अनुसार आधा मुस्लिम, आधा नाथपंथी रामानन्दी, का सम्बन्ध शर्की सुल्तानों के राज्यों की वाराणसी से था। वह अपने समय का उग्र सुधारवादी था और उसके गीतों के नये विचार जैन नाथपंथी परम्पराओं में थे। कबीर ने ब्राह्मणों के नव वैष्णववाद के लिए चाहा कि वह उदारता और सांस्कृतिक समन्वय में विश्वास करे जिससे जातियों और धर्मों में आपसी सहिष्णुता और भ्रातृत्व के भाव जागें। उसने जातिवाद की ही निंदा नहीं की, बल्कि अपने आक्रमण का लक्ष्य मूर्ति-पूजा को भी बनाया।

गुजरात का नरमवादी लोंकाशाह, जो गुजरात के श्वेताम्बर-पौरोहित्य के विरुद्ध था, ने सदी के मध्य में (पन्द्रहवीं) आगम-शास्त्र के आधार पर हिंसा और मूर्ति-पूजा में सन्निहित आडम्बरों को ललकारा और उसके समय के बौद्धिक विचारकों से सौम्य एवं मृदुल भाषा में अभ्यर्थना की या अनुरोध किया कि वे इस नजरिए पर चिंतन करें। उसके दो मुख्य अनुयायियों में लखमसी मालवा के मांडूगढ़ का था और उसके माध्यम से ही मालवा के दिगम्बरियों की जैन जनता में लोंकाशाह के उपदेश पहुंचे होंगे।

सिद्धांत और व्यवहार में लोंकाशाह के विचार मांडू सल्तनत प्रदेश के अप्रत्याशित बुंदेलखंड के क्षेत्र से चाँदी दामोवदेश के दिगम्बर जैन तरन-तारन (अधिक विद्वान् नहीं) में प्रतिध्वनित हुए। तरन-तारन का जन्म उसके परवार माता-पिता से सन् 1448 में पुष्पावती में हुआ था। उसके पिता गरहा शाह यहीं से सेवानिवृत्त हुए थे। सुल्तान के तहत उनकी सरकारी नियुक्ति हुई थी। आमतौर पर और अधिकृत रूप से वे जबलपुर जिले की कटनी तहसील में बिलहरी के नाम से जाने जाते थे। तरन-तारन का लालन-पालन सिरोंज के पास सेमलखेड़ी में अपने मामा के यहाँ हुआ था। वह उन दिगम्बर जैनियों के भट्टारकों के प्रभाव से दूर रहा जो नैतिकता में और प्राचीन मुनियों के आदर्शों से गुजरात के यतियों के समान गिर गये थे और जिन्होंने अनुशासन व संयम की कठोर जिंदगी त्याग दी थी। फिर भी इसमें संदेह नहीं कि जैन संस्कृति के लिए उनकी सेवाएँ नगण्य या उपेक्षणीय नहीं थीं। क्योंकि उन्होनें मूर्ति और मंदिर निर्माण में, पांडुलिपियों की नकल करने में यक्ष योगदान दिया, परन्तु उनकी आरामदायी जिन्दगी व उनके द्वारा धन-संचय आदि की प्रवृत्ति ने उन्हें मठाधीशों से, सभी व्यावहारिक उद्देश्य से अलग या अप्रभेद्य कर दिया। लगातार चलते रहने के बजाए वे अधिकांशतः, कुछ अपवादों को छोड़कर पौषधशालाओं, उपासरों और मंदिरों में ही रहने लगे और वहाँ वे तंत्र-मंत्र, आयुर्वेद, फलित ज्योतिष, आदि का अभ्यास करते रहे। उनमें से उसका समकालीन

यशकीर्ति विद्वान् जाति और पंथ पर तथा शूद्रों और औरतों की हीनता पर परम्परागत विचार रखता था। तरन-तारन के अनुसार यह सब संकीर्ण और प्रतिगामी था। तरन-तारन, यद्यपि अनुदारवादी/रूढ़िवादी था, तथापि जैन उपदेश/समादेश/निर्देश और आचरण/व्यवहार पर उसके विचार उदार थे। उसने नग्न तपस्या[48] का रास्ता चुन लिया था। उसने जंगलों में अति संयम का जीवन बिताया, खासकर सेमलखेड़ी और ररव गाँव के पास, जो अब गुना जिले में मल्हारगढ़ के नाम से जाना जाता है। सुख (दमोह जिला) में उसने अपने जीवन के श्रेष्ठ दिन बिताये और यहाँ उसके सभी जाति और धर्मों के यहाँ तक कि मुसलमान भी, शिष्य थे। मुसलमान शिष्यों में दो नाम प्रमुख थे – लुकमान और रुइया रमन, जो कि व्यवसाय से पिंजारा थे और जो ब्राह्मणों के चतुर्वण के बाहर अन्त्यजों की अछूत जाति के थे।

तरन-तारन लोंकाशाह का कनिष्ठ समकालीन था और उसी से प्रेरणा ली थी। उसने पद्य में लगभग 6 पुस्तिकाएँ/प्रबन्ध छोड़े हैं जिनमें उसने "अनेकांत" और "स्याद्वाद" दर्शन प्रतिपादित करते हुए आत्मा का महत्त्व यह कहकर दर्शाया कि आत्मा ही निर्माणाधीन परमात्मा है। मूर्ति-पूजा के लिए उसके धार्मिक आचरण की योजना में कोई स्थान नहीं था। फिर भी उसने श्रावकों और गृहस्थों द्वारा व्यवहृत मूर्ति-पूजा का प्रत्यक्ष रूप से खंडन नहीं किया। प्रबंधों की भाषा संस्कृत, प्राकृत, अपभ्रंश और देशी का अनूठा मिश्रण है। अब इन रचनाओं का मुद्रित संग्रह उपलब्ध है।

तरन-तारन का 67 वर्ष की आयु में देहावसान हुआ और उसकी समाधि, जिसे नसिया कहा जाता है, तेरापंथी सम्प्रदाय का मुख्य केन्द्र है जहाँ से दिगम्बर परिवारों के इस महान् साधु की विचारधारा विकीर्ण होती है। दुर्भाग्य से उसके शिष्यों या भक्तों में कोई ऐसा विद्वान् नहीं था जो उसके पंथ के संगठन का कार्य अपने हाथों में ले सकता। आज भी तरन-वाणी के काम के संपादन और प्रकाशन तथा उस पर टीका के लिए बाहरी लोगों पर ही उसका पंथ आश्रित है। जहाँ तक तारन का संबंध है, उसे उसके श्वेताम्बर और नाथपंथी प्रतिरूपों लोंकाशाह और कबीर के साथ रखा जा सकता है।

उक्त वर्णन से यह अर्थ कदाचित् नहीं निकालना चाहिए कि तरन-तारन के मूर्ति-पूजा के विरोध या असम विन्यास की वजह से चन्देरी-दमोह में मूर्ति-पूजा का पराभव हो गया; बल्कि भट्टारक जैन गृहस्थों को मूर्ति-निर्माण व गुरुओं के तत्त्वाधान में पूजन के लिए उनकी प्रतिष्ठा करवाने हेतु राजी या सहमत करने के उनके मिशन में अत्यधिक

---

48. गुना जिले के मल्हारगढ़ के तेरापंथी नसिया के पीठासीन होने वाले साधु अपनी नग्नता को ढांकने के लिए कपड़े (लंगोटी) का उपयोग करते हैं।

सफल हुए। यहाँ तक कि जीवराज पापड़ीवाल जैसे एक दाता (हितकारी) लोकोपकारक (मानवप्रेमी) ने अकेले ही एक लाख मूर्तियाँ स्वयं तराशीं व उन्हें समस्त उत्तरी और पश्चिमी भारत के विभिन्न मंदिरों में प्रतिष्ठापित करने हेतु भिजवाया। कोई भी ऐसा मंदिर नहीं, जहाँ जीवराज पापड़ीवाल द्वारा बनाई मूर्ति नहीं। ये मूर्तियाँ, जिन पर संवत् 1548 (1491 ई॰) का जीवराज पापड़ीवाल का अभिलेख है, समस्त बृहत् मालवा में आज भी पायी जाती हैं। यहीं नहीं, तारणपंथी जो अब समैया कहलाते हैं, भी पिछड़ी प्रवृत्ति अपनाते हुए पूर्व में प्रचलित मूर्ति-पूजा को अख्तियार कर रहे हैं। गुजरात के लोंकाशाहियों के विपरीत वे अब मूर्ति-पूजकों में विवाह करने में भी कोई उज्र नहीं जतलाते – (*सिद्धांताचार्य पंडित कैलाशचन्द्र शास्त्री अभिनन्दन ग्रंथ,* 1980, पृष्ठ 304-10)।

मालवा में जैन धर्म

मध्य-युग में मालवा में जैन धर्म की सही तस्वीर समझने के लिए निम्नांकित बिन्दुओं का अध्ययन गौरतलब है –

मालवा में हमेशा से ही दिगम्बर जैन की आबादी रही है। श्वेताम्बर जैनियों का गुजरात से मालवा या अधिक सही, मांडू राजधानी को प्रव्रजन तेरहवीं सदी से प्रारम्भ हुआ। तब उज्जैन के अलावा धार, नालछा और मांडू पहले से ही दिगम्बर जैनियों के शिक्षा और व्यापार के केन्द्र थे। बारहवीं सदी के अंतिम दशक में राजस्थान के मांडलगढ़ पर जब तुर्कों का आधिपत्य हो गया, तब वहाँ से एक महान् दिगम्बर गुरु (पंडित) आशाधर ने धार-नालछा में शरण पाई। जयसिंह परमार (1255-74 ई॰ के आस-पास) के अमात्य के रूप में ओसवाल श्वेताम्बर पेथड़ कुमार के आने और उसके मांडू में निवास करने से व्यापार और शिक्षा का ज्वार दिगम्बरियों के विरुद्ध चला गया। दिगम्बरी वैसे ही राजधानी से निकाल दिये गये थे, खासकर उस समय जब मालवा सभ्यता और सांस्कृतिक ख्याति के उच्च स्तर पर चला गया था। खिलज़ी विजय (1304-05 ई॰) के पूर्व पेथड़ शाह ने एक व्यापारी, मंत्री, लोकोपकारी (मानवप्रेमी), निर्माता और धार्मिक शिक्षा के संरक्षक के रूप में अपनी काफ़ी ख्याति अर्जित कर ली थी। और इस प्रकार मालवा के शासन पर श्वेताम्बर जैनियों के प्रभुत्व की शुरुआत हो गई थी। परन्तु तब गुरुत्व केन्द्र मांडू से दिल्ली अंतरित (विस्थापित/स्थानांतरित/परिवर्तित) हुआ तब उन्हें एक जोर का धक्का लगा। परन्तु दिगम्बर जैन वृहद् मालवा, अर्थात् चंदेरी में उनके कार्य कलापों से संतुष्ट थे। चन्देरी में बतिहागढ़ के उप-राज्यपाल ने जो गोमठ स्थापित किया था, वह जैन प्रभाव के कारण ही था और जिसका सम्बन्ध बूढ़ी चन्देरी (पुरानी चंदेरी) के समय से मिलाया जा सकता है जिसके अवशेष प्रतीहार कीर्तिदुर्ग के किले के अधोभाग में आज की चन्देरी से कुछ ही कि॰मी॰ दूर अभी भी विद्यमान हैं।

मालवा के इतिहास के दोहरे पहलू को भी नज़रअंदाज नहीं किया जाना चाहिए। पश्चिम भारत के तीन महाक्षेत्र – गुजरात, राजस्थान और मालवा के बीच सांस्कृतिक सम्बन्ध-परकता या साम्य दर्शाने वाले आधुनिक विद्वान् बहुधा प्रमुखतः मालवा विशिष्ट के जिलों को ही संदर्भित करते हैं। परमार राजाओं का साम्राज्य एक ओर रणथम्भौर के सामीप्य और मेवाड़ और नागड़ के अंतस्थ तक तथा दूसरी ओर चन्देरी, देवगढ़ (उत्तर-प्रदेश का ललितपुर जिला) और पश्चिमी बुंदेलखंड में दमोह (सागर को सम्मिलित करते हुए) तक फैला हुआ था। लगभग 100 वर्षों के अंतराल के बाद जब मालवा के सुल्तानों का राज्य स्थापित हुआ तब उन्होंने पन्द्रहवीं सदी में अपना प्रभुत्व न केवल मालवा, चन्देरी और रणथम्भौर तक फैलाया, उनका साम्राज्य पूर्व में गोंडवाना के गरहा (गढ़ा) तक फैल गया। दिल्ली से स्वतंत्र हो जाने के कारण परमार काल में मालवा की सांस्कृतिक कीर्ति नये चोले में पुनर्जीवित हुई; मांडू एक बड़ा श्वेताम्बर केन्द्र हुआ और वाइसरायों (उपराजाओं) के तहत चंदेरी एक दिगम्बर उपकेन्द्र के रूप में विकसित हुआ। महाजन, प्रशासक, विद्वान् और कला और शिक्षा के संरक्षक के रूप में श्वेताम्बर पंथ पुनः युद्धप्रिय (युयुत्सु) परन्तु उदार सुल्तानों के तहत अपने शबाब पर आया और मांडूगढ़ उनकी गतिविधियों का प्रमुख केन्द्र बना। मांडू, जिसे जैन परिभाषिकी में "मंडप दुर्ग" (राजधानी किला) कहा जाता है, एक सदी के दरम्यान एक पूर्ण विकसित जैन तीर्थ के रूप में पनप उठा। इस आशय का तारापुर तोरण-द्वार के बाहर के मंदिर में एक अभिलेख है। मांडू आज भी श्वेताम्बरियों के दिल और दिमाग को प्रिय है। एक से अधिक मायने में राजपूत काल में पेथड़ का सल्तनती प्रतिरूप शायद एक संग्रामसिंह सोनी था। मांडू के ये सभी लब्ध-प्रतिष्ठ जैन कट्टर मूर्तिपूजक थे। इनमें से पुंजराज सरीखे कई विद्वानों ने इस काल में संस्कृत भाषा में प्रचुर लेखन कार्य किया। स्थानकवासियों में मांडू का श्वेताम्बर पंथ भी पीछे नहीं था। मांडू का लक्ष्मसी पारिख अहमदाबाद के लोंकाशाह के गुरु के अनुयायियों में प्रथम था। फिर भी मालवा में स्थानकवासी सम्प्रदाय को फैलने में कुछ समय लगा।

वृहत्तर मालवा, जिसे अब मध्य भारत कहा जाता है, की जैन संस्कृति के दूसरे पहलू पर आते हुए यह स्वीकार करना चाहिए कि अपभ्रंश के प्रचुर लेखक कवि रइधू के युग में पड़ोस का तोमरों से शासित ग्वालियर दिगम्बरियों का प्रथम बड़ा केन्द्र था। रइधू की कृतियों की कुछ सचित्र/सोदाहरण प्रतियाँ चित्रकला की पश्चिम भारतीय शैली के अनुरूप थीं। काष्ठा और मूल संघ से संबद्ध भट्टारक मुनि के तहत चंदेरी देश या चंदेरी मंडल ने दूसरी भूमिका निभाई, चाहे छोटी या गौण ही सही। महान् गुजराती लोंकाशाह के बुंदेलखंड के दो बड़े प्रतिरूप आशाधर और तरन-तारन थे जो दिगम्बर जैन विद्वानों

और साधुओं में महानतम नाम थे। जहाँ अहमदाबाद के शास्त्र पारंगत या सुशिक्षित विद्वान् ने श्वेताम्बर साधु-पुजारियों की शास्त्रीय आधार पर आलोचना की थी, वहाँ सेमलखेड़ी के दिगम्बर साधु ने उपदेश के बजाए व्यवहार को प्राथमिकता दी। यह दोनों ही मूर्ति-विरोधी पंथ मालवा और वृहत्तर मालवा में आज भी फल-फूल रहे हैं।

मध्य युग मालवा के इतिहास में सिर्फ जैन धर्म की दृष्टि से ही महान् नहीं है, बल्कि सुल्तानों के प्रशासन की दृष्टि से भी महान् है। सुल्तानों के मुख्य अवलम्ब, आधार या स्तम्भ जैन बैंकर्स और सरकारी अफ़सर थे। दुर्भाग्य से उन्होंने सोलहवीं सदी की शुरुआत में राजकीय उत्तराधिकार की गंदी राजनीति में अपने आप को फंसा लिया। इसका खामियाजा उन्हें भुगतना पड़ा। उनका मंच से पटाक्षेप हो गया जो जैन अभिजात्य वर्ग या तंत्र और तुर्की बादशाहत इन दोनों दलों के हितों के लिए घातक सिद्ध हुए। जैन वैश्यों का नुकसान राजपूत क्षत्रियों का (मेदिनी और उसके साथी का) नफा सिद्ध हुआ। चित्तौड़ के राणा संग्रामसिंह के आक्रामक नेतृत्व के कारण इस युग में क्षत्रियों की शक्ति का पुनर्जीवन हुआ।

मांडोगढ़, श्वेताम्बर जैन धर्म का केन्द्र

चन्देरी देश को शामिल करते हुए मालवा विशेष क्षेत्र में राजपूतों के परमार काल में दिगम्बरियों का बोलबाला रहा। परमारों की राजधानी धार थी जो उत्तरी भारत में तुर्की शासन के आगमन के 400 वर्ष पूर्व ब्राह्मण संस्कृति का एक महान् केन्द्र थी। परन्तु तुर्की शासन दिल्ली, बयाना, ग्वालियर तक सीमित था; मालवा (चंदेरी को मिलाते हुए) उसमें शामिल नहीं था। मालवा दिल्ली सल्तनत का हिस्सा सिर्फ चौदहवीं सदी के प्रथम दशक में बना। इसलिए पूर्व-खिलज़ी युग मालवा के जैन धर्म के लिए हमें अभी भी परमार केन्द्र मांडोगढ़ की ओर मुड़ना होगा। इस समय मांडू ने राज्य की नाभि के रूप में धार का स्थान ले लिया था। स्थापत्य के क्षेत्र में न सही, साहित्य और धर्म के क्षेत्र में यह शीघ्र ही गुजरात से स्पर्धा करने लगा था (यदि मात नहीं दे रहा था तो)। इसकी साख निमाड़ देश में नंदुरी के धन कुबेर (करोड़पति के पुत्र देढाशाह ओसवाल, अर्थात् पेथड़कुमार या पेथड़शाह) को जाती है जिसने अपना जीवन उसके पिता के गोद लिए जाने के स्थान विद्यापुर से दिवालिया होने के बाद एक नव-धनिक के रूप में शुरू किया था। यहाँ उसे तपागच्छ के जिनाचार्य श्री धर्मघोष सूरि के उपदेश सुनने का मौका मिला। उसने पेथड़ की समृद्ध हालत को ताड़ते हुए उसे 25 हजार टंके के स्थान पर 5 लाख टंके का नियम लेने का अनुदेश दिया। इस प्रकार सूरि समर्थित और अभिमंत्रित होने पर, जवान पेथड़ ने अपने साहस और बुद्धि के बल पर राजा जयसिंह III (1261-80 ई॰) के समय राजधानी-महानगर मांडू में घी के थोक व्यापारी के रूप में काम किया और विद्यापुर के नुकसान

की पूर्ति की। यही नहीं, एक हरफनमौला की तरह उसने व्यापार को इस हद तक बढ़ाया कि शासन कर रहे सम्राट् का ध्यान भी उसकी ओर आकृष्ट हुआ, और उसने उसे अपने मंत्री (अमात्य) और उसके लड़के को कोतवाल के पद पर रखा।

पेथड़कुमार प्रशासकीय प्रतिभा से सम्पन्न था और शीघ्र ही उसने जयसिंहदेव की साख या सदाशयता या सद्‌भावना अर्जित कर ली। अपनी ईमानदारी और प्रजा की आर्थिक दशा में सुधार लाने की उसकी अपनी व्यग्रता के सहारे उसने प्रजा का प्यार भी पा लिया। इसके अलावा उसके साहस और निडरता के कारण और सफल सैन्य-नेतृत्व की वजह से उसने गुजरात के सारंगदेव को उसके मालवा अभियान में डटकर लड़ी लड़ाई में ऐसी करारी शिकस्त दी कि उसे "बिना मुकुट के सम्राट्" की उपाधि से सुशोभित किया गया। पेथड़ धार्मिक, संत और संतसुलभ प्रतिभा-सम्पन्न व्यक्ति था। उसने 32 वर्ष की उम्र में ब्रह्मचर्य व्रत धारण कर लिया था। उसने एक बार रानी की बीमारी को अपने औषधीय इलाज से ठीक किया था और शाही हाथी के पागलपन को भी दूर किया था। इससे उसकी ख्याति में बढ़ोतरी हुई।

फिर जब धर्मघोष सूरि दूसरी बार भ्रमण पर आये तब पेथड़ का व्यापार अपनी चरम सीमा पर था। गुरु के प्रति अगाध श्रद्धा-भक्ति के कारण उसने गुरु का हृदय से स्वागत किया और उनके प्रवेश समारोह को जय-जयकार के साथ सम्पन्न किया। *सुकृतसागर* काव्य के अनुसार पेथड़ ने 72,000 सोने के सिक्के उसके गुरु के स्वागत में खर्च किये, और गुरु के कहने पर उसने मांडवगढ़, जिसे शत्रुंजयवतार भी कहा गया है, में ऋषभदेव का एक मंदिर बनवाया (1263 ई॰)। शिक्षा प्रेमी, विद्वानों का मित्र और प्रेरक वह बचपन से ही था। उसने अनुनय-विनय कर अनेक नई पुस्तकें लिखवाईं, कई नई और पुरानी पुस्तकों की प्रतिलिपियाँ करवाईं और भड़ोच (भरूच) आदि जैसे सात शहरों के प्रत्येक पुस्तक भंडार (ग्रंथालय) में उनकी एक-एक प्रति भिजवाई। वे शहर शिक्षा की दृष्टि से महत्त्वपूर्ण व सुस्थापित स्थान थे। राज्य और उसके स्वयं की ओर से अनेक विद्वान् वजीफ़े पाते थे।

पेथड़ दान देने का बड़ा शौकीन था। उसने एक भिक्षुकावास या दान-गृह (दान-शाला) पर सवा करोड़ रुपया खर्च किया था। राजा जयसिंह की मांग पर उसने अपने स्वयं का चित्रवेला और काम-कुंभ उसे दे दिया। अपने गुरु से संयत्व व्रत (प्रतिज्ञा) लेने के अवसर पर उसने एक लाख पच्चीस हजार का दान दिया था।

पेथड़ स्रोत-संग्रह या स्तुति-गायन (भजन-गायन) का भी बड़ा प्रेमी था। वह हजारों की संख्या वाले अनेक संघों को गिरनार, आबू, जिरावली और शत्रुंजय के तीर्थाटन पर अपने स्वयं के खर्चे पर ले गया। उसने गिरनार में इन्द्रमाला की बोली 56 धड़ी स्वर्ण

की कीमत में ली, और वहाँ उसने श्वेताम्बर तीर्थ स्थापित किया। ऐसा कहा जाता है, गुजरात के राजा संग्रामदेव ने उसका सत्कार किया था।[49]

इस व्यापारी का लड़का झांझण कुमार विद्वान् भी था और राजनीतिज्ञ भी, साथ ही बहादुर और प्रतिष्ठित। उसने पेथड़ के उदाहरण का अनुकरण करते हुए कई पौषधशालाएँ, मन्दिर और उपासरे बनवाये। समान रूप से विद्वान् और चतुर होने के कारण उसने राजा जयसिंह के पेथड़ मंत्री की जिम्मेदारियों के उत्तराधिकार को भी ग्रहण किया। वह अपने पिता के पुण्यार्थ माघ वि॰सं॰ 1348-1291 ई॰ में झांझषा (सामुदायिक यात्रा-संघ) आबू, शत्रुंजय और गिरनार ले गया। कहा जाता है इस संघ में लगभग ढाई लाख लोगों ने भाग लिया था – (*मंडप दुर्ग और अमात्य पेथड़*, हिन्दी भाषान्तर, मुनि हिमांशु विजयजी के गुजराती लेख का – पी॰ए॰ – 1, ओरिएंटल कांफ्रेंस – 6, पृष्ठ 977-90 जो रत्नमंगनगनी के *सुकीर्ति सागर* (संस्कृत) पर आधारित है, सोमतिलक *गुरुवावली* और *झांझषा प्रबन्ध* के अलावा)।

पन्द्रहवीं सदी में माण्डोगढ़

पेथड़कुमार के पुत्र और उत्तराधिकारी झांझण कुमार के बाद मांडू के इतिहास में एक राजनीतिक क्रांति आयी। सत्ता राजपूत परमारों के हाथ से खिलज़ी सूबेदारों (उप-राज्यपालों) के हाथ में चली गई थी। गुजरात में अनहिलपाटन में भी ऐसा ही हुआ था। फर्क यह था कि वहाँ एक ओर अल्पखान ने राजनीतिक भूमिका निभाई थी, तो दूसरी ओर श्रावक समरसिंह ने जैन मंदिरों के संरक्षण के मामले में दृढ़ और सक्रिय या कर्मरत दृष्टिकोण दर्शाया था। एक जैन नायक की हैसियत से उसने दिल्ली के खिलज़ी सुल्तानों की सदाशयता अर्जित की। परन्तु मुहम्मद तुगलक के तहत मालवा के गवर्नरों में ऐन-उल-मुल्क (1304 के बाद) और अजीज़ खम्मर (शराब-विक्रेता) की तरह कोई ऐसा व्यक्तित्व नहीं हुआ और न ही झांझण कुमार के वंश में कोई ऐसा हुआ जो जैन धर्म की प्रतिष्ठा को बचा सकता या दिल्ली के तुगलक साम्राज्य के विघटन के बाद होने वाले क्रांतिकारी परिवर्तन के पूर्व के 100 वर्षों के समय में उनमें से कोई अपने हितों को बढ़ावा दे सकता। स्थानीय स्रोतों के अभाव में ऐन-उल-मुल्क और दिलावर खान "अमीदशाह" के मध्य एक लम्बा अंतराल है। दिलावरखान अमीदशाह उसके गुजरात, जौनपुर और दिल्ली के प्रतिरूपों के बीच अपने आप को एक स्वतंत्र शासक बनाने का प्रबन्ध कर पाया। जैन समुदाय के श्वेताम्बर आस्था के श्रेष्ठ व्यापारी नये गवर्नर के साहचर्य से अपना भाग्य

49. मांस-भक्षण, शराब पीना, द्यूत, शिकार, वैश्यागमन, आदि को जैन धर्म के पवित्र दिनों और दिनांकों को मालवा के परमार राजा जयसिंह (1261-80) के शासनकाल में प्रतिबंधित करवाने का श्रेय पेथड़ को जाता है। वही, पृष्ठ 6 व आगे।

आजमाने मांडोगढ़ आये। गवर्नर जैन समर्थन की कीमत से वाकिफ़ था। उसे दिल्ली के सन्दर्भ में पूंजीपति अल्पसंख्यक जैनियों की उपयोगिता और प्रशासकीय मामलों में शासन कर रहे तुर्की सत्ताधारियों के प्रति उनकी वफ़ादारी का भान था। शायद दिलावरखान और उसके युवराज की खरतर आम्नाय के एक सोनगरा श्रीमान् परिवार से आपसी जान-पहचान थी। दिलावरखान की जैन पूंजीपतियों के संरक्षण के बारे में जानकारी कम या नहीं के बराबर ही है। इसलिए अब हम उसके उत्तराधिकारी अल्पखान पर आते हैं। उसने अपने युवराज होने के काल में 100 वर्ष के अंतराल के बाद राजधानी धार को मांडोगढ़ स्थानांतरित किया था। यह हुआ था अलाउद्दीन खिलज़ी के शासन-काल में परमार जयसिंह-III के उत्तराधिकारियों के वक्त। इस परिवार की वंशावली के लिए हमारा एकमात्र स्रोत है – *सारस्वत मंडन* (1575 ई॰) की पांडुलिपि, जो पुणे के भंडारकर प्राच्य शोध-संस्थान में सुरक्षित है।

झांझण (श्रीमाली)[50] कवि मंडन, जो "मंत्री"[51] से अभिकल्पित था, का दादा था। कवि मंडन उक्त संदर्भित पांडुलिपि का लेखक था। उसके छः लड़कों में से दो देहड़ और बाहड़ ने अपने आप को संघपतियों के रूप में प्रतिष्ठित किया और उस संतति को जन्म दिया जो मालवा में लेखक के साथ प्रशासक भी थी। धनराज (धनद), जो देहड़ का पुत्र था, *शतकत्रय* का लेखक था जिसकी रचना उसने 1433 ई॰ में की थी। मौजूदा प्रतिलिपि 1448 ई॰ में मंडपदुर्ग[52] में तैयार हुई थी। यह तीन शतक हैं — *शृंगार धनद शतक, नीति धनद शतक* और *वैराग्य धनद शतक,* भर्तृहरि विरचित *शतकत्रय* की भांति ही। उसके पिता देहड़ को शासक का "दीवान" कहा गया है जिसका खिताब आफताब (अर्थात् सूर्य) था।

सारस्वत मंडन का लेखक मंडन मंत्री अपने आप को मालवा के आलमशाह का "महाप्रधान" कहता है। अल्पखान भी अपने सिंहासनारोहण के शुरू के सालों से इसी उपाधि से जाना जाता था; "होशांगशाह" की उपाधि उसने बाद में धारण की थी। मंडन अपने संरक्षक को दीप्त शब्दावली या शैली में संदर्भित करता है। उसका चरित्र (जीवन-इतिहास) दो पांडुलिपियों में उपलब्ध है। एक तो *भगवती सूत्र,* जिसे उसने 1446 ई॰ में लिखा और जो पाटन (गुजरात) के सागरगच्छीय उपासरा के भंडार में सुरक्षित है, और दूसरी महेश्वर कवि की *काव्य-मनोहर*।

मंडन मंत्री उच्च धार्मिक प्रवृत्ति का जैन था। उसने आचार्य जिनभद्रसूरि के कहने

---

50. जालौर मूल का झांझण, पेथड़ के पुत्र झांझण से भिन्न है।

51. "मंत्री" कौटुम्बिक उपाधि थी।

52. काव्यमाला 13 में सम्पादित (एन॰एस॰प्रेस, बम्बई)।

पर *सिद्धांत-कोष* (उपलब्ध नहीं), अर्थात् जैन सिद्धांतों पर किये गये कार्यों के मूल्यवान शब्द कोष की रचना करवाई। जहाँ तक उसकी रचनाओं का सवाल है, उनमें से 4 पांडुलिपि के रूप में भंडारकर प्राच्य शोध-संस्थान, पुणे में सुरक्षित हैं – (1) *काव्य-मंडन* (कौरव-पांडवों पर), दिनांकित 1504-1447 ई॰, (2) *शृंगार मंडन* (रत्यात्मकता या कामुकता या शृंगारिता), दिनांकित 1448, (3) *संगीत मंडन*[53] और (4) *सारस्वत मंडन* (व्याकरण)। उसकी अधिकतर कृतियों में मंडन नाम जुड़ा है। उसकी दूसरी कृतियों के नाम *जैन साहित्य का वृहद् इतिहास*, जिल्द 5[54] में दिये हैं जो इस प्रकार हैं – (5) *उपसर्ग मंडन*, (6) *चंपू मंडन* (द्रौपदी पर), (7) *कादम्बरी* (सार) मंडन, (8) *चन्द्र विजय*, और (9) *कवि कल्पद्रुमस्कंध* और *अलंकार मंडन*। दिनांकित हैं 1447 ई॰ में, जैसाकि मंडन स्वयं ने लिप्यांतरण किया है।[55]

महमूद खिलज़ी द्वारा मांडोगढ़ का सिंहासन हथिया लेने (1435-68) के बाद होशांगशाह के कार्यकाल में हम श्रीमालियों से ओसवाल जैनियों पर आते हैं। ओसवाल जैनियों का प्रतिनिधि संग्रामसिंह सोनी था। उसका संस्कृत में लिखा प्रबन्ध – *बुद्धिसागर* हमारी सूचना का स्रोत है। इसका प्रथम बार प्रकाशन गुजरात के बड़ौदा से गुजराती भाषांतर सहित 1890 ई॰ में सायाजी राव गायकवाड़[56] द्वारा करवाया गया था।

बुद्धिसागर के लिपिक द्वारा अभिलिखित प्रशस्ति के अनुसार वह भंडागारिकाधारी (वित्त मंत्री) था जो निजामशाह के विरुद्ध अभियान में सं॰ 1520-1463 ई॰ में सुल्तान का हमराह था। वह राह में गोदावरी के किनारे प्रतिष्ठानपुर (पैठन) तीर्थ में रुका था जहाँ उसने इस किताब की रचना की थी। अंग्रेज़ी में अनुवादित प्रशस्ति में लिखा है – "मैं हमेशा की तरह उस गुरु, उदयवल्लभ की आराधना करता हूँ जिसने रत्नसिंह सूरि के काल को अपनी आश्चर्यजनक प्रतिभा से आभूषण के समान सुशोभित किया था।"

"राजा (नरेन्द्र) महमूद अंधकार के पुंज के समान शत्रु का भव्य सूर्य की किरणों से विनाश करने वाला, खिलज़ी वंश के समुद्र के चन्द्रमा के समान व विजेता है।"

"उसके मालवा देश के इस मंडपगढ़ में फलने-फूलने वाला एक मुख्य भंडा गारिकाधिकारी (मुख्य कोषपाल) था, जिसका नाम संग्रामसिंह था और जिसने अपनी श्रद्धा-भक्ति से गौतम स्वामी का आशीर्वाद प्राप्त किया था। अपनी बुद्धि और सरस्वती की कृपा से वह सुरक्षित था। ओसवाल परिवार के श्रीमान् नरदेव के इस पुत्र संग्राम ने पवित्र

53. जैन ग्रंथावली प्रायधोनी बम्बई 1909, पृ॰ 313.
54. पार्श्वनाथ विद्याश्रम शोध संस्थान, वाराणसी 1969.
55. बदीपुर विश्वनाथ भंडार, पाटन।
56. मैंने 1936 में दिनांकित मूल पाठ के रतलाम संस्करण का उपयोग किया है।

और गंभीर अर्थ के शास्त्रों का अध्ययन किया था और सारे दर्शन का सार निकाला था। मै यह *बुद्धिसागर* नाम का शास्त्र लिख रहा हूँ जो धैर्यहीन और सुस्त बुद्धि के लोगों की समझ के परे है, गंभीर, उत्कृष्ट सुन्दर छंदों से पूर्ण है, लक्ष्मी का घर है, पूर्णमासी के चाँद सी कला से युक्त है; इसमें सत् धर्म, व्यवहार हैं; चार तरंगों (अध्याय) से युक्त है और बुद्धिजीवियों द्वारा पसंद किया गया है।"

"दिल्ली में संसार की रक्षा करने वाले सम्प्रभु अलाउद्दीन के शासनकाल में एक प्रसिद्ध श्री संगम सोनी रहता था। उसका लड़का पद्मराज अच्छे गुणों से युक्त था; उसका लड़का सूर था और उसका लड़का धन। धन का सत्यनिष्ठ पुत्र था – वरसिंह जिसके दो लड़के थे – नरदेव और धनदेव (धनद) जो ओसवाल कुटुंब के सदस्यों में गरीबों और अनाथों पर कृपालु थे। धरना सोनी ने चन्द्रपुरी[57] के लोगों में काफ़ी धन बांटा व सैकड़ों-हजारों लोगों को शर्कों (तुर्कों) के खतरे से मुक्त किया। बड़े भाई नरदेव, जिसने मेंडप दुर्ग में दानशाला खोली थी, हमेशा ही सुपात्रों को दान देने के लिये तत्पर रहता था। वह अमात्य था व राजसभा (राज दरबार) में अच्छा साथ देता था। इसके अलावा वह गैर-व्यभिचारी, सुन्दर और भंडागारधुरंधर (मुख्य कोषाध्यक्ष) था।"

"उसका पुत्र संग्रामसिंह, दयालु, दूसरों की मदद करने वाला, गुणी, विनम्र, जिन् (महावीर) का भक्त था। नरदेव के लड़के संग्राम के तीर उनके लक्ष्य भेदने के बाद उनके छोड़े गये स्थान पर वापस आ जाते थे, यह एक चमत्कार है। सभी लोग नरदेव के इस पुत्र संग्राम के चमत्कार को देखते हैं। वह एक करुणामय व परोपकारी व्यक्ति है जिसके शत्रु का वर्णन ही नहीं है। परदाराओं के प्रति वह अनासक्त और दूसरों के धन के प्रति विरागमय है। उसकी प्रसिद्धि चन्द्र-किरणों की तरह शुद्ध और निर्मल है। वह हमेशा ही विजयी रहा।"

"विक्रम संवत् 1520-1463 ई॰, शक संवत् 1385 से मेल खाती चैत्र पखवाड़ा दिनांकित 6, शुक्रवार के अनुसार . . . मालवा के शासक महमूद के शासनकाल में यह (पुस्तक) लिखी गई। इस समय मालवा का शासक युद्ध में निजामशाही पर विजय प्राप्त करने के लिए दक्खन गया था। इस पुस्तक का संकलन कवीन्द्र संग्रामसिंह (जो बुद्धि सम्पन्न था) द्वारा गोदावरी की धाराओं से शुद्धिकृत प्रतिष्ठानपुर में किया गया, जिन् (महावीर) को प्रणाम करने के बाद। वज्र या गाज के समान गुर्जरों के घमण्डरूपी पर्वत को भेदने वाला दक्खन (दक्षिणाभूपति) के स्वामी महमूद का विश्वास जीतने वाला संग्राम चिरायु हो, और मित्रों और संतति से युक्त हो।"

57. आधुनिक फैजाबाद के पास, चन्द्रपुरी उस नाम की नगर की राजधानी थी, जहाँ राजपूत चौहानों का राज्य था और जो पन्द्रहवीं सदी में जैनियों का एक प्रसिद्ध केन्द्र था।

"जिसके पुण्य से वाणी (साहित्यिक रचना) उल्लसित होती है, या कि सम्पूर्ण संसार रत्नों, आभूषणों से सुशोभित होता है और जिसे दूसरी महिलाएँ भाई के समान प्यार करती हैं, यह चतुर्थ तरंग (अध्याय) संग्रामसिंह ने यहाँ यथोचित पूर्णतः लिखी जिसमें श्रृंगार आदि रसों का समावेश भी है।"[58]

मैंने कुछ उपयुक्त कारणों से प्रशस्ति को उसकी पूर्णता में प्रस्तुत करने के लिये जो श्रम किया है, उसके प्रति मैं पाठकों की आसक्ति की याचना करता हूँ। महमूद खिलज़ी मालवा के सुल्तानों में महानतम था और वह अपने बारम्बार किये जाने वाले अभियानों में एक महान् साहूकार का समर्थन प्राप्त करने में भाग्यशाली रहा। महमूद खिलज़ी बहुत ही महत्त्वाकांक्षी था और स्वयं को दिल्ली के बादशाह "अलाउद्दीन, द्वितीय सिकंदर" कहलाना पसंद करता था। वह न केवल गुजरात को विजय कर दक्खन का "भूपति" बनना चाहता था, जैसाकि प्रशस्ति के लेखक ने इशारा किया है, बल्कि वह हाड़ोती और मारवाड़ (अजमेर) का, यदि मेवाड़ का नहीं तो, विजेता था। उसके सैन्य जीवन का विस्तार में उसकी जीवनी या चरित के लेखक शिहाब हकीम ने *माथिर-ए-महमूद-शाही* में वर्णन किया है। परन्तु, इसके पृष्ठों में सिंहासन के पीछे के उस सिंह का वर्णन नहीं है जिसे सुल्तान अपने आलम्ब से अधिक समझता था।

संग्रामसिंह, उसके पहले मंडन मंत्री और उसके बाद पुंजराज नरेन्द्र की भांति जिन्होंने क्रमशः होशंग और ग्यास के गोरी और खिलज़ी दरबार को सुशोभित किया था, एक पूंजीपति व्यक्तित्व के साथ ही एक सुसस्कृत जैन विद्वान् था। वह मालवा में जैन चित्रकला का संरक्षक था। उसने कालकाचार्य कथा, दिनांकित 1439, की बहुत ही प्रसिद्ध प्रति चित्रित करवाई थी। उसने ही मक्सी का मध्यकालीन मूल मंदिर बनवाया था जिसमें कला की दृष्टि से बाद के युगों में सुधार होता रहा। मंदिर की मूर्ति उसी के अनुरोध पर बनी थी जिसकी पीठ पर वंशावली का सं॰ 1518 (1461 ई॰) का एक अभिलेख है और जो वर्तमान में बदनावर (धार जिला) के नंदलाल लोढ़ा के घर को सुशोभित कर रही है। एक जैन श्रावक की नीति और आचार के कर्त्तव्यों के सम्बन्ध में काफ़ी प्रगतिशील एक धार्मिक जैन के बारे में अगरचंद नाहटा एक उस फलरहित आम के पेड़ का उदाहरण देता है जिस पर उसके अनुरोध स्वरूप फल आने लगे थे। उसके बुद्धिसागर से साफ है कि संग्राम सिंह धार्मिक और सांसारिक महत्त्व के कई उपयोगी विषयों के बारे में सुविज्ञ था। निःसंदेह संग्राम सिंह महमूद खिलज़ी के युग का आभूषण (तिलक) था। उसने महमूद खिलज़ी की बड़ी स्वामिभक्ति और विश्वसनीयता से सेवा की जिसके फलस्वरूप

58. मेरे इस मुक्त प्रस्तुतीकरण के लिये मैं संस्कृत कॉलेज, रीवा के प्रो॰ अंजनीप्रसाद पांडे का ऋणी हूँ जिन्होंने मुझे *बुद्धि-सागर* (1936 ई॰) के रतलाम संस्करण के हिन्दी भाषांतर द्वारा उपकृत किया।

उसने सुल्तान का विश्वास जीता और नक्द-उलमुल्क (राज्य का कोषपाल) का खिताब अर्जित किया।[59]

गुरु-गुण-रत्नाकर दूसरा महत्त्वपूर्ण स्रोत है जिससे हमें इन दो जैन पूंजीपतियों के नाम मालूम होते हैं जो महम्मूद शाह के शासनकाल में फले-फूले। एक हाड़ोती का चांदाशाह ओसवाल था जिसे शासन का "दीवान" कहा गया है और जिसे मांडू में 72 काष्ठ (लकड़ी) के मंदिर[60] बनवाने का भेद दिया गया है। इन मंदिरों में 24 तीर्थंकरों की मूर्तियाँ प्रतिष्ठित की गयी थीं (साधु सुधानन्द के द्वारा); 36 प्रकाश स्तम्भ भी खड़े किये गये थे; और चार लाख की कीमत के वस्त्र बांटे गये थे। एक अन्य करोड़पति श्वेताम्बर, जो *देवगिरि काव्य* का लेखक था और जिसने तीर्थाटन के उद्देश्य से मांडू की यात्रा की थी, का नाम धनराज था और उसके छोटे भाई का नाम नागराज था। ये दोनों ही महमूद शाह के द्वारा सम्मानित किये गये थे। जब वे अनहिलपुर (पाटन) पहुंचे, तब उन्हें बारिश के चार माह वहाँ रुकना पड़ा था। उन्होंने जनसमूह को किस्म-किस्म के भुने हुए सुस्वादु पदार्थ खिलाये, और उन्हें वस्त्र, सोना-चाँदी के उपहार देकर संतुष्ट किया (देखिये, *गुरु-गुण-रत्नाकर*, पृष्ठ 35-36, जैसाकि नंदलाल लोढ़ा की जग-प्रसिद्ध ऐतिहासिक कृति श्री *मांडवगढ़ तीर्थ* पुस्तक में उद्धृत है)।

ऐसा पता चलता है कि विलासी सुल्तान गियासुद्दीन खिलज़ी (1469-1501 ई॰) ने अपने राज्य का कारोबार अपने पिता के मंत्री (अमात्य), जीवनशाह श्रीमाल को दे रखा था, और उसके बाद उसके छोटे भाई मेघराज (मफ़रर-उल मुल्क की पदवी से विभूषित)[61] को यह कार्य दे दिया था। मेघराज ने अपनी यह जिम्मेदारी अपने भतीजे पुंजराज को सौंप दी थी और स्वयं ने एक धर्मनिष्ठ का जीवन अख्तियार कर लिया था। मेघराज का सहायक (नायब) एक बैंकर के परिवार से था। उसका नाम गोपाल ओसवाल था। वह धनुर्विद्या में पारगत था और उसने मांडवगढ़ के तारापुर दरवाजा के पास सूर्य-कुंड बनवाया था। उसकी पहचान पास की एक बावली के अभिलेख से हुई है। जहाँ तक इन राजकार्य से सम्बन्धित भाइयों का सवाल है, जीव और मेघ ग्यासशाह के मंत्री थे और उनका पूरा परिवार सोमसुन्दर सूरि का भक्त था। सोमसुन्दर सूरि के कहने पर सोने के टंके, प्रत्येक चार माशा (ग्राम) का, मोदक पर खर्च किये; प्रत्येक मोदक 10 सेर का था

---

59. मध्य प्रदेश संदेश, अगस्त 1962, पृष्ठ 15.
60. यदि यह सच है तो यह निष्कर्ष निकाला जा सकता है कि मध्य-युग तक इस इलाके में निर्माण हेतु लकड़ी का प्रयोग होता था।
61. यह इस बात का सकारात्मक प्रमाण है कि पन्द्रहवीं सदी के तुर्की शासन में मांडोगढ़ ने एक तीर्थस्थान का दर्जा पा लिया था।

और उसे मांडोगढ़ में प्रत्येक जैन को बांटना था। इसके अलावा दूसरे उत्सव भी मनाये गये। प्रत्येक की लागत दो से तीन लाख तक थी (*गुरु-गुण-रत्नाकर*; वही पृष्ठ 48-49)।

हम यहाँ मुख्य रूप से पुंजराज जिसे अधिकांशतः पुंजराज नरेन्द्र के नाम से जाना जाता है, से सम्बन्धित हैं। उसकी श्वेताम्बर प्रतिक्रिया पर टीका से उसकी वंशावली (जिसे उसने सारस्वत टीका में अभिलिखित किया है) का पता चलता है।[62] औफरेक्ट ने पुंजराज की तारीख तय की है (1475-1520 ई॰)। दूसरे विद्वानों ने भी उसे माना है। इसका आधार यह है कि मेघ को 1475 ई॰ में पुंजराज को मालवा के मुसलमान बादशाह ने संरक्षण दिया था; वह राजा ग्यासशाह के अलावा कोई अन्य नहीं हो सकता। पुंजराज, जिसकी उपाधि "नरेन्द्र" (राजा) थी, अपने छोटे भाई मुंज (मुंज बक्कल – बनिया, माथिर-ए-मुहम्मदशाही का) के पक्ष में अलग हट गया और अपने आप को अध्ययन में लगाया (पेटरसन की पांचवीं रिपोर्ट, पृ॰ 167)।

पुंजराज असाधारण प्रतिभा का धनी था। कई विषयों जैसे काव्य, नाटक, प्रहसन, व्याकरण, अलंकार, आदि पर उसका अधिकार था। *सारस्वत टीका*[63] के अलावा उसने *मधु मंजरी* नाम का नाटक भी लिखा और अलंकार पर भी दो पुस्तकें लिखीं। दुर्भिक्ष दुष्काल में उसका दान गजब का था। ऐसा भी पता चलता है कि उसने कई अवसरों पर तुलादान किया था।

दुर्भाग्य से मांडों के जैन अभिजात्य वर्ग ने अपने आप को अस्सी वर्षीय ग्यासशाह और उसके महत्त्वाकांक्षी युवराज नासिर के बीच चल रही कौटुम्बिक राजनीति में उलझा लिया। यह इस हद तक हुआ कि पुंजराज को नासिर के हिमायतियों की घातक तलवार का शिकार होना पड़ा। यही नहीं, संग्रामसिंह, जो कम-से-कम ग्यासशाह जितना वृद्ध तो हो ही गया था, को नासिरशाह (1501-11) ने मांडू छोड़ने के लिए कहा। एक सहसा नाम का साहूकार, जिसका पूर्वज धरना था और जो संघपति था तथा जिसे (राणा) कुंभकरण ने सम्मानित किया, ने राणकपुर में एक चतुर्मुखी मंदिर बनवाया था। सुल्तान गयासुद्दीन ने उसे अपना मुख्य धर्माधिकारी (दान विभाग का) बनाया था। इस सहसा ने ऊंचे शिखर का चतुर्मुखी मंदिर माउंट आबू में भी बनवाया था और उसमें 120 मन[64] की पीतल की मूर्ति प्रतिष्ठापित करवाई थी, और तीन अन्य जैन मूर्तियाँ भी (*गुरु-गुण-रत्नाकर* काव्य, पृ॰ 44-46, वही)।

---

62. मफ्रर-उल-मुल्क को जैन स्रोतों में गलती से "मफरूल-मलिक" लिप्यांतरित कर दिया गया है और जिसका आशय होता है – "राज्य का आश्रय"।

63. *अड़यार ग्रंथालय बुलेटिन*, 5, 3, पृ॰ 1-5.

64. मन 10 सेर।

मांडोगढ़ में ग्यासशाह के पक्ष के दो जैन पोरवाल भाई सूर और वीर थे। वे एक संघ लेकर अंबारहट (सुधानन्द सूरि के साथ) गये। संघ के साथ जो घोड़े, हाथी, पालकी आदि की साज-सज्जा थी, उससे लगता था मानो किसी शक्तिशाली शासक ने हाल ही में उस दिशा में कूच किया हो। इस समारोह में दोनों पोरवाल सेठों ने खूब पैसा खर्च किया और शंभुरत्न वाचक को आचार्य की पदवी से विभूषित किया। शंभुरत्न के हितकर प्रभाव से इन संघपतियों को शाही फरमान प्राप्त हो गये जिनके आधार पर वे अमर्यादित खर्चे पर यात्रा सम्पन्न कर सकते थे।

इसी स्रोत में एक और करोड़पति (धन कुबेर) वेल्लक के बारे में भड़कीला निर्देशन अभिलिखित है। उसके अनुसार वेल्लक ने तीर्थयात्रा के लिए शाही फरमान प्राप्त कर लेने पर मांडोगढ़ से रतलाम के लिए संघ निकाला जिनमें कई और संघ भी शामिल हो गये। इस महासंघ में लगभग 52 संघ थे; प्रत्येक का अपना संघपति था, और वेल्लक को आचार्य सुमति सुन्दर सूरि ने मुख्य संघाधिपति नियुक्त किया। फिर यह इफराती संघ किले में दाखिल हुआ, देव-मंदिरों में प्रायिक पूजा की और शास्त्रानुसार ध्वजारोहण समारोह मनाया। वहाँ से संघ जीवपल्ली पहुँचा जहाँ उसने पार्श्वनाथ की पूजा की और अनेक प्रकार के उत्सव मनाये। संघपति (वेल्लक) ने स्वयं को इन्द्रमाला की माला से सम्मानित किया। जीवपल्ली से दूसरी यात्रा अर्बुदाचल (माउंट आबू) की थी जहाँ पुनः वेल्लक ने अनुष्ठानिक/उत्सवी पूजा के बाद 9000 टंका (प्रत्येक टंका 4 माशा सोने के बराबर) की बोली या कीमत की इन्द्रमाला ली, और समस्त मौजूद जनसमूह के प्रति मेहरबान लगाव दर्शाया। वहाँ से फिर वे राणकपुर बढ़े जहाँ वेल्लक और धर्मसिंह ने अनेक देव मंदिर बनवाये, समारोह आयोजित किये और फिर अर्हत् की पूजा करने के बाद वे इदर दुर्ग आये जहाँ वेल्लक ने गुरुओं का सोने के सिक्कों से अभिवादन किया; 300 साधुओं के लिए कपड़े दिये और मुनियों को (उनकी) पोशाकें, और सोमसागर गणि को "पंडित" की उपाधि से सुशोभित किया। फिर पावक पहाड़ पर शंभवनाथ स्वामी की अभ्यर्थना करने के बाद संघपति मालव देश लौट आये। अपने-अपने घरों को लौटने के पूर्व उन्होंने जय-जयकार सहित देवपूजा समारोह सम्पन्न किया (*गुरु-गुण-रत्नाकर* काव्य, वही)।

गुजरात और मालवा के विद्वानों द्वारा किये गए आकस्मिक सर्वेक्षणों से कुछ जैन कृतियों के बारे में पता चलता है जिसका वर्णन हमें यहाँ मांडोगढ़ के तीर्थ के रूप में विकसित होने के वर्णन के पूर्व करना चाहिएः–

नय सुन्दर उपाध्याय, जो पीप्पलक शाखा के नरवर के खरतरगच्छ के जिनवर्धन सूरि के शिष्य थे, *विद्या-विलास नरेन्द्र चौपाटी* नामक एक चरित्र काव्य वि॰ 1561-04 ई॰ में लिखा (अप्रकाशित)। उसी वर्ष (1561-04 ई॰) ईश्वरसूरि ने दशपुर (मंदसौर) में

ललितांग चरित्र नामक एक सुन्दर काव्य लिखा जिसकी प्रशस्ति से कुछ ऐतिहासिक तथ्य प्राप्त होते हैं जिसकी भाषा अपभ्रंश अभिमुखित है, और जो पाटन भंडार में सुरक्षित है। यहाँ कवि "श्री पुंज नरेन्द्र मफ्रर-उल मुल्क" को एक नये खिताब "हिन्दुआ राय वजीर" (मंत्री) से संबोधित करता है। प्रशस्ति में गयास और नासिर भी उल्लेखित हैं। इस काव्य का अतिरिक्त नाम भी है – *रसक चूड़ामणि पुंज प्रबन्ध*। उदयसागर सूरि का मागसी स्तवन श्वेताम्बर द्वारा सत्रहवीं सदी में रचित एक दूसरा काव्य भी उल्लेख योग्य है।

मालवा प्रदेश से संबंधित राजस्थानी गद्य में लिखे हुए नानाविध लेखों का भी पता लगाया गया है। उनमें से शिल्पोप्रदेश माला बोध भाषा (देशी बोली) की टीकाओं में से एक है जिसे खरतरगच्छ के महान् लेखक मुनि मेरु सुन्दर ने लिखा। मुनि मेरु सुन्दर ने मांडव के धनराज, श्रीमान् संघपति के अनुरोध पर वि॰ 1525 (1468 ई॰) में अनेक जैन ग्रंथ मांडू में बालवबोध के नाम से लिखे।

एक खरतरगच्छीय कवि खेमराज ने अब प्रकाशित मंडपचल चैत्य परिपाटी में मांडवगढ़ के सोलहवीं सदी के मंदिरों का सविस्तार वर्णन किया है।

मालवा के दो सोलंकी राजपूत भाई द्वारिका भ्रमण के बाद 1576-19 ई॰ में मंडन मुनि द्वारा जैन धर्म में दीक्षित हुए। इनमें से छोटा भाई ब्रह्मकुमार (जन्म 1511) बाद के वर्षों में ब्रह्म मुनि बना और उसने सं॰ 1594 (1537 ई॰) तथा 1639 (1582 ई॰) के मध्य अनेक काव्य लिखे; उनमें से हैं – (1) *बुद्ध चौपाई*, (2) *सुधर्म सुदर्शन*, (3) *मेता चौपाई* और (4) *नेमिनाथ निवाहलो*। एक मुनि ऋषि ने ब्रह्म मुनि के जीवन पर दो प्रबंध लिखे, उनमें से विनयदेव सूरि निवाहलो एक है; विनयदेव सूरि ब्रह्म मुनि का एक अन्य अतिरिक्त नाम है।

सत्रहवीं सदी के शुरुआत में पुनमगच्छ के एक लेखक मालवी ऋषि ने सं॰ 1616 (1559 ई॰) में *सज्झाय* लिखी जो उसके जीवन[65] में घटित एक घटना का ऐतिहासिक वर्णन है।

मांडवगढ़ एक पूर्ण विकसित तीर्थ

हम पूर्व में देख चुके हैं कि दो राजा भाई – धन और नाग सुल्तान महमूद खिलज़ी (1435-69) के शासन काल में तीर्थयात्रियों के रूप में मांडोगढ़ की यात्रा पर आये थे। स्व॰ अगरचंद नाहटा के आकलन के अनुसार सोलहवीं सदी में मांडोगढ़ एक तीर्थ के रूप में विकसित हो गया था। बीकानेर के विद्वान् के इस मत को बदनावर के विद्वान् नंदलाल

65. मालवा एक सर्वेक्षण ("मालविका" नाम की एक स्मारिका) जो अखिल भारतीय प्राच्य विद्या परिषद् के 26वें सत्र, 1972 के अवसर पर प्रकाशित हुई।

लोढ़ा ने अभिलेखों व साहित्यिक आधार पर परिपुष्ट किया है। साहित्यिक स्रोत ऋषभदास का चैत्यवंदन है जिसमें कवि कहता है –

मांडवगढ़ नो राजियों नामदेव सुपास।
रिषभ कहे जिन समरता पहुँचे मनसी आस ॥5 ॥

"अभिवादन! मांडवगढ़ में (सु) पार्श्वदेव को।" ऋषभदास कहता है – "जिन् का स्मरण मन की आशा को सन्तुष्ट करता है।" लेखक अकबर (सोलहवीं सदी) के समय के हीरविजय सूरि का समकालीन था। प्रस्तुत अभिलेख तारापुर द्वार के बाहर तारापुर कस्बे[66] के (क्षतिग्रस्त) मंदिर पर उत्कीर्ण हैं, जिसका अनुरोध श्री भीनमाल बड़गच्छ के कनकप्रभ सूरि ने किया था और जिसे मांडू के बोहरा गोपाल ने दक्षिणी तलहटी में लिखवाया था। यह खरगोन की वाणी नामक मासिक हिन्दी पत्रिका में प्रकाशित हुआ है। इसकी तारीख सं॰ 1551 (1494 ई॰) है। इसके पूर्व इसी बोहरा गोपाल ने तारापुर द्वार के पास उसकी सूर्य-कुंड बावली में एक दूसरा अभिलेख खुदवाया था। ऐसा सुझाया गया है कि यह स्थान गाँव के मंदिर (1494) और बावली के द्वार के मध्य है; दूरी लगभग 6 कि॰मी॰ की है। इसे श्वेताम्बरियों का मांडोगढ़ जैन तीर्थ कहा जाता है और दिगम्बरियों के लिए भी उतना ही पावन है। प्रत्येक जैन को जैन धर्म की कीर्ति के इस मध्ययुगीन स्मारक को लेकर गौरवान्वित महसूस करना चाहिए। आध्यात्मिक विकास में एकमात्र रोड़ा विलासी सम्राट् के युग में ऐय्याशी, आडम्बर और धनकुबेरों (करोड़पतियों) का धन था जिसे नियंत्रण में रखने के बारे में जैन आचारशास्त्र जागरूक था। यह विपुलता से जैन-यात्रा संघों के संदर्भ में दृष्टव्य है। ठीक उसी प्रकार जैसे यह समकालीन गुजरात में कालकाचार्य कथा की प्रतियों में सोने की चित्रकारी के संदर्भ में दृष्टव्य है। परन्तु जैन अजायक वर्ग के द्वारा पैसे के इस अपव्यय के इन कथनों के बावजूद बिना किसी शंका की छाया के यह मानना होगा कि मध्ययुग की पन्द्रहवीं सदी मालवा के जैन धर्म का, और साथ ही तुर्की सुल्तानों के लिए भी, स्वर्ण युग था। ग्यासशाह खिलज़ी के बाद जैन प्रजा और सुल्तान शासकों दोनों के लिए शीघ्र ही पतन का युग शुरू हो जाता है।

---

66. नगर (कस्बा), जिसका प्रयोग यहाँ हुआ है, बतलाता है कि वही तारापुर अब महत्त्वहीन ग्राम में क्षीण हो गया है।

13

प्राचीन जैन तीर्थ और ऐतिहासिक स्थल

तीर्थों का सम्बन्ध तीर्थंकरों और अन्य महान् पुरुषों के जीवन की घटनाओं से सम्बन्धित है। वे स्थल जहां तीर्थंकरों का जन्म हुआ, पहले-पहल संसार को त्यागा और दीक्षा ली, तप किया और केवलज्ञान प्राप्त किया, ऐसे स्थल कल्याणक क्षेत्र कहलाते हैं। वे स्थल जहाँ तीर्थंकरों का निर्वाण हुआ, वे निर्वाण क्षेत्र कहलाते हैं जैसे कैलाश, चम्पा, पावा, उर्जयन्त और सम्मेद शिखर। ऐसे स्थल जहां महान् मुनिराज रहते थे और जहां से उन्होंने मुक्ति प्राप्त की थी वे तीर्थ माने जाते हैं। साधारणतया ऐसे तीर्थ मध्यकाल में कल्पना के आधार पर स्थापित किये गये जिससे कि उन स्थानों का महत्त्व बढ़ जाए। कभी-कभी कुछ स्थानों पर प्रतिष्ठित मूर्तियाँ समर्पित लोगों की मनोकामनाएं पूरी करती हैं। ऐसे स्थल भी अतिशय क्षेत्र माने जाते हैं। कुछ स्थलों का कला और इतिहास की दृष्टि से भी महत्त्व है।

कुन्दकुन्द का *प्राकृत निर्वाण-काण्ड* और पूज्यपाद का *संस्कृत निर्वाण भक्ति* प्राचीन जैन तीर्थों के बारे में जानकारी देते हैं।[1] चूंकि आशाधर इन दोनों ग्रन्थों का उल्लेख करता है, इसलिये ये तेरहवीं शताब्दी के पहले के हैं। सिद्धर्षि (बारहवीं सदी) के *सकल तीर्थ स्तवन* में तीर्थों की सूची है। जिनप्रभ सूरि का चौदहवीं शताब्दी में रचित *विविध तीर्थ कल्प* भी तीर्थों का संक्षिप्त इतिहास बताता है। मध्य युग में इन तीर्थों की संख्या बढ़ गई। कुछ तीर्थों की उत्पत्ति के बारे में विभिन्न परम्पराएं हैं। मध्यकालीन जैन साहित्य में हमें अनेक उदाहरण मिलते हैं जहां धनवान लोग जैन तीर्थ यात्रा के लिए बड़ा संघ निकालते थे। भैयालाल ने तीर्थों की सूची देते हुए संवत 1741 में निर्वाण काण्ड (भाषा) हिन्दी में लिखी। इस कार्य के उपलक्ष्य में जैनियों द्वारा उनको "संघपति" की उपाधि दी जाती थी। ऐसा माना जाता है कि इससे उन लोगों के मन में जो यात्रा के लिए जाते थे आत्म-जागृति उत्पन्न होती थी। जब जैन धर्म का पतन हुआ तो कुछ जैन तीर्थ भुला दिये गये और

---

1. यह ग्रन्थ बहुत बाद का है और इसका लेखक वास्तविक कुन्दकुन्द से अलग है.

इस कारण अन्य सम्प्रदायों ने उन पर अधिकार कर लिया। इन प्राचीन तीर्थों का वर्गीकरण स्थानीय आधार पर किया गया है।

पूर्वी भारत
(बिहार, बंगाल और उड़ीसा)

बिहार

सम्मेद शिखर

सम्मेद शिखर बिहार के हजारीबाग जिले में स्थित है। ऋषभ, वासुपूज्य, नेमिनाथ और महावीर को छोड़कर शेष बीस तीर्थंकरों को इसी पर्वत पर निर्वाण प्राप्त हुआ। इस पर्वत के विभिन्न शिखरों पर बीस तीर्थंकरों के चरण-चिह्नों के साथ बीस मन्दिर इनकी स्मृति के उपलक्ष्य में खड़े किये गये थे। *उत्तर पुराण* में गुणभद्र, *पदम पुराण* में रवि षेणन, *हरिवंश पुराण* में जिनसेन और अन्य जैन साहित्यिक ग्रन्थ इसका बीस तीर्थंकरों और अनेक मुनियों की निर्वाण भूमि के रूप में उल्लेख करते हैं।[2] मुनि अरविन्द, कवि महाचन्द्र (संवत् 1587), भट्टारक रत्नचन्द्र (संवत् 1683) और अन्यों ने इस तीर्थस्थल की यात्रा की। भट्टारक ज्ञानकीर्ति वि॰सं॰ 1659 में रचित *यशोधर चरित*[3] की प्रशस्ति से ज्ञात होता है कि राजस्थान में आमेर के राजा मानसिंह के मंत्री नानू ने बीस तीर्थंकरों के क्रमशः बीस मन्दिर बनवाये थे।

पावापुर

तीर्थंकर महावीर को पावापुर में केवलज्ञान प्राप्त हुआ था। यह पटना जिले में स्थित है। कुछ विद्वान् इसकी पहचान नालन्दा जिले के पावापुरी से करते हैं जबकि अन्य का सुझाव है कि यह महात्मा बुद्ध का मृत्यु-स्थल गोरखपुर जिले में कुशीनारा के पास था। ग्वालियर के भट्टारक यशःकीर्ति (पन्द्रहवीं सदी) जिनरत्ति में पावापुर का वर्णन करते हैं।[4]

राजगृह

राजगृह का भी महावीर के कार्यकलापों से सम्बन्ध रहा। जैन परम्परा के अनुसार यह मुनिसुव्रत का भी जन्म-स्थल था। गुप्तकाल के कुछ जैन पुरावशेष इस स्थान से मिले हैं। बाद में गुजरात और दक्षिण भारत के जैन साधुओं ने इस प्राचीन नगर की यात्रा की।

---

2. *भा॰दि॰जै॰ती॰ब॰*, पृ॰ 148-152.
3. *जै॰ग्रं॰प्र॰सं॰*, 1, पृ॰ 112, सं 171.
4. *भा॰दि॰जै॰ती॰ब॰*, पृ॰ 112.

विद्वान् इसकी पहचान उदयगिरि और खण्डगिरि की पहाड़ी से करते हैं और कलिंग के[13] गंजाम जिले में मालली से करते है। *विविध तीर्थकल्प* में यह मगध में[14] दशार्ण पहाड़ के समीप बतलाया गया है। *वृहत्कथाकोश* और प्रभाचन्द्र के *कथाकोश* में वरेन्द्र[15] (उत्तर बंगाल) में इसकी स्थिति बतलाई गई है।

पुण्ड्रवर्धन

पुण्ड्रवर्धनीय शाखा का उल्लेख *कल्पसूत्र* में मिलता है। यानचांग (सातवीं सदी) की यात्रा के समय इस नगर में अनेक दिगम्बर जैन मंदिर थे। *विविधतीर्थकल्प* पुण्ड्रपर्वत पर मन्दिर का उल्लेख करता है जिसकी पहचान पुण्ड्रवर्धन से की जाती है।[16]

ताम्रलिप्ति

प्राचीन समय में बंगाल में ताम्रलिप्ति नाम का प्रसिद्ध बन्दरगाह था। महावीर के समय में ताम्रलिप्त के निवासी निर्ग्रन्थों के धर्म से प्रभावित थे। श्रमणों की ताम्रलिप्त शाखा का नाम इसी स्थान के नाम पर रखा गया था। प्रभाचन्द्र का *कथाकोश* (ग्यारहवीं सदी) इस नगर के पार्श्वनाथ के मन्दिर का उल्लेख करता है।[17]

उड़ीसा

खण्डगिरि

कलिंग (उड़ीसा) में स्थित खण्डगिरि[18] का जैन धर्म से सम्बन्ध नन्दकाल (चौथी सदी पूर्व) से था। खारवेल के अभिलेख के प्रमाण से यह पता लगता है कि खण्डगिरि दूसरी व पहली शताब्दी पूर्व में कुमारी पहाड़ी के नाम से जानी जाती थी। इसी पहाड़ी से यह विशेष नाम दसवीं शताब्दी में भी मिलता है और सन् 931 में रचित हरिषेण के *वृहत्कथाकोश* में भी। उद्योतकेसरी के अभिलेख से सिद्ध होता है कि यह पहाड़ी लम्बे समय तक लोकप्रिय जैन केन्द्र के रूप में रही और हरिषेण के ग्रन्थ का प्रमाण भी यही सिद्ध करता है।

---

13. *भा॰दि॰जै॰ती॰ब॰*, एपेंडिक्स 1, पृ॰ 23-27.
14. वही.
15. *को॰हि॰जै॰*, सं॰ 140 पृ॰ 318.
16. *को॰हि॰जै॰*, सं॰ 204, पृ॰ 335-36.
17. वही 2, सं॰ 250, पृ॰ 348.
18. वही 2, सं॰ 135, पृ॰ 317.

उत्तर भारत
(उत्तरप्रदेश, देहली, हरियाणा, हिमाचलप्रदेश, पंजाब, आदि)

उत्तर प्रदेश

अयोध्या

यह प्राचीन तीर्थ अयोध्या पांच तीर्थंकरों – ऋषभ, अनित, अभिनन्दन, सुमति और अनन्तनाथ का जन्म-स्थल माना जाता है। जिनप्रभ ने इस नगर में अनेक मन्दिरों को देखा था। संभव है इस नगर का सबसे प्राचीन जैन मन्दिर तीर्थंकर को समर्पित था जिसका उल्लेख *पउमचरियम* में मिलता है।[19]

वाराणसी

जैन परम्पराओं के अनुसार वाराणसी का सम्बन्ध दो तीर्थंकरों सुपार्श्व और पार्श्वनाथ से है। जिनप्रभ वाराणसी के पार्श्व मन्दिर परिसर का उल्लेख करता है। *ज्ञानसागर* (सोलहवीं सदी) ने भी इस नगर के पार्श्व और सुपार्श्व के मन्दिर का उल्लेख किया है।[20]

अहिच्छत्र

अहिच्छत्र की पहचान बरेली जिले के आधुनिक रामनगर से की जाती है। जिनप्रभ इस स्थान को पार्श्वनाथ के साथ जोड़ते हैं और वहां दो जैन मन्दिरों का उल्लेख करते हैं। बारहवीं सदी में रचित *निर्वाण काण्ड* इस जैन तीर्थ का उल्लेख करता है।[21]

श्रावस्ती

श्रावस्ती बहराइच जिले में स्थित है। अनुश्रुतियों के अनुसार यह स्थल तीसरे तीर्थंकर संभवनाथ का जन्म-स्थल था। महावीर ने इस स्थान की यात्रा की थी। श्रमणों की श्रावस्तिका शाखा का नाम इसी नगर के नाम से पड़ा। इस स्थान से प्राप्त पूर्व गुप्तकालीन मूर्तियां सिद्ध करती हैं कि प्राचीन समय में यह पवित्र जैन स्थल था। जिनप्रभ के समय यहां पर संभवनाथ का जैन मन्दिर था। एक रोचक जानकारी यह मिलती है कि अलाउद्दीन के सेनापति अब्बास ने इस मन्दिर को नष्ट कर दिया था। हरिषेण के *वृहत्कथाकोश* में भी इस नगर का उल्लेख है।[22]

---

19. *को॰हि॰जै॰*, 2, सं॰ 22, पृ॰ 287.
20. वही, 2, सं॰ 280 पृ॰ 354.
21. *को॰हि॰जै॰*, 2, सं॰ 8, पृ॰ 284.
22. वही, 2, सं॰ 238, पृ॰ 45-46.

हस्तिनापुर

जैन अनुश्रुतियों के अनुसार हस्तिनापुर शांतिनाथ, कुन्थुनाथ और अर्हनाथ का जन्म-स्थल था। प्राचीन समय में जैन इस स्थान की ठीक स्थिति के बारे में भूल गये थे। *विविधतीर्थकल्प* से यह ज्ञात होता है कि इस स्थल की वास्तविक खोज जिनप्रभ सूरि ने की थी। शांति, कुन्थु, अर्हनाथ और मल्लिनाथ के चैत्यों की प्रतिष्ठा उसके समय हुई।[23]

काम्पिल्य

काम्पिल्य की पहचान फर्रुखाबाद जिले के आधुनिक काम्पिल्य से की जाती है। यह 13वें तीर्थंकर का जन्म-स्थान माना जाता है। जैन आगम परम्पराओं के अनुसार महावीर के 220 वर्ष पश्चात् अस्मिथ नाम का चौथा निन्नव (भेद) यहाँ हुआ। इस स्थान से प्राचीन जैन अभिलेख भी प्राप्त हुए हैं। *विविधतीर्थकल्प* का लेखक भी इसका उल्लेख करता है।[24]

मथुरा

मथुरा एक बड़ा तीर्थ स्थान माना जाता है क्योंकि जम्बूस्वामी को यहां निर्वाण प्राप्त हुआ था। इस स्थान का देव निर्मित स्तूप तीसरी या दूसरी शताब्दी ईस्वी पूर्व का है। इस स्थान की कुछ मूर्तियां ईस्वी सन् के पहले की हैं। अनेक संख्या में कुषाण काल की जैन मूर्तियां और आयाग यह जैन धर्म की बड़ी लोकप्रियता को सिद्ध करते हैं। सामान्य वर्गों के लोग जैसे लुहार, स्वर्णकार, कुम्हार और सुगन्धी जैन धर्म को मानते थे। जैन अभिलेखों में उल्लिखित कुल और शाखाओं के नाम *कल्पसूत्र* में प्राप्त ऐसे नामों की पुष्टि करते हैं। यहां के अवशेषों से पता चलता है कि गुप्तकाल में भी यहां जैन धर्म विद्यमान था। दिगम्बरों के पंचस्तूप निकाय मत की उत्पत्ति इसी स्थान से हुई। बप्प भट्टसूरि ने इस तीर्थ की यात्रा की। *विविधतीर्थकल्प* इस तीर्थ का उल्लेख करता है। *बृहत्कथाकोश* से यह पता चलता है कि जैन धर्म यहां लोकप्रिय था। अकबर के समय प्राचीन स्तूपों के स्थान पर 514 स्तूप बने जबकि इस तीर्थ का पुनरुद्धार शाह टोडर के समय में हुआ। आक्रमणों के कारण समय-समय पर जैन धर्म को बड़ा नुकसान पहुंचा।

सिंहपुर

सिंहपुर में जैन अनुश्रुति के अनुसार ग्यारहवें तीर्थंकर श्रेयांसनाथ का जन्म हुआ था। इस स्थान की पहचान के बारे में विद्वानों में मतभेद हैं। कुछ इसकी पहचान सारनाथ से करते हैं। युवान च्वांग के प्रमाण से इसकी पहचान पाकिस्तान के पंजाब प्रान्त के साल्ट रेंज में स्थित सिंहपुर से की जाती है। यहां पर श्वेताम्बर सम्प्रदाय के लोग रहते थे। दिगम्बरों

23. *को॰हि॰जै॰*, 2, सं॰ 89, पृ॰ 305.
24. *को॰हि॰जै॰*, 2, सं॰ 124, पृ॰ 314.

के अनुसार इसका सम्बन्ध नेमिनाथ से था जो कावेरी नदी पर स्थित था।[25] सोलहवीं शताब्दी के *ज्ञानसागर* ने इस स्थान का वर्णन किया है। वह नरसिंहपट्टन भी कहा जाता था।[26]

कौशाम्बी

कौशाम्बी की पहचान इलाहाबाद में स्थित आधुनिक कौशल से की जाती है। जैन परम्पराओं के अनुसार यह छठे तीर्थंकर पद्मप्रभ का जन्म-स्थान था। उदयन के राज्यकाल में महावीर ने स्वयं इस स्थान की यात्रा की थी। *कल्पसूत्र* के अनुसार इस नगर के नाम पर श्रमण शाखा थी। जिनप्रभ सूरि ने भी इस तीर्थ के बारे में लिखा है।[27]

पभोसा

पभोसा इलाहाबाद जिले में कौशाम्बी के पास स्थित था। यहां से शुंग काल के तीन जैन शिलालेख प्राप्त हुए हैं। इन अभिलेखों से ज्ञात होता है कि अषाढ़सेन ने पभोसा के पहाड़ पर कश्यप गोत्र के अरहन्तों के लिए तीन गुफाओं का निर्माण किया। यहां पर कुछ प्राचीन जैन मूर्तियां भी प्राप्त हुई हैं जिनमें एक पद्मासन में बैठी पद्मप्रभु की मूर्ति है।[28]

चन्द्रपुरी

चन्द्रपुरी वाराणसी के समीप स्थित है। इसकी पहचान इसी नाम के स्थान से की गई है। जैन अनुश्रुतियों के अनुसार यह आठवें तीर्थंकर चन्द्रप्रभ का जन्म-स्थान था। जिनप्रभ सूरि *विविधतीर्थकल्प* में इसका उल्लेख करते हैं।[29]

रत्नपुरी

रत्नपुरी फैजाबाद में स्थित है। जैन अनुश्रुति के अनुसार यह पंद्रहवें तीर्थंकर धर्मनाथ का जन्म-स्थल था। जिनप्रभ सूरि अयोध्या के समीप इसकी स्थिति बतलाते हैं।[30]

देवगढ़

देवगढ़ ललितपुर जिले में बसा हुआ है। पूर्व मध्यकाल में यह जैन धर्म का बड़ा केन्द्र था। इस स्थान का सबसे प्राचीन लेख प्रतीहार राजा भोज के राज्य का 862 ई॰ का है।

---

25. *को॰हि॰जै॰*, 2, सं॰ 159 पृ॰ 322.
26. *को॰हि॰जै॰*, 2, सं॰ 234-35, पृ॰ 343-44.
27. वही, 2, सं॰ 132, पृ॰ 316.
28. वही, 2, सं॰ 187 पृ॰ 330.
29. *को॰हि॰जै॰*, 2, सं॰ 42, पृ॰ 293-94.
30. वही, 2, सं॰ 216 पृ॰ 238.

नवीं सदी ई॰ में यह लच्छगिर के नाम से पुकारा जाता था। बाद में इसका नाम कीर्तिगिरि पड़ा। इस स्थान से चन्देल अभिलेख की भी खोज हुई। यहां पर शांतिनाथ का मन्दिर भी था। पंद्रहवीं शताब्दी के अभिलेखों से यह मूलसंघ का केन्द्र जान पड़ता है। तीर्थंकरों और यक्ष-यक्षियों की अनेक जैन मूर्तियाँ यहां जमीन से खोदकर निकाली गईं।[31]

चन्द्रवाड

चन्द्रवाड यमुना नदी के किनारे आगरा जिले में फिरोज़ाबाद के समीप है। यह चन्द्रप्रभु के नाम से पूजित है। इस तीर्थंकर के नाम का जैन मन्दिर 996 ई॰ में बनाया गया। इस नगर की स्थापना चौहान राजा चन्द्रपाल ने की जो जैन धर्म का अनुयायी था। इस राजा और उसके उत्तराधिकारियों ने सोलहवीं सदी तक राज्य किया। अधिकतर राजा और उनके मंत्री सभी जैन धर्म के अनुयायी थे।[32]

शौरीपुर (सौर्यपुर)

तिलोप्पण्णान्ति, हरिवंश पुराण और नेमिनाथ के *आराधना कोश* के अनुसार अरिष्टनेमि का जन्म शौरीपुर में हुआ था। इस स्थान की पहचान आगरा जिले में बटेश्वर के समीप के स्थल से की जाती है। इस स्थान पर जैन मन्दिरों और मूर्तियों के अवशेष प्राप्त हुए हैं। मध्य युग में मूलसंघ के भट्टारकों की यह पीठ रही है। इस संघ के भट्टारक विश्वभूषण ने जैन मन्दिर बनवाया और 1667 ई॰ में मूर्ति प्रतिष्ठा का समारोह किया था।[33]

उच्चनगर

अभी के ज्ञान के आधार पर उच्चनगर की पहचान करना कठिन है। जे॰सी॰ जैन इसकी पहचान बुलन्दशहर से करते हैं। संभव है शायद यह राजस्थान या सिन्ध में था। *थेरावली* में उल्लिखित इस नाम की प्राचीन जैन शाखा की उत्पत्ति इसी स्थान से हुई है। *खरतरगच्छ गुरुवावली* में इसका उल्लेख अनेक बार हुआ है। खरतरगच्छ के साधुओं के क्रिया-कलापों से इसका विशेष सम्बन्ध रहा है।[34]

देहली प्रदेश

दिल्ली

पूर्व मुस्लिम युग में दिल्ली का प्राचीन नाम योगिनीपुर था। इस स्थान के राजा मदनपाल

31. *को॰हि॰जै॰*, 2, सं॰ 84 पृ॰ 297, *ज॰यू॰हि॰सो॰*, पृ॰ 56-60, *भा॰दि॰जै॰ती॰ब॰*, पृ॰ 179-194.
32. *को॰हि॰जै॰*, 2, सं॰ 43, *ज॰यू॰हि॰सो॰*, पृ॰ 64.
33. *ज्यो॰उ॰प्र॰जै॰*, पृ॰ 44-46, *भा॰दि॰जै॰ती॰ब॰*, पृ॰ 66-72.
34. *को॰हि॰जै॰*, 2, सं॰ 262, पृ॰ 350.

ने वि॰सं॰ 1222 में खरतरगच्छ के जैन साधुओं का हार्दिक स्वागत किया। खरतरगच्छ पट्टावली से ज्ञात होता है कि यहां पार्श्वनाथ का मन्दिर था। मुस्लिम युग में भी दिल्ली के लोगों के धार्मिक कार्यों में जैनियों ने महत्त्वपूर्ण योगदान दिया। राजशेखर का *प्रबन्धकोश* 1317 ई॰ में यही लिखा गया था। प्रसिद्ध फेरु दिल्ली का रहने वाला था जिसने जैन साधुओं द्वारा प्रतिपादित उपदेशों को स्वीकार कर लिया था। 1328 ई॰ के आसपास दिल्ली में मुहम्मद तुगलक के आश्रय में महावीर का मन्दिर बना था। इसके पश्चात् भी योगिनीपुर या दिल्ली में जैन ग्रन्थ लिखे गये।[35]

रुद्रपल्ली

रुद्रपल्ली दिल्ली के पास स्थित था। रुद्रपल्लीयगच्छ की उत्पत्ति 1147 ई॰ में इसी स्थान से हुई थी। खरतरगच्छ पट्टावली पार्श्व और ऋषभ के दो मन्दिरों का उल्लेख करती है।[36]

अष्टापद

अष्टापद की पहचान कैलाश से की जाती है। जैन अनुश्रुतियों के अनुसार ऋषभ को निर्वाण इसी पहाड़ी के शिखर से प्राप्त हुआ था। *विविध तीर्थकल्प* भी इस तीर्थ का उल्लेख करता है।[37]

कन्यानयन

कन्यानयन संभवतः दिल्ली के पास स्थित था। 1233 ई॰ में खरतरगच्छ के आचार्य जिनपति द्वारा यहां विद्यमान चैत्यालय में महावीर स्वामी की मूर्ति स्थापित की गई थी। *विविधतीर्थकल्प* के अनुसार यह तीर्थ वि॰ सं॰ 1385 में मुसलमानों द्वारा नष्ट कर दिया गया था। बाद में इस ग्रन्थ के लेखक जिनप्रभ द्वारा मुहम्मद तुगलक की सहायता से तीर्थ का पुनरुद्धार करवाया गया और फिर से उसी कन्यानयन मन्दिर के परिसर में महावीर की मूर्ति की स्थापना की गई।[38]

हरियाणा

रोहितक

इस स्थान का आधुनिक नाम हरियाणा का रोहतक है। इस स्थान के यक्ष चैत्य का

35. *को॰हि॰जै॰*, सं॰ 290, पृ॰ 356-57.
36. वही, सं॰ 220, पृ॰ 339.
37. वही, सं॰ 21, पृ॰ 287.
38. वही, सं॰ 127, पृ॰ 314.

उल्लेख उपांग ग्रन्थ *निरिया बलिका* में हुआ है। *वृहत्कथाकोश* में भी इसका उल्लेख मिलता है। इस स्थान का पार्श्वनाथ मन्दिर वि॰सं॰ 1584 और 1586 में बाबर के समय विद्यमान था। यह मन्दिर काष्ठा संघ के दिगम्बर साधुओं के अधीन देखभाल में था।[39]

हिमाचल प्रदेश

नगरकोट

नगरकोट हिमाचल प्रदेश के धर्मशाला जिले में स्थित है। इसका उल्लेख अनेक ग्रन्थों में हुआ है। *खरतरगच्छ गुरूवावली* से सिद्ध होता है कि तेरहवीं सदी में इस स्थान पर शांतिनाथ का मन्दिर था। जय सागर की *विज्ञप्ति त्रिवेणी* 1426 ई॰ में इस स्थान का महातीर्थ के रूप में उल्लेख करती है और इसे सुशर्मपुर के नाम से पुकारती है। यह इस स्थान के शांतिनाथ परिसर का भी उल्लेख करती है। यह ग्रन्थ इस स्थान के महावीर, आदिनाथ और नेमिनाथ के मन्दिरों का भी उल्लेख करता है। वि॰सं॰ 1484 में इस स्थान का राजा जैन धर्म का आश्रयदाता था। जयसागर की नगरकोट चैत्य परिपाटी इस स्थान के चार मन्दिरों के साथ अम्बिका के मन्दिर का भी उल्लेख करती है।[40]

पंजाब

तक्षशिला

पुरातात्विक अवशेषों से ज्ञात होता है कि तक्षशिला का जैन धर्म से सम्बन्ध प्राचीन समय से रहा है। *विविध तीर्थकल्प* जैन तीर्थ के रूप में इसका उल्लेख करता है और इसका सम्बन्ध बाहुबली से बताता है।[41]

मध्य प्रदेश

उज्जैन

ऐसा माना जाता है कि महावीर ने उज्जैन की भी यात्रा की थी। यहां उन्होंने श्मशान में तपस्या की जिसमें रुद्र और उसकी पत्नी ने व्यर्थ में बाधा पहुंचाने का भी प्रयत्न किया था। जैन अनुश्रुतियों का मानना है कि प्रद्योत जैन धर्म का अनुयायी था और इसके प्रचार के लिए उसने प्रयत्न किया। चन्द्रगुप्त मौर्य की दीक्षा उज्जैन में हुई और वे मुनि हो गये। जब आर्य सुहस्तिन जीवन्तस्वामी मूर्ति को पूजा के लिए उज्जैन पहुंचा तो अवन्ति सुकुमाल ने उससे मुनि दीक्षा ली। अवन्ति सुकुमाल की मृत्यु के पश्चात् उसकी स्मृति

39. *को॰हि॰जै॰*, सं॰ 219, पृ॰ 349.
40. वही, सं॰ 174, पृ॰ 326-27.
41. *को॰हि॰जै॰*, सं॰ 253, पृ॰ 349.

में स्तूप का निर्माण हुआ और उसमें पार्श्वनाथ की मूर्ति की प्रतिष्ठा हुई। कुछ समय पश्चात् यह स्तूप शून्य हो गया और यह कुंडुगेश्वर महाजंगल के देवता के नाम से प्रसिद्ध हुआ। उज्जयिनी का विक्रमादित्य जैन धर्म के प्रति समर्पित जान पड़ता है। यह मूल संघ के भट्टारकों की पीठिका रही थी। तेरहवीं शताब्दी के मध्य में उज्जैन के जैन मठ का अध्यक्ष देवधर ज्ञात होता है। *विविध तीर्थकल्प* में जिनप्रभ सूरि कुंडुगेश्वर का उल्लेख करते हैं।[42]

दशपुर

दशपुर की पहचान आधुनिक नगर मन्दसौर से की जाती है। सिंहगिरि से वज्र के ग्यारह अंग पढ़ने के पश्चात् वह अवन्ति के भद्रगुप्त के पास बारहवां अंग दृष्टि वादांग के अध्ययन के लिए गया। दशपुर जैन साधु आर्यरक्षित का जन्म-स्थल है जिसने वज्र से नौ पर्वों को एवं दसवें का कुछ हिस्सा सीखा और इनको अपने शिष्य दुर्बलिका पुष्यमित्र को पढ़ाया। जैन धर्म में सातवां निन्नव इसी स्थान पर हुआ था। जिनप्रभ सूरि दशपुर के सुपार्श्व का उल्लेख करते हैं।[43]

विदिशा

कहा जाता है कि राजा प्रद्योत ने विदिशा में महावीर स्वामी की जीवन्तस्वामी की प्रतिमा की प्रतिष्ठा की। जैन अनुश्रुतियां निश्चित रूप से कहती हैं कि वज्रस्वामी और अन्य जैन साधुओं ने विदिशा के समीप कुंजरावर्त और रथावर्त पहाड़ियों से मुक्ति प्राप्त की थी। चौथी और पांचवीं सदी की जैन तीर्थंकरों की तीन पाषाण मूर्तियां महाराजाधिराज रामगुप्त द्वारा प्रतिष्ठित विदिशा से प्राप्त हुई हैं। उदयगिरि गुफा का 425-26 ई॰ का लेख साधु गोश्रमण के शिष्य शंकर द्वारा पार्श्वनाथ तीर्थंकर की मूर्ति की प्रतिष्ठा का उल्लेख करता है। जिनप्रभ सूरि भाइलस्वामीगढ़ के महावीर का उल्लेख करता है।[44]

मंगलपुर

जिनप्रभ सूरि *तीर्थकल्प* में मंगलपुर में पूजित चौथे तीर्थंकर अभिनन्दन का उल्लेख करते हैं। मदन कीर्ति की *शासन चतुष्विंशतिका* मंगलपुर के अभिनन्दन जिन के बारे में बतलाती है। तेरहवीं शताब्दी में मुसलमानों के द्वारा यह नष्ट कर दिया गया और बाद

---

42. *के॰म॰श्रू॰ए॰*
43. *के॰म॰श्रू॰ए॰*
44. वही.

में पुनः बसाया गया। जिनप्रभ बतलाता है कि इस मंदिर ने एक बार मालवा के परमार राजा जयसिंह द्वितीय से, जो तेरहवीं सदी में राज्य करता था, भूमि दान में प्राप्त की थी।[45]

चूलगिरि

चूलगिरि जो सिद्धक्षेत्र जाना जाता है पश्चिमी निमाइ में स्थित है। अभी इसकी पहचान बडवानी से की जाती है। *प्राकृत निर्वाण काण्ड* के अनुसार इन्द्रजीत कुम्भकर्ण और अनेक मुनियों ने यहां से मुक्ति प्राप्त की। बारहवीं और तेरहवीं शताब्दी के विद्वान् मदनकीर्ति *शासन चतुष्विंशतिका* में आदिनाथ को बृहद्देव बतलाता है। जैन मन्दिर में दो अभिलेख 1166 ई॰ के अंकित हैं। एक में रामचन्द्र मुनि की और दूसरे में मुनि लोकानन्द, देवानन्द और उनके शिष्य की प्रशंसा की गई है जिन्होंने इस मन्दिर को बनवाया था। गह संगव है कि गुनि रामचन्द्र के उपदेश से राजा अर्ककीर्ति ने मुख्य मन्दिर और पहाड़ी पर आदिनाथ की बड़ी मूर्ति खुदवाई थी। इस मन्दिर में वि॰सं॰ 1231 की दो मूर्तियां, वि॰सं॰ 1242 की पार्श्वनाथ की दो मूर्तियां और वि॰सं॰ 1380 की नेमिनाथ की एक प्रतिमा है। 1516 ई॰ में इस मूर्ति और मन्दिर का पुनरुद्धार हुआ था।

भट्टारक श्रुतसागर ने *बौद्ध प्राभृत* में इस तीर्थ का वर्णन किया है। ज्ञानसागर ने *सर्वतीर्थवन्दना* में 52 संघपतियों का उल्लेख किया है जिन्होंने अनेक मूर्तियों के प्रतिष्ठा समारोह आयोजित किये थे। वि॰सं॰ 1380 में प्रतिष्ठित की हुई मूर्तियों की संख्या अधिक थी।[46]

ऊन

ऊन पश्चिमी निमाड़ में स्थित है। यह पावागिरि के नाम से सिद्धक्षेत्र जाना जाता है। *प्राकृत निर्वाण काण्ड* में यह उल्लेख मिलता है कि स्वर्णभद्र और चार मुनियों ने यहां से निर्वाण प्राप्त किया था। भट्टारक गुणकीर्ति *तीर्थ वन्दना संग्रह* में इसका उल्लेख करते हैं और भट्टारक श्रुतसागर *बौद्धाभृत टीका*[47] में भी इसकी जानकारी देते हैं। चौबारा डेरा द्वितीय और ग्वालेश्वर का जैन मन्दिर परमार काल के हैं। इन दोनों मन्दिरों में बारहवीं शताब्दी की विशाल जैन मूर्तियां प्राप्त हुई हैं। एक अभिलेख परमार राजा उदयादित्य का उल्लेख करता है। ग्वालेश्वर मन्दिर राजा बल्लाल द्वारा निर्मित जान पड़ता है। ये पुरातात्त्विक अवशेष सिद्ध करते हैं कि ग्यारहवीं शताब्दी में ऊन जैन तीर्थ हो गया था।[48]

---

45. *को॰हि॰जै॰*, सं॰ 154, पृ॰ 321
46. *भा॰दि॰जै॰ती॰ब॰*, 3, पृ॰ 287-297.
47. *भा॰दि॰जै॰ती॰ब॰*, 3, पृ॰ 302-16.
48. *के॰म॰श्रू॰ए॰*

सिद्धवरकूट

सिद्धवरकूट सिद्धक्षेत्र माना जाता है। इसका उल्लेख *प्राकृत निर्वाण काण्ड* में हुआ है। यह विश्वास किया जाता है कि दो चक्रवर्ती, दस कामदेव और साढ़े तीन करोड़ मुनि सिद्धवरकूट से निर्वाण को प्राप्त हुए थे। यह स्थल रेवा नदी के किनारे पश्चिम में स्थित है। लोग इस तीर्थ की स्थिति के बारे में भूल गये थे और आधुनिक सिद्धवरकूट की अभी हाल ही में पहचान की गईं है। चन्द्रप्रभु और अन्य तीर्थंकरों की मूर्तियां इसके पड़ोस में से प्राप्त हुई हैं।[49]

द्रोणगिरि

प्राकृत निर्वाण काण्ड में द्रोणगिरि को निर्वाण क्षेत्र के रूप में उल्लेख किया गया है। इस स्थान की पहाड़ी की चोटी से गुरुदत्त, मुनि, आदि को निर्वाण प्राप्त हुआ है। *संस्कृत निर्वाण भक्ति* में केवल इसका नाम दिया गया है। भट्टारक श्रुतसागर *बौद्धप्राभृत टीका* में इसके नाम का उल्लेख करता है। द्रोणगिरि की पहचान सामान्यत : छतरपुर जिले में द्रोणगिरि नाम के ग्राम के पास एक छोटी पहाड़ी से की जाती है। यहां पर आदिश्वर का मन्दिर है। और भी कुछ अन्य चैत्य हैं। सबसे प्राचीन मन्दिर आदिनाथ को समर्पित वि॰स॰ 1549 का अभिलेख है।[50]

सोनागिरि

सोनागिरि नाम का सिद्धक्षेत्र दतिया जिले में स्थित है। *प्राकृत निर्वाण काण्ड* से यह ज्ञात होता है कि नंग, अनंग और साढ़े पाँच कोटि मुनियों ने तपस्या करके यहाँ से मोक्ष प्राप्त किया।[51] मन्दिर संख्या नम्बर 76 की मूर्ति के पादपीठ पर एक लेख[52] सातवीं सदी का पाया जाता है। बारहवीं से सोलहवीं सदी तक के अभिलेख इस तीर्थ के विभिन्न मन्दिरों से प्राप्त हुए हैं जो यह सिद्ध करते हैं कि प्राचीन समय से इस तीर्थ की मान्यता शुरू हो गई थी।

रेसन्दीगिरि

प्राकृत निर्वाण काण्ड के अनुसार वरदत्त और पाँच मुनियों ने रेसन्दीगिरि की चोटी से मोक्ष प्राप्त किया। इस कारण से यह निर्वाण क्षेत्र माना जाता है। इस स्थान का अन्य नाम नैनागिरि है। यह स्थान छतरपुर ज़िले में स्थित है। यह तीर्थ पार्श्वनाथ को समर्पित है।

---

49. *भा॰दि॰जै॰ती॰ब॰*, 3, पृ॰ 316-26.
50. *भा॰दि॰जै॰ती॰ब॰*, 3, पृ॰ 150-60.
51. वही 3, पृ॰ 59.
52. *जै॰शि॰ सं॰*, 4 सं॰ 5.

एक मन्दिर और 13 मूर्तियाँ उत्खनन से प्राप्त हुई हैं। एक दीवार में अंकित वि॰सं॰ 1109 का अभिलेख इस मन्दिर और मूर्तियों के समय की जानकारी देता है।[53]

आहार

आहार टीकमगढ़ जिले में स्थित है। कुछ लोगों का कहना है कि यह अतिशय क्षेत्र है जबकि अन्य इसको सिद्धक्षेत्र मानते हैं। उनके अनुसार मदनकुमार मल्लिनाथ तीर्थ से और श्री निष्कवल महावीर तीर्थ से केवली को प्राप्त हुए थे। वास्तव में इस स्थान का प्राचीन नाम मदनेश सागर पर चन्देल राजा मदनवर्मन् के नाम पर पड़ा। इस स्थान का सम्बन्ध पाड़ाशाह से भी जान पड़ता है जिसने यहां मन्दिर बनवाया। यहां पर वि॰सं॰ 1123 और वि॰सं॰ 1136 की अंकित मूर्तियां भी हैं।[54]

ग्वालियर

ग्वालियर का प्राचीन नाम गोपाचल था। इस स्थान पर एक कायोत्सर्ग ध्यान-मुद्रा में और दूसरी पद्मासन-जिन-मुद्रा में तीर्थंकरों की मूर्तियाँ हैं जो गुप्तकाल की जान पड़ती हैं।[55] बप्पभट्ट सूरि ने इस स्थान पर महावीर का मन्दिर बनवाया। तोमर काल में जैन धर्म यहां बड़ा गतिशील और सांस्कृतिक रूप से शक्तिशाली हो गया था। मध्यकाल में यहां मन्दिर और गुफाएं बनाई गईं जिनमें अनेक मूर्तियां प्रतिष्ठित की गई थीं। रइधू नाम का एक बड़ा कवि इसी स्थान का रहने वाला था।

बदनावर

बदनावर धार जिले में स्थित है। इसका प्राचीन नाम वर्धमानपुर जैन तीर्थंकर वर्धमान के नाम पर रखा गया। पुन्नाट संघ के जिनसेन ने वर्धमानपुर में 783 ई॰ में *हरिवंश पुराण* को पूरा किगा। हरिषेण जो पुन्नाट संघ का था, ने वर्धमानपुर में 931 ई॰ में *कथाकोश* की रचना की।[56] कुछ मूर्तियों के अभिलेख पुन्नाट संघ के नाम से इस स्थान से प्राप्त हुए हैं। अधिकतर बारहवीं और तेरहवीं शताब्दी की परमार काल की जैन मूर्तियां यहां पर मिली हैं।

धार

धार परमारों की राजधानी थी। जैन धर्म का इससे संबंध रहा। देवसेन ने धार के पार्श्वनाथ

---

53. *भा॰दि॰जै॰ती॰ब॰*, 3, पृ॰ 160-68.
54. *भा॰दि॰जै॰ती॰ब॰*, 3, पृ॰ 116-127.
55. *के॰म॰थ्रू॰ए॰*, 1, पृ॰ 289.
56. वही, 2, पृ॰ 364.

जैन मन्दिर में वि॰सं॰ 990 (933 ई॰) में *दर्शनसार* की रचना की। नयनन्दि ने धार के जिनवर विहार में रहते हुए 1043 ई॰ में *सुर्दशन चरित* की रचना की। तेरहवीं शताब्दी के मदनकीर्ति ने भी धार के पार्श्वनाथ मन्दिर का उल्लेख किया है। धरसेन धार में रहता था और उसका शिष्य महावीर विद्वान् आचार्य था। मुस्लिम आक्रमण के कारण आशाधर ने 1192 ई॰ में मांडलगढ़ से धार की ओर देशागमन किया। खरतरगच्छ के जैन आचार्यों ने समय-समय पर धार की यात्राएं कीं। 1197 ई॰ (वि॰सं॰ 1264) में जिनपति ने धार की यात्रा की और शांतिनाथ मन्दिर में विधि मार्ग का प्रचार किया। जिनवल्लभ सूरि, जिनदत्त सूरि और अन्यों ने जैन धर्म के प्रचार के लिए धार की यात्रा की।[57]

खजुराहो

खजुराहो छतरपुर में स्थित है और वहां शांति, पार्श्व और आदिनाथ के मन्दिर हैं। ये जैन मन्दिर कला की दृष्टि से महत्त्वपूर्ण हैं। जैन आचार्य वासवचन्द्र को राजा धंग का शिक्षक बतलाया गया है। पार्श्वनाथ मन्दिर के 953 और 954 ई॰ के लेख पाहिल द्वारा अनेक उपहार और दान का उल्लेख करते हैं। पाहिल का राजा धंग के द्वारा बड़ा आदर-सत्कार किया जाता था। शांतिनाथ की मूर्ति के वि॰सं॰ 1132 के अभिलेख से गृहपति परिवार का समर्पित होना जान पड़ता है जिसमें पाहिल पैदा हुआ था। इस स्थान पर दसवीं और बारहवीं शताब्दी की अनेक जैन मूर्तियाँ मिलती हैं।[58]

नलकच्छपुर

नलकच्छपुर धार जिले में स्थित है। इसका सम्बन्ध महान् विद्वान् आशाधर के कार्य-कलापों से है जिसने इस स्थान के नेमिनाथ मन्दिर में अनेक ग्रन्थों की रचना की थी। वि॰सं॰ 1295 के ग्रन्थ की प्रशस्ति में धार के साथ इसका भी उल्लेख मिलता है।[59]

त्रिपुरी

त्रिपुरी कलचुरियों की प्राचीन राजधानी थी जो जबलपुर के पास स्थित है। उदयकीर्ति ने इस स्थान के जैन मन्दिर का त्रिलोक तिलक के नाम से उल्लेख किया है जो बहुत संभव है कि तेरहवीं सदी में हुआ था। तेवर (त्रिपुरी) से प्राप्त जैन मूर्तियां जबलपुर म्यूजियम में रखी हुई हैं।[60]

---

57. *के॰म॰शू॰ए॰*, पृ॰ 400-05.
58. *के॰म॰शू॰ए॰*, पृ॰ 453.
59. *को॰हि॰जै॰*, 2, सं, 176, पृ॰ 327.
60. वही, 2, सं॰ 261, पृ॰ 305.

बहुरीबन्द

यह जबलपुर जिले में स्थित है। कलचुरि काल में जैन धर्म उन्नत अवस्था में था। इसकी जानकारी गयाकर्ण के बहुरीबन्द के पाषाण अभिलेख तथा अन्य पुरातात्त्विक अवशेषों से होती है। यह अभिलेख उल्लेख करता है कि साधु सर्वधर के पुत्र महाभोज ने शांतिनाथ का मन्दिर बनवाया। यही अभिलेख आगे उल्लेख करता है कि इस पर जो सफेद चंदवा है उसको सूत्रधार ने बनवाया था। शांतिनाथ की मूर्ति की प्रतिष्ठा आचार्य सुभद्र ने की जो चन्द्रकर आचार्य की आम्नाय में देशीयगण के वंश का था।[61]

ग्यारसपुर

ग्यारसपुर विदिशा से 28 किलोमीटर दूर स्थित है। चूंकि इसका तपोभूमि के रूप में विश्वास किया जाता है, यह कल्याण क्षेत्र भी माना जाता है। यह कला केन्द्र भी है।[62] मातादेवी मन्दिर जो कुछ शैलकृत और कुछ संरचनात्मक है प्रतीहार मन्दिर शैली का परिपक्व उदाहरण है। कलात्मक अभिप्राय और स्थापत्य की विशेषताओं के कारण यह मन्दिर नौवीं शताब्दी का जान पड़ता है। वज्रमठ अनूठे प्रकार का मन्दिर जान पड़ता है। कुछ विद्वान् इसे जैन मन्दिर के रूप में मानते हैं। मालादेवी के मन्दिर में जो मूर्तियां अंकित हैं वे कला की दृष्टि से उत्तम हैं। ग्यारससुर की शालभंजिका की दिव्य मूर्ति ने विश्वख्याति आवरण और मुख-मुद्रा के कारण प्राप्त कर ली है। कुछ लोग इसको अतिशय क्षेत्र मानते हैं।

लक्ष्मणी

लक्ष्मणी तीर्थ जो पद्मप्रभु के नाम से पूजित है झाबुआ जिले में स्थित है। जयानन्द (पंद्रहवीं शताब्दी) के *पार्श्वनाथ तीर्थ* में इराका बड़े जैन तीर्थ के रूप में उल्लेख है जहां 100 मन्दिर और दो हजार श्रावक थे।[63]

अभिझरा

अभिझरा की पहचान धार के आधुनिक अमझेरा के नाम से की जाती है। यह पार्श्वनाथ के नाम से पूजित है और पंद्रहवीं शताब्दी से यह जैन तीर्थ हो गया।[64]

---

61. *के॰म॰थ्रू॰ए॰*, पृ॰ 410.
62. *के॰म॰थ्रू॰ए॰*, पृ॰ 371-72, पृ॰ 378.
63. *को॰हि॰जै॰*, 2, सं॰ 144, पृ॰ 318.
64. वही, 2, सं॰ 12, पृ॰ 285.

मांडवगढ़

मांडवगढ़ जो सुपार्श्व के नाम से पूजित था, धार जिले में स्थित है और अभी मांडु के नाम से जाना जाता है। इस स्थान पर प्राचीन शांतिनाथ का जैन मन्दिर है। सुमति सागर (सोलहवीं शताब्दी) और ज्ञानसागर (1575 ई॰) ने इस स्थान के महावीर के मन्दिर का उल्लेख किया है। माण्डु के सुलतानों के राज्य में यह बड़ा तीर्थ हो गया था।[65]

तालनपुर

धार जिले में तालनपुर आदिनाथ तीर्थ के नाम से पूजित है। दिगम्बर और श्वेताम्बर दोनों इसका सम्मान करते हैं। इसके मन्दिर परिसर में कुछ प्राचीन जैन मूर्तियां हैं। काष्ठा संघ के विशालकीर्ति द्वारा एक मूर्ति की प्रतिष्ठा 1268 ई॰ में हुई थी।[66]

कुण्डलपुर

कुण्डलपुर दमोह जिले में स्थित है। यतिवृषभ के *तिलोयपण्णति* के अनुसार श्रीधर को कुण्डलपुर से मुक्ति प्राप्त हुई थी। पूज्यपाद के संस्कृत *निर्वाण भक्ति* में कुण्डलपुर का उल्लेख है। इस तीर्थ की मूल प्रतिभा ऋषभ की है, महावीर की नहीं। माना जाता है कि इस तीर्थ का पुरुद्धार महाराजा छत्रसाल द्वारा वि॰सं॰ 1757 में किया गया था। यह प्रसिद्ध अतिशय क्षेत्र माना जाता है।[67]

थूवउन

थूवउन, जो आदिनाथ के नाम से पूजित है, गुना जिले में स्थित है। ऐसा कहा जाता है कि पाड़ाशाह नामक श्रावक इसी स्थान का रहने वाला था और उसने जैन मंदिर बनवाया। यह प्रसिद्ध अतिशय क्षेत्र है।[68]

बजरंगगढ़

बजरंगगढ़ गुना से 7 कि॰मी॰ दूर स्थित है। यहां पर तीन कायोत्सर्ग मूर्तियां जैन तीर्थंकर शांतिनाथ, अर्हनाथ और कुन्थुनाथ की हैं। इनका प्रतिष्ठा समारोह लाड़ाशाह द्वारा वि॰सं॰ 1236 में किया गया था जो गहोई वैश्य जाति का था। इस स्थान के मूल नायक शांतिनाथ थे। यहां पर वि॰सं॰ 1075, 1115, 1125, 1312, 1320, 1321 और 1329 की जैन प्रतिमाएं

---

65. *को॰हि॰जै॰*, 2, सं॰ 159, पृ॰ 320-21.
66. वही, सं॰ 248, पृ॰ 347.
67. *भा॰दि॰जै॰ती॰ब॰*, पृ॰ 179-202.
68. वही, पृ॰ 84-86.

प्राप्त हुई हैं। ये मूर्तियां इस स्थान की प्राचीनता को सिद्ध करती हैं। यह अतिशय के नाम से प्रसिद्ध है।[69]

बूढी चन्देरी

बूढी चन्देरी आधुनिक चन्देरी से 14 कि॰मी॰ की दूरी पर स्थित है। इस स्थान पर चन्देलों का शासन था। यह स्थान वि॰सं॰ 1334 और 1335 के मध्य फला-फूला। यह कला का एक बड़ा केन्द्र हो गया। इस समय की अनेक मूर्तियां यहां प्राप्त हुई हैं। इन जैन मूर्तियों पर लेख और श्रीवत्स चिह्न नहीं पाये जाते हैं। कुछ मूर्तियों पर चिह्न भी नहीं हैं। कुछ मूर्तियां कला की दृष्टि से भी महत्त्वपूर्ण हैं।[70]

सिहोनिया

सिहोनिया मुरैना से 30 कि॰मी॰ दूरी पर स्थित है। ग्यारहवीं शताब्दी की करीब 141 मूर्तियां यहां से प्राप्त हुई हैं। तीन जैन मूर्तियां – शांतिनाथ, कुन्थुनाथ और अर्हनाथ की साथ-साथ प्रतिष्ठित की गई थीं। ये तीनों तीर्थंकर कामदेव और चक्रवर्ती तथा हस्तिनापुर के निवासी थे। सिहोनिया शांतिनाथ की मूर्ति की वजह से अतिशय क्षेत्र माना जाता है।[71]

पश्चिमी भारत
(राजस्थान, गुजरात और महाराष्ट्र)

राजस्थान

नगरी

नगरी चित्तौड़ से उत्तर में 18 किलोमीटर दूर स्थित है। इसका प्राचीन नाम मध्यमिका है। *कल्पसूत्र* के स्थिरावली में उल्लेखित जैन संघ की मध्यमिका शाखा इसी नाम से प्रसिद्ध हुई। सुस्थित और सुप्रतिबुद्ध के दूसरे शिष्य प्रियग्रन्थ ने दूसरी सदी ई॰ पूर्व में संभवतः इस शाखा की स्थापना की। दूसरी शताब्दी ईस्वी का कुषाण शिलालेख मध्यमिका शाखा का उल्लेख करता हुआ मथुरा में प्राप्त हुआ है। दूसरी या तीसरी शताब्दी ई॰ पूर्व॰ का एक लेख जो उल्लेख करता है कि जीवों की भलाई के लिए कुछ निर्मित किया गया है, वह इस स्थान पर प्राप्त हुआ है।[72]

---

69. *भा॰दि॰जै॰ती॰ब॰*, पृ॰ 78-84.
70. वही, पृ॰ 102-3.
71. वही, पृ॰ 29-33.
72. *ए॰सी॰टा॰रा॰*, पृ॰ 99.

झालरापाटन

झालरापाटन का प्राचीन नाम चन्द्रावती कहा जाता है जो चन्द्रभागा नदी के किनारे पर स्थित है। यहां का शांतिनाथ का मन्दिर प्रसिद्ध था जिसको शाह पीपा ने 1046 ई॰ में बनवाया था जिसका प्रतिष्ठा समारोह भवदेव सूरि ने किया था। सात-सला की पुहारी के स्तम्भ पर 1109 ई॰ का लेख श्रेष्ठी पीपा की मृत्यु का उल्लेख करता है। श्रावक और जैन आचार्यों ने समय-समय पर इस मन्दिर की यात्रा की। 1047 ई॰ का लेख इस मन्दिर के एक दर्शनार्थी के नाम का उल्लेख करता है। जैन आचार्य यहां पर रहा करते थे। हमें यहां अनेक अन्त्येष्टि स्मारक मिलते हैं, जो जैन आचार्यों की निषेधिकाएं कहलाती हैं।[73]

बयाना

बयाना भरतपुर से दक्षिण-पश्चिम में 48 कि॰मी॰ की दूरी पर स्थित है। इसका प्राचीन नाम श्रीपथा और ब्रह्मवाद था। जैन मूर्ति पर अंकित 994 ई॰ का लेख उल्लेखित करता है कि इसको बागड़ संघ के शूरसेन के उपदेश से तीन भाइयों ने बनवाया था। मुस्लिम काल में भी यहां जैन धर्म के क्रिया-कलाप निर्बाध रूप से चलते रहे। जैन मन्दिरों में मूर्तियां प्रतिष्ठित की गईं और साधुओं को उपहार देने के लिए ग्रन्थ तैयार किये गये। 1403, 1439, 1448 और 1452 ई॰ में मूर्तियों के प्रतिष्ठा समारोह बयाना के दूसरे नाम ब्रह्मवाद में की गई। *आत्म प्रबोधन* की प्रति बयाना के दूसरे नाम श्रीपथा में 1490 ई॰ में लिखी गई।[74]

भीनमाल

भीनमाल का प्राचीन नाम श्रीमाल है जो जोधपुर से दक्षिण में 169 कि॰मी॰ की दूरी पर स्थित है। यहां से प्राप्त 1276 ई॰ का लेख बतलाता है कि महावीर स्वयं श्रीमाल आये थे। तेरहवीं शताब्दी के *श्रीमाल माहात्म्य* से इसकी पुष्टि होती है। सिद्धसेन सूरि *सकल तीर्थ स्तोत्र* में इसका तीर्थ के रूप में उल्लेख करते हैं। ग्यारहवीं शताब्दी का धनपाल यहां की महावीर की जैन मूर्ति के बारे में सूचना देता है। जिनप्रभ सूरि *विविध तीर्थकल्प* में इसका वीर के तीर्थ के रूप में तथा इसके अतिरिक्त अन्य जैन मन्दिर जैसे शांतिनाथ और पार्श्वनाथ का भी उल्लेख करता है। जैनियों में श्रीमालों की उत्पत्ति इसी स्थान से हुई थी। आठवीं शताब्दी में जैन साधुओं द्वारा इनका जैन धर्म में परिवर्तन कर दिया गया था।[75]

---

73. *ए॰सी॰टा॰रा॰*, पृ॰ 136.
74. *ए॰सी॰टा॰रा॰*, पृ॰ 153-54.
75. वही, पृ॰ 161-63.

वसन्तगढ़

वसन्तगढ़ पिंडवाड़ा से दक्षिण में 8 कि॰मी॰ की दूरी पर स्थित है। इसका प्राचीन नाम बढाकर, वटनगर और वशिष्टपुर थे। सातवीं या आठवीं शताब्दी के मन्दिर की दीवार पर अंकित लेख निश्चित रूप से इसकी प्राचीनता को सिद्ध करता है। इसके अतिरिक्त ऋषभ की युगल मूर्ति जो जमीन के नीचे से प्राप्त हुई है उस पर 687 ई॰ का लेख अंकित है। यह राजस्थान में सबसे प्राचीन जैन अभिलेख है। इसमें उल्लेख मिलता है कि द्रोणावक यशोदेव ने इस सुन्दर मन्दिर का निर्माण करवाया। इस स्थान के जैन मन्दिर का पुनरुद्धार 1450 ई॰ में मणिसुन्दर सूरि द्वारा कुम्भकर्ण के राज्य में हुआ।[76]

मण्डोर

मण्डोर मारवाड़ की प्राचीन राजधानी जोधपुर से 8 किलोमीटर की दूरी पर स्थित है। इसके प्राचीन नाम मड्डोडर और माण्डव्यपुर दुर्ग थे। इस स्थान का प्रतीहार राजा कक्कुक जैन धर्म का बड़ा आश्रयदाता था। घटियाला में उसने एक जैन मन्दिर बनवाया। यहां दसवीं शताब्दी के जैन मन्दिर के अवशेष मिलते हैं। 1186 ई॰ में इस स्थान के श्रावक संघ के साथ तीर्थ-यात्रा के लिए निकले जिसका नेतृत्व अभय कुमार ने किया था। मण्डोर के श्रावकों ने अन्य स्थानों पर जैन मन्दिर बनवाये तथा उनकी मरम्मत करके उनमें मूर्तियों की प्रतिष्ठा की। 1311 ई॰ में गोसल ने अपने भाई और पुत्रों के साथ आबू के विमल वसिही मन्दिर का पुनरुद्धार करवाया। 1461 ई॰ में मण्डोर के संजक ने अपने परिवार के सदस्यों के साथ नन्दिश्वर पट्टिका तैयार करवाई, जिसकी जैसलमेर के पार्श्वनाथ मन्दिर में चाचिग देव के राज्य में जिनचन्द्र सूरि के द्वारा प्रतिष्ठा करवाई गई। मण्डोर के नाम से ओसवालों का मण्डोर गोत्र प्रसिद्ध हुआ। खरतरगच्छ की शाखा मण्डोरगच्छ की उत्पत्ति 1497 ई. में इस स्थान से हुई।[77]

घटियाला

घटियाला जोधपुर के उत्तर-पश्चिम में 35 कि॰मी॰ की दूरी पर स्थित है। प्राचीन समय में यह रोहिम्सक और रोहिम्स कूप के नाम से प्रसिद्ध था। प्रतीहार राजा जैन धर्म का आश्रयदाता था और उसने अनेक जैन वणिकों के लिए जिन का मन्दिर बनवाया जिनको उसने यहां पर बसने के लिए आमंत्रित किया था। इस मन्दिर को उसने व्यापारी समुदाय को दे दिया जिसकी देखभाल धनेश्वरगच्छ के साधु जम्ब और आम्रक तथा महाजन भाकुत करते थे। मन्दिर के दाईं तरफ सिंह पर बैठी हुई जैन देवी की मूर्ति अंकित थी।[78]

76. *ए॰सी॰टा॰रा॰,* पृ॰ 166.
77. वही, पृ॰ 173-75.
78. वही, पृ॰ 176.

मेड़ता

मेड़ता जोधपुर के उत्तर-पश्चिम में 117 कि॰मी॰ की दूरी पर स्थित है। इसके प्राचीन नाम मेडन्तक और मेड़तपुर थे। मध्यकाल में यह मेड़तपुर पुकारा जाता था। यक्ष कडमेड और अनेक ब्राह्मणों को जैन धर्म में दीक्षित कर अभयदेव सूरि ने जो ग्यारहवीं शताब्दी में रहता था, नगर में महावीर का मन्दिर बनवाया। चौहान राजा मालदेव की प्रार्थना पर जिनचन्द्र सूरि ने 1322 ई॰ में मेड़ता की यात्रा की। 1323 ई॰ में दिल्ली का सेठ रायपति जिनकुशल सूरि के साथ तीर्थों की यात्रा कर रहा था, मेड़ता आया। जैन धर्म के कार्य-कलाप मुस्लिम युग में भी चल रहे थे। मन्दिरों में ग्रन्थों की प्रतियां लिखी गईं और उनमें मूर्तियों की प्रतिष्ठा की गई। हीरविजय सूरि जिनको अकबर ने "जगतगुरु" की उपाधि दी थी, ने इस स्थान की यात्रा की। मध्यकाल के प्रसिद्ध विद्वान् समयसुन्दर ने मेड़ता में अनेक प्रतियां लिखीं। शांतिकुशल *श्री गौड़ी पार्श्वनाथ तीर्थमाला* में जो 1670 ई॰ में लिखा गया था, में मेड़ता का जैनियों के तीर्थ के रूप में उल्लेख करता है।[79]

ओसिया

ओसिया जोधपुर से 52 कि॰मी॰ की दूरी पर स्थित है। यहां पर महावीर का जैन मन्दिर प्रसिद्ध था। यह आठवीं शताब्दी में बना हुआ प्रतीत होता है। ओसिया का विशेष सम्बन्ध जैन धर्म से रहा। यह वणिक वर्ग ओसवालों का उत्पत्ति स्थल जाना जाता है। यह कहा जाता है कि रत्नप्रभ सूरि ने इस स्थल की यात्रा करके यहां के राजा और उसकी प्रजा को जैन धर्म में दीक्षित किया। मन्दिर समिति की प्रार्थना पर जिन्दक नाम के एक वणिक ने महावीर के मन्दिर का पुनरुद्धार किया। महावीर का मन्दिर तीर्थस्थल के रूप में जाना जाता रहा। कक्कसूरि द्वारा 1338 ई॰ में लिखित *नाभिनन्दन जीर्णोद्धार* इस नगर की ठीक सूचना देता है। *सकल तीर्थ स्तोत्र* में सिद्धसेन सूरि ओसिया का तीर्थ के रूप में उल्लेख करता है। उपकेशगच्छ का नाम ओसिया के नाम से पड़ा। *उपकेशगच्छ प्रबन्ध* से यह ज्ञात होता है कि मुस्लिम सेना ने गुजरते हुए इस नगर को 1195 ई॰ में नष्ट किया।[80]

जालोर

जालोर जोधपुर के दक्षिण के करीब 121 कि॰मी॰ दूरी पर स्थित है। उद्योतन सूरि द्वारा 778 ई॰ में रचित *कुवलयमाला* से यह स्पष्ट है कि यह समृद्ध नगर था और मन्दिरों और धनी लोगों के भवनों से सुसज्जित था। यहां के प्रसिद्ध मन्दिर आदिनाथ, महावीर,

---

79. *ए॰सी॰टा॰रा॰,* पृ॰ 178-79.

80. वही, पृ॰ 182-84.

पार्श्वनाथ और शांतिनाथ के थे। प्राचीन समय में जालोर जैनियों का तीर्थस्थल माना जाता था। सिद्धसेन सूरि अपनी *तीर्थमाला* में इसका गुणगान करता है। यहां जैन साधुओं के समय-समय पर आगमन से विधि चैत्य आन्दोलन को ताकत और लोकप्रियता मिली। जिनचन्द्र सूरि ने इस स्थान की यात्रा की और श्रावकों में विधिमार्ग के सिद्धान्तों का प्रचार किया। जिनेश्वर सूरि का इस स्थान से विशेष सम्पर्क रहा। प्राचीन समय में जालोर विद्या का केन्द्र था। उद्योतन सूरि, बुद्धिसागर और जिनेश्वर सूरि ने यहां पर अपने ग्रन्थों की रचना की। चौदहवीं शताब्दी में जिनभद्र सूरि ने इस स्थान पर शास्त्र भण्डार की स्थापना की।[81]

डीडवाना

डीडवाना जोधपुर से उत्तर-पूर्व में 209 कि॰मी॰ की दूरी पर स्थित है। इसका जैन धर्म से सम्बन्ध बहुत प्राचीन समय से रहा है। जिनेश्वर सूरि ने दसवीं शताब्दी में इस स्थान की यात्रा की थी और *कथाकोश* की रचना की। हेमचन्द्र सूरि के गुरु पूर्णतलगच्छ के श्रीदत्त सूरि ने डीडवाना की यात्रा की और इस स्थान के राजा यशोभद्र को सम्बोधित किया। यशोभद्र ने चौबीस जिनालय नाम के एक विशाल जैन मन्दिर का निर्माण करवाया। सिद्धसेन सूरि अपनी *सकल तीर्थमाला* में इसका उल्लेख करता है।[82]

नीलकण्ठ (राजोरगढ़)

नीलकण्ठ (राजोरगढ़) अलवर से दक्षिण-पश्चिम में 45 कि॰मी॰ की दूरी पर स्थित है। दसवीं शताब्दी में इसका नाम राज्यपुर था और बड़गूजर राजपूतों की राजधानी था। बड़गूजरों के राज्य में जैन धर्म ने बहुत उन्नति की। जैन साधुओं ने यहां की कुछ गुफाओं में तपस्या की। उनकी प्रेरणा से उनके अनुयायियों ने शानदार मन्दिरों और मूर्तियों को उनमें प्रतिष्ठित किया। राजा सावट के राज्य का वि॰सं॰ 979 (923 ई॰) का लेख शांतिनाथ के मन्दिर और उनकी मूर्ति के निर्माण का उल्लेख राज्यपुर में धरकट वंश के सर्वदेव द्वारा, जो देपुलकर का पुत्र और अरभट्ट का पोता था, किया हुआ बताता है। यहां पर तीन विशाल कायोत्सर्ग मूर्तियां हैं। एक जैन मूर्ति नौ गजा के नाम से जानी जाती है जो किसी बड़गूजर के राज्य में भैंसा महाजन द्वारा बनवाई गई थी।[83]

सांचोर

सांचोर जोधपुर से 200 कि॰मी॰ की दूरी पर दक्षिण-पूर्व में स्थित है। इसका प्राचीन नाम

---

81. *ए॰सी॰टा॰रा॰*, पृ॰ 187-91.
82. वही, पृ॰ 194.
83. वही, पृ॰ 197-98.

सत्यपुर था। मुसलमानों के राज्य में इसका नाम मेहमूदाबाद था। सांचोर जैन धर्म का बड़ा केन्द्र था। महावीर का प्रसिद्ध मन्दिर होने के कारण यह जैनियों का बड़ा तीर्थ माना जाता है। जगचिन्तामणि के प्राचीन *चैत्य वन्दन स्तोत्र* में इस तीर्थ का भक्तिभाव से वर्णन किया गया है। धनपाल ने महावीर के सम्मान में *सत्यपुरीय महावीर उत्साह* कविता लिखी। जिनप्रभ सूरि के विवरण से यह पता चलता है कि मंडोर के बाहड़ ने इसको बनवाया था। मुसलमानों ने महावीर के इस मन्दिर को नष्ट किया। तीर्थ क्षेत्र होने के कारण जैन साधु जिनकुशल सूरि और जिनपद्म सूरि समय-समय पर यहां आये। कुछ ने अपने साहित्यिक ग्रन्थ लिखे, और ज्ञान प्रसार के लिए ग्रन्थों की प्रतियां तैयार करवाई थीं। यह महान् विद्वान् समयसुन्दर का जन्म-स्थल था।[84]

चाकसू

चाकसू जयपुर से दक्षिण में 42 कि॰मी॰ दूरी पर स्थित है। इसका प्राचीन नाम चम्पावती था। पहाड़ी पर स्थित मन्दिर मूल में आठवीं शताब्दी का था। मुस्लिम राजा गयासुद्दीन के राज्य में धार्मिक गतिविधियां निरन्तर चलती रहीं। मेवाड़ के राणा संग्रामसिंह के सामन्त सोलंकी राजा रामचन्द्र के आश्रय में जैन धर्म की बहुत उन्नति हुई। जैन ग्रन्थों की अनेक प्रतियां तैयार की गईं और मूर्ति प्रतिष्ठा भी हुई। मूल संघ के चन्द्रकीर्ति चित्तौड़ से इस स्थान पर अपनी गद्दी ले गये। मध्यकाल में यह विद्या का एक बड़ा केन्द्र हो गया। सोलहवीं शताब्दी के लेखक ठक्कर ने यहां पर कुछ अपभ्रंश ग्रन्थों की रचना की।[85]

नागदा

नागदा एकलिंगजी की पहाड़ी के नीचे बसा हुआ है। इसके प्राचीन नाम नागहूद और नागद्रह थे। वह मन्दिर जो अभी पद्मावती के नाम से जाना जाता है, मूल में पार्श्वनाथ का प्रसिद्ध मन्दिर था। यह मन्दिर अद्भुतजी के नाम से पुकारा जाता है क्योंकि इसमें शांतिनाथ की अद्भुत मूर्ति है जिसका निर्माण कुम्भकर्ण के राज्य में पोरवाल जाति के सारंग नाम के वणिक ने किया था। प्राचीन समय में नागदा तीर्थ के रूप में जाना जाता था। तेरहवीं शताब्दी में विशालकीर्ति के शिष्य मदनकीर्ति यहां रहते थे। वे नागद्रह के पार्श्वनाथ के साथ अन्य तीर्थंकरों की भी *शासन चतुष्विंशतिका* में प्रार्थना करते हैं। जिनप्रभ सूरि 1332 ई॰ में लिखित *विविध तीर्थकल्प* में इसका उल्लेख करता है। इस तीर्थ का बाद की तीर्थमालाओं में भी वर्णन किया गया है। सुन्दर सूरि ने नागहूद पार्श्वनाथ की भक्ति में स्वतंत्र स्तोत्र रचा है।[86]

84. *ए॰सी॰टा॰रा॰*, पृ॰ 201-3.
85. वही, पृ॰ 207-8.
86. वही, पृ॰ 217.

आहड

आहड उदयपुर के पूर्व में करीब तीन कि॰मी॰ की दूरी पर स्थित है। इसके प्राचीन नाम आघाटपुर और आटपुर थे। गुहिल राजाओं के आश्रय में जैन धर्म यहां पर फला-फूला। चन्द्रगच्छ के प्रद्युम्न ने अल्हट के राजदरबार में वाद-विवाद में दिगम्बर साधुओं को हराया। *रास संग्रह* से यह ज्ञात होता है कि अल्हट के मंत्री ने जैन मन्दिर बनवाया और उसमें सांडेरकगच्छ के यशोभद्र सूरि से पार्श्वनाथ की मूर्ति की प्रतिष्ठा करवाई। यशोभद्र सूरि की मृत्यु 972 ई॰ में हुई। जैन मन्दिर की देवकुलिका में प्राप्त जैन अभिलेख से इसकी पुष्टि होती है। इस अभिलेख में मयूर, त्रिपति और मटत को क्रमशः अल्हट, नरवाहन और शक्तिकुमार के अक्षपटलिक बतलाये गये हैं। उन्होंने ही संभवतः जैन मन्दिर बनवाया होगा। दसवीं शताब्दी के धनपाल देव ने अपनी कविता *सत्यपुरीय महावीर उत्साह* में महावीर के मन्दिर का उल्लेख किया है। बारहवीं शताब्दी के लेखक सिद्ध सूरि *सकल तीर्थ स्तोत्र* में इस स्थान का उल्लेख करते हैं। जगचन्द्र सूरि एक महान् जैन संन्यासी हुए हैं जिनकी कठोर तपस्या को देखकर मेवाड़ के राजा जैत्रसिंह ने 1228 ई॰ में आघाट में उन्हें "तपा" की उपाधि दी। जैन साधुओं की प्रेरणा से राजकीय आश्रम में ग्रन्थों की अनेक प्रतियां तैयार की गईं। अपने आचार्य धर्मघोष सूरि के संघ में झांझण ने तीर्थों का संघ निकाला और आघाट की भी यात्रा की।[87]

चित्तौड़

चित्तौड़ उदयपुर से उत्तर-पूर्व में करीब 108 कि॰मी॰ की दूरी पर स्थित है। इसका प्राचीन नाम चित्रकूट था। आठवीं शताब्दी का महान् जैन विद्वान् हरिभद्र सूरि इसी स्थान का निवासी था। उसने चित्तौड़ में *धूर्ताख्यान* लिखा। वीरसेन ने चित्तौड़ में एलाचार्य से षट्खण्डागम और कषाय प्राभृत सीखा। हरिषेण मूल में चित्तौड़ का रहने वाला था। 987 ई॰ में उसने *धर्म परीक्षा* नामक ग्रन्थ लिखा। जिनवल्लभ सूरि ने बारहवीं शताब्दी में विधिमार्ग के प्रचार के लिए चित्रकूट को मुख्यालय बनाया। उनकी प्रेरणा से विधिमार्ग मन्दिरों की स्थापना हुई। जिनवल्लभ सूरि के पश्चात् जिनदत्त सूरि का पट्ट समारोह 1122 ई॰ में बड़े धूमधाम से यहाँ मनाया गया। वादिदेव सूरि ने शिवमूर्ति को वाद-विवाद में हराया। यह स्थान बारहवीं शताब्दी में दिगम्बर भट्टारकों की गद्दी के रूप में प्रसिद्ध रहा। राजा और उनके उत्तराधिकारी यद्यपि ब्राह्मण धर्म के अनुयायी थे किन्तु जैन आचार्यों के उपदेशों से बहुत प्रभावित हुए। राजा समरसिंह ने अपने राज्य में कुछ दिनों के लिए पशुओं के वध को रोकने के लिए आदेश निकाला।

सिद्धसेन के *सकल तीर्थ स्तोत्र* से चित्तौड़ जैनियों के तीर्थ के रूप में माना जाता

87. *ए॰सी॰टा॰रा॰*, पृ॰ 223-24.

है। जैन तीर्थंकर आदिनाथ के सम्मान में बघेरवाल जाति के जीजा के पुत्र पुन्नसिंह द्वारा कुम्भकर्ण के राज्य में कीर्तिस्तम्भ का निर्माण करवाया गया। कुम्भा के खजांची जैन भंडारी बेला ने जैन तीर्थंकर शान्तिनाथ के सम्मान में श्रृंगार चंवरी नाम का रमणीय मन्दिर बनवाया। पन्द्रहवीं और सोलहवीं शताब्दी में रचित कुछ जैन चैत्य परिपाटियां महत्त्वपूर्ण हैं क्योंकि उनसे पता चलता है कि यहां विभिन्न गच्छों के मन्दिर थे। बारहवीं और तेरहवीं शताब्दी में धर्म और दर्शन के अनेक ग्रन्थों की प्रतियां जैन साधुओं को उपहार में देने के लिए बनवाई गईं।[88]

शेरगढ़

शेरगढ़ कोटा से दक्षिण-पश्चिम में 145 किलोमीटर दूरी पर स्थित है। इसका प्राचीन नाम कोषवर्धन था। 1105 ई॰ का अभिलेख उल्लेख करता है कि जैन तीर्थंकर नेमिनाथ का महोत्सव नये चैत्य में किस प्रकार मनाया गया था। इस समय जैन साधु वीरसेन यहां पर रहते थे। 1134 ई॰ में देवपाल ने रत्नत्रय (तीन तीर्थंकर शांतिनाथ, कुन्थुनाथ और अर्हनाथ) की मूर्तियाँ बनवाईं और उनका प्रतिष्ठा समारोह कोषवर्धन में अपने पुत्र, माता-पिता, सम्बन्धी और गोष्ठियों के साथ किया था।[89]

नागोर

नागोर इसी जिले के जोधपुर संभाग में स्थित है। यह विभिन्न नाम जैसे नागपुर, नागपत्तन, अहिपुर और भुजंगनगर के नामों से जाना जाता है। साहित्यिक स्रोतों से ज्ञात होता है कि यह जैन धर्म का बड़ा केन्द्र था। जयसिंह सूरि ने 858 ई॰ में *धर्मोपदेश माला विवरण* ग्रंथ लिखा। चन्द्रसूरि ने 1177 ई॰ में *उपदेश वृत्ति* लिखना शुरू किया। 1105 ई॰ में हेमचन्द्र सूरि को देवसूरि द्वारा आचार्य की दीक्षा दी गई। खरतरगच्छ के जिनवल्लभ सूरि और जिनदत्त सूरि ने इस स्थान की यात्रा की और बारहवीं शताब्दी में विधि चैत्य की स्थापना की। पन्द्रहवीं शताब्दी में जिनभद्र सूरि ने इस स्थान पर ग्रंथ भण्डार की और भट्टारक रत्नकीर्ति ने नागोर में पन्द्रहवीं सदी में मूल संघ की पीठ स्थापित की। नागोर भण्डार में करीब 15,000 ग्रन्थ होने के कारण यह प्रसिद्ध है। जैनियों में तपागच्छ की नागपुरीय शाखा की उत्पत्ति यहीं से हुई। इस स्थान पर अनेक जैन मंदिर थे। सिद्धसेनसूरि *सफल तीर्थ स्त्रोत* में नागोर का तीर्थ के रूप में उल्लेख करता है। नागोर चैत्य परिपाटी से ज्ञात होता है कि 860 ई॰ में निर्मित नारायण व सही के मंदिर का अस्तित्व सत्रहवीं शताब्दी में भी था। धनदेव ने नेमिनाथ के मंदिर का प्रतिष्ठा समारोह

---

88. *ए॰सी॰टा॰रा॰*, पृ॰ 231-33.

89. वही, पृ॰ 240.

जिनवल्लभ सूरि से करवाया था। इस स्थान के ठाकुर अचलसिंह ने देहली के खिलजी सुलतान कुतुबुद्दीन से तीर्थों की यात्रा के लिए 1317 ई॰ में आदेश प्राप्त किया था।[90]

खण्डेला

खण्डेला सीकर से 45 कि॰मी॰ की दूरी पर स्थित है। साहित्यिक स्रोतों से ज्ञात इसके प्राचीन नाम खंडिल्ल और खण्डेलपुर थे। अपराजित साधु की पट्टावली के जिनसेनाचार्य ने इस प्रदेश के चौहान राजा और उसकी प्रजा को जैन धर्म में दीक्षित किया और खण्डेलवाल जाति की स्थापना की। इस घटना की कोई निश्चित जानकारी नहीं है। संभव है कि यह आठवीं शताब्दी में हुई हो क्योंकि खण्डेलवाल जाति के अस्तित्व का इससे पहले पता नहीं चलता है। सबसे प्राचीन उल्लेख 1197 ई॰ के अभिलेख से मिलता है। जब इन खण्डेलवालों की संख्या अधिक बढ़ी तो उन्होंने गांवों और उपनामों के नाम से गोत्र बनाये। 1998 ई॰ में रचित *धर्म रत्नाकर* की प्रशस्ति से पता चलता है कि इसके लेखक जयसेन ने खण्डलिक की यात्रा की और अपने उपदेशों से लोगों को प्रभावित किया। 1287 ई॰ में जिनप्रभ सूरि भी खण्डेलपुर आये और अपने उपदेशों से लोगों को जैन धर्म में दीक्षित किया। मूल संघ के भट्टारक जिनचन्द्र के शिष्य ब्राह्मणिक ने 1461 ई॰ में खण्डेलपुर की यात्रा की। सिद्धसेन के *सकल तीर्थ स्तोत्र* में उल्लेख मिलता है कि खण्डेला जैनियों का एक बड़ा तीर्थ रहा। संभव है जैनियों में खण्डेलागच्छ का नाम इसी स्थान से पड़ा। इस स्थान पर जैन मन्दिर के अवशेष भी पाये जाते हैं।[91]

कामा

कामा भरतपुर से 64 किलोमीटर की दूरी पर स्थित है। यहां पर प्राचीन जैन मन्दिरों के अवशेष हैं। इस स्थान से काम्मकगच्छ की उत्पत्ति हुई। जैन लेखक दुर्गदेव ने *रिष्ट समुच्चय* को कुम्भनगर के शांतिनाथ मन्दिर में पूर्ण किया था जो लक्ष्मीनिवास द्वारा शासित था। कुम्भनगर की पहचान कामा से की जा सकती है। जहां तक राजा लक्ष्मीनिवास का प्रश्न है वह लक्ष्मण नाम का सूरसेन राजा हो सकता है।[92]

हथुंडी

हथुंडी बीजापुर के दक्षिण-पूर्व में करीब 5 किलोमीटर की दूरी पर है। इसका पुराना नाम हस्तिकुंडी था। दसवीं सदी में यह राष्ट्रकूटों का राजधानी था जो जैन धर्म के अनुयायी थे। वासुदेवाचार्य के उपदेश से विदग्ध ने हथुंडी में ऋषभदेव का मंदिर निर्मित किया और

90. *ए॰सी॰टा॰रा॰*, पृ॰ 247-49.
91. वही, पृ॰ 262-63.
92. वही, पृ॰ 269.

अपने गुरु बलप्रसाद और मंदिर को अनुदान दिया। उसके पुत्र मम्मट ने इस अनुदान का नवीनीकरण किया। मम्मट के पुत्र धवल ने अपने दादा द्वारा निर्मित जैन मंदिर का पुनरुद्धार किया। राष्ट्रकूटों के राज्य के पश्चात् हथुंडी को संभव है मुसलमानों के आक्रमण से नुकसान उठाना पड़ा। इसी कारण से इस स्थान के मंदिर में मूलनायक ऋषभदेव से महावीर नाम का परिवर्तन हुआ। यह राटा महावीर के नाम से प्रसिद्ध तीर्थ-स्थल हो गया। विभिन्न स्थानों से यात्री इस स्थान की यात्रा के लिए आने लगे। शीलविजय सूरि और जिनतिलक सूरि ने अपनी तीर्थ-मालाओं में इस तीर्थ-स्थल का वर्णन किया है। इस स्थान के नाम से दसवीं सदी में वासुदेवाचार्य द्वारा हस्तिकुंडीय गच्छ का आरंभ हुआ।[93]

वरमान

वरमान आबू स्टेशन से 45 कि॰मी॰ की दूरी पर स्थित है। इसका प्राचीन नाम ब्रह्ममान था। वरमान जैन धर्म का केन्द्र रहा। सिद्धसेन सूरि *सकलतीर्थ स्त्रोत* में इसका उल्लेख करते हैं। जैनियों में ब्राह्मणगच्छ की उत्पत्ति वरमान नामक स्थान से हुई है जिसका प्राचीन नाम ब्राह्मण महास्थान था। इस गच्छ के महावीर मंदिर का निर्माण 1185 ई॰ या इससे पहले श्रावकों द्वारा किया गया था।[94]

नाडोल

नाडोल जावली स्टेशन से 13 कि॰मी॰ की दूरी पर स्थित एक ग्राम है। यह चौहानों की राजधानी थी। जैन धर्म ने चौहानों की छत्रछाया में बहुत उन्नति की थी। यह नगर मारवाड़ के जैनियों के प्रसिद्ध पंचतीर्थों में से एक था। यहां का महावीर का जैन मन्दिर बहुत प्रसिद्ध था। राजा अश्वराज जो कुमारपाल का सामन्त था, ने कुछ दिनों तक अहिंसा का पालन करने के लिए आदेश दिये थे। 1171 ई॰ में अल्हणदेव ने कुछ दिनों तक पशुओं के वध को रुकवा दिया था। अल्हणदेव और उसके पुत्र कीर्तिपाल ने महावीर के मन्दिर को उपहार दिये।[95]

कोरटा

कोरटा का प्राचीन नाम कोरन्टक था जो सण्डेरा से दक्षिण-पश्चिम में 26 कि॰मी॰ दूरी पर स्थित था। कोरटा जैनियों का प्रसिद्ध तीर्थ था। दसवीं शताब्दी में धनपाल ने अपनी कविता *सत्यपुरीय महावीर उत्साह* में कोरन्ट के महावीर के मन्दिर का उल्लेख किया

93. *ए॰सी॰टा॰रा॰,* पृ॰ 271-73.

94. वही, पृ॰ 274-75.

95. वही, पृ॰ 284.

है। इस स्थान का उल्लेख सिद्धसेन सूरि के *सफल तीर्थ स्तोत्र* में भी हुआ है। *प्रभावक चरित* के अनुसार कोरन्टक समृद्ध नगर था। यहां धनी लोग बसते थे और वे अपने धर्म के प्रति समर्पित थे। यह नगर मध्यकाल में भी तीर्थ-स्थल रहा। मेघ, शीलविजय और ज्ञानविमल सूरि ने अपनी तीर्थ-मालाओं में इस स्थल का वर्णन किया है। इस स्थान के लोगों ने तीर्थों के लिए संघ निकाले। कोरन्टगच्छ की उत्पत्ति इसी स्थान से हुई।[96]

सन्डेरा

सन्डेरा बाली से उत्तर-पश्चिम में करीब 16 किलोमीटर की दूरी पर जोधपुर संभाग में स्थित है। इसकी स्थापना दसवीं सदी में यशोभद्र सूरि ने की थी। प्राचीन समय में सन्डेरा जैन धर्म का बड़ा केन्द्र रहा है। सिद्धसेन सूरि ने *सकल तीर्थ स्तोत्र* की सूची में इसका उल्लेख किया है। यशोभद्र सूरि द्वारा स्थापित सण्डेरकगच्छ की उत्पत्ति इस स्थान से दसवीं शताब्दी में हुई। इसका प्राचीन नाम वल्लभगच्छ भी था। इसके प्रारम्भिक प्रभावशाली आचार्य यशोभद्र, शालिसूरि और सुमति सूरि ने जैन धर्म की महत्त्वपूर्ण सेवा की। महावीर और पार्श्वनाथ के दो जैन मन्दिर सण्डेरकगच्छ के थे। नाडोल के चौहान राजाओं ने जैन धर्म के कार्य-कलापों को सण्डेरा में प्रोत्साहन दिया।[97]

नाड़लाई

नाड़लाई जोधपुर संभाग में देसूरी से उत्तर-पश्चिम में 6 कि॰मी॰ की दूरी पर एक छोटा-सा गांव है। चौहान राजाओं के आश्रय में जैन धर्म इस स्थान पर बड़ा फला-फूला। यहां पर नेमिनाथ और महावीर के दो प्राचीन मन्दिर थे। राजा सामन्त और उनकी प्रजा ने इन मंदिरों को दान दिये। ये मन्दिर मुसलमानों के द्वारा नष्ट कर दिए गए इसलिये अनेक स्थानों के संघों ने इनका पुनरुद्धार करवाया। मध्य युग में भी नाड़लाई एक तीर्थ के रूप में रहा। कडुआ सम्प्रदाय का संस्थापक कडुआ साहा 1440 ई॰ में यहां पर हुआ। शांतिकुशल सूरि (1610 ई॰) लिखित *गौड़ीपार्श्व तीर्थ माला* में पार्श्वनाथ के मन्दिर का उल्लेख है। सत्रहवीं शताब्दी के कवि समयसुन्दर ने नाड़लाई और उसके नेमिनाथ मन्दिर का अपनी कविता में सजीव और सुन्दर वर्णन किया है। शीलविजय ने भी अपनी तीर्थमाला में इसका उल्लेख किया है।[98]

पाली

पाली दक्षिर्ण-पूर्व में जोधपुर से 72 कि॰मी॰ दूरी पर स्थित है। सिद्धसेन सूरि अपने सकल

---

96. *ए॰सी॰टा॰रा॰,* पृ॰ 285-86.
97. वही, पृ॰ 287-88.
98. वही, पृ॰ 290-92.

तीर्थ स्तोत्र में इस स्थान को सम्मान की दृष्टि से देखता है। यह स्थान पूर्णभद्र महावीर के नाम से जाना जाता है। मदनकीर्ति के तेरहवीं शताब्दी में रचित *शासन चतुष्विंशतिका* में अन्य तीर्थों के साथ पाली जिनेश्वर का भी उल्लेख करता है। किसी वृद्ध भट्टारक के शिष्य विश्वनाथ ने तीर्थों की सूची में पाली जिनेश्वर का भी उल्लेख किया है। यह निश्चित रूप से सिद्ध करता है कि प्राचीन समय में वहां दिगम्बरों का शांतिनाथ का जैन मन्दिर भी था। समय-समय पर जैन साधुओं ने पाली की यात्रा की। कुछ जैन साधुओं ने अपने आपको साहित्यिक ग्रन्थ लिखकर विद्या के प्रति समर्पित कर दिया। ग्रन्थों की प्रतिलिपियां तैयार की गईं। 1093 ई॰ में जैनियों में पाली के नाम से पल्लिवालगच्छ नाम पड़ा। कुछ निश्चित दिनों के लिए पशुओं का वध रोकने के लिए कुमारपाल के आदेश का इस स्थान पर कड़ाई से पालन किया गया। आठवीं शताब्दी में जैनियों में पालिवाल जाति का नाम पाली से पड़ा।[99]

खेड़

खेड़ मारवाड़ के राठौड़ों की प्राचीन राजधानी नगर से आठ कि॰मी॰ की दूरी पर स्थित है। खेड़ जैन धर्म का बड़ा केन्द्र था। सिद्धसेन सूरि इसका तीर्थ के रूप में उल्लेख करते हैं। जिनपति सूरि और अन्य साधुओं ने समय-समय पर इस तीर्थ की यात्रा की थी। जैन साधुओं के आने के उपलक्ष्य में विभिन्न समारोहों का आयोजन लोगों द्वारा किया गया। बारहवीं शताब्दी में यहां पर ऋषभदेव का मन्दिर था। उद्धरण ने इस स्थान पर सुन्दर और रमणीय शांतिनाथ का मन्दिर बनवाया जिसका प्रतिष्ठा समारोह 1201 ई॰ में किया। अजमेर के चौहान राजा पृथ्वीराज ने उद्धरण के दर्शन के लिए खेड़ की यात्रा की। चौदहवीं शताब्दी के कवि लक्ष्मीगणि ने अपने *शान्तिनाथ देवरान* में इसका वर्णन किया है। यहां के प्राचीन अवशेषों से यह जाना जाता है कि प्राचीन समय में खेड़ में महावीर का भी जैन मन्दिर था।[100]

अजमेर

अजमेर की 1123 ई॰ में स्थापना चौहान राजा अजयपाल ने की थी। जैन धर्म के प्रचार के लिए जैन साधुओं ने बार-बार अजमेर की यात्रा की। अर्णराज के राज्य में ठाकुर आशादत्त ने जैन मन्दिर बनवाया जिसका प्रतिष्ठा समारोह करने के लिए जिनदत्त सूरि यहां पर आये। जिनदत्त सूरि का देहान्त यहीं पर हुआ। जिस स्थान पर उनका दाह संस्कार किया गया वह दादावाड़ी के नाम से जाना जाता है। जिनदत्त के शिष्य जिनपति सूरि ने 1178 ई॰ में यहां चातुर्मास किया था। जिनपति सूरि के साथ अभय कुमार ने अजमेर के संघ

99. *ए॰सी॰टा॰रा॰*, पृ॰ 294-96.

100. वही, पृ॰ 299-300.

के साथ तीर्थों की यात्रा की थी। तेरहवीं शताब्दी में यह मूल संघ के भट्टारकों की पीठिका रही थी। जैनियों में ऐसी अनुश्रुतियाँ हैं कि अभी का अढ़ाई दिन का झोपड़ा पहले जैन मन्दिर था। जैन भट्टारकों और उनके शिष्यों ने मध्यकाल में जैन साहित्य की बहुमूल्य सेवा की। अनेक जैन ग्रन्थों की प्रतियां यहां तैयार की गई थीं।[101]

नरेणा

नरेणा फुलेरा और अजमेर के बीच छोटा-सा स्टेशन है। इसका प्राचीन नाम नारायण था। चौहानों के राज्य में यह जैन धर्म का बड़ा केन्द्र हो गया। सिद्धसेन सूरि अपने *सकल तीर्थ स्तोत्र* में इसका जैनियों के तीर्थ स्थल के रूप में उल्लेख करता है। जैन साधुओं का यह निवास स्थान था। बिजोलिया का 1169 ई॰ का अभिलेख उल्लेख करता है कि पुण्यरासी प्राग्वाट जाति के लोलाक के किसी पूर्वज ने यहां वर्धमान का मन्दिर बनवाया। ग्यारहवीं शताब्दी के धनपाल ने अपने *सत्यपुरीय महावीर उत्साह* में यहां के प्रसिद्ध महावीर मन्दिर का उल्लेख किया है। जमीन में से उपलब्ध प्राचीन अवशेष जैसे मूर्तियां, स्तम्भ, द्वार, आदि से ज्ञात होता है कि ये सभी महावीर मन्दिर के रहे होंगे। पुरातत्त्व की दृष्टि से यह मन्दिर निर्माण में रमणीय था। बारहवीं शताब्दी के मुस्लिम आक्रमणों से यह संभवतः नष्ट कर दिया गया।[102]

नरहड़

नरहड़ झुन्झुनु जिले में पिलानी से 8 कि॰मी॰ की दूरी पर स्थित है। इसका प्राचीन नाम नरभट था। पूर्व मध्यकाल में यह तीर्थ-स्थल रहा है। 1318 ई॰ में जो संघ जिनचन्द्रसूरि के साथ हस्तिनापुर के लिए रवाना हुआ था, वह यहां पर पार्श्वनाथ की पूजा के लिए रुका। उनका यहां हार्दिक स्वागत किया गया। यहां के श्रावक भी उस संघ में सम्मिलित हुए। 1319 ई॰ में देहली से मेड़ता जाते हुए जिनचन्द्र सूरि नरहड़ में ठहरे थे। 1323 ई॰ में जिनकुशल सूरि तीर्थों की यात्रा जैसे उज्जयन्त के लिए निकले तो पार्श्वनाथ की पूजा के लिए यहां ठहरे। इसकी प्रतिष्ठा बारहवीं शताब्दी में जिनदत्त सूरि ने की थी। चौदहवीं शताब्दी के लेखक विनयप्रभ सूरि अपने *तीर्थ-यात्रा स्तवन* में इस तीर्थ की और पार्श्वनाथ प्रतिमा का भी उल्लेख करता है।[103]

बघेरा

बघेरा अजमेर से दक्षिण-पूर्व में करीब 74 कि॰मी॰ की दूरी पर स्थित है। यह जैन धर्म

---

101. *ए॰सी॰टा॰रा॰,* पृ॰ 305-7.
102. वही, पृ॰ 317-18.
103. वही, पृ॰ 324.

का बड़ा केन्द्र रहा है। 1169 ई॰ के बिजोलिया के पाषाण अभिलेख से यह ज्ञात होता है कि लोलाक के पूर्वज वैश्रवण ने बघेरा और अन्य स्थानों पर अनेक मन्दिर बनवाये। बारहवीं शताब्दी में यह स्थान मूल संघ के भट्टारकों की पीठ थी। उन्होंने यहां के मन्दिरों में अनेक मूर्तियों को विराजमान किया। जैन शासन-देवियों की जो मूर्तियां यहां प्राप्त हुई हैं वे कला की दृष्टि से श्रेष्ठ हैं। बघेरा का महत्त्व इस कारण से भी बढ़ जाता है क्योंकि आठवीं शताब्दी में जैनियों में बघेरवाल जाति की उत्पत्ति इसी स्थल से हुई थी।[104]

हरसोर

हरसोर नागोर जिले में डेगाना और पुष्कर के बीच में स्थित है। इसका प्राचीन नाम हर्षपुर ज्ञात होता है। चौहानों के समय जैन धर्म की बहुत उन्नति हुई। सिद्धसेन सूरि *सकल तीर्थ स्तोत्र* में इसका उल्लेख करता है। श्री पार्श्वनाथ कुल की शाखा हर्षपुरगच्छ की उत्पत्ति संभवतः इस स्थान से हुई। इस गच्छ के कुछ जैन आचार्य बहुत शक्तिशाली थे और समकालीन राजाओं पर उनका बड़ा प्रभाव था। इस गच्छ का नाम नागोर के 1496 ई॰ के अभिलेख में उल्लिखित है। 996 ई॰ के अभिलेख की एक पाषाण की जैन मूर्ति भी यहां पर मिली है। महाजनों की एक जाति हरसोर की उत्पत्ति इस स्थल से हुई।[105]

मारोठ

मारोठ कुचामन रोड स्टेशन से 11 कि॰मी॰ की दूरी पर नागोर जिले में स्थित है। बहुत प्राचीन समय से यह जैन धर्म का प्रमुख केन्द्र था। ग्यारहवीं और बारहवीं शताब्दी की बहुत सी जैन मूर्तियां यहां मिली हैं। उनके कुछ अभिलेखों से यह ज्ञात होता है कि उनकी प्रतिष्ठा माथुर संघ के सकलकीर्ति द्वारा 1165 ई॰ (वि॰सं॰ 1232) में की गई थी। प्राचीन समय के मन्दिर तो नहीं बच सके किन्तु मध्यकाल के चार मन्दिर विद्यमान हैं। बेणीराम अजमेरा ने आदिनाथ चैत्यालय की प्रतिष्ठा 1138 ई॰ में की। चन्द्रप्रभु चैत्यालय का निर्माण जीवनदास पाटोदी ने 1425 ई॰ में किया। बेरीसाल के मुख्यमंत्री रामसिंह ने यहां पर जैन मन्दिर और मूर्तियों की प्रतिष्ठा 1737 ई॰ में अजमेर के भट्टारक अनन्तकीर्ति से धूमधाम से करवाई थी।[106]

चन्द्रावती

आबू के समीप स्थित चन्द्रावती परमारों की राजधानी थी। चूंकि यह तीर्थ-स्थल था अतः समय-समय पर यहां जैन साधु, विद्वान् और श्रावक आये। सिद्धसेन सूरि *सकल तीर्थ*

104. *ए॰सी॰टा॰रा॰,* पृ॰ 326-27.

105. वही, पृ॰ 328.

106. वही, पृ॰ 340.

स्तोत्र में इस स्थान का उल्लेख करता है। 1389 ई॰ में रचित *विविधतीर्थकल्प* का रचयिता जिनप्रभ सूरि इसका समृद्धिशाली नगर के रूप में वर्णन करता है और चन्द्रप्रभु के मन्दिर का भी उल्लेख करता है। 1443 में रचित *तीर्थमाला* का लेखक मेघ यहां की समृद्धि का वर्णन करते हुए इसकी तुलना लंका से करता है। उसके अनुसार यहां पर 1800 जैन मन्दिर थे जिनमें सबसे प्रसिद्ध ऋषभ का मन्दिर था। 1436 ई॰ में रचित सोमधर्म के *उपदेश सप्तति* से ज्ञात होता है कि यहां 1444 जैन मन्दिर थे। शीलविजय अपनी 1689 ई॰ में रचित *तीर्थमाला* में लिखते हैं कि वहां विमल के समय 1800 जैन मन्दिर थे। इन सब कथनों से पता चलता है कि यहां पर प्राचीन समय में बहुत अधिक मन्दिर थे। पद्मदेव सूरि के पूर्वज ने चन्द्रप्रभु का मन्दिर 1235 ई॰ में बनवाया। जब मांडू के सुल्तान के मंत्री पेथड़ कुमार और संग्राम इस स्थान पर यात्रा के लिए आये तो उन्होंने भी जैन मन्दिर बनवाये थे।[107]

बाड़मेर

बाड़मेर जोधपुर से दक्षिण-पश्चिम में 209 कि॰मी॰ की दूरी पर स्थित है। जैन साधु जिनेश्वर सूरि, जिनकुशल सूरि, जिनपद्म सूरि, आदि ने इस तीर्थ की यात्रा की और श्रावकों को धार्मिक समारोह आयोजित करने के लिए प्रेरित किया। विनयप्रभ सूरि ने अपनी *तीर्थमाला* में ऋषभ और शांतिनाथ के मन्दिरों का उल्लेख किया है। यहां पर महावीर स्वामी का मन्दिर भी था। जैसलमेर, लाटहिद और पालनपुर, आदि स्थानों से श्रावक उनमें शामिल होने के लिए आये।[108]

बड़ोदा

बड़ोदा डूंगरपुर से 45 कि॰मी॰ की दूरी पर स्थित है। यह बागड़ की प्राचीन राजधानी थी। इसका पूर्व नाम वटपद्रक था। यह प्राचीन समय में जैन धर्म का केन्द्र था। चौदहवीं सदी के लेखक विनयप्रभ सूरि अपनी *तीर्थयात्रा स्तवन* में इसका उल्लेख करते हैं। यहां पर अनेक जैन मन्दिरों के अवशेष हैं उनमें से एक पार्श्वनाथ का मन्दिर है। खरतरगच्छ के जिनचन्द्र सूरि ने यहां पर प्रतिष्ठा समारोह किया था। मध्यकाल में जैन ग्रन्थों की अनेक प्रतियां यहां लिखी गई थीं।[109]

डूंगरपुर

डूंगरपुर उदयपुर से दक्षिण में एक सौ पांच कि॰मी॰ की दूरी पर स्थित है। इसी नाम से

107. *ए॰सी॰टा॰रा॰,* पृ॰ 344-45.
108. वही, पृ॰ 352-53.
109. वही, पृ॰ 56-57.

इसकी राजधानी थी। 1370 ई॰ में रचित जयानन्द की *प्रवास गीतिका* से यह ज्ञात होता है कि यहां पांच जैन मन्दिर और नौ सौ जैन परिवार उस समय रहते थे। जैनियों को मंत्रियों जैसे ऊंचे पद दिये जाते थे। उन्होंने जैन मन्दिर बनवाये और उनमें बड़ी शान-शौकत से मूर्तियों की प्रतिष्ठा की। समय-समय पर यहां जैन साधुओं का आगमन बना रहा और उनके सम्मान में ग्रन्थ अर्पित किये गये। 1404 ई॰ में रावल प्रतापसिंह के मंत्री पह्लाद ने जैन मन्दिर बनवाया। *गुरु गुणरत्नाकर* काव्य से यह स्पष्ट है कि सोमदास के मुख्यमंत्री सालहा ने पार्श्वनाथ के मन्दिर का पुनरुद्धार किया। मूल संघ और काष्ठा संघ के भट्टारकों का यह एक बड़ा केन्द्र था।[110]

तहनगढ़

तहनगढ़ बयाना से तेईस कि॰मी॰ की दूरी पर स्थित है। इसका प्राचीन नाम त्रिभुवनगिरि था। यादवों के राज्य में जैन धर्म का तहनगढ़ से विशेष सम्बन्ध रहा। प्रद्युम्नसूरि ने सपादलक्ष और त्रिभुवनगिरि के राजाओं के दरबारों में अपने विरोधियों को हराया। इस स्थान के राजा कर्दम भूपति की दीक्षा अभयदेव सूरि द्वारा की गई थी। जिनदत्त सूरि और उनके शिष्यों ने भी इस स्थान की यात्रा की। उपकेशगच्छ पट्टावली से यह ज्ञात होता है कि इस गच्छ का यहां प्राचीन मन्दिर था। 1218 ई॰ में रचित *जिनदत्त चरिउ* की प्रशस्ति से ज्ञात होता है कि मुसलमानों के डर से लक्ष्मण विलासपुर से त्रिभुवनगिरि भागा था।[111]

जैसलमेर

जैसलमेर भट्टियों की राजधानी थी। इसकी स्थापना 1163 ई॰ के पश्चात् की गई थी। ये जैन धर्म के बड़े पोषक थे। इस कारण इनके राज्य में जैन धर्म ने बड़ी उन्नति की। जैसलमेर के दुर्ग में स्थित विशाल जैन मन्दिर चिन्तामणि पार्श्वनाथ, ऋषभदेव, शांतिनाथ, संभवनाथ और महावीर के एक के बाद एक बारहवीं और पन्द्रहवीं सदी में निर्मित मंदिर कला की दृष्टि से उत्तम हैं। विद्वानों ने यहां पर अपने साहित्यिक ग्रन्थ लिखे। कहा जाता है कि पन्द्रहवीं शताब्दी के प्रसिद्ध विद्वान् जिनभद्र सूरि ने यहां पर रहकर जैन भण्डार की स्थापना की।[112] ग्रन्थों की अनेक प्रतियां सुरक्षा के लिए अन्य स्थानों से यहां लाई गईं तथा नई प्रतियां भी तैयार की गईं। मूर्तियों के प्रतिष्ठा समारोह भी किये गये थे।[113]

---

110. *ए॰सी॰टा॰रा॰,* पृ॰ 359-60.
111. वही, पृ॰ 361-62.
112. वही, पृ॰ 371-78.
113. वही, पृ॰ 384.

अलवर

अलवर का पन्द्रहवीं शताब्दी से जैन धर्म से सम्बन्धित होने का निश्चित प्रमाण है। तीर्थमालाओं में अलवर रावण पार्श्वनाथ के रूप में जाना जाता था और तीर्थ-स्थल भी था। अलवर में जैन साहित्य रचा गया। इसके नाम का उल्लेख अभिलेख में भी मिलता है। 1531 ई॰ में अलवर के श्रावक ने सिद्धसूरि द्वारा सुमतिनाथ की मूर्ति की प्रतिष्ठा की थी। 1589 ई॰ का अभिलेख अलवर में रावण पार्श्वनाथ के मन्दिर के निर्माण का उल्लेख करता है। यह रावण पार्श्वनाथ तीर्थ के रूप में जाना जाता है। इसका अर्थ है कि इस स्थान पर रावण ने पार्श्वनाथ की पूजा की थी। यह कथन पौराणिक है किन्तु इससे जैन धर्म के केन्द्र के रूप में अलवर के महत्त्व का पता चलता है।[113]

आम्बेर

आम्बेर जयपुर से 10 कि॰मी॰ की दूरी पर स्थित है। कच्छवाहा के राज्य में जैन धर्म बहुत फला-फूला क्योंकि दिल्ली के मुसलमानों के साथ उनके मित्रता के संबंध थे। अनेक जैन मन्दिरों का निर्माण और उनमें मूर्तियों की प्रतिष्ठा की गई। श्रावकों द्वारा ग्रन्थों की अनेक प्रतियां जैन साधुओं को अर्पित करने के लिए तैयार की गईं। उनके उपदेशों से प्रभावित होकर इस स्थान से उन्होंने तीर्थों का संघ निकाला। मूल संघ के जैन भट्टारकों ने अठारहवीं शताब्दी में चाकसू से आम्बेर अपनी पीठ बदल दी थी। इस स्थान पर महेन्द्रकीर्ति ने शास्त्र-भण्डार की स्थापना की जो महेन्द्रकीर्ति भण्डार के नाम से प्रसिद्ध हुआ।[114]

बिजोलिया

बारहवीं शताब्दी में पार्श्वनाथ की मूर्ति के कारण बिजोलिया जैनियों के तीर्थ-स्थान के रूप में प्रसिद्ध हुआ। आचार्य जिनचन्द्र सूरि के उपदेशों से प्रभावित होकर पोरवाल महाजन लोलाक ने पार्श्वनाथ के जैन मन्दिर का निर्माण किया और उसको सात छोट-छोटे मन्दिरों से घेर दिया। चौहान राजा पृथ्वीराज द्वितीय ने 1168 ई॰ में मोराझरी ग्राम सोमेश्वर को दिया और सोमेश्वर ने यहां के पार्श्वनाथ मन्दिर को रेवाना नामक ग्राम दान में दिया। बिजोलिया का अभिलेख पड़ोसी स्थान के लोगों द्वारा इस मन्दिर को दिये विभिन्न दानों का उल्लेख करता है। एक पौराणिक कथा *उत्तम शिखर पुराण* के नाम से रची गई और समीप की विशाल चट्टान पर अंकित की गई। जैनियों का तीर्थ होने के कारण जैन साधु समय-समय पर यहां आते थे। प्राचीन समय में यह माथुर संघ के जैन आचार्यों की पीठिका थी। 1117 ई॰ के बिजोलिया के अभिलेख का रचयिता

---

114. *ए॰सी॰टा॰रा॰,* पृ॰ 391.

महामुनि गुणभद्र था। इसके पश्चात् यह मूल संघ के कार्य-कलापों का केन्द्र हो गया। यहां पर 1408 और 1426 ई॰ के दो अभिलेख हैं जब भट्टारक शुभचन्द्र[115] यहां पर रहते थे। स्तम्भ के एक तरफ भट्टारक श्री पद्मनन्दि का नाम अंकित है जबकि दूसरी तरफ भट्टारक शुभचन्द्र का। यह स्थान पार्श्वनाथ की तपोभूमि के नाम से भी जाना जाता है। माना जाता है कि यहीं पर पार्श्वनाथ पर कामथ के द्वारा उपसर्ग किया गया जिसे धरणेन्द्र और पद्मावती के द्वारा बचाया गया था। यहीं जमीन पर एक मन्दिर का टावर है जिसका बाकी हिस्सा जमीन के अन्दर है जो कि किसी खोजकर्त्ता या अन्वेषक के द्वारा खोजा जाना है।

केशोरायपाटन

केशोरायपाटन कोटा से उत्तर-पश्चिम में 15 कि॰मी॰ की दूरी पर स्थित जैन तीर्थ-स्थल है। यह जैन तीर्थंकर मुनिसुव्रत के मन्दिर के लिए प्रसिद्ध है। इस मन्दिर में नेमिचन्द्र ने *वृहद द्रव्य संग्रह* लिखा। *शासन चतुष्विंशतिका* में मदनकीर्ति इसका तीर्थ-स्थान के रूप में उल्लेख करता है। *प्राकृत निर्वाण काण्ड* और अपभ्रंश *निर्वाण भक्ति* में मुनिसुव्रत मन्दिर का उल्लेख है। अभी यह भूदेवरा के नाम से जाना जाता है क्योंकि यह एक भूमिगत मन्दिर है। जैन पौराणिकता का एक कल्पवृक्ष पट्ट और अन्य मूर्तियाँ भी इस स्थान पर खोजी गई हैं। संभव है वे इसी जैन मन्दिर की हों।[116]

नाणा

नाणा अहमदाबाद-अजमेर रेलवे लाइन के रास्ते में इसी नाम के रेलवे स्टेशन से 3 कि॰मी॰ की दूरी पर स्थित है। नाणा का सम्बन्ध जैन धर्म में जीवन्त स्वामी तीर्थ के रूप में रहा है। इसका अर्थ है कि एक समय यहां महावीर के जीवनकाल की मूर्ति की पूजा होती थी। यह बात पौराणिक है किन्तु दसवीं शताब्दी में यहां जैन मन्दिर था। मन्दिर के द्वार का 960 ई॰ का एक छोटा टूटा हुआ अभिलेख निश्चित रूप से उस समय जैन धर्म के अस्तित्व को सिद्ध करता है। नाणावाला या ज्ञानकीयगच्छ की स्थापना नाणा में प्रभानन्द ने की। इस गच्छ का सबसे प्राचीन उल्लेख 1045 ई॰ के अभिलेख में पाया जाता है।[117]

मूंगथला

मूंगथला आबू के समीप सिरोही स्टेट में एक प्राचीन गांव है। यह जैनियों का प्रसिद्ध तीर्थ

115. *ए॰सी॰टा॰रा॰,* पृ॰ 403-4.
116. वही, पृ॰ 415.
117. वही, पृ॰ 416.

रहा है। जिनप्रभ सूरि ने 1332 ई॰ में रचित *विविध तीर्थकल्प* में इस स्थान के महावीर के मन्दिर का उल्लेख किया है। ऐसा विश्वास किया जाता है कि महावीर स्वामी ने यहां की यात्रा की थी। 1369 ई॰ के अभिलेख से ज्ञात होता है कि महावीर के जीवन के 37वें वर्ष में केशी गणधर द्वारा एक मूर्ति की प्रतिष्ठा की गई। इसकी पुष्टि साहित्य स्रोत *अष्टोत्तरी तीर्थमाला* से होती है। *जैन तीर्थमालाओं* में इस महावीर के मन्दिर का जीवन्त स्वामी के रूप में वर्णन किया गया है। जीवन्त स्वामी का अर्थ है महावीर के जीवन काल का मन्दिर। महावीर के इस मन्दिर का पुनरुद्धार अनेक बार हुआ और मूर्तियां प्रतिष्ठित की गईं। इस स्थान पर अनेक श्रावक रहते थे और इस मन्दिर से सम्बन्धित समय-समय पर होने वाले उत्सवों में वे भाग लेते थे।[118]

तलवाड़ा

तलवाड़ा बांसवाड़ा से 13 कि॰मी॰ की दूरी पर स्थित है। इसका प्राचीन नाम तलपाटक था। यह जैनियों का तीर्थ रहा। बालचन्द सूरि के *उपदेश कन्दली वृत्ति* से यह ज्ञात होता है कि प्रद्युम्न सूरि ने दसवीं सदी में इसकी यात्रा की और यहां के राजा को सम्बोधित किया है। सिद्धसेन सूरि *सकल तीर्थ स्तोत्र* में इस स्थान का उल्लेख करता है। चौदहवीं शताब्दी में रचित *तीर्थयात्रा स्तवन* के लेखक विनयप्रभ सूरि इस स्थान और शांतिनाथ के मन्दिर का उल्लेख करते हैं। जिनप्रभ सूरि की प्रेरणा से इस स्थान पर जैन मन्दिर का निर्माण हुआ और उसमें मूर्तियां प्रतिष्ठित की गईं। इस समय यहां पर संभवनाथ के विशाल मंदिर में कुछ मूर्तियां ग्यारहवीं और बारहवीं शताब्दी की हैं।[119]

मडार

मडार आबू से 32 कि॰मी॰ की दूरी पर स्थित है। यह जैन तीर्थ के रूप में प्रसिद्ध है। साधु वादिदेव सूरि का जन्म 1086 ई॰ में इस स्थान पर हुआ था। मडाहडीयगच्छ की उत्पत्ति मडार ग्राम से हुई थी। मेघ 1442 ई॰ में रचित *तीर्थमाला* में इस स्थान के महावीर के मन्दिर का उल्लेख करता है। शीलविजय 1691 ई॰ में रचित अपनी *तीर्थमाला* में इस स्थान का वर्णन करता है।[120]

फलोदी

फलोदी मेड़ता रोड स्टेशन से 2 कि॰मी॰ की दूरी पर स्थित है। यह बारहवीं सदी से प्रसिद्ध पार्श्वनाथ तीर्थ हो गया। इसकी स्थापना धर्मघोष सूरि द्वारा की गई। इसका सम्बन्ध

---

118. *ए॰सी॰टा॰रा॰*, पृ॰ 418-19.

119. वही, पृ॰ 420-21.

120. वही, पृ॰ 422-23.

जैनियों के खरतरगच्छ से विशेष रहा है। 1182 ई॰ में जिनपति सूरि ने इस स्थान की यात्रा की। जिनप्रभ सूरि ने अपने *विविध तीर्थकल्प* में इसका वर्णन किया है और विनयप्रभ सूरि पार्श्वनाथ के मन्दिर का वर्णन करते हैं। जैनियों का तीर्थ-स्थल होने से जैन साधु और विद्वानों ने मध्यकाल में फलोदी की यात्रा की।[121]

जीरावला

जीरावला जैनियों का प्रसिद्ध तीर्थ दिलवाड़ा से 32 कि॰मी॰ की दूरी पर स्थित है। यह जीरावला पार्श्वनाथ के नाम से जाना जाता है। यह तीर्थ बारहवीं सदी में अस्तित्व में आया। पन्द्रहवीं सदी में यह तीर्थ अधिक लोकप्रिय हो गया और भिन्न-भिन्न स्थानों के लोगों ने इस तीर्थ की यात्रा करना शुरू कर दिया। जैन साधुओं ने इस पार्श्वनाथ के उपलक्ष्य में स्तोत्र रचे। मालवा में मांडवगढ़ के संघवी पेथड और झांझण तीर्थयात्रा के लिए यहां पर आये। उन्होंने जैन मन्दिर भी बनवाया। विभिन्न स्थानों के श्रावक जैसे कनवगरा, कोदीनार, वाधरा, विसलनगर, पाटन और स्तम्भ तीर्थ ने पन्द्रहवीं सदी में जीरावला की यात्रा की। जीरापल्लीगच्छ की उत्पत्ति इसी स्थान से हुई। प्रभाचन्द्र के शिष्य भट्टारक पदमकीर्ति ने पन्द्रहवीं सदी में *जीरावली पार्श्वनाथ स्तोत्र* लिखा।[122]

नगर

नगर मालानी जिले में जसोल से दक्षिण-पश्चिम में 5 कि॰मी॰ की दूरी पर स्थित है। इसका प्राचीन नाम महेवा या वीरमपुर था। जब इस स्थान के जैन मन्दिर में पार्श्वनाथ की मूर्ति प्रतिष्ठित की गई तो यह स्थान नाकोड़ा पार्श्वनाथ तीर्थ के नाम से प्रसिद्ध हो गया। पार्श्वनाथ के मन्दिर के पहले भी यह नगर जैनियों का तीर्थ माना जाता था। यहां पर महावीर और पार्श्वनाथ का मन्दिर था। प्राचीन समय में जैन साधु इसी तीर्थ की यात्रा करते थे। कल्याणविजय की *कीर्ति रत्न सूरि विवाहला* और *कीर्ति रत्न सूरि चौपाई* इस नगर के मन्दिर, श्रावकों और अन्य धार्मिक प्रवृत्तियों के बारे में जानकारी देते हैं। नाकोड़ा पार्श्वनाथ का पुनरुद्धार 1507 ई॰ में हुआ। शांतिकुशल सूरि 1612 ई॰ में रचित अपनी *गौडी पार्श्वनाथ तीर्थमाला* में इसका उल्लेख करते हैं।[123]

आबू

आबू सिरोही जिले के दक्षिण में प्रसिद्ध पहाड़ है। इस पहाड़ के नाम पर इस नगर का धीरे-धीरे उत्थान हुआ। प्राचीन परम्पराओं के आधार पर इसका तीर्थ-स्थान के रूप में

---

121. *ए॰सी॰टा॰रा॰,* पृ॰ 425-27.

122. वही, पृ॰ 427-31.

123. वही, पृ॰ 432-33.

वर्णन किया गया है। 1369 ई॰ के अभिलेख से यह ज्ञात होता है कि महावीर ने अर्बुद भूमि की यात्रा की थी। यह दो जैन मंदिरों के लिए प्रसिद्ध है – विमलवसीह और लूणवसीह मन्दिर। पहला आदिनाथ को समर्पित है जिसका निर्माण 1032 ई॰ में विमल नाम के मंत्री द्वारा हुआ और दूसरा मन्दिर लूणवसीह नेमिनाथ का है जिसका निर्माण तेजपाल ने 1320 ई॰ में किया। दोनों मन्दिर कला की दृष्टि से अत्यन्त महत्त्वपूर्ण हैं। ये सफेद संगमरमर के बने हुए हैं। ये कोमल नक्काशी, सौन्दर्यता और शानदार सजावट के लिए जाने जाते हैं। दोनों मन्दिरों की मरम्मत और पुनरुद्धार समय-समय पर होता रहा। विमलवसीह के मन्दिर का मंडोर के दो भाई गोसल और भीम के उत्तराधिकारियों द्वारा जीर्णोद्धार किया गया क्योंकि आबू जैनियों का तीर्थ हो गया था। अनेक स्तवन, स्तोत्र, चैत्य परिपाटियां, तीर्थमालाएं, आदि आबू के बारे में जैन विद्वानों द्वारा चौदहवीं शताब्दी के बाद लिखी गयीं।[124]

सांगानेर

सांगानेर जयपुर से 13 कि॰मी॰ की दूरी पर दक्षिण में स्थित है। यह नगर जैन मन्दिर के नाम से विशेष प्रसिद्ध है। यह सिंघीजी के मन्दिर के नाम से जाना जाता है जो जैन स्थापत्य कला का अलौकिक नमूना है। यह मन्दिर दसवीं सदी का है क्योंकि इस मन्दिर के गर्भगृह की बान्दरवाल पर 954 ई॰ का लेख अंकित है। मध्य युग में यह बड़ा साहित्यिक केन्द्र हो गया था। समय-समय पर यहां जैन साधु आते थे। इसलिए यहां ग्रन्थों की प्रतियां उनको प्रस्तुत करने के लिए तैयार की जाती थीं।[125]

धुलेव

धुलेव उदयपुर जिले में स्थित है। इस स्थान का प्रसिद्ध ऋषभदेव मन्दिर केसरियाजी के नाम से लोकप्रिय है क्योंकि लोग मूल नायक प्रतिमा को केसर से पूजते हैं। ऐसा प्रतीत होता है कि ऋषभदेव की मूर्ति और मूल मन्दिर आठवीं सदी के हैं। इस स्थान का सबसे प्राचीन अभिलेख 1373 ई॰ का है। इस मन्दिर का पुनरुद्धार भी हुआ जिसमें 52 जिनालय, सभामण्डप, आदि बनवाये गये। काष्ठा संघ और मूलसंघ के भट्टारकों के उपदेश से हुम्बड़, नरसिंहपुरा, बघेरवाल, खण्डेलवाल, आदि जाति के श्रावकों द्वारा समय-समय पर मूर्तियों की प्रतिष्ठा की गई। यह प्रसिद्ध अतिशय क्षेत्र है।[126]

---

124. *ए॰सी॰टा॰रा॰*, पृ॰ 449-55.
125. वही, पृ॰ 455-57.
126. *भा॰दि॰जै॰ती॰ब॰*, पृ॰ 106-27.

घोटार्सी

घोटार्सी प्रतापगढ़ के समीप स्थित है। यहां पार्श्वनाथ का जैन मन्दिर था, जिसकी पुष्टि टूटे हुए दसवीं शताब्दी के अभिलेख[127] से होती है जो इस स्थान के प्राचीन अवशेषों से प्राप्त हुआ है।

गुजरात

गिरनार

गिरनार पहाड़ियों का समूह है जो काठियावाड़ में स्थित है। पहाड़ियों की चोटियों पर अनेक सुन्दर मंदिर स्थापित किये गये हैं। यहां पर 22वें तीर्थंकर नेमिनाथ ने तप किया, धर्म प्रचार किया और मोक्ष प्राप्त किया। प्रधुम्न कुमार, गजकुमार, गणधर, वरदत्त और असंख्य साधुओं ने इस स्थान से मोक्ष प्राप्त किया था। इस स्थान की प्राचीनता पहले तीर्थंकर ऋषभदेव से मानी जाती है। यह जैन समुदाय के इतिहास की अनेक घटनाओं का केन्द्र रहा।[128] इसका संबंध जैन साहित्य में जैन तीर्थंकर नेमिनाथ से विशेष रहा। *विविध तीर्थकल्प* इस तीर्थ की महत्त्वपूर्ण सूचना देता है।

शत्रुंजय

पालिताना के समीप शत्रुंजय श्वेताम्बर जैनियों का सबसे महत्त्वपूर्ण तीर्थ माना जाता है। ऐसा बताते हैं कि यहां से तीन पाण्डु पुत्र और अनेक साधुओं ने मोक्ष प्राप्त किया। चूंकि यहां पर 3500 जैन मंदिर हैं इसलिए यह मंदिरों का नगर जाना जाता है। चूंकि यह एक प्रसिद्ध तीर्थ के रूप में रहा इसलिए साधु और श्रावकों ने समय-समय पर इसकी यात्रा की।

शत्रुंजय में समय-समय पर मन्दिर बने और उनमें मूर्तियों की प्रतिष्ठा की गई। चौथी शताब्दी से यहां मंदिरों का बनना शुरू हुआ। ग्यारहवीं सदी का सबसे प्राचीन मंदिर यहां उपलब्ध है। इस स्थान का पहला तीर्थंकर ऋषभदेव मूलनायक है। जयसिंह सिद्धराज के समय यहां पर आदिनाथ का जैन मंदिर था। इस मंदिर का पुनर्निर्माण वाग्भट्ट मंत्री द्वारा 1157 ई॰ में किया गया। यह सबसे शानदार मंदिर है। वि॰सं॰ 1369 में मुसलमानों ने मूलनायक ऋषभदेव की मूर्ति नष्ट कर दी। समरशाह ने वि॰सं॰ 1371 में इसका पुनरुद्धार किया।

शत्रुंजय में कुछ अन्य प्रसिद्ध जैन मंदिर भी हैं। इनमें सत्रहवीं सदी में निर्मित चतुर्मुख मंदिर सबसे ऊँचा है। अन्य प्रसिद्ध मंदिर हैं कुमारपाल, विमलशाह, सम्प्रतिराज,

127. *ए॰सी॰टा॰रा॰*, पृ॰ 413.

128. *जैन कम्युनिटी — ए सोशल सर्वे*, पृ॰ 256.

भुलवानी, अष्टपद और सहस्रकूट। कर्मशाह का मंदिर पन्द्रहवीं शताब्दी के अंतिम चरण का है। 1531 ई॰ में शत्रुंजय गिरि के समरशाह के मंदिर की कर्मशाह ने मरम्मत करवाई। वि॰सं॰ 1686 में पेथड़ ने शांतिनाथ के मंदिर का निर्माण करवाया। अहमदाबाद के संघपति रतनसिंह ने शाहजहां के राज्यकाल में यहां शांतिनाथ की मूर्ति की प्रतिष्ठा की।

शत्रुंजय प्रसिद्ध तीर्थ-स्थान रहा है। समय-समय पर जैन साधुओं ने संघ के साथ तीर्थ-यात्राएं निकालीं। संघ के साथ जिनकुशल सूरि ने इस स्थान की यात्रा की। हीरविजय सूरि ने राजा अकबर को शत्रुंजय को जैनियों के सुपुर्द करने के लिए प्रेरित किया। जिनचन्द्र सूरि ने अकबर को प्रभावित कर शत्रुंजय तीर्थ की रक्षा के लिए शाही फरमान निकलवाया। श्रावकों ने भी इस स्थान की यात्रा की और कभी-कभी इसको दान भी दिया। अपने मुख्यमंत्री असुक की राय पर गुजरात के जलसिंह सिद्धराज ने शत्रुंजय गिरि की यात्रा की और आदिनाथ के मंदिर को 1122-23 ई॰ और 1124-25 ई॰ के मध्य बारह ग्राम दान में दिये। 1450 ई॰ में राजा माण्डलिक ने भी इस स्थान की यात्रा की। देवगिरि के धन्यराज और नागराज ने पन्द्रहवीं सदी के अंतिम चरण में इस स्थान की यात्रा की। 1284 ई॰ में धर्मघोष सूरि के जैन संघ के साथ झांझण मंडपदुर्ग से रवाना हुआ और शत्रुंजय की तीर्थ-यात्रा की। कर्मशाह ने 1526 ई॰ में गुजरात के राजा बहादुरशाह को शत्रुंजय के मंदिर की मरम्मत के लिए फरमान जारी करने की प्रार्थना की।[129]

अजहरा

अजहरा जूनागढ़ जिले में स्थित है। इस स्थान का सबसे प्राचीन अभिलेख वि॰सं॰ 1042 का है। इस तीर्थ का सम्बन्ध पार्श्वनाथ से है। इसका उल्लेख जिनप्रभ के प्रसिद्ध ग्रन्थ में हुआ है। भट्टारक सुमति सागर, भट्टारक ज्ञानसागर और भट्टारक जयसागर इस तीर्थ का उल्लेख करते हैं।[130]

अंकलेश्वर

अंकलेश्वर भड़ोच जिले में स्थित है। इसका उल्लेख आचार्य पुष्पदन्त और भूतबलि के संबंध में *धवला* और अन्य ग्रन्थों में हुआ है। सोलहवीं शताब्दी में यहां पर चिन्तामणि पार्श्वनाथ का जैन चैत्य था। उपाध्याय धर्मकीर्ति ने चिन्तामणि पार्श्वनाथ के मन्दिर में वि॰सं॰ 1657 में *यशोधरा चरित* लिखा। यह तीर्थ काष्ठा संघ और मूल संघ के भट्टारकों के प्रभाव में रहा। यह अतिशय क्षेत्र के रूप में प्रसिद्ध है।[131]

129. *सी॰एच॰जे॰,* नं॰ 227, पृ॰ 341.
130. *को॰हि॰जै॰, सं॰* 9, *भा॰दि॰जै॰ती॰ब॰,* 4, पृ॰ 200-01.
131. वही, सं॰ 13, पृ॰ 285-86, *भा॰दि॰जै॰ती॰ब॰,* 4, पृ॰ 195-96.

आरासाण

आरासाण तीर्थ-यात्रा का प्रसिद्ध श्वेताम्बर केन्द्र है। अभी यह कुम्भारिया के नाम से प्रसिद्ध है। *खरतरगच्छ वृहद गुरुवावली* में इसको महातीर्थ बतलाया गया है। इस स्थान का सबसे प्राचीन मन्दिर नेमिनाथ को समर्पित है। यहां पर महावीर, पार्श्वनाथ और शान्तिनाथ, आदि के मन्दिर हैं। यहां के मन्दिरों से मध्यकाल के महत्त्वपूर्ण अभिलेख प्राप्त हुए हैं।[132]

आशापल्ली

आशापल्ली अशवूल के नाम से भी जाना जाता है और अब अहमदाबाद के नाम से। यह चालुक्य राजा कर्ण के समय में (1066-92) प्रकाश में आया, जैसाकि हमें मेरुतुंग से ज्ञात होता है। बारहवीं सदी से लेकर तेरहवीं सदी के अन्तिम पद तक इस स्थान पर अनेक जैन ग्रन्थों की प्रतियां तैयार की गईं। हेमचन्द्र के *व्याकरण लघु वृति* ग्रन्थ में इस स्थान के श्री विद्यामठ का उल्लेख है। मुसलमानों ने इस स्थान को नष्ट कर दिया।[133]

भद्रेश्वर

भद्रेश्वर कच्छ जिले का एक प्रसिद्ध श्वेताम्बर तीर्थ है। यह जैन रईस जगडू का जन्म-स्थल था। यहां का पार्श्वनाथ का मन्दिर प्रसिद्ध है। *जगडू चरित* में इस स्थान के वीरनाथ चैत्य का संदर्भ है जिसको जगडू ने अनेक कलाकृतियों द्वारा शोभित कर दिया था। 24 तीर्थंकरों की मूर्तियों वाला एक अलग जैन मन्दिर भी जगडू ने बनवाया था। इसके अतिरिक्त इस व्यापारी ने इस स्थान पर पौषधशाला की भी स्थापना की।[134]

भीमपल्ली

भीमपल्ली मेहसाना जिले के पाटन से दक्षिण-पश्चिम में 15 कि॰मी॰ की दूरी पर एक ग्राम है जो बारहवीं शताब्दी के अन्तिम चरण में एक प्रसिद्ध जैन केन्द्र था। यहां का महावीर का मन्दिर समस्त गुजरात में प्रसिद्ध था और इस तीर्थ का घनिष्ठ संबंध खरतरगच्छ के साधुओं के कार्य-कलापों से रहा।[135]

भृगुकच्छ

प्राचीन बन्दरगाह भृगुकच्छ का संबंध जैन धर्म से संभवतः ईसा के पूर्व से है। जिनदेव नाम के श्वेताम्बर साधु ने दूसरी शताब्दी ई॰ में इस स्थान पर दो बौद्ध भिक्षुओं को वाद-

---

132. *को॰हि॰जै॰*, सं॰ 16, पृ॰ 286.
133. *को॰हि॰जै॰*, सं॰ 20, पृ॰ 287.
134. वही, सं॰ 32, पृ॰ 290.
135. वही, सं॰ 36, पृ॰ 291.

विवाद में हराया था। निर्युक्ति और भाष्य टीकाओं में भृगुकच्छ को तीर्थ रूप में माना गया है। यह मुनिसुव्रत तीर्थंकर को समर्पित था। इस मन्दिर का सबसे प्राचीन तिथि उल्लेख जयसिंह द्वारा नवीं शताब्दी में रचित *धर्मोपदेश माला* नाम के ग्रन्थ में मिलता है। जिनप्रभ अपने प्रसिद्ध ग्रन्थ *विविधतीर्थकल्प* में इस तीर्थ का संक्षिप्त इतिहास देता है। यहां पर मूलवसति नाम का अन्य मन्दिर भी है।[136]

चारूप

चारूप मेहसाना जिला पाटन तालुक में स्थित है। *विविधतीर्थकल्प* में यह पार्श्वनाथ के मन्दिर के नाम से प्रसिद्ध है। आदिनाथ, शान्तिनाथ और अन्य को समर्पित मन्दिर बाद में बनाये गये। इस समय पार्श्व को छोड़कर अन्य मन्दिर नहीं मिलते हैं। सोलहवीं शताब्दी के लेखक सुमतिसागर इस विशेष तीर्थ का उल्लेख *तीर्थवन्दन संग्रह* में करते हैं।[137]

दर्भवती

दर्भवती बड़ौदा जिले में स्थित है। यह पार्श्व को समर्पित दो मन्दिरों के लिए विख्यात है। यह वि॰सं॰ 1251 में हेमचन्द्र के ग्रन्थ *योगशास्त्रवृत्ति* में तीर्थ के रूप में जाना जाता है। वि॰सं॰ 1211 में रचित प्राचीन जैन ग्रन्थ में भी इस स्थान का उल्लेख हुआ है। बाद के अनेक ग्रन्थों में भी इस स्थान का नाम मिलता है। ज्ञानसागर और जयसागर ने *तीर्थ वन्दन संग्रह* में लोडन पार्श्वनाथ के नाम से इस स्थान का पार्श्व मन्दिर संकुल के नाम से उल्लेख किया है। इसका अभिलेखीय संदर्भ भी मिलता है।[138]

देवपट्टन

देवपट्टन जूनागढ़ जिले में स्थित है। गह प्रभातपट्टन के नाम से भी जाना जाता है। जिनप्रभ सूरि के अनुसार इस स्थान का चन्द्रप्रभ मन्दिर वि॰सं॰ 845 में वल्लभी के नष्ट होने पर स्थापित किया गया था। मेरुतुंग ने भी अपने *प्रबन्ध चिन्तामणि* में इस तीर्थ का उल्लेख किया है। हेमचन्द्र और कुमारपाल ने इस महान् तीर्थ के प्रति सम्मान व्यक्त किया है। जिनप्रभ ने भी इस स्थान के पार्श्व के मन्दिर का उल्लेख किया है।[139]

धवलकपुर

प्राचीननगर धवलकपुर का आधुनिक नाम धौलका है जो अहमदाबाद जिले में स्थित है। यहां

136. *को॰हि॰जै॰*, सं॰ 38, पृ॰ 292.
137. वही, सं॰ 46, पृ॰ 394-95.
138. वही, सं॰ 57, पृ॰ 296.
139. वही, सं॰ 57, पृ॰ 298.

अब भी कुछ जैन मन्दिर हैं, जिनमें कलिकुण्ड पार्श्वनाथ का चैत्य अधिक प्रसिद्ध है। *पुरातन प्रबन्ध संग्रह* इस नगर के सीमन्धर स्वामिन के मन्दिर का उल्लेख करता है जिसका निर्माण उदा नाम के वणिक ने किया था। यह उदा वसति के नाम से लोकप्रिय था और इसका अभिषेक बारहवीं शताब्दी के प्रथम पद में देवाचार्य द्वारा हुआ। यह ग्रंथ इस नगर के पार्श्व के मन्दिर का भी उल्लेख करता है और अंग टीकाओं के लेखक अभयदेव सूरि से भी उसका संबंध बतलाते हैं। इस नगर का सम्बन्ध दो जैन मंत्रियों वस्तुपाल और तेजपाल के कार्य-कलापों से करते हैं। वि॰सं॰ 1372 में कमलप्रभ सूरि का *पुण्डरिकचरित* इस नगर में लिखा गया था।[140]

गंधार तीर्थ

गंधार तीर्थ भड़ोच जिले में समुद्र तट पर स्थित है। यह सोलहवीं सदी में हीरविजय सूरि के दिनों में प्रकाश में आया। यहां पार्श्व और महावीर दोनों के मन्दिर हैं और रोचक हीरविजय सूरि की स्वयं की मूर्ति है। पार्श्व की मूर्ति का अभिषेक हीरविजय सूरि के प्रमुख शिष्य विजयसेन सूरि ने किया। दिगम्बरों का भी आदिनाथ को समर्पित इस स्थान पर मन्दिर था।[141]

घोघा

घोघा समुद्र के किनारे भावनगर जिले में स्थित है। यह पार्श्वनाथ के मन्दिर के नाम से विख्यात है। इस नगर में *नेमिनाथ चरित* की प्रतिलिपि वि॰सं॰ 1572 में लिखी गई। वि॰सं॰ 1276 से लेकर वि॰सं॰ 1379 तक की जैन मूर्तियां श्वेताम्बर मन्दिरों में मिलती हैं जबकि वि॰सं॰ 1511, 1513, 1643 और 1679 की मूर्तियां दिगम्बर मन्दिरों में पाई जाती हैं। इस स्थान के पार्श्वनाथ मन्दिर का वि॰सं॰ 1575 की साहित्यिक कृति में घोघा मन्दिर के नाम से उल्लेख मिलता है।[142]

ईडर

ईडर आधुनिक साबरकांठा जिले में स्थित है। यह इला दुर्ग, इलापद्र, आदि के नाम से भी जाना जाता था। यह एक प्राचीन तीर्थ था जिसका सम्बन्ध शांतिनाथ से था। जिनपति अपनी तीर्थमाला में आदिश्वर के मन्दिर का उल्लेख करता है जिसका निर्माण इस स्थान पर कुमारपाल द्वारा किया गया था। हमारे पास *ईडरनायक ऋषभदेव स्तवन* मुनि सुन्दर द्वारा रचित और सोमसुन्दर सूरि द्वारा *इलादुर्ग ऋषभ जिन स्तोत्र* हैं। इस स्थान पर

140. *को॰हि॰जै॰*, सं॰ 60, पृ॰ 299.
141. वही, सं॰ 73, पृ॰ 302.
142. वही, सं॰ 75, पृ॰ 303, *भा॰दि॰जै॰ती॰ब॰*, पृ॰ 176-78.

दिगम्बर भट्टारकों की अलग से पीठिका है। दिगम्बर ब्रह्मश्रुत सागर द्वारा रचित *पाल्य विधानकथा* ईडर के राजा भानु के राज्य में लिखी गई थी।[143]

जमणपुर

जमणपुर मेहसाणा जिले में स्थित है। यहां चन्द्रप्रभु का मन्दिर है। जामणकीयगच्छ की उत्पत्ति इसी स्थान से हुई जिसका उल्लेख वि॰सं॰ 1385 की धातु की मूर्ति पर है।[144]

महुवा

महुवा भावनगर जिले में स्थित है। *विविधतीर्थकल्प* में इसका उल्लेख मधुमति के रूप में हुआ है। चौदहवीं शताब्दी में विनयसागर द्वारा रचित *तीर्थमाला* में भी इसका नाम पाया जाता है। यह महावीर के तीर्थ के नाम से प्रसिद्ध है।[145]

महुवा (सूरत जिला)

महुवा के नाम से सूरत जिले में एक अन्य तीर्थ भी है। यह श्री विघ्नहार पार्श्वनाथ के नाम से प्रसिद्ध अतिशय क्षेत्र है। इसका प्राचीन नाम मधुकरनगर या मधूकनगर था। ब्रह्मज्ञान सागर ने *सर्व तीर्थ वन्दना* में इसके महत्त्व का वर्णन किया है। मूल संघ सरस्वतीगच्छ भट्टारक प्रभाचन्द्र के शिष्य भट्टारक वादिचन्द्र ने वि॰सं॰ 1648 में *ज्ञान सूर्योदय* नाटक लिखा।[146]

मोंघेर

मोंघेर मेहसाणा जिले में स्थित है। इसका जैन धर्म से सम्बन्ध आठवीं सदी से है। *प्रभावक चरित* के अनुसार बप्पभट्टी की सिद्धसेन द्वारा दीक्षा आठवीं सदी में हुई थी। *प्रभावक चरित* और *विविधतीर्थकल्प* यहां महावीर के तीर्थ का उल्लेख करते हैं। अभी यहां का मन्दिर पार्श्वनाथ को समर्पित है। मोंघेरगच्छ की उत्पत्ति इसी स्थान से हुई थी।[147]

पत्तन

पत्तन मेहसाणा जिले में स्थित है। इसका प्राचीन नाम अणहिलपुर था। आठवीं शताब्दी से लेकर उत्तर मध्यकाल तक यह जैन धर्म का बड़ा केन्द्र रहा। *प्रभावक चरित* और *विविध तीर्थकल्प* के अनुसार इस स्थान का पार्श्वनाथ का विशाल मन्दिर चापोत्कट राजा

143. *को॰हि॰जै॰*, सं॰ 99, पृ॰ 307.
144. वही, सं॰ 107, पृ॰ 309.
145. वही, सं॰ 150, पृ॰ 320.
146. *भा॰दि॰जै॰ती॰ब॰*, पृ॰ 185-88.
147. *को॰हि॰जै॰*, सं॰ 164, पृ॰ 323-24.

वनराज द्वारा बनाया गया और यह वनराज विहार के नाम से जाना जाने लगा। बाद में इस नगर में अनेक मन्दिरों का निर्माण हुआ। जिनप्रभ सूरि इस नगर के अरिष्टनेमि मन्दिर का उल्लेख करते हैं और इसको इस तीर्थंकर के नाम से मानते हैं। *खरतरगच्छ वृहद गुरुवावलि* बार-बार इस स्थान के शान्तिनाथ मन्दिर का उल्लेख करती है जिसका अस्तित्व निश्चित रूप से तेरहवीं सदी पूर्व था। महावीर के मन्दिर का निर्माण खरतरगच्छ के जिनपति सूरि के समय में 1188 ई॰ में हुआ था। इस स्थान पर अनेक ग्रन्थों की रचना हुई। महान् जैन साधुओं और लेखकों का इस स्थान से किसी-न-किसी प्रकार सम्बन्ध रहा। मुस्लिम काल में इस नगर में 100 से अधिक मन्दिर थे।[148]

पावागढ़

पावागढ़ पंचमहल जिले में स्थित है। इसका प्राचीन नाम पावागिरि था। *प्राकृत निर्वाण काण्ड* के अनुसार रामचन्द्र के दो पुत्रों ने तपस्या करने के पश्चात् यहां से निर्वाण प्राप्त किया था। यह सिद्धक्षेत्र या निर्वाणक्षेत्र है। इसके अतिरिक्त लाट देश के पांच कोटि राजाओं ने यहां से मुक्ति प्राप्त की थी। भट्टारक गुणकीर्ति, श्रुतसागर, ज्ञानसागर और चिमना पंडित ने इस क्षेत्र को सिद्धक्षेत्र माना है। पन्द्रहवीं शताब्दी में इस तीर्थ का अस्तित्व था और इस स्थान का सबसे प्राचीन अभिलेख वि॰सं॰ 1613 का है।[149]

प्रह्लादनपुर

प्राचीन तीर्थ प्रह्लादनपुर का आधुनिक नाम पालनपुर है। यह बनासकांठा जिले में स्थित है। *खरतरगच्छ वृहद गुरुवावलि* में बार-बार इस तीर्थ का उल्लेख मिलता है और अनेक मन्दिरों के नाम भी जैसे चन्द्रप्रभ और युगादिदेव। अनेक मन्दिर जैसे महावीर, ऋषभ, नेमि, पार्श्व और नन्दिश्वर खरतरगच्छ के आचार्य जिनेश्वर द्वितीय के समय विक्रम संवत् 1305 में इस नगर में बने। इस समय इस स्थान का पार्श्वनाथ का मंदिर बहुत प्रसिद्ध है। प्रह्लादपुर का सबसे प्राचीन उल्लेख वि॰सं॰ 1276 के जैन ग्रंथ में पाया जाता है।[150]

शंखेश्वर

मेहसाणा जिले में स्थित शंखेश्वर का पार्श्वनाथ से संबंध बहुत प्राचीन समय से है। *खरतरगच्छ वृहद गुरुवावली* पार्श्वनाथ के मंदिर का उल्लेख करती है। खरतरगच्छ के आचार्य जिनचन्द्र तृतीय और जिनकुशल ने इस तीर्थ की यात्रा की। जब जिनचन्द्र तृतीय पहले-पहले वि॰सं॰ 1352 में आये, तब यह महान् तीर्थ के नाम से जाना जाता था। जिनप्रभ

---

148. *को॰हि॰जै॰*, सं॰ 192, पृ॰ 332.

149. *भा॰दि॰जै॰ती॰ब॰*, 4, पृ॰ 178-85.

150. *को॰हि॰जै॰*, सं॰ 200, पृ॰ 334-35.

ने अपने प्रसिद्ध ग्रंथ में इसके वर्णन में एक कल्प दिया है। दिगम्बर लेखक जैसे सुमतिसागर और ज्ञानसागर ने शंखेश्वर के मंदिर समूह का उल्लेख किया है। इस तीर्थ का संबंध सज्जन और वस्तुपाल से रहा है।[151]

स्तम्भपुर

स्तम्भपुर महातीर्थ जो अभी केम्बे के नाम से जाना जाता है, मध्य युग का है। इसका सबसे पहले उल्लेख राष्ट्रकूट राजा गोविन्द तृतीय के शक संवत् 749 के ताम्रपत्र अनुदान में पाया जाता है। *विविध तीर्थकल्प* के अनुसार इस स्थान का जैन धर्म से सम्बन्ध नौ अंगों के लेखक अभयदेव के समय से है। यह तथ्य कि अभयदेव इस तीर्थ के संस्थापक थे इसकी पुष्टि *प्रभावक चरित* और *प्रबंध चिन्तामणि* के प्रमाण से होती है। यह तीर्थ पार्श्वनाथ का है। *भगवती सूत्र* की प्रतिलिपि यहां पर वि॰सं॰ 1110 और 1119 के मध्य हुई थी। यह इस तीर्थ का सबसे प्राचीन उल्लेख है। इससे पता चलता है कि अभयदेव के जीवनकाल में भी इसको तीर्थ के रूप में मान लिया गया था। सैकड़ों जैन ग्रंथों की प्रतिलिपियां यहां तैयार हुईं और अनेक मन्दिर भी यहां पर बने।[152]

सूरत

सूरत पश्चिम रेलवे का महत्त्वपूर्ण स्टेशन है। इसका प्राचीन नाम सूर्यपुर था। इस स्थान के महत्त्वपूर्ण मन्दिर चन्द्रप्रभु, आदिनाथ और वासुपूज्य के थे। भट्टारक ज्ञानसागर चन्द्रप्रभु मन्दिर का अपनी *सर्वतीर्थ वन्दना* में अतिशय क्षेत्र के रूप में उल्लेख करते हैं। आदिनाथ जिनालय और वासुपूज्य जिनालय साहित्यिक केन्द्र बन गये थे। पदमनन्दि के शिष्य भट्टारक देवेन्द्रकीर्ति ने सूरत में मूल संघ की पीठिका स्थापित की। उन्होंने सात सौ परिवारों का जैन धर्म गें परिवर्तन करके रत्नाकर जाति की स्थापना की। देवेन्द्रकीर्ति ने अवन्ति क्षेत्र में बहुत सी मूर्तियों की प्रतिष्ठा की। सूरत काष्ठा संघ के भट्टारकों की पीठिका रही थी। इस स्थान के ऋषभदेव के मन्दिर का उल्लेख वि॰सं॰ 1664 के साहित्यिक ग्रन्थ में हुआ है।[153]

तारंगा

तारंगा मेहसाणा जिले में पवित्र पहाड़ी पर स्थित है। इसका प्राचीन नाम तारापुर है। *प्राकृत निर्वाण काण्ड* के अनुसार वरदत्त, वरांग, सागरदत्त, आदि साढ़े तीन कोटि मुनि निर्वाण को प्राप्त हुए। तारंगा का उल्लेख गुणकीर्ति द्वारा रचित पन्द्रहवीं सदी की *तीर्थ*

---

151. *को॰हि॰जै॰*, सं॰ 226, पृ॰ 340-41.
152. *को॰हि॰जै॰*, सं॰ 241, पृ॰ 345-46.
153. *भा॰दि॰जै॰ती॰ब॰*, 4, पृ॰ 189-95.

वन्दना में मिलता है। सुखसागर, मेघराज, दिलसुख, आदि ने इस तीर्थ का वर्णन किया है। यह निर्वाण क्षेत्र के रूप में प्रसिद्ध हो गया।[154]

कुमारपाल के समय तारंगा श्वेताम्बरों का तीर्थ हो गया। दूसरे तीर्थंकर अजितनाथ के शानदार मन्दिर का निर्माण इस महान् राजा के द्वारा इस पहाड़ी पर करवाया गया। जिनप्रभ सूरि इस पहाड़ी का सम्बन्ध अजितनाथ से बतलाते हैं।[155]

थराद

थराद बनासकांठा जिले में स्थित है। इसका प्राचीन नाम थारापद्र था। *महाराज पराजय* नाम का विख्यात नाटक पहली बार इस स्थान के कुमारविहार मन्दिर में खेला गया था। यह मन्दिर इस स्थान के महावीर को समर्पित था। थारपद्रगच्छ की उत्पत्ति इस स्थान से हुई थी। अभी यह तीर्थ आदिश्वर के नाम से पूज्य है।[156]

ऊना

ऊना जूनागढ़ जिले में स्थित है जो आदिनाथ को समर्पित है। यह उन्नातपुर के नाम से जाना जाता था। इसका उल्लेख विनय-विजय द्वारा रचित चौदहवीं शताब्दी की *तीर्थमाला* में हुआ है।[157]

उपरियाला

उपरियाला सुरेन्द्रनगर जिले में स्थित है। यह आदिश्वर के नाम से प्रसिद्ध है। इसका उल्लेख जयसागर के पन्द्रहवीं शताब्दी के ग्रन्थ *चैत्यपरिपाटी* में हुआ है।[158]

वल्लभी

वल्लभी भावनगर जिले में स्थित है। मुसलमानों द्वारा आठवीं शताब्दी के अन्तिम चरण में नष्ट होने से पहले यह जैन धर्म का बड़ा केन्द्र था। जैन आगमों का सम्पादन पहले-पहल पांचवीं सदी में यहां हुआ था। पन्द्रहवीं शताब्दी में यह श्वेताम्बर जैनियों का बड़ा केन्द्र हो गया था। इस स्थान के प्राचीन अवशेषों से प्राप्त हुई छठी सदी की जैन मूर्तियां सिद्ध करती हैं कि यह गुप्तकाल में जैन धर्म का बड़ा केन्द्र था। आठवीं शताब्दी के पहले

---

154. *भा॰दि॰जै॰ती॰ब॰*, 4, पृ॰ 137-38.
155. *को॰हि॰जै॰*, सं॰ 251, पृ॰ 348.
156. वही, सं॰ 256, पृ॰ 349.
157. वही, सं॰ 269, पृ॰ 352.
158. वही, सं॰ 270 पृ॰ 352.

यहां चन्द्रप्रभु और महावीर के मन्दिरों का अस्तित्व था। इस नगर का उल्लेख *वृहत् कथाकोश,* जो 931 ई॰ में लिखा गया था, में मिलता है।[159]

वड़ाली

वड़ाली पार्श्वनाथ का तीर्थ माना जाता है। यह साबरकांठा जिले में स्थित है। प्राचीन समय में यह वाटापल्ली के नाम से जाना जाता था। *खरतरगच्छ गुरूवावली* यहां पार्श्व के मन्दिर का उल्लेख करती है। यह सिद्ध करता है कि इस नगर में पार्श्व का मन्दिर बारहवीं सदी के मध्य में स्थित था।[160]

सजोद

सजोद भड़ोच जिले में अंकलेश्वर से 8 कि॰मी॰ की दूरी पर स्थित है। यह भी एक अतिशय क्षेत्र है। यहां पर एक दिगम्बर जैन मन्दिर है। यहां से शीतलनाथ और पार्श्वनाथ की मूर्तियां प्राप्त हुई हैं। पार्श्वनाथ की मूर्ति कलात्मक व सातवीं या आठवीं सदी की हैं।[161]

महाराष्ट्र

धाराशिव

महान् धाराशिव तीर्थ उस्मानाबाद नगर से 5 कि॰मी॰ दूरी पर स्थित है। यहां पर कुछ प्राचीन पार्श्वनाथ की प्रतिमाएं हैं जो संभवतः पांचवीं से आठवीं शताब्दी के मध्य निर्मित की गई थीं। इस तीर्थ का इतिहास हरिषेण के *वृहत् कथाकोश* और कनकामर के *करकण्डचरिउ* में दिया हुआ है। इसमें कोई सन्देह नहीं कि धाराशिव की प्रसिद्ध गुफाएं, जो तेरापुर नगर के समीप हैं, पूर्व मध्यकाल में विख्यात थीं। ये गुफाएं तीसरी सदी की हो सकती हैं।[162]

गजपन्था

गजपन्था नासिक जिले में स्थित है। *प्राकृत निर्वाण काण्ड* के अनुसार सात बलभद्र और आठ कोटि यादवों ने गजपन्था से मोक्ष प्राप्त किया था। यह सिद्धक्षेत्र या निर्वाण क्षेत्र माना जाता है। पूज्यवाद की *संस्कृत निर्वाण भक्ति* में केवल गजपन्था के नाम का उल्लेख हुआ है। इसका उल्लेख अनेक विद्वान् जैसे गुणभद्र, असग (दसवीं सदी), सुमति, जयसागर और अन्यों ने किया है। असग अपने *शांतिनाथ चरित* में स्पष्ट उल्लेख करता

---

159. *को॰हि॰जै॰*, सं॰ 276, पृ॰ 353-54.

160. वही, सं॰ 273, पृ॰ 353.

161. *भा॰दि॰जै॰ती॰ब॰*, पृ॰ 198-99.

162. *को॰हि॰जै॰*, सं, 59, पृ॰ 299; *भा॰दि॰जै॰ती॰ब॰*, पृ॰ 248.

है कि यह नासिक के पास स्थित है। इस क्षेत्र में चौथी से आठवीं सदी तक के जैन अवशेष पाये जाते हैं।[163]

कारंजा

कारंजा अकोला जिले में स्थित है। यह तीर्थ पन्द्रहवीं शताब्दी में प्रकाश में आया। ज्ञानसागर इस स्थान के चन्द्रनाथ (चन्द्रप्रभ) मंदिर का उल्लेख करते हैं। बाद में इस स्थान पर पार्श्वनाथ का मंदिर बना। इस स्थान पर दूसरा चन्द्रप्रभ का मन्दिर भी है। इन मन्दिरों में क्रमशः सेनगण, काष्ठा संघ और मूल संघ भट्टारकों की पीठिकाएं हैं। शीलविजय (सत्रहवीं सदी) ने अपनी *तीर्थमाला* में इस तीर्थ का विस्तार से वर्णन किया है जिससे पता चलता है कि यह उस समय उन्नतशील जैन केन्द्र था।[164]

कोल्हापुर

कोल्हापुर प्राचीन समय में प्रसिद्ध जैन तीर्थ था। अभिलेखीय प्रमाण से सिद्ध होता है कि जैन धर्म कोल्हापुर क्षेत्र में लोकप्रिय था। शक संवत् 1073 का शिलाहार राजा विजयादित्य का एक महत्त्वपूर्ण अभिलेख है। यहां तथा पड़ोस में अन्य अभिलेख प्राप्त हुए हैं। यहां कुछ मंदिर हैं जिनमें बारहवीं सदी की मूर्तियाँ मिली हैं।[165]

मांगीतुंगी

यह मांगीतुंगी जिले में स्थित है। *प्राकृत निर्वाण काण्ड* के अनुसार राम, सुग्रीव और हनुमान और अनेक मुनियों ने यहां से निर्वाण पाया। इसलिए यह सिद्धक्षेत्र कहा जाता है। पूज्यवाद के *संस्कृत निर्वाण भक्ति* में बलभद्र ने तुंगगिरि से निर्वाण प्राप्त किया था। बाद के लेखकों उदयकीर्ति, श्रुतसागर, अभयचन्द्र और अन्य ने मांगीतुंगी का सिद्धक्षेत्र के रूप में उल्लेख किया है। सबसे प्राचीन अभिलेख वि॰ सं॰ 1443 (1387 ई॰) का है।[166]

मुक्तागिरि

मुक्तागिरि *प्राकृत निर्वाण काण्ड* और *संस्कृत निर्वाण भक्ति* के अनुसार सिद्धक्षेत्र या निर्वाण क्षेत्र है क्योंकि साढ़े तीन कोटि मुनियों ने यहां से निर्वाण प्राप्त किया। इसका प्राचीन नाम मेढ़ागिरि था। इसका उल्लेख उत्तर-मध्यकालीन दिगम्बर लेखक ज्ञानसागर,

---

163. *को॰हि॰जै॰*, सं॰ 71, पृ॰ 301; *भा॰दि॰जै॰ती॰ब॰*, पृ॰ 203-07.
164. वही, सं॰ 130, पृ॰ 303.
165. वही, सं॰ 138, पृ॰ 233-37.
166. *भा॰दि॰जै॰ती॰ब॰*, पृ॰ 208, 217; *को॰हि॰जै॰*, सं॰ 155.

सुमतिसागर और अन्य ने किया है। यहां करीब 52 जिनालय हैं। अधिकतर वि॰सं॰ 1545 से वि॰ सं॰ 1950 के हैं।[167]

नासिक

प्रसिद्ध नासिक व नासिक्य *विविधतीर्थकल्प* में तीर्थ के रूप में माना जाता है। यह ग्रन्थ इस स्थान के जीवित स्वामी त्रिभुवन-तिलक चन्द्रप्रभ मन्दिर का उल्लेख करता है। नासिक्य के प्रसिद्ध तीर्थ पर अलग से कल्प है। नासिक के चन्द्रप्रभ मन्दिर का *प्रभावक चरित* में उल्लेख हुआ है।[168]

पेठण

पेठण औरंगाबाद जिले में स्थित है। इसका प्राचीन नाम प्रतिष्ठान था। अनुश्रुतियों के अनुसार सातवाहन राजा हाल के समय जैन धर्म ने इस स्थान पर जड़ें जमा ली थीं। जिनप्रभ ने इस तीर्थ पर तीन अलग से कल्प लिखे हैं जो कि मुनिसुव्रत को समर्पित हैं। इस ग्रंथ से यह भी जानकारी होती है कि महावीर के निर्वाण के 993 वर्ष बाद कालकाचार्य ने इस नगर की यात्रा की। यह मुनिसुव्रतनाथ के दिगम्बर जैन अतिशय क्षेत्र के नाम से प्रसिद्ध है।[169]

रामटेक

रामटेक नागपुर जिले में स्थित है। इसका प्राचीन नाम रामगिरि था। इस स्थान का जैन धर्म से संबंध बहुत प्राचीन समय से रहा है। इसका उल्लेख विमल के *पउमचरियम* और रविषेण के *पद्मपुराण* और जिनसेन द्वितीय के *हरिवंश पुराण* में मिलता है। रामचन्द्र ने रामगिरि पर अनेक जैन मन्दिर बनवाये, ऐसा जान पड़ता है। कालिदास *मेघदूत* में भी रामगिरि का उल्लेख करता है। रामगिरि की पहचान विवादास्पद है।[170]

सिरपुर

सिरपुर अकोला जिले में स्थित है। इसका प्राचीन नाम श्रीपुर था। यह तीर्थ अन्तरिक्ष पार्श्वनाथ के नाम से प्रसिद्ध है। अन्तरिक्ष पार्श्वनाथ की पूजा का उल्लेख *प्राकृत निर्वाण काण्ड* में मिलता है। मदनकीर्ति ने इस तीर्थ का उल्लेख, *शासन चतुष्विंशतिका* में किया है। इसके अतिरिक्त लक्ष्मण, गुणकीर्ति, मेघराज, सुमतिसागर, ज्ञानसागर, जयसागर, चिमना पंडित, सोमसेन, हर्ष, आदि ने अन्तरिक्ष पार्श्वनाथ का उल्लेख किया है। इस स्थान

167. *भा॰दि॰जै॰ती॰ब॰*, पृ॰ 319-30.
168. *को॰हि॰जै॰*, सं॰ 181, पृ॰ 328-29.
169. वही, सं॰ 201, पृ॰ 235; *भा॰दि॰जै॰ती॰ब॰*, पृ॰ 274.
170. वही, सं॰ 212, पृ॰ 336-37, वही, पृ॰ 311-16.

के पार्श्वनाथ के मन्दिर की जिनप्रभ को जानकारी थी जिसने इस तीर्थ पर कल्प लिखा। शील-विजय ने भी इसका उल्लेख किया है। ऐतश्रीपाल ने दसवीं सदी में इस मंदिर को बनवाया हुआ जान पड़ता है। प्राचीन दिगम्बर जैन मूर्तियां और अन्य अवशेष इस स्थान से प्राप्त हुए हैं।[171]

उखलाद

उखलाद परभनी जिले में स्थित है। यहां से अनेक अंकित जैन मूर्तियां मिली हैं जिनसे ज्ञात होता है कि 1215 ई॰ के पूर्व इस मंदिर का अस्तित्व था। यह दिगम्बर जैन मंदिर मूल संघ सरस्वतीगच्छ के साधुओं की देखभाल में था।[172]

दौलताबाद

दौलताबाद का प्राचीन नाम देवगिरि था। यह जैन तीर्थ के रूप में समझा जाता था। जिनप्रभ ने अपने *तीर्थकल्प* का कुछ हिस्सा इस नगर में लिखा था। इस स्थान पर एक ग्रन्थ की प्रतिलिपि भी वि॰सं॰ 1383 में की गई। काष्ठा संघ नन्दितटगच्छ के श्री भूषण ने देवगिरि के पार्श्व मंदिर में वि॰सं॰ 1654 में अपना *पार्श्वनाथ पुराण* लिखा। यह महास्थान के नाम से भी जाना जाता है।[173]

तगरपुर

तगरपुर तेरापुर के रूप में जाना जाता था। यहां की जैन गुफाएं प्राचीन समय में विख्यात थीं। हरिषेण और कनकामर दोनों ने इस स्थान के पार्श्व तीर्थ का उल्लेख किया है। तगरपुर का उल्लेख *उत्तराध्ययन* की सातवीं सदी की चूर्णि में हुआ और *व्यवहार भाष्य* में भी जैन धर्म से इसका सम्बन्ध सिद्ध होता है। ऐसा प्रतीत होता है कि प्राचीन समय में यह श्वेताम्बर धर्म का केन्द्र था और बाद में यह दिगम्बरों के प्रभाव में आ गया।[174]

दक्षिण भारत (कर्नाटक, आन्ध्र प्रदेश और तमिलनाडु)

कर्नाटक

श्रवणबेलगोला

श्रवणबेलगोला हासन जिले में स्थित है। श्रमण और जैन साधुओं के यहां अधिक संख्या

171. *भा॰दि॰जै॰ती॰ब॰*, पृ॰ 288-303, *को॰हि॰जै॰*, सं॰ 239.
172. *को॰हि॰जै॰*, सं॰ 266, पृ॰ 351.
173. वही, 2, सं॰ 55, पृ॰ 297.
174. वही, 2, सं॰ 245, सं॰ 347.

में रहने के कारण यह स्थान श्रवणबेलगोला के नाम से जाना जाता था। यहां चन्द्रगिरि और विन्ध्यगिरि नाम की दो पहाड़ियाँ हैं जिनके मध्य में सफेद जलाशय है। चन्द्रगुप्त मौर्य यहां पर अपने गुरु भद्रबाहु के साथ आया और यहां बहुत वर्षों तक साधु के रूप में रहकर संल्लेखना से मृत्यु को प्राप्त हुआ। चन्द्रगिरि की पहाड़ी पर साधुओं के ठहरने के लिए गुफाएं और 14 बड़े जैन मंदिर हैं। एक गुफा में भद्रबाहु स्वामी के चरण चिह्न हैं। विन्ध्यगिरि पहाड़ी पर कुल 10 मंदिर हैं और गोमटेश्वर की सुन्दर मूर्ति है। श्रवणबेलगोला का महत्त्व और भी अधिक बढ़ जाता है क्योंकि यहां ऐतिहासिक महत्त्व के कई प्राचीन अभिलेख हैं। यहां की 17.02 मी॰ ऊंची ग्रेनाइट पत्थर की बाहुबली स्वामी की मूर्ति विश्वविख्यात है जिसे गंग राजा राजमहल चतुर्थ के मंत्री चामुंडराय ने 983 ई॰ में बनवाया था।[175]

अलबूर (अबलूर)

अलबूर धारवाड़ जिले में स्थित है। प्रसिद्ध 1200 ई॰ के अलबूर अभिलेख से यह सिद्ध होता है कि इस स्थान पर बारहवीं सदी पूर्व का जैन मन्दिर था जिसको शैव आचार्य एकानाद रामप्या ने नष्ट किया।[176]

अडकी

अडकी गुलबर्गा जिले में एक महत्त्वपूर्ण जैन केन्द्र था। यहां पर बारहवीं सदी के कुछ अभिलेख हैं। इस स्थान का कोप जिनालय पार्श्वनाथ को समर्पित था। इसका प्राचीन नाम अडक्की था। यहां कुछ दूसरे दिगम्बर मन्दिर भी हैं।[177]

अन्नीगेरी, अन्नीगेरे

अन्नीगेरी धारवाड़ जिले में एक जैन केन्द्र था। इस स्थान पर सबसे प्राचीन जैन मंदिर 751 ई॰ में बना था। इस स्थान का मन्दिर मूल संघ बलात्कारगण के साधुओं की देखभाल में था।[178]

अरसिबीडि

अरसिबीडि बीजापुर जिले का विख्यात जैन मंदिर था। ग्यारहवीं सदी में यह प्रकाश में आया।[179]

---

175. *जैन कम्युनिटी — ए सोशल सर्वे,* पृ॰ 257.
176. *को॰हि॰जै॰,* सं॰ 2, पृ॰ 283.
177. वही, सं॰ 5, पृ॰ 283-84.
178. वही, सं॰ 18, पृ॰ 287.
179. वही, सं॰ 19, पृ॰ 287.

अय्यावले (आइहोल)

अय्यावले बीजापुर जिले के आइहोल में कवि रविकीर्ति द्वारा रचित 634 ई॰ का अभिलेख प्राप्त हुआ है। इस अभिलेख से पता चलता है कि यहां सातवीं सदी के पूर्वार्द्ध में पाषाण का बना एक जिनेन्द्र मंदिर था। एक अन्य अभिलेख इसी मन्दिर के पुनर्निर्माण का उल्लेख करता है। इस विशेष स्थान के वणिक दक्षिण भारत में बहुत प्रभावशाली थे।[180]

बड़ली

बड़ली बेलगाम जिले में स्थित है। इस स्थान के अभिलेख से पता चलता है कि यहां ब्रह्म जिनालय का मंदिर था जिसको मारसिंघ ने बनवाया था।[181]

बलिगाम

बलिग्राम शिमोगा जिले में स्थित है। यह तीर्थंकर शांतिनाथ से सम्बन्धित प्रसिद्ध जैन तीर्थ था। इस शान्तिनाथ के मन्दिर का निर्माण मूल में पश्चिमी चालुक्य वंश के जयसिंह द्वितीय (1015-43) द्वारा हुआ था।[182]

बंडलिके

बंडलिके सिकरपुर तालुका के शिमोगा जिले में स्थित है। इसका संस्कृत नाम बांधवपुर है। यह स्थान दसवीं सदी के पूर्वार्द्ध के करीब जैन तीर्थ के रूप में माना जाने लगा। इस स्थान का शान्तिनाथ मंदिर समस्त कर्नाटक में विख्यात है।[183]

बन्कापुर

बन्कापुर धारवाड़ जिले का एक बड़ा जैन तीर्थ है। गुणभद्र के *उत्तर पुराण प्रशस्ति* से यह ज्ञात होता है कि नवीं शताब्दी से यह एक जैन तीर्थ था। इसकी स्थापना राष्ट्रकूट राजा अमोघवर्ष प्रथम के सामंत बन्केयरस द्वारा की गई थी जो नवीं शताब्दी में राज्य करता था। इस स्थान से बाद के जैन अभिलेख भी प्राप्त हुए हैं। सत्रहवीं शताब्दी में भी शीलविजय द्वारा यह एक समृद्ध जैन तीर्थ समझा जाता था, जिसने इस सदी के उत्तरार्द्ध में दक्षिण भारत के तीर्थों की यात्रा की थी।[184]

---

180. *को॰हि॰जै॰*, सं॰ 23, पृ॰ 288.
181. वही, सं॰ 24, पृ॰ 288.
182. वही, सं॰ 27 पृ॰ 288.
183. वही, सं॰ 28, पृ॰ 289.
184. वही, सं॰ 29, पृ॰ 289.

बेलूर

बेलूर हासन जिले में स्थित है। इसका जैन धर्म से सम्बन्ध पूर्व मध्यकालीन युग से था। इस स्थान के ध्वस्त मन्दिर अवशेषों से कुछ अभिलेख प्राप्त हुए हैं।[185]

भारंगी

भारंगी शिमोगा जिले में स्थित है। यह पार्श्वनाथ के मंदिर के नाम से विख्यात था जिसका निर्माण 1415 ई॰ में हुआ था।[186]

भटकल

भटकल उत्तर कन्नड़ जिले में स्थित है। इसकी स्थापना पन्द्रहवीं सदी में हुई और जैनियों का इससे सम्बन्ध इसके अस्तित्व के आरम्भ से है। अभिलेखों में इस नगर के अनेक मन्दिरों के नाम मिलते हैं। पार्श्व और महावीर के मन्दिर बहुत प्रसिद्ध हैं। दूसरा मन्दिर रत्नत्रय बसदि के नाम से जाना जाता है। इसमें अर्हनाथ, मल्लिनाथ और सुव्रत के मन्दिर हैं जिनका निर्माण सोलहवीं सदी में हुआ। एक अभिलेख से यह ज्ञात होता है कि इस नगर की स्थापना मूल संघ के सन्त विजयकीर्ति द्वारा हुई थी।[187]

बिलिगि

बिलिगि उत्तर कन्नड़ जिले का जैन केन्द्र था। सोलहवीं सदी से इसका जैन धर्म से सम्बन्ध था। ऐसा प्रतीत होता है कि रत्नत्रय बसदि इस नगर का सबसे प्राचीन जैन मंदिर था। इस मन्दिर के अभिलेख के अनुसार इसका निर्माण सोलहवीं सदी के आरम्भ में हुआ था।[188]

चन्द्रकवते

चन्द्रकवते बीजापुर जिले के सिन्दगितालुक में स्थित है। इसका प्राचीन नाम चन्द्रिकावट था। इस स्थान का उल्लेख सेन संघ के आचार्यों की पीठिका के रूप में हुआ है। इस तीर्थ से कुछ जैन अभिलेख मिले हैं, जिनमें से एक 1068 ई॰ का है। इस आम्नाय के सबसे प्राचीन गुरु, जिनकी इस स्थान पर पीठिका थी उनका नाम धर्मसेन था। इन्होंने नौवीं शताब्दी के पूर्वार्द्ध में एक मठ की स्थापना की थी। उनका शिष्य कुमारसेन बहुत प्रभावशाली साधु था जो बाद में इस तीर्थ-स्थान को छोड़कर मुलगुण्ड चला गया था।[189]

---

185. *को॰हि॰जै॰*, सं॰ 31, पृ॰ 290.
186. वही, सं॰ 33, पृ॰ 290.
187. वही, सं॰ 35, पृ॰ 291.
188. वही, सं॰ 39, पृ॰ 292.
189. वही, सं॰ 45, पृ॰ 294.

द्वारसमुद्र

द्वारसमुद्र हासन जिले में स्थित है। इस स्थान का पुनिस जिनालय ग्यारहवीं शताब्दी में निर्मित किया गया था। यह द्वारसमुद्र का सबसे प्राचीन जैन मन्दिर था। यह पार्श्वनाथ तीर्थ था। दूसरा मन्दिर विष्णुवर्धन के जैन सेनापति गंगराज के पुत्र बोप्प द्वारा बनवाया गया था, जिसे विजय-पार्श्व जिनालय का नाम दिया गया था। इस स्थान पर शान्तिनाथ का अन्य जिनालय भी था।[190]

यलबर्गी

रायचूर जिले में ऐरम्बर्गे यलबर्गी का पुराना नाम था। यह ऐरम्बपुरम के नाम से भी जाना जाता था। इस स्थान पर पार्श्वनाथ का मन्दिर भी था। इस स्थान के कुछ अन्य जैन मन्दिरों की भी जानकारी मिलती है। एक समय यह बड़ा उन्नतशील जैन तीर्थ था।[191]

गब्बूर

गब्बूर रायचूर जिले में हैं। यहां पर नगर जिनालय या ब्रह्म जिनालय नाम का बारहवीं सदी का मन्दिर है।[192]

गेरसोपे

गेरसोपे उत्तर कन्नड़ जिले में, जिसका सम्बन्ध जैन धर्म से 1378 ई॰ से है, इस स्थान का सबसे प्राचीन जैन अभिलेख है। गेरसोपे का दूसरा नाम क्षेपपुर है। इस स्थान से प्राप्त अभिलेखों से पता चलता है कि यहां पर बहुत से जैन मन्दिर थे जिनमें सबसे प्राचीन मन्दिर शायद अनन्तनाथ का था जिसका निर्माण 1392 ई॰ के पहले रामक्का नाम की समृद्ध महिला द्वारा हुआ था। अन्य अभिलेखों में इस नगर के पार्श्वनाथ का मन्दिर 1421 ई॰, नेमिनाथ पन्द्रहवीं सदी, वर्धमान, आदि का उल्लेख है। बाद के 1560 ई॰ के अभिलेख के अनुसार अनन्तनाथ मंदिर का वास्तव में निर्माण रामक्का के पति योजन सेट्टी द्वारा किया गया था। इसी अभिलेख में गेरसोपे के नेमिनाथ मन्दिर का भी उल्लेख है। बलात्कारगण के विश्वभूषण, जो सत्रहवीं शताब्दी के तीसरे चरण में हुए थे, ने इस स्थान के पार्श्वनाथ के मन्दिर का उल्लेख किया है और पूर्व लेखक ज्ञानसागर ने इस तीर्थ के तीन पार्श्व मन्दिरों का उल्लेख किया है। इसमें कोई सन्देह नहीं है कि इस स्थान का जैन धर्म से गहरा सम्बन्ध चौदहवीं सदी से रहा है।[193]

---

190. *को॰हि॰जै॰*, सं॰ 66, पृ॰ 300-01.
191. वही, सं॰ 68 पृ॰ 301.
192. वही, सं॰ 70, पृ॰ 301.
193. वही, सं॰ 74, पृ॰ 302-03.

हाडुवल्लि

हाडुवल्लि संगीतपुर के नाम से भी जाना जाता है। अब यह उत्तर कन्नड़ जिले में स्थित है। इस क्षेत्र के शासक जैन धर्म के रक्षक थे। यहां दिगम्बर भट्टारकों की पीठ थी, जो पन्द्रहवीं शताब्दी के मध्य से शुरू हुई थी।[194]

हेलेसोरभ

हेलेसोरभ शिमोगा जिले में है। यहां पर चौदहवीं शताब्दी के कुछ जैन अभिलेख प्राप्त हुए हैं।[195]

हन्तूरु

हन्तूरु चिकमंगलूर जिले में स्थित है। यहां पर विशाल जैन मंदिरों का समूह है।[196]

हासन

हासन इस नाम का मुख्यालय है। इस स्थान के पार्श्वनाथ के मन्दिर का उल्लेख सत्रहवीं शताब्दी के दिगम्बर लेखक विश्वभूषण ने किया है।[197]

हट्टन

हट्टन तुमकुर जिले में स्थित है। यहां पर नरवर जिनालय का मंदिर था।[198]

हत्तियमतूर

हत्तियमतूर धारवाड़ जिले में स्थित है। यहां पर यादवों के समय का एक जिन मंदिर है।[199]

हेरगू

हेरगू हासन जिले में स्थित है। एक समय यहां पर पार्श्वनाथ को समर्पित बड़े जैन मन्दिरों का समूह था।[200]

---

194. *को.हि.जै.*, सं॰ 82, पृ॰ 304.
195. वही, सं॰ 83, पृ॰ 304.
196. वही, सं॰ 85, पृ॰ 304.
197. वही, सं॰ 86, पृ॰ 304.
198. वही, सं॰ 90, पृ॰ 305.
199. वही, सं॰ 91, पृ॰ 305.
200. वही, सं॰ 93, पृ॰ 305-06.

हिरेअबलि

हिरेअबलि शिमोगा जिले में स्थित है। यहां से बड़ी संख्या में अभिलेख प्राप्त हुए हैं। इस स्थान पर प्रसिद्ध पार्श्वनाथ का मन्दिर था।[201]

होगेकेरि

होगेकेरि शिमोगा जिले में स्थित है। इसका पूर्व नाम वोगेयकेर था। यहां पार्श्वनाथ का विख्यात मन्दिर है जिससे पन्द्रहवीं शताब्दी के कुछ अभिलेख प्राप्त हुए हैं।[202]

होनवाड़

होनवाड़ का प्राचीन नाम पोन्नवाड़ था जो बीजापुर जिले में स्थित है। शांतिनाथ का विशाल मन्दिर जो त्रिभुवन तिलक के नाम से जाना जाता है, ग्यारहवीं सदी में विख्यात था। इसके अतिरिक्त दो अन्य जैन मन्दिर पार्श्व और सुपार्श्व को समर्पित इस स्थान पर हैं।[203]

होसहोल्लू

होसहोल्लू मण्डीय जिले में स्थित है। यहां पर एक समय विशाल जैन मंदिर समूह था जो 12 वीं सदी में त्रिकूट जिनालय के नाम से जाना जाता था।[204]

हुम्च

हुम्च शिमोगा जिले में जैन धर्म का बड़ा केन्द्र था। इसका प्राचीन नाम पोम्बुर्च था। यहां से महत्त्वपूर्ण प्राचीन जैन अभिलेख मिले हैं। इस स्थान का सबसे प्राचीन जैन मंदिर नौवीं सदी में बना था। इस स्थान के अभिलेख पालियक्क मन्दिर, पट्टन स्वामी मन्दिर, नौक्कीयब्बे मन्दिर, उर्वितिलक मन्दिर और कुछ अन्य मन्दिर हैं। सत्रहवीं सदी तक यह स्थान तीर्थ समझा जाता था क्योंकि शीलविजय द्वारा जैन तीर्थों की सूची में इसका नाम पाया जाता था। दिगम्बर लेखक जैसे ज्ञानसागर, विश्वभूषण, जिनसागर और तपोकवि ने इस तीर्थ का उल्लेख किया है। इस स्थान के कुछ और सुरक्षित मन्दिर भारतीय स्थापत्य के इतिहासकारों के लिए महत्त्वपूर्ण हैं।[205]

---

201. *को॰हि॰जै॰*, सं॰ 94 पृ॰ 306.
202. वही, सं॰ 95, पृ॰ 306.
203. वही, सं॰ 96, पृ॰ 306.
204. वही, सं॰ 97, पृ॰ 307.
205. वही, सं॰ 98, पृ॰ 306-07.

इंगलेश्वर

इंगलेश्वर बीजापुर जिले में स्थित है। यह दिगम्बर जैनियों का गढ़ था। मूल संघ और पुस्तकगच्छ से सम्बन्धित इंगलेश्वर बलि सम्प्रदाय का संबंध इस स्थान से रहा था। इस स्थान के अनेक अभिलेख ज्ञात हुए हैं। इस स्थान पर तीर्थ बसदि नाम का मन्दिर था। इस ग्राम का सबसे प्राचीन अभिलेख 1189 ई० का है। इस विशेष बलि के साधु समस्त कर्नाटक में पाये जाते हैं।[206]

इंगल्गि

इंगल्गि का प्राचीन नाम इंगुनिगे था जो गुलबर्गा जिले में स्थित था। यह जैन धर्म से संबंधित प्राचीन स्थल था। इस स्थान का सबसे प्राचीन अभिलेख 1094 ई० का है। इस स्थान का मठूमाणिक्य देव मन्दिर (संभवतः महावीर) इस अभिलेख के अनुसार सम्राट् विक्रमादित्य षष्ठ की मुख्य पत्नी जाकिल देवी द्वारा बनवाया गया था।[207]

काडकोल

काडकोल धारवाड़ जिले का तीर्थ था। यहां से अनेक अभिलेख प्राप्त हुए हैं जिनसे सिद्ध होता है कि यह स्थान तेरहवीं शताब्दी के पहले जैन तीर्थ था।[208]

कलभावी

कलभावी बेलगाम जिले में स्थित है जो आठवीं सदी में कुमुदवाड़ के नाम से जाना जाता था। यहां पर उस समय का जैन मन्दिर है। इस मंदिर की देखभाल मेतापअन्नय और केरेयगण के मुनियों द्वारा की जाती थी जो यापनीय संघ की शाखा थी।[209]

कल्होलि

कल्होलि बेलगाम जिले में स्थित है। इसका प्राचीन नाम कल्पोले या सिन्दनकलपोले था। 1204 ई० के अभिलेख से ज्ञात होता है कि इस स्थान पर शांतिनाथ का मन्दिर था। इस मंदिर की देखभाल कुन्दकुन्दान्वय मूल संघ, पुस्तकगच्छ हेसोगे सम्प्रदाय के साधु करते थे।[210]

---

206. *को०हि०जै०*, 2, सं० 100, पृ० 307.
207. वही, सं० 101, पृ० 307-08.
208. वही, सं० 119, पृ० 313.
209. वही, सं० 121, पृ० 313.
210. वही, सं० 122, पृ० 313.

कारकल

कारकल दक्षिण कनाड़ जिले में स्थित है। पन्द्रहवीं शताब्दी में यह एक जैन तीर्थ के रूप में उभरकर आया। इस स्थान पर बहुत से जैन मन्दिर थे जिनमें से एक सोमटेश्वर और दूसरा पार्श्वनाथ को समर्पित था। इस क्षेत्र के स्थानीय राजाओं ने जैनियों और उनके मन्दिरों को पूरा आश्रय दिया। कारकल यहां के प्रसिद्ध मानस्तम्भ के लिए जाना जाता है। इस स्थान की देखभाल पनसोगे शाखा के साधुओं द्वारा होती थी। इस स्थान की विशाल बाहुबली की मूर्ति 1432 ई॰ में पाण्ड्यराय के द्वारा बनवाई गई थी। 1586 ई॰ के अभिलेख से इस स्थान के कुछ जैन मन्दिरों के बारे में विस्तार से जानकारी मिलती है। सोलहवीं सदी के दिगम्बर लेखक ज्ञानसागर ने इस स्थान की प्रसिद्ध गोमटेश्वर की मूर्ति और नेमिनाथ के मन्दिर का उल्लेख किया है। सत्रहवीं सदी के लेखक विश्वभूषण ने इस स्थान का तीर्थ के रूप में उल्लेख किया है।[211]

कोपण

कोपण एक प्रसिद्ध तीर्थ है जो रायपुर जिले में स्थित है। यह नौवीं सदी में प्रकाश में आया और उसी समय से एक महत्त्वपूर्ण तीर्थ माना जाने लगा। 1000 ई॰ के पश्चात् के बहुत से अभिलेख यहां प्राप्त हुए हैं। इनमें हम जैन मन्दिरों का उल्लेख पाते हैं। इनमें एक का नाम कुश जिनालय है। श्रवणबेलगोला और अन्य स्थानों के अभिलेखों में कोपण का महातीर्थ के रूप में उल्लेख मिलता है।[212]

कुप्पटुरु

कुप्पटुरु तीर्थ शिमोगा जिले में स्थित है। यह पार्श्वनाथ के मंदिर के लिए प्रसिद्ध है जो कि ब्रह्म-जिनालय के नाम से जाना जाता था। इसकी प्राचीनता ग्यारहवीं सदी के पूर्व तक जाती है।[213]

लक्ष्मेश्वर

धारवाड़ जिले में स्थित प्राचीन तीर्थ लक्ष्मेश्वर का अस्तित्व छठी सदी से है। यहां का शंख जिनेन्द्र तीर्थ समस्त कर्नाटक में प्रसिद्ध है। इस पवित्र तीर्थ में अनेक मन्दिर हैं। कुछ मन्दिर पश्चिमी गंग राजाओं के द्वारा बनवाये गये और कुछ बाद के हैं। प्रमुख जैन मन्दिरों में तीर्थ बसदि, मुक्कर बसदि, गंग कन्द्रप जिन मन्दिर, परमादि चैत्यालय, श्री विजय बसदि, मरुदेवी बसदि, धवल जिनालय, गोगीय बसदि, आनेसेजय बसदि और

211. *को॰हि॰जै॰*, सं॰ 129, पृ॰ 315.

212. वही, सं॰ 139, पृ॰ 318.

213. वही, सं॰ 142, पृ॰ 318.

शांतिनाथ प्रमुख हैं। इस स्थान का आनेसेजय बसदि दक्षिण भारत का सबसे प्रमुख जैन मन्दिर है, जिसकी जानकारी अलबुर के अभिलेख से होती है। यह अभिलेख 800 जैन मन्दिरों का संदर्भ देता है। संदर्भित मन्दिर मूल में चालुक्य राजा विजयादित्य की छोटी बहन कुकुंमदेवी के द्वारा बनवाया गया था। इसी तीर्थ से अन्य अभिलेख भी मिलते हैं। सत्रहवीं सदी तक यह जैन तीर्थ जाना जाता है।[214]

लक्कुडि

लक्कुडि धारवाड़ जिले में स्थित है। इसका प्राचीन नाम लोकिगुण्डि था। यहां पर एक समय बहुत से जैन मन्दिर थे। एक अतिमब्बे नामक जैन महिला ने ग्यारहवीं सदी में इस स्थान पर एक जैन मन्दिर बनवाया था। 1185 ई॰ के एक अभिलेख में इस स्थान के शांतिनाथ के मन्दिर का उल्लेख है। इस ग्राम में नेमिनाथ का मन्दिर भी था।[215]

मलखेड़

मलखेड़ गुलबर्ग जिले में स्थित है। इसका प्राचीन नाम मलेयखेड़ है। यह राष्ट्रकूटों का मान्यखेट माना जाता है। मध्यकाल में यह जैनियों द्वारा एक बड़ा तीर्थ समझा जाता था। ज्ञानसागर और विश्वभूषण दोनों इसका उल्लेख करते हैं। विश्वभूषण यहां के नेमिनाथ के मन्दिर का उल्लेख करता है जिसका संदर्भ चौदहवीं सदी के अभिलेख में आता है।[216]

मलेयूर

मलेयूर महत्त्वपूर्ण जैन तीर्थ पार्श्वनाथ का है। यह मैसूर जिले में स्थित है। यहां से अनेक अभिलेख प्राप्त हुए हैं जिनमें सबसे प्राचीन 1181 ई॰ का है। विजयनाथ मन्दिर (संभवतः पार्श्वनाथ) उत्तर काल के अनेक अभिलेखों में उल्लेखित है।[217]

मास्की

मास्की रायचूर जिले में स्थित है। मध्यकाल में यह जैन तीर्थ माना जाता था। यहां पर दो जैन मन्दिर थे, जिनमें एक का नाम जगदेकमल जिनालय है। इसका नाम जयसिंह द्वितीय के नाम पर पड़ा।[218]

---

214. *को॰हि॰जै॰*, सं॰ 145, पृ॰ 318-19.
215. वही, सं॰ 148, पृ॰ 319-20.
216. वही, सं॰ 151, पृ॰ 320.
217. वही, सं॰ 152, पृ॰ 320.
218. वही, सं॰ 158, पृ॰ 322.

मतावर

चिकमंगलूर जिले में स्थित मतावर का प्राचीन नाम मत्तवूर था। यहां पर जो अभिलेख प्राप्त हुए हैं उनसे सिद्ध होता है कि ग्यारहवीं सदी से इसका जैन धर्म से संबंध रहा है। इस स्थान का सबसे प्राचीन अभिलेख 1069 ई॰ का है। इस स्थान से प्राप्त अन्य अभिलेखों से ज्ञात होता है कि होयसल राजा इस ग्राम के जैन मन्दिर में अधिक रुचि लेते थे।[219]

मूडबिद्री

प्रसिद्ध दिगम्बर जैन तीर्थ मूडबिद्री दक्षिण कन्नड़ जिले में स्थित है। यह बिडूरे और बेडरी के नाम से भी जाना जाता है। इस स्थान का सबसे प्राचीन जैन अभिलेख 1504 ई॰ का है। 1546 ई॰ के इस स्थान के ताम्रलेख से चन्द्रनाथ (चन्द्रप्रभ) के मन्दिर का पता चलता है। यह अभिलेख स्थानीय शासक बिलिगि द्वारा इस मन्दिर को कुछ दान का उल्लेख़ करता है। सोलहवीं सदी के लेखक ज्ञानसागर और विश्वभूषण भी चन्द्रप्रभ मन्दिर का उल्लेख करते हैं। ज्ञानसागर भी इस स्थान के पार्श्वनाथ मन्दिर का संदर्भ देते हैं। इसका उल्लेख 1563 ई॰ के ताम्रपत्र में भी मिलता है। पूर्व अभिलेख के अनुसार चन्द्रप्रभ का मन्दिर त्रिभुवन चूड़ामणि के नाम से जाना जाता है। 1622 ई॰ के लेख में भी इस स्थान के त्रिभुवन तिलक मन्दिर का नाम आता है। इसी नगर में *धवला* और *जयधवला* के बहुमूल्य ग्रन्थ प्राप्त हुए थे। सत्रहवीं सदी के लेखक शीलविजय ने इस स्थान के 19 जैन मन्दिरों का उल्लेख किया है जिनमें आदिश्वर, शान्तिश्वर, चन्द्रप्रभ और पार्श्व के मन्दिर प्रमुख हैं। उसने इस नगर में सुरक्षित भोजपत्र का भी उल्लेख किया है।[220]

निरलगि

निरलगि धारवाड़ जिले में स्थित है। यहां पर बारहवीं शताब्दी में मल्लिनाथ जिनेश्वर का मन्दिर था। इस स्थान के 1147 ई॰ के अभिलेख में जगदेकमल्ल द्वितीय के राज्य में मूल संघ सूरस्तगण और चित्रकूटान्वय के एक जैन आचार्य का उल्लेख है।[221]

हलसि

हलसि बेलगाम जिले में स्थित है। इसका प्राचीन नाम पलासिका है। यह स्थान एक बहुत ही महत्त्वपूर्ण तीर्थ है। पलासिका का जैन मंदिर संभवतः चौथी शताब्दी का बना हुआ था और ऋषभ को समर्पित था। कदम्ब राजा जैन धर्म के आश्रयदाता थे। ऐसा प्रतीत होता

219. *को॰हि॰जै॰*, सं॰ 160 पृ॰ 322-23.

220. वही, सं॰ 165, पृ॰ 324.

221. वही, सं॰ 184, पृ॰ 329.

है कि पलासिका में प्राचीन समय में बहुत मन्दिर थे। अभी हलसि में जैन धर्म का कोई चिह्न नहीं है।[222]

हुगुण्ड

हुगुण्ड बीजापुर जिले में स्थित है। इसका प्राचीन नाम पोन्नूगुण्ड है। इस स्थान पर कम-से-कम तीन मन्दिर थे जिनके नाम त्रिभुवन तिलक जिनालय, महाश्रीमन्त बसदि और ग्यारहवीं सदी का अरसर बसदि हैं।[223]

हुलि

हुलि बेलगाम जिले में स्थित है। इसका प्राचीन नाम पूलि था। यहां पर माणिक्य तीर्थ बसदि नाम का प्रसिद्ध मन्दिर समूह था। यह जैनियों का एक महत्त्वपूर्ण तीर्थ था। इस स्थान पर अनेक जैन मन्दिर थे। यहां के ग्यारहवीं सदी के अभिलेख में यापनीय संघ पुन्नाग वृक्ष मूलगण के साधुओं का उल्लेख है।[224]

रायबाग

रायबाग बेलगाम जिले में स्थित है। रट्ट राजाओं के समय यह एक उन्नतशील जैन केन्द्र था। इस स्थान के स्थानीय आदिनाथ मन्दिर से कुछ अभिलेख प्राप्त हुए हैं। सबसे प्राचीन अभिलेख 1041 ई० का है।[225]

शृंगारपट्टन

शृंगारपट्टन मैसूर नगर के समीप स्थित है। यहां के ऋषभ, पार्श्व और महावीर के मन्दिर शीलविजय के समय के थे।

तवनिधि

तवनिधि शिमोगा जिले में स्थित है। यह शांतिनाथ का तीर्थ है। यहां तेरहवीं सदी के कुछ अभिलेख प्राप्त हुए हैं। यह तवनन्दि के नाम से भी जाना जाता था। यह निश्चित ही जैन तीर्थ था जहां जैन साधु समाधिमरण के द्वारा मृत्यु को प्राप्त होते थे।[226]

---

222. *को०हि०जै०*, सं० 189, पृ० 331.
223. वही, सं० 199, पृ० 334.
224. वही, सं० 203, पृ० 375.
225. वही, सं० 217, पृ० 338.
226. वही, सं० 252, पृ० 348.

तेंगलि

तेंगलि गुलबर्गा जिले में स्थित है। यहां बारहवीं सदी का जैन मंदिर था।[227]

उच्छंगि

उच्छंगि धारवाड़ जिले में स्थित है। यह प्राचीन समय से ही जैनियों का तीर्थ रहा। यहां पर एक जैन मंदिर था। इसकी देखभाल यापनीय करते थे।[228]

उदरि

उदरि शिमोगा जिले में स्थित है। यहां से मध्यकालीन युग के अनेक अभिलेख मिले हैं। इस स्थान पर शांतिनाथ का मन्दिर था जिसका निर्माण बारहवीं सदी के अन्त में जैन सेनापति महादेव दण्डनायक ने शक संवत् 1119 में होयसल बल्लाल द्वितीय के समय किया था।[229]

उप्पिनबेतगिरि

उप्पिनबेतगिरि रायचूर जिले में स्थित है जो दसवीं सदी में एक महत्त्वपूर्ण जैन केन्द्र हो गया था। यहां पर जयधीर जिनालय के नाम का जैन मंदिर है, जिसको राष्ट्रकूट गवर्नर शंकरगण्ड ने दसवीं सदी में बनवाया था।[230]

बडवाल

दक्षिण कनाड़ जिले में बडवाल स्थित है। विश्वभूषण के अनुसार यहां सत्रहवीं सदी में शांतिनाथ का मन्दिर था।[231]

वारंग

वारंग दक्षिण कन्नड़ जिले में स्थित है। इसका प्राचीन नाम वारंगना था। यहां उत्तर-मध्यकालीन अनेक मन्दिर थे। पांचवीं शताब्दी के यहां से प्राप्त अभिलेख से नेमिनाथ के मन्दिर के अस्तित्व का पता चलता है। सत्रहवीं सदी के साधु शीलविजय ने इस मन्दिर का उल्लेख किया है।[232]

---

227. *को.हि.जै.*, सं. 254, पृ. 349.
228. वही, सं. 263 पृ. 350-51.
229. वही, सं. 264 पृ. 351.
230. वही, सं. 271 पृ. 352.
231. वही, सं. 274 पृ. 353.
232. वही, सं. 281 पृ. 354-55.

वीरपुर

वीरपुर के बारहवीं सदी के अभिलेख में एक तीर्थ के रूप में इसका उल्लेख हुआ है। यह अभिलेख गुलबर्गा जिले के सेडम स्थान से प्राप्त हुआ है। इसकी निश्चित पहचान अभी तक नहीं हो पाई है।[233]

यालबर्गी

यालबर्गी रायचूर जिले में स्थित है। यहां से पूर्व मध्यकाल के अनेक जैन अवशेष प्राप्त हुए हैं। निश्चित रूप से यह जैन तीर्थ था जिसका प्राचीन नाम एरमबगेय था। यहां स्थित पार्श्वनाथ के मन्दिर की देखभाल देशीयगण और मूल संघ के साधु करते थे।[234]

आन्ध्रप्रदेश

बोधन

बोधन निज़ामाबाद जिले में स्थित है। इस स्थान के मूल जैन मंदिर को मुसलमानों द्वारा बाद में नष्ट कर दिया गया और मस्जिद में परिणत कर दियां गया। मुनिचन्द्र सिद्धान्तदेव नाम के आचार्य का उल्लेख पश्चिमी चालुक्य राजा विक्रमादित्य षष्ठ के खंडित अभिलेख में हुआ है। यह अभिलेख इस स्थान के जैन मंदिर का उल्लेख करता है। इसका प्राचीन नाम पोदनपुर था।[235]

गुड़्डिवाड़ा

गुड़्डिवाड़ा कृष्णा जिले में स्थित है। यहां पर पार्श्वनाथ का मध्यकालीन मंदिर है।[236]

हेमावती

हेमावती अनन्तपुर जिले में स्थित है। यह एक समय नोलम्ब पल्लवों की राजधानी थी। नौवीं शताब्दी का इस स्थान का एक खण्डित अभिलेख स्थानीय जैन मंदिर का उल्लेख करता है। इसका प्राचीन नाम हेन्जेरु था।[237]

पेनगोण्डा

पेनगोण्डा अनन्तपुर जिले में स्थित है। यह पार्श्वनाथ मंदिर के लिए विख्यात है। यहां

---

233. *को॰हि॰जै॰*, सं॰ 288 पृ॰ 356.
234. वही, सं॰ 289 पृ॰ 356.
235. वही, सं॰ 40, पृ॰ 292-93.
236. वही, सं॰ 81, पृ॰ 304.
237. वही, सं॰ 92 पृ॰ 305.

से कुछ जैन पुरावशेष प्राप्त हुए हैं। सोलहवीं सदी में यह महत्त्वपूर्ण दिगम्बर जैन केन्द्र समझा जाता था।[238]

तमिलनाडु

जिनगिरि

जिनगिरि प्राचीन जैन तीर्थ दक्षिण अर्काट जिले में स्थित है। यह विभिन्न नामों से जाना जाता है जैसे उच्चन्दवालमले, वडड्पालि, वरतिरु मेले, तिरुमैत्रीसै, नारपन्तिरण्डु और पेरुमपल्ली। यहां पर बहुत से तमिल अभिलेख मिले हैं। यह नन्दि संघ के वीरनन्दि का जन्म-स्थान था। इस स्थान के मुनियों ने तमिलनाडु के अन्य स्थानों पर जैन धर्म को लोकप्रिय बनाया। यहां के अभी के जैन मन्दिर की मुख्य मूर्ति पार्श्वनाथ की है।[239]

जिनकांची

जिनकांची का प्रसिद्ध जैन तीर्थ कांची के समीप इसी नाम के जिले में स्थित है। इसका इतिहास पल्लवों के समय तक जाता है। इस तीर्थ का मुख्य नायक वर्धमान है, और करीब 17 अभिलेख जो बारहवीं से सोलहवीं शताब्दी तक के हैं, यहां के मन्दिर समूह से प्राप्त हुए हैं। बहुत से अभिलेख चोल राजा कुलोतुंग प्रथम और विक्रमचोल के प्राप्त हुए हैं। चार अभिलेख विजयनगर के राजाओं के समय के जैसे बुवक द्वितीय और कृष्णदेव के भी ज्ञात हुए हैं। इसमें कोई सन्देह नहीं कि यह प्राचीन समय से लेकर अभी तक जैन धर्म का बड़ा केन्द्र रहा। यह त्रैलोक्य वल्लभ मंदिर के नाम से प्रसिद्ध था। वर्धमान के मुख्य मन्दिर के समीप चन्द्रप्रभ का भी मन्दिर है।[240]

कलुगुमलै

प्राचीन स्थान कलुगुमलै तिरुनेवेलि जिले में स्थित एक समय जैन धर्म का उन्नतशील केन्द्र था। यहां से तीसरी शताब्दी ई॰ पूर्व से लेकर ग्यारहवीं सदी तक के अभिलेख प्राप्त हुए हैं।[241]

कांची

कांची प्राचीन समय में जैन धर्म का गढ़ था। महान् समन्तभद्र इस शहर का निवासी था।

---

238. *को.हि.जै.*, सं॰ 195 पृ॰ 333.
239. वही, सं॰ 110 पृ॰ 310.
240. वही, सं॰ 111, पृ॰ 310-11.
241. वही, सं॰ 123, पृ॰ 313.

नन्दिवर्मन् द्वितीय के समय का आठवीं शताब्दी का अभिलेख इस नगर के अर्हत् मन्दिर का उल्लेख करता है।[242]

ओडलवाडि

ओडलवाडि पोलूर तालुक में स्थित है। यहां पर तेरहवीं सदी का एक जैन मंदिर था। यह गोमटनाथ को समर्पित था।[243]

तिरुमलै

तिरुमलै एक विख्यात तीर्थ था जो उत्तर अर्काट जिले में स्थित है। यह नेमिनाथ की शानदार कायोत्सर्ग मूर्ति के लिए प्रसिद्ध है। इस स्थान के कुछ अभिलेखों से सिद्ध होता है कि 1000 ई॰ के पहले भी यह जैन तीर्थ था।[244]

विजयमंगलम

विजयमंगलम ऐरोड (पेरीयार) जिले में स्थित है। यह चन्द्रप्रभ का प्रसिद्ध जैन केन्द्र था। यह कुरुम्बुनाडु के नाम से जाना जाता था। इसकी प्राचीनता छठी शताब्दी तक जाती है।[245]

---

242. *को॰हि॰जै॰*, सं॰ 125, पृ॰ 314.
243. वही, सं॰ 185, पृ॰ 329.
244. वही, सं॰ 259, पृ॰ 349-50.
245. वही, सं॰ 286, पृ॰ 355.

14

भट्टारक सम्प्रदाय

दिगम्बर सम्प्रदाय के भट्टारक श्वेताम्बर चैत्यवासियों के प्रतिरूप/प्रतिपक्ष हैं और चैत्यवासी वे साधु थे जो वनों में रहने वाले वनवासियों के कठोर आदर्शों से पृथक् होकर मंदिरों, चैत्यों और मठों में गृहस्थों की तरह जीवनयापन करते थे और फिर भी अपने आप को संन्यासी या तपस्वी कहते थे। वास्तव में "भट्टारक" शब्द महाराजा, साहित्यकार या विद्वान्, मुनि पूज्य, देव या आचार्य का द्योतक है। परिभाषानुसार "भट्टारक" से अभिप्राय उस व्यक्ति से है जो शास्त्रों और कलाओं में पारंगत हो, जो गच्छों को संगठित करना जानता हो, जो विशाल हृदयी हो, जो प्रभावशाली हो और रहस्योद्घाटक हो।

बावजूद इसके कि श्वेताम्बर साधुओं को श्वेत अम्बर (सफेद वस्त्र) पहनने की आज्ञा थी, तथापि उनसे यह अपेक्षित था कि वे आबादी से बाहर रहें, अयाचित या अप्रार्थित भोजन करें और सभी प्रकार के परिग्रहों से दूर रहते हुए एक अकिंचन का जीवन व्यतीत करें। इन मठवासी साधुओं का प्रभाव आठवीं सदी से इतना बढ़ता चला गया कि ग्यारहवीं सदी में पाटन (गुजरात) में शास्त्रार्थ का आयोजन करना पड़ा जिसके फलस्वरूप वहां बस्तिकावासियों के शहर प्रवेश के प्रतिबंध को हटाना पड़ा। चैत्यवासियों के विरुद्ध ग्यारहवीं सदी में शुरू हुआ विधिचैत्य आंदोलन गुजरात और राजस्थान में परवर्ती काल में पन्द्रहवीं सदी में सफलता को चूमने लगा।

श्वेताम्बर विधिमार्ग सा आन्दोलन दिगम्बर संघ के इतिहास में कहीं ज्ञात नहीं। जो भी हो, पूर्व मध्य-युग में श्वेताम्बरियों के साथ ही दिगम्बर साहित्य में आलस्य या निष्क्रियता के कुछ विशिष्ट उदाहरणों को सूच्यग्र किया गया है। इस उदाहरण को देखिए – "साधु-गुण वाले लोग प्रतिष्ठित मुनियों के समान अल्प हैं; हाय! मुनि भी हिरण की भाँति रात्रि में आराम के लिए गाँवों को लौट जाते हैं (*आत्मानुशासन*, पांचवीं, नौवीं सदी)। "आश्चर्य है कि कलियुग में भी नग्न लोग उपलब्ध है" (*उपासका ध्यान*, पांचवीं, दसवीं सदी)। आज के साधु भी पूज्य हैं (*सशस्तिलक*, पांचवीं, दसवीं, सोलहवीं सदी)।

तेरहवीं सदी के कुछ उपलब्ध प्रमाणों से ज्ञात होता है कि ग्यारहवीं और बारहवीं

सदियों में दिगम्बरियों के मध्य मठवासी परम्परा ने निश्चित स्वरूप धारण कर लिया था। आशाधर उसके *अंगार धर्मामृत* (वि॰ 1300-1243 ई॰) में उल्लेख करता है – "इस अंधकार युग में अच्छे उपदेश देने वाले मुनि यहाँ-वहाँ, यत्र-तत्र जुगनू की तरह चमकते दिखाई देते हैं – हाय।" जो प्रक्रिया इन मुनियों ने अपनाई थी वह इस प्रकार थी – भोजन के लिए वे शहर जाने के आदी थे; वहीं वे आबादी में रहने लगे थे। इसी का नतीजा था – भट्टारकों के धर्म-पट्टों की स्थापना; प्रथम पट्ट तुर्कों की राजधानी दिल्ली में स्थापित हुआ था। तुर्कों के लिए ही उन्होंने अपवादस्वरूप अपनी नग्नता को ढकना शुरू किया और उनकी औरतों के हरम में भी उनकी जिज्ञासा शांत करने के लिए वे प्रवेश पाने लगे।[1] इन उदाहरणों ने वस्त्र धारण करने वाले जैन साधु वर्ग को स्थान दिया, और जैसाकि मान्यता है कि इतिहास अपने आपको दोहराता है, वस्त्राधीत प्रथम श्वेताम्बर विच्छेद (फूट), जो वि॰ 271-214 ई॰ में हुआ था, अब सहस्राब्दी बाद स्वीकृति के पथ पर आने लगा था।

तेरहवीं सदी के दिगम्बरत्व का असाधारण प्रतिनिधि आचार्य आशाधर, जो उसके समाज के विपथगमन का भी दृष्टा था, अपने श्लोकों की टीका में अपने भावों को इन कारुणिक शब्दों में अभिव्यक्त करता है – "भ्रष्ट पंडितों और दुष्ट मुनियों ने जिन् के शुद्ध उपदेशों को दूषित कर दिया है।" श्वेताम्बर महेन्द्र सूरि ने उसकी *शतपदी* (वि॰ 1263=1206 ई॰) के एक अध्याय – "दिगम्बर मत विचार" में तत्कालीन दिगम्बर साधुओं के जीवन की शिक्षाप्रद परन्तु चौंकने वाली झांकी प्रस्तुत की है।[2] वह लिखता है –

> दिगम्बर साधु मठों और मंदिरों में साध्वियों (आयिकाओं) के साथ रहते थे और अनेक अवसरों पर उनसे भोजन बनवाते थे। साथ ही वे उनसे पैरों की मालिश भी करवाते, पैरों को पुष्पों, पत्तियों, घी, दूध, केसर, चन्दन, सोना-चाँदी से धुलवाते, तेल लगवाते। वे हमेशा एक ही स्थान पर ठहरते थे; मंदिरों में शयन करते थे। ठंड के दिनों अंगीठी का सहारा लेते थे, पयाल (घास) पर सोते थे; स्वास्थ्य हेतु खदीरबत्ती, नारियल, आदि अनेक प्रकार की औषधियाँ रखते थे; ज्योतिष बतलाते थे; शकुन पूर्वानुमानित करते थे; मंत्र और खनिजों का उपयोग करते थे; पालकियों में निकलते थे; कपड़े के जूते पहनते थे; तांबे-पीतल के कमंडल रखते थे; मोर-पंख की पिच्छियां रखते थे; चटाई, धोती और दुपट्टा रखते थे जिन्हें वे कभी-कभी धोबी से भी धुलवाते थे। बारहवीं-तेरहवीं सदी के दिगम्बर साधुओं द्वारा और भी कई प्रकार की वस्तुएँ, जैसे पुस्तक-पुस्तिका, कपारिक,

---

1. मुहम्मद गोरी और फिरोज बिन रजब तुगलक के संदर्भ के उदाहरण।
2. धर्मघोषसूरि की प्राकृत पुस्तक का संस्कृत में अनुवाद (वि॰ 1294=1237)।

स्थापनिक, पुस्तक-पट्ट, आसन-पट्ट, कुशासन, तृण-निर्मित लंगोटी, अंगूठी, आदि रखी जाती थीं। वे उपदेश भी देते थे और शिष्यों को पढ़ाते भी थे।

इसका मतलब यह हुआ कि मांडल चित्तौड़ के भट्टारक बसन्तकीर्ति के समय (वि॰ 1264=1207 ई॰) अपवाद वेष आपाद काल में साधुओं के लिये अपनाया गया था जो बारहवीं सदी के मठवास का परिणाम था और जिसने तेरहवीं सदी में आशाधर के अनुसार, निश्चित रूप धारण किया और इस प्रकार, श्वेताम्बर और दिगम्बर पंथ के क्रमशः दोनों ही साधु – महेन्द्र सूरि (*शतपदी*, 1206 / 1237) और आशाधर (*अंगार धर्धामृत*, 1243) दिगम्बर छाप के साधुओं द्वारा किये गये करण या अकरण, आचरण या अनाचरण सम्बन्धित कार्यों के बारे में एकमत थे।

चौदहवीं सदी में फिरोज़शाह तुगलक के रागय जब अपवाद-प्रथा सुल्तान के हरम में जारी थी, दिगम्बर संघ में औपचारिक रूप से भट्टारक प्रथा स्थापित थी। साधु उपाश्रयियों को औपचारिक अधिष्ठापन या प्रतिष्ठापन के बाद उन्हें वस्त्र धारण कर गृहस्थों को उपदेश देने की छूट थी और ये ही भट्टारक कहलाये। फिरोज़शाह द्वारा मान्यता प्राप्त दिल्ली पट्ट के अनुकरण में समय-चक्र के साथ अनेक पट्ट उत्तरी और पश्चिमी भारत में (दक्खन को शामिल करते हुए) अस्तित्व में आये। इनमें से ग्वालियर और चन्देरी पट्ट अधिक महत्त्वपूर्ण और उल्लेखनीय हैं। दिगम्बरत्व के अनेक पट्टों की स्थापना फिरोज़शाह के बाद तुगलक साम्राज्य के विघटन तथा एक अखिल भारतीय केन्द्रीय शक्ति के स्थान पर उदित होने वाले प्रान्तीय राज्यों से सहगामी या सहवर्ती रूप में हुई।[3]

श्वेताम्बरियों के विधिचैत्य आंदोलन, जो पन्द्रहवीं सदी के अंत तक सक्रिय था, के समान दिगम्बरियों में ऐसा कोई भी धर्म-सुधार आंदोलन नहीं था और उसी के अभाव में भट्टारकवाद का जन्म हुआ। जिसे आवश्यकता की पैदाइश ही कहा जाएगा। साधुओं की नग्नता या अन्यथा के आधार पर जो विच्छेद वि॰ 271 (214 ई॰) में हुआ था, उसने दिगम्बर संघ में फूट डालने हेतु पुनः अपना सिर उठाया। ऐसा लगभग एक सहस्राब्दी बाद हुआ। कारण था, मुनियों की मानवीय कमजोरी जिसकी वजह दिल्ली के अंतिम सुल्तान फिरोज़ तुगलक के काल में मुनियों ने महावीर के कठोर उपदेश व आचरण पर प्राथमिकता हासिल की और लाभ प्राप्त किया क्योंकि फिरोज़ दिगम्बर जैनियों से सहानुभूति रखता था। फिरोज़ के पूर्वगामी मुहम्मद बिन तुगलक ने श्वेताम्बरियों को संरक्षण दिया था और उसे उनका उद्धारक भी माना जाता है। वास्तव में सत्रहवीं सदी में पं॰ बनारसीदास के

3. दिल्ली, ग्वालियर और चंदेरी के अलावा ये पट्ट भी थे – जयपुर, ईडर, सूरत, नागोर, अजमेर मालखेड़ (हैदराबाद), कोल्हापुर, करंज, मुदबिद्री, हिसार-फिरोजा, सोनगिरि, इत्यादि।

"बनारसीय मत", जो भट्टारकवाद के प्रतिकारक प्रतिकर्म के विरुद्ध स्थापित हुआ था, के पूर्व लगभग 250 वर्ष तक दिगम्बरवाद को प्रतीक्षा करनी पड़ी थी।

परन्तु इसका आशय कदाचित् नहीं कि हम भट्टारक आंदोलन की निंदा करने की छूट ले रहे हैं। हम उन जैन विद्वानों से सहमत हैं जो भट्टारकों को, उनके मध्य, सदाचारी या धर्मपरायण मानते हैं और जो उन्हें रूढ़िवादी बुत-परस्तों के संरक्षक, समर्थक और प्रोत्साहक मानते हुए जैन धर्म के उपकारी मानते हैं। ये भट्टारक मंदिरों-मूर्तियों के निर्माता, पुराने और नये शास्त्रों की पांडुलिपियों के प्रतिलिपिक लेखकों के हिमायती और भंडारों (ग्रंथालयों) के संस्थापक थे। साहित्यिक और ऐतिहासिक महत्त्व के अनेक प्रलेख ताड़-पत्रों और कागज की जिल्दों में आज भी सुरक्षित हैं। विद्वानों के अनुसार सकलकीर्ति, शुभचन्द्र, प्रभावचन्द्र और ज्ञानचन्द्र भट्टारक थे जो उनके विपथ-गमन के बावजूद भी विद्वान् थे, लेखक थे, उच्च गुणी थे। उनके पूर्व के सद्गामी भट्टारकों ने न केवल जैन धर्म की अत्यधिक सेवा की, वरन् पूर्व पट्टी दिगम्बरवाद को डूबने से भी बचाया, मोटे रूप से उत्तरी भारत की तुर्की द्वारा विजय के दो शताब्दी पूर्व।[4]

मूल संघ

जहाँ तक पन्द्रहवीं सदी के संघों का सवाल है, यापनीय, काष्ठा, माथुर और खासकर द्रविड़ संघ को दसवीं सदी की मानक या प्रामाणिक कृति *दर्शनसार* में भ्रामक और कपटी (जैनाभास) कहा गया है। सिर्फ मूल संघ ही पूर्व की सदियों में अपवाद था। "मूल" शब्द का मानना ही मूल या आधार है। परन्तु पूर्व की सदियों का अविकल मूल संघ समय के साथ दूसरे संघों के विपथगामी विश्वासों और व्यवहारों के सम्मुख समर्पित हो गया।

पन्द्रहवीं सदी के दिगम्बर भट्टारकों के इतिहास के लिए हमारा सरोकार मुख्यतः मूल संघ और काष्ठा संघ से है जिनका साहित्य और संगठनात्मक कार्यों दिल्ली से ग्वालियर और चन्देरी (पश्चिम बुंदेलखंड)) में विशेष योगदान रहा। श्वेताम्बर स्रोत तेरहवीं सदी से उपलब्ध हैं जबकि दिगम्बर पट्टावलियों का अभाव है। कुछेक बाद के भट्टारक भंडारों, विशेषकर आमेर भट्टारक भंडार में सुरक्षित हैं। मूल संघ के नंदी शाखा भट्टारक-गण की *गुरु नामावली,* जिसे पं॰ परमानंद जैन शास्त्री और अगरचन्द नाहटा[5] ने संदर्भित किया है, उपलब्ध है। परन्तु डॉ॰ ज्योतिप्रसाद जैन ने उपलब्ध पट्टावलियों और गुरुवावलियों की गुत्थियाँ सुलझाईं। ये पट्टावलियाँ/गुरुवावलियाँ सोलहवीं से उन्नीसवीं सदी की हैं जब मूल दिल्ली पट्ट कई उप-पट्टों में विघटित हो गया था और जिनके पूर्व की समय-सारिणी और आँकड़े शंकास्पद और अविश्वसनीय हैं।

4. *जैन हितैषी* – 7, 7-8, पृ॰ 59-69; पृ॰ 13-20 और 14, 4, पृ॰ 97-105.
5. क्रमशः *अनेकांत* 17, 1 और जैन *सिद्धांत भास्कर* 22, 1 (51-59).

अविश्वसनीयता की धुंध से परे दो प्राचीनतम नाम हैं – बसंतकीर्ति और धर्मचन्द्र। मांडल (मांडू नहीं) का बसंतकीर्ति, जिसे "परम्परा गुरु" कहा जाता है और जिसका समय सं॰ 1264 (1207 ई॰) माना जाता है, ही वह व्यक्ति था जिसने सुल्तान के अंतःपुर की औरतों की जिज्ञासा शांत की थी और जो "अजमेर पट्ट"[6] का संस्थापक था। धर्मकीर्ति हम्मीर भूपाल, जिसका एकीकरण दशरथ शर्मा ने इल्तुतमिश के लड़के सुल्तान नसीरुद्दीन महमूद से किया है, द्वारा सम्मानित किया गया था।[7] अजमेर पट्ट पर धर्मकीर्ति का उत्तराधिकारी रत्नकीर्ति यहीं रहा था और यहीं पंचभूत को प्राप्त हुआ था।

रत्नकीर्ति के बाद दूसरा महान् भट्टारक प्रभाचन्द्र हुआ। प्रभाचन्द्र के जीवन-क्रम के बारे में हम सुनिश्चित हैं क्योंकि उसके श्रावक शिष्य कवि धनपाल ने उसे अपनी कृति *अपभ्रंश बाहुबलि चरित* में बारंबार सन्दर्भित किया है। उसकी प्रथम प्रामाणिक तारीख है – वि॰ 1408 (1351 ई॰)। वह दिल्ली पट्ट का संस्थापक और प्रथम पट्टाधीश था। धनपाल उसके बारे में लिखता है कि वह स्वयं पालनपुर (गुजरात) में उसके तहत पढ़ा था और उसके साथ पट्टन्, खम्भात, धार, देवगिरि, आदि की यात्रा पर गया था, और उसके साथ की अंतिम यात्रा योगिनीपुर (दिल्ली) की थी। दिल्ली में रत्नकीर्ति के पदग्रहण के अवसर पर काफ़ी तादाद में लोग एकत्रित हुए थे। दिल्ली के वर्तमान पट्टाधीश भट्टारक प्रभाचन्द्र ने सुल्तान महमूद शाही (मुहम्मद तुगलक 1325-51 ई॰) को अपने ज्ञान से आह्लादित किया था और अनेक विवादियों को व्यग्र।

दिल्ली के संस्थापक पट्टधर प्रभाचन्द्र के समय राजधानी में मूल संघ का केवल एक ही अविभक्त (अखंड) पट्ट था। उसके और उसके उत्तराधिकारी पद्मनन्दी के समय (1368-1418 ई॰) के अनेक उप-पट्ट जैसे – अजमेर पट्ट, ग्वालियर पट्ट आदि, दिल्ली पट्ट से ही संचालित होते थे। पद्मनन्दि के बाद दिल्ली पट्ट का विघटन शुरू हो गया। सागवाड़ा, सूरत, ईडर, मालवा, आदि के अनेक पट्ट अस्तित्व में आये जो केन्द्र के दिल्ली पट्ट से प्रायः स्वतंत्र थे। पद्मनन्दि के महान् शिष्य जिनचन्द्र (1450-1514 ई॰) के समय दिल्ली पट्ट द्विशाखित होकर चित्तौड़ और नागौर पट्टों में बँट गया और इस प्रकार केन्द्रीय पट्ट का समापन हो गया।[8] इसलिए ताज्जुब नहीं कि उपलब्ध मूल संघ की पट्टावलियाँ

6. 1207 का वर्ष सुल्तान ऐबक के शासनकाल के दूसरे वर्ष से मेल खाता है। ऐबक 1206 में गजनी से अपनी राजधानी को दिल्ली ले गया था।

7. जे॰पी॰ जैन द्वारा परिकलित उसकी तारीख 1278-1303 नसीरुद्दीन भोपाल से मेल नहीं खाती।

8 तुगलक सुल्तानों के समय दिल्ली साम्राज्य के विघटन के फलस्वरूप सूफ़ियों के चिश्तिया सम्प्रदाय के केन्द्रीय संगठन का भी निजामुद्दीन औलिया के उत्तराधिकारी शेख नसीरुद्दीन चिराग-इ-दिल्ली के इंतकाल के बाद चौदहवीं सदी के मध्य में विघटन हो गया था।

और गुरुवावलियाँ पट्ट उत्तराधिकार, गुरु नामों और तारीखों के बारे में सोलहवीं सदी से (पहले नहीं) प्रामाणिक जानकारी देती हैं।

पद्मनन्दि के समय व उसके बाद की पट्टावलियाँ भट्टारक पद्मनन्दि से ही शुरू होती हैं। सबसे प्राचीन चित्तौड़-अजमेर पट्ट की विक्रमी पट्टावली शुरू से बारहवीं सदी तक की जानकारी के बारे में अपने आप में एक समुचित पट्टावली है। मूल संघ भट्टारकों की क्रम परम्परा में पद्मनन्दि स्वयं का एक लब्ध-प्रतिष्ठ स्थान है। उसके शिष्यों और परशिष्यों ने उनके अभिलेखों और प्रशस्तियों में उसका गुणगान किया है जो कि यथोचित ही है। उसने अपने पीछे काफी कृतियाँ और गुजरात तथा ग्वालियर के अनेक स्थानों में अनेक शिष्य भी छोड़े।

पद्मनन्दि का उत्तराधिकारी शुभचन्द्र (1414-37 ई॰) था। कोई "राजाधिराज", शायद दिल्ली का सुल्तान सैयद मुबारक शाह, उसका मुरीद (भक्त, उपासक) था। वि॰ 1481 (1424 ई॰) में शुभचन्द्र ने (उत्तर प्रदेश के ललितपुर जिले) देवगढ़ में शाह आलम (अर्थात् होशांगशाह गोरी) के शासनकाल में वर्धमान महावीर, उसके स्वयं के गुरु पद्मनन्दि और परम्परा-गुरु बसंतकीर्ति की मूतियां प्रतिष्ठित की थीं। दो वर्ष पूर्व वि॰ 1479 (1422 ई॰) में चौहान शासक भोजराज के मंत्री के पुत्र अमरसिंह द्वारा करथल (इटावा जिला) में अपभ्रंश कृति *पार्श्वनाथ चरित* की रचना की गई थी।

भट्टारक शुभचन्द्र का उत्तराधिकारी जिनचन्द्र (1450-1514 ई॰) था। वह अपने समय का ही नहीं, बल्कि जैन धर्म के समूचे ऐतिहासिक काल का महानतम जिन् प्रतिमाओं का प्रतिष्ठाता था। पट्टावलियों में उसे एक उच्च्च चरित्र का विद्वान् कहा गया है जिसमें विद्वान् की सभी विशेषताएँ थीं। उसके द्वारा प्रतिष्ठित मूर्तियाँ उत्तर भारत के लगभग सभी जैन मन्दिरों में आज पायी जाती हैं और उन पर ये तारीखें हैं – वि॰ 1547 (1490 ई॰), 1548 (1491 ई॰) या 1549 (1492 ई॰)। ग्वालियर राज्य के तोमर शासक के समय उसने वि॰ 1510 में टोंक अधिराज्य में अनेक जैन मूर्तियां प्रतिष्ठित कीं। उसके शिष्य व परशिष्य मुनियों द्वारा प्रतिष्ठित अनेक पाषाण मूर्तियों के लेखों पर निरपवाद रूप से उसका नाम पाया जाता है। लगभग 64 वर्ष (1450-1514 ई॰) जिनचन्द्र पट्टाधीश के रूप में रहा। उसकी मृत्यु के बाद, खासकर वि॰ 1575 (1518 ई॰) के बाद, से उसका नाम एक पूर्व-पुरुष की तरह लिया जाने लगा। कई मुनि ब्रह्मचारी और गृहस्थ विद्वान् उसके चेले थे।[9]

चन्देरी पट्ट

मूल संघ का वर्णन सिर्फ दिल्ली पट्ट के वर्णन से ही पूर्ण नहीं होगा जब तक कि चन्देरी

9. जे॰पी॰ जैन दिल्ली पट्ट के मूल संघी भट्टारकों का समयक्रम; *अनेकांत,* 17, 2, पृ॰ 54-56; 74, 17, 4, पृ॰ 159-64.

पट्ट को संदर्भित नहीं किया जाता। पन्द्रहवीं सदी में चन्देरी पट्ट ने मालवा और बुंदेलखंड को आच्छादित कर रखा था। दिल्ली पट्ट के पट्टधर पद्मनन्दि का शुभचन्द्र के अलावा देवेन्द्रकीर्ति भी एक शिष्य था जिसकी मूल संघ की नन्दि आम्नय में पद्मनन्दि से किसी भी प्रकार कम साख नहीं थी। देवेन्द्रकीर्ति को जिसने गुजरात की तुलना में अपना अधिक समय बुन्देलखंड और उसके आसपास के इलाके में व्यतीत किया, को चन्देरी पट्ट की स्थापना का श्रेय जाता है। हमें यह विदित है कि गंधार की गद्दी की समाप्ति पर देवेन्द्रकीर्ति ने वि० 1461 (1404 ई०) में रंधेर में गद्दी पुनर्जीवित की। बाद में वि० 1581 (1461 ई०) में भट्टारक विद्यानन्दि ने इसे सूरत स्थानांतरित कर दिया। परन्तु यह सुनिश्चित नहीं है कि देवेन्द्रकीर्ति ने 1461 ई० में या इसके पूर्व ही भट्टारक का पद प्राप्त कर लिया था। *पुण्याश्रव प्रशस्ति* (संस्कृत) में उसे "मुनि" कहा गया है, और वि० 1473 (1416 ई०) में उसे भट्टारक पद्मनन्दि का शिष्य होना बतलाया गया है। देवगढ़ (ललितपुर) के एक मूर्ति अभिलेख से हमें यह पता चलता है कि वह वि० 1493 (1436 ई०) में भट्टारक था। चन्देरी पट्ट की स्थापना इस तारीख के पूर्व ही हो गई होगी। वि० 1499 (1442 ई०) में तो विद्यानन्दि परवार को अनेक अभिलेखों में देवेन्द्रकीर्ति दीक्षिताचार्य का चेला बतलाया गया है और वि० 1511 (1454 ई०) के एक मूर्ति अभिलेख में उसे स्पष्ट रूप से भट्टारक कहा गया है।

उन दिनों चन्देरी और आसपास के क्षेत्र को "चन्देरी मंडल" कहा जाता था और देवेन्द्रकीर्ति वि० 1532 (1475 ई०) में "चन्देरी मण्डलाचार्य" से ज्ञात था जैसाकि भिलसा (विदिशा) के बड़े मन्दिर के एक मूर्ति अभिलेख से पता चलता है। इस लेख में प्रभाचन्द्र से जिनचन्द्र तक की वंशावली भी दी हुई है जिसका प्रारंभ देवेन्द्रकीर्ति और उसके उत्तराधिकारी त्रिभुवनकीर्ति (और सिंहकीर्ति) से होता है। इसी प्रकार के अभिलेख करंज, गंज बासौदा और गुना से भी मिलते हैं (वि० 1531=1474 ई०)। दो और अभिलेख वि० 1542 (1485 ई०) की तारीख से भी प्राप्त हैं।

बड़ा मंदिर, ललितपुर के एक मूर्ति-अभिलेख में त्रिभुवनकीर्ति (देवेन्द्रकीर्ति का उत्तराधिकारी) को "मंडलाचार्य" कहा गया है जिसका अर्थ है कि वि० 1525 (1468 ई०) के कुछ समय पूर्व, जब भट्टारक जिनचन्द्र और भट्टारक सिंहकीर्ति (दोनों दिल्ली पट्ट के) की आम्नाय फल-फूल रही थी, उसने चन्देरी पट्ट को सुशोभित किया था। इसके अलावा, वि० 1522 (1465 ई०) में त्रिभुवनकीर्ति चन्देरी को बड़े मन्दिर की चौबीसी पट्ट (24 तीर्थंकरों) के अभिषेककर्त्ता के रूप में चित्रित होता है। स्पष्टतया वह 1465 ई० के पूर्व पट्ट धारण कर रहा था।

भानपुरा बड़ा मन्दिर के शास्त्र-भंडार में *शान्तिनाथ पुराण* की पांडुलिपि की प्रशस्ति

में देवेन्द्रकीर्ति आदि की परम्परा को "मालवाधीश" या "मालवादेशाधीश" वि॰ 1663 (1606 ई॰) और सिरोंज नगर चैत्यालय (गोलारद) में "मालवदेश" कहा गया है। दो मूर्ति अभिलेखों में भट्टारक ललितकीर्ति को "मंडलेश्वर" और "मंडलाचार्य" कहा गया है।[10]

वि॰ 1746 (1689 ई॰) में चन्देरी-सिरोंज-विदिशा पट्ट को परवार पट्ट कहा गया है। स्पष्ट कारण यह है कि चन्देरी और सिरोंज दोनों के ही पट्ट परवार समाज द्वारा स्थापित किये गये थे, और प्रत्येक के भट्टारक परवार समाज के ही थे। गौरतलब बात यह है कि भेलसा में कई महीनों तक भट्टारक ठहरते थे और उसे परवार समाज का गढ़ मानते थे, फिर भी वहाँ कोई स्वतंत्र गद्दी नहीं थी। गुना के दिगम्बर जैन मंदिर के एक यंत्र-लेख से पता चलता है कि सिरोंज पट्ट उन्नीसवीं सदी तक बरकरार रहा। उस समय सिरोंज 1818 ई॰ की आंग्ल-नवाब संधि के पूर्व के नवाबी राज्य टोंक का एक परगना था।[11]

अब प्रश्न यह उठता है कि चन्देरी पट्ट का नाम मालवा पट्ट क्यों रखा गया? इसका कारण था, पन्द्रहवीं सदी में मुगल सम्राट् जहाँगीर के तहत चन्देरी राजपूत बुंदेल राज्य की स्थापना। किसी प्रकार की भ्राँति न हो, इसलिए पट्ट का नाम परिवर्तित किया गया।

जैन हितैषियों की यह शंका कि मूल संघ दूषित हो गया था, देवगढ़ पर किये गए शोध से प्रामाणिक रूप में पुष्टि हो जाती है।[12] फिर भी यह तय है कि इस संघ के भट्टारकों का इस महान् जैन केन्द्र पर शुरू से पन्द्रहवीं सदी तक, अच्छे या बुरे के लिए, वर्चस्व बना रहा। हिन्दी प्रबन्ध या विनिबन्ध का विद्वान् लेखक भट्टारकवाद का विकास अनुरेखित करने के बाद भट्टारकों के भौतिकवाद पर खेद प्रकट करता है। वह कहता है कि वस्त्रधारी होने के बावजूद वे अपना संबंध मूल संघ से जोड़ते हैं। जो भी हो, उन्होंने अपने पद को गिरा लिया था और भ्रष्ट मुनियों की श्रेणी में आ गये थे।

मूल संघ के भट्टारकों की दो समानांतर परम्पराएँ थीं जो "सेनगण" और "बलात्कारगण" के नाम से जानी जाती थीं। सेनगण के भट्टारक अपने आप को पुष्करगच्छ से जोड़ते हैं, "वृषभसेनान्वय" का खिताब धारण करते हैं और अपना उद्‌गम वृषभसेन (ऋषभदेव का गणधर) से अनुरेखित करते हैं। त्रिवर्णाक्षर इत्यादि के लेखक सोमसेन सरीखे भट्टारक, इसी परम्परा में फले-फूले। बलात्कारगण के भट्टारक अपने आप को सरस्वतीगच्छ और कुन्दकुन्दान्वय के लेखन से सम्बद्ध करते हैं और अपना उद्‌गम कुंदकुंदाचार्य से बताते

10. चन्देरी पट्ट के भट्टारकों के नाम ये हैं – देवेन्द्रकीर्ति, त्रिभुवनकीर्ति, सहस्रकीर्ति, पद्‌मनंदि, यशःकीर्ति, ललितकीर्ति, धर्मकीर्ति, पद्‌मकीर्ति, सकलकीर्ति और सुनेन्द्रकीर्ति।
11. वाराणसी क्षुल्लक चिदानंद स्मृति ग्रंथ द्रोणगिरि (छतरपुर), 1973 में पं॰ फूलचन्द शास्त्री का लेख – "चंदेरी सिरोंज पट्ट", पृ॰ 119-22 देखिए।
12. डॉ भागचन्द्र जैन, *देवगढ़ की जैन कला*, भारतीय ज्ञानपीठ, नई दिल्ली, प्रथम संस्करण, 1974.

हैं। इस परम्परा में कई भट्टारक फले-फूले हैं; उनके शिष्य और प्रशिष्य सामान्यतः विद्वान् थे। वे तथा उनके शागिर्द अनेक जैन प्रतिमाओं को प्रतिष्ठित करने के साथ ही जैन साहित्य की रचना के लिये भी जिम्मेदार थे।

बलात्कारगण की ये शाखाएँ थीः करंज, लातूर, दिल्ली, जयपुर, नागोर, अटेर, ईडर, भानपुरा, सूरत, जेरहट, इत्यादि। इन सभी शाखाओं को सम्भालते हुए भट्टारक पद्मनन्दि उत्तरी भारत के कार-बार का मुख्य पोषक था। (वि॰1450=1328 ई॰)।[13] उसके तीन मुख्य शिष्य शुभचन्द्र, सकलकीर्ति और देवेन्द्रकीर्ति थे जिन्होंने क्रमशः दिल्ली, जयपुर, ईडर और सूरत की शाखाओं को प्रवर्तित किया। उनके शिष्य और प्रशिष्य अन्य शाखाओं के लिए जिम्मेदार थे। सकलकीर्ति, शुभचन्द्र, श्रुतसागर और ब्रह्मनेमिदत्त आदि की विद्वन्मण्डली का सम्बन्ध इसी बलात्कारगण से था।

सेनगण के भट्टारक अपनी पहचान हेतु अपने नाम के साथ मूल संघ, पुष्करगच्छ, वृषभासेनान्वय, आदि विरुदें धारण करते थे जबकि बलात्कारगण के भट्टारक मूल संघ, सरस्वतीगच्छ और कुंदकुंदान्वय, आदि उपनामों का भूमि उपदान के प्रलेखों, प्रतिष्ठा-अभिलेखों और ग्रंथ-प्रशस्तियों में उपयोग करते थे।

मामलों के अध्यवसायपूर्ण अध्ययन से यह तथ्य प्रकट होता है कि निस्तेज भट्टारक, चाहे नग्न या सवस्त्र, वे हैं जिन्होंने अपना एकात्मीकरण उक्त गुणों या लक्षणों से किया है, न कि मूल संघ के प्राचीन सम्मान्य आचार्यों के गुणों से। उनका मुख्य ध्येय स्वयं को काष्ठा आदि संघ के भट्टारकों से पृथक् करना था। वे अपने स्वयं द्वारा लिखित पुस्तकों में अपने आप को उन मुनियों का आचरण करने वाला कहते हैं जिनका वर्णन प्राचीन मूल संघ के आचार्यों ने किया है, इस परिगुण के साथ कि श्रुतसागर आदि जैसे कई भट्टारकों ने जब-तब शिथिलाचार को अपना समर्थन दिया।

यद्यपि इन भट्टारकों ने महसूस किया कि ये आध्यात्मिक मुनियों के बर्ताव का अनुसरण करने में असमर्थ थे, तथापि उन्होंने अपने आप को मुनि, यति, गणि, सूरि, आदि के रूप में प्रस्तुत किया। सहज कारण यह था कि जैन अनुक्रम में समाज के सिर्फ दो भागों का ही प्रावधान है, यथा, "मुनि" और "श्रावक"। यदि वे अपने आप को श्रावक की श्रेणी में रखते तो धर्म और समाज की दृष्टि में सम्मानीय कैसे सिद्ध होते और फिर उन्हें चँवरी वाली उन पालकियों में बैठने को कैसे मिलता जिनका सम्मान शासक भी करते थे? अन्य श्रावक उनकी आज्ञा कैसे मानते? मुनियों की श्रेणी में गिने जाने के लिए वे

13. पद्मनंदि समनाम लगभग छः हैं। हमारा पद्मनंदि वह है जिसका वर्णन देवगढ़ के दो अभिलेखों में हुआ है। इन अभिलेखों में से एक दिल्ली के राष्ट्रीय संग्रहालय में है और दूसरा वहीं धर्मशाला में प्रदर्शित है।

नग्न-लिंग या वेष धारण कर दीक्षित होते थे और जिस वजह से ऐसा लगता था मानो वे पारम्परिक मुनिव्रत का पालन कर रहे हों। फिर पंचों के कहने से उन्होंने वस्त्र पहनना शुरू किया। उनकी सोच और कार्य पद्धति सही मार्ग से विचर थी। उनकी जीवन-शैली बनी "भट्टारक पंथ" क्योंकि वस्त्रधारी भट्टारक मुनि नहीं कहला सकते थे (जैसाकि श्वेताम्बर मुनियों की परंपरा में था)।

मध्य युग में देवगढ़ ने मुनियों को न केवल प्रायिक निवास दिये बल्कि उनके लिए स्थायी निवास भी प्रदान किये। आज भी देवगढ़ के कई मन्दिर ऐसे हैं जो मूलतः साधुओं के रहवास थे। उन मंदिरों का निर्माण शास्त्रों में वर्णित मंदिर स्थापत्य के अनुकूल है ही नहीं। यहाँ कई साधु अपने जीवन के अंतिम दिन बिताते थे क्योंकि मंदिरों के आस-पास समाधि-स्तंभों व चरण-पादुकाओं के साथ-साथ अनेक समाधियाँ भी हैं। तात्पर्य यह है कि यहाँ कई मुनियों ने समाधि मरण लिया और यहीं उनकी अन्त्येष्टि-क्रिया की गई। यहाँ से प्राप्त आचार्यों, उपाध्यायों और साधुओं की अनगिनत मूर्तियों से पता चलता है कि यहाँ मुनियों के अनेक संघ रहे थे। एक मूर्ति लेख से पता चलता है कि कुछ मूर्तियां चतुर्विध संघ (मुनि, आर्यिका, श्रावक और श्राविका) के लिए बनायी गई थीं। इससे लगता है कि देवगढ़ में साधुओं को रहने के लिए अनेक प्रकार की सुविधाएँ उपलब्ध थीं।

संक्षेप में यह कहा जा सकता है कि देवगढ़ के साधु उन भट्टारकों की जमात थी जिनके अपने अलंकृत मंदिर और भिक्षुकावास थे, जिनसे हजारों मूर्तियों के निर्माण और उनकी प्रतिष्ठा में योगदान मिलता था।[14]

देवगढ़ के जैन धर्म की प्रकृति

सैकड़ों की तादाद में प्राप्त देवताओं और देवियों की मूर्तियां निःसंदेह इस तथ्य को उजागर करती हैं कि देवगढ़ का जैन समाज उस अनुष्ठानिक धर्म में श्रद्धा रखता था जिसमें अध्यात्मवाद के स्थान पर भौतिकवाद पर जोर था। यहाँ के भट्टारक बौद्धों के वज्रयानियों और ब्राह्मणों के कापालिकों जैसे थे जिन्होंने भौतिक सुखों और शारीरिक कामनाओं की तुष्टि हेतु धर्म के नाम में अनेक तरीके ईजाद कर लिये थे। उन्होंने देवी-देवताओं की काल्पनिक कथाओं, मंत्र-तंत्र और चमत्कार आदि से समाज को सम्मोहित कर दिया था। गुप्तोत्तरकालीन इस प्रक्रिया का अस्तित्व कश्मीर के कौलों, वाराणसी, प्रयाग और मथुरा के पंडों तथा दक्षिण भारत के भट्टारकों में आज भी देखा जाता है। इसकी पुष्टि डॉ॰ कस्तूरचंद कासलीवाल (देखिए, डॉ॰ कस्तूरचंद कासलीवाल, "तीन ऐतिहासिक पट्टावलियाँ"

14. ऐसे साधुओं में थे – लोकनंदि का शिष्य गुणनंदि, कमलादेवाचार्य और उसका शिष्य श्रीदेव, चन्द्रकीर्ति, यशःकृत्याचार्य और नागसेनाचार्य, कनकचन्द्र, लक्ष्मीचन्द्र, हेमचन्द्र, रत्नकीर्ति, प्रभाचन्द्र, पद्मनंदि, शुभचन्द्र, देवेन्द्रकीर्ति, आदि।

'सन्मति संदेश' 7, 3 मार्च 1962, पृ॰ 27) द्वारा खोजी गई वि॰ 1805 (1748 ई॰) की पट्टावली से होती है। यही लक्षण पन्द्रहवीं सदी के उन मूर्तिकारों या बुत-तराशों में प्रतिबिम्बित होती है जो अध्यात्म अभिमुखित उत्कीर्णन/नक्काशी से भौतिकता-अभिमुखित उत्कीर्णन/नक्काशी की ओर घूम गये थे।

काष्ठा संघ

दो संघ, जो आलोच्य काल में कार्यरत थे, उनमें से काष्ठा संघ का अनुरेखण जमुना किनारे दिल्ली के पास के काष्ठा ग्राम से किया जाता है। मथुरा से उद्‌भूत इस संघ की प्राचीन गतिविधियों का अभिलेख या अंकन या विवरण वास्तव में नियमित सिलसिले में उपलब्ध नहीं है, सिवाय ग्यारहवीं सदी के तोमरों के ग्वालियर की धातु मूर्तियों के अस्तित्व के। प्रतापसेन के पट्टधर माधवसेन के बारे में कहा जाता है कि उसने अलाउद्दीन खिलज़ी के दरबार में वाद-विवाद में विजय प्राप्त की थी। काष्ठा भट्टारक की प्राचीनतम उपलब्ध तारीख विमलसेन की है जिसका अनुरेखण उसके द्वारा क्रमशः जयपुर और दिल्ली में 1357 और 1371 में प्रतिष्ठित दो मूर्तियों से होता है। काष्ठा संघ पट्टावली से प्राप्त उसके उत्तराधिकारियों के नाम इस प्रकार हैं – हिसार के धर्मसेन,[15] भावसेन और सहस्रकीर्ति। और गुणकीर्ति की तारीख वि॰ 1460 (1403 ई॰) है, जब पं॰ खेमल खंडेलवाल ने उसे पुष्पदंत के *उत्तरपुराण* की प्रति भेंट की थी।

गुणकीर्ति (1403-24 ई॰)

गुणकीर्ति के साथ हम ग्वालियर में काष्ठा संघ की गतिविधियों के बारे में ठोस आधार पर होते हैं, उन कारणों से जो इस समय के सभी संघों के भट्टारकों पर लागू होते हैं और उस मूल संघ पर भी जो ग्वालियर में इस वक्त साथ में ही पनप रहा था। ऐसा होना अपने आप में एक अनुकरणीय भ्रातृत्व की भावना थी।[16] इस समय काष्ठा का प्रतिरूप/प्रतिपक्ष माथुरगच्छ (पन्द्रहवीं सदी के तोमर संरक्षकों के शासन में) जैन समाज के धार्मिक जीवन को पूर्णरूपेण प्रभावित किये हुए था और इसके पीछे खास हाथ था – राष्ट्रकवि महाकवि रइधू की धार्मिक-साहित्यिक कार्य-सिद्धियों का। दिल्ली सल्तनत

---

15. हिसार हांसी सुल्तान फिरोज़ तुगलक द्वारा बनाया गया एक नया प्रखंड था। तब से यह एक जैन केन्द्र रहा जो दक्षिण में नारनूल तक और राजस्थान के नागोर जिले में लाड़नूं पार तक फैला था।

16. चूंकि काष्ठा संघ का कोई आचार ग्रंथ नहीं है, इसलिए हम इसके नियमों या नीति वचनों के बारे में बहुत कम जानते हैं। सिर्फ यही मालूम है कि इस संघ के साधु गोपिच्छी रखते थे और कि एक ही जाति या उपजाति के लोग फल-फूल रहे दोनों ही संघों – काष्ठा और मूल, के अनुयायी थे।

के विघटन के बाद प्रांतीय राज्य, जो सभी दृष्टि से स्वतंत्र थे, स्थानीय जैन संस्कृति के पोषक थे जैसाकि हमें गोरी और खिलज़ी तुर्की परिवारों द्वारा शासित नजदीक के मांडोगढ़ की गतिविधियों से पता चलता है। मालवा के साथ ही ग्वालियर के जैन समाज ने भी न केवल बड़े पैमाने पर मूर्ति-पूजा अपनाई बल्कि रइधू से सरस्वती के उपासक ने तो साहित्यिक रचना के क्षेत्र में मांडोगढ़ में मंडन-संग्राम-पुंजत्रयी को लोकप्रिय बनाया। ग्वालियर में इस सभी वैशिष्ट्य और विकास की साख सामान्यतया काष्ठा भट्टारकों को, और विशेषतः गुणकीर्ति और उसके शिष्य छोटे भाई यशःकीर्ति को जाती है।

गुणकीर्ति ज्ञान और तप में समान रूप से लब्धप्रतिष्ठ था। उसने उसी के बल पर उसके समय के राजपूत शासकों, उनके मंत्रियों और जैन अग्रवाल जाति के खजांचियों को असामान्य रूप से प्रभावित किया था और दिलोदिमाग में उसके इन्हीं गुणों के कारण रइधू और काष्ठा पट्टावली प्रलेख के लेखक ने उसकी प्रशंसा की है। तपाधिक्यता ने उसे बिल्कुल कृश कर दिया था। डूंगरसिंह (1425-59) के समय प्रतिस्पर्धा की भावना से जो बड़ी और छोटी मूर्तियों विशाल पैमाने पर तराशी गयी थीं, वे गुणकीर्ति और उसके शिष्यों की प्रेरणा का परिणाम थीं।

यशःकीर्ति

यशःकीर्ति भट्टारक गुणकीर्ति का अनुज और शिष्य था। वह सुलेखक या खुशनवीस था और प्राकृत, संस्कृत और अपभ्रंश का सुज्ञाता। उसकी कलम से उद्भूत चार कृतियाँ आज भी विद्यमान हैं। पट्टावली में उसकी तारीफ़ की गई है और कवि रइधू ने उसे "मंत्र गुरु" माना है। उसने अपने गुरु की आज्ञा से ग्वालियर के पास मुरार नदी के तीर पर कुमारनगर (अब खुमहारपुर) के मंदिर में बैठकर महाकवि स्वयंभूदेव के प्रसिद्ध हरिवंश पुराण के अपकर्षित और जीर्ण-शीर्ण विखंड के प्रतिलेखन का कार्य किया और पांडुलिपि के अविद्यमान और लापता अंश को स्वयं के सर्जन से पूरा किया। यशःकीर्ति द्वारा हस्तातंरित यह प्रतिलिपि पुणे के भंडारकर प्राच्य शोध संस्थान में सुरक्षित है।[17] आज विद्यमान अपभ्रंश की चार कृतियों के लेखक यशःकीर्ति ने रइधू को अनेक अपभ्रंश काव्य लिखने के लिए प्रोत्साहित किया और साथ ही दक्ष कारीगरों द्वारा उसने दिल्ली और हिसार के जैन सेठों को ग्वालियर के किले में, शायद किले की विशालता को मद्देनज़र रखते हुए, विशालकाय मूर्तियां तराशने के लिए प्रेरित किया।

यशःकीर्ति के बाद

यशःकीर्ति के बाद भट्टारक मलयकीर्ति (1453-68 ई॰) और भट्टारक गुणभद्र (1468-83 ई॰)

17. हरिहरनिवास द्विवेदी, *ग्वालियर के तोमर*, पृ॰ 106-08.

ने ग्वालियर के काष्ठा संघ की गद्दी संभाली। गुणभद्र ने 15 अपभ्रंश कथाएँ ग्वालियर के मंदिर में लिखीं जो आज भी दिल्ली में खजूर मस्जिद के पंचायती मंदिर में सुरक्षित हैं। गुणभद्र के पट्टधर, भट्टारक भानुकीर्ति ने भी *रविव्रत कथा* लिखी।

परमानंद शास्त्री द्वारा संदर्भित ग्वालियर गद्दी की पट्टावली अपूर्ण प्रतीत होती है। भानुकीर्ति के बाद कमलकीर्ति का नाम आता है और फिर इन भट्टारकों के, जो काष्ठा संघ के हिसार पट्ट के प्रतीत होते हैं। कमलकीर्ति रइधू का "दीक्षा गुरु" था, जिसने ग्वालियर गद्दी के सोनगिरि पट्ट की स्थापना की थी। उस पर प्रथम पट्टधर के रूप में उसका शिष्य शुभचन्द्र (1449-73 ई॰) आसीन हुआ था। काष्ठा संघ के भट्टारकों की श्रृंखला में आगे नामों की अनुपलब्धता के कारण हम यहीं रुकते हुए काष्ठा संघ के कार्य-कलाप को लेते हैं जो तोमर शासकों द्वारा प्रेरित काष्ठा भट्टारकों और उनके जैन अग्रवाल शिष्यों, जिन्होंने डूंगरसिंह (1425-59) और उसके पुत्र कीर्तिसिंह (1459-80) के दरबार को सुशोभित व प्रभावित किया था, द्वारा प्रतिपादित किया गया था और जिस वजह से ग्वालियर में जैन दिगम्बर संघ का स्वर्ण युग आया था। राष्ट्रकवि रइधू का नाम विशेष उल्लेखनीय है। इस शतवर्षीय लेखक को छोटी-बड़ी लगभग 30 पुस्तकों के सृजन का श्रेय है जिनमें से लगभग 24 आज भी विद्यमान बतलायी जाती हैं। वास्तव में हिसार-फिरोज़ा आधारित जैन अग्रवालों के आगमन से नया मोड़ आया। वे शासन कर रहे अनेक परिवारों के मंत्री और खजांची थे; उन्होंने ग्वालियर के राजपूत राज्य को अद्वितीय दिगम्बर जैन केन्द्र में परिवर्तित कर दिया था और ग्वालियर अब इन करोड़पति जैन अग्रवाल श्रावकों की संस्कृति का प्रतिनिधि बन चला था। यह काष्ठा संघी भट्टारकों की एक महान् उपलब्धि थी। यह भट्टारक अपने मूल संघी प्रतिपक्षियों से बढ़कर निकल गये। साहित्य के क्षेत्र में ये श्रावक मांडोगढ़ के श्वेताम्बर प्रतिद्वंद्वियों को पीछे छोड़ गये और इसके लिए अकेले महाकवि रइधू के प्रयत्न ही पर्याप्त थे। श्रावकों ने ही ग्वालियर किले में अनेक सामान्य व विशालकाय मूर्तियां बनवाईं। संदर्भित दो तोमर शासकों के तहत लगभग 30 वर्ष तक यह कार्य जारी रहा जो कि एक कीर्तिमान योगदान है।

ग्वालियर के तोमर राज्य में जैन धर्म (पन्द्रहवीं सदी)

ग्वालियर के तोमर शासक

तोमरों का उद्गम उनकी पुरानी राजधानी ऐशा से माना जाता है। बाद में इन्होंने दिल्ली को अपनी राजधानी बना लिया था। परन्तु समय का बहाव ऐसा आया कि तराईन के युद्ध (1192 ई॰) के फलस्वरूप ऐबक ने दिल्ली पर अपना अधिकार कर लिया (1193 ई॰) और इन्हें पुनः ऐशा जाना पड़ा। ऐशा से दिल्ली और लगभग 200 वर्षों के लिए पुनः दिल्ली से ऐशा में इन्हें स्थापित होना पड़ा। फिर राजा वीरसिंह (1375-1400 ई॰) ने सफलतापूर्वक

अपना भाग्य पहले तो "राय" की हैसियत से अपनाया, और फिर बाद में फिरोज़शाह तुगलक की मृत्यु (1388 ई॰) के बाद उसने इटावा के सुमेर चौहान और खोरा तथा भुवैनगाँव के शासकों (1391-92 ई॰) की सहायता ली और ग्वालियर का स्वतंत्र शासक हो गया क्योंकि तब फिरोज़ के कमजोर उत्तराधिकारियों में उत्तराधिकार के लिए गृह-युद्ध छिड़ गया था। परन्तु, वीरसिंह को शायद किन्ही अपरिहार्य कारणों से शांति संधि कर दिल्ली में अपना स्थान बनाना पड़ा। लगता है, अगले वर्ष (1392-93 ई॰) वह ऐशा पुनः लौटने में कामयाब हो गया और फिर उसने दिल्ली के तत्कालीन शासक अलाउद्दीन सिकंदरशाह के समय तुर्की क्षेत्र में लूट-खसोट मचाई। अलाउद्दीन सिकंदरशाह ने (शायद तंग आकर) सुल्तान मुहम्मद तुगलक द्वितीय की जनवरी, 1394 में मृत्यु के बाद वीरसिंह को ग्वालियर का शासकत्व प्रदान कर दिया। परन्तु उसे किलेदार से ग्वालियर का किला हासिल करने के लिए (1394 ई॰) दाँव-पेच का सहारा लेना पड़ा। बहरहाल यह उसकी एक महान् उपलब्धि थी जिसने बाद में तुगलक राजकुमारों के मध्य गृह-युद्ध के कारण फैली अव्यवस्था व अराजकता के दौर में होने वाली बड़ी घटनाओं के पूर्वगामी होने का सेहरा बाँधा। तभी से तोमर शासकों की महत्ता बढ़ने लगी। उनका महत्त्व केवल उनकी शूरवीरता से ही नहीं था बल्कि उन्होंने जो सांस्कृतिक रिक्थ या वसीयत छोड़ी, उससे भी था। वीरसिंह केवल नाम से ही "वीर" नहीं था, बल्कि उसने अपने स्वयं की विज्ञता द्वारा और विज्ञों को प्रश्रय देकर अपनी विशिष्ट पहचान भी बनाई थी। वह खगोलशास्त्र, धर्मशास्त्र, वैदिक विद्या और आयुर्वेद का ज्ञाता था और उसने *दुर्गा भक्ति तरंगिणी* और *वीरसिंहावलोक* (आयुर्विज्ञान पर प्रबन्ध) की रचना सन् 1392 ई॰ में की थी।

प्रस्तुत संदर्भ में सबसे महत्त्वपूर्ण बात है, ग्वालियर में राजपूत प्रभुत्व स्थापित होने के पहले जैन-तोमर सौहार्द। वीरसिंह के समय जयसिंह सूरि, जो श्रीकृष्णगच्छ या श्रीकृष्णार्शिगच्छ (वि॰ 1391=1334 ई॰) का संस्थापक था, ने *कुमारपालचरित काव्य* (वि॰ 1422=1365 ई॰) लिखा, और उसकी प्रतिलिपि जयसिंह सूरि के महान् शिष्य नयचन्द्र मुनि (बाद में सूरि) ने की थी। सूरि का पद प्राप्त कर लेने के बाद उसने वीरमदेव तोमर (1400-23 ई॰) जो वीरसिंह का पौत्र और उद्धरणदेव का पुत्र था, के अनुरोध पर प्रख्यात *हमीर महाकाव्य* की रचना की। जयसिंह सूरि नागचन्द्र सूरि का काव्य-गुरु था। नयचन्द्र सूरि के *हम्मीर महाकाव्य* से पता चलता है कि नागचन्द्र ने शास्त्रार्थ में सारंग को हराया था। सारंग का अभिज्ञान शार्ङ्गधर से किया जाता है जिसने वीरसिंह के *वीरसिंहावलोक* की प्रतिलिपि तैयार की थी। वह शार्ङ्गधर हम्मीरदेव चौहान के सभापद राघवदेव का पौत्र था। राघवदेव को दो पौत्र यह शार्ङ्गधर और उसका भाई लक्ष्मी, रणथम्भौर से प्रवास कर तोमरों के संरक्षण में चले गये थे। समय की मांग के अनुसार जयसिंह सूरि स्वयं ग्वालियर

या ऐशा के पाहुने हुआ करते थे। वीरसिंह के बारे में इतना ही। अब आगे ग्वालियर किले में नयचन्द्र सूरि के नजदीकी सम्पर्क का जिक्र किया जाएगा।

ग्वालियर साम्राज्य की बुनियाद के समय हम वीरसिंह के रणथम्भौर के सूरियों के साथ सम्पर्क के बारे में जान चुके हैं। उसकी पराकाष्ठा पन्द्रहवीं सदी के दूसरे और तीसरे चतुर्थांश में डूंगरसिंह और उसके पुत्र कीर्तिसिंह के शासनकाल में हुई। उनके समय एक ओर तो काष्ठा संघ के भट्टारकों और दूसरी ओर हिसार-फिरोज़ा आधारित अग्रवाल मंत्रियों व कोषाध्यक्षों ने राजकवि (महाकवि) रइधू, जो वस्तुतः राजपूत तोमरों के जैन प्रदेश का साहित्यिक पिता था, के साथ जैन धर्म को खूब विकसित किया। इसके बीच वीरमदेव (1402-23 ई॰) के दो दशकों की वह निर्माणी अवधि पड़ती है जिसने वीरसिंह के प्रारम्भिक या भूमिकात्मक काल के लिए मंच प्रदान किया, साथ ही डूंगर-कीर्ति युग को शीर्ष युग का दर्जा प्रदान किया। उदाहरणार्थ एक प्रसिद्ध कायस्थ विद्वान् ने कुशराज मंत्री के अनुरोध पर *यशोधरचरित* लिखा। यह कुशराज वह व्यक्ति था जिसने ग्वालियर में चन्द्रप्रभु भगवान का मंदिर बनवाया था और बड़े उत्साह से प्रतिष्ठा समारोह किया था। वीरमदेव के समय काष्ठा संघ का गुणकीर्ति ग्वालियर पट्ट का भट्टारक था जिसने कायस्थ पद्मनाभ को *यशोधरचरित* लिखने के लिए प्रोत्साहित किया था। सबसे बड़ी बात थी — नयचन्द्र सूरि द्वारा ऐतिहासिक महाकाव्य *हम्मीर महाकाव्य* की रचना। इस रचना ने रचनाकार को तत्कालीन जैन-ब्राह्मण साम्प्रदायिक विद्वेष से ऊपर उठा दिया क्योंकि उसने राजाओं की कौम के मस्तिष्क को शुद्ध करने की दृष्टि से अपने संरक्षक के पूजनीय व्यक्तित्व की स्तुति में बेजोड़ तरीके से लिखे *हम्मीर महाकाव्य* में ब्राह्मण और जैन दोनों देवताओं की समान रूप से आराधना की है। सन्दर्भित काव्य एक आदर्श राजपूत शासक और एक आक्रामक तुर्क अलाउद्दीन ख़िलज़ी के चरित्र को भी उजागर करता है। नयचन्द्र के काव्य की प्रेरणा-स्रोत वीरमदेव की राजसभा थी। यह तथ्य ग्वालियर तोमर शासक वीरमदेव के राजनीतिक आदर्श के लिए एक महान् गौरव की बात है। ऐसा माना जाता है कि वीरमदेव की राजसभा का ही उत्पाद *रम्भामंजरी* थी। *रम्भामंजरी* एक नाटक है जिसे नयचन्द्र सूरि की ही कृति माना जाता है।

फिरोज़शाह तुगलक (1388 ई॰) के कमजोर शासनकाल में गंगा-जमुना और चंबल घाटी के राजपूत सरदार इटावा के शासक सुमेरसिंह के नेतृत्व में एकजुट हो गये थे। उनके दो क्रमिक उत्थान हुए – 1391-92 ई॰ और 1392-93 ई॰। वीरसिंह देव द्वारा अलाउद्दीन सिकंदरशाह हुमायूँ खान के उत्तराधिकारी नासीरुद्दीन मुहम्मद शाह के समय 1394 ई॰ में ग्वालियर का किला जीता जाना इन्हीं उत्थानों में से था। वीरमदेव की इस उपलब्धि के साथ घटनाक्रम में मोड़ आया। अनिश्चितता व्याप्त हुई जो लगभग पाँच वर्षों

तक बनी रही। इसी अवधि में एक बाह्य विपत्ति ने, अच्छे या बुरे के लिए, हिन्दुस्तान का भाग्य इस कदर पलट डाला कि समूचा देश अनेक स्वतंत्र-सांग्रामिक राज्यों के पुंज में विभाजित हो गया। दिल्ली भी एक राज्य मात्र ही रह गई थी। तोमरों का ग्वालियर, जो मालवा, गुजरात, जौनपुर और दिल्ली राज्यों से घिरा हुआ था, तीन दशकों के अंदर एक महान् राज्य में विकसित हो गया, तथा इसी अवधि में उसने ओजस्विता भी प्राप्त की। यही नहीं, डूंगरसिह (1425-59 ई॰) और कीर्तिसिंह के घटना प्रधान शासनकाल में ग्वालियर राज्य ने जैन ब्राह्मण संस्कृति को बिल्कुल स्वतंत्र रूप से विकसित किया, बावजूद इसके कि आसपास के लड़ाके या आक्रमणशील राज्यों द्वारा कभी-कभी अशांति, उपद्रव और उत्पात भी फैलाया जाता था। जो भी हो, डूंगरसिंह और कीर्तिसिंह का लगभग 50 वर्षों का शासनकाल ग्वालियर राज्य का स्वर्णयुग था, खासकर जैन संस्कृति के संदर्भ में।

डूंगरसिंह (1425-59 ई॰)

यद्यपि डूंगरसिंह को अनिवार्य रूप से या अपरिहार्य रूप से जैन हितों का प्रोत्साहक तो नहीं कहा जा सकता, तथापि उसने अपनी ब्राह्मण-बाहुल्य प्रजा पर ब्राह्मण राजकवि को उनका प्रवक्ता या प्रतिनिधि बनाते हुए शासक के रूप में जो भूमिका निभाई, उस आधार पर हम उसके व्यक्तित्व की एक संतुलित तस्वीर अवश्य खींच सकते हैं।

पन्द्रहवीं सदी, जो "सांस्कृतिक संश्लेषण" की सदी मानी जाती है, में डूंगरसिंह अन्य शासकों के मध्य असाधारण व्यक्तित्व वाला शासक था। इस समय कश्मीरी सामासिकता का संस्थापक-पिता महान् सुल्तान जैनुल आबिदीन (1451-52 ई॰ में) उसके राज्य में हुए एक महान् समारोह में दो महान् राजपूत शासकों के सम्पर्क में आया था; उनमें से एक था – राणा कुंभा और दूसरा था – यह डूंगरसिंह। इस सम्पर्क से उसे (जैनुल आबिदीन) संगीत पर दो पांडुलिपियाँ प्राप्त हुईं – *संगीत चूड़ामणि* और *संगीत शिरोमणि*। साथ ही कश्मीर के तत्कालीन राजपंडित श्रीवर की *जैन राजतरंगिणी* से यह पता चलता है कि उसे (जैनुल आबिदीन को) डूंगरसिंह के गीतों का संग्रह भी मिला था और तोमर राजा मानसिंह के साथ जो विकास धार्मिक और साम्प्रदायिक विश्वासों की सीमा पार कर चुका था, उसकी साख जैनुल आबिदीन और डूंगरसिंह तथा कीर्तिसिंह की आपसी मैत्री को जाती है। विकास की प्रांजल शुरुआत इसी वजह से हुई थी।

डूंगरसिंह वीर तो था ही, साथ ही उसमें रूढ़िगत ब्राह्मणवाद के ध्वज को थामे रखने की योग्यता भी थी। उसने अपनी अल्पसंख्यक प्रजा की रक्षा एक कल्पवृक्ष के समान की। इस सबकी जानकारी हमें उसके राजकवि विष्णुदास द्वारा 1453 ई॰ में हिन्दी में रचित *महाभारत* से मिलती है जिसका पूर्वाभ्यास अश्वपतियों, गजपतियों और नरपतियों और इस

टोडरमल (अर्थात् डूंगरसिंह) के समय हुआ था। विष्णुदास हिन्दी का प्रथम महाकवि था जिसने डूंगरसिंह के दरबार को सुशोभित किया था। उसकी एक कृति *स्वर्गारोहण* का आज से लगभग 150 वर्ष पूर्व 1850 ई॰ में फ्रांसीसी भाषा में तरजुमा हुआ था। विष्णुदास ने हिन्दी में *महाभारत* की रचना इसलिए की थी कि वह अपने संरक्षक डूंगरसिंह की इस जिज्ञासा को शांत करना चाहता था कि धर्म के वे कौन आवश्यक तत्त्व हैं जिनके सहारे अल्पसंख्यक पाँच पांडवों ने बहुसंख्यक 101 कौरवों पर विजय प्राप्त की थी।[18] विष्णुदास ने उस सारे विपथ-गमनों को मद्देनज़र रखा है जो समाज में प्रवेश कर गये थे, विशेषकर राजाओं में वीरता की न्यूनता को।

विष्णुदास ने बिना किसी के अनुरोध पर स्वतः हिन्दी में *रामायण* की रचना भी की। इसमें उसने लोभ के उस बीज को कोसा है जिससे पाप का वृक्ष पनपता है और जिस पर विषैले कुकर्मों या दुष्कर्मों के फल लगते हैं। लोभ या लालच और विवेक की कमी जुड़वाँ बुराइयाँ हैं जिसे "राम नाम" की कुल्हाड़ी से काटकर मोक्ष प्राप्त किया जा सकता है। पर, इसके लिए सहगामी या सहवर्ती आवश्यकता है "रामराज्य" अर्थात् ऐसे नर की जो धरा की रक्षा कर सके।

वास्तव में डूंगरसिंह का राजकवि उस हिन्दी (ग्वालियर) का जनक था जिसने अगली सदी में तुलसीदास और केशव के छन्दों के लिए नींव का काम किया था। विष्णुदास की *महाभारत* और *रामायण* तथा उसके लड़के नारायणदास की *छित्तयीचरित* ने हिन्दवी के पूर्व मुगल काव्यों के लिए पथ-प्रदर्शक का कार्य किया।

पन्द्रहवीं सदी – ग्वालियर का स्वर्ण युग

तैमूरी सैनिकों द्वारा तुगलकों की राजधानी की अंधाधुंध लूट और निरीह जन सामान्य के संहार से स्थिति काफी नाजुक हो गई और अनेक स्वतंत्र प्रादेशिक राज्य उठ खड़े हुए। दिल्ली भी एक ऐसे ही राज्य के दर्जे में ला दी गई। ग्वालियर ने भी मौके का फायदा उठाया और तोमरों के अधीन अपना एक स्वतंत्र राज्य स्थापित कर लिया। उनके समय, खासकर जुड़वाँ तोमरों डूंगरसिंह और कीर्तिसिंह के समय जैन सम्प्रदाय को असाधारण प्रोत्साहन मिला। हिसार आधारित जैन अग्रवाल श्रेष्ठियों का बोलबाला हुआ और ग्वालियर जैन व्यापारिक व वाणिज्यिक वर्गों, जो राष्ट्रीय और अंतर्राष्ट्रीय स्तर पर आयात-निर्यात का धंधा करते थे, के लिए आकर्षण का केन्द्र बना। इस समय के ग्वालियर का सांस्कृतिक इतिहारा वस्तुतः जैन समुदाय के उन अग्रवाल करोड़पतियों का है जिन्होंने तोमर प्रशासन में ऊँचे-ऊँचे ओहदे प्राप्त कर रखे थे। प्रस्तुत संदर्भ में राजाराम जैन द्वारा सम्पादित एक

18. जैसे तुर्की अल्पसंख्यक वर्ग ने मध्य-युग में राजपूत बहुसंख्यक दल को परास्त किया था।

मूर्ति के अभिलेख (रइधू के *सम्मतगुण निहाँ काव्य* की प्रशस्ति के प्रकाश में) को सन्दर्भित करना उचित होगा। पता चलता है कि अग्रवाल श्रेष्ठियों ने अपने आचरण, व्यवहार, कुशल प्रज्ञान, चतुराई, बेहतर ज्ञान-बोध, साहित्यिक एवं सांस्कृतिक महत्त्वाकांक्षा, विद्वद्मंडली के लिए उनका आदर, कला के प्रति उनकी ललक, आदि ने तोमर शासकों के परिवार को प्रभावित किया था, और जैसाकि रइधू कहता है, उन्होंने ग्वालियर को वस्तुतः एक महान् जैन तीर्थ में परिवर्तित कर दिया था।

ग्वालियर अब काष्ठा संघ, माथुरागच्छ, पुष्करगण के उन भट्टारकों का केन्द्र हो गया था जो जैन अग्रवालों के परम्परा-गुरु और समाज-नेता थे। डूंगरसिंह ने अपने किला-निवास पर भगवान आदिनाथ के महान् उपासक रइधू को उस समय आमंत्रित किया था जब वह कवि के रूप में परिपक्वता हासिल कर चुका था। कवि ने उसका आमंत्रण स्वीकार तो कर लिया था परन्तु आदिनाथ के दर्शन के बिना वह व्याकुल था। अतः उसके बचपन के साथी और बाद के शिष्य कमलसिंह संघवी,[19] जो अग्रवालों के मुद्गल गोत्र का था, डूंगरसिंह का विश्वसनीय नगर सेठ था और उसका वित्त तथा गृहमंत्री भी था, ने उसके लिये लगभग 16 मी॰ ऊँची विशाल आदिनाथ की मूर्ति बनवाई जिसकी प्रतिष्ठा रइधू ने स्वयं की थी। रइधू के ज्ञान, सत्यनिष्ठा, छन्द-योजना पर अधिकार, धर्मपरायण व्यवहार, निष्कपट संबंध, प्रयोज्य स्वभाव, आदि ने तोमर शासक और उसके युवराज को बहुत अधिक प्रभावित किया, इतना कि उन्होंने बिना किसी भेदभाव के छोटी-बड़ी मूतियों के लक्षण में काबिल-ए-तारीफ़ योगदान दिया। डूंगरसिंह ने तो रइधू को अपने किले में ही स्थायी निवास दे दिया था जहाँ से वह अपना लेखन कार्य किया करता था।

यहीं नही, कभी-कभी तो वह अमीर अग्रवालों के यहाँ भी पहुँच जाता था और वे उसकी त्यागी प्रवृत्ति, साहित्यिक प्रज्ञा व उपलब्धि से इतने प्रभावित होते थे कि वे उसकी मनोकांक्षा पूरी करने में जरा भी संकोच नहीं करते थे। उसकी एक महान् अपभ्रंश की रचना *पासनाह चरिउ* जिसे उसने *काव्य-रसायन* कहा, उन्हीं के योगदान का प्रतिफल थी। दिल्ली के श्वेताम्बर जैन शास्त्र भंडार में उसकी पांडुलिपि की जो सचित्र प्रतिलिपि उपलब्ध है, वह खेऊ साहू या खेमसिंह के एक पुत्र के प्रश्रय की देन है। रइधू की कृति के लिये उसे उसके रक्षक द्वारा विदेशों से मंगवाई गई तीन पोशाकें भेंट की गई थीं।

अग्रवालों के अलावा रइधू के प्रशंसक या भक्त जायसवाल, खण्डेलवाल, पद्मावती-पुरवाल और गोलालार बिरादरी के भी थे। वास्तव में वे सब नैतिक पर्यावरण में पोषित थे – ओजवान, कारोबारी-दिमाग, धार्मिक, दानवीर, परोपकारी, कौतूहली (जिज्ञासु), साहित्य-प्रेमी, स्तुत्यों के प्रति श्रद्धालु। और यह सब जानकारी हमें इस महाकवि की

19. वह एक सामुदायिक तीर्थाटन मंडली का संयोजक और नेता भी रहा था।

सुसाध्य कलम से मिलती है। वास्तव में इस विद्वान् कवि ने अपनी ग्रंथ-प्रशस्तियों में इन व्यक्तित्वों और उनके निःस्वार्थ, निष्कपट या अवंचनीय प्रख्यात वंशों के बारे में जो प्रकाश डाला है, वह अतिरंजित नहीं है बल्कि न्यायोचित ही है। उसकी ये प्रशस्तियां जैन सामाजिक और सांस्कृतिक इतिहास के नायाब स्रोत भी हैं।

अब हम रइधूकालीन ग्वालियर में जैन धर्म और पन्द्रहवीं सदी में ग्वालियर के जैन समाज के बारे में वर्णन करने के पूर्व कुछ प्रमुख जैन व्यापारियों का आकलन करेंगे। सबसे पहले डूंगरसिंह के दरबार के अति ख्याति प्राप्त कमलसिंह को लेते हैं जिसने युवराज कीर्तिसिंह के साथ ग्वालियर किले में इतनी विशाल प्रतिमा बनवाई थी कि वैसे पहले कभी नहीं बनी और अन्यत्र कहीं नहीं बनी।

रइधू की *सम्मतगुण निहाँ काव्य* की प्रशस्ति में कमलसिंह का नाग सातवें या अंतिम स्थान पर आता है। यह काव्य स्वर्णयुगीन पन्द्रहवीं सदी के ग्वालियर की तत्कालीन संस्कृति के महत्त्वपूर्ण स्रोतों में से एक है। नामों का क्रम कुछ इस प्रकार है – डूंगरसिंह, काष्ठा संघ, माथुरान्वय, गुणकीर्तिदेव, यशःकीर्ति, रइधूआम्नाय और कमलसिंह। यह कमलसिंह रइधू का मित्र और भक्त होने के साथ ही "संघवी" भी था, अर्थात् संघ (तीर्थाटन) का नेता या अगुआ या संयोजक/संचालक। इसी ने रइधू को उसके लिये काव्य लिखने का अनुरोध किया था। उसका सकारात्मक जवाब पाने पर उसने (कमलसिंह) तत्कालीन शासक और उसके प्रत्यक्ष उत्तराधिकारी या युवराज को उससे अवगत कराया था जिन्होंने इस बात पर मंत्री (कमल सिंह) का तांबूल से स्वागत किया था, और जिन्होंने उसके प्रस्ताव को न केवल समर्थन ही दिया था बल्कि इस कार्य हेतु वित्तीय मदद में सहयोगी होने का वादा भी किया था। यह धार्मिक मामलों में उस ऐक्य और आपसी समन्वय का द्योतक है जिसने उस रइधू की साहित्यिक गतिविधियों को प्रोत्साहित किया जो हमेशा ही अपनी रचनाओं के लिये गंभीर, गूढ़, सौम्य और संयत विषय चुनता था। जहाँ तक आदिनाथ की विशाल मूर्ति का सवाल है, वह दक्खन की गोमटेश्वर (आदिनाथ के पुत्र बाहुबली) की मूर्ति की याद दिलाती है और उसे बनने में लगभग 33 वर्ष (वि॰ 1497=1440 ई॰ – वि॰ 1530=1473 ई॰) लगे थे। शायद इसकी प्रेरणा बावनगजा (बड़वानी) की आदिनाथ की मूर्ति और गोमटेश्वर की मूर्ति से ली गई हो। फर्क यह है कि ये दो संदर्भित मूर्तियाँ खड्गासन में हैं और यह आदिनाथ की मूर्ति पद्मासन में। इसे ग्वालियर की रेलवे पुस्तिका में "पहाड़ी दैत्य" की संज्ञा दी गई है। इसके पूर्ण होने पर इसकी प्रतिष्ठा रइधू ने स्वयं करवाई थी। तैंतीरा वर्ष की लंबी अवधि में किले में और भी अनेक मूर्तियाँ तराशी गई थीं।

कमलसिंह के अलावा रइधू का दूसरा प्रेरक खेऊ साहू या खेमसिंह था जो मूलतः

दिल्ली का था और दिल्ली तब खिज्रखाँ के उत्तराधिकारी सैयद मुबारकशाह के अधीन थी और एक दार्शनिक भूभाग की तरह प्रख्यात। दिल्ली से ग्वालियर आने पर साहू खेऊ ग्वालियर का नगर सेठ बन गया था। वह वस्त्रों और आभूषणों का विदेशों से व्यापार करता था। गोपाचल की विशाल मूर्ति उसी ने बनवाई थी; और एक अभिलेख के आधार पर रइधू उसका प्रतिष्ठाता था। खेमसिंह के पुत्र कमलसिंह ने ग्वालियर में अपने आप को एक व्यापारी की तरह सुव्यवस्थित कर लिया था। उसने भी 11 हाथ ऊँची आदिनाथ की एक विशाल मूर्ति बनवाई थी।

हिसार फिरोज़ के खेल्हा ब्रह्मचारी, जिसे मुनि यशःकीर्ति से ब्रह्मचर्य का अनुव्रत लेने के कारण ब्रह्मचारी के नाम से जाना जाता है, ने गोपाचल पर चन्द्रप्रभु भगवान की विशालकाय मूर्ति बनवाई थी। लगता है, वह युग विशालकाय मूर्तियों का ही था। वैसे कुछ इनके पूर्व की विशालकाय मूर्तियाँ (वास्तव में इतनी तो नहीं) पांडिचेरी के लगभग 20-30 कि॰मी॰ की परिधि में भी हैं। आगे, निरंतरता को बरकरार रखते हुए यह लिखना है कि ब्रह्मचारी की कमलसिंह से प्रगाढ़ मित्रता थी और कि वह फिरोज़शाह तुगलक द्वारा सम्मानित बिल्ह साहू के वंशज तोसऊ साहू का बड़ा लड़का था और कि वह गोयल गोत्र का अग्रवाल जैन था। अध्यवसायी होने के नाते वह सिद्धांत और आगम साहित्य से भली-भांति परिचित था। खेल्हा ब्रह्मचारी से प्रेरित हो रइधू ने दो अपभ्रंश कृतियों की रचना की – *समाई जिन चरऊ* और *नेमि चरऊ*। इन रचनाओं की प्रशस्ति में रइधू ने खेल्हा ब्रह्मचारी के स्वात्मदमन, तप, व्रत, साहित्य, प्रेम व प्रशंसा तथा दक्षता आदि गुणों की काफ़ी तारीफ़ की है। *समाई जिन चरऊ* की रचना उसने, वस्तुतः यशःकीर्ति की अनुशंसा पर की थी; जो खेल्हा का धर्म-गुरु और रइधू का मंत्र गुरु था। प्रस्तुत पुस्तक भाषा की भव्यता, विचारों की गहनता, शैली की मनोहरता और विषय के औचित्य या महत्त्व में अद्वितीय है।

निःसंतान होने की वजह से खेल्हा ने गृहस्थी की जिम्मेदारी अपने दत्तक पुत्र पर छोड़ दी थी और स्वयं ने मुनि यशःकीर्ति से अनुव्रत धारण कर लिया था, जैसाकि पहले लिखा जा चुका है। उसने ग्वालियर किले में चन्द्रप्रभ की जो विशाल मूर्ति बनवाई थी उसकी प्रतिष्ठा उसने अपने मित्र कमलसिंह की सहायता से की थी। उसी की सहायता से उसने बड़े शिखर के मंदिर का निर्माण भी करवाया था। वह लोक-मिश्रित भाषा में ही पौराणिक कृतियों का अध्ययन करना चाहता था और रइधू ने उसे इस संदर्भ में उपकृत किया।

अब हम ग्वालियर की जैन महिलाओं के बारे में जानें। रइधू ने उन्हें पवित्र, पतिव्रता, दक्ष गृहिणियाँ, स्वच्छ दिमाग वाली, दयालु, दानवीर, गृहस्थ जीवन की परिचारिकाएँ और

कर्मठ या उद्यमी के रूप में पेश किया है। वह जैन महिला को यूं चित्रित करता है – "एक माँ, हंस की तरह चलने वाली नार और सुरीली आवाज वाली"। कुछ जैन महिलाओं ने मूर्तियों और मंदिरों का भी निर्माण करवाया था।

गोपाचल के चहुँ ओर अनेक दरी (गुहा) मंदिर बने (30 वर्ष की अवधि में), इतने कि गोपाचल अब वास्तव में जैन तीर्थ की गणना में आ गया।

महाकवि रइधू को संश्लेषण या समन्वय का कवि माना जा सकता है जिसने लक्ष्मी और सरस्वती के बीच चली आ रही परम्परागत शत्रुता का नाश कर सांस्कृतिक पुनरुत्थान किया, और दोनों के बीच विस्मयकारी संश्लेषण और अभेद स्थापित किया।

शांत और सुस्थापित राजनीतिक और आर्थिक जीवन के कारण रइधू के अनुसार उस युग में ग्वालियर में सामाजिक, सांस्कृतिक और साहित्यिक दशा संतोषजनक सीमा तक थी। ग्वालियर धन-धान्य से पूर्ण था। वहाँ सारी सुविधाएँ मुहैया थीं। व्यापारी ईमानदारी से धन कमाते थे। साहू खेमसिंह के समान व्यापारी वस्त्र, स्वर्ण, रजत, हीरे, मोती, आदि में विदेशों से पर्याप्त मात्रा में आयात-निर्यात करते थे।

शहर का वर्णन

रइधू ने शहर का जो वर्णन किया है वह हमें आकर्षित करता है (मेगस्थनीज़ के पाटलिपुत्र और फाह्यान के मगध वर्णन सा ही)। वह कहता है कि तोमरों की राजधानी (ग्वालियर) अपने उत्कर्ष पर थी; वह कलात्मक महलों और भव्य जैन मंदिरों से सराबोर थी; सड़कों पर द्रुत यातायात था; वहाँ भीड़ रहती थी, व्यापारी आभूषणों, सोना, चांदी, हीरे, मोती का व्यापार करते थे; हर स्थान पर दानशालाएँ व छतशालाएँ थीं; विद्वानों व कवियों के निवास थे, मंदिरों में मूर्तियां प्रतिष्ठित थीं। और जब शहर की ललनाएँ गलियों, गलियारों से गुजरती थीं तो समूचे वातावरण में अजीब सी शांति व्याप्त हो जाती थी। ऐसे पक्षों में सिद्धहस्त शहर ने कवि से ठीक ही "पंडित" का खिताब हासिल किया। रइधू की निगाह में ग्वालियर "पंडित" "श्रेष्ठ शहरों का गुरु" था। "श्रेष्ठ" यह एक प्रकार से प्रकृति का आंगन था जिसमें नदियाँ, वन-बगीचे, विस्तृत जलाशय, हरे-भरे सरसब्ज, मैदान, तालाबों में तैरते हंस, जल से लबालब बावलियाँ, क्रीड़ा करते हुए स्त्री और पुरुष, आदि सभी थे। वास्तव में यह राजा डूंगरसिंह की संतति की निरंतरता का ही फल था। यह एक संयोग की बात थी कि यदि बिहार को पाटलिपुत्र और मगध के वर्णन के लिए मेगस्थनीज़ और फाह्यान सी हस्तियाँ मिलीं तो मध्य प्रदेश को ग्वालियर के वर्णन के लिए रइधू सी हस्ती मिली।

रइधू के लेखन में राजाओं में सिर्फ डूंगरसिंह और कीर्तिसिंह का ही वर्णन मिलता

है। डूंगरसिंह प्रजा प्रेमी, धार्मिक, उदार, निष्पक्ष या समदर्शी और प्रगतिशील था। उसमें ऐसे अन्य अनेक गुण और भी थे। जैन कला और साहित्य के विकास की पूरी साख उसे ही जाती है। रइधू के वर्णन के अनुसार उसका शासनकाल स्वर्ण-युग था और इसलिए वह बड़े आराम से उसके किले में रहा। उसके कुछ गुण उसके पुत्र और उत्तराधिकारी कीर्तिसिंह को भी दायागत हुए थे।[20]

राजा कीर्तिसिंह के तहत जैन धर्म (1459-80 ई॰)

यदि जैन प्रतिष्ठित कवि के लिए महाराजाधिराज डूंगर "कलिकाल चक्रवर्ती" था तो ग्वालियर किले के वि॰ 1525 (1468 ई॰) के एक मूर्ति-लेख के अनुसार श्री गोपाचल दुर्ग का श्री कीर्तिसिंहदेव भी "महाराजाधिराज" "श्री हिन्दू सुरत्राण" (हिन्दी सुल्तान) था। रइधू ने अपनी *सम्यकत्व कौमुदी* में कीर्तिसिंह के राजकुमारों का विस्तृत ब्यौरा देने के साथ ही कीर्तिसिंह की वीरता और तेजस्विता की तारीफ़ भी की है। श्रीवर की *जैन राजतरंगिणी* के अनुसार कीर्तिसिंह ने भी अपने पिता की भांति सुल्तान जैनुल आबिदीन की ओर सौहार्दता की रक्षा का कार्य जारी रखा। उस शासक से, जिसने दूर देश के अहिन्दू राजा से मित्रता वापस नहीं ली, जैन धर्म के प्रति रवैये में बदलाव की आशा नहीं की जा सकती थी। यह इस बात से भी सिद्ध होता है कि अपभ्रंश का बोलबाला जैन साहित्य की रचना में जैन समुदाय की राष्ट्रीय भाषा के रूप में बरकरार रहा और यह साहित्य तोमरों द्वारा 50 वर्ष तक शासित ग्वालियर के प्रलेख का कोष भी है, साथ ही इस समय की वाणिज्यिक, सामाजिक-धार्मिक जैन समुदाय के वृत्त (इतिहास) के लिए महत्त्वपूर्ण स्रोत।

इस समय मुरार किनारे बसा कुमारनगरी (कुम्हारपुर) अपने भव्य व विशाल जैन मंदिर के साथ यशःकीर्ति के भट्टारक पट्ट का मुख्यालय था। यहाँ यशःकीर्ति ने एक बड़ा ज्ञान भंडार (जैन ग्रंथालय) स्थापित किया था जहाँ पांडुलिपियों की प्रतिलिपियाँ तैयार की जाती थीं और उसके क्षतिग्रस्त अंशों को सुधारा जाता था; उनके लुप्त अंशों की पूर्ति की जाती थी और इस कार्य में यशःकीर्ति ने एक प्रकार से विशेषज्ञता हासिल कर रखी थी। हमें पता ही है कि उसने ही स्वयंभू के *हरिवंश पुराण* की उपलब्ध प्राचीनतम प्रति को ठीक किया था और लुप्त अंशों को अपनी संविरचनाओं से प्रस्थापित किया था (1464 ई॰)। उसकी आज उपलब्ध कृतियाँ ये हैं – *पांडव पुराण* (1440 ई॰), *हरिवंश पुराण*, *जिन रात्रि कथा*, और *रवि व्रत कथा*। उसी वर्ष (1464 ई॰) ग्वालियर में नकल की गई पुष्पदंत के *आदिपुराण* के पश्चलेख में यह अभिलिखित है कि "गोब्बगिरि" के पद्मसिंह ने चंचल लक्ष्मी का सदुपयोग करते हुए 24 जिनालय बनवाये व एक लाख पांडुलिपियों की

20. ग्वालियर के जैन धर्म के लिए हम हरिहरनिवास द्विवेदी (*ग्वालियर के तोमर*) और राजाराम जैन के विभिन्न लेखों के ऋणी हैं।

प्रतिलिपियां तैयार करवाकर भक्तों में बँटवाईं। यह सब दिल्ली के सैयद शासक खिज्रखां के पुत्र सुल्तान मुबारक शाह सैयद के पूर्व मंत्री साहू हेमराज के अनुरोध पर हुआ था। लगता है सुल्तान जैन श्रेष्ठियों का कृपापात्र था। यशःकीर्ति तो जैनियों की अपभ्रंश भाषा में काव्य रचता ही था, परन्तु उसने रइधू को भी अपभ्रंश काव्य लिखने के लिए प्रोत्साहित किया। साथ ही उसने दिल्ली और हिसार के जैन साहुओं को ग्वालियर किले में भीमकाय या यक्ष जैन मूर्तियां तराशने के लिए प्रेरित किया। यदि पद्मनाभ कायस्थ को भट्टारक गुणकीर्ति ने प्रेरित किया तो रइधू को गुणकीर्ति के भाई व शिष्य यशःकीर्ति ने प्रेरित किया।

यशःकीर्ति (1429-53 ई॰) की भट्टारक गद्दी का उत्तराधिकारी मलयकीर्ति (1453-68 ई॰) था और उसका पट्टधर गुणभद्र (1468-83 ई॰) था जिसने श्रेष्ठियों के अनुरोध पर 15 कथाएँ लिखी थीं और जिसका वर्णन भट्टारक सम्प्रदाय के तहत किया जा चुका है। इस खंड का अंत रइधू की विह्वल करने वाली प्रतिभा पर कुछ शब्दों के साथ किया जाएगा। रइधू अपने आपको पद्मावली परवाल कहता था; और यह उन जैनियों की 84 जातियों में से एक थी, जो पूज्य देवनंदि के वंशज थे। वह जैन ब्राह्मण की तरह रहा; उसने जैन साहुओं के लिए कथाएँ लिखीं और अपनी रोजी-रोटी मूर्तियां प्रतिष्ठित कर अर्जित की। "लक्ष्मी सखा" या "धन कुबेर" बनने की बजाए उसने सरस्वती का उपासक होना बेहतर समझा। उसे अर्जन या कमाई के लिए दिल्ली, हिसार या चांदवाड़ जाना पड़ा था। परन्तु ग्वालियर उसकी कमजोरी थी। यह कोई विशेष महत्त्व की बात नहीं है। वह कमलशाह या यशःकीर्ति का दीक्षा-शिष्य था, महत्त्वपूर्ण यह है कि उसका काव्य-गुरु ब्रह्मपाल उर्फ खेल्हा ब्रह्मचारी था। शायद रइधू अपभ्रंश भाषा का अंतिम महान् कवि था, परन्तु उसकी कृतियों को तब के जैन पूंजीपतियों की विवेक बुद्धि से पृथक् नहीं किया जा सकता। वीरमदेव के समय नयचन्द्र सूरि द्वारा शुरू हुई व भट्टारक पीठों द्वारा अभिवृद्ध की गई संश्लेषण परम्परा का अनुकरण रइधू द्वारा भी किया गया। उसने अपने *मेघेश्वरचरित* में शंकर (शिव) की प्रशंसा ऋषभदेव से की है, उसकी स्तुति की है, समादर किया है।[21]

राजा कल्याणमल्ल के तहत जैन धर्म (1480-88 ई॰)

अभी तक अपभ्रंश जैनियों का धार्मिक माध्यम थी। पर अब उसे धक्का लगा। हिन्दी साहित्य का द्रुतगति से विकास हुआ। नयचन्द्र के *हम्मीर महाकाव्य* और पद्मनाभ व्यास के प्रबन्ध की तर्ज पर महाकवि विष्णुदास के पुत्र नयचन्द्र द्वारा रचित *छित्तयी चरित* एक लब्धप्रतिष्ठ ग्रंथ है। कुल मिलाकर यह कहा जा सकता है कि राजा कल्याण के राज्य में अपभ्रंश के स्वर्ण-युग का पतझड़ आ गया था और हिन्दी का बसन्त। वास्तव में जैन

21. *ग्वालियर के तोमर*, पृ॰ 105-12.

समाज के आगे विकास के लिए जैन रचनाओं के उदाहरण इस काल में अलभ्य से हो गये। इस युग में हिन्दू, जैन, मुस्लिम सूफियों को गोरखनाथ का योगतंत्र प्रिय या रुचिकर लगा। और जहाँ तक "ग्वालियरी भाषा" का सवाल है, सो पन्द्रहवीं सदी की उसमें और तथाकथित जूनी गुजराती या गूजरी में बहुत कम फर्क है।[22] *षटकर्मोपदेश* की पांडुलिपि की वि॰ 1558 (1501 ई॰) की नकल में दी गई प्रशस्ति के अनुसार काष्ठा संघ के भट्टारकों का पट्ट ग्वालियर मानसिंह तोमर (1486-1516 ई॰) के समय तक अक्षत था। और, उस समय भट्टारक विजयसेन सोमकीर्ति के उत्तराधिकारी के रूप में पट्ट पर आसीन था। ग्वालियर के श्रावक, श्रीमाल के पुत्र चतुरु द्वारा वि॰ 1559 (1502 ई॰) रचित *नेमिश्वर गीता* से पता चलता है कि राजा मानसिंह जैन सम्प्रदाय को बड़ा आदर देता था।[23]

गांगोलाताल से राजा मानसिंह के वि॰ 1551 (1494 ई॰) के दो संस्कृत अभिलेख मिले हैं। अप्रैल 8 को अभिलिखित लेख से पता चलता है कि मूलवर जाति का खेमशाह राजा का प्रधान था और श्रीमाल जाति का साजस अभिलेख का लेखक। यहाँ खेमसिंह को राजा के कहने पर गांगोलाताल की गाद (पांशु) निकालने वाले के रूप में चित्रित किया गया है। एक जैन प्रतिमा पर उत्कीर्ण वि॰ 1552 (1495 ई॰) के एक दूसरे संस्कृत लेख में, जो मूल संघ, बलात्कारगण, सरस्वतीगच्छ, कुंदकुदाचार्यान्वय से संबंधित है, निम्नानुसार पट्टावली दर्ज है – पद्मनंदिदेव, शुभचन्द्रदेव, मणिचन्द्रदेव। मणिचंद्रदेव के बाद का नाम स्पष्ट नहीं है; उसमें सिर्फ "मुनि" पूर्व प्रत्यय है। इससे यह अंदाज लगाया जा सकता है कि मूल संघ की इस शाखा का केन्द्र कहीं और स्थानांतरित हो गया था।[24]

गुहा (गुफा, दरी) मंदिर

अंत में तोमरकालीन गुण मंदिरों पर। ग्वालियर किले की पहाड़ी के चहुँ ओर गुहा मंदिर हैं जो आकर्षक वैशिष्ट्य प्रस्तुत करते हैं। सभी के सभी जैन मंदिर नहीं हैं, कुछ में मूर्तियां भी नहीं हैं। पहाड़ में काटे गए कुछ मंदिरों के बड़े-बड़े कक्ष और बड़ी-बड़ी मूर्तियां प्रियदर्शी या सुखदर्शी हैं। जैन गुहा मंदिर लगभग 33 वर्षों के घटनापूर्ण काल (वि॰सं॰ 1497-1530 या 1440-73 ई॰) की रिक्थ या विरासत हैं। ये अपने निर्माण के लिए शासकों के ऋणी नहीं, बल्कि तत्कालीन जैन व्यापारियों के ऋणी हैं, खासकर स्त्री समुदाय के, जिसने लगभग डेढ़ मील की परिधि में शिल्प-अलंकरण हेतु बड़ी ही उदारता से योगदान दिया।

दिशाओं के आधार पर ग्वालियर किले की मूर्तियों का पाँच भागों में विभाजन किया गया है। उनमें से दक्षिण-पूर्व समूह की ओर उरवाही दरवाजे की मूर्तियां अपनी विशालता

22. *ग्वालियर के तोमर,* पृ॰ 118-27.
23. वही, पृ॰ 376-77.
24. वही, पृ॰ 129, 140.

और अलंकरण के सहारे दर्शकों को न केवल आकर्षित ही करती हैं; बल्कि उन्हें कैद भी करती हैं, चाहे पल भर के लिए ही सही। डूंगरसिंह के समय बने उरवाही समूह के गुहा मंदिरों की 24 में से 6 मूर्तियों पर वि॰ 1497 (1440 ई॰) की तारीख है; इनमें पद्मासन वाली 10 मी॰ ऊँची भगवान नेमिनाथ की मूर्ति भी शामिल है।

उत्तर-पश्चिम समूह के गुहा मंदिरों में भगवान आदिनाथ की मूर्ति पर कीर्तिसिंह के शासनकाल की वि॰ 1527 (1450 ई॰) की तारीख है। दक्षिण-पूर्व समूह की मूर्तियां कला की दृष्टि से काफ़ी महत्त्वपूर्ण है। उनमें से 18 लगभग 7 से 10 मी॰ और उतनी ही 2.5 से 5 मी॰ ऊँची हैं।

निष्कर्ष

पट्टावलियों के रूप में ईस्वी सदी 16 तक के भट्टारक स्रोतों की अनुपलब्धि के बारे में हम पहले ही खेद प्रकट कर चुके हैं। श्रावकों के मध्य भट्टारक परम्परा में विद्वानों की विरलता (कमी) आ गई थी क्योंकि भट्टारक अब उनकी धर्म साधना के लिए आवश्यकताओं की पूर्ति में या तो स्वयं मसरूफ़ हो गये थे या अपने शिष्यों को व्यस्त कर दिया था[25] और जब भट्टारकों ने शनैः-शनैः अपनी पवित्रता और महानता खो दी तब श्रावकों में से निराश लोगों ने प्राचीन कृतियों का अध्ययन व उनका अनुवाद लोकप्रिय या जनभाषा में करना शुरू किया। अनुवाद कार्य गद्य और पद्य दोनों में हुआ। उन्होंने स्वयं मौलिक ग्रंथों की रचना, मौलिक लेखकों के आधार पर शुरू की। यदि उनके पास मूल स्रोतों या लेखकों का आधार न हुआ होता तो उनके लिए रूढ़िवादी परन्तु प्रभावशील भट्टारक पुजारियों के विरुद्ध लोहा लेना संभव न हुआ होता, न ही वह व्यवहारसाध्य होता। भट्टारकों को तो उनकी पढ़ने की सामग्री दूसरों को बतलाने में भी कष्ट महसूस होता था। या यह कहा जाये कि ऐसा करना उन्हें असुविधाजनक था। दिगम्बर समाज में किसी सुधारवादी आंदोलन के अभाव में जैनियों को लगभग एक ऐसे नेता के लिए इंतजार करना पड़ा जो भट्टारक विरुद्ध भावों के लिए अग्रणी का काम करता।

जहाँ तक श्वेताम्बरियों का सवाल है, उनके यति और आचार्य अभी भी पूर्व की भाँति

25. उदाहरण के लिए देखिए एक वस्त्रधारी भट्टारक के एक बेतरतीब विषयों का संग्रह – *भद्रबाहुसंहिता* जिस ओर प्रथम बार जुगल किशोर मुख्तार द्वारा ध्यान आकर्षित किया गया (*जैन हितैषी,* 13, 2, पृ॰ 50) और सम्पादकीय (13, 8, पृ॰ 367) में जिस पर टिप्पणी हुई; जिसने इस काल के दिगम्बर मुनियों या स्वयं यति के प्रशंसकों के विरुद्ध कोप को जन्म दिया क्योंकि पूर्वाग्रही लेखक ने यह कहा कि जब तक वे या वह परिधान की पाँच प्रकार की सामग्री (छाल, पत्ती, रेशम, लकड़ी, सूत) से अपने को नहीं ढांकते तब तक वे मूढ़ और अपूजनीय लोगों की श्रेणी में ही हैं। यह अभिव्यक्ति कुंदाचार्य की सोलहवीं सदी की *षट पाहुड* की टीका के विरुद्ध है, विशेषकर अपावड़ा वेश के संदर्भ में।

नये अफगान मुगल वर्ग के शासकों[26] को आह्लादित करने में सक्रिय रहे। उन्हीं शासकों के हाथ में भारतीय जनता का भाग्य भी था। परन्तु अशिक्षित भट्टारकों के विरुद्ध धुंधिया स्थानकवासी सुधारकों ने आंदोलन शुरू किया जिसके बीज लोंकाशाह द्वारा डाल दिये गए थे और जो कबीर, नानक आदि अतिवादी भक्तों के सद्प्रयत्नों से विशाल पैमाने पर विकसित हुआ। परिणाम यह हुआ कि भट्टारक अनुस्थापित जैन समाज भी जैन बुद्धिजीवियों के लिए असहाय हो गया। इसमें प्रतिक्रियावादी भट्टारकों का भी हाथ रहा। इस प्रकार सोलहवीं सदी ने दिगम्बरी ज्वालामुखी से आग और लावा फेंकना शुरू किया, इसके पहले कि अगली सदी में वह तेरापंथ के रूप में विस्फोट बन फूटता।

तेरापंथ का उद्भव और विकास

तेरापंथ का जन्म सत्रहवीं सदी में वाराणसी में एक प्रख्यात जैन पंडित (ईश्वरीय कवि) द्वारा हुआ माना जाता है। चौदहवीं-पन्द्रहवीं सदी में वाराणसी सुधारवादी आंदोलन (दैविक ब्राह्मण) का केन्द्र था जहाँ से कबीरदास (आधा मुस्लिम और आधा जैन – गोरखनाथी) ने जाति-प्रथा, मूर्ति-पूजा और तीर्थाटन के विरुद्ध पन्द्रहवीं सदी में अपना उग्र अभियान चलाया जिसके अमापनीय फल निकले। यह अभियान समय के साथ-साथ लगभग सम्पूर्ण उत्तरी भारत में फैल गया। एक श्वेताम्बर आलोचक, आचार्य महामहोपाध्याय मेघविजयगणि की संस्कृत टीका सहित प्राकृत कृति *युक्तिबोध* आगरा से वि॰ 1700 (1643 ई॰) में प्रकाशित हुई जिसमें पं॰ बनारसीदास के सिद्धांत की आलोचना की गई। इस सिद्धांत को बारंबार "वाराणसीय मत" कहा गया है। इस सिद्धांत ने श्रावकों को भट्टारकों का अनुसरण करने और मूर्तियों को अलंकृत और विलेपित या अभ्यंजित करने से रोका। उपाध्याय मेघराज ने वाराणसीय मत के उद्गम की तारीख वि॰ 1680 (1623 ई॰) तय की है। समय क्रम में कुंवरपाल ने इस मत या सिद्धांत का समर्थन किया और सभी के द्वारा गुरु के नाम से पहचाना गया।

कुंवरपाल की अनेक कृतियों के संग्रह – *बनारसी विलास* से उसके बनारसीदास का मित्र होने का पता चलता है और यह भी कि वह आलोचक मेघराज के समय बनारसीदास का उत्तराधिकारी था। बनारसीदास की मृत्यु के कुछ समय बाद (वि॰ 1698=1641 ई॰ में) बख्तराम ने *बुद्धविलास* लिखी। इसमें तेरापंथ के उद्गम का समय वि॰ 1683 (1626 ई॰) माना गया है। सन् 1623 और 1626 की तारीख कोई विशेष फर्क नहीं डालती। महत्त्वपूर्ण है तो प्रथम चतुर्थांश के अंत का कालखंड, जब वाराणसीय सुधारवादियों ने, जैसाकि बख्तराम द्वारा सुनिश्चित किया गया है, हमेशा के लिए भट्टारकों से अपने संबंध तोड़ लिये।

---

26. हीरविजयजी सरीखे विज्ञ साधु।

पं॰ बनारसीदास का "वाराणसीय पंथ" शीघ्र ही आगरा-जयपुर क्षेत्र के जैनियों में लोकप्रिय हो गया। यहाँ के विद्वानों के लेखन के प्रभाव से यह अखिल भारतीय धर्म और आराधना के रूप में फैल गया। इसके अलावा अभी तक वि॰ 1680 (1623 ई॰) के पूर्व की कोई भी तेरापंथी कृति उपलब्ध नहीं हुई है। यह इस बात को और भी पुख्ता करता है कि बनारसीदास ही वाराणसी मत का प्रमुख संस्थापक था, और इसी मत ने आगे चलकर तेरापंथ का नाम अख्तियार किया। उसके समय के पूर्व के इन दृष्टिकोणों के प्रचलन की संभावना को नकारा नहीं जा सकता। और, बनारसीदास एक प्रतिष्ठित विद्वान् था; उसके नाम को इस पंथ की स्थापना की साख मिली। संक्षेप में, पुराने मठवासियों का नाम अब "बीसपंथ" हो गया था और उनके प्रतिद्वंद्वी वनवासी आज के "तेरापंथी" थे (नाथूराम प्रेमी, *जैन हितैषी*, 14, जनवरी 1929, पृ॰ 97-108)।

बीसवीं सदी के भट्टारक एक "राजा" का अच्छा उदाहरण पेश करते हैं। वह पालकी, ऊँचे गद्दे और सिंहासन का उपभोग करता था और भ्रमण के समय एक से अधिक नौकर को अर्दली के लिये ले जाता था जिनकी कमर पर पट्टा होता था; वह रसोइया साथ ले जाता था जो अच्छे व्यंजन बनाने में माहिर होता था; उसके पास लाखों-करोड़ों की पूंजी होती थी। प्रत्येक परिवार उन्हें अववाब (उपकर) देता था जिसकी उगाही भृत्य या पंडित द्वारा की जाती थी। यदि कोई श्रावक "महाराज" को आमंत्रित करता था तो उसे दक्षिणा देनी पड़ती थी। यह दक्षिणा गुजरात में तो बलपूर्वक पटाई जाती थी। ऐसा भी पता चलता है कि दक्खन में तो एक ऐसा भट्टारक था जो जब बाहर जाता था तो अपनी खुशामदी की एक जवान लड़की को साथ ले जाता था। और जब एक ही शहर में एक से अधिक संघ के भट्टारक होते थे तो उनमें आपस में तनातनी चलती रहती थी (जैसाकि नागपुर में हुआ था)। तनातनी इस हद तक कि आपस में लट्ठ तक चल जाते थे और जूते तक निकल जाते थे इसलिए कोई आश्चर्य नहीं कि इस समय (1600-1800 ई॰) के बौद्धिक सुधारवादियों ने श्रावक समाज को इस हद तक अपनी ओर आकर्षित कर लिया कि दिगम्बर समाज की लगभग दो-तिहाई जनसंख्या आज वाराणसीय मत (जिसे अब तेरापंथ कहा जाता है) को मानती है। यही नहीं, बीसपंथियों में भी पढ़ा-लिखा वर्ग भट्टारक पंथ को नहीं मानता।

तेरापंथियों के द्वारा सुधार किये जाने के बाद उनमें और बीसपंथियों में जो भेद उभरकर आये, उनमें से प्रमुख निम्नांकित को लेकर थे –

1. देवताओं को पूजते वक्त पंचामृत (दूध, दही, चंदन, घी और गन्ने का रस) का उपयोग,

2. मूर्ति के चरणों पर केसर लगाना,
3. क्षेत्रपालों (क्षेत्र की रक्षा करने वाले देव) की पूजा,
4. देवताओं को फल-फूल चढ़ाना।

बीसपंथी इन प्रथाओं को आवश्यक मानते हैं जबकि तेरापंथियों के लिए ये वर्जित हैं। जो भी हो, दोनों पंथों में मुख्य भेद भट्टारकों की अराधना-पूजा पर आधारित हैं।

जिस प्रकार तेरहवीं, चौदहवीं और पन्द्रहवीं सदी में भट्टारक सम्प्रदाय ने जैन धर्म को बचाया था, उसी प्रकार बाद में, विशेषकर सत्रहवीं और अठारहवीं सदी में, तेरापंथियों ने जैन धर्म को भट्टारकों के राजसी स्वैर तंत्र से उबारा; उनके प्रतिगामी अनुदारवाद के विरुद्ध उन्हें काफ़ी प्रयास करना पड़ा था। तेरापंथियों ने जैन श्रावकों को यह भी विश्वास दिलाया कि यदि वे संस्कृत नही जानते तो उन्हें जैन धर्म के सिद्धांतों का ज्ञान हासिल करने के लिए हिन्दी माध्यम में साहित्य मुहैया करवाया जाएगा और, उन्होंने वैसा ही किया। पिछले 200-300 सालों में उन्होंने हजारों मानक पुस्तकों का उस सरल भाषा में तरजुमा करवाया (या लिखवाई) जो उस समय, विशेषकर जयपुर-आगरा क्षेत्र में, बोली और समझी जाती थी या कि जो आम भाषा थी। इस कारण हिन्दी दिगम्बर जैन धर्म माध्यम के रूप में काफ़ी विकसित हो गई, ठीक वैसे ही जैसे श्वेताम्बर जैन धर्म के माध्यम के रूप में गुजराती।

अब प्रश्न यह उठता है कि भट्टारक गृहस्थ है; या मुनि। वास्तव में वे गृहस्थ हैं; परन्तु सामान्य श्रावक की तरह नहीं क्योंकि वे अपना भट्टारक-जीवन केशलोच और नग्नता (खाने के समय भी) से शुरू करते हैं। उनके आचरण और व्यवहार पर कोई प्रबन्ध नहीं है। तथापि वे सामान्य श्रावकों से नीचे की श्रेणी में आते हैं क्योंकि मुनित्व के लिए जो शर्तें हैं उनके अनुसार तो किसी भी प्रकार का परिग्रह त्याज्य है; परिग्रह तो बाल की नोक या तिल के छिलके जितना भी प्रतिबंधित या वर्जित है; नग्न दिगम्बरत्व ही मुक्ति का रास्ता है। मुनियों को तो खाना भी हथेली पर और हथेली का ही खाना चाहिए।

अब यह विचार करने को है कि क्या प्रभावशाली मुनियों, उपदेशकों या भट्टारकों के अभाव में दिगम्बर समाज में धर्म के सही संवहन के लिए भट्टारकों का अस्तित्व आवश्यक है? तथापि भट्टारकों के आचरण से अंसतुष्ट बीसपंथी उन्हें अभी भी अपना धर्म-गुरु मानते हैं, जबकि विज्ञ बीसपंथी उन्हें मुनि नहीं मानते; हां उन्हें आदर व सम्मान जरूर देते हैं, उनके साथ आतिथ्य सलूक करते हैं। भट्टारकों को ब्रह्मचर्य प्रतिमा (नग्नता और केशलोच से परे) की दीक्षा दी जा सकती है, उनके परिग्रह में आमूल-चूल कमी के साथ। इससे तेरापंथ और बीसपंथ के मध्य आपसी विरोध और प्रतिद्वंद्विता में कमी आएगी (*जैन हितैषी* 7, 9 देखिए)।

परिशिष्ट या परिशोषिका

जैन हितैषी (7, 10-11) में प्रकाशित दक्षिण भारत के एक आधुनिक भ्रष्ट भट्टारक की क्लासिकी या अनलंकृत संक्षिप्त तस्वीर यहाँ पुनः संक्षेप में पेश की जा रही है।

भट्टारकजी उनके अनुयायियों पर अनेक प्रकार के उपकर या अववाब लगाते हैं। एक काफ़ी लाभदायक उपकर या अववाब विधवा पुनर्विवाह वाला है। भट्टारकों ने लगभग 300 वर्ष पूर्व जैनियों की अनेक जातियों में यह शुरू कर दिया था कि कोई भी पुरुष 16 रुपए का भुगतान करने पर विधवा से विवाह कर सकता है, और कोई भी महिला अपने पति को तलाक देने के बाद सौ रुपए का भुगतान करने पर पुनः विवाह कर सकती है।

महाराज के कमंडलू की पूजा का एक रुपया लगता था; महाराज को भोजन करवाने के लिए कम-से-कम 3.50 रुपए की दक्षिणा देनी होती थी। यदि कोई श्रावक दक्षिणा का भुगतान नहीं कर पाता था या इसी प्रकार की कोई गलती करता था तो उसे जाति से बाहर कर दिया जाता था।

दंड की राशि – (1) भट्टारक, (2) उपाध्याय, और (3) पाटिल (मालगुजार) में वितरित कर दी जाती थी।

गृहस्थों के संस्कार समारोहों के अवसर पर शुल्क लगता था। बच्चे के कान में श्वास लेने (अर्थात् कोई मंत्र पढ़ने के लिए) का 1.25 रुपए का शुल्क था। किसी अवसर पर जागरण रखने व कुछ नृत्य (पुरुष) आदि की अनुमति के लिए निश्चित भुगतान करना होता था या 3 रुपए का दंड देना होता था।

महाराज कुछ शुल्क लेकर लोगों के प्रकरण की सुनवाई भी करते थे और किसी एक या दूसरी पार्टी के पक्ष में फैसला सुनाते थे।

जब भट्टारक घोड़े पर सवारी करते तो उनकी जैकेट और पायजामे पर सोने का काम होता था। उनके हाथ के चंवर या दंड और सिर के आवरण पर भी कीमती काम होता था। धार्मिक अवसर पर वे बेशकीमती भगवा रंग के वस्त्र पहनते थे; कभी कसीदाकारी वाली धोती, आकर्षक शाल, सोने की चूड़ी, अंगूठी, आदि वे धारण करते थे; लकड़ी की खड़ाऊं और सोने-चांदी की चप्पल (स्लीपर) का भी वे उपयोग करते थे। उनका कमंडलु चांदी का होता था और उनकी मयूरपंख की पिच्छी पर सोने का उपयोग करते थे। उनकी अपनी खाना बनाने वाली नौकरानी होती थी। इसके बावजूद ज्ञान या विज्ञता या विद्वत्ता अणु की नोक जितनी भी नहीं होती थी।

इन सब आचरण शैथिल्य से भट्टारकों, उनके पट्टों व जैन धर्म को काफ़ी क्षति पहुंची। जैन धर्म में तो मुनियों, साधुओं, आदि के लिए कठोर आचार-संहिता ही महत्त्वपूर्ण होती

है। आज एक दुःखद तथ्य यह नज़र आता है कि कुछेक जैन मुनि और साधु आगम व अन्य प्रामाणिक जैन ग्रंथों में वर्णित आचार-संहिता से विरत होते दिखाई देते हैं जिससे उनकी आलोचना होना स्वाभाविक-सा प्रतीत होता है। धर्महित में अच्छा यह है कि हमारे पथ-प्रदर्शक, मार्गदर्शक, अगुआ, मुनि, साधु अपनी आचार-संहिता का कठोरता से पालन करें और जमाने के सामने पूर्व सा बेमिसाल आदर्श प्रस्तुत करें और श्रावक भी अपनी संहितानुसार आचरण करें। मुनियों के आचरण-संबंधी ग्रंथों की तो न्यूनता है जबकि श्रावकों से संबंधी ग्रंथों की विपुलता। सभी अपना-अपना देखें तो यह धरती यकीनन न केवल जन्नत दिखाई देगी, वस्तुतः हो भी जाएगी।

15

मध्य-युग में जैनों का आर्थिक जीवन

– सुरेन्द्र गोपाल

मध्य-युग में जैनों के आर्थिक जीवन के अध्ययन के स्रोत हैं स्थानीय एवम् यूरोपीय। स्थानीय स्रोत मूलतः गुजराती, राजस्थानी, हिन्दी, संस्कृत, आदि भाषाओं में हैं। यूरोपीय भाषाओं के स्रोत हैं – पोर्तुगीज़, अंग्रेज़ी, डच, फ्रांसीसी, आदि। दोनों प्रकार के स्रोतों की कुछ विशिष्टताएँ हैं।

देशी भाषा के स्रोतों में संख्यात्मक तथ्यों का अभाव है। तत्कालीन गुजराती, राजस्थानी, हिन्दी, संस्कृत, आदि भाषाओं में जैन व्यक्ति विशेष अथवा स्थानीय जैन समुदाय की "सम्पन्नता" अथवा "आशातीत समृद्धि" का वर्णन है, किन्तु वे अपने कथन के पक्ष में ठोस संख्यात्मक तथ्य उपस्थित नहीं करते। जैनों की आर्थिक उपलब्धियों का निष्कर्ष हम निकालते हैं उनके द्वारा जैन धर्म गुरुओं के आगमन के उपलक्ष्य में आयोजित भव्य समारोहों के आधार पर। इन अवसरों पर दानस्वरूप बाँटी गई धन-राशि अथवा वस्तुओं की संख्या उनकी आर्थिक सम्पन्नता का द्योतक है। इसका ज्ञान हमें जैनों द्वारा स्थापित जिन्-प्रतिमाओं अथवा समुदाय के सदस्यों हेतु तीर्थ-यात्रा के निमित्त निकाले गए संघों से भी होता है।

इसके विपरीत यूरोपीय भाषीय स्रोतों द्वारा प्रदत्त सूचनाएं भिन्न प्रकार की हैं। यूरोपीय व्यापारिक, पोर्तुगीज़, अंग्रेज़ी, डच तथा फ्रांसीसी आदि कम्पनियों के दस्तावेजों में जैन व्यापारियों तथा अन्य भारतीय व्यापारियों के साथ उनके संबंध ठोस आंकड़ों में वर्णित हैं, यथा विक्रय अथवा क्रय की गई वस्तुओं की सूची, उनकी कीमत, व्यापार में लगी राशि, आदि। वे जैन व्यापारियों की आर्थिक हैसियत का वर्णन करते समय बताते हैं कि अन्य स्थानीय व्यापारियों की तुलना में उनकी स्थिति कैसी थी। जैन व्यापारियों के संबंध दूसरों से कैसे थे, इसकी भी चर्चा है। जैन व्यापारी किन और कितने प्रकार की वस्तुओं का व्यवसाय करते थे और उनके व्यापार का प्रसार कैसा था, इसका भी हमें ज्ञान होता है।

जैनों की पूंजीगत हैसियत और बैंकिंग तथा अन्य आर्थिक क्रिया-कलापों में उनकी सहभागिता के वे सजीव चित्र उपस्थित करते हैं।

सत्रहवीं शताब्दी में उपरोक्त सूचनाओं में निरन्तर वृद्धि होती है। अंग्रेज़, डच और फ्रांसीसी व्यापारिक कम्पनियों ने इसी सदी में भारत में व्यापार प्रारम्भ किया और धीरे-धीरे वे तटीय क्षेत्रों के साथ-साथ भारत के अन्तर्प्रदेशों में फैल गए। उनका कार्य-क्षेत्र था उत्तर भारत का सम्पूर्ण मैदानी इलाका, पश्चिम में सिन्ध से पूर्व में बंगाल तक। वे तटीय प्रदेशों में सक्रिय थे। पूर्व में बंगाल से तमिलनाडु तक और पश्चिमी तट पर सिन्ध से केरल तक। इन्हीं दस्तावेजों से प्रमाणित होता है कि व्यापार के क्रम में जैन लगभग सम्पूर्ण देश में फैले हुए थे।

अंग्रेज़ी, डच और फ्रांसीसी व्यापारिक कम्पनियों के दस्तावेजों का अध्ययन सूरत तथा तत्कालीन भारत के सबसे बड़े व्यापारी वीरजी वोरा के कार्य-कलापों का सजीव चित्र उपस्थित करता है। वीरजी वोरा जैन समुदाय का सदस्य था और अन्तर्देशीय तथा वैदेशिक व्यापार में इसकी भूमिका महत्त्वपूर्ण थी। अंग्रेज़ी दस्तावेज सर्वप्रथम वीरजी वोरा की आर्थिक जगत् में उपस्थिति का आभास देते हैं। उन्हीं में पहली बार उसका उल्लेख सन् 1619 का है। अंग्रेज़ी और डच कम्पनियों के दस्तावेज पूर्वी भारत में जगत सेठ के प्रतिष्ठान के उदय और विकास को रेखांकित करते हैं। अठारहवीं शताब्दी के प्रारम्भिक दशकों में यह भारत में सबसे बड़ा और प्रभावशाली बैंकिंग प्रतिष्ठान बन चुका था।

फोस्टर द्वारा 13 भागों में सम्पादित अंग्रेज़ी ईस्ट इण्डिया कम्पनी के दस्तावेजों में वीरजी वोरा की जीवन-यात्रा स्पष्टतः परिलक्षित होती है।[1] सत्रहवीं शताब्दी के सातवें दशक में वीरजी वोरा इतिहास के पन्नों से विलुप्त होता है। उस समय तक की उसकी व्यापारिक गतिविधियों और अंग्रेज़ों के साथ घनिष्ठ संबंधों की चर्चा इन दस्तावेजों में है।

डच कम्पनी के दस्तावेजों का कूलहास द्वारा सम्पादित संग्रह भी उल्लेखनीय है।[2] वीरजी वोरा के साथ उनके भी घनिष्ठ तथा विस्तृत व्यापारिक संबंध थे। वीरजी वोरा उनके निवेश हेतु पूंजी जुटाने वाला सबसे प्रमुख भारतीय था और उनके द्वारा आयातित वस्तुओं का सबसे बड़ा खरीददार था।

फ्रांसीसी यात्री थेवेनो सत्रहवीं शताब्दी के सातवें दशक में भारत आया। सूरत-प्रवास में उसकी मित्रता वीरजी वोरा से हुई। शिवाजी द्वारा सूरत पर 1664 में हुए आक्रमण के

1. डब्लू॰ फोस्टर (सं॰), *इंगलिश फैक्ट्रीज़ इन इंडिया – 1618-69* (तेरह भाग), ऑक्सफोर्ड, 1906-27 (ई॰ एफ॰ आई॰)।
2. कूलहास (सं॰), *जेनरेल मिसिवेन डेर वेरेनिग्दे उस्टइंडीशे कम्पनी*, भाग 1 एवं 2, मार्टिनस निजहोफ, 1964 (डच भाषा)।

कारण वीरजी वोरा को जो क्षति हुई, उसका वह वर्णन करता है।[3] इसी के आधार पर हम अनुमान लगाते हैं कि वीरजी वोरा की पूंजी कितनी होगी और वह शिवाजी द्वारा आरोपित महान् क्षति को कैसे सह सका।

इन स्रोतों से स्पष्ट है कि पंथों और उपपंथों के भेद के बावजूद जैन-समाज में सामंजस्य था। वे व्यापार और व्यापार से संयुक्त अन्य वृत्तियों अर्थात् कर्ज देना, एक स्थान से दूसरे स्थान पर पैसा स्थानान्तरित करना, विभिन्न प्रकार के सिक्कों को बदलना (अर्थात् सर्राफी) और बीमा आदि व्यवसायों में सक्रिय थे। इनसे उन्हें अच्छी आय थी जिसका उपयोग वे व्यवसाय वृद्धि हेतु करते थे। उनकी सम्पन्नता बढ़ती थी और उसी अनुपात में उनका आर्थिक और राजनीतिक वर्चस्व भी।

उपलब्ध साक्ष्यों के अनुसार कुछ जैन छोटे तबके के व्यापारी थे। व्यापार में उतार-चढ़ाव उनके जीवन का अभिन्न अंग था। वे किसी प्रकार अपनी जीविका चला पाते थे। कुछ जैन राजकीय पदों पर कार्यरत थे, मूलतः राजस्व विभाग में, जहाँ पढ़े-लिखे और हिसाब जानने वाले लोगों की जरूरत थी। राजकीय नौकरियों में कइयों ने खूब प्रगति की और उच्चतम पदों तक वे पहुँचे। पर नौकरियों में लगे जैनों की संख्या कम थी।

व्यापारी, बैंकर तथा सर्राफे में सक्रिय जैन प्रायः सभी प्रमुख बन्दरगाहों और उत्तर तथा पश्चिमी भारत के व्यावसायिक केन्द्रों में पाये जाते थे। वे बड़े-बड़े गाँवों और छोटे-छोटे कस्बों में भी विद्यमान थे, विशेषकर गुजरात, राजस्थान, हरियाणा और दिल्ली के निकटस्थ उत्तर प्रदेशों के क्षेत्रों में। यह निष्कर्ष इसलिए संभव है कि जैन मुनियों के उपलब्ध यात्रा-वृत्तांतों में वर्णित है कि यात्रा-क्रम में गाँवों और छोटे नगरों में स्थानीय जैन समुदाय उनका स्वागत समारोह आयोजित करता था। यह तभी हो सकता था जब गांवों और कस्बों में जैन बसे हों। यह भी स्पष्ट है कि संख्या में कम होते हुए भी वे आर्थिक दृष्टि से सम्पन्न थे क्योंकि ये आयोजन भव्य होते थे।

व्यापार में जैनों की सहभागिता प्राचीन काल से ही है। व्यापारी के रूप में जैन प्रसिद्ध थे। मध्य युग में भी व्यापारी वर्ग के रूप में उनकी प्रसिद्धि बनी रही। गुजरात का जैन व्यापारी जगदू तेरहवीं शताब्दी का प्रमुख व्यवसायी था तथा उसकी समृद्धि सर्वमान्य थी।[4]

---

3. थेवेनो, *इंडियन ट्रेवल्स ऑफ थेवेनो एंड करेरी,* एस॰ एन॰ सेन (सं॰), न्यू दिल्ली, 1949, पृ॰ 22.
4. वी॰ के॰ जैन, *ट्रेड एंड ट्रेडर्स इन वेस्टर्न इंडिया* (ए॰ डी॰ 1000-1300), दिल्ली, 1990, पृ॰ 107. "जगदू का ईरान से नियमित व्यापार था। इससे वह इतना धनी हो गया था कि जब गुजरात में तीन वर्षों तक भीषण दुष्काल पड़ा, तब वह जनता में निःशुल्क चना वितरित करवाता रहा।" वही, पृ॰ 79.

जैनों की सक्रियता व्यापार के सभी सतहों पर देखी जा सकती है। कुछ बड़े जैन व्यापारी थोक का ही व्यवसाय करते थे। दूरगामी अन्तर्क्षेत्रीय और वैदेशिक व्यापार में उनकी महत्त्वपूर्ण भूमिका थी। कुछ केवल अन्तर्क्षेत्रीय व्यापार में सक्रिय थे और काफी सम्पन्न थे। ये थोक और खुदरा, दोनों प्रकार के व्यापारी थे। कुछ मात्र खुदरा माल बेचते थे और उन्हें सम्पन्न नहीं कहा जा सकता। अनेक जैन सूद पर कर्ज देने और बैंकिंग में लगे हुए थे।

कई छोटे और मध्य क्रम के जैन व्यापारी दलाली का काम भी करते थे। वे सम्पर्क-सूत्र थे बड़े थोक व्यापारी तथा प्राथमिक उत्पादकों के मध्य। दलाली का व्यवसाय सत्रहवीं शताब्दी में फूला-फला, जब यूरोपीय व्यापारिक कम्पनियां भारत के तटीय और आन्तरिक प्रदेशों में सक्रिय हुईं। यूरोपीय व्यापारियों का उद्देश्य था प्राथमिक उत्पादकों से सामान कम कीमतों पर खरीदना। परन्तु स्थानीय भाषा और स्थितियों से अनभिज्ञ होने के कारण उन्हें सामान प्राप्त करने के लिए दलालों पर निर्भर होना पड़ा। हिन्दू वैश्य, मुसलमान तथा पारसी दलालों के साथ जैन दलालों ने भी इस अवसर का लाभ उठाया और अपने व्यापार का विस्तार किया।

अन्य भारतीय व्यापारियों के समान जैनों ने भी अपने व्यवसाय को फैलाया। मुगल साम्राज्य के सर्वोत्तम व्यापारिक केन्द्र आगरा में उनकी उपस्थिति नगण्य नहीं थी।[5] उत्तर भारत के दो अन्य प्रमुख व्यापारिक केन्द्रों लाहौर[6] और मुल्तान[7] में भी जैन व्यापारी विद्यमान थे। यह अनुमान अनुचित न होगा कि लाहौर और मुल्तानवासी जैन भारत के अफगानिस्तान, ईरान और मध्य एशिया आदि, देशों के साथ व्यापार में भी भाग लेते थे। संभव है, इन प्रदेशों के अन्य भारतीय व्यापारियों के समान जैन रूस में भी व्यापार हेतु प्रवेश कर गये हों।[7अ]

अपनी पूंजी का उपयोग जैन व्यापार के साथ-साथ अन्य संबंधित कार्यों में भी करते थे। वे सूद पर पैसा लगाने लगे। वे न केवल व्यापारियों को ऋण देते थे अपितु शासकों

---

5. बनारसीदास आगरा में बसने वाले कई जैन व्यवसायियों का नाम बताता है। ये जैन हैं – सबलसिंह मोठिया, कुंवरपाल जौहरी आदि। बनारसीदास, *अर्ध-कथानक,* नाथूराम 'प्रेमी' (सं॰), बम्बई, 1970।
6. *सूरीश्वर और सम्राट् अकबर,* कृष्णलाल वर्मा (अनुवादक), बड़ौदा, सम्वत् 1980।
7. जे॰ पी॰ जैन, *प्रमुख जैन पुरुष और महिलाएँ,* नई दिल्ली, 1975, पृ॰ 296, शाह हीरानन्द लाहौर के सबसे प्रमुख जैन व्यापारी थे।

7अ. के॰ ए॰ अन्टोनोवा एवम् एन॰ एम॰ गोल्डबर्ग (सम्पादक-द्वय), *रूस्को-इंडिस्कीए अतनाशेनिया व वासवनात्समवे,* मास्को, 1965, पृ॰ 11, 15, 56, 66, 64, इस व्यापारी का नाम मारवाड़ी बड़ोयेव था। रूस में रहने वाले भारतीय व्यापारियों में सबसे सम्पन्न था।

और स्थानीय अधिकारियों को भी ऋण देते थे। सत्रहवीं शताब्दी में जब यूरोपीय भारत में व्यापार के क्षेत्र में अग्रसर हुए तो उन्हें अनुभव हुआ कि उनके पास सामान खरीदने हेतु पूंजी का अभाव है। निवेश के हेतु पूंजी वे भारतीयों से ऋण पर लेने लगे। इन भारतीयों में उन्होंने जैनों से भी ऋण लिया। यूरोपियों को ऋण देने से जैनों को भी आर्थिक लाभ हुआ।

अन्य भारतीय व्यापारियों के समान जैन हुंडी के व्यापार में भी कार्यरत थे। हुंडी का उपयोग एक स्थान से दूसरी जगह पूंजी भेजने के लिए होता था। इस उद्यम में जैनों को काफ़ी सफलता मिली क्योंकि उनके परिवार के सदस्य, स्वजन अथवा सहधर्मी भारत में विभिन्न व्यापारिक केन्द्रों में फैले हुए थे। अतः उन्हें इस व्यापार के हेतु किसी नवीन संगठन की जरूरत नहीं थी। हुंडी के काम में काफ़ी लाभ था जिससे उनकी सम्पन्नता और बढ़ी। नई पूंजी से उन्होंने अपने व्यापार का प्रसार किया।

व्यापार में अनुभवी और बहुतायत पूंजी के कारण जैनों को सर्राफ़ी का काम करने में कोई कठिनाई नहीं हुई। उस समय यह व्यवसाय काफ़ी लाभदायी था क्योंकि फलते-फूलते वैदेशिक व्यापार के कारण भारत में विदेशों से कई प्रकार के सिक्के आते थे। देश में भी भांति-भांति के सिक्के प्रचलित थे और अन्तर्राज्यीय व्यापार की वृद्धि के लिए इन सिक्कों का विनिमय आवश्यक था। इन सिक्कों को बदलने का कार्य अर्थ-व्यवस्था को गतिशीलता प्रदान करता था और जैनों की भूमिका इसमें महत्त्वपूर्ण थी।

जैन व्यापारियों के कार्य-कलापों की विविधता का ज्ञान प्राप्त करने के लिए आवश्यक है, हम सत्रहवीं और अठारहवीं शताब्दियों के कुछ प्रमुख व्यापारियों के जीवन का अध्ययन करें। इससे तत्कालीन अर्थ-व्यवस्था में उनकी भूमिका भी स्पष्ट होगी।

जैन व्यापारियों में सबसे प्रमुख था सूरत का सत्रहवीं शताब्दी का व्यापारी वीरजी वोरा। समकालीन पर्यवेक्षकों के अनुसार वह भारत का सबसे बड़ा व्यापारी था। कुछ जैन दस्तावेजों के आधार पर प्रो॰ कामदार ने वीरजी वोरा को लोंकागच्छ मतावलम्बी स्थानकवासी पंथ का सदस्य करार दिया है।[8]

इतिहास में वीरजी वोरा का पहला उल्लेख है 22 मार्च 1619 का। अंग्रेज़ी ईस्ट इंडिया कम्पनी के दस्तावेज पहली बार उसकी चर्चा करते हैं।[9] अगली अर्ध-शताब्दी में वह सूरत और भारत के आर्थिक क्षितिज पर सबसे प्रभावशाली व्यक्ति था। अंग्रेज़ी दस्तावेजों में उसका अन्तिम उल्लेख 1670 में है।[10]

---

8. बी॰जी॰ गोखले, *सूरत इन दी सेवेन्टीन्थ सेन्चुरी*, बम्बई, 1979, पृ॰ 137 (गोखले)।
9. *ई॰ एफ॰ आई॰* (1618-21), पृ॰ 86.
10. बी॰जी॰ गोखले, पूर्वोक्त, पृ॰ 145.

वीरजी वोरा के अंग्रेज़ी और डच ईस्ट इण्डिया कम्पनियों के साथ पारस्परिक लाभदायी संबंध थे। जब फ्रेंच ईस्ट इंडिया कम्पनी भारत आई तब इससे भी वीरजी वोरा का सम्पर्क हुआ। इसके अतिरिक्त अन्य व्यापारियों से भी वीरजी वोरा के संबंध थे।[11]

वीरजी वोरा व्यापारी के साथ ऋण-दाता, बैंकर, आदि भी था।

वीरजी वोरा आय और निर्यात होने वाली वस्तुओं का थोक व्यापारी था। एक डच लेखक का कथन है "वीरजी वोरा विभिन्न वस्तुओं की खरीद और बिक्री करता था। ये वस्तुएँ थीं – रूई, अफ़ीम, मसाले, हाथी दाँत, मूंगा, जस्ता, चाँदी, सोना और लगभग वे सभी वस्तुएँ जिनकी सूरत के थोक बाजार में खरीद बिक्री होती थी"।[12]

अंग्रेज़ों से वह मूंगा और हाथी-दाँत खरीदता था।[13] 1648 में डचों से उसने लौंग और चाय (20 मन) खरीदी।[14]

कभी-कभी अन्य व्यापारियों से मिलकर वह पाँच से दस लाख रुपये की कीमत की आयातित वस्तुओं की पूरी खेप खरीद लेता था।[15] 1650 में डच कम्पनी के दलाल मोहनदास पारेख से मिलकर वीरजी वोरा ने डच द्वारा आयातित सब कुछ खरीद लिया।[16]

वह भारत में उत्पादित सभी वस्तुओं को, जिनकी यूरोपियों को जरूरत होती थी, थोक में खरीद लेता था और यूरोपीय कम्पनियों की जरूरतों को पूरा कर सकता था। सूरत का व्यापार उसकी इच्छानुसार चलता था। यह निम्नलिखित उदाहरण से स्पष्ट होगा –

1625 में इंगलिश ईस्ट इण्डिया कम्पनी को वीरजी वोरा से दस हजार रुपये की

11. डिस्कवरी जहाज में लाल सागर से अंग्रेज़ों द्वारा आयातित मूँगों की सारी खेप वीरजी वोरा ने खरीद ली। *ई॰ एफ॰ आई॰* (1646-50), पृ॰ 210, *ई॰ एफ॰ आई॰* (1668-69), पृ॰ 195, अंग्रेज़ी ईस्ट इंडिया कम्पनी ने वीरजी वोरा से अपना संबंध अस्थायी रूप से 1665 में विच्छेद कर लिया था। *ई॰ एफ॰ आई॰* (1665-67), पृ॰ 3, डच कम्पनी के वीरजी वोरा के साथ व्यापार के हेतु देखें *ई॰ एफ॰ आई॰* (1668-69), पृ॰ 88, गोखले, पृ॰ 431, फ्रेंच कम्पनी के साथ वीरजी वोरा के व्यापारिक संबंधों के लिए देखें, गोखले, पृ॰ 143, 144, 145, *ई॰ एफ॰ आई॰* (1668-69), पृ॰ 206.

12. ओ॰ सी॰ केल, *दी डच इन इंडिया*, दिल्ली, पृ॰ 73.

13. *ई॰ एफ॰ आई॰* (1630-33), पृ॰ 301-02, *ई॰ एफ॰ आई॰* (1642-45), पृ॰ 99, *ई॰ एफ॰ आई॰* (1646-50), पृ॰ 281, *ई॰ एफ॰ आई॰* (1651-54), पृ॰ 57, 87, *ई॰ एफ॰ आई॰* (1651-54), पृ॰ 30.

14. *ई॰ एफ॰ आई॰* (1646-50), पृ॰ 330.

15. मोरलैंड, डब्लू॰ एच॰, *फ्रॉम अकबर टू औरंगजेब : ए स्टडी इन इंडियन इकोनोमिक हिस्ट्री*, लन्दन, 1923, पृ॰ 153.

16. गोखले, पृ॰ 143.

गोलमिर्च खरीदनी पड़ी क्योंकि वह एकमात्र व्यापारी था जो इतनी मात्रा में गोलमिर्च की आपूर्ति करने में सक्षम था। अंग्रेज़ों को वीरजी वोरा को दाम देना पड़ा। जब गोलमिर्च की नई खेप सूरत पहुँची तब अंग्रेज़ों ने इसे खरीदने की पहल की। परन्तु वीरजी वोरा ने अधिक कीमत दे, सारी खेप खरीद ली। अंग्रेज़ वीरजी वोरा की नीति से अप्रसन्न थे और उसके चंगुल से मुक्त होना चाहते थे। उन्होंने गोलमिर्च खरीदने के लिए अपने कर्मचारी दक्षिण भारत भेजे जहाँ इसकी खेती होती थी। वीरजी वोरा ने अंग्रेज़ों की यह चाल भी विफल कर दी। उसने अपने प्रतिनिधियों को दक्षिण भेजकर अधिक कीमत पर सब गोलमिर्च खरीद ली। विवश होकर अंग्रेज़ पुनः वीरजी वोरा की शरण पहुँचे और उन्हें उससे गोलमिर्च खरीदनी पड़ी।[17] मालाबार में उत्पादित गोलमिर्च पर वीरजी वोरा का एकाधिकार था। जिसे भी गोलमिर्च की आवश्यकता होती, उसे वीरजी से खरीदनी पड़ती थी।[18] वीरजी वोरा के आर्थिक वर्चस्व का यह एक उदाहरण है।

अंग्रेज़ी और अन्य यूरोपीय व्यापारियों को वीरजी वोरा की इच्छाओं का सम्मान करना पड़ता था। इसका कारण था कि वीरजी वोरा के प्रतिनिधि देश और विदेश के सभी प्रमुख व्यापारिक केन्द्रों में फैले हुए थे। भारत में उनकी नियुक्ति निम्नलिखित स्थानों में थी – भरूच, बड़ौदा, अहमदाबाद, आगरा, बुरहानपुर, गोलकुण्डा तथा कोरोमंडल और मालाबार समुद्र तट के प्रमुख बंदरगाह।[19] विदेशों में उसके प्रतिनिधि थे – अरब प्रायद्वीप, ईराक, ईरान, जावा आदि में।[20] इन प्रतिनिधियों की मार्फत वीरजी वोरा देश तथा विदेश में उत्पादन-केन्द्रों पर वस्तुएँ खरीद लेता था और उसे कम कीमत देनी पड़ती थी। दूसरों की तुलना में उसके द्वारा बेची गई सामग्री की कीमत कम होती थी, अतः सभी उसी से सामान खरीदना चाहते थे।

वीरजी वोरा जहाज का भी स्वामी था।[21] व्यापार में वीरजी वोरा की सफलता का रहस्य था उसके पास निवेश हेतु विशाल पूंजी। उसकी पूंजी की विशालता का आभास हमें निम्नलिखित घटना से मिलता है। सन् 1664 में जब शिवाजी ने सूरत पर आक्रमण किया तो उसने वीरजी वोरा के घर और भंडार-गृहों को लूटा। एक डच प्रत्यक्षदर्शी के अनुसार शिवाजी के सैनिक छह बक्सा भरकर सोना, नगद रुपए, मोती, जवाहरात और

17. *ई. एफ. आई.* (1624-29), पृ. 90-94.
18. सुरेन्द्र गोपाल, *कॉमर्स एंड क्राफ्ट्स इन गुजरात,* नई दिल्ली, 1975, पृ. 110.
19. केल, पृ. 73, *ई. एफ. आई.* (1637-41), पृ. 235, 288.
20. मकरन्द मेहता, *इंडियन मर्चेन्टस् एंड एंट्रिप्रेन्योर्स इन हिस्टॉरिकल परस्पेक्टिव,* दिल्ली, 1991, पृ. 61, केल, पृ. 73.
21. *ई. एफ. आई.* (1681-82), पृ. 86.

अन्य बहुमूल्य सामान ले गए।[22] फ़ोस्टर के अनुसार वीरजी वोरा को 50,000 (पचास हजार पौण्ड) की क्षति हुई।[23] 1664 ई॰ में सूरत में पदस्थापित एक डच पादरी ने लिखा है, "वीरजी वोरा विश्व का सबसे धनाढ्य व्यक्ति है। उसके पास लगभग अस्सी लाख रुपये हैं।"[24] इतनी विशाल क्षति से वीरजी वोरा शीघ्र उबर गया। पुनः उसकी गणना सूरत के सर्वप्रमुख व्यापारी के रूप में होने लगी।[25]

इतनी पूंजी का मालिक होने के कारण वीरजी वोरा सूरत का सबसे प्रमुख ऋणदाता था। सभी यूरोपीय व्यापारिक कम्पनियां कभी-न-कभी उसकी ऋणी थीं। इसलिए वे वीरजी को नाराज करने से डरती थीं। वीरजी वोरा को अपनी शक्ति का अहसास था। वह यूरोपीय व्यापारियों द्वारा आयातित सामग्री की कीमत लगाता था और उसी पर यूरोपीय कम्पनियों को बेचने पर बाध्य करता था। किसी भारतीय का विदेशी व्यापारी से इन वस्तुओं को खरीदने का साहस नहीं था क्योंकि वे वीरजी वोरा को नाराज नहीं करना चाहते थे। यूरोपीय कंपनियों के पास कोई विकल्प नहीं था, सिवाय इसके, कि वीरजी वोरा द्वारा निर्धारित मूल्यों पर सामान खरीदें और बेचें। इंगलिश कंपनी असहाय थी और इस स्थिति से बहुत त्रस्त थी। अंग्रेज़ी दस्तावेज वीरजी को उनके व्यापार के लिए सबसे नुकसानदायक व्यक्ति[26] की संज्ञा देते हैं। फिर भी वे वीरजी को नाराज करने का साहस नहीं जुटा पाते थे। अंग्रेज़ वीरजी से संबंध बनाये रखने में ही अपनी भलाई समझते थे क्योंकि उनके द्वारा आयातित वस्तुओं का वह सबसे महत्त्वपूर्ण खरीददार था।[27] साथ ही वीरजी वोरा भारतीय वस्तुओं को भी उपलब्ध कराने वाला उनका सबसे प्रमुख व्यापारी था। इसके अतिरिक्त जब कभी उन्हें नगद रुपयों की जरूरत पड़ती थी, वीरजी वोरा ऋण प्रदान करता था।

उपरोक्त कारणों में सबसे अंतिम अर्थात् वीरजी वोरा की ऋण देने की क्षमता यूरोपीय व्यापारियों को बाध्य करती थी कि वे उसकी मर्जी से चलें। इस कथन के पक्ष में यूरोपीय व्यापारियों को समय पर वीरजी वोरा द्वारा दिये गये ऋण ध्यातव्य हैं।

अंग्रेज़ों को वीरजी वोरा ने सन् 1635 में बीस हजार रुपये, 1636 में तीस हजार रुपये

22. *ई॰ एफ॰ आई॰* (1661-64), पृ॰ 310.
23. वही.
24. केल, पृ॰ 73.
25. वही.
26. *ई॰ एफ॰ आई॰* (1642-45), पृ॰ 99.
27. ऐसा कहा जाता है कि 1668 ई॰ में वीरजी वोरा तथा हाजी जहीद के पास पारा और सिन्दूर की मात्रा इतनी थी कि वे "सारे देश की माँग कई वर्षों तक पूरी कर सकते थे।" *ई॰ एफ॰ आई॰* (1668-69), पृ॰ 24.

ऋण स्वरूप दिए। 1636 में उसने दो लाख रुपये दिए और अहमदाबाद में 1642 ई॰ में एक लाख रुपये। सन् 1669 में अंग्रेज़ों ने सूरत में चार लाख रुपये व्यापारियों के एक समूह से ऋण के रूप में लिये। इस समूह का वीरजी वोरा प्रमुख सदस्य था।

उपरोक्त से स्पष्ट है कि वीरजी वोरा केवल सूरत में ही नहीं वरन् अन्य प्रमुख व्यापारिक केन्द्रों में ऋण देने में सक्षम था।

अंग्रेज़ों के समान डच कम्पनी भी वीरजी वोरा की अक्सर ऋणी रहती थी।

सूरत के अतिरिक्त अन्य स्थानों में वीरजी वोरा की ऋण देने की क्षमता से अंग्रेज़ और डच दोनों लाभान्वित होते थे और वीरजी से घनिष्ठ संबंध रहें, इसकी चेष्टा करते थे।

वीरजी के आगरा में प्रतिनिधि कालिदास मेगा ने एक अवसर पर डच को तैंतालीस हजार रुपये का ऋण दिया। सूद की दर थी ग्यारह प्रतिशत। 1634 ई॰ में आगरा में वीरजी के दूसरे प्रतिनिधि ने डच कम्पनी को सोलह हजार रुपये का ऋण दिया। यह उनके द्वारा ऋण में लिए गये चौवालीस हजार रुपयों का एक भाग था।[28]

इंगलिश ईस्ट इण्डिया कम्पनी द्वारा वीरजी वोरा से लिये गये ऋणों की सूची लम्बी है। सन् 1630 में उसने 50,000 रु॰ का कर्ज लिया। 1650 ई॰ गोलकुण्डा में वीरजी के प्रतिनिधि ने कम्पनी को 10,000 पुराने पगोदा ऋण स्वरूप दिए।[29] इस ऋण का उपयोग कम्पनी ने बर्मा में पेगू नगर में एक व्यापारिक दल भेजने के लिए किया। इस ऋण पर सूद की दर थी डेढ़ प्रतिशत प्रति महीना।[30] वीरजी वोरा सूद की दर परिस्थितियों के अनुसार निर्धारित करता था, अतः वह परिवर्तनशील थी। वीरजी द्वारा नियत सूद की दर ऊँची ही मानी जाती थी और कर्ज लेने वाले उससे सदा असंतुष्ट रहते थे। पर विकल्प के अभाव में उनका विरोध प्रभावी नहीं था।

विदेशियों द्वारा आयातित वस्तुओं के खरीददार और उनके द्वारा निर्यात की जाने वाले सामग्रियों के प्रमुख आपूर्तिकारक तथा उन्हें ऋण मुहैया कराने के अतिरिक्त वीरजी वोरा विदेशियों के हेतु अन्य मानों में भी उपयोगी था। अंग्रेज़ और डच दोनों एक स्थान से दूसरे स्थान पूंजी भेजने के लिए उस पर ही मूलतः निर्भर थे।

डच कम्पनी भी सूरत से अन्य स्थानों में पैसा भेजने के लिए वीरजी के ही संस्थान

---

28. जावेद अख्तर, *मर्चेन्टस् एंड फाइनेन्सियल ऑपरेशन्स ऑफ वीरजी वोरा, दी ग्रेट सेवेन्टींथ सेंचुरी मर्चेन्ट ऑफ सूरत,* प्रोसीडिंग्स, इंडियन हिस्ट्री कांग्रेस, मद्रास सेशन, 1996, पृ॰ 318.
29. वही, पृ॰ 319.
30. गोखले, पृ॰ 142.

का उपयोग करती थी।[31] इंगलिश कम्पनी ने 1630 ई॰ में वीरजी द्वारा प्रदत्त हुंडी से 15,000 रु॰ सूरत से आगरा भेजे थे।[32]

वीरजी और यूरोपीय कम्पनियों के बीच संबंध निरंतर प्रगाढ़ होते गये क्योंकि यूरोपीय कम्पनियाँ इससे कई प्रकार से लाभान्वित होती थीं।

एक डच लेखक ने स्वीकार किया है कि डच कम्पनी की आरंभिक सफलता का कारण था वीरजी का सहयोग।[33]

जब तक वीरजी वोरा सक्रिय था, वह सूरत का सर्वमान्य सर्वप्रमुख व्यापारी था। सभी समकालीन इस तथ्य को स्वीकार करते थे।

अर्मिनिया निवासी ख्वाज़ा मिनाज़, जिसकी गणना सत्रहवीं शताब्दी के साठ के दशक में सूरत के प्रमुख व्यापारियों में होती थी, वीरजी वोरा का सहयोगी था। वीरजी वोरा के हेतु उसने यूरोपीय कंपनियों से आयातित वस्त्र खरीदे थे।[33अ] मिनाज़ उन व्यापारियों को ऋण देता था जो फिलिपीन द्वीप-समूह में मनिला बंदरगाह को भारत से जहाज भेजा करते थे।[34]

मुगल शासक वर्ग और प्रशासक भी वीरजी वोरा के आर्थिक वर्चस्व को स्वीकार करते थे। जब कभी प्रशासन और व्यापारी वर्ग में समस्या उत्पन्न होती थी, मुगल प्रशासक समस्या के समाधान हेतु वीरजी से सलाह करते थे। उपरोक्त स्थिति में व्यापारी वर्ग (स्थानीय एवम् विदेशी) वीरजी से अनुरोध करते थे कि वह प्रशासकों से मिलकर समस्या सुलझाएं।[35] ऐसे अनेक दृष्टान्त उपलब्ध हैं जब वीरजी वोरा ने मुगल शासकों के कहने से उनकी समस्याएँ सुलझाईं और व्यापारी-वर्ग को राहत दिलवाई।

जाँच के लिए सन् 1636 में सूरत के मुगल गवर्नर ने एक कमेटी का निर्माण किया। सूरत के व्यापारियों की शिकायत थी कि उनके दो जहाजों को अंग्रेज़ी समुद्र दस्युओं ने लूट लिया है। कमेटी पर छानबीन का भार था। वीरजी वोरा इसका सदस्य था।[36]

---

31. जावेद अख्तर, पृ॰ 318.
32. वही, पृ॰ 319.
33. केल, पृ॰ 73.

33अ. *क्राफ्ट्स ऐंड कॉमर्स इन गुजरात*, पृ॰ 66.

34. *ई॰ एफ॰ आई॰* (1670-77), पृ॰ 192.
35. *ई॰ एफ॰ आई॰* (1624-29), पृ॰ 27-30.
36. नर्मदाशंकर देव, *सूरतनी मुख्तसर हकीकत*, बम्बई, 1866, पृ॰ 1-2। यह उद्धृत है मकरन्द मेहता, "वीरजी वोरा, एन इंडियन मर्चेन्ट", *इंडियन मर्चेन्टस् एण्ड एंट्रिप्रेन्योर्स*, पृ॰ 59.

सन् 1664 में शिवाजी द्वारा सूरत की लूट के बाद, स्थानीय मुगल गवर्नर ने वीरजी वोरा और दूसरे प्रमुख व्यवसायी जाहिद बेग को मुगल दरबार भेजा। वहाँ सम्राट् से उन्होंने अनुरोध किया कि सूरत को मजबूत दीवार से घेर दिया जाए जिससे भविष्य में होने वाले हमलों के विरुद्ध नगर अपने को सुरक्षित महसूस करे।[37]

ऐसा प्रतीत होता है कि 1670 में वीरजी वोरा ने व्यापार का भार अपने परिवार के अन्य सदस्यों को दे दिया। स्वयं वह एक मठ में जाकर रहने लगा।[37अ]

आरम्भिक जीवन के समान ही उसके अंतिम काल के विषय में हम लगभग कुछ नहीं जानते।

1619-70 के मध्य एक अर्ध-शताब्दी की अवधि तक सूरत के आर्थिक जीवन पर वीरजी वोरा का वर्चस्व बना रहा। उसकी यह उपलब्धि स्थानीय एशियाई और यूरोपीय व्यापारियों की कठिन प्रतिस्पर्द्धा के बावजूद थी।

यूरोपीय उसके बहुत ही सबल प्रतिद्वंद्वी थे क्योंकि यात्रा के समय वे अपनी मांगें मनवाने के लिए तोपों का प्रयोग विरोधियों को दबाने हेतु खुलकर करते थे। अपने आर्थिक-प्रबंधन के बल पर वीरजी ने सुनिश्चित किया कि यूरोपीय उसकी इच्छाओं का सम्मान और पालन करें। उसने कभी भी बल का प्रयोग नहीं किया। जब तक वह व्यापारी के रूप में सक्रिय रहा, उसके सर्वप्रमुख स्थान को कोई चुनौती नहीं दे सका।

यह भी ध्यातव्य है कि अपने उद्देश्यों की पूर्ति के हेतु वीरजी वोरा को कोई राजनीतिक समर्थन प्राप्त नहीं था।

दुर्भाग्यवश यूरोपीय और स्थानीय भाषाओं में लिखित दस्तावेज वीरजी वोरा की जीवन-शैली को चित्रित नहीं करते। पर यह निश्चित है कि वह अपनी सामाजिक जिम्मेदारियों को निबाहने में चूकता नहीं था। 1630-32 के भीषण दुष्काल के समय उसने सूरत में भूखों के बीच भोजन और अन्न वितरित करवाया था।[37ब] अपने समकालीन अन्य जैनों के समान वह समुदाय द्वारा आयोजित धार्मिक और सामाजिक समारोहों पर भरपूर राशि व्यय करता था।

मध्य-युग में अधिकांश जैन व्यापारी, बड़े, मध्यम अथवा छोटे जवाहरात खरीदने और बेचने के व्यवसायी थे। वे हीरा, पन्ना, लाल मोती, आदि बेचते थे। आभूषण, जिनकी भारतीय समाज के सब तबकों में सदा बड़ी मांग रही है, का भी वे व्यापार करते थे।

---

37. नर्मदाशंकर देव, *सूरतनी मुख्तसर हकीकत*, बम्बई, 1866.

37अ. के॰ एन॰ कामदार, 'सदाव्रत' *विनेयांमोती,* नवम्बर, 1968 पृ॰ 125-29.

37ब. वही.

जवाहरातों और आभूषणों का व्यापार न केवल लाभ अर्जन के लिए किया जाता था वरन् वह पूंजी एकत्र करने और उसे छिपाने का एक तरीका भी था। मध्य-युग में जब जीवन और सम्पत्ति असुरक्षित थी, तब व्यक्ति अपनी एकत्र सम्पत्ति सोना, चाँदी और बहुमूल्य जवाहरातों के रूप में आसानी से छिपा सकता था और एक स्थान से दूसरी जगह आसानी से भेजता था। दुर्भाग्यवश मध्य-युग में असुरक्षा की भावना प्रबल थी[38] और इस संदर्भ में बहुमूल्य धातुओं और रत्नों का व्यापार अतीव लाभकारी था।

उन सभी स्थानों में जहाँ प्रशासक, सामंत तथा बड़े-बड़े व्यापारियों का जमाव था, बहुमूल्य रत्नों और धातुओं के जैन व्यापारी पाये जाते थे।[39]

गुजरात की राजधानी अहमदाबाद जौहरियों और जवाहरातों के व्यापार का प्रसिद्ध केन्द्र था। अंग्रेज़ राजदूत सर टॉमस रो तथा फ्रेंच यात्री तेवरनियर के कथन इसे पुष्ट करते हैं।[40] यहाँ रत्नों के व्यापार में सबसे प्रमुख था जैन मतावलंबी शान्तिदास।[41] हीरों का व्यापार में संलग्न रहने के कारण वह अक्सर बीजापुर की यात्रा करता था, जहाँ हीरों की खान थी। सभी मुगल शासक जवाहरातों के प्रेमी थे और प्रमुख जौहरियों के सम्पर्क में रहते थे। ये संबंध कभी-कभी घरेलू बन जाते थे। शाहजहाँ शान्तिदास को "मामा" कहकर पुकारता था।[42] शान्तिदास की नियुक्ति जहाँगीर ने निजी जौहरी के रूप में की थी। उससे अपेक्षित था कि वह सम्राट् को विभिन्न उपहार तथा बहुमूल्य हीरे प्रदान करे।[43] नूरजहाँ के भाई एवम् शाहजहाँ के श्वसुर आसफखाँ को शान्तिदास ने हीरे बेचे थे।[44] दारा शिकोह भी उससे रत्न खरीदता था।[45]

राजपरिवार शान्तिदास की समृद्धि से भली-भाँति परिचित था। कभी-कभी राजपरिवार के सदस्य उसे बल-प्रयोग की धमकी देकर पैसा भी वसूलते थे। शाहजहाँ की बीमारी

---

38. किस प्रकार जौनपुर का प्रशासक कुलिचखां जौहरियों पर अत्याचार करता था, इसका सजीव वर्णन बनारसीदास ने किया है। अपने जीवन और सम्पत्ति के रक्षार्थ ये व्यापारी निकट के जंगलों में जा छिपे। एक दूसरे अवसर पर जब मुगल सम्राट के देहावसान की सूचना जौनपुर पहुँची, तब सारा नगर इस भय से त्रस्त था कि शीघ्र ही यहाँ खून-खराबा होगा। *अर्ध-कथानक*, पृ० 111-13.
39. *अर्ध-कथानक*, पृ० 148.
40. *इंडियन मर्चेन्टस् ऐंड एंट्रिप्रेन्योर्स*, पृ० 96-97.
41. वही, पृ० 96.
42. वही, पृ० 100.
43. वही, पृ० 102.
44. वही.
45. वही, पृ० 103.

के समय उसके पुत्रों में सत्ता-प्राप्ति के लिए युद्ध हुआ। गुजरात में अवस्थित तृतीय पुत्र मुराद ने शान्तिदास और उसके परिवार से बलपूर्वक साढ़े पाँच लाख रुपये ले लिए।[46] युद्ध में मुराद पराजित हुआ और औरंगज़ेब गद्दी पर बैठा। उसने अहमदाबाद के प्रशासक रहमतखाँ को आदेश दिया कि सरकारी खजाने से तत्काल आंशिक क्षति-पूर्ति के रूप में शान्तिदास को एक लाख रुपए दिये जाएं।[47]

औरंगज़ेब की सदाशयता राजनीति से प्रेरित थी। जन-समर्थन प्राप्त करने के लिए उसने ऐसा किया। वह इससे राजनीतिक लाभ उठाना चाहता था। उसने एक दूसरा फरमान निकाला और शांतिदास को आदेश दिया कि वह सम्राट् की "सदाशयता" से नगर के व्यापारी-वर्ग, महाजन और नागरिकों को परिचित करवाये।[48]

मुगल प्रशासक पीरजी पोरा के समान नगर की अर्थ-व्यवस्था संबंधी प्रश्नों पर शांतिदास से विचार-विमर्श करते थे। नगर का व्यापारिक समुदाय भी शान्तिदास को अपने प्रतिनिधि के रूप में मान्यता देता था और उसे सर्वप्रथम व्यापारी का पद प्राप्त था। व्यापारिक वर्ग की समस्याओं के समाधान हेतु वह उनके प्रतिनिधि के रूप में प्रशासकों से सम्पर्क करता था।

अन्य जैन व्यापारियों के समान शांतिदास कई वस्तुओं का व्यापारी था। वह वैदेशिक व्यापार में भी भाग लेता था। अंग्रेज़ों का एक जहाज समुद्री दस्यु द्वारा लूट लिया गया। इस पर शांतिदास का भी सामान था। एक अनुमान के अनुसार शांतिदास को तीस हजार रुपयों और दूसरे के अनुसार पैंतीस हजार रुपयों की क्षति हुई।[49]

इस सामुद्रिक डकैती में अन्य गुजराती व्यापारियों को भी नुकसान पहुँचा था। नगर के महाजनों ने अंग्रेज़ी कम्पनी की स्थानीय शाखा पर दबाव डाला कि वह इसकी भरपाई करे। अंग्रेज़ी कम्पनी ने ऐसा करने में आनाकानी की। पर महाजन के दबाव में स्थानीय प्रशासक ने कम्पनी के अंग्रेज़ कर्मचारियों को जेल में डाल दिया। विवश हो कम्पनी को समझौता करना पड़ा। उसने शांतिदास को वह सारी रकम दी जिसका उसका दावा था।[50]

शांतिदास के प्रभाव और वर्चस्व का दूसरा कारण था यूरोपीय कम्पनियों को उसकी ऋण देने की क्षमता। इससे उसे लाभ भी होता था। वह नियमित रूप से यूरोपीय

---

46. *इंडियन मर्चेन्टस् ऐंड एंट्रिप्रेन्योर्स*, पृ॰ 104, *कॉमर्स एंड क्राफ्ट्स इन गुजरात*, पृ॰ 177-78.
47. वही.
48. वही.
49. वही, पृ॰ 107.
50. वही, पृ॰ 109.

कम्पनियों को ऋण देता था। सन् 1627 में इंगलिश ईस्ट इण्डिया कम्पनी ने उससे तीस हजार रुपयों का ऋण लिया। ब्याज की दर थी 1 प्रतिशत प्रति माह।[51]

वीरजी वोरा के समान शांतिदास का स्थानीय व्यापारियों पर बड़ा प्रभाव था। 1640 ई॰ में अंग्रेज़ों की शिकायत थी कि अहमदाबाद में पूंजी का अभाव था। स्थानीय व्यापारी उन्हें कर्ज़ नहीं दे रहे थे। वे शांतिदास के पद-चिह्नों पर चल रहे थे और शांतिदास ऋण देने से कतरा रहा था।[52] स्थानीय व्यापारी शांतिदास का ही अनुसरण करते थे।

शांतिदास का चुनाव अहमदाबाद के नगर-सेठ के रूप में हुआ। बाद में उसके कई उत्तराधिकारी भी नगरसेठ बने।[52अ]

आर्थिक प्रभाव और वर्चस्व होने पर भी व्यापारी प्रशासकों के अत्याचार से बच नहीं पाते थे। प्रशासक सर्वोपरि थे और व्यापारियों की चेष्टा थी कि वे अप्रसन्न न हों। वे प्रशासकों को अपने पक्ष में बुद्धि-बल से रखते थे। क्योंकि प्रशासक राजनीतिक सत्ता का उपयोग उनके उत्पीड़न के लिए करते थे। इस स्थिति का दुष्परिणाम था कि व्यापारी-वर्ग की सम्पन्नता प्रशासकों और राजनीतिज्ञों की कृपा-दृष्टि पर निर्भर थी।

हकीम सदरा (मासिह-उज-जमाँ) सन् 1638 में सूरत का गवर्नर बना। वह स्वयं व्यापार करता था। उसकी इच्छा थी कि सूरत के गोल मिर्च के व्यापार पर उसका एकाधिकार हो। वह सूरत के व्यापारियों से बलपूर्वक पैसा भी वसूलता था। उसके कार्य-कलापों का विरोध करने पर उसने वीरजी वोरा को जेल में डाल दिया। जब यह सूचना सम्राट् शाहजहाँ को मिली, उसने तत्काल वीरजी वोरा के रिहाई का आदेश दिया।[53] वीरजी वोरा की भावनाओं पर मरहम लगाने के लिए उसने उसे राजदरबार में आने का निमंत्रण भेजा।

शाहजहाँ के समय औरंगज़ेब गुजरात का गवर्नर था। किसी कारणवश वह शान्तिदास से नाराज हो गया। गुस्से में उसने शांतिदास द्वारा अहमदाबाद के निकट सरसपुर में निर्मित चिंतामणि पार्श्वनाथ के मन्दिर की पवित्रता भंग करने का आदेश दिया। शाहजहाँ को जब इसकी सूचना मिली तो उसने तत्काल शांतिदास को मन्दिर की वापसी का आदेश दिया और हर्जाने के रूप में उसे कुछ पैसे भी दिलवाये।[54]

उपरोक्त दोनों घटनाएं अत्यन्त ही महत्त्वपूर्ण हैं। वे राजनीतिज्ञों की तुलना में

---

51. *इंडियन मर्चेन्टस् ऐंड एंट्रिप्रेन्योर्स.*
52. वही.

52अ. डी॰ त्रिपाठी (सं॰), *बिजनेस कम्युनिटीज़ इन इंडिया,* दिल्ली, 1984, पृ॰ 44-45.

53. *ई॰ एफ॰ आई॰* (1637-41), पृ॰ 88,100.
54. त्रिपाठी, पृ॰ 26-27.

व्यापारियों की दुर्बलता प्रदर्शित करती हैं। स्पष्ट है कि आर्थिक वर्चस्व के बाबजूद गुजरात में जैन-व्यापारी प्रशासकीय अत्याचार के शिकार होते थे। साधारणतः, राजनीति में उनकी कोई भूमिका नहीं थी। वे अपनी प्रतिक्रिया तभी व्यक्त करते थे जब उनके सामूहिक हितों पर आघात होता था अथवा अत्याचार सीमा पार कर जाता था। निम्नलिखित उदाहरण से यह बात स्पष्ट हो जाती है। सूरत के हिन्दू और जैन व्यापारी स्थानीय काजी के बर्ताव से क्षुब्ध होकर नगर छोड़कर चले गये। काजी हिन्दू और जैन व्यापारियों को इस्लाम धर्म अंगीकार करने के लिए बाध्य कर रहा था।[55] हिन्दू और जैन व्यापारियों के पलायन से सूरत की अर्थ-व्यवस्था ठप्प हो गई। सम्राट् को जब अनुभव हुआ कि हिन्दू और जैन व्यापारियों के बिना नगर की अर्थ-व्यवस्था क्षत-विक्षत हो जाएगी और राजकीय कोष को नुकसान पहुँचेगा, तब उसने हस्तक्षेप किया। काजी वापस बुला लिया गया और व्यापारियों का समूह पुनः सूरत लौटा।

पश्चिमी भारत में व्यापारी राजनीति में साधारणतः हस्तक्षेप नहीं करते थे, परन्तु पूर्वी भारत में स्थिति भिन्न थी। यह आभास हमें तब होता है जब हम जगत सेठ के प्रतिष्ठान के इतिहास का अध्ययन करते हैं। जगत सेठ का प्रतिष्ठान सत्रहवीं शताब्दी के अन्तिम दशकों में उदित हुआ था।

इस प्रतिष्ठान के आदि संस्थापक मारवाड़ में नागोर के ओसवाल जैन हीरानन्द साह थे जो 1652 ई॰ में पटना पहुँचे।[56] उन्होंने अपने को शोरा के व्यवसायी और बैंकर के रूप में प्रतिष्ठित किया।[57] उस काल में यूरोपियों द्वारा बिहार से निर्यात होने वाली वस्तुओं में शोरा प्रमुख था।[58] हीरानन्द साह की तेजी से प्रगति हुई। वह यूरोपीय व्यापारियों को ऋण देता था और हुंडी का भी व्यापार करता था।

हीरानन्द साह का ज्येष्ठ पुत्र मानिकचन्द बंगाल की राजधानी ढाका चला गया। ढाका की मलमल विश्व-प्रसिद्ध थी। उस समय बैंकिंग के व्यापार का विस्तार हो रहा था क्योंकि सत्रहवीं शताब्दी के उत्तरार्द्ध में पूर्वी भारत के इंगलिश और डच कंपनियों के आगमन के पश्चात् व्यवसाय फल-फूल रहा था। ये यूरोपीय पूर्वी भारत से मुख्यतः अफ़ीम, सूती वस्त्र, शोरा व रेशम के निर्यात में दिलचस्पी रखते थे। इस क्षेत्र मे इन वस्तुओं की सरलता से उपलब्धि के कारण यूरोपीय तथा एशियाई व्यापारी अत्यधिक

---

55. *कॉमर्स ऐंड क्राफ्ट्स इन गुजरात,* पृ॰ 179, आठ हजार हिन्दू और जैन व्यापारी सूरत त्याग अप्रैल मास में भरूच चले गए। वे दिसम्बर 1668 ई॰ में वापस लौटे।
56. जे॰ एच॰ लिटिल, *हाउस ऑफ जगत सेठ,* कलकत्ता, 1968, पृ.
57. वही.
58. ओम प्रकाश, *दी डच ईस्ट इंडिया कम्पनी एण्ड दी इकोनोमी ऑफ बंगाल,* 1630-1720, प्रिंसटन, पृ॰ 58-60.

सक्रिय थे। मानिकचन्द ने यूरोपियों से सम्पर्क स्थापित किया और उन्हें व्यापार हेतु पूंजी देने लगा। इंगलिश ईस्ट इंडिया कम्पनी का कार्यकर्त्ता जोशिया चिट्टी मानिकचन्द से ऋण लेकर निजी व्यापार करता था।[59]

मानिकचन्द मुर्शीदकुलीखाँ का, जो बंगाल के वित्तीय प्रबंधन का प्रधान था, विश्वासपात्र बन गया।[60] जब मुर्शीदकुलीखाँ बंगाल की राजधानी ढाका से मुर्शिदाबाद ले आया, मानिकचन्द भी उसके साथ मुर्शिदाबाद आ पहुँचा। ढाका में उसके प्रतिष्ठान की शाखा बनी रही क्योंकि अभी भी वहाँ टकसाल थी और नगर व्यापार का प्रमुख केन्द्र था।[61]

मानिकचन्द के निर्देशन से प्रतिष्ठान की बैंकिंग शाखा का त्वरित विस्तार हुआ। इसकी शाखाएँ बंगाल सूबा के विभिन्न नगरों में तथा उत्तर भारत में सभी प्रमुख व्यापारिक केन्द्रों में विभिन्न नामों से स्थापित हुईं।

जब फर्रूखसियर ने 1712 ई॰ में पटना में अपने को मुगल सम्राट् घोषित किया, तब सेना के खर्च के लिए साहूकारों से ऋण लिया। उसके ऋणदाताओं में सबसे प्रमुख था मानिकचन्द।[62] मानिकचन्द मुर्शीदकुलीखाँ का विश्वासी था और सम्राट् ने उसे नगरसेठ की उपाधि से विभूषित किया।[63] मुगल सम्राट् तथा बंगाल सूबा के गवर्नर से निकटता, इस प्रतिष्ठान की आर्थिक उन्नति का प्रमुख कारण थी।

सन् 1714 में मानिकचन्द की मृत्यु के बाद उसका भांजा और दत्तक पुत्र उसका उत्तराधिकारी बना। शीघ्र ही वह भी मुर्शीदकुलीखाँ का प्रिय पात्र बन गया। फतेहचन्द की अध्यक्षता और निर्देशन में प्रतिष्ठान उन्नति के चरम बिन्दु पर पहुँचा। मुगल साम्राज्य के आर्थिक-प्रबन्धन पर उसका व्यापक प्रभाव था। मुगल सम्राट् ने उसे बंगाल का प्रमुख कोषाधिकारी बना दिया। मुगल शासक मुहम्मदशाह ने उसे वंशानुगत जगत सेठ की उपाधि से विभूषित किया।[64] ऐसा कहा जाता है कि फतेहचन्द के पक्ष में पैरवी करने के पूर्व मुर्शीदकुलीखाँ ने उससे पाँच लाख रुपये लिये थे।[65] प्रतिष्ठान का केन्द्रीय संस्थान ढाका में अवस्थित था और इसका नामकरण किया गया – "मानिकचन्द जगत सेठ फतेहचन्द जी"।

59. लिटिल, पृ॰ 19.
60. वही, पृ.
61. वही.
62. *मुर्शीदकुलीखां एण्ड हिज़ टाइम्स*, पृ॰ 96.
63. वही, पृ॰ 99.
64. लिटिल, पृ॰ 26, सुशील चौधरी, *फ्रॉम प्रॉसपेरिटी टू डिक्लाईन इन एटींथ सेन्चुरी, बंगाल*, दिल्ली, 1995, पृ॰ 110, *मुर्शीदकुलीखाँ*. . . . . , पृ॰ 99.
65. वही, पृ॰ 99-100.

दिल्ली के मुगल सम्राट् और बंगाल के नवाब से निकटता होने के कारण, शनैः-शनैः फतेहचन्द तत्कालीन राजनीति में सक्रिय हो गया। यूरोपीय कम्पनियां उसकी कृपा-दृष्टि की इच्छुक थीं क्योंकि फतेहचन्द की बात न तो सम्राट् और न ही बंगाल के गवर्नर टालते थे। जब कभी यूरोपीय सम्राट् अथवा बंगाल के नवाब से कोई छूट प्राप्त करना चाहते थे, वे अपना अनुरोध जगत सेठ के माध्यम से भेजते थे।

उदाहरणार्थ, जब ओस्टेंड कम्पनी ने बंगाल में व्यापार हेतु सम्राट् और गवर्नर से अनुमति हेतु अनुरोध किया तब डच और इंगलिश कंपनियों ने फतेहचन्द से कहा कि वे सम्राट् और गवर्नर को ऐसा फरमान निकालने से रोकें। अन्ततोगत्वा नवाब और ओस्टेंड कम्पनी के बीच समझौता हुआ।[66] कम्पनी ने हुगली में जगत सेठ के बैंक में सत्तर हजार रुपये जमा किये। ऐसा निश्चित हुआ कि बैंक यह रुपया नवाब को तब हस्तान्तरित करेगा जब ओस्टेंड कम्पनी के पक्ष में शाही फरमान निकलेगा।[67]

फतेहचन्द तथा उसके उत्तराधिकारी महताबचन्द की मान्यता थी कि बंगाल में शाही टकसाल से सिक्का निकालने का एकमात्र अधिकार जगत सेठ के प्रतिष्ठान को है। इंगलिश ईस्ट इंडिया कम्पनी इससे सहमत नहीं थी क्योंकि शाही फरमान द्वारा उसे भी शाही टकसाल में चाँदी और सोने के सिक्के मुद्रित करने का अधिकार था। पर बंगाल का नवाब जगत सेठ का पक्षधर था।[68]

इस सुविधा के कारण जगत सेठ बंगाल में चाँदी का सबसे बड़ा खरीददार हो गया।[69] एक दूसरे लेखक के अनुसार "जगत सेठ बंगाल में आयातित सोना और चाँदी का सबसे बड़ा खरीददार था।"[70]

सन् 1751 में अपनी अनुज्ञप्ति द्वारा बंगाल के नवाब ने इंगलिश और फ्रेंच कम्पनियों को आदेश दिया कि वे सोना, चाँदी अथवा रुपये मुर्शिदाबाद भेजें। यहाँ उनका सिक्का रुपये में बदल दिया जायगा। यदि उन्हें चाँदी अथवा रुपये बेचने हों तो वे केवल जगत सेठ प्रतिष्ठान को ही बेचें। यूरोपीय कम्पनियों को किसी को भी, सिक्का या रुपया के अतिरिक्त और कोई मुद्रा देने का अधिकार नहीं था।[71]

---

66. लिटिल, पृ॰ 26.
67. *मुर्शीदकुलीखां.* . . . . , पृ॰ 209.
68. लिटिल, पृ॰ 27.
69. डी॰ के॰ ताकनेत, *इंडस्ट्रियल एंट्रिप्रेन्योरशिप ऑफ शेखावती मारवाड़ीज़,* जयपुर, 1987, पृ॰ 76.
70. लिटिल, पृ.
71. के॰ के॰ दत्त, *दी डच इन बंगाल एण्ड बिहार,* पटना, 1969, पृ॰ 14.

सिक्का निकालने का अधिकार जगत सेठ की समृद्धि का सबसे बड़ा स्रोत था। इससे उनका बंगाल के मुद्रा-बाजार पर वर्चस्व हो गया। इस स्थिति को निम्नलिखित संदर्भ में समझना चाहिए –

बंगाल भारत में व्यापार का प्रमुख केन्द्र था। चूंकि बंगाल का निर्यात, आयात से अधिक था, अतः बंगाल में भिन्न-भिन्न स्थानों की मुद्राएँ आती थीं। कभी-कभी उन्हें फिर से मुद्रित किया जाता था। इससे जगत सेठ के प्रतिष्ठान को लाभ होता था। साथ ही जगत सेठ को यह अधिकार भी प्रदत्त था कि वह इन मुद्राओं की विनिमय दर दूसरी मुद्राओं की तुलना में निश्चित करे। इससे प्राप्त बट्टा उनकी समृद्धि का दूसरा कारण था। एक लेखक के अनुसार प्रतिष्ठान को प्रतिवर्ष पैंतीस लाख रुपये का शुद्ध लाभ होता था।[72]

एक अन्य लेखक ने जगत सेठ प्रतिष्ठान के प्रभाव के कारणों का निम्नलिखित विवरण दिया है – जगत सेठ प्रतिष्ठान की विशाल आय उनकी शक्ति और उनके सम्मान के मूल स्रोत थे – ढाका और मुर्शिदाबाद के टकसालों पर एकाधिकार, प्रान्त के भू-राजस्व के दो तिहाई भाग को एकत्र करने का अधिकार, विनिमय दर निश्चित करने का अधिकार, ब्याज की दर निश्चित करने का अधिकार, हुंडी निकालने का अधिकार और ऋण पर पैसा लगाने का अधिकार।[73]

प्रतिष्ठान का आर्थिक महत्त्व उस समय और बढ़ गया जब बंगाल से दिल्ली भेजे जाने वाला राजस्व इसी प्रतिष्ठान का दायित्व हो गया।[74]

इस प्रतिष्ठान की शाखाएँ पूर्वी, उत्तरी और पश्चिमी भारत के सभी प्रमुख व्यापारिक केन्द्रों में थीं। इस कारण यह प्रतिष्ठान एक स्थान से दूसरे स्थान पर पैसों का हस्तान्तरण हुंडी द्वारा आसानी से कर सकता था।[75] हुंडी निकालने का काम प्रतिष्ठान के प्रमुख क्रिया-कलापों में था। एक समकालीन लेखक का कथन है कि जगत सेठ फतेहचन्द के समय प्रतिष्ठान द्वारा निकाली गई एक हुंडी की कीमत पचास लाख से एक करोड़ रुपये तक होती थी।[76] प्रतिष्ठान की आर्थिक सम्पन्नता इतनी उच्च कोटि की थी कि जब 1742 ई॰ में मराठों ने दो करोड़ रुपये लूट लिए, फिर भी इनकी निवेश अथवा ऋण देने की पूंजीगत क्षमता में कोई कमी नहीं आई। 1747 ई॰ ढाका में ईस्ट इंडिया कंपनी के प्रमुख

72. सुशील चौधरी, पृ॰ 111.
73. वही, पृ॰ 110.
74. लिटिल, पृ.
75. *मुर्शीदकुलीखाँ. . . . .* , पृ॰ 234-35.
76. ताकनेत, पृ॰ 72.

को कासिम बाजार से भेजी हुई एक लाख की हुंडी मिली, जिसे जगत सेठ के प्रतिष्ठान ने आसानी से भुना दी।[77]

प्रतिष्ठान के पास इतनी अधिक नगद पूंजी थी कि वह आसानी से व्यावसायिक या अन्य प्रकार के ऋण दे सकता था।

आवश्यकता पड़ने पर सभी यूरोपीय व्यावसायिक घराने जगत सेठ के प्रतिष्ठान से ऋण लेते थे। दूसरे शब्दों में, बंगाल में इस प्रतिष्ठान की सूरत के वीरजी वोरा के समान ही भूमिका थी।

सन् 1732 ई॰ में इंगलिश ईस्ट इंडिया कम्पनी ने 1,50,000 रुपये पटना भेजे। यह राशि जगत सेठ प्रतिष्ठान से ऋण के रूप में ली गई थी।[78] कासिम बाजार में कंपनी ने 2,00,000 रुपये प्रतिष्ठान से कर्ज़ लिए।[79] कम्पनी इस ऋण से संतुष्ट नहीं थी, पर उसे इसलिए स्वीकार करना पड़ा कि बंगाल में उसे व्यापार करना है तो फतेहचन्द सेठ को संतुष्ट करना होगा और जगत सेठ प्रतिष्ठान को खुश रखना होगा।[80]

सन् 1747 में कम्पनी ने ढाका में जगत सेठ प्रतिष्ठान से बड़ी राशि कर्ज़ के रूप में ली। वह इस पर ब्याज लौटाने गें असमर्थ थी।[81]

डच तथा फ्रेंच ईस्ट इंडिया कम्पनियां भी जगत सेठ प्रतिष्ठान से अक्सर ऋण लेती थीं।

सन् 1756 में डच ईस्ट इंडिया कम्पनी ने चार लाख रुपयों का ऋण लिया। इस पर ब्याज की दर थी 9 प्रतिशत सालाना। इसके कुछ पहले फ्रेंच ईस्ट इंडिया कम्पनी पर जगत सेठ प्रतिष्ठान का पन्द्रह लाख रुपये कर्ज़ था।[82]

जगत सेठ प्रतिष्ठान के कर्मचारी दिल्ली के अमीरों के जमानतदार बने, जब अहमद

---

77. के॰ के॰ दत्त, *इकोनॉमिक कंडीशन ऑफ दी बंगाल सूबा,* कलकत्ता, 1884, पृ॰ 151.
78. ताकनेत, पृ॰ 68.
79. वही.
80. लिटिल, पृ॰ X.
81. *इकोनॉमिक कंडीशन. . . .*, पृ॰ 151.
82. लिटिल, पृ॰ XI, *दी डच इन बंगाल एण्ड बिहार,* पृ॰ 20 के॰ के॰ दत्त, पृ॰ 122-23। 1743 ई॰ में फतेहचन्द ने इंग्लिश ईस्ट इंडिया कम्पनी से पच्चीस हजार रुपये माँगे क्योंकि यह राशि उससे रशेल ने ऋण स्वरूप ली थी और चुकता करने के पहले ही वह स्वर्गवासी हो गया।

शाह अब्दाली ने 1757 ई॰ में दिल्ली पर आक्रमण किया और वहाँ के अमीरों से जबरन पैसा लेने लगा।[83]

इस प्रतिष्ठान के कर्ज़दारों की तालिका में थी यूरोपीय व्यावसायिक कंपनियां, उनके अधिकृत तथा निजी व्यापारी, भारतीय व्यापारी, अमीर और भारतीय प्रशासक।

इस प्रतिष्ठान की सफलता का प्रमुख कारण था – इसका बंगाल सूबे के गवर्नरों के साथ घनिष्ठ संबंध। इसकी शुरुआत मुर्शीदकुलीखाँ के समय हुई थी और 1757 ई॰ में प्लासी के युद्ध के समय तक यह संबंध अक्षुण्ण रहा। इस काल में दिल्ली के मुगल शासकों के साथ भी उनके संबंध बहुत मधुर रहे।

प्लासी के युद्ध के बाद बंगाल और भारत का राजनीतिक परिदृश्य तेजी से बदला। युद्ध के पूर्व ही नवाब सिराजुद्दौला जगत सेठ को संदेह की नज़र से देखने लगा था। नवाब मीर कासिम ने जगत सेठ महताब राय और महाराजा स्वरूपचन्द की हत्या करवा दी तथा इस परिवार के अन्य सदस्यों को बंधक बना लिया।

राजनीतिक परिदृश्य के साथ आर्थिक सन्दर्भ भी परिवर्तित हुआ। प्लासी के युद्ध में विजय के पश्चात् ईस्ट इंडिया कम्पनी के कर्मचारियों के हाथ लूट का बहुत पैसा लगा। कुछ वर्षों बाद मुगल सम्राट् शाह आलम ने कम्पनी को बंगाल और बिहार की दीवानी दे दी। व्यापार में निवेश करने के लिए कम्पनी को अन्य स्थानों से पूंजी इकट्ठा करने की आवश्यकता खत्म हो गई। कम्पनी पूंजी-निवेश हेतु जगत सेठ के प्रतिष्ठान पर निर्भर नहीं रही। इस प्रकार इस प्रतिष्ठान की समृद्धि का एक प्रमुख स्रोत समाप्त हो गया और इसका आर्थिक पतन शुरू हुआ। एक ही दशक में परिवर्तित स्थिति से प्रतिष्ठान को गहरा आर्थिक झटका लगा और इसकी समृद्धि का अन्त हो गया। निम्नलिखित उदाहरण इसे स्पष्ट करता है –

सन् 1757 के भीषण दुष्काल के समय जगत सेठ खुशहालचन्द मात्र पाँच हजार रुपये ही चन्दे में दे सके जबकि एक साधारण व्यापारी गोपी मंडल ने पचास हजार रुपये दिये।[84]

जगत सेठ परिवार की जीवन-शैली बहुत ही दिखावे की थी, यद्यपि इसका जैन जीवन-मूल्यों से विरोधाभास था। उदाहरणार्थ, महताबराय और स्वरूपचन्द 1747 ई॰ में प्रति वर्ष परिवार के उपयोग के लिए डेढ़ लाख रुपये की ढाका की मलमल खरीदते थे। इस समय बंगाल का नवाब तीन लाख रुपये की मलमल का क्रय करता था।[85] जब

83. लिटिल, पृ॰ XI,

84. लिटिल, पृ॰ X.

85. वही.

प्रतिष्ठान का आर्थिक पतन हो रहा था और परिवार "आर्थिक विपन्नता" से जूझ रहा था, जगत सेठ खुशहालचन्द ने राबर्ट क्लाईव का उन्हें प्रति वर्ष तीन लाख रुपये की पेन्शन देने का प्रस्ताव ठुकरा दिया। उसका कहना था कि परिवार का मासिक खर्च एक लाख रुपये है।[86]

जगत सेठ प्रतिष्ठान, जिसकी पूंजी का आकलन साठ के दशक में सात करोड़ रुपये था, अब तेजी से आर्थिक-विपन्नता की ओर बढ़ रहा था।[87] जगत सेठ के परिवार का आर्थिक पतन अबाध गति से होता रहा। 1844 ई॰ में जगत सेठ गोविन्दचन्दजी ने सरकार से पेन्शन के लिये आवेदन किया और उन्हें बारह सौ रुपये प्रतिमाह की पेन्शन प्रदान की गई।[88]

निष्कर्षतः यह कहा जा सकता है कि वीरजी वोरा की समृद्धि का आधार था दूरगामी वैदेशिक और अर्न्तक्षेत्रीय व्यापार। शांतिदास की सम्पदा का स्रोत था आन्तरिक व्यापार और बहुमूल्य रत्नों का व्यवसाय। जगत सेठ के प्रतिष्ठान की आर्थिक-उन्नति हुई थी आन्तरिक व्यापार और बैंकिंग में सफलता के कारण। जगत सेठ देश की राजनीति में भी संलग्न थे जिसकी वजह से बंगाल के नवाब के समक्ष तथा मुगल दरबार में उनका बहुत प्रभाव था। 1759 ई॰ में बंगाल में हुई राजनीतिक और प्रशासकीय क्रान्ति ने सन्दर्भ को बदल दिया। प्रतिष्ठान को इससे बहुत हानि हुई और शीघ्र ही इसका पतन हो गया।

उपरोक्त तीन व्यापारियों के अतिरिक्त अन्य जैन व्यापारी भी सक्रिय थे। व्यवसाय में उन्होंने भी सफलता प्राप्त की।

चित्तौड़ के वस्त्रों के व्यापारी करमाशाह ने इतनी पूंजी एकत्र की कि उसने गुजरात के राजकूमार बहादूरशाह को एक लाख रुपये का कर्ज़ दिया। जब बहादुरशाह 1526 ई॰ में गद्दी पर बैठा, तब करमाशाह ने उससे अहमदाबाद में जाकर भेंट की। बहादुरशाह ने ऋण लौटा दिया और करमाशाह को शत्रुंजय पर्वत पर अवस्थित जैन-मंदिरों के पुनर्निमाण की अनुमति दी।[89]

सोलहवीं शताब्दी में दूसरा प्रसिद्ध जैन व्यापारी था मेवाड़ का *भाभाशाह*। मेवाड़ का

---

86. लिटिल.
87. वही, पृ॰ X.
88. वही, पृ॰ X.
89. सी॰ बी॰ सेठ, *जैनिज्म इन गुजरात* (ए॰ डी॰ 1100-1600), भावनगर, प्रकाशन समय अज्ञात, पृ॰ 237.

सिसोदिया राजपरिवार उसका सदा के लिये ऋणी बन गया क्योंकि अकबर के विरुद्ध संघर्ष में उसने राणा प्रताप की भरपूर आर्थिक सहायता की।[90]

सोलहवीं शताब्दी में काम्बे निवासी दो भाई, रजिया और वजिया पोर्तुगीज़ अधिकृत गोवा के प्रमुख व्यापारी थे। उनकी समृद्धि इतनी अधिक थी कि उनकी दुकान के शीर्ष पर एक स्वर्ण-कलश अवस्थित था। उन्होंने पोर्तुगीज़ अधिकारियों को बहुत धन देकर एक व्यक्ति को जेल से छुड़ाया। मुक्त होने के पश्चात् यह व्यक्ति प्रशासक बन गया। एक अवसर पर उसने बाईस चोरों को फाँसी की सजा सुनाई। चोरों ने उसे बताया कि वह तिथि साह रजिया के लिए पवित्र थी। उस व्यक्ति ने उन सबको जीवन दान देकर तत्काल मुक्त कर दिया। उसका कहना था कि रजिया और वजिया दोनों न केवल उसके अभिन्न मित्र थे, वरन् उन्होंने उसके जीवन की भी रक्षा की थी। अतः वह उनकी भावनाओं को ठेस पहुँचाने की बात सोच भी नहीं सकता था।[91]

दीव बंदरगाह का प्रमुख व्यापारी था अभयराज। वह बहुत ही धनी था। वह समुद्र यात्रा पर जाने वाले चार जहाजों का स्वामी था।[92]

मैंने उल्लेख किया है कि संख्या की दृष्टि से यद्यपि जैन समुदाय छोटा था, तथापि, इसके सदस्य देश के विभिन्न भागों में फैले हुए थे। वे मध्य अथवा छोटे व्यवसायी के रूप में प्रमुख गाँवों, व्यावसायिक और प्रशासनिक केन्द्रों, कस्बों और शहरों में कार्यरत थे।

उपरोक्त का प्रमुख प्रमाण है हिन्दी के प्रसिद्ध जैन कवि बनारसीदास के परिवार का इतिहास। बनारसीदास तीन मुगल सम्राटों अकबर, जहाँगीर और शाहजहाँ के काल में जीवित था।

ग्वालियर के निकट नरवर में मूलदास की मृत्यु के पश्चात् उसका पुत्र खड़गसेन (बनारसीदास के पिता) अपनी माँ के साथ उत्तर प्रदेश में जौनपुर नगर आया जहाँ उसके मामा मदन सिंह जौहरी थे और रत्नों का व्यापार करते थे।[93]

बहुमूल्य रत्नों का व्यापार जैनों की प्रमुख वृत्ति थी। अहमदाबाद के रत्नों के व्यापारी शान्तिदास मुगल राजपरिवार को रत्न बेचा करते थे। बड़े व्यापारियों के अतिरिक्त मध्यम और छोटे व्यापारियों की भी बड़ी संख्या थी जो समाज के विभिन्न तबकों की माँग पूरी

---

90. सी॰ बी॰ सेठ, *जैनिज्म इन गुजरात* (ए॰ डी॰ 1100-1600), भावनगर, प्रकाशन समय अज्ञात, पृ॰ 273.

91. *सूरीश्वर और सम्राट् अकबर*, पृ॰ 249-53.

92. वही, पृ॰ 213-14.

93. *अर्ध-कथानक*, पृ॰ 19.

करते थे और इस प्रकार अपनी जीविका अर्जित करते थे। एक ही व्यक्ति कई प्रकार की वस्तुओं का व्यापार एक ही समय में करता था।

खड़गसेन जब बड़े हुए तो 1569 ई॰ में आगरा चले आये। यहाँ अपने सगे-संबंधियों की मदद से वे सर्राफ़े अर्थात् विभिन्न प्रकार के सिक्कों की अदला-बदली का काम करने लगे।[94] मध्य-युग में सर्राफ़ी महत्त्वपूर्ण व्यवसाय था।

कुछ समय के बाद वे पुनः जौनपुर लौट आये। रामदास अग्रवाल के साथ साझे में सर्राफ़ी का कार्य अपनाया और साथ ही बहुमूल्य रत्नों और मोतियों के बेचने का भी वे कार्य करते थे।[95]

जौनपुर का गवर्नर कुलिचखाँ व्यापारियों पर, विशेषकर जौहरियों पर, बहुत अत्याचार करता था क्योंकि वे उसकी अवैध माँगों को पूरा करने में असमर्थ थे। ऊबकर खड़गसेन तथा अन्य जौहरी जौनपुर छोड़कर भागे। खड़गसेन ने अपने पुत्र और परिवार को शाजादपुर गाँव में छोड़ दिया और स्वयं जीविकोपार्जन हेतु इलाहाबाद चले गये।[96]

पिता की अनुपस्थिति में बनारसीदास ने कौड़ी बेचकर कुछ कमाने की चेष्टा की।[97] जीविकोपार्जन हेतु बनारसीदास की यह प्रथम प्रचेष्टा थी। दादी ने, जब बनारसीदास कुछ कमा कर लाए, मिठाई बाँटी। जैनों के लिये व्यवसाय प्राथमिक वृत्ति थी। अतः यदि आरंभ बहुत ही छोटे पैमाने पर भी होता था, तो भी वे बुरा नहीं समझते थे।

कुछ समय पश्चात् पिता ने पुत्र बनारसीदास की व्यावसायिक शिक्षा में दिलचस्पी दिखाई। वे उन्हें अपने साथ इलाहाबाद ले गये और अपने साथ रख रेहन, सूद देने काम, आदि व्यवसायों की पद्धति समझाने लगे।[98] बनारसीदास परिवार के सदस्यों के साथ रहकर व्यवसाय का प्रशिक्षण और व्यावहारिक ज्ञान प्राप्त करते थे। स्पष्ट है कि जैन समुदाय किसी एक वस्तु के व्यापार से संबद्ध नहीं था। वे अनेक वस्तुओं का व्यापार करते थे और सर्राफ़े तथा सूद पर पैसा लगाने के काम में बहुत सक्रिय थे।

सन् 1610 में खड़गसेन को विश्वास हो गया कि उसका पुत्र स्वतंत्र रूप से व्यवसाय कर सकता है। उसे अवसर देने का उन्होंने निश्चय किया। उन्होंने कुछ रत्न-जड़ित आभूषण, कुछ रत्न, कुछ सूती वस्त्र, बीस मन घी, तेल के कुछ कुप्पे, जिनकी लागत दो सौ रुपये थी, एकत्र किये। इस राशि का एक भाग उन्होंने ऋण पर लिया था। सभी

94. *अर्ध-कथानक*, पृ॰ 21.

95. वही.

96. वही.

97. वही.

98. वही.

वस्तुओं की कीमत उन्होंने कागज के टुकड़े पर लिखी और पुत्र बनारसीदास को आगरा जाकर व्यापार आरंभ करने का निर्देश दिया।[99]

इस उदाहरण में व्यापार हेतु पहल करने और खतरा मोल लेने के मूल्यों का स्पष्ट आभास है। पिता इच्छुक था कि पुत्र अपना व्यवसाय उससे दूर स्वतंत्र रूप से प्रारम्भ करे। मुगल साम्राज्य की राजधानी होने के साथ-साथ आगरा साम्राज्य का प्रमुख व्यापारिक केन्द्र भी था। अतः वहाँ लाभ उपार्जन की संभावनाएं अधिक थीं। इन सारी बातों को ध्यान में रखकर ही खड़गसेन ने आगरा अपने पुत्र के व्यवसाय हेतु चुना था।

युग की परम्परा के अनुसार आगरा जाने वाले एक कारवां के साथ बनारसीदास संलग्न हो गये। कारवां प्रतिदिन पाँच कोस चलता था।[100] आगरा तक की यात्रा साहसिक घटनाओं से परिपूर्ण थी क्योंकि रास्ते भर खूब पानी बरसा। अन्ततोगत्वा बनारसीदास आगरा पहुँचे और उन्होंने व्यापार प्रारम्भ किया।[101]

आगरा में घी और तेल का व्यवसाय बनारसीदास के लिए लाभकारी सिद्ध हुआ परन्तु रत्नों और आभूषणों की बिक्री में हानि हुई। सब मिलाकर लाभ ही हुआ और बनारसीदास अपना ऋण चुकाने में समर्थ हुए।[102] आगरा में दो वर्ष व्यतीत करने के बाद, बनारसीदास दो मित्रों के साथ व्यवसाय की संभावनाओं को तलाशने पटना गये। पटना उस काल में पूर्वी भारत का प्रमुख व्यापारिक केन्द्र और सबसे समृद्ध नगर था।[103] यात्रा में अनेक बाधाएँ आईं। वे रास्ता भूल गये। साथ में चोर लग गये।[104] फिर भी वे पटना पहुँचे। परन्तु वे पटना में रहे नहीं। बनारसीदास का झुकाव साहित्य और धर्म की ओर था। वे व्यापार में अपना ध्यान केन्द्रित करने में असमर्थ थे। वे वापस जौनपुर लौट आये।

सन् 1616 में पिता की मृत्यु के बाद बनारसीदास ने पुनः व्यापार करने का निश्चय किया। उन्होंने पाँच सौ रुपये ऋण पर लिये और इस पूंजी से जौनपुर में निर्मित वस्त्र खरीदे।[105] व्यवसाय हेतु ऋण पर पूंजी लेने की प्रथा सर्वमान्य थी। परन्तु व्यवसाय प्रारम्भ

---

99. *अर्ध-कथानक*, पृ॰ 22.
100. वही, पृ॰ 23.
101. वही.
102. वही.
103. वही, पृ॰ 24.
104. वही। सुरेन्द्र गोपाल, "दी जैन कम्युनिटी एण्ड अकबर" भट्टाचार्य (सं॰) *जैनिज्म एण्ड प्राकृत इन एनशियेंट एण्ड मेडियेवल इंडिया*, दिल्ली, 1994, पृ॰ 423 / पटना निवासी हेमराज पाटनी का विवाह आगरा के सेठ हीरानन्द मुकीम की भतीजी से हुआ था।
105. वही, पृ॰ 24.

करने के पूर्व ही आगरा के सेठ सबलसिंह मोठिया ने बनारसीदास को बुला भेजा।[106] बनारसीदास ने सभी वस्तुएँ एक मित्र को दीं और आगरा की ओर प्रस्थान कर गये। उनका उद्देश्य था – सबलसिंह मोठिया का हिसाब साफ़ करना।

ऐसा लगता है कि बनारसीदास सबलसिंह मोठिया द्वारा भेजी गई हुंडियों का कारोबार करते थे और यही उनकी जीविका का साधन था।

आगरा तक की यात्रा अनेक दुर्घटनाओं से परिपूर्ण थी। एक समय ऐसा आया जब पुलिस उन्हें खोटा सिक्का चलाने के अपराध में बन्दी बनाना चाहती थी। बड़ी कठिनाई से बनारसीदास अपने को उबार सके।[107]

सबलसिंह मोठिया धनाढ्य व्यापारी थे। जब बनारसीदास आगरा पहुँचे तो वे अपने मित्रों के साथ संगीत का आनन्द ले रहे थे। उन्होंने बनारसीदास की ओर कोई ध्यान नहीं दिया और हिसाब-किताब करने का प्रयास नहीं किया। बनारसीदास के इस दिशा में सारे प्रयत्न असफल रहे। यह स्थिति तीस महीनों तक चली। स्पष्टतः धनाढ्य व्यवसायी छोटे व्यापारियों पर ध्यान देने का कष्ट नहीं करते थे। अन्त में बनारसीदास की भेंट सबलसिंह मोठिया के बहनोई के साथ हुई जिसे उन्होंने अपनी व्यथा सुनाई। बनारसीदास ने अनुरोध किया कि वे उनकी प्रार्थना सबलसिंह तक पहुँचाएं। सबलसिंह ने अन्ततोगत्वा लिखकर दे दिया कि बनारसीदास की तरफ़ उनका कुछ भी बकाया नहीं है।[108] इतनी लम्बी अवधि के इंतजार से बनारसीदास का मन व्यवसाय से उचट गया।

बनारसीदास व्यापार का मोह त्यागकर अपना जीवन साहित्यिक और धार्मिक कार्यों में बिताने लगे।[109]

ऐसा कहा जाता है कि जहाँगीर के शासन-काल में आगरा में 88 श्वेताम्बर परिवारों का निवास था।[109अ]

पोरबन्दर के सवजी कबनजी पारेख लब्धप्रतिष्ठ जैन व्यवसायी थे। जब स्थानीय मुगल प्रशासक ने उनके द्वारा बेची जाने वाली वस्तुओं पर कर की दर 3 प्रतिशत से 8 प्रतिशत कर दी, तब उन्होंने शाहजहाँ से शिकायत की। वे एक शाही फरमान लाने में समर्थ हुए जिसके अनुसार मुगल प्रशासकों को आदेश था कि वे उनकी बेची हुई वस्तुओं

---

106. *अर्ध-कथानक,* पृ॰ 22.
107. वही.
108. वही, पृ॰ 29.
109. वही, पृ॰ 30, 31, तथा तत्पश्चात्.
109अ. "दी जैन कम्युनिटी एण्ड अकबर", पृ॰ 425.

पर 3 प्रतिशत से अधिक कर न लें।[110] उन्होंने 1635 ई॰ में विशाल जैन मन्दिर बनवाया परन्तु जीवन के अन्तिम काल में वल्लभाचार्य-प्रणीत पुष्टि-मार्गधारी वैष्णव बन गये।[111]

बंगाल में चौदह व्यापारियों के एक समूह ने 31 मार्च और 25 जुलाई 1635 ई॰ के बीच इंगलिश ईस्ट इंडिया कम्पनी को 5.23 लाख रुपये ऋण दिये। इस दल में सम्मिलित कल्याणचन्द जेसंग और कपूरचन्द जैन थे।[112]

उपरोक्त विवरण से जैनों के आर्थिक जीवन के महत्त्वपूर्ण तथ्य उद्घाटित होते हैं। व्यापार उनका प्राथमिक आर्थिक कार्य था। व्यापार करने के क्रम में वे सारे उत्तर भारत में मुल्तान से लेकर पूर्व में पटना, राजमहल, आदि शहरों तक फैल गये। वे बड़े गाँवों में, छोटे शहरों में और प्रमुख व्यापारिक केन्द्रों में पाये जाते थे। निवेश के लिए पूंजी ऋण पर भी मिलती थी। ऋण का लेना-देना व्यापार-पद्धति का अभिन्न अंग था।

समृद्ध व्यापारियों का व्यापार दूर-दूर तक फैला था। दूरगामी व्यापार में उनकी हिस्सेदारी थी। इस हेतु पूंजी का हुंडी द्वारा हस्तांतरण एक स्थान से दूसरे स्थान तक प्रचलित था।

व्यापार, सर्राफ़ा और बैंकिंग का समन्वय जैनों की अपार सम्पदा और आर्थिक समृद्धि का मूल कारण था। कभी-कभी जैन आर्थिक वर्चस्व का उपयोग राजनीति में भी करते थे। जगत सेठ के प्रतिष्ठान का इतिहास सर्वोत्तम उदाहरण है।

मुगल साम्राज्य की राजधानी और उत्तर भारत का सर्व प्रमुख व्यापारिक केन्द्र आगरा कई बड़े-बड़े जैन व्यापारियों का कार्य-स्थल था। आगरा में सबलसिंह मोठिया के अतिरिक्त दूसरा सम्पन्न जैन व्यापारी था, हीरानन्द मुकीम। वह सम्राट् जहाँगीर का मित्र था। जहाँगीर को 1610 ई॰ में उसने अपने निवास पर आमंत्रित किया। सम्राट् ने उसे इलाहाबाद से बिहार में सम्मेद शिखर की तीर्थ-यात्रा हेतु जैनों का संघ निकालने की अनुमति दी।[113] उत्तमचन्द जौहरी आगरा का दूसरा महत्त्वपूर्ण व्यापारी था।[114]

स्पष्ट है कि बैंकिंग एवम् सर्राफ़ी के अतिरिक्त जैनों का आर्थिक प्रभाव बहुमूल्य रत्नों के व्यापारी होने के कारण भी था।

सत्रहवीं शताब्दी में भारत में रत्नों का व्यापार तेजी पर था। यूरोपीय भी इसमें भाग लेते थे। फिशेल का कथन है, ". . . लन्दन के प्रमुख यहूदी व्यापारी गोलकुण्डा में हीरों

110. *इंडियन मर्चेन्ट्स एण्ड एंट्रिप्रेन्योर्स* . . . . , पृ॰ 68-69.

111. वही.

112. वही, पृ॰ 79.

113. वही, पृ॰ 29.

114. *अर्ध-कथानक*, पद संख्या 327 तथा 328।

के लाभप्रद व्यापार से आकर्षित हो भारत जाकर मद्रास में बसना चाहते थे। 1670 ई॰ में लंदन के यहूदी व्यापारी भारत में हीरा-व्यापार में दिलचस्पी लेने लगे थे। बेरी स्ट्रीट निवासी रोडरिग्स तथा डाकोस्टा ने ईस्ट इंडिया कम्पनी के बैंक में कुछ राशि भी जमा करा दी थी"।[115]

व्यापार, बैंकिंग, सूद के कारोबार में भाग लेना, सर्राफ़ी करना, इन सबका अर्थ था उस व्यक्ति विशेष को पढ़ने-लिखने तथा अंकगणित का थोड़ा ज्ञान अवश्य होना चाहिए। चूंकि जैनों की मुख्य वृत्ति उपरोक्त थी, अतः यह समुदाय शिक्षित था। शिक्षा को समाज में प्रोत्साहन मिलता था क्योंकि धर्मगुरु घूम-घूमकर अपने अनुयायियों के बीच प्रवचन देते थे। जहाँ कहीं भी जैन अच्छी संख्या में थे, वर्षाकाल में चातुर्मास के समय कुछ जैन साधु अवश्य ही विराजते थे और धर्म-ग्रंथों पर व्याख्यान देते थे। इस कारण से भी जैनों में अध्ययन की प्रवृत्ति बढ़ी। साथ ही व्यापारी होने के नाते जैन विभिन्न क्षेत्रों का भ्रमण करते थे। अतः क्षेत्रीय भाषाओं को भी उन्होंने सीखा। अधिकांश जैन बहुभाषी थे। वे दो या तीन भाषाएँ अवश्य जानते थे। बनारसीदास के पितामह फारसी तथा हिन्दी समझते थे।[116] शिक्षित होने के कारण जैनों को प्रशासन में अथवा सामन्तों के अधीन भी नौकारियां मिल जाती थीं।

प्रशासनिक नौकरियां जैनों की जीविका का दूसरा मुख्य साधन थी।

शेरशाह सूरी ने संग्राम को अपना मंत्री नियुक्त किया था।[117] उसका पुत्र कर्मचन्द अकबर का विश्वासपात्र मंत्री समझा जाता था।[118] अकबर के समय मंत्री थानसिंह भी जैन था।[119] और उसी के अनुरोध पर हीरविजय सूरिजी को अकबर ने मुगल दरबार में आने हेतु निमंत्रण भेजा था।[120]

अकबर के सेनापति के रूप में मानसिंह ने बंगाल पर विजय प्राप्त की थी। इस सैनिक अभियान में अपने साथ वे कई जैनों को ले गये थे। इनका कार्य था विजित प्रदेश की राजस्व व्यवस्था और प्रशासन को व्यवस्थित करना। बंगाल के प्रशासक जैनों में एक

115. डब्लू॰ जे॰ फिश्च, "दी जिऊ-मर्चेन्ट कॉलोनी इन मद्रास (फोर्ट सेंट जौर्ज) ड्यूरिंग दी सेवेन्टीन्थ एण्ड एटीन्थ सेन्चुरीज़", *जर्नल ऑफ सोशल एण्ड ओरियन्टल हिस्ट्री ऑफ ओरियन्ट*, भाग III संख्या 1, अप्रैल 1910, पृ॰ 81.

116. *अर्ध-कथानक*, पृ॰ 19.

117. *कर्मचन्द वंशकीर्ति रत्नकम काव्यम*, पद संख्या 234।

118. वही, पद संख्या 260।

119. वही, पद संख्या 334।

120. *सूरीश्वर और सम्राट् अकबर*, पृ॰ 99, 155, 258, मनुकल्याण और अभीपाल उसके सहायक थे।

था, दीवान घन्ना श्रीमाल।[121] बनारसीदास के पिता खड़गसेन इसी घन्ना श्रीमाल के अधीनस्थ थे। खड़गसेन चार परगनों के पोतदार अथवा कोषाध्यक्ष थे। वे कारकुनों की सहायता से भू-राजस्व एकत्र करते थे और यह राशि स्थानीय गवर्नर को भेज देते थे।[122] घन्ना श्रीमाल की अचानक मृत्यु के बाद वे जौनपुर वापस लौट गये।[123]

नानू गोधा अन्य प्रमुख जैन था जो अकबर के सेनाध्यक्ष के साथ बंगाल गया था। वह इतना धनी हो गया कि उसने बंगाल में अस्सी देवालयों का निर्माण कराया। उसके पास बहत्तर हाथी थे।[124]

खड़गसेन के पिता मूलदास भी प्रशासकीय कर्मचारी थे। एक मुगल सरदार को प्रदत्त नरवर की जागीर में कार्य करते थे। भू-राजस्व एकत्र करने के साथ, वे सूद देने का भी व्यवसाय चलाते थे और इससे उन्हें अतिरिक्त आय होती थी।[125]

एक अन्य जैन जैता साह भी अकबर का विश्वसनीय सलाहकार था।[125अ]

क्षेत्रीय स्तर पर महत्त्वपूर्ण कर्मचारियों में अहमदाबाद के निकट वीरमगाँव में कार्यरत सहसकरण की भी चर्चा होनी चाहिए। उसके अधीन पाँच सौ घुड़सवार थे।[126]

प्रभावी प्रशासक के रूप में प्रसिद्धि पाने वाला एक जैन था, मुहनौत नैनसी। एक समय वह जोधपुर राज्य का प्रधानमंत्री था।[127] उसके पूर्वज भी प्रशासक थे। नैनसी इतिहासकार भी था। कई अवसरों पर सेनाध्यक्ष के रूप में उसने जोधपुर राज्य की सेना का युद्ध में नेतृत्व किया। उसकी बहादुरी से विपक्षी भयभीत रहते थे।[128]

---

121. *अर्ध-कथानक*, पृ॰ 20.
122. वही, पृ॰ 20.
123. वही, पृ॰ 21.
124. कस्तूरचन्द कासलीवाल, *खांडेलवाल जैन समाज का वृहद् इतिहास*, भाग 1, जयपुर, 1989, पृ॰ 196, 198.
125. *अर्ध-कथानक*, पृ॰ 19.

125अ. वही.

126. *सूरीश्वर और सम्राट् अकबर*, पृ॰ 222.
127. ब्रजमोहन जवालिया, *मुहता नैनसी*, दिल्ली, 1982, पृ॰ 8-10, 14-16.
128. वही, पृ॰ 18.

16

मध्य काल में जैनों का सामाजिक जीवन

भारतवर्ष में हिन्दुओं के बाद जैनों का ही सबसे प्राचीन समुदाय है। उनकी पहचान के प्रतीक हैं – उनके विशिष्ट धर्म-ग्रन्थ, दर्शन, धार्मिक एवम् सामाजिक रीति-रिवाज़, साहित्यिक परम्परा, आदि। इसके अतिरिक्त इस समुदाय की कुछ अन्य विशिष्टताओं को भी ध्यान में रखना चाहिए।

ऐतिहासिक काल में जैनों की जीविका का प्रमुख साधन था व्यापार – स्थानीय तथा दूरगामी। परिणामस्वरूप आर्थिक दृष्टि से यह समुदाय सदा सम्पन्न था।[1] व्यापार के साथ जुड़े रहने के कारण इस समुदाय के सदस्य किसी-न-किसी स्तर पर शिक्षित अवश्य थे। यह अतिशयोक्ति नहीं कि जैन समुदाय के प्रत्येक काल में शिक्षा का प्रसार था। फलतः प्राकृत एवं अपभ्रंश भाषाएँ, जिनमें उनकी मूल धार्मिक एवम् साहित्यिक कृतियाँ निबद्ध हैं, सदा जीवित रहीं। यह उपलब्धि विलक्षण है क्योंकि पिछली दो सहस्राब्दियों में भारत में अनेक भाषाएं जन्मीं और तिरोहित हुईं।

शिक्षित एवं सम्पन्न होने के कारण इस समुदाय ने भारतीय कला, चित्रकला, मूर्तिकला तथा वास्तुकला के विकास में प्रत्येक युग में महत्त्वपूर्ण योगदान दिया है। उनकी उपलब्धियां और विशिष्टताएं बहु-आयामी भारतीय संस्कृति की महत्त्वपूर्ण धरोहर हैं। यह भी रेखांकित किया जाना चाहिए कि हिन्दुओं के समान जैनियों का निरन्तर इतिहास है।

जैन समुदाय के सामाजिक इतिहास का वर्णन समकालीन जैन धार्मिक, साहित्यिक, दार्शनिक ग्रन्थों तथा उस काल में रचित धर्मगुरुओं की जीवनी के आधार पर किया जा सकता है। ये ग्रन्थ मूलतः संस्कृत, प्राकृत, अपभ्रंश तथा अनेक आंचलिक भाषाओं यथा गुजराती, राजस्थानी तथा हिन्दी आदि में विभिन्न युगों में लिखे गये।

---

1. ज्योति प्रसाद जैन, *प्रमुख ऐतिहासिक जैन पुरुष और महिलाएं* (आगे प्रमुख के रूप में उद्धृत) (दिल्ली, 1975)।

इन साहित्यिक स्रोतों के साथ हम अनेक भाषाओं में लिखित आलेखों का भी उपयोग करते हैं जो जैन मन्दिरों, तीर्थंकरों की मूर्तियों अथवा धार्मिक प्रतीकों पर उत्कीर्ण हैं।

विभिन्न कालों में समाज में विभिन्न वर्गों ने भी इस समुदाय को चिह्नित किया क्योंकि अर्थ-व्यवस्था में इनकी महत्त्वपूर्ण भूमिका थी।

विभिन्न भाषाओं के प्राप्य समकालीन स्रोतों के आधार पर जैनों के विविध कार्य-कलापों पर लेख उपलब्ध हैं। यद्यपि ये मूल रूप से उनके सामाजिक जीवन को चित्रित नहीं करते पर उनमें जैन सामाजिक जीवन की महत्तपूर्ण जानकारी मिलती है।

जैन समुदाय के सामाजिक इतिहास के निर्माण हेतु विभिन्न प्रकार के स्रोत बहुतायत से हैं।

मध्ययुग में जैनों द्वारा रचित संस्कृत ग्रन्थों में सिद्धिचन्द्र रचित *भानुचन्द्रगणिचरित* बहुमूल्य है।[2] पुस्तक श्वेताम्बर मतावलंबी जैन साधु भानुचन्द्र की जीवनी है। इसने मुगल दरबार में काफ़ी समय व्यतीत किया था। जैनों और भारतीय समाज के अन्य समुदायों के मध्य संबंधों पर इसमें वर्णित तथ्य प्रकाश डालते हैं।

पंडित जयसोम ने अकबर के प्रमुख मंत्री कर्मचन्द्र की जीवनी *कर्मचन्द्र प्रबन्ध* 1650 वि॰सं॰ में लिखी। कर्मचन्द्र जैन समुदाय के कार्य-कलापों में विशेष रुचि रखता था। अतः इसमें विभिन्न सामाजिक और धार्मिक आयोजनों का क्या रूप था, इसकी विशेष चर्चा है।

संस्कृत में जैनियों द्वारा रचित धार्मिक तथा साहित्यिक ग्रन्थों में सामाजिक जीवन-संबंधी कई सूचनाएं उपलब्ध हैं। संस्कृत तथा क्षेत्रीय भाषाओं में अनेक अभिलेख जैन तीर्थंकरों की मूर्तियों, उनकी पादुकाओं, मंदिर के प्रवेश-द्वारों आदि पर उत्कीर्ण हैं। स्वर्गीय पी॰सी॰ नाहर ने सारे देश से 2592 अभिलेखों को एकत्र कर कलकत्ता से उन्हें तीन खण्डों में प्रकाशित किया है।[3]

संस्कृत के अतिरिक्त जैनों के उल्लेख समकालीन, गुजराती, राजस्थानी, हिन्दी, आदि भाषाओं में रचित ग्रंथों में मिलते हैं।

गुजराती भाषा में जैनों ने "रास" विद्या में बहुत कुछ लिखा है। जैन समुदाय के इतिहास की कई महत्त्वपूर्ण घटनाओं का वर्णन गुजराती काव्यग्रन्थों यथा ऋषभदास रचित *हीरविजयसूरिरास* (रचना काल वि॰सं॰ 1685) तथा दयाकुशल रचित *लाभोदयरास* (रचना काल वि॰सं॰ 1649) आदि में हुआ है।

राजस्थानी भाषा में जैन साधुओं की यात्राओं के अनेक वर्णन हैं। इनमें उनकी धार्मिक

---

2. एम॰डी॰देसाई (सं), *भानुचन्द्रगणि चरित* (अहमदाबाद, 1941)।
3. पी॰सी॰ नाहर, *जैन लेख-संग्रह,* भाग 1-111 (कलकत्ता, 1918, 1927, 1929)।

आयोजनों में भूमिका, श्रावकों के साथ संबंध तथा उनके द्वारा जैन समुदाय की भलाई हेतु किए गये कार्यों का उल्लेख है। इन पुस्तकों में भी जैनों के सामाजिक जीवन की विशद् व्याख्या नहीं है पर इसके संबंध में महत्त्वपूर्ण सूचनाएं मिलती हैं। इसमें जैनों की दैनंदिन जीवन-शैली, महिलाओं की स्थिति एवं शिक्षा-व्यवस्था की चर्चा है जो उनकी सामाजिक संरचना समझने में सहायक है।

हिन्दी में इस संदर्भ में सबसे महत्त्वपूर्ण पुस्तक है कवि बनारसीदास द्वारा रचित *अर्ध-कथानक*, जिसे विद्वानों ने हिन्दी की पहली आत्मकथा होने का गौरव प्रदान किया।

हिन्दी भाषा में अनेक समकालीन जैनों द्वारा रचित ग्रन्थ तत्कालीन समाज के विभिन्न आयामों का उल्लेख करते हैं। इनमें डॉ॰ कस्तूरचन्द कासलीवाल द्वारा सम्पादित निम्नलिखित ग्रन्थ महत्त्वपूर्ण हैं – *महाकवि ब्रह्म रायमल्ल एवं भट्टारक त्रिभुवनकीर्ति* (जयपुर, 1979), *कविवर बूचराज एवम् उनके समकालीन कवि* (जयपुर, 1979), *भट्टारक रत्नकीर्ति एवम् कुमुदचन्द्र – व्यक्तित्व एवम् कृतित्व* (जयपुर, 1981), आदि।

इस शताब्दी में प्रकाशित अनेक रचनाएं जिनमें जैन साधुओं की जीवनियां हैं, हमारे लिए उपयोगी हैं। ये मूलतः विभिन्न जैन पुस्तक-भण्डारों में उपलब्ध पाण्डुलिपियों के आधार पर लिखी गईं। इनमें इन पाण्डुलिपियों से कई महत्त्वपूर्ण उद्धरण प्रस्तुत किये गए हैं। ये पाण्डुलिपियां शोधकर्त्ताओं के लिए अनुपलब्ध हैं। इन उद्धरणों का उपयोग प्राथमिक स्रोतों के रूप में किया जा सकता है। ऐसी कृतियों में उल्लेखनीय हैं – *सूरीश्वर और सम्राट अकबर*[4] तथा *युगप्रधान श्री जिनचन्द्र सूरि*।[5]

विज्ञप्तिपत्र अथवा *विंनतिपत्र* जैन समुदाय की विशेषताएं हैं।[6] ये जैनों के सामाजिक जीवन के वर्णन हेतु महत्त्वपूर्ण प्राथमिक स्रोत हैं। मूलतः ये वे पत्र हैं, जिन्हें किसी स्थान का जैन-समुदाय जैन-साधुओं को अपने यहाँ आमंत्रित करने हेतु भेजता था। इन साधुओं से अपेक्षा थी कि वे वहाँ होने वाले धार्मिक कृत्यों में भाग लें और स्थानीय श्रावकों के मध्य प्रवचन दें।

4. मुनिराज श्री विद्याविजयजी, *सूरीश्वर और सम्राट अकबर*, कृष्णलाल वर्मा (अनु॰) (आगरा, वीरसंवत् 2450)।
5. अगरचन्द नाहटा, भंवरलाल नाहटा, *युगप्रधान जिनचन्द्र सूरि* (नीचे *युगप्रधान* के रूप में उद्धृत) (कलकत्ता, विक्रम संवत् 2029)।
6. बी॰एल॰ नाहटा "विज्ञप्ति पत्र ऑफ उदयपुर", *जैन जर्नल* (नीचे जैन के नाम से उद्धृत), जुलाई 1972, पृ॰ 10-18; सुरेन्द्र गोपाल, "सोशल लाइफ इन गुजरात एण्ड राजस्थान इन दी नाइनटींथ सेन्चुरी एज रीवील्ड इन ए स्क्रॉल ऑफ इन्विटेशन", *जै॰ज॰*, जनवरी 1972, 105-109, वही, "विज्ञप्ति पत्र, ए सोर्स फॉर दी सोशल हिस्ट्री ऑफ जैन्स इन द नाइन्टीन्थ सेन्चुरी", *प्रोसीडिंग्स*, इंडियन हिस्टोरिकल रिकाड्र्स कमीशन, मद्रास, चालीसवां सेशन, पृ॰ 1-3.

सत्रहवीं शताब्दी से इन पत्रों के हाशियों को लघु-चित्रों से अलंकृत किया जाता था। ये चित्र दैनन्दिन जीवन को परिलक्षित करते थे। इनमें समाज के प्रमुख व्यक्तियों के नामों का उल्लेख होता था, बाजार और मनोरंजन के दृश्य चित्रित होते थे। इनमें स्वतः उस काल के पुरुष और महिलाओं, दोनों के परिधानों और आभूषणों को भी दर्शाया गया है।

पट्टावली, गुरुवावली एवम् *वंशावली* अन्य स्रोत हैं जो जैन समुदाय संबंधित सूचनाओं से परिपूर्ण हैं। विभिन्न जैन उपपंथों के गुरुओं की अनेक वंशावलियां भी प्राप्त हैं जो पंथ के उद्भव एवं उनके विकास-क्रम को रेखांकित करती हैं तथा इस क्रम में पंथ के विशिष्ट व्यक्तियों का उल्लेख है। साधारणतः उनमें समय अंकित है। इनसे घटनाओं और व्यक्तियों का काल-निर्धारण सुलभ है।

उपरोक्त स्रोतों से प्राप्त सूचनाओं को हम फ़ारसी भाषा की पुस्तकों और सरकारी दस्तावेजों में उपलब्ध तथ्यों से परिपूर्ण करते हैं। ये मूलतः जैन धर्म-गुरुओं और जैन-समुदाय के साथ मुगल सम्राटों के संबंधों का वर्णन करते हैं। अकबर तथा जहाँगीर दोनों ने जैनों के पक्ष में फरमान निकाले थे।[7] जहाँगीर ने इनकी चर्चा अपनी आत्मकथा *तुजुक-ए-जहाँगीरी* में भी की है।

जैन समाज का प्रसार

जैन समाज मूलतः गुजरात, राजस्थान और दिल्ली के पड़ोसी क्षेत्र में केन्द्रित था। दक्षिण भारत में भी वे रहते थे पर उनकी संख्या नगण्य थी। व्यापारी होने के नाते ये देश के विभिन्न क्षेत्रों की यात्राएँ करते थे और वहाँ निवास भी करते थे। पश्चिमी भारत के लगभग सभी प्रसिद्ध व्यापारिक केन्द्रों के साथ-साथ ये उत्तर भारत में पश्चिम में सिन्ध तथा पंजाब से लेकर पूर्व में बंगाल तक फैले हुए थे।[8] वर्तमान मध्य प्रदेश के व्यापारिक केन्द्रों, रणथम्भौर, ग्वालियर, बुरहानपुर, आदि में जैन बस्तियां थीं।[9] एक जैन ने चौल या चिउल (पश्चिम महाराष्ट्र समुद्र तट पर अवस्थित बंदरगाह) में जैन मन्दिर का निर्माण करवाया था।[10]

---

7. कुछ फरमान "सूरीश्वर और सम्राट अकबर" पुस्तक के परिशिष्ट, पृ॰ 373-97, में प्रकाशित हैं।
8. (डॉ॰) कस्तूरचन्द कासलीवाल, *कविवर बूचराज एवम् उनके समकालीन कवि* (नीचे *बूचराज* के नाम से उद्धृत) (जयपुर, 1979) पृ॰ 11. बूचराज राजस्थान के थे परन्तु उनका अधिकांश समय पंजाब में बीता। उन्होंने अपनी रचना *सन्तोष जय तिलकाउ* की समाप्ति हिसार में वि॰सं॰ 1591 में की।
9. (डॉ॰) कस्तूरचन्द कासलीवाल, *महाकवि ब्रह्म रायमल्ल एवम् महारक त्रिभुवनकीर्ति* (नीचे *रायमल्ल* के नाम से उद्धृत) (जयपुर, 1978), पृ॰ 13; *बूचराज,* पृ॰ X.
10. *सूरीश्वर और सम्राट् अकबर,* पृ॰ 263.

महान् मुगलों के काल में, अकबर के समय से जैन सारे उत्तर भारत में फैल गए। अफगानिस्तान से लेकर बंगाल तक एक ही शासन-प्रणाली थी, एक ही मुद्रा-प्रणाली थी और प्रत्येक सूबे की राजधानी में राजकीय टकसाल थी। इन कारणों से अन्तर-क्षेत्रीय व्यापारियों का कार्य काफ़ी सुगम हो गया। इस स्थिति का लाभ जैन व्यापारियों ने भी उठाया। उन्होंने अपने व्यापार का प्रसार किया तथा इस क्रम में उत्तर प्रदेश, बिहार, बंगाल, पंजाब तथा सिन्ध में जैनी जाकर बसे।

अकबर की आर्थिक-नीतियों से भी जैनों को अपना व्यापार बढ़ाने में सहायता मिली। अकबर ने नियमन दिया कि किसानों को राज्य को भू-राजस्व नकद देना पड़ेगा। परिणामस्वरूप गाँवों में रहने वाले किसान उत्पादन का एक भाग बाज़ार में बेचने को बाध्य थे। कृषि का व्यापारीकरण और अर्थ-व्यवस्था का मौद्रीकरण तीव्रतर होने लगा। फलस्वरूप व्यापार बढ़ा और इससे जैन व्यापारी ग्रामीण क्षेत्रों में जाकर बसने लगे।

गाँवों में जैनों के प्रवेश की प्रवृत्ति को दूसरे कारण से भी प्रोत्साहन मिला। सूखे अथवा बाढ़ के कारण फसलें कई बार नष्ट हो जाती थीं। परन्तु किसानों को भू-राजस्व देना ही पड़ता था। आय के साधन के अभाव में कृषक इसके लिए कर्ज लेने को विवश थे। जैन, चूँकि सूद पर पैसा देते थे, अतः ग्रामीण अर्थ-व्यवस्था में उनकी भूमिका सक्रिय हो गई। गाँवों में सूद पर कर्ज देने की बढ़ती हुई सम्भावनाओं से जैन गाँवों में भी जाकर बसने लगे। व्यापार के साथ सूद पर भी पैसा लगाना उनकी प्रमुख वृत्ति हो गई।

मुगल सम्राट् अकबर की धार्मिक सहिष्णुता नीति के कारण भी जैन दूर-दराज के क्षेत्रों में जाकर बसे।[11] अकबर के उत्तराधिकारी भी मूलतः इसी नीति के पोषक थे। अतः गुजरात, राजस्थान आदि से मुगल साम्राज्य के विभिन्न भागों में जैनों का व्यापार हेतु आगमन अबाध गति से चलता रहा।

अकबर की धार्मिक सहिष्णुता की नीति के बारे में जैन उस समय आश्वस्त हुए, जब जैन मुनि पद्मनन्दि को अकबर ने अपने दरबार में आमंत्रित किया[12] वे पहले जैन मुनि थे जिन्हें अकबर ने सम्मानित किया था। इसके पश्चात् अकबर के काल में जैन मुनि हीरविजय सूरि तथा जिनचन्द्र सूरि मुगल दरबार में बुलाये गए। मुगल शासक ने इन सभी जैन मुनियों का हार्दिक सम्मान किया।

जैन व्यापारी उत्तरोत्तर बढ़ती संख्या में आगरा आने लगे क्योंकि मुगलों की राजधानी उत्तर भारत के मुख्य व्यापारिक केन्द्र के रूप में तेजी से उभर रही थी। आगरा

11. *युगप्रधान*, पृ॰ 56.
12. *सूरीश्वर और सम्राट् अकबर*, पृ॰ 92; *युगप्रधान*, पृ॰ 66.

में जैनों की बढ़ी हुई उपस्थिति का प्रमाण है कि सत्रहवीं शताब्दी में वहाँ दसवें जैन तीर्थंकर शीतलनाथ की प्रतिमा प्रतिष्ठित हुई।[13]

अकबर की राजस्थान के राजघरानों से राजनीतिक एवं वैवाहिक संबंध स्थापित करने की नीति भी जैन मुगल प्रदेशों में जाने के हेतु प्रोत्साहित हुए।

सहिष्णुता की नीति के अन्तर्गत कई राजपूत शासक मुगल सेना में सेनापति के पद पर आसीन हुए और उन्हें नूतन प्रदेशों के विजय सैनिक अभियान का नेतृत्व सौंपा गया। ये राजपूत शासक अपने साथ अनेक राजस्थानी जैनों को ले गए। उनका कार्य था कूच करती हुई सेना के हेतु रसद की व्यवस्था तथा सैनिक अभियान के काल में आय-व्यय का विवरण रखना। विजय-प्राप्ति के पश्चात् विजित प्रदेशों में राजस्व-व्यवस्था स्थापित करने में भी इनका योगदान रहता था।

आमेर के राजा मानसिंह, जिन्होंने मुगलों के हेतु पूर्वी भारत के प्रान्तों को जीता था, इस अभियान में अपने साथ कई जैनों को ले गए थे। इनमें से साह नानू उनका दीवान था।[14] पूर्वी क्षेत्रों के मुगल साम्राज्य में विलयन के पश्चात् साह नानू यहाँ की राजधानी राजमहल में कुछ काल रहे। उन्होंने बिहार में जैनों के पवित्र स्थान सम्मेद शिखर, चम्पापुर (आधुनिक भागलपुर) में कई जैन चैत्यालय बनवाए। अनेक अवसरों पर तीर्थ-यात्रा हेतु उन्होंने संघ निकाले।[15] उन्होंने मुनि ज्ञानकीर्ति को राजमहल (उस समय इसका नाम अकबरपुर था) आने हेतु निमंत्रण भी भेजा था।

सत्रहवीं शताब्दी में अंग्रेज़ी, डच तथा अन्य यूरोपीय व्यापारिक कम्पनियों ने उत्तर भारत में व्यापार करना आरम्भ किया। परिणामस्वरूप यहाँ व्यापार का फैलाव हुआ और व्यापार संबंधी अन्य वृत्तियों अर्थात् सर्राफी (विभिन्न प्रकार के सिक्कों का मूल्य आंकना और उनके बदले में दूसरे सिक्कों को देना), बैकिंग तथा बीमा का भी विस्तार हुआ। जैनों ने, विशेषकर राजस्थानी जैनों ने, इन आर्थिक अवसरों का पूरा लाभ उठाया और पूर्वी भारत की अर्थ-व्यवस्था में वे सक्रिय हुए।

दीवान धन्ना राय के अन्तर्गत 500 "श्रीमाल वैश्य" अकबर के शासनकाल में बंगाल में भू-राजस्व एकत्र करने के हेतु नियुक्त थे। कवि बनारसीदास के पिता खड्गसेन भी ऐसे ही अधिकारी थे।[16]

सत्रहवीं शताब्दी के उत्तरार्द्ध में पूर्वी भारत की अर्थ-व्यवस्था काफ़ी समृद्ध थी। इससे

13. रमाकान्त जैन, "दी बिल्डर ऑफ दी गार्डन टेम्पल", *जै.ज.*, अप्रैल 1976, पृ॰ 158.
14. प्रमुख, पृ॰ 287.
15. वही, पृ॰ 288.
16. वही, पृ॰ 291.

आकर्षित हो कई जैन इधर आए। इन जैनों में सबसे प्रमुख था जगत सेठ परिवार का संस्थापक हीरानन्द साह। वह शाहजहाँ के शासनकाल में 1652 में बिहार की राजधानी पटना पहुँचा।[17] उसका पौत्र सेठ फतेहचन्द इतना समृद्ध हो गया कि मुगल-शासक मुहम्मद शाह ने उसे "जगत सेठ" की उपाधि से अलंकृत किया।[18] उस समय तक सेठ फतहचन्द पटना से बंगाल की नई राजधानी मुर्शिदाबाद चले आये थे। अगली अर्द्ध-शताब्दी तक बंगाल की अर्थव्यवस्था पर जगत सेठ के परिवार का वर्चस्व रहा।

पूर्वी भारत में जैनों के प्रसार का एक प्रमाण यह भी है कि ढाका (बंगलादेश की राजधानी) में 1675 में जैन तीर्थंकर की प्रतिमा प्रतिष्ठित की गई थी।[19]

उत्तर-पश्चिमी भारत में जैन दो अन्य प्रमुख व्यापारिक केन्द्रों लाहौर तथा मुल्तान में भी कार्यरत थे। दूसरे छोटे व्यापारिक केन्द्रों में उनकी उपस्थिति नगण्य नहीं थी। मुल्तान में, जो कि ईरान और मध्य एशिया का द्वार था, मूलतः ओसवाल जैन बसते थे। वर्धमान नौलखा यहाँ का सबसे प्रतिष्ठित जैन था। वह कवि बनारसीदास के भी सम्पर्क में था।[20] ये जैन व्यापार करने हेतु राजस्थान में ओसिया से यहाँ पहुँचे थे।[21]

युग-प्रधान जिनचन्द सूरि ने मुल्तान की यात्रा की। उनके श्रद्धालुओं ने उनका हार्दिक स्वागत किया। यहाँ से वे जैसलमेर चले गए जो मुल्तान से व्यापारिक मार्ग से जुड़ा था।[22]

जैन सिन्ध प्रान्त में भी विद्यमान थे। कहा जाता है कि जब तेरहवीं शताब्दी में गुजरात में भीषण अकाल पड़ा, तब सिन्ध के जैनों ने आम आदमी को राहत पहुँचाने के लिए काफ़ी सहायता भिजवायी थी।[23]

उपरोक्त वर्णन से स्पष्ट है कि उत्तर भारत के सभी प्रमुख व्यापारिक-केन्द्रों में जैन व्यापारी सक्रिय थे। इस विवरण से यह निष्कर्ष नहीं निकाला जाना चाहिए कि जैनों की

---

17. जे॰एच॰ लिटिल, *दी हाउस ऑफ जगतसेठ* (कलकत्ता, 1967), पृ॰ 6.
18. वही, पृ॰ 71. यह उपाधि 1722 में प्रदान की गई थी।
19. डी॰सी॰ सरकार, "जैन टेम्पल्स इन ईस्ट बंगाल इन दी सेवेन्टीन्थ सेन्चुरी", *जै॰ज॰*, जनवरी, 1975, पृ॰ 82-85.
20. प्रमुख, पृ॰ 296.
21. कस्तूरचन्द्र कासलीवाल, *खंडेलवाल जैन समाज का बृहद् इतिहास*, (जयपुर, 1989) (नीचे *खंडेलवाल जैन समाज* के नाम से उद्धृत), पृ॰ 56-56.
22. *युगप्रधान*, प॰ 111, 115.
23. मुनि जिनविजयजी, *जैन इतिहासनी झलक* (गुजराती) (नीचे *जैन इतिहासनी* के नाम से उद्धृत, बम्बई, 1966), पृ॰ 49.

बस्तियाँ केवल नगरों में थीं। गुजरात तथा राजस्थान में काफ़ी जैन गाँवों अथवा कस्बों में रहते थे। सोलहवीं और सत्रहवीं शताब्दी में जैन मुनि, जो गुजरात से दिल्ली और आगरा की यात्रा करते थे, उनका सत्कार मार्ग के सन्निकट गाँवों और कस्बों के निवासी श्रद्धालु जैनों द्वारा होता था। परन्तु यह भी सच है कि व्यापारी होने के नाते मूलतः वे नगर निवासी ही थे।

जैन समुदाय की संरचना

सभी जैन एक धर्म के पालक थे और अहिंसा के सिद्धान्त में उनकी प्रबल आस्था थी। फिर भी उनके बीच अनेक पंथों और उपपंथों का प्रचलन प्राचीन काल से ही था। प्रथम पंथ-विभाजन के परिणामस्वरूप जैन समुदाय भद्रबाहु के काल में महावीर की मृत्यु के डेढ़ शताब्दी बाद श्वेताम्बर और दिगम्बर दो भागों में बंटा।[24] कालक्रम में इन दोनों पंथों के विभाजन और उपविभाजन होते गए और पंथों की संख्या बढ़ी। यह कहना असत्य न होगा कि उपपंथों का विकास जैन समाज के इतिहास का अभिन्न अंग है। उदाहरणार्थ यह माना जाता है कि जैनों के मध्य भट्टारक परम्परा की उत्पत्ति तेरहवीं शताब्दी में हुई।[25] जैनों का सामाजिक-जीवन इन पंथों द्वारा निर्धारित आचार से अत्यधिक प्रभावित था। इन पंथों और उपपंथों के परस्पर संबंध आदर और तिरस्कार के सिद्धान्त पर आधारित थे। कभी ये सौहार्दपूर्ण हो जाते थे और कभी तीखे। नन्दगच्छ के श्रीभूषण के संबंध बलात्कारगण के वादीचन्द्र के साथ बिगड़े हुए थे परन्तु उसी परम्परा के इन्द्रभूषण के संबंध सबके साथ अच्छे थे।[26]

जैन-समुदाय में उपपंथों का जन्म सतत् प्रक्रिया थी।[27] उदाहरणार्थ बलात्कारगण की पहली चर्चा ग्यारहवीं शताब्दी में है। यापनीय संघ का विकास दक्षिण भारत में पन्द्रहवीं शताब्दी में हुआ।[28] सूरि परम्परा में 84 गच्छ रहे।[29]

पन्द्रहवीं शताब्दी में श्वेताम्बरों के मध्य लोंकाशाह ने प्रतिमा-पूजन एवम् अत्यधिक कर्मकाण्ड के विरुद्ध आवाज उठाई।[30] सत्रहवीं शताब्दी में राजस्थान के श्वेताम्बरों के मध्य तेरापंथ प्रभावशाली हो गया। उन्होंने पूजा-अर्चना में अत्यधिक दिखावे का

24. डा॰ रवीन्द्र कुमार जैन, *कविवर बनारसीदास* (वाराणसी, 1966), पृ॰ 37-38.
25. वी॰पी॰ जोहरापुरकर, *भट्टारक सम्प्रदाय* (शोलापुर, 1958), पृ॰ 11.
26. वही, पृ॰ 10, 12.
27. *खंडेलवाल जैन समाज*, अध्याय 2 'संघ भेद'।
28. वही, पृ॰ 26-27.
29. *युगप्रधान*, पृ॰ 8.
30. रवीन्द्र कुमार जैन पूर्वोक्त, पृ॰ 43.

विरोध किया।[31] तेरापंथ के अनुयायियों की संख्या लगभग उतनी ही है, जितनी कि श्वेताम्बरों की। अतः कभी-कभी उन्हें श्वेताम्बरों और दिगम्बरों के समान जैनों का तीसरा प्रमुख पंथ माना जाता है।[32]

ऐसा प्रतीत होता है कि चौदहवीं शताब्दी के बाद पंथों के बीच टकराव की प्रवृत्ति बढ़ गई थी। पहले, जैसा आचार्य जिनप्रभ सूरि ने *तीर्थकल्प* में वर्णन किया है, दिगम्बर और श्वेताम्बर साथ ही तीर्थ-यात्रा पर जाते थे, एक ही मंदिर में जिन प्रतिमाओं की पूजा-अर्चना करते थे।[33] दोनों पंथों के श्रावक तथा आचार्य संग-संग अक्सर यात्राओं पर जाते थे।[34]

पंथ और उपपंथों में विभाजित होने के साथ ही साथ समुदाय में हिन्दुओं की भांति जाति प्रथा भी जड़ जगा चुकी थी।

जाति-प्रथा

महावीर के काल से ही जैनों में जाति-प्रथा का प्रवेश हो गया था।[35] समय बीतने के साथ-साथ यह बढ़ती गई। पन्द्रहवीं शताब्दी में दिगम्बर जैनों में 84 जातियां विद्यमान थीं।[36]

सत्रहवीं और अठारहवीं शताब्दी में दिगम्बर जैनों के मध्य 84 जातियों की चर्चा है।[37] सत्रहवीं शताब्दी के लेखक ब्रह्म गुलाल का कथन है कि दिगम्बरों में 84 जातियां थीं।[38]

वास्तव में दिगम्बर जैनों में जातियों की संख्या 84 से अधिक थी।[39] झुंझुनूं (राजस्थान) नगर में जैनों की 36 जातियां थीं।[40] सत्रहवीं शताब्दी के अंतिम दो दशकों में आनन्दपुर (राजस्थान) में जैनों की 36 जातियां थीं।[41]

---

31. रवीन्द्र कुमार जैन पूर्वोक्त, पृ॰ 45.
32. वही, पृ॰ 48.
33. अगरचन्द नाहटा एवम् भंवरलाल नाहटा (अनु॰), *विविध तीर्थकल्प* (वाराणसी, 1978), पृ॰ 17.
34. वही.
35. *खंडेलवाल जैन समाज*, पृ॰ 28-29.
36. वही, पृ॰ 30.
37. वही, पृ॰ 30, 31.
38. (डॉ॰) कस्तूरचन्द कासलीवाल, *भट्टारक रत्नकीर्ति एवम् कुमुदचन्द्र* (नीचे *रत्नकीर्ति* के नाम से उद्धृत) (जयपुर 1981) पृ॰ 11.
39. *खंडेलवाल जैन समाज*, पृ॰ 45.
40. *ब्रह्म रायमल्ल*, पृ॰ 21.
41. *रत्नकीर्ति*, पृ॰ 20; *बूचराज*, पृ॰ 124.

ऐसा लगता है कि 84 और 36 संख्या रूढ़ थी। वस्तुतः जातियाँ बहुतायत में थीं।

ब्रह्म रायमल्ल के अनुसार खण्डेलवाल जाति के जैन रणथम्भौर, सांभर तथा दिल्ली में बहुसंख्यक थे। अग्रवाल जाति के जैन दिल्ली तथा झुंझुनूं में काफ़ी संख्या में थे।[42] खण्डेलवाल जाति के जैन मूलतः चाकसू में पाये जाते थे।[43]

यह भी संभव है कि कई जातियों का उद्भव हुआ और कई तिरोहित हो गईं।[44]

गोत्र हिन्दू जाति-व्यवस्था का अभिन्न अंग है। जैनों ने भी गोत्र को स्वीकार किया। जाति-व्यवस्था, गोत्र तथा मूर्ति-पूजा के प्रचलन के कारण जैन हिन्दुओं के समकक्ष लगते थे।

जैन तथा हिन्दू

जैनों तथा हिन्दुओं के बीच एकरूपता कई सामाजिक रीति-रिवाज़ों में भी पाई जाती थी। जैनों में विवाह का शुभकार्य हिन्दुओं की भाँति पवित्र अग्नि को साक्षी मानकर सम्पन्न होता था।[45] इसे ब्राह्मण-हिन्दू सम्पन्न कराते थे। हीरानन्द साह ने राजस्थान से अपने ब्राह्मण-पुरोहित को परिवार में होने वाले सामाजिक धार्मिक रीति-रिवाज़ों को सम्पन्न करने के लिए आमंत्रित किया था।[46]

हिन्दुओं के समान जैनों की भी मान्यता थी कि जाति जन्मना ही निर्धारित होती है तथा जाति-व्यवस्था में ऊँच-नीच का भेद विद्यमान है।[47]

कुछ जैन हिन्दू देवी-देवताओं की भी पूजा करते थे। कवि बनारसीदास ने धन-प्राप्ति तथा भविष्य में आने वाले कष्टों के निवारण हेतु शिव की अर्चना की।[48]

हिन्दुओं के समान जैन भी गो-रक्षा तथा गो-हत्या को रोकना अत्यन्त ही पावन धार्मिक एवम् सामाजिक कृत्य समझते थे। सिन्ध-भ्रमण के समय समयसुन्दर ने स्थानीय मुसलमान प्रशासक शेख काजी से गोवध रोकने के पक्ष में राजाज्ञा निकलवायी थी।[49]

---

42. *रत्नकीर्ति,* पृ॰ 103.
43. *बूचराज,* पृ॰ 240.
44. *खंडेलवाल जैन समाज,* पृ॰ 47.
45. *ब्रह्म रायमल्ल,* पृ॰ 100.
46. लिटिल, पृ॰ 7.
47. डॉ॰ हुक्मचन्द भारिल्ल, *पंडित टोडरमल व्यक्तित्व और कृतित्व* (जयपुर, 1973), पृ॰ 16.
48. रवीन्द्र कुमार जैन, पूर्वोक्त, पृ॰ 12, 96, 97.
49. समयसुन्दर, *कृति-कुसुमांजलि* (नीचे समयसुन्दर के नाम से उद्धृत) (कलकत्ता, वि॰सं॰ 2013), अगरचन्द नाहटा एवम् भंवरलाल नाहटा (सं॰), पृ॰ 21.

हिन्दू और जैन मृतकों का दाह-संस्कार करते थे। सामाजिक व सांस्कृतिक साम्य के कारण विदेशियों के लिए हिन्दुओं और जैनों में अन्तर करना कठिन हो जाता था। व्यापारी होने के कारण जैनों को हिन्दू वैश्य जाति का ही भाग समझते थे।[50] हिन्दुओं और जैनों के बीच आपसी संबंध सौहार्दपूर्ण थे। दोनों के बीच यदि तनाव होता था, तो वह अस्थायी था। जयपुर राज्य में माधोसिंह के शासनकाल (1751-61) में जैनों पर कुछ अत्याचार हुए। परन्तु शीघ्र ही सरकारी घोषणा से उनके द्वारा उठाये गए नुकसान की क्षति-पूर्ति की आज्ञा हुई।[51]

जैन समाजिक-संरचना की एक और विशिष्टता थी। यद्यपि जैन अत्यन्त ही परम्परावादी माने जाते थे, फिर भी उनके समुदाय में दूसरों का प्रवेश वर्जित नहीं था। हिन्दुओं में से राजपूत और अन्य जातियों के सदस्य इसमें स्वीकार किये जाते थे। राजपूतों द्वारा इस धर्म के अंगीकार करने की प्राचीन परम्परा थी।[52]

बिहोली गाँव के राजपूतों ने एक जैन-मुनि के प्रवचनों से प्रभावित हो इस धर्म की दीक्षा ली। हिन्दी के प्रसिद्ध कवि बनारसीदास ऐसे ही परिवार से थे।[53]

सत्रहवीं शताब्दी के प्रसिद्ध इतिहासकार मुहनौत नैनसी अथवा मुंहता नैणसी के पूर्वज राठौर राजपूत थे। उनमें से किसी मोहन ने जैन धर्म स्वीकार किया और उसी के कुल में मुहनौत नैनसी का जन्म हुआ था।[54]

प्रसिद्ध जैन मुनि भानुचन्द्र, जो अकबर तथा जहाँगीर के दरबार में काफ़ी दिनों रहे थे और जिनकी जीवनी उनके शिष्य सिद्धिचन्द्र ने संस्कृत भाषा में लिखी है, जैन धर्म में दीक्षित होने के पूर्व हिन्दू वैश्य थे।[55]

कुछ हिन्दू, जो जैन धर्म स्वीकार करते थे, उन्हें जैन साधुओं के वर्ग में भी सम्मिलित कर लिया जाता था तथा उन्हें जैन धर्म-ग्रन्थों और जैन सामाजिक और धार्मिक रीति-रिवाज़ों की शिक्षा दी जाती थी। यदा-कदा वे जैन साधुओं के मध्य उच्च आचार्य पद भी प्राप्त कर लेते थे।

1630-32 में गुजरात में भीषण अकाल के समय जैन साधुओं ने अनेक अनाथ हिन्दू

50. *पंडित टोडरमल*, पृ॰ 16.

51. वही, पृ॰ 34-35.

52. *जैन इतिहासनी*, पृ॰ 56.

53. रवीन्द्र कुमार जैन, पूर्वोक्त, 86.

54. राम नारायण दूगड़, *मुहनौत नैणसी की खयात*, भाग 11 (इलाहाबाद, वि॰सं॰ 1991) पृ॰ 1.

55. *भानुचन्द्रगणि चरित*, पृ॰ 59.

बालकों को जैन धर्म में दीक्षित किया था। उनका उद्देश्य अपने धर्मावलंबियों की संख्या बढ़ाना था। प्रसिद्ध समकालीन जैन कवि समयसुन्दर ने उनके इस आचरण की निन्दा की।[56]

पंथों के मध्य तनाव

जैन-समाज में जाति-भेद सामान्य बात थी, परन्तु पंथ-भेद के कारण यदा-कदा तनाव व्याप्त हो जाता था। कभी-कभी मतभेद इतने तीव्र हो जाते थे कि इनके समाधान हेतु मुगल सम्राटों से प्रार्थना की जाती थी।

मुगल शासन-काल में धर्मसागर की पुस्तक *सर्वजन शतक* पर गहरा विवाद उठा। मुनि हीरविजयसूरि ने इसे प्रतिबंधित कर दिया। नेमिसागर उपाध्याय ने सम्राट् के सम्मुख इस विषय को रखा। जहाँगीर ने दोनों पक्षों को सुनने के बाद अपना निर्णय दिया कि दोनों दल आपस में विवाद सुलझा लें।[57]

लोंका पंथ के समर्थकों ने मुगल सम्राट् शाहजहाँ के सम्मुख शिकायत की कि अहमदाबाद के प्रसिद्ध व्यापारी शान्तिदास के नेतृत्व में तपगच्छीय जैनों ने उनके साथ बैठकर भोजन करने पर प्रतिबन्ध लगा दिया था। शाहजहाँ ने किसी का भी पक्ष लेना स्वीकार नहीं किया।[58]

शिक्षा

यह ऐतिहासिक तथ्य है कि जैन मुनि मुगल सम्राट् अकबर और उसके उत्तराधिकारियों के सदा सान्निध्य में रहे। इसका कारण था – न केवल उनका निर्मल जीवन वरन् उनकी अप्रतिम विद्वत्ता।

प्राचीन काल के समान मध्य-युग में भी जैन साधुओं की शिक्षा पर समाज का विशेष ध्यान था और उन्हें विद्वान् बनने के लिए प्रेरित किया जाता था। इस जीवन-दर्शन के कारण अनेक जैन आचार्य अपनी मेधा से महान् लेखक तथा विद्वान् बने। यह सत्य है कि उनके अध्ययन का मुख्य केन्द्र था धर्म, दर्शन तथा साहित्य। इनमें से कई हिन्दू तथा जैन धर्मशास्त्रों और दर्शनशास्त्र के अध्येता थे। वे गणित, ज्योतिष-शास्त्र तथा फलित ज्योतिष के अध्ययन की ओर भी आकर्षित हुए। जैन साहित्य कई भाषाओं में निबद्ध था। अतः वे बहुभाषाविद् थे और कई संस्कृत, प्राकृत, अपभ्रंश तथा क्षेत्रीय भाषाओं के ज्ञाता

---

56. समयसुन्दर, पृ॰ 27.
57. *भानुचन्द्रगणिचरित*, पृ॰ 21.
58. *इंपीरियल मुगल फरमान्स*, एम॰एस॰ कमिसरियट (संग्रहकर्त्ता), पृ॰ 36-37.

थे।[59] कई जैन साधुओं ने क्षेत्रीय भाषाओं में कविताएं लिखी हैं। जैन साधुओं को व्याकरण तथा छन्द-शास्त्र के अध्ययन के हेतु प्रेरित किया जाता था। जैन मुनि संगीत के भी ज्ञाता थे।

समाज में जैन धर्म गुरुओं का आदर मात्र धर्म-गुरु अथवा मुनि संवर्ग में उनका उच्च स्थान होने के ही कारण नहीं था। वे आदर के पात्र थे क्योंकि वे विद्वान् भी थे। यह सत्य है त्यागमय, कठोर एवम् पवित्र जीवन व्यतीत करने के कारण भी उन्हें सामाजिक प्रतिष्ठा प्राप्त थी।

हिन्दुओं के समान जैनों में भी किसी व्यक्ति की विद्वत्ता आंकी जाती थी – उसके संस्कृत भाषा और साहित्य के ज्ञान के आधार पर। दोनों समूहों में उच्च शिक्षा का माध्यम संस्कृत था। जैन अपनी शिक्षा तब तक पूरी नहीं समझते थे जब तक संस्कृत भाषा और साहित्य में दक्षता नहीं प्राप्त कर लेते थे।

जैन साधु संस्कृत का अध्ययन करने को बाध्य थे क्योंकि इसी के माध्यम से वे साहित्य, व्याकरण, छन्द-शास्त्र, तर्क-शास्त्र, षट्भारतीय दर्शन, गणित-शास्त्र, ज्योतिष-शास्त्र, चिकित्सा-विज्ञान पर आधिकारिक पुस्तकें पढ़ सकते थे। हिन्दू तथा बौद्ध धर्म-शास्त्रों के समान ही कई जैन धर्म-शास्त्र संस्कृत भाषा में थे। इनके अध्ययन के पश्चात् ही वे ब्राह्मणों अथवा विरोधी पंथ के समर्थकों से शास्त्रार्थ कर सकते थे।[60] शास्त्रार्थ की परम्परा उस काल में खूब प्रचलित थी।

सत्रहवीं शताब्दी में महामहोपाध्याय समयसुन्दर साहित्य, व्याकरण, छन्द-शास्त्र, तर्क-शास्त्र एवम् कई क्षेत्रीय भाषाओं के प्रसिद्ध विद्वान् थे। वे संगीतज्ञ भी थे।[61] आचार्य मम्मट की प्रसिद्ध किन्तु अतीव दुरूह पुस्तक *काव्यप्रकाश* पर उन्होंने टीका भी लिखी।[62]

जैन मुनि जिनराज सूरि को वि॰सं॰ 1674 में आचार्य की उपाधि प्रदान की गई थी। वे जैन धर्म-शास्त्र, साहित्य, तर्क-शास्त्र के प्रसिद्ध विद्वान् थे। उन्होंने विभिन्न विषयों पर 14 पुस्तकें लिखीं।[63]

समयसुन्दर के शिष्य हर्षनन्दन नव्य-न्याय के प्रसिद्ध विद्वान् थे। उन्होंने 12 पुस्तकें

---

59. डॉ॰ कस्तूरचन्द कासलीवाल (सं॰) *महाकवि ब्रह्मरायमल्ल एवम् भट्टारक त्रिभुवनकीर्ति* (जयपुर, 1978), पृ॰ 8, 36-37.
60. *वीर शासन के प्रभावक आचार्य*, पृ॰ 212.
61. समयसुन्दर, पृ॰ 1.
62. वही, पृ॰ 3.
63. वही, पृ॰ 32-33.

लिखीं जिनमें एक *मध्य व्याख्यान पद्धति*[64] भाषण-कला से संबंधित थी। जनता के बीच भाषण देने की कला जैन मुनियों ने विकसित की क्योंकि उन्हें अपने अनुयायियों के बीच प्रवचन करना पड़ता था।

जैनों द्वारा लिखित पुस्तकों ने यात्रा तथा जीवनी साहित्य की विधा को समृद्ध किया।

जैन कृतियाँ

जैन श्रद्धालुओं द्वारा अपने प्रसिद्ध गुरुओं तथा प्रतिष्ठित भक्तजनों की जीवनियाँ लिखना, उनकी साहित्यिक परम्परा का भाग था। ये जीवनियां प्रशंसा-मूलक थीं परन्तु फिर भी उनमें समकालीन जैन-समाज के संबंध में महत्त्वपूर्ण सूचनाएं संकलित हैं। उदाहरणार्थ, जैन धर्म गुरुओं और उपदेशकों की विभिन्न यात्राओं का उनमें विशद् वर्णन है। वे विभिन्न स्थानों में इन गुरुओं के स्वागतार्थ आयोजनों की विस्तारपूर्वक चर्चा करते हैं। इन समारोहों में उन स्थानों के प्रमुख श्रावकों की भूमिका भी वर्णित है।[65]

महामहोपाध्याय समयसुन्दर एक यात्रा में निम्नलिखित स्थानों पर गये – सिन्ध में मुल्तान, मरोठ, सिद्धपुर, डेरावर; पंजाब में लाहौर, सरजपुर, फिरोजपुर, कसूर; उत्तर प्रदेश में आगरा, अकबरपुर, बीबीपुर, सिकन्दरपुर; राजस्थान में 20 स्थानों में, जैसे सांगानेर, चाटसू, मंडोना, भेड़ता, बीकानेर, आदि; गुजरात[66] में 20 स्थानों जैसे नागदा, नवानगर, सौरीपुर, गिरनार, शत्रुंजय, पालनपुर, ईडर, अहमदाबाद, खम्भात, आदि। इस वृतांत से भी स्पष्ट है कि जैनियों की संख्या सबसे अधिक राजस्थान और गुजरात में थी।

जैन मुनियों द्वारा विद्या के क्षेत्र में प्राप्त दक्षता का कारण था – उनके गुरुओं द्वारा उनकी नियमित शिक्षा की व्यवस्था। उच्च शिक्षा हेतु शैक्षणिक संस्थान नहीं थे, फिर भी प्रत्येक विद्यार्थी के हेतु मुनि-वर्ग से ही शिक्षक नियत होते थे और वे अपने विद्यार्थी की पढ़ाई पर पूरा ध्यान देते थे। चातुर्मास का समय भी अध्ययन-अध्यापन में व्यतीत होता था।

परिवार में बालक छह या सात वर्ष की उम्र से शिक्षा आरम्भ करते थे। इस अवसर पर मिठाइयां बांटी जाती थीं। धनी परिवार गरीबों को दान भी देते थे।[67]

इन छात्रों के हेतु संस्थानों की व्यवस्था थी, जिन्हें चटसाल[68] कहते थे।

---

64. समयसुन्दर, पृ॰ 34-44.
65. *भानुचन्द्रगणिचरित* तथा अम्बालाल प्रेमचन्द्र साहा (सं॰), *दिग्विजय महाकाव्य* (बम्बई, 1945)।
66. समयसुन्दर, पृ॰ 19.
67. *ब्रह्म रायमल्ल,* पृ॰ 52, 101.
68. *बूचराज,* पृ॰ 191; रवीन्द्र कुमार जैन, पूर्वोक्त, पृ॰ 89.

किन्तु जैन-साधुओं के मध्य अध्ययन और अध्यापन में गुरु-शिष्य परम्परा का वर्चस्व था। वरीय साधु जिस विद्या में दक्ष होते थे अपने साथ एक विद्यार्थी या विद्यार्थियों के समूह को चुन लेते थे और उन्हें पढ़ाते थे। वे ही अपने विद्यार्थियों का पाठ्यक्रम और अध्ययन की समय-सीमा निर्धारित करते थे।[69] उन्हें जब विश्वास हो जाता था कि विद्यार्थी ने अपना अध्ययन समाप्त कर लिया है, तो विद्यार्थी स्वतंत्र अध्ययन प्रारम्भ करता था।

विद्या के क्षेत्र में दक्षता के आधार पर विद्यार्थी को उपाध्याय, महामहोपाध्याय अथवा आचार्य की उपाधि प्रदान की जाती थी। जैन समुदाय इस अवसर पर विशेष समारोह आयोजित करता था। इसके द्वारा विद्यार्थी और उसके शिक्षक के प्रति जैन समुदाय आभार प्रकट करता था।

समयसुन्दर ने साधु महिमराज और समयराज के साथ अध्ययन किया था।[70] उन्होंने निम्नलिखित पुस्तकें पढ़ी थीं – *सिद्धहेमशब्दानुशासन, अनेकार्थ संग्रह, विश्वसंफूनमाला, काव्य प्रकाश* एवम् *पंचमहाकाव्य*। उन्होंने जैन धर्म-शास्त्र भी पढ़े थे।[71] इन धर्म-शास्त्रों में निम्नलिखित पुस्तकें थीं – *गोमटट्सार* एवम् *अष्टसहस्री*। दोनों पुस्तकों का अध्ययन उन्होंने गंभीरतापूर्वक किया था।[72]

संस्कृत, प्राकृत, अपभ्रंश भाषाओं के अतिरिक्त जैन साधु क्षेत्रीय भाषा और साहित्य में भी विशेष रुचि रखते थे क्योंकि अपने श्रद्धालुओं के सम्मुख श्रेत्रीय भाषाओं में ही प्रवचन करते थे। यद्यपि जैन समुदाय के अधिकांश सदस्य शिक्षित थे फिर भी बहुत कम संस्कृत, प्राकृत आदि प्राचीन भाषाओं का ज्ञान रखते थे। इस कारण राजस्थान, गुजरात, उत्तर प्रदेश में क्षेत्रीय भाषा और साहित्य की उन्नति में जैनों का सराहनीय योगदान है। इसके अतिरिक्त जैन साधु मंत्र-विद्या, चिकित्सा-शास्त्र, रत्न-परीक्षा, हाथी और घोड़ों की परख का भी ज्ञान अर्जित करते थे।[73]

जैन मुनि अथवा आचार्य शिक्षक भी थे। अतः उनकी चेष्टा रहती थी पुस्तकों का संग्रह। पुस्तकों को रखने के लिए विभिन्न स्थानों पर उन्होंने ग्रंथ-भण्डार स्थापित किये। हीरविजय सूरिजी से मिलने के पश्चात् अकबर ने उन्हें स्वर्गीय मुनि पद्मसुन्दर जी की पुस्तकें भेंट की। (मुनि पद्मसुन्दर अकबर के सम्पर्क में आने वाले और मुगल दरबार में

69. रवीन्द्र कुमार जैन, पूर्वोक्त, पृ॰ 90.
70. समयसुन्दर, पृ॰ 13-14.
71. वही, पृ॰ 15.
72. *रत्नकीर्ति*, पृ॰ 75.
73. *ब्रह्म रायमल्ल*, पृ॰ 275, भट्टारक रत्नकीर्ति ने आयुर्वेद का अध्ययन किया था। *रत्नकीर्ति*, पृ॰ 43, 80.

रहने वाले पहले जैन मुनि थे)। हीरविजय सूरिजी ने तत्काल आगरा में ग्रन्थ-भंडार स्थापित किया और उन पुस्तकों को वहाँ रखवा दिया।[74]

क्षेत्रीय भाषाओं के विकास में जैनों का योगदान

ध्यातव्य है कि सोलहवीं तथा सत्रहवीं शताब्दी में उत्तर भारत की कई क्षेत्रीय भाषाएँ अपना स्वरूप ग्रहण कर रही थीं। इस प्रक्रिया में जैनों की महत्त्वपूर्ण भूमिका थी।

नेमिचन्द शास्त्री[75] तथा कामता प्रसाद जैन[76] ने इस काल के हिन्दी में जैन लेखकों की सूची प्रस्तुत की है। इनमें भटट्ारक रत्नकीर्ति की भूमिका सराहनीय है।[77]

क्षेत्रीय भाषाओं में मध्य-युगीन जैन कृतियों की कुछ विशेषताएं हैं। अनेक अवसरों पर जैन लेखक अपभ्रंश, राजस्थानी तथा हिन्दी मिश्रित भाषा का प्रयोग करते थे।[78] उन्होंने ब्रजभाषा में या कभी-कभी ब्रजभाषा तथा अन्य भाषाओं की मिश्रित बोली में भी लिखा। छीहल की कविता *पंच सहेली गीत* ब्रजभाषा मिश्रित राजस्थानी में है।[79]

मिश्रित भाषा का प्रयोग जैन लेखकों की एक प्रकार से विवशता या बाध्यता थी। अधिकांश जैन गुजरात, राजस्थान, पंजाब, दिल्ली तथा पश्चिमी उत्तर प्रदेश के रहने वाले थे। प्रमुख व्यावसायिक केन्द्रों में इन सभी स्थानों के जैन साथ-साथ रहते थे। ऐसे समुदाय के बीच जैन मुनियों के लिए प्रवचन के क्रम में मिश्रित भाषा का प्रयोग अनिवार्य था।[80] वादिचन्द्र, जिनका समय विक्रम संवत् की सत्रहवीं शताब्दी के मध्य में है, अपनी रचनाओं में हिन्दी मिश्रित गुजराती का प्रयोग करते थे।[81] इस स्थिति के कारण जैन साधु कई भाषाओं में दक्ष हो गए थे।[82] जैन रचनाओं में श्रृंगार रस का प्रयोग नहीं के बराबर था

---

74. *जैन इतिहासनी,* पृ॰ 173.
75. नेमिचन्द्र शास्त्री, *हिन्दी जैन साहित्य परिशीलन* (काशी, प्रकाशन तिथि मुद्रित नहीं)।
76. कामता प्रसाद जैन, *हिन्दी जैन साहित्य का संक्षिप्त इतिहास* (काशाी, प्रकाशन तिथि अंकित नहीं)।
77. *वीर शासन,* पृ॰ 194-95.
78. कामता प्रसाद जैन, 82, 100, 101, 109, 126.
79. *बूचराज,* पृ॰ 128.
80. समयसुन्दर, पृ॰ 84-88.
81. *रत्नकीर्ति,* पृ॰ 33.
82. वही, पृ॰ 84, कवि रायमल्ल की रचनाएँ हिन्दी और राजस्थानी में है। *ब्रह्म रायमल्ल,* पृ॰ 59.

यद्यपि मध्य-युग में हिन्दी साहित्य उससे ओत-प्रोत है।[83] अपवादस्वरूप छीहल की कविता में शृंगार रस दीखता है, परन्तु कवि ने सीमा का उल्लंघन कभी नहीं किया।[84]

जैन रचनाएँ मूलतः धार्मिक तथा उपदेशात्मक होती थीं। क्षेत्रीय भाषाओं में अधिकांश जैनों द्वारा रचित साहित्य संस्कृत, प्राकृत तथा अपभ्रंश भाषा में लिखित ग्रन्थों पर आधारित था। इस काल में जैनों ने संस्कृत, प्राकृत एवम् अपभ्रंश में भी लिखा।

कई जैन रचनाएँ पाठकों की मांग पर लिखी गई हैं। शुभचन्द्र ने, जिन्हें वि॰सं॰ 1573 में भटट्रारक का पद दिया गया, *तत्त्वसार दुहा* अपने शिष्य श्रावक दुल्हा के कहने पर लिखा।[85]

यशोविजयजी की रचनाएँ गुजराती तथा संस्कृत दोनों भाषाओं में हैं।[86] ऐसा कहा जाता है कि जैनों में उनके समान दूसरा विद्वान् अब तक नहीं हुआ।[87]

मध्य-युग में मेघविजयजी संस्कृत के प्रमुख विद्वान् थे। मान्यता है कि संस्कृत के सभी महाकाव्य उन्हें कंठस्थ थे। वे दर्शन-शास्त्र में निष्णात थे और उन्होंने संस्कृत व्याकरण पर अपनी पुस्तक *हेमकौमुदी* लिखी।[88] *सिद्धहेमशब्दानुशासन* पर उनकी टीका संस्कृत का अध्ययन आरम्भ करने वाले विद्यार्थी के लिए अत्यन्त उपयोगी है।[89] उनकी पुस्तक *सप्तसंधान महाकाव्य* में सात व्यक्तियों की जीवनियां हैं और प्रत्येक शब्द के सात अर्थ हैं।[90]

जैन साधुओं की तरह जैन गृहस्थों की रचनाओं से भी क्षेत्रीय साहित्य समृद्ध हुआ। ये श्रावक जैन धर्म-ग्रन्थों का अध्ययन किसी विद्वान् की सहायता से करते थे। चतुरमल ने *हरिवंशपुराण* तथा अन्य जैन पुराणों का अध्ययन धबल पंडित के साथ विक्रम संवत् की सत्रहवीं शताब्दी के अन्त में किया था।[91] बनारसीदास ने चौदह वर्ष की अवस्था में पंडित देवदास के सान्निध्य में ज्योतिष-शास्त्र, फलित ज्योतिष, साहित्य एवम् जैन धर्म-

---

83. *पंडित टोडरमल,* पृ॰ 36-38.
84. वही, पृ॰ 38.
85. *बूचराज,* पृ॰ 7.
86. कामता प्रसाद जैन, पूर्वोक्त, पृ॰ 152.
87. *जैन इतिहासनी,* पृ॰ 196.
88. वही, पृ॰ 195.
89. वही, पृ॰ 196.
90. वही.
91. *बूचराज,* पृ॰ 159.

शास्त्रों का अध्ययन आरम्भ किया और कालान्तर में उन्होंने पंडित भानुचन्द्र[92] के साथ छन्द-शास्त्र, शब्दकोष तथा जैन धार्मिक रीति-रिवाजों आदि विषयों को पढ़ा।[93]

इस काल में जैन लेखकों द्वारा हिन्दी में लिखित सबसे महत्त्वपूर्ण ग्रन्थ है बनारसीदास कृत आत्मकथा *अर्द्ध-कथानक*।[94] इसे हिन्दी की प्रथम आत्मकथा का सम्मान प्राप्त है। पुस्तक की सर्वत्र प्रशंसा हुई है क्योंकि इसमें लेखक प्रस्तुत करता है तत्कालीन समाज का सजीव चित्रण।[95] वह व्यापारिक-पद्धतियों, शाही कर्मचारियों के अत्याचार और साधारण जनता की कठिनाइयों का सजीव विवरण उपस्थित करता है।

जैन साहित्य की विशिष्टता है नगरों का वर्णन। लाहौर के नाहर जाटमल ने *लाहौर गजल* की रचना की। इसमें नगर के जीवन का सांगोपांग चित्रण है।[96] नागरीय जीवन पर लिखना, जैन रचनाओं का अभिन्न अंग बन गया। ब्रह्म रायमल ने अपनी कृतियों में 19 नगरों के बारे में लिखा है।[97]

कई जैन लेखकों की रचना का केन्द्र आगरा था। *यशोधर चरित* में आगरा का विस्तृत चित्रांकन है।[98] क्षेत्रीय भाषाओं के साहित्य में भी जैनों द्वारा मध्ययुगीन आगरा का वैभव वर्णित है।[99] संस्कृत में जैनों की रचनाओं में भी नगरों का वर्णन उपलब्ध है।[100]

सोलहवीं शताब्दी के प्रारम्भ में मानसिंह तोमर के काल में जैन ग्वालियर में प्रभावशाली थे। उस समय के ग्वालियर की तुलना "स्वर्ण लंका" से की गई है।[101]

जैनों ने कई शब्दकोषों की रचना की। अकबर के दरबार में समयसुन्दर को जैन कहावत कि किसी भी सूत्र के "अनेक अर्थ है" के विषय में चिढ़ाया गया था। प्रत्युत्तर में समयसुन्दर ने सम्राट् अकबर को स्वरचित पुस्तक भेंट की जिसमें आठ अक्षरों "राजानो ददते सौख्यम्" के दस लाख अर्थ दिए गये थे।[102]

92. रवीन्द्र कुमार जैन, पृ॰ 90.
93. वही.
94. बनारसीदास, *अर्ध-कथानक*, नाथूराम प्रेमी (बम्बई, 1970)।
95. रवीन्द्र कुमार जैन, *कविवर बनारसीदास* (वाराणसी, 1966)।
96. धीरेन्द्र वर्मा तथा ब्रजेश्वर वर्मा, पृ॰ 484.
97. *ब्रह्म रायमल्ल*, पृ॰ 115-136.
98. कामता प्रसाद जैन, पृ॰ 127.
99. *रत्नकीर्ति*, पृ॰ 199.
100. महामहोपाध्याय मेघविजयगणि, *दिग्विजय महाकाव्य* (बम्बई, 1945), पृ॰ 117-25; वही, देवानन्द महाकाव्य (बम्बई, 1937)।
101. *बूचराज*, पृ॰ 160.
102. वही, पृ॰ 239.

बनारसीदास ने हिन्दी के प्रथम शब्दकोष *बनारसी नाममाला* की रचना की। कहा जाता है यह उसने अपने दो मित्रों नरोत्तमदास खाबरा और ठाकुर खाबरा के अनुरोध पर लिखी थी।[102अ]

जैन साधुओं की अपने गुरुओं तथा समुदाय के गणमान्य सदस्यों की जीवनी लिखने में बड़ी दिलचस्पी थी। समयसुन्दर ने अपने गुरु जिनचन्द्र सूरि की मुगल सम्राट् अकबर से हुई मुलाकात पर लम्बी कविता लिखी।[103] *कर्मचन्द्र प्रबन्ध* अकबर के ऐसे मंत्री की जीवनी है जो अपने समुदाय की उन्नति के हेतु सदा सक्रिय था। वह आगन्तुक जैन मुनियों का हार्दिक सत्कार करता था व जैन धर्मावलंबियों के हेतु तीर्थ-यात्रा निमित्त संघ आयोजित करता था। उसने मुगल अधिकारियों से अपने समाज के हित में कई शाही आदेश प्राप्त किये।[103अ]

वैज्ञानिक विषयों पर भी जैन विद्वानों ने पुस्तकें लिखीं। भगवतीदास द्वारा शाहजहाँ के काल में लिखित *वैद्यविनोद* आयुर्वेद से संबंधित ग्रन्थ है।[104] इसी लेखक ने अपने हिसार-प्रवास में फलित ज्योतिष पर *ज्योतिसार* नामक पुस्तक लिखी।[105] हर्षनन्दन का शिष्य जयकीर्ति फलित ज्योतिष का विद्वान् था। वह भी इस विषय पर एक पुस्तक का प्रणेता था।[106] ज्योतिष-शास्त्र में जैन विद्वानों की बड़ी प्रसिद्धि थी। जयपुर नरेश और ज्योतिष के लब्ध प्रतिष्ठ विद्वान् सवाई जयसिंह (1699-1743) इस विषय के जैन विद्वान् विद्याधर से सदा विमर्श करते थे।[107]

जैनों के सामाजिक जीवन की अन्य विशेषता थी कि महिलाएँ भी पुस्तक-लेखन में दिलचस्पी रखती थीं। वे पुस्तकों की नकल तैयार करा उन्हें दान में प्रदान करती थीं। बाई मथुरा के अनुरोध पर भगवतीदास ने जैन धर्मग्रंथ *नवांककेवली* की प्रति तैयार की।[108]

साधारण जैन भी विद्वान् जैन मुनियों के सम्पर्क में होने से धर्म-संबंधी प्रश्नों में दिलचस्पी रखने लगे थे। इन पर चर्चा के हेतु उन्होंने छोटे-छोटे समूह बना लिए थे जिन्हें "शैली" कहा जाता था।

102अ. समयसुन्दर, पृ॰ 69.

103. रवीन्द्र कुमार जैन, पृ॰ 124, 131.

103अ. *युगप्रधान*, पृ॰ 81.

104. जयसोम रचित कर्मचन्द्र मंत्री-वंश प्रबन्ध युग प्रधान में उद्धृत, पृ॰ 81.

105. *भट्टारक सम्प्रदाय*, पृ॰ 231.

106. वही.

107. समयसुन्दर, पृ॰ 78-79; पुस्तक का नाम है *दीक्षा प्रतिष्ठा शुद्धि*। समयसुन्दर ने इसे स्वीकार किया।

108. *पंडित टोडरमल*, पृ॰ 33.

इस प्रकार की एक "शैली" का उदय आगरा में हुआ। इसमें कवि बनारसीदास एवम् उनके मित्र जैन धर्म में प्रचलित पुरोहितवाद अथवा प्रतिमा-पूजन या अन्य प्रथाओं पर आलोचनात्मक विचार प्रकट करते थे। कदाचित् तत्कालीन हिन्दू समाज में व्याप्त धर्म सुधार आन्दोलन का यह परिणाम था।[109]

बौद्धिक चेतना

बनारसीदास की इस "शैली" के प्रमुख सदस्य थे – संघी जगजीवन, कुंवरपाल, पंडित हेमराज, रामचन्द्र, संघी मथुरादास, मवालदास तथा भगवतीदास। कवि बनारसीदास की मृत्यु के उपरान्त जगजीवनराम ने उनकी सभी रचनाओं का संकलन कर *बनारसीविलास* नामक पुस्तक तैयार की।[110]

ध्यातव्य है कि इन "शैलियों" में केवल धार्मिक विषयों पर ही चर्चा नहीं होती थी वरन् साहित्य का भी पठन-पाठन होता था। बनारसीदास तथा उनके अन्य मित्र आगरा में संध्या समय *मृगावती* तथा *मधुमालती* का पाठ करते थे।[111]

बनारसीदास ने जैन समाज में महत्त्वपूर्ण क्रांति का श्रीगणेश किया। जैन समाज चौदहवीं और पन्द्रहवीं शताब्दी में मूर्ति-पूजा के प्रश्न पर लोंकाशाह द्वारा उद्वेलित हो चुका था। बनारसीदास का प्रभाव जैन समाज पर आने वाली सदियों में भी परिलक्षित होता रहा।[112]

धीरे-धीरे इन "शैलियों" में धर्म और साहित्य के अतिरिक्त तर्कशास्त्र, दर्शनशास्त्र, व्याकरण, आदि विषयों पर भी चर्चा होने लगी और इनमें साधारण जैन भी दिलचस्पी लेने लगे।[113] यह बात महत्त्वपूर्ण थी क्योंकि उच्च शिक्षा के विषय में जन-साधारण की मान्यता थी कि उसकी आवश्यकता केवल धर्म-गुरुओं को ही थी।

इन "शैलियों" की संरचना का कोई विधान नहीं था। राजस्थान एवम् उत्तर प्रदेश के कई नगरों में इनका आविर्भाव हुआ।[114]

यह कहना उचित होगा कि मध्ययुगीन जैन समाज में बौद्धिक चेतना फैल रही थी। इस कारण धर्म के विभिन्न पंथों के विद्वानों तथा जैन-श्रद्धालुओं के मध्य शास्त्रार्थ होते थे।

109. *भट्टारक सम्प्रदाय*, पृ॰ 232.
110. हुकुमचन्द भारिल्ल, *पंडित टोडरमल व्यक्तित्व एवम् कृतित्व* (जयपुर, 1973) पृ॰ 21, 22, 58.
111. *रत्नकीर्ति*, पृ॰ 26-27.
112. रवीन्द्र कुमार जैन, पूर्वोक्त, पृ॰ 103.
113. *पंडित टोडरमल*, पृ॰ 19.
114. वही, पृ॰ 59.

वि॰सं॰ 1617 में जिनचन्द्र सूरि ने शास्त्रार्थ में पाटण नगर में धर्मसागर को परास्त किया। विभिन्न पंथों के तीस प्रमुख जैन नागरिकों ने लिखित रूप से जिनचन्द्र सूरि के विजेता होने की घोषणा की।[115] एक दूसरे शास्त्रार्थ में जिनचन्द्र सूरि राजनगर में एक अन्य विद्वान् पर विजयी रहे।[116] वि॰सं॰ 1642 में उन्होंने जालौर में तपागच्छ मतावलंबियों के सम्मुख अपने सिद्धान्तों का दृढ़तापूर्वक प्रतिपादन किया।

वि॰सं॰ 1625 में शशिकीर्ति का तपागच्छ के मुनि बुद्धिसागर से आगरा में सार्वजनिक शास्त्रार्थ हुआ। शशिकीर्ति की विजय हुई। इस अवसर पर पंडित अनिरुद्ध मिश्र तथा पंडित महादेव मिश्र जैसे विद्वान् भी उपस्थित थे।[117]

सार्वजनिक शास्त्रार्थ जैनियों के सामाजिक जीवन के अभिन्न अंग थे क्योंकि जैनी कई उपपंथों में बंटे हुए थे और प्रत्येक अपने सैद्धांतिक पक्ष को पुष्ट करना और अपने रीति-रिवाज़ों का औचित्य सिद्ध करना चाहते थे। शास्त्रार्थ सदा शान्तिपूर्वक ढंग से सम्पन्न नहीं हो पाता था। यदा-कदा विरोधियों द्वारा विघ्न भी पड़ता था।[118]

इन शास्त्रार्थों का औचित्य भारतीय संस्कृति की प्रकृति के कारण भी था। भारत बहुधार्मिक देश है। जैनों को अपने मत के सिद्धांतों को दूसरे मतावलंबियों के सम्मुख प्रस्तुत करना और उनके सिद्धांतों के संदर्भ में अपनी मान्यताओं के औचित्य का प्रतिपादन करना आवश्यक था।

अकबर ने हीरविजय सूरि को जैन मत के सिद्धांतों की व्याख्या के लिए आगरा बुलाया। सम्राट् उन दिनों यह जानने के लिए आतुर था कि धर्म का मूल क्या है? इस हेतु उसने हिन्दुओं, मुसलमानों, ईसाइयों, पारसियों, आदि के प्रमुख धर्म-गुरुओं को इबादतखाना में आमंत्रित किया था।

शांतिचन्द्र हीरविजय सूरि के साथ आगरा आये थे। वे लब्ध-प्रतिष्ठ विद्वान् एवम् शास्त्राथी थे। कई सार्वजनिक शास्त्रार्थों में उन्होंने प्रतिद्वन्द्वियों पर विजय प्राप्त की थी। ईडर में उन्होंने दिगम्बर भट्टारक बादिभूषण को शास्त्रार्थ में पराजित किया था। दूसरे अवसर पर, जोधपुर नरेश की उपस्थिति में शास्त्रार्थ में वे दिगम्बर जैन भट्टारक आचार्य के विरुद्ध विजयी घोषित हुए थे।[119]

---

115. *अर्ध-कथानक*, पृ॰ 27-28.
116. *युगप्रधान*, पृ॰ 26; समयसुन्दर, पृ॰ 7-8.
117. वही, पृ॰ 44.
118. वही, पृ॰ 53.
119. वही, पृ॰ 56-57.

शांतिचन्द्र की विद्वत्ता से प्रभावित होकर हीरविजय सूरि उन्हें अकबर के दरबार में अपने प्रतिनिधि के रूप में छोड़ फतेहपुर-सीकरी से गुजरात लौटे थे।

जनता और मुगल शासक तथा जहाँगीर, जैन मुनियों की विद्वता, शास्त्रार्थ में निपुणता और उपदेश देने की कला से प्रभावित थे और उनका बहुत सम्मान करते थे। खरतरगच्छ के मुनि जिनचन्द्र सूरि अकबर और जहाँगीर दोनों के दरबार में सम्मानित अतिथि थे। जहाँगीर ने जिनचन्द्र सूरि को "युगप्रधान" की उपाधि प्रदान दी।[120] इस सम्मान के उपलक्ष्य में मंत्री कर्मचन्द्र बछावत ने हजारों लाखों रुपये खर्च कर समारोह किया।[121]

मुनि जिनचन्द्र सूरि के उत्तराधिकारी श्रीजिनराज सूरि के वि॰सं॰ 1686 में आगरा में आगमन पर सम्राट् शाहजहाँ द्वारा हार्दिक स्वागत हुआ। जैन कवि सुन्दरदास शाहजहाँ के दरबार में रहते थे। सम्राट् ने पहले उन्हें "कविराय" और तदुपरांत "महाकविराय" की उपाधि से विभूषित किया।[122]

जैन मुनियों को सम्मानित करने की प्रथा में उनकी प्रतिष्ठा अपने समुदाय, स्थानीय समाज और मुगल प्रशासकीय कर्मचारियों की दृष्टि में बढ़ जाती थी। उदाहरणार्थ नागोर के मुख्य प्रशासक हसनकुली खाँ ने श्री जिनचन्द्र सूरि की नगर-प्रवेश करते समय स्वयं अगवानी की।[123]

किसी भी जैन धर्म-गुरु का सार्वजनिक सम्मान जैन समाज के लिए गौरव का विषय था। इस अवसर पर वे भव्य आयोजन करते थे जिसमें धनी जैन खर्च की सीमा नहीं रखते थे। समाज में खर्चा करने वालों की प्रतिष्ठा बढ़ जाती थी। यह कार्य समाज में प्रशंसनीय और मान्य था। जब श्रीजिनराज सूरि आचार्य पद पर सुशोभित हुए तब भव्य नन्दी-महोत्सव आयोजित हुआ जिसका सारा खर्चा उनके श्रद्धालु शिष्य श्रीमलिदेव ने उठाया।[124]

जैन समाज के सभी पंथों में भव्य आयोजनों की परम्परा स्थापित थी। जब कभी जैन आचार्य कोई धार्मिक-समारोह आयोजित करते थे तब उनके धनी शिष्य खूब पैसा खर्चा करने में हिचकते नहीं थे। वि॰सं॰ 1614 में संग्रामसिंह ने श्री जिनचन्द्र सूरि द्वारा आयोजित क्रियोद्धार उत्सव का सारा खर्चा वहन किया था।[125]

---

120. *पंडित टोडरमल*, पृ॰ 24-25.
121. *जैन इतिहासनी*, पृ॰ 179.
122. *युगप्रधान*, पृ॰ 11.
123. समयसुन्दर, पृ॰ 10.
124. त्रिभुवनकीर्ति, पृ॰ 29.
125. *युगप्रधान*, पृ॰ 46.

व्यापार, दलाली और सूद पर पैसा देने की वृत्ति के कारण जैन समाज की उन वर्गों से निकटता थी जो उत्पादन की प्रक्रिया में लगे हुए थे। नगरों में उनका निकट का संबंध शिल्पकारों के साथ था। खानदेश के मुख्य व्यावसायिक केन्द्र बुरहानपुर में जैन उपाश्रय, प्रतिश्रय (जैन मुनियों के विश्राम का स्थान) एवम् मन्दिर कंसार-पटक मुहल्ले (अर्थात् बर्तन बनाने वालों के मुहल्ले) में बने थे।

जैन समाज के सदस्यों का संपूर्ण व्यापारी-वर्ग से संबंध था। धर्म, जाति, भाषा अथवा देश-भेद इसमें अवरोधक नहीं थे।

अन्य वृत्तियां

शिक्षित होने के नाते जैनों को मुगलों और अन्य शासकों के अन्तर्गत प्रशासन में भी नौकरी मिलती थी। वे छोटे, मध्यम और उच्च पदों पर आसीन होते थे।

अकबर ने जब मानसिंह को पूर्वी भारत को विजय करने हेतु भेजा तो उसके साथ कई जैन थे जो राजस्व एकत्र करते थे अथवा खर्च और आमदनी का हिसाब रखते थे।[126]

राजस्थान के मेवाड़ राज्य में भामाशाह के परिवार के सदस्य सदा उच्च पदों पर आसीन होते थे। मुहनौत नैनसी तरक्की करते-करते जोधपुर राज्य के प्रधानमंत्री के पद तक पहुँचे। उनकी दो पुस्तकें *मुहनोत नैनसी की ख्यात* तथा *मारवाड़ का परगना की विगत* मध्य-युगीन राजस्थान और जोधपुर के इतिहास लेखन हेतु प्रमुख स्रोत हैं। ये उच्च पदाधिकारी आवश्यकता पड़ने पर युद्ध-क्षेत्र में भी जाते थे और सेनाओं का नेतृत्व भी करते थे। इसमें अहिंसा का सिद्धान्त आड़े नहीं आता था।[127]

शिक्षा के कारण कई जैनों की प्रसिद्धि लेखकों और कवियों के रूप में हुई। कइयों को रचना हेतु अपने मित्रों से प्रेरणा मिली। ठाकुरसी ने अपने मित्र मल्लिनाथ के आग्रह पर वि॰सं॰ 1578 और 1580 में राजस्थानी में *पार्श्वनाथ शकुन सत्ताविसी* और अपभ्रंश में *मेघमालकहा* लिखी।[128]

जो जैन प्रशासन से संयुक्त थे, उन्होंने फ़ारसी भाषा में भी दक्षता प्राप्त की। बनारसीदास के पितामह मूलदास ने, जो मुसलमान प्रशासक के अधीनस्थ कार्यरत थे, फारसी का ज्ञान अर्जित किया।[129]

---

126. *युगप्रधान*, पृ॰ 23.
127. वही, पृ॰ 26.
128. *भानुचन्द्रगणिचरित*, पृ॰ 45.
129. राम नारायण दूगड़, *मुहणौत नैणसी की खयात*, भाग-11 (इलाहाबाद, वि॰सं॰ 1791), पृ॰ 1-2, 4-5.

ग्रन्थ भण्डार

शिक्षा और विद्या के प्रसार से जैनों में एक नूतन सामाजिक मूल्य का जन्म हुआ। पुस्तक लेखन तथा भण्डारण को समाज द्वारा प्रोत्साहन मिला।

जैन पुरुष और महिला, जो साधु संवर्ग में सम्मिलित नहीं थे, यदि आर्थिक दृष्टि से सक्षम थे तो प्रमुख जैन धर्म-ग्रंथों की प्रतिलिपि तैयार करवाते थे। ये प्रतिलिपियां उपहार के रूप में मित्रों और साधुओं में वितरित होती थीं। जैन साधुओं से उनकी शिक्षा के अभिन्न अंग के रूप में, पुस्तकों की प्रतिलिपि तैयार कराई जाती थी।[130] पुस्तक की प्रतिलिपियां जैन-शिक्षा का अनिवार्य अंग था और इसे धार्मिक कृत्य की मान्यता प्राप्त थी।

इन सामाजिक मूल्यों से जैन समाज सांस्कृतिक दृष्टि से लाभान्वित हुआ। प्रतिलिपियों के तैयार होने से मुख्य जैन धर्मग्रन्थ विलुप्त नहीं हुए। इस कार्य से समाज में अतिशिक्षित और शिक्षित वर्ग में बौद्धिकता को प्रोत्साहन मिला। जैन साधुओं और श्रावकों, दोनों की शिक्षा में रुचि बढ़ी। प्रतिलिपि के अन्त में न केवल उस व्यक्ति का नाम दिया जाता था जिसके आदेशानुसार प्रतिलिपि तैयार की गई थी बल्कि उसके सभी धार्मिक कार्यों की प्रशंसात्मक चर्चा भी होती थी।[130अ] यह प्रथा जैनियों को प्रतिलिपियां प्रस्तुत कराने की दिशा में प्रेरित करती थी। इससे शिक्षा का प्रसार होता था।[130ब] जैन लेखकों की कृतियां समाज में जानी जाती थीं[131] तथा प्राचीन पुस्तकें सुरक्षित रहती थीं।[132]

शाह करमा के आदेशानुसार जिनदास कृत *होलीरेणुका चरित्र* की रणथम्भौर में प्रतिलिपि हुई और यह आचार्य ललितकीर्ति को भेंट की गई।[133]

प्रतिलिपि तैयार करने की प्रथा व्यापक रूप में प्रचलित थी। वि॰सं॰ 1601 और वि॰सं॰ 1640 के मध्य राजस्थान में कई सौ पुस्तकों की प्रतिलिपियां कराई गईं। वे आज भी राजस्थान के ग्रन्थ-भण्डारों में उपलब्ध हैं।[134]

ग्रन्थ-प्रतिलिपि की परम्परा के कारण, जहाँ कहीं भी जैन अच्छी संख्या में विद्यमान थे, वहाँ ग्रन्थ-भंडार स्थापित हुए। सभी महत्त्वपूर्ण जैन उपाश्रयों व चैत्यालयों में ग्रन्थ-

130. राम नारायण दूगड़, *मुहणौत नैणसी की खयात*, भाग-11 (इलाहाबाद, वि॰सं॰ 1791), पृ॰ 1-2, 4-5.

130अ. *बूचराज*, पृ॰ 253, 255.

130ब. रवीन्द्र कुमार जैन, पूर्वोक्त, पृ॰ 86.

131. *ब्रह्म रायमल्ल*, पृ॰ 11, दिल्ली में प्रवास का काल रायमल्ल ने पुस्तकों के रूपान्तरण में किया।

132. वही, पृ॰ 103.

133. *बूचराज*, पृ॰ 11.

134. वही, पृ॰ 12.

भण्डार थे। इसी से हजारों वर्ष पूर्व जैनों द्वारा रचित ग्रंथ आज भी उपलब्ध हैं और उनकी रक्षा हो सकी। दूसरे भारतीय समाजों के विषय में यह नहीं कहा जा सकता।

महिलाओ की स्थिति

तत्कालीन समाज के अन्य समुदायों की अपेक्षा जैन महिलाओं की स्थिति काफ़ी अच्छी थी। इसका कारण था जैनों में शिक्षा का प्रसार तथा भ्रमणशील होने के कारण उदारवादी दृष्टिकोण।

महिलाओं को समाज में सम्मान दिया जाता था। श्वेताम्बर जैन समाज में महिलाओं का सम्मान अधिक था। यहाँ उन्हें साधु वर्ग में भी प्रवेश मिलता था।[135] उनकी उतनी ही प्रतिष्ठा थी, जितनी पुरुष साधुओं की। जैन साध्वियों द्वारा धर्म के प्रचार और प्रसार हेतु किए गए प्रयत्नों की समाज द्वारा प्रशंसा होती थी।

जैन-महिलाएँ तीर्थ-यात्रा जाने वाले संघों में सम्मिलित होती थीं। कभी-कभी महिलाएँ भी इन संघों का आयोजन करती थीं। पवित्र शत्रुंजय की यात्रा हेतु आयोजित संघ का नेतृत्व जैन महिला लल्ली ने किया था।[136] वि॰सं॰ 1646 में भट्टारक रत्नचन्द्र के नेतृत्व में संघ ने बावनगजा सिद्धक्षेत्र (चूलगिरि) की यात्रा की। इसमें कई महिलाएँ सम्मिलित थीं।[137]

जैन महिलाएँ सभी धार्मिक कार्यों में पुरुषों के समान दिलचस्पी रखती थीं। जैन-महिलाओं द्वारा मंदिर, उपाश्रय, प्रतिश्रय, आदि के निर्माण के कई दृष्टान्त उपलब्ध हैं।[138]

जैन मन्दिरों अथवा प्रतिमाओं या अन्य धार्मिक प्रतीकों की स्थापना के समारोह की समाप्ति के पश्चात् परम्परा के अनुसार आचार्य सभी आयोजक व्यक्तियों के मस्तक पर चन्दन का लेप करते थे। इसमें महिलाएँ भी सम्मिलित रहती थीं।

आचार्य रत्नकीर्ति ने गिरनार पर्वत पर, जहाँ तीर्थंकर नेमिनाथ को कैवल्य प्राप्त हुआ था तथा शत्रुंजय ने पर्वत पर तीर्थ हेतु संघ का आयोजन किया, इसमें साधु, नायिकाएं, श्रावक तथा श्राविकाएँ सम्मिलित थे। तेजाबाई ने इसकी सारी व्यवस्था की थी। खर्च का सारा दायित्व उनका था। उनका संघ में रत्नकीर्ति द्वारा प्रवेश कराया गया।[139] रत्नकीर्ति ने श्रावक गोपाल और उसकी पत्नी श्राविका बेजलदे के मस्तक पर चन्दन का लेप लगा

---

135. *बूचराज,* पृ॰ 11.
136. वही, पृ॰ 121.
137. वही, पृ॰ 103.
138. *युगप्रधान,* पृ॰ 50.
139. *भानुचन्द्रगणिचरित,* पृ॰ 49.

उनका सम्मान किया।[140] वि॰सं॰ 1647 में युगप्रधान श्रीजिनचन्द्र सूरि द्वारा श्राविका कोदम को आर्यिका के रूप में साध्वियों के समूह में सम्मिलित किया गया।[141] वि॰सं॰ 1697 में शाह नाथा की पत्नी तथा शाह करमसी की माँ धंनुदै का आर्यिकाओं में प्रवेश हुआ और महामहोपाध्याय समयसुन्दर ने बारह व्रतों के पालन की उनको शपथ दिलवाई।[142]

जैन महिलाओं के आदेशानुसार धार्मिक पुस्तकों की प्रतिलिपियां तैयार कराई जाती थीं और उन्हें साधु तथा श्रावक दोनों समूहों में वितरित किया जाता था। इसका उद्देश्य धार्मिक पुण्य अर्जन और सामाजिक प्रतिष्ठा में वृद्धि था। ठाकुरसी और उनकी पत्नी लखन के आदेशानुसार भट्टारक सकलकीर्ति रचित *यशोधर चरित* की प्रतिलिपि तैयार हुई जिसे ब्रह्म रायमल्ल को वि॰सं॰ 1630 में भेंट किया गया।[143]

जैन महिलाओं की शिक्षा की भी व्यवस्था थी। इसी कारण ग्रन्थों की प्रतिलिपि का कार्य भी वे करती थीं। आर्यिका पार्वती गंगवाल ने अपनी शिक्षिका बाई रत्नई की इच्छानुसार वि॰सं॰ 1722 में *पार्श्वनाथरास* की प्रतिलिपि प्रस्तुत की।[144] इस दृष्टान्त से सिद्ध होता है कि जैन आर्यिकाएं भी शिक्षित होती थीं।

समाज में जैन महिलाओं की प्रतिष्ठा अच्छी थी। यह निम्नलिखित उदाहरण से भी सिद्ध होता है। जैन महिला लाड़की बाई तीन सदस्यों के दल में थीं जिसे दीव बन्दर से हीरविजय सूरि को निमंत्रित करने के लिए भेजा गया था।[145]

महिलाओं की उच्च प्रतिष्ठा इससे भी परिलक्षित होती है कि जैन तीर्थंकरों अथवा उनकी प्रतिमाओं की स्थापना के बाद उन पर जो अभिलेख अंकित किये जाते थे, उनमें स्पष्ट लिखा रहता था कि यह कार्य व्यक्ति ने अपने माता-पिता अथवा अपनी और अपनी पत्नी की स्मृति में सम्पन्न करवाया है।[146]

हीरविजय सूरि की मृत्यु के पश्चात् उनके श्रद्धालु पौमा और उसकी पत्नी पंची ने उनका बिंब काम्बे (खम्भात) नगर में प्रतिष्ठित करवाया था। यह सूचना बिम्ब के पाद में अंकित है।[147]

---

140. *रत्नकीर्ति*, पृ॰ 187.
141. *भानुचन्द्रगणिचरित*, पृ॰ 45.
142. *रत्नकीर्ति*, पृ॰ 45-46, आचार्य ने वि॰सं॰ 1643 में तेजबबल, जयमल, मेघई, मानबाई आदि का अभिषेक बारडोली नगर में किया था।
143. *रत्नकीर्ति*, पृ॰ 100.
144. वही, पृ॰ 97.
145. *युगप्रधान*, पृ॰ 54.
146. समयसुन्दर, पृ॰ 28-29.
147. *ब्रह्म रायमल्ल*, पृ॰ 102.

जैन महिलाएँ अपने समुदाय के सामाजिक, धार्मिक आयोजनों में सक्रिय भाग लेती थीं। इसलिए उन्हें उच्च जाति की हिन्दू महिलाओं के समान न तो पर्दे में रखा जाता था और न ही पुरुषों से अलग किया जाता था। जब जैन समुदाय किसी नगर में आचार्य के आगमन पर स्वागत-समारोह करता था, तब उसमें महिलाएँ भी उपस्थित रहती थीं। वे आचार्य की प्रशंसा में भक्तिभाव से परिपूर्ण गीत गाती थीं। जैन महिलाएँ पर्दा-प्रथा, जो समकालीन उच्च जाति की हिन्दू महिलाओं में प्रचलित थी, से अप्रभावित रहीं।

फिर भी जैन महिलाएँ उच्च जाति की हिन्दू महिलाओं के समान अनेक अवांछनीय रीति-रिवाजों की शिकार थीं। उदाहरणार्थ पुरुष बहु-विवाह कर सकते थे। पत्नी की मृत्यु के पश्चात् पुनर्विवाह में उन्हें कोई कठिनाई नहीं थी। बनारसीदास के अभिन्न मित्र जगजीवन के पिता अभयराज की कई पत्नियां थीं। जगजीवन की मां मोहनदे अभयराज की सबसे छोटी पत्नी थीं।[148] कवि बनारसीदास ने तीन विवाह किये थे।[149]

बाल-विवाह का प्रचलन था। बनारसीदास की सगाई नौ वर्ष की अवस्था में हुई थी और विवाह ग्यारह वर्ष की आयु में सम्पन्न हुआ था।[150] पहली पत्नी की मृत्यु के बाद उन्होंने दिवंगत भार्या की छोटी बहन से विवाह कर लिया।[151] यह प्रस्ताव उनके श्वसुर ने ही भेजा था।

जैन धार्मिक कर्मकाण्डों में उपवास का महत्त्वपूर्ण स्थान है। परन्तु यह मूलतः महिलाओं की ही जिम्मेदारी थी। "मेघमाला" नामक उपवास वर्षा के मौसम में किया जाता है और इसे निरंतर पाँच वर्षाकालों तक करना पड़ता है। इसकी समाप्ति उद्यापन समारोह में होती थी। यदि किसी कारण यह समारोह छूट गया तो अगले पाँच वर्षाकालों तक यह उपवास पुनः करना पड़ता था।[152]

समाज में महिलाओं का उच्च स्थान, पहली दृष्टि में, विचित्र विरोधाभास से परिपूर्ण है क्योंकि जैन धर्म ब्रह्मचर्य पालन पर विशेष बल देता है। जैन-सिद्धान्तों के अनुसार मनुष्य की मुक्ति की प्राप्ति में बाधक महिलाएँ हैं। परन्तु यथार्थ में समाज में माँ के रूप में, पत्नी के रूप में और समाज के सदस्य के रूप में महिलाओं की बड़ी प्रतिष्ठा थी।

सामाजिक मान्यताएं

यह कहा जा सकता है कि जैनों का सामाजिक जीवन उनके धार्मिक त्यौहारों और रीति-

148. *रत्नकीर्ति*, पृ० 20.
149. *सूरीश्वर और सम्राट् अकबर*, पृ० 277.
150. पी०सी० नाहर, *जैन इंसक्रिप्शन्स*, भाग-11, संख्या 1677.
151. *सूरीश्वर और सम्राट् अकबर*, पृ० 6.
152. *रत्नकीर्ति*, पृ० 26-27.

रिवाज़ों से नियंत्रित था। इस कारण कुछ ऐसे सामाजिक मूल्य स्थापित हो गए थे जिनके पालन की सभी चेष्टा करते थे। परम्परा द्वारा स्थापित वर्णनाओं को साधारणतः भंग नहीं किया जाता था।

जब कोई श्रावक साधु समाज में दीक्षित होता था, तब उसके उपपंथ के मानने वाले एक सार्वजनिक समारोह का आयोजन करते थे। इस अवसर पर समाज के धनी-मानी व्यक्ति खूब खर्च करते थे। भट्टारक अभयकीर्ति ने रत्नकीर्ति को वि॰सं॰ 1630 में अपना मुख्य शिष्य घोषित किया। परम्परानुसार श्रद्धालुओं द्वारा जो भव्य समारोह आयोजित हुआ, इसका सारा खर्चा संघपति पाक्षिक, उनकी पत्नी और पुत्री ने उठाया।[153]

जब कभी कोई साधु उपाध्याय, महामहोपाध्याय अथवा आचार्य की पदवी से विभूषित होता था तब उसके शिष्य और श्रद्धालु भव्य उत्सव करते थे। श्रद्धालुओं द्वारा आयोजित गाजे-बाजे, विभिन्न रंग की पताकाओं, हाथियों, घोड़ों, रथों, आदि के साथ शोभा-यात्रा सारे नगर का परिभ्रमण करती थी।

आचार्य का किसी नगर में आगमन कई कारणों से होता था, अर्थात् प्रतिमाओं की मंदिर में स्थापना, साधु के रूप में किसी श्रावक का दीक्षा-ग्रहण, चातुर्मास का समय व्यतीत करना अथवा लम्बी यात्रा के पश्चात् विश्राम हेतु आदि। श्रावक इन अवसरों को विशेष महत्त्व देते थे। आचार्यों का प्रवचन होता था जिसमें निकटवर्ती स्थानों के श्रावक भी भाग लेते थे।

अकबर के निमंत्रण पर आगरा जाने के मार्ग में हीरविजय सूरि मेड़ता पहुँचे। वहाँ नागोर और बीकानेर से आये हुए श्रद्धालुओं ने उनकी अगवानी की।[154]

अकबर की आज्ञा से थान सिंह, अभिपाल, भानुसाह तथा अन्य सम्पन्न जैन हीरविजय सूरि के स्वागतार्थ सांगानेर पहुँचे। उन्होंने घोड़ों, रथों, आदि के जुलूस के साथ उनका स्वागत किया और नगर में उनका प्रवेश कराया।[155]

अकबर के दरबार में हीरविजय सूरि के प्रवास के उपलक्ष्य में मेड़ता के शाह सदारंग ने गरीबों के बीच दान स्वरूप हजारों रुपये बांटे। उसने घोड़े और हाथी भी दान किये।[156] दान में दिये गए एक हाथी को किसी मुगल ने 100 सोने की मोहरों में खरीदा।[157]

---

153. *बूचराज*, पृ॰ 255.

154. वही, पृ॰ 90.

155. वही, पृ॰ 99.

156. रवीन्द्र कुमार जैन, पूर्वोक्त, पृ॰ 85.

157. *रत्नकीर्ति*, पृ॰ 43.

बंदरनगर संभात निवासी तेजपाल सोनी हीरविजय सूरि के भक्त थे। वि॰सं॰ 1646 में जब हीरविजय सूरि संभात पधारे तो इस अवसर पर तेजपाल सोनी ने एक दिन में पच्चीस सौ रुपये खर्च किये।[158] धनाढ्य जैनियों से अपेक्षा थी कि वे समाज द्वारा आयोजित धार्मिक उत्सवों अथवा आचार्यों और मुनियों के आगमन पर सम्पन्न होने वाले स्वागत-समारोहों में खुल कर खर्च करें। इससे स्वधर्मावलंबियों के मध्य उनकी प्रतिष्ठा बढ़ती थी और समाज में उनका सम्मान होता था।

अहमदाबाद के प्रसिद्ध सेठ शांतिदास ने, जिनका काल शाहजहाँ और औरंगज़ेब का समय था, एक विशाल मंदिर का निर्माण कराया। वे धार्मिक समारोहों में खुले हाथ पैसा व्यय करते थे।[159]

दुर्जनसाल ने लाहौर और बुरहानपुर में मन्दिरों का निर्गाण किया था।[160] संपवी संग्रामसिंह बीकानेर में मंत्री और श्री जिनचन्द्र सूरि के अनुयायी थे। उन्होंने बिहार में जैन तीर्थ-स्थानों पर वि॰सं॰ 1666, 1688, 1702 तथा 1707 में अनेक मन्दिर बनवाये और प्रतिमाओं की प्रतिष्ठा की।[161] वि॰सं॰ 1621 में उन्होंने आचार्य को बीकानेर में चातुर्मास व्यतीत करने हेतु निमंत्रण भेजा था।[162]

परिवार में विवाह अथवा पुत्र जन्म पर होने वाले समारोहों पर धनी जैन खूब खर्च करते थे। धन का दिखावा विशेषकर विवाह के अवसर पर बहुत था। दूल्हे को अनेक आभूषणों से अलंकृत किया जाता था और सभी बाराती अच्छे से अच्छा वस्त्र धारण करते थे। बाराती आँखों में सुरमा लगाते थे और उनके मुँह में पान का बीड़ा होता था। उनके मस्तक पर केसर अथवा चन्दन का लेप किया जाता था।[163]

दूल्हा और बाराती वधू के घर की ओर जुलूस में जाते थे।[164] साथ में विभिन्न सुरों में बाजे-वाले वाद्य-यंत्र बजाते चलते थे। दूल्हा घोड़े पर सवार रहता था। अतिथियों के स्वागत हेतु वधू के घर पर भोजन का प्रबन्ध होता था।[165]

वधू पक्ष की ओर से वर पक्ष को दहेज देने की प्रथा प्रचलित थी। दहेज का स्वरूप

158. *जैन इतिहासनी*, पृ॰ 170.

159. वही.

160. वही, पृ॰ 178.

161. *सूरीश्वर और सम्राट अकबर*, पृ॰ 258.

162. वही, पृ॰ 260.

163. *ए हिस्ट्री ऑफ गुजरात*, भाग 2, पृ॰ 140-41.

164. *सूरीश्वर और सम्राट् अकबर*, पृ॰ 256, *भानुचन्द्रगणिचरित*, पृ॰ 45.

165. पी॰सी॰ नाहर, *अभिलेख संख्या*, भाग 1, 176, 196, 245, 271.

वधू पक्ष की आर्थिक स्थिति पर निर्भर था। वस्त्र, आभूषण के साथ-साथ दहेज के रूप में हाथी, घोड़े और पुरुष और महिला नौकर भी दिये जाते थे।[166]

इस अवसर पर एक बड़े भोज का आयोजन होता था और उसमें भाँति-भाँति के भोज्य पदार्थ और मिठाइयां परोसी जाती थीं।[167]

जैन जीवन-मूल्यों में मान्यता थी कि जब आदरणीय गुरुजी तीर्थ-यात्रा पर प्रस्थान करें तो उनके शिष्य उनके साथ चलें। यह भी अपेक्षित था कि धनाढ्य शिष्य तीर्थ-यात्रा में सम्मिलित व्यक्तियों का पूरा का पूरा खर्चा वहन करें। तीर्थ-यात्री-दल की सुरक्षा, उनके रहन-सहन की व्यवस्था आदि सबकी जिम्मेदारी भी उनकी ही थी। तीर्थ-यात्रा से लौटने के पश्चात् आयोजकों को समुदाय के हेतु बहुत बड़ा भोज आयोजित करना पड़ता था।[168]

वि॰सं॰ 1649 में हीरविजय सूरि ने शत्रुंजय पर्वत की तीर्थ-यात्रा का निश्चय किया। इस तीर्थ-यात्री दल में सम्मिलित थे – आचार्य जी के हजारों पुरुष और महिला भक्त। वे पाटन, राधनपुर, पालनपुर, काम्बे, अहमदाबाद, आदि से आये थे। इस तीर्थाटन की सूचना जब फैली, तो निकटवर्ती मालवा, मेवाड़, मारवाड़, दक्षिण भारत, बंगाल, कच्छ तथा सिंध से भी तीर्थ-यात्री आये और इसमें सम्मिलित हो गये।[169]

ऐसा प्रतीत होता है कि समारोहों को अधिक भव्य और आकर्षक बनाने के लिए इन अवसरों पर संगीत एवम् नृत्य के कार्यक्रम भी आयोजित होते थे।

वि॰सं॰ 1721 में शुभचन्द्र अपने पंथ के मुख्य नियुक्त हुए। इस अवसर पर आयोजित संगीत और नृत्य कार्यक्रमों में दर्शक अभिभूत हो गए।[170] ऐसे अवसरों पर समाज के सदस्यों हेतु सामूहिक भोज का भी आयोजन होता था। ऐसे एक भोज का उल्लेख, जो सूरत में वि॰सं॰ 1734 में हुआ था, हमें प्राप्त है।[171]

अठारहवीं शताब्दी के विज्ञप्ति-पत्रों की चित्रकला में हमें संगीत एवं नृत्य के दृश्यों के नमूने प्राप्त होते हैं।

---

166. *युगप्रधान,* पृ॰ 45.
167. *ब्रह्म रायमल्ल,* पृ॰ 100.
168. वही, पृ॰ 289.
169. वही.
170. वही, पृ॰ 10.
171. *रत्नकीर्ति,* पृ॰ 79, भटट्रारक अभयचन्द्र की रचना *सुखरी* में भोज्य पदार्थों की तालिका दी गई है।

जैन समाज में संगीत का महत्त्व इतना बढ़ा हुआ था कि इस काल में जैनों द्वारा रचित पद्य रचनाओं को किस राग में गाया जाए, इसका स्पष्ट संकेत है।[172]

वि॰सं॰ 1644 में बीकानेर से सिद्धाचल की तीर्थ-यात्रा हेतु एक यात्री दल चला। इसमें अहमदाबाद से यात्रियों का दल संयुक्त हो गया। इसके सदस्य थे युगप्रधान तथा संघपति योगीनाथ एवम् सोमजी। जैसे-जैसे समय बीतता गया, इस दल के साथ मांडोवर, सिन्ध, जैसलमेर, सिरोही, जालौर, सौराष्ट्र एवम् चाम्पानेर के यात्री सम्मिलित होते गये।[173]

हीरानन्द मुकीम ने सम्मेद शिखर की तीर्थ-यात्रा हेतु संघ निकाला था। इस आयोजन की चर्चा कवि बनारसीदास ने की है। बनारसीदास के पिता खड़गसेन एक संघ के साथ तीर्थाटन हेतु वि॰सं॰ 1631 में गये थे।

पूर्व मध्य-युग से ही तंत्र के प्रभाव रो जैन फलित ज्योतिष, शुभ-अशुभ विचार एवम् चमत्कार में विश्वास करने लगे। धार्मिक तथा महत्त्वपूर्ण सामाजिक अनुष्ठान शुभ दिन और घड़ी में ही आयोजित होते थे। महत्त्वपूर्ण कार्यों के शुभारम्भ के लिए शुभ घड़ी चुनी जाती थी।[174] शुभ घड़ी और शुभ दिन का समय साधु बताते थे। अतः साधु समुदाय फलित ज्योतिष का अध्ययन अवश्य करता था।

चूँकि जैन चमत्कार में विश्वास रखते थे, अतः उनकी मान्यता थी कि मंत्रोच्चार से संकट टाला जा सकता है तथा धन और वांछित वस्तुओं की प्राप्ति होती है। चमत्कार में विश्वास की परम्परा पुरातन थी।

चमत्कार दिखलाकर आचार्य जिनप्रभ सूरि ने चौदहवीं शताब्दी में सम्राट् मुहम्मद-बिन-तुगलक को खूब प्रभावित किया था।[175] कहा जाता है कि युग-प्रधान जिनचन्द्र सूरि के मंत्रोच्चार का ही प्रभाव था कि मुगल सेना नदलोई नगर पर आक्रमण नहीं कर सकी क्योंकि वह दिग्भ्रमित हो गई थी।[176] फलौदी नगर में ज्योंही युग-प्रधान पहुँचे, प्राचीन पार्श्वनाथ मंदिर, जिसके द्वार पर ताला लटक रहा था, स्वयंमेव खुल गया।[176ए] तेरापन्थ मानने वालों ने द्वार पर ताला लगा दिया था।

172. *बूचराज,* पृ॰ 181, 251.
173. *जैन इतिहासनी,* पृ॰ 176.
174. *रत्नकीर्ति,* पृ॰ 92.
175. वही, पृ॰ 91.
176. वही, पृ॰ 114, 116, 181-90, चर्चित राग निम्नलिखित हैं – मारुनी, सारंग, मल्लार, नट-नारायण, भैरव, कल्याण, कल्याण चरचरी, देशक रांन्यारी, श्री, असावरी, गोत्री, पारिजू, इत्यादि। विक्रम की सत्रहवीं शताब्दी में बूचराज रचित में विभिन्न रागों का उल्लेख है। *बूचराज,* पृ॰ 39.

176ए. *युगप्रधान,* पृ॰ 53-54.

यह मान्यता थी कि इब्राहिम लोदी की लूट से चाकसू नगर की रक्षा पार्श्वनाथ की प्राचीन प्रतिमा की कृपा का ही फल था। अतः इस प्रतिमा का विशेष सम्मान होता था।[177]

युग-प्रधान जिनचन्द्र सूरि ने अकबर को अपनी चमत्कारिक शक्ति से प्रभावित किया था।[178]

ग्रहों की कुदृष्टि से अपने श्रद्धालुओं को बचाने के लिए जैन मुनि विशेष धार्मिक अनुष्ठानों का आयोजन करते थे। सम्राट् अकबर के अनुरोध पर वि॰सं॰ 1648 में लाहौर में महिमराज ने "अष्टोत्री शान्त-स्नातृ" की पूजा की। इसका उद्देश्य था अकबर की पोती और जहाँगीर की नवजात पुत्री के दीर्घ-जीवन की कामना। सम्राट् ने इस आयोजन पर एक लाख रुपये खर्च किये। पूजा की समाप्ति पर जब आरती हो रही थी, तो जहाँगीर ने दस हजार रुपयों का चढ़ावा दिया।[179]

कवि बनारसीदास एक वर्ष तक नियमित रूप से एक मंत्र का जाप करते रहे जिसे उन्हें एक साधु ने बताया था। साधु के अनुसार इसके परिणामस्वरूप उन्हें प्रतिदिन अपने दरवाजे पर "एक दीनार" रखी हुई मिला करेगी।[180] ऐसा कुछ भी नहीं हुआ। बनारसीदास ने मंत्र-साधना छोड़ दी।

मनोकामना पूर्ति हेतु लोग तीर्थाटन करते थे। कवि बनारसीदास के पिता दो बार रोहतकपुर की साह की तीर्थयात्रा पर गये और पुत्र-रत्न प्राप्ति की कामना की। इसी के उपरान्त बनारसीदास का जन्म हुआ था।[181]

अपने दैनिक जीवन में जैन अहिंसा के सिद्धान्तों का पालन करते थे। न वे किसी प्रकार का मांस खाते थे और न ही किसी जीव की हत्या करते थे। भोजन में वे पूर्णरूपेण शाकाहारी थे तथा अहिंसा का सिद्धान्त उनके धार्मिक व सामाजिक जीवन का अभिन्न अंग था।[182] अहिंसा व्रत के समर्थन के कारण कीड़ों, पक्षियों और जन्तुओं की हत्या उनके लिए निषिद्ध थी।

पक्षियों और जन्तुओं के हेतु जैनों ने पिंजरापोल की स्थापना की जहाँ वृद्ध अथवा

---

177. *पंडित टोडरमल*, पृ॰ 14.
178. *ब्रह्म रायमल्ल*, पृ॰ 53.
179. *विविध तीर्थकल्प*, पृ॰ 18, 23, 32, 33.
180. *युगप्रधान*, पृ॰ 47.
181. वही, पृ॰ 50-51.
182. *बूचराज*, पृ॰ 240, 253.

बीमार पशु-पक्षियों की चिकित्सा की व्यवस्था थी।[183] पशु-पक्षियों के हेतु अठारहवीं शताब्दी में एक चिकित्सालय दिल्ली में चाँदनी चौक में बनाया गया था, जो अभी भी कार्यरत है।

अहिंसा धर्म में विश्वास करने के कारण जैन किसी पशु या पक्षी का सार्वजनिक वध नहीं देख सकते थे। उनकी भावनाओं का लाभ कुछ लोग पैसा कमाने के लिए करते थे। मध्य-युग में गुजरात में यूरोपीय यात्री कई घटनाओं का उल्लेख करते हैं, जब कुछ दुष्ट व्यक्ति पक्षी को पकड़कर किसी जैन के या उसकी दुकान के सामने वध करने की धमकी देते थे और खुले रूप से ऐसा न करने के लिए पैसे की मांग करते थे। अक्सर जैन पैसा देकर पक्षी की हत्या नहीं होने देते थे।

अपनी विशिष्ट जीवन-शैली के प्रति अतीव लगाव होते हुए भी जैन दूसरे धर्मों के सदस्यों से व्यावसायिक संबंधों के अतिरिक्त सामाजिक सम्बन्ध रखते थे। केवल उनके साथ भोजन नहीं करते थे। मुसलमान उच्च वर्ग एवम् राजकुल तथा ईसाई व्यापारियों से उनके संबंध थे।[184] ये सम्बन्ध व्यापार की वृद्धि हेतु आवश्यक थे। साथ ही उच्च-वर्गीय लोगों के साथ संबंध के कारण उनकी प्रतिष्ठा बढ़ती थी। इन संबंधों का ही परिणाम था कि स्वधर्मावलंम्बियों के हेतु राज्य से अनेक सुविधाएँ उन्हें प्राप्त होती थीं।

सम्राट् जहाँगीर के शासनकाल में आगरा में सर्वाधिक धनाढ्य व्यक्ति था – हीरानन्द मुकीम। उसने एक बार सम्राट् को अपने निवास पर आमंत्रित किया था।[185]

अन्य सम्पन्न व्यापारी चाँद संधवी ने सम्राट् जहाँगीर को बहुमूल्य हीरा-जड़ित अंगूठी उपहार में दी। उसने सम्राट् से दस बीघा जमीन मदद-ए-माश के रूप में खम्भात परगना में देने की प्रार्थना की। उसका उद्देश्य था इस भूखण्ड पर स्वर्गीय गुरु हीरविजय सूरिजी की स्मृति में भवन का निर्माण करना। जहाँगीर ने उसके आग्रह को स्वीकार कर लिया।[186]

कुछ जैन मुसलमान अधिकारियों के अधीन पदाधिकारी भी थे। आगरा में जफरखाँ का दीवान था अभयराज। जफरखाँ को शाहजहाँ ने पाँच हजार का मनसब प्रदान किया था।[187]

यूरोप से आगन्तुक ईसाइयों के साथ भी जैनों के मधुर संबंध थे। अकबर के दरबार में बरसों रहने वाले कैथोलिक पादरी मौन्सरेट ने एक घटना का वर्णन किया है जिसमें

183. *युगप्रधान*, पृ॰ 95-97.
184. समयसुन्दर, पृ॰ 13-14.
185. रवीन्द्र कुमार जैन, पूर्वोक्त, पृ॰ 11, 94.
186. वही, 88.
187. *बूचराज*, पृ॰ 7.

दो ईसाइयों को मृत्यु-दण्ड सुनाया गया था। दो स्थानीय जैन-व्यापारियों ने एक हजार सोने के सिक्के देकर उन्हें मुक्त करवाया।[187ए]

पोर्तुगीज़ अधिकारी जैनों की व्यापारिक बुद्धि का बहुत सम्मान करते थे। सोलहवीं शताब्दी के अन्त में डच यात्री लिन्सखोटन गोवा गया। नगर में उसने गुजरातियों का एक मोहल्ला देखा। संभावना है, वहाँ जैन भी रहते होंगे।

पोर्तुगीज़ अधिकृत क्षेत्रों में जैनों को धार्मिक स्वतंत्रता मिली हुई थी।[188] वीरजी वोरा ने आरमीनी ईसाई तथा सूरत के महत्त्वपूर्ण व्यापारी ख्वाज़ा मीनाज़ को यूरोपीय व्यापारियों से कपड़ा खरीदने के लिए नियुक्त किया था।[189] पोर्तुगीज़ शासित दीव बन्दरगाह में जैन रहते थे।

निषिद्धियां

जैन धर्मावलम्बियों को कहा जाता था कि वे तीन अवगुणों मद्यपान, जुआ और वेश्यागमन से बचें। इन तीनों बुराइयों की सदा भर्त्सना की जाती थी और प्रत्येक जैन से अपेक्षा की जाती थी कि वे इनके आदी न हों।[190] जैनियों के सामाजिक आचार का आह्वान था कि वे सात व्यसनों से बचें। ये व्यसन थे – जुआ खेलना, मांस-भक्षण, मद्य-सेवन, वेश्यागमन, शिकार, चोरी करना तथा विवाहेतर संबंध। कवि ठाकुरसी ने अपनी कविता *सप्त व्यसन शतपद*[191] में इन व्यसनों की तीक्ष्ण आलोचना की है। उसकी दूसरी रचना *व्यसन-प्रबंध*, जिसमें मुनि धर्मचन्द्र की शिक्षाएं समाहित हैं, पुनः उपरोक्त सात व्यसनों को निषिद्ध करती है।

वेश्यागमन एवम् विवाहेतर संबंधों की बुराइयों की ओर बार-बार संकेत किया जाता था, क्योंकि ये मनुष्य को बर्बाद कर देती हैं। फिर भी उस काल में समाज में ये दुर्गुण व्याप्त थे। कवि बनारसीदास स्वीकार करते हैं कि वे इनसे ग्रस्त थे, जिससे एक समय वे पूर्ण दिवालिया हो गये थे।[192]

187ए. मकरंद मेहता, *इंडियन मर्चेन्ट्स एण्ड एंट्रिप्रेन्योर्स इन हिस्टॉरिकल परसपेक्टिव* (दिल्ली 1990), पृ॰ 79.

188. जैनों द्वारा इस्लाम धर्म के सम्मान का अपना इतिहास है। तेरहवीं शताब्दी में जैन व्यापारी जगदू ने काम्बे बन्दरगाह में मुसलमानों के हेतु मस्जिद का निर्माण करवाया था। वी॰के॰ जैन, *ट्रेड एण्ड ट्रेडर्स इन वेस्टर्न इंडिया* (दिल्ली, 1990), पृ॰ 79.

189. *अर्ध-कथानक*, पद्य संख्या 224, 241, 242, हीरानन्द मुकीम हिन्दी में कविताएं भी लिखते थे। *रत्नकीर्ति*, पृ॰ 40.

190. *सूरीश्वर और सम्राट् अकबर*, पृ॰ 395.

191. *रत्नकीर्ति*, पृ॰ 27.

192. मौंसरेट, *दी कमेन्ट्री ऑफ फादर मौंसरेट*, (नई दिल्ली 1992, पृ॰ 189-90)।

सामाजिक दायित्व बोध

धनाढ्य जैन अपने सामाजिक दायित्व के निर्वाह के प्रति सजग थे। भीषण अकाल अथवा युद्ध काल में इनकी यह भूमिका रेखांकित होती थी।

वीरजी बोरा ने 1630-32 के भीषण दुष्काल के समय सूरत में अभावग्रस्त एवम् भूखे लोगों के बीच धन और अन्न का वितरण किया। वृद्धावस्था के आने पर संसार का त्याग कर वह एक मठ में जाकर रहने लगा।[193]

जैन अपनी विशिष्टता बरकरार रखते हुए भी समकालीन समाज के अभिन्न भाग थे। व्यापारियों के सभी समूह अर्थ-व्यवस्था में उनका वर्चस्व स्वीकार करते थे। शासक वर्ग की भी उन्हें मान्यता प्राप्त थी। यही कारण था कि स्थानीय प्रमुख जैन व्यापारी पर अन्य व्यवसायी गण अपने सामूहिक हितों की रक्षा हेतु निर्भर थे। स्थानीय व्यवसायियों का संघ "महाजन" के नाम से जाना जाता था और उसका निर्वाचित प्रमुख "नगर सेठ" कहलाता था। अहमदाबाद के प्रसिद्ध व्यापारी शान्तिदास को नगर सेठ होने का गौरव प्राप्त था।[193ए] वह शासक-वर्ग के सम्मुख स्थानीय व्यापारियों के हितों की रक्षा हेतु उनका प्रतिनिधित्व करता था।[194]

मध्य-युग में जैनों की प्रतिबद्धता सामाजिक व धार्मिक मूल्यों से थी।[195] परन्तु यह अन्य धर्मावलम्बी व्यापारिक समूहों से संबंध स्थापित करने में बाधक नहीं थी।[196] भारतीय समाज के अन्य समूहों के समान वे भी यूरोपीय ज्ञान-विज्ञान तथा प्राविधिकी से परिचित होने के महत्त्व को समझ नहीं सके।[197] यूरोपीय लोगों के निकट सम्पर्क में रहने पर भी उनमें यूरोपीय सामाजिक, आर्थिक एवम् सांस्कृतिक जीवन के अध्ययन के हेतु दिलचस्पी नहीं जगी।[198] भारतीय समाज पर फैले हुए बौद्धिक पिछड़ेपन के पर्दे को वे भी हटाने में असमर्थ रहे।[199]

---

193. *सूरीश्वर और सम्राट् अकबर*, पृ॰ 262.

193ए. मकरन्द मेहता, पृ॰ 44.

194. *बूचराज*, पृ॰ 7.

195. वही, पृ॰ 258.

196. रवीन्द्र कुमार जैन, पूर्वोक्त, पृ॰ सं॰ 92, 93, 94.

197. के॰एच॰ कामदार, *सदाव्रत* (गुजराती), विनेला मोती, भाग 5, नवम्बर 1, बड़ौदा, 1968, पृ॰ 126, 128.

198. मकरन्द मेहता, पूर्वोक्त, पृ॰ 95.

199. वही, पृ॰ 105-06, 108.

17

मध्यकालीन भारत में जैन धर्म

(1300-1800 ई॰)

– डॉ॰ श्यामसुन्दर निगम

मध्यकालीन भारत में जैन धर्म की स्थिति एवं पल्लवन का अध्ययन करने के लिये तत्कालीन सामाजिक एवं राजनीतिक पृष्ठभूमि को ध्यान में रखना आवश्यक है। इस काल में भारतीय समाज परम्परागत रूप से हिन्दू व जैन धर्म में विभक्त था। बौद्ध मत, निश्चित ही उत्तर-पश्चिमी एवं उत्तर-पूर्वी भारत के सीमान्त क्षेत्रों को अपवादस्वरूप छोड़कर, भारतीय परिदृश्य से पूरी तरह लुप्त हो चुका था। अरब, तुर्क, मुगल और अफ़गान आक्रमणों के माध्यम से भारत में प्रविष्ट हुए इस्लाम के प्रभाव से भारतीय समाज के सामाजिक एवं सांस्कृतिक स्वरूप में पर्याप्त परिवर्तन हो गया था। यद्यपि ये नव-प्रतिष्ठ मोटे रूप में सुन्नी, शिया और सूफ़ी सम्प्रदायों में विभक्त थे, किन्तु इस्लाम के प्रति दृढ़तापूर्वक प्रतिबद्ध थे। इनके प्रभाव से कुछ नवीन जीवन-मूल्य और जीवन-पद्धतियों ने भारतीय जीवन में प्रवेश ले लिया था जिसके कारण सामाजिक संरचना तथा परम्परागत सांस्कृतिक एवं दार्शनिक दृष्टियों पर पुनर्विचार की अपरिहार्यता अनुभव की गई। इस स्थिति के कारण भारत में कुछ नवीन धार्मिक सम्प्रदायों का उदय हुआ जिनमें प्रमुखतः वेदांत-प्रतिपादक रामानुज, मध्य निम्बार्क, रामानन्द, चैतन्य, वल्लभ आदि आचार्यों द्वारा पुरस्सरित भक्ति मत, संत मत, सिख सम्प्रदाय, आदि उल्लेखनीय हैं। ऐसे सांस्कृतिक परिवेश में जैन धर्म के सदियों प्राचीन दिगम्बर एवं श्वेताम्बर आम्नाय अपनी एक पृथक् कहानी कह रहे थे। एकाधिक कारणों से ये शाखाएँ समय के साथ, अनेक शाखाओं-प्रशाखाओं, गणों, गच्छों, अन्वयों, संघों, आदि में विभक्त हो गई थीं। इसी प्रकार भट्टारक, चैत्यवासी, तारणपंथ, स्थानकवासी जैसी परम्पराएँ भी दृश्य-पटल पर उभर आई थीं तथा अपनी-अपनी धार्मिक औपचारिकताओं, जीवन-पद्धतियों, आचार-विधानों तथा कुछ सीमा तक दार्शनिक मान्यताओं का परिचय भी दे रही थीं। इस स्थिति के कारण मध्यकालीन भारत का जैन धर्म का अध्ययन जितना व्यापक है, उतना ही जटिल; हालांकि इस काल

में भारत की जैन आबादी उसकी कुल जनसंख्या से संभवतः 1 से 2 प्रतिशत के मध्य ही रही थी। इस काल के जैन समाज और उससे सम्बन्धित लेखक-वर्ग की प्रमुख विशेषता यह रही कि उनमें अनवरत ग्रंथ, संस्मरण, प्रशस्ति, आदि का लेखन एवं मन्दिरों आदि में प्रतिमाओं एवं भित्तियों पर अभिलेख उत्कीर्ण की अधिकाधिक रूप में तिथि-युक्त, प्रवृत्ति बनी रही। इसके कारण इतिहासकारों, समाजशास्त्रियों और धर्म व दर्शन के अनुसंधानकर्त्ताओं को मूल स्रोतों के वैज्ञानिक एवं तिथिपरक रूप में अध्ययन करने का अवसर प्राप्त हो गया। इतिहास की लम्बी यात्रा में "अपरिग्रह" के सिद्धांत में अटूट आस्था रखने वाला जैन समाज अत्यधिक सम्पन्न एवं अपने धार्मिक मतों के प्रति निष्ठावान बना रहा और उसके गुरु, आचार्य, साधु, भट्टारक, पंडित, गणि, आदि धार्मिक नेतृत्व प्रदान करने वाले और उनके अनुयायी उत्साही जन धार्मिक भावनाओं को दर्शित करते हुए मन्दिरों, विहारों या उपाश्रयों का विभिन्न वास्तु-शैलियों में सतत् निर्माण करते रहे एवं उनमें तीर्थंकरों, शासन-देवताओं या देवियों की प्रतिमाएँ प्रतिष्ठित करते रहे, संघ-यात्राएँ करते रहे एवं अत्यंत वैभव एवं आकर्षण के साथ पर्व, उत्सव एवं त्यौहार मनाते रहे। तत्कालीन भारत पर यद्यपि विदेशी लोगों का अनुदार एवं असहिष्णु शासन था, फिर भी जैन-जगत् ने इस स्थिति में अपवाद न आने दिया। फिर भी इस तथ्य को स्वीकारना होगा कि इस समय जैन धर्म की व्यापकता एवं ऊर्जा में कमी आ गई थी और वह उत्तरी, पश्चिमी, मध्य एवं दक्षिणी भारत के कुछ क्षेत्रों में ही प्रभावी रह गया था, जैसाकि आगे चर्चा की जायेगी।

यहाँ तत्कालीन राजनीतिक पृष्ठभूमि की चर्चा समीचीन होगी। सन् 1206 ई॰ से भारत के इतिहास में एक निर्णायक मोड़ आया। इस वर्ष दिल्ली में स्थापित हुई सल्तनत शनैः-शनैः भारत की केन्द्रीय शक्ति के रूप में उभर आई। यह उत्तर भारत की विघटित हो रही राजपूत शक्तियों की कीमत पर हुआ। खिलज़ी काल में नर्मदा के उस पार से लेकर सुदूर दक्षिण तक शासन कर रहे विभिन्न राजवंशों को भी पराभव झेलना पड़ा। तुगलक काल में दिल्ली की सल्तनत निर्बलता की और बढ़ी और उसे अस्थिरता एवं विघटन की पीड़ा भोगने को बाध्य होना पड़ा। तुगलक सत्ता के पतनोन्मुख होने पर जौनपुर, बिहार, बंगाल, गुजरात और मालवा में स्वतंत्र मुस्लिम राज्य उभर आये। सारी विषम परिस्थितियों के होते हुए भी पश्चिमी भारत में शासनारूढ़ राजपूत शक्तियाँ मुस्लिम आक्रामकों की बर्बरता को झेलते हुए भी अपने अस्तित्व एवं सांस्कृतिक अस्मिता को कायम रख सकीं। इस काल में दक्षिण भारत में दो प्रमुख शक्तियाँ बहमनी के मुस्लिम एवं विजयनगर के हिन्दू साम्राज्य के रूप में राजनीतिक पटल पर थीं। सोलहवीं सदी में यद्यपि बहमनी साम्राज्य विघटित हो गया था किन्तु उसकी सम्मिलित शक्ति ने विजयनगर साम्राज्य को पराजित कर उसे विनष्ट करने में सफलता अर्जित की थी। सन्

1526 ई॰ में, बाबर के भारत पर आक्रमण के परिणामस्वरूप भारत में मुगल साम्राज्य की स्थापना हुई तथा दिल्ली व आगरा उसके प्रमुख मुख्यालय बने। बाबर व उसके पुत्र हुमायूं के उपरांत प्रमुख मुगल बादशाह (जैन साहित्य में बादशाह) अकबर, जहाँगीर, शाहजहाँ व औरंगज़ेब क्रमशः मुगल सिंहासन पर आसीन हुए। औरंगज़ेब की मृत्यु के उपरांत भारत को मुगल साम्राज्य के धीरे-धीरे विघटन व पतन की ओर प्रस्थित होने वाले उत्तर मुगल काल का साक्ष्य लेने का अवसर प्राप्त हुआ। स्थिति का लाभ लेकर कई क्षेत्रीय क्षत्रप विद्रोही बनकर स्वयं को स्वतंत्र घोषित करने लगे, जिसकी अन्तिम परिणति मुगल संप्रभुता के समापन एवं भारत में प्रमुखतः ब्रिटिश संप्रभुता के रूप में सामने आई।

मध्यकालीन भारतीय इतिहास का यह सामान्य सर्वेक्षण न्यूनाधिक रूप में जैन धर्म के विभिन्न मत-मतान्तारों के विकास एवं अस्तित्व से भी जुड़ा है। इस कथन को अधिक स्पष्ट करने की दृष्टि से जैन सम्प्रदायों और उनके धार्मिक नेताओं के विभिन्न राजवंशों से रहे संबंधों का विवेचन करना उपयुक्त होगा।

दिल्ली सल्तनत बनाम जैन धर्म

अफगान लोदी वंश के अतिरिक्त दिल्ली के शेष सभी सुल्तान तुर्क कबीलों की उपज थे। वे इस्लामी मज़हब के कट्टर अनुयायी थे और हिन्दुओं व जैनों के प्रति आतंक भरे एवं असहिष्णु थे। उनकी दृष्टि में ये भारतीय काफ़िर थे तथा अपने-अपने तुच्छतम सैनिक, धार्मिक या राजनीतिक स्वार्थ के लिये इनका खून बहाने या इनकी सम्पदा की खुली लूट करने में तनिक भी नहीं झिझकते थे। वे पूरी तरह मूर्तिभंजक थे और मन्दिरों को ध्वस्त करना, प्रतिमाओं को तोड़ना तथा हिन्दू व जैन मन्दिरों एवं व्यापारियों की सम्पत्ति का हरण करना उनके धार्मिक कार्यों का एक हिस्सा था। शासकों की हैसियत से ये विदेशी हिन्दू या जैन धर्मों एवं उनके धर्म-स्थलों को कोई राजकीय संरक्षण नहीं देते थे। कट्टर धार्मिक उलेमाओं द्वारा दी गई धार्मिक व्यवस्थाएँ उनके लिये अन्तिम शब्द हुआ करती थीं। उनकी दिलचस्पी भारतीयों को इस्लाम में दीक्षित करने या उनके धर्म को अंगीकार न करने वालों का दमन करने व उन पर अतिरिक्त कर लादने में थी।

ऐसी स्थिति में भी जैन मतावलंबी हताश नहीं हुए थे। उन्होंने अपने वाक्चातुर्य, आशातीत सम्पदा, विनयपूर्ण आचरण तथा बौद्धिक क्षमताओं के कारण इन शासकों की असहिष्णुता एवं स्वार्थपूर्णता को कुछ सीमा तक प्रशान्त कर दिया था।

सल्तनतकालीन भारत में जैन धर्म के अनवरत अस्तित्व को प्रमाणित करने वाले अनेक संदर्भ प्राप्त होते हैं। अजमेर पर शहाबुद्दीन मुहम्मद गोरी के आक्रमण के समय जैनाचार्य बसन्तकीर्ति अपनी प्रभावपूर्ण भूमिका अदा कर रहे थे। दिल्ली को तत्कालीन जैन वाङ्मय में योगिनीपुर कहा गया है। यहाँ जैन धर्मावलम्बी अनेक धनी परिवार थे जिनमें

अधिकांशतः अग्रवाल जाति के सदस्य थे। यही कारण था कि धर्मांध गयासुद्दीन बलबन के शासन-काल में *पंचास्तिकाय* का प्रतिलिपिकरण संभव हुआ। इसी प्रकार अलाउद्दीन खिलज़ी के असहिष्णु राज्य काल में बीसल साहु के अभिप्रेरण से ठक्कुर पंडित ने "*यशोधरचरित*" की रचना की। इसी समय दिल्ली के नगर सेठ पूरणदास द्वारा दक्षिणापथ से आमंत्रित किये गये एक दिगम्बर आचार्य माधवसेन ने अपने व्यक्तित्व व विद्वता से सुल्तान को न केवल प्रभावित किया वरन् निकटवर्ती ग्राम काष्ठा के नाम पर दिल्ली में काष्ठा संघ के माथुरगच्छ पुष्करगण का पट्ट स्थापित किया। दिगम्बर आम्नाय का नन्दि संघ भी पीछे नहीं रहा। उसके एक आचार्य प्रभाचन्द्र भी दिल्ली आये और अपना पट्ट स्थापित करने में सफल रहे। यह कम आश्चर्य की बात नहीं है कि अलाउद्दीन खिलज़ी ने दिगम्बर मुनि श्रुतवीर स्वामी तथा श्वेताम्बर सूरि जिनचन्द्र एवं यति रामचन्द्र के प्रति सम्मान प्रकट किया था।

अलाउद्दीन के पुत्र और उत्तराधिकारी कुतुबुद्दीन मुबारकशाह (1316-20 ई॰) के राज्य काल में खरतरगच्छीय आचार्य जिनचन्द्र (तृतीय) सन् 1318 ई॰ में दिल्ली आये और विभिन्न जैन तीर्थों की यात्रा करने का फरमान प्राप्त करने में सफल रहे। उनके अनुयायी जैन श्रावकों में एक ठक्कुर फेरू भी थे जो शाही टकसालाध्यक्ष तथा *रत्न परीक्षा, द्रव्य परीक्षा* आदि रत्न-धातु विज्ञान विषयक ग्रंथों के लेखक थे।

तुगलक काल में जैनों का दिल्ली के शासकों पर पूर्वापेक्ष अधिक प्रभाव दृष्टिगत हुआ। सन् 1319 ई॰ में जिनचन्द्र के निधन के उपरांत उनके सुयोग्य शिष्य जिनकुशल पट्टासीन हुए। ठक्कुर फेरू के प्रभाव के कारण गयासुद्दीन तुगलक ने उन्हें सम्मान एवं गुजरात के तीर्थों की यात्रा का फरमान प्रदान किया। इन तीर्थों की यात्रा सम्पन्न कर जिनकुशल सिंधु देश, जो एक मुस्लिम शासक द्वारा शासित था, जा पहुँचे, जहाँ सन् 1332 ई॰ में देवराजपुर नामक स्थान में वे संसार से विदा हुए। उनका पट्ट संभाला जिनपद्म सूरि ने, जो समान प्रभावी सिद्ध हुए।

गयासुद्दीन के राज्यकाल में सूरा और वीरा नामक दो प्राग्वाट जैन मण्डप दुर्ग से दिल्ली आये थे जिन्हें उच्च पदों पर नियुक्ति प्राप्त हुई थी। इसी प्रकार दिल्ली के एक श्रीमाल श्रावक गजपति को भी सुल्तान ने तीर्थ-यात्रा हेतु फरमान जारी किया था।

गयासुद्दीन का पुत्र व उत्तराधिकारी मुहम्मद तुगलक था जो 1325 से 1351 ई॰ तक दिल्ली का सुल्तान रहा। इस काल में जिन जैन श्रेष्ठियों और उनके परिजनों ने अनेक जैन-ग्रंथों का प्रतिलिपिकरण करवाया था। इनमें साहु बाघू, साहु महीपाल, साहु सागिया, आदि उल्लेखनीय हैं। चूंकि मुहम्मद तुगलक ने स्वयं को उलेमाओं की धार्मिक गिरफ्त से मुक्त रखा था, इस कारण उसकी नीति तुलनात्मक रूप से सहिष्णु थी। इस कारण

काष्ठा संघ के आचार्य भट्टारक दुर्लभसेन एवं नन्दि संघ के भट्टारक रत्नकीर्ति-शिष्य प्रभाचन्द्र, *विविध तीर्थकल्प* के रचयिता जिनप्रभ सूरि आदि जैन आचार्य दिल्ली में सम्मान प्राप्त कर सके। जिनदेव सूरि, यति महेन्द्र सूरि, आदि को भी कम सम्मान नहीं मिला।

फिरोज़ तुगलक (1351-88 ई॰) एक धर्मांध शासक सिद्ध हुआ; फिर भी दिगम्बर मुनि भट्टारक प्रभाचन्द्र एवं सुकवि रत्नशेखर सूरि, आयुर्वेदज्ञ रेखा पंडित आदि उसके सम्मान के पात्र बने। भिषम्बर रेखा पंडित मालवा के सुल्तान गयासुद्दीन एवं अफ़गान सूरी शासकों के आदर के पात्र भी रहे।

तुगलकों के पतन के उपरांत दिल्ली में सैयद वंश शासनारूढ़ हुआ। उनका राजत्व सन् 1414 से 1450 ई॰ रहा। इस काल में दिल्ली में एक बार फिर जिन अग्रवाल श्रेष्ठियों ने अपना प्रभाव स्थापित किया। उनमें हेमराज व दिउचन्द्र (दिउटा) तथा बयाना (श्रीपथ नगर) के थील्हा आदि साहु उल्लेखनीय हैं। इन्हें काष्ठा संघ के भट्टारक यशःकीर्ति एवं मुनि गुणकीर्ति का शिष्यत्व प्राप्त था। अनुकूल परिस्थितियों में ये दिल्ली में एक चैत्यालय निर्मित कर सके एवं सफलतापूर्वक संघ-यात्राएँ सम्पन्न कर सके। इनके और इनके परिजनों की इच्छानुसार दिल्ली में *पाण्डव पुराण, हरिवंश पुराण,* आदि ग्रंथों की रचना की। महाकवि रइधू भी इसी समय दिल्ली में सम्मान के पात्र बने।

सैयदों के उपरांत दिल्ली में लोदी वंश सत्तारूढ़ हुआ। इन अफ़गान शासकों के जैन मतावलम्बियों से पर्याप्त मधुर सम्बन्ध रहे। तारण स्वामी के पिता गढ़ा साव बहलोल लोदी द्वारा उच्च पद पर आसीन किये गये थे। सिकन्दर लोदी के समय एक अग्रवाल जैन श्रावक चौधरी देवराज दिल्ली का प्रमुख व्यापारी था। उसके गुरु विशालकीर्ति का सुल्तान ने सम्मान किया था। एक अन्य अग्रवाल श्रावक साधारण वस्तुतः बुद्धि में असाधारण थे। संघपति के रूप में इन्होंने सुल्तान की अनुमति से अनेक तीर्थों की यात्राएँ की थीं। जायसवाल जाति के चौधरी टोडरमल भी दिल्ली के एक प्रतिष्ठित जैन व्यापारी थे। पंडित माणिक्यराज नामक एक जैन कवि ने लोदी काल में वहाँ के जैन श्रेष्ठियों के आग्रह पर *अमर मुनि चरित्र* व *नायकुमार चरित्र* की रचना की थी।

लोदीकालीन अधिकारियों में एक गढ़ा साव भी था। मूलतः वह बुन्देलखण्ड का था। उसका पुत्र तारणस्वामी था। वह एक क्रान्तिकारी जैन चिन्तक था जिसने लोंकाशाह की ही भांति मूर्ति-पूजा एवं तद्विषयक उपासना-पद्धतियों को आडम्बर मानकर उनका विरोध किया। इस क्षेत्र में उसके उपदेशों का व्यापक प्रभाव पड़ा और भारी संख्या में श्रावक-गण उसके अनुयायी बने। जैन-जगत् में उनका एक पृथक् समैया समुदाय बना जो तारणपंथ के नाम से विख्यात है।

मुहम्मद तुगलक को अपवाद-स्वरूप छोड़ दें तो सामान्यतया दिल्ली के सुल्तान

कट्टर सुन्नी और धार्मिक दृष्टि से असहिष्णु थे। उन्होंने हिन्दू व जैन मन्दिरों को ध्वस्त करने तथा मूर्तियों के विभंजन में कोई कसर नहीं छोड़ी थी। फिर भी भारतीय समाज ने अपना अस्तित्व बनाये रखा। जैन मतावलम्बी अधिक उत्साही सिद्ध हुए। वे विपरीत परिस्थितियों में भी अपने धर्माचार्यों को शासक-वर्ग से सम्मानित करवाते रहे, धार्मिक साहित्य की रचना करवाते रहे, घर-देवासर में लघु जिन-प्रतिमाएँ प्रतिष्ठित करवाते रहे एवं संघपति व यात्रियों के रूप में तीर्थ-यात्रा सम्पन्न करने के लिये फरमान प्राप्त करते रहे।

उन्होंने इस तथ्य को प्रमाणित कर दिया कि जब-जब भारतीय समाज का दमन किया गया, उसकी सांस्कृतिक चेतना अधिक ऊर्जा एवं ऊष्मा से प्रवाहमान हुई।

गुजरात एवं मालवा की सल्तनतें

भारत के पश्चिमी तट पर स्थित गुजरात प्राचीन काल से ही जैन धर्म का एक महत्त्वपूर्ण केन्द्र रहा है। तेरहवीं सदी के प्रारंभिक दशकों में गुजरात वस्तुपाल, तेजपाल जैसे श्रेष्ठ श्रेष्ठियों, निर्माताओं, जैन धर्म के संरक्षकों एवं संघपतियों की गौरव-गरिमा से अभिभूत रहा। विदेशी व्यापार से समृद्ध इस क्षेत्र में जैन धर्म की विभिन्न शाखाएँ एवं गच्छ पल्लवित होते रहे। इनकी पारस्परिक स्पर्धा से ग्रस्त होते हुए भी समग्र रूप में जैन धर्म विकास के मार्ग पर चलता रहा, मन्दिरों, प्रतिमाओं और धर्मस्थलों का निर्माण एवं पुनर्निर्माण करता रहा, तद्‌तद् सम्प्रदायों का वाङ्मय सृजित करता रहा तथा अनेकानेक प्राचीन जैन ग्रंथों के भारी मात्रा में प्रतिलिपिकरण में रुचि लेता रहा।

वैसे तो गुजरात महमूद गज़नवी के सोमनाथ पर आक्रमण के समय से ही इस्लामी आक्रमणों की स्वार्थमय दुरभिसंधि की सीमा में था किन्तु शासन हिन्दू राजवंश ही करते रहे।

सन् 1297 ई॰ में अलाउद्दीन खिलज़ी ने इसे दिल्ली सल्तनत में मिला लिया। इसके बाद दिल्ली सल्तनत के स्थायित्व तक दिल्ली से गुजरात में मुस्लिम सूबेदारों का नियुक्त होना जारी रहा।

सन् 1391 ई॰ में नियुक्त अंतिम सूबेदार जफ़रखाँ ने, जो कि व्यावहारिक रूप से स्वतंत्र रहता आया था, सन् 1401 ई॰ में औपचारिक तौर पर दिल्ली सल्तनत की अधीनता त्याग दी और अपने पुत्र तातारखाँ को नासिरुद्दीन मुहम्मद शाह की पदवी देकर सुल्तान के रूप में गुजरात के स्वतंत्र राज्य के सिंहासन पर बिठा दिया। तत्कालीन तथ्यों की छानबीन करने पर ऐसा प्रतीत होता है कि इस नये सुल्तान को 1407 ई॰ में उसके पिता ने ही ज़हर दे दिया। लेकिन चार साल बाद ही इस बूढ़े आदमी को, जो कि सुल्तान

मुजफ्फ़रशाह बन बैठा था, उसके पौत्र अल्पखाँ ने ज़हर दे दिया और स्वयं अहमदशाह नाम से तख्त पर आसीन हो गया। गुजरात के सुल्तानों में अहमदशाह, महमूद बेगड़ा, बहादुरशाह आदि का नाम विशेष रूप से उल्लेखनीय है। इन शासकों ने सन् 1411 ई॰ से 1572 ई॰ तक गुजरात पर शासन किया। उपरांत गुजरात मुगल साम्राज्य का एक अंग बन गया।

गुजरात के सुल्तानों द्वारा हिन्दू एवं जैन धर्म को संरक्षित अथवा पल्लवित करने के लिये कोई कदम उठाना तो दूर, उन्हें हतोत्साहित करने एवं उनके धर्म-स्थलों को विनष्ट करने के अनेक प्रयास किये। फिर भी गुजरात में जैन धर्म का इस काल में पर्याप्त प्रचार-प्रसार हुआ और संघ-यात्राओं तथा मन्दिरों व पुनर्निर्माण का सतत् क्रम चलता रहा। इसका श्रेय जहाँ उन धनी व प्रभावित श्रेष्ठियों को जाता है जो दिल्ली एवं गुजरात के सुल्तानों से निकट संबंध बनाये हुए थे, वहीं उन आचार्यों और सूरियों को भी जाता है जो सारे खतरे उठाकर परिश्रमपूर्वक जिन् धर्म के प्रचार-प्रसार में उत्साहपूर्वक संलग्न थे।

इस दिशा में कुछ उल्लेखनीय श्रेष्ठियों का उल्लेख आवश्यक है। जिनप्रभ सूरि के *विविधकल्प तीर्थ*, कक्क सूरि के *नाभिनन्दनोद्धार प्रबंध, खरतरगच्छ बृहद् गुरुवावली*, विद्यातिलक सूरि के *कन्यान्वयन महावीर कल्प परिशेष*, प्रतिष्ठासोम के काव्य *सोम सौभाग्य काव्य*, आदि साहित्यिक स्रोतों एवं अनेक प्रतिमा-लेखों से प्राप्त जानकारी बड़ी महत्त्वपूर्ण है। एक उल्लेखनीय उपकेश-वंशी जैन श्रेष्ठी देसक-पुत्र समरा शाह (समरसिंह) के गयासुद्दीन तुगलक तथा गुजरात के एक खिलज़ी सूबेदार अल्पखाँ से सम्मानजनक संबंध थे। अपनी योग्यता के बल पर वह कुतुबुद्दीन मुबारकशाह के समय दक्षिण भारत के तेलंग क्षेत्र का प्रशासक नियुक्त हुआ था।

उसने शत्रुजय तीर्थ के आदिनाथ मन्दिर का जीर्णोद्धार करवाया था तथा जैन समाज के सदस्यों की तीर्थ-यात्रा हेतु फरमान प्राप्त किये थे। एक अन्य श्रेष्ठी जसलशाह ने सन् 1310 ई॰ में स्तंभ तीर्थ में अजितनाथ मन्दिर एवं पौषधशाला का निर्माण करवाया था। पन्द्रहवीं सदी में गुजरात के जिन जैन साहुओं के नाम उभरकर आते हैं, उनमें पाटन निवासी नरसिंह, बड़नगरवासी देवराय, ईडर के बन्धु-द्वय विशाल एवं गोविन्द, कर्णावती के वत्सराज, उकेश वंशी ओसवाल संघवी मण्डलिक, पोरवाल संघवी सहसा तथा चित्रकूट के तपागच्छीय श्रावक करमाशाह विशेष उल्लेखनीय हैं।

इस काल में गुजरात में श्वेताम्बर मत का बड़ा प्रभाव रहा। उसके खरतर, तपा, उपकेश एवं अंचल गच्छों के अस्तित्व के पर्याप्त प्रमाण मिलते हैं। दिगम्बर आम्नाय के लाड़-वागड़ एवं नंदी संघों का इस काल में गुजरात में प्रभूत प्रभाव रहा। इन संघों की सूरत, सोजित्रा, भरूच, ईडर, आदि केन्द्रों में शाखाएँ स्थापित हुईं। इस काल में

अहमदाबाद में प्रतिलिपिकरण में कार्यरत लोंकाशाह ने यह प्रतिपादित किया कि किसी भी प्राचीन जैन वाङमय में मूर्ति-पूजा का विधान नहीं है। उसके अनुयायी लोंकागच्छीय कहे गये। यह गच्छ आगे चलकर श्वेताम्बर आम्नाय का स्थानक मार्ग कहलाया।

इस काल के आचार्यों एवं जैन-विद्वानों में खरतरगच्छीय जिनचन्द्र (तृतीय), जिनकुशल, जिनसागर, जिनहर्ष व जिनचन्द्र (चतुर्थ); तपागच्छीय सूरि जयकल्याण, जयचन्द्र, रत्नशेखर व लक्ष्मीसागर; उपकेशगच्छीय कक्क सूरि तथा अंचलगच्छीय मेरुतुंग, जयकीर्ति एवं जयकेसरी की भूमिका रेखांकित योग्य है।

पन्द्रहवीं सदी के मध्य में तपागच्छीय सोमसुन्दर सूरि तथा उनके शिष्य मुनिसुन्दर एवं सुमति साधु ने श्वेताम्बर मत का भरपूर प्रचार किया।

इन समाज जैनाचार्यों, सूरियों, लेखकों एवं प्रचारकों के प्रयासों का ही परिणाम था कि कट्टर मुस्लिम सुल्तानों को संघ-यात्राएँ निकालने एवं तीर्थाटन करने के लिये अनुमति-पत्र जारी करने पड़े। शत्रुंजय, गिरनार, स्तंभ तीर्थ, अर्बुद, आदि स्थानों पर जिन मूर्तिभंजक सुल्तानों के आदेश से मन्दिर एवं प्रतिमाएँ तोड़ी जा रही थीं, उन्हीं की नाक के नीचे जैन-जन निर्माण एवं पुनर्निर्माण करते जा रहे थे। तोड़ने वाला थक रहा था, निर्माणकर्त्ता नहीं। इस काल में लघु प्रतिमाओं, ताम्र-यंत्रों आदि से सुसज्जित लघु देरासरों की बाढ़ सी आ गई थी। पालिताना, गिरनार, प्रह्लादनपुर, तारणगढ़, अहमदाबाद, देवकुलपाटक, पाटन, आदि जैन-बहुल नगरों में नवीन जैन-साहित्य सर्जन एवं प्राचीन जैन-ग्रंथों की भारी-भरकम बाढ़ सी आ गयी थी।

परमारों के पतन के उपरांत मालवा का मध्य काल प्रारंभ हुआ। मालवा का मध्य काल यद्यपि चौदहवीं सदी के प्रारंभ में आरंभ हुआ किन्तु उसके पूर्व ही उसे इस्लामी आक्रमणों का पर्याप्त सामना करना पड़ा। सन् 724 ई॰ में अरब आक्रमणकारी जुनैद ने मालवा पर आक्रमण किया था किन्तु संभवतः गुर्जर-प्रतीहार शक्ति ने उसे खदेड़ दिया था। सन् 1196 ई॰ में कुतुबुद्दीन ऐबक ने मालवा की उत्तरी सीमा तक सैनिक अभियान कर दिल्ली की ओर वापसी ली थी। मालवा को सन् 1235 ई॰ में तब दुर्दिन का सामना करना पड़ा जब दिल्ली के दास सुल्तान शमशुद्दीन इल्तुतमिश ने उज्जैन और मालवा के अन्य नगरों को खूब लूटा तथा वहाँ के मन्दिरों को बुरी तरह ध्वस्त किया। सन् 1305 ई॰ में अलाउद्दीन खिलज़ी के सेनापति आइन उल-मुल्क मुल्तानी ने पूर्वी मालवा में अंतिम परमार नरेश महलकदेव को परास्त कर परमार सत्ता का उन्मूलन कर दिया। मालवा सन् 1401 ई॰ तक दिल्ली सुल्तानों के अधीन एक सूबा बना रहा। तैमूर के आक्रमण के समय जब तुगलक सत्ता डांवाडोल हो रही थी तो मालवा के सूबेदार दिलावरखाँ गोरी

ने स्वतंत्रता की घोषणा कर दी। सन् 1405 ई॰ में दिलावरखाँ का पुत्र अल्पखाँ होशांगशाह गोरी के नाम से सत्ता पर आया। उसने मांडव को अपनी राजधानी बनाया।

होशांगशाह गोरी की मृत्यु सन् 1435 ई॰ में हुई। उसके पुत्र मोहम्मदशाह गोरी को उसके मंत्री महमूद खिलज़ी ने अपदस्थ कर मालवा में स्वतंत्र खिलज़ी शासन की नींव डाली। महमूद खिलज़ी की मृत्यु सन् 1469 ई॰ में हुई। उसके बाद क्रमशः गयासुद्दीन, नासिरुद्दीन, महमूद द्वितीय, आदि शासक बने। इन खिलज़ी शासकों को अनवरत मेवाड़ के राजाओं तथा गुजरात के सुल्तानों से संघर्ष करना पड़ा। गुजरात के शासक बहादुरशाह ने मालवा के अंतिम खिलज़ी शासक महमूद द्वितीय को परास्त कर मालवा पर अपना अधिकार कर लिया। इसी बीच मुगल सम्राट् हुमायूँ ने मालवा पर आक्रमण कर बहादुरशाह को गुजरात की ओर खदेड़ दिया। दुर्भाग्य से बहादुरशाह को पूरी तरह कुचले बिना हुमायूँ वापस लौट गया। परिणामस्वरूप बहादुरशाह ने पुनः मालवा पर अधिकार कर मल्लूखाँ को अपनी ओर से सूबेदार नियुक्त किया। सन् 1536 ई॰ में मल्लूखाँ ने गुजरात से विद्रोह करते हुए मालवा में अपनी स्वतंत्र सत्ता स्थापित की किन्तु मालवा पर उसका अधिकार अस्थायी सिद्ध हुआ। सन् 1542 ई॰ में शेरशाह सूरि ने मालवा को अपने अधिकार में कर शुजाअतखाँ को वहाँ का सूबेदार नियुक्त किया। इस प्रकार मालवा पुनः दिल्ली साम्राज्य का अंग बन गया। शुजाअतखाँ ने शेरशाह की मृत्यु के बाद स्वयं को मालवा का स्वतंत्र शासक घोषित कर दिया। शुजाअतखाँ ने यद्यपि अपना राज्य अपने तीन पुत्रों में विभाजित किया था, किन्तु मलिक बयाजिद ने अपने भाइयों से उनका राज्य छीनकर पूरे मालवा पर बाजबहादुर के नाम से शासन करना प्रारंभ कर दिया।

अफगान सुल्तान बाजबहादुर अधिक समय तक मालवा का शासक नहीं रह पाया। सन् 1561 ई॰ में मुगल सम्राट् अकबर ने अपने सेनापतियों आदमखाँ और पीर मुहम्मद को मालवा विजय के लिये भेजा। सेनापतियों ने अत्यंत ही निर्ममता और अमानवीयता के साथ मांडव पर अधिकार कर मालवा को पुनः दिल्ली साम्राज्य का अंग बना लिया।

अकबर, जहाँगीर, शाहजहाँ, औरंगज़ेब, आदि के समय मालवा मुगलों के अधीन रहा। आदमखाँ, अब्दुलखाँ, शियानुद्दीन, फखरुद्दीन, मिर्जा शाहुख, शिहाबखाँ, नकीबखाँ, आदि अकबर के समय उज्जैन के सूबेदार रहे। जहाँगीर के समय मोतमिदखाँ व खानजहाँ ने उज्जैन का प्रशासन संभाला। औरंगज़ेब के समय बफरखाँ व जसवंतसिंह कुछ समय के लिये उज्जैन के राज्यपाल रहे। औरंगज़ेब की मृत्यु के उपरांत मालवा पर मराठों का आक्रमण प्रारंभ हो गया। इन आक्रमणों को रोकने में मुगल गवर्नर असफल रहे। धीरे-धीरे मुगलों ने समझौतावादी नीति अपना ली। परिणामस्वरूप सन् 1741 ई॰ तक मालवा पूरी तरह मराठों के अधीन हो गया।

मालवा के सुल्तानों के समय जैन धर्म ने उल्लेखनीय प्रगति की। चाहे राजनीति हो या सामाजिक क्षेत्र, प्रशासकीय दायित्व हो या निर्माण कार्य, सर्वत्र जैन प्रशासकों एवं श्रेष्ठियों की तूती बोलती रही। सांस्कृतिक क्षेत्र में महाकवि मंडन एवं प्रशासकीय क्षेत्र में संग्रामसिंह सोनी इस काल के दो महत्त्वपूर्ण व्यक्तित्व थे जो मालवा के इतिहास के अत्यंत ही महत्त्वपूर्ण व्यक्तियों में परिगणित किये जा सकते हैं।

मालवा के अन्य उल्लेखनीय व्यक्तियों में संघपति होलिचन्द्र व बीका-पुत्र झांझण, संघपति धनदराज, धरणाशाह, पुंजराज, नरदेव सोनी, मेघ, शिवराज बक्काल, जावड़शाह ज़सधीर, आदि का उल्लेख अन्यथा न होगा।

मालवा में जैन धर्म का विकास

मध्यकालीन मालवा में जैन धर्म के विकास को दिगम्बर व श्वेताम्बर सम्प्रदायों के शीर्षकों के अंतर्गत करना समीचीन होगा।

दिगम्बर सम्प्रदाय

उत्तर मध्यकालीन मालवा में दिगम्बर जैन सम्प्रदाय का भट्टारकों के माध्यम से पर्याप्त प्रचार-प्रसार हुआ। मालवा में पुन्नाट संघ, मूल संघ, काष्ठा संघ, लाड़-बागड़ संघ, आदि प्रभावी रहे। मूल संघ, कुन्दकुन्दान्वय, सरस्वतीगच्छ, बलात्कारगण आदि पर्याप्त प्रचारित हुए। माथुर संघ, सेनगण, नन्दि संघ, आदि ने भी अपना अस्तित्व प्रदर्शित किया। पट्टावलियाँ एवं प्रतिमा लेखों से इनके बारे में प्रभूत जानकारी मिलती है। मध्यकालीन भट्टारक परम्परा अनेक शाखाओं में विभक्त रही। मालवा से सम्बन्धित शाखाओं का उल्लेख समीचीन होगा।

उत्तर शाखा के भट्टारकों में पद्मनन्दि व उनके शिष्य नेमचन्द एवं सकलकीर्तिदेव तथा विमलेन्द्र का नाम आता है। ईडर शाखा के भट्टारकों में सकलकीर्ति, भुवनकीर्ति, ज्ञानभूषण, विजयकीर्ति, सुमतिकीर्ति, गुणकीर्ति, वादिभूषण, रामकीर्ति, पद्मनन्दि व देवेन्द्रकीर्ति का उल्लेख प्राप्त होता है। इसी प्रकार भानपुर शाखा के भट्टारक ज्ञानकीर्ति, गुणचन्द्र, जिनचन्द्र, सकलचन्द्र, आदि का उल्लेख भी मालवा के प्रतिमा-लेखों में प्राप्त होता है। राजपूताना की भट्टारक परम्परा भी पद्मनन्दि से चली। इस परम्परा में शुभचन्द्र, जिनचन्द्र, प्रभाचन्द्र, ललितकीर्ति, चन्द्रकीर्ति, देवेन्द्रकीर्ति तथा नरेन्द्रकीर्ति के प्रमाण मालवा के प्रतिमा-लेखों में मिलते रहे। मूल संघ के भट्टारकों की एक शाखा अटेर में भी रही। मालवा क्षेत्र के प्रतिमा-लेखों में इस शाखा के जिनचन्द्र, सिंहकीर्ति, विद्यानंदी, ज्ञानभूषण, जगत्भूषण, विश्वभूषण तथा देवेन्द्रभूषण का उल्लेख आया है। ऐसा ही उल्लेख सूरत शाखा के भट्टारक देवेन्द्रकीर्ति, विद्यानन्दि तथा लक्ष्मीचन्द्र एवं जेरहट शाखा के

भट्टारक त्रिभुवनकीर्ति, धर्मकीर्ति, पद्मकीर्ति, जगत्कीर्ति और सकलकीर्ति का आया है। काष्ठा संघ, नंदीतटगच्छ, विद्यागण, रामसेनान्वय के भट्टारक त्रिभूवनकीर्ति तथा रत्नभूषण भी उल्लिखित हुए हैं।

श्वेताम्बर परम्परा

श्वेताम्बर परम्परा सौ से अधिक गच्छों में विभक्त हुई। मालवा में इनमें से जिन प्रमुख गच्छों का उल्लेख मिला है उनमें तपागच्छ, खरतरगच्छ, आदि हुए।

उत्तर मध्यकालीन मालवा में श्वेताम्बर सम्प्रदाय के अनेक गच्छों का प्रमाण प्राप्त होता है। वृहत् पौषधशालिक तपागच्छीय रत्नसिंह सूरि तथा वृहत् तपापक्षीय ज्ञानसागर एवं उदयसागर सूरि के प्रतिमा-लेख मालवा में मिले हैं। ऐसे ही उल्लेख लघु पौषधशालिक तपापक्षीय आचार्य विजय सूरि, सोमसुन्दर सूरि, सुन्दर सूरि, रत्नशेखर सूरि, लक्ष्मीसागर सूरि, सोमदेव सूरि, सुमतिसाधु सूरि, उदयन सूरि, जयकल्याण सूरि, हेमविमल सूरि, चरणसुन्दर सूरि, आदि के नाम भी मिलते हैं।

तपागच्छ के अतिरिक्त जिस महत्त्वपूर्ण श्वेताम्बर गच्छ का मालवा में अधिक प्रचार हुआ, उसका नाम खरतरगच्छ था। इस गच्छ के जिनभद्र सूरि, जिनचन्द्र सूरि, जिनसागर सूरि, जिराज सूरि तथा जिनकुशल सूरि जैसे आचार्य एवं न्यायसुन्दर उपाध्याय व मुनि मेरुसुन्दर मालवा से सम्बन्धित रहे।

वस्तुतः इस काल में जैन परिदृश्य कुछ ऐसा था कि उसे क्षेत्रों की सीमा में बांधना कठिन था। इस समय जैन धर्मविषयक जो गतिविधियाँ मालवा क्षेत्र में हो रही थीं, वे अपने निकटवर्ती गुजरात एवं राजस्थान से नाति-भिन्न थीं। इन क्षेत्रों में प्रचलित गणों और गच्छों का उत्तर मध्यकालीन मालवा के प्रकार से प्रतिरूप ही था।

एक आश्चर्य का विषय है कि असहिष्णु सुन्नी तुर्क शासक अपनी सारी कट्टर धार्मिक प्रतिबद्धताओं के रहते जैनों को इतनी सुविधाएं कैसे दे सके? जो शासक नव-दीक्षित मुसलमानों, सूफ़ियों एवं कुछ सीमा तक शियाओं के प्रति उदार न बन पाये, वे जैन मत के प्रति उदारता कैसे रखने लगे? क्या कारण रहा कि इन अत्याचारी, लूटमार करने व मन्दिरों के विध्वंस में विश्वास रखने वाले धर्मांध शासकों, प्रशासकों, अमीरों एवं सेनाध्यक्षों की क्रूर गतिविधियों के चलते अनेक जैन मंदिर, उपासरे, पुस्तकालय और धर्मस्थल बचे रह गये? इन शासकों की इस प्रकार की प्रवृत्ति के निम्न कारण रहे –

1. सुल्तानों की जड़ें भारत में जमीं तो अवश्य, किन्तु जैसे-जैसे समय बीतता गया, विदेशों से आने वाले तुर्क सैनिकों एवं प्रशासनिक क्षमता के धनी लोगों का भारत में आगमन निरन्तर कम होने लगा। मध्य एशिया और अफगानिस्तान की बदलती

हुई सैनिक एवं राजनीतिक स्थितियों के कारण ऐसा हुआ था। अफगान भारत में अवश्य प्रविष्ट हो रहे थे किन्तु उनका अपना एक पृथक् वर्ग बनता जा रहा था जो अपने अस्तित्व व महत्त्वाकांक्षा पूर्ति के लिये स्थानीय जनता में घुलता-मिलता जा रहा था। इस सैनिक एवं प्रशासनिक आवश्यकता से सुल्तानों को पहले तो इस्लाम स्वीकार करने वाले हिन्दुओं, राजपूतों और जैनियों पर निर्भर रहने को बाध्य होना पड़ा। इस संबंध में प्रभूत उदाहरणों की कमी नहीं है। दूरस्थ क्षेत्रों को नियंत्रित करने एवं वहाँ के विद्रोहों का दमन करने के लिये उन्हें राजपूत सामन्त एवं सैनिकों को माध्यम बनाना पड़ा। भारतीयों की लूटमार का बिन्दु भी जब अपने अन्तिम सीमांत को छूने लगा तो धनी जैन व्यापारियों पर अपनी वित्तीय आवश्यकताओं एवं आकस्मिकताओं पर निर्भर रहने के अतिरिक्त उनके पास कोई चारा नहीं था। इस प्रकार स्थितियों ने इन धर्मांध शासकों को अहमन्यतायुक्त समर्पण को बाध्य सा कर दिया था।

2. विदेशों से भारत में प्रविष्ट इस्लाम धर्मावलम्बी शासकों का धीरे-धीरे भारतीयकरण होता जा रहा था। उन्हें कानून व व्यवस्था बनाये रखने के लिये स्थानीय जनता का विश्वास अर्जित करना आवश्यक प्रतीत हुआ। उत्तर मुस्लिम काल में विघटनमयी राजनीतिक परिस्थितियों के कारण पारस्परिक संघर्ष एवं स्वार्थमय विद्वेष आम बात हो गई थी। उनकी लूट की अर्थ-व्यवस्था अपना सीमान्त बिन्दु पार कर रही थी। उनके द्वारा युद्धों व विलासी वृत्तियों के कारण हुए भारी अपव्ययों के कारण उनका धनपतियों पर निर्भर रहना आवश्यक था जो अधिकांशतः जैन थे। इस कारण उन्होंने निकटवर्ती क्षेत्रों के जैन धनपतियों को अपनी ओर आकर्षित करने के लिये उनके जान-माल की सुरक्षा की प्रत्याभूति देना प्रारंभ कर दिया था। इस कारण मुस्लिम काल में भी अनेक जैन परिवार एक सुप्रतिष्ठ वर्ग के रूप में उभर आये। अब उन्हें अपने सदियों से परम्परागत रूप से प्राप्त कौशल एवं चातुर्य प्रदर्शित करने का अवसर मिला। इस कारण वे प्रशासन व प्रतिष्ठा के उच्च पदों पर आसीन किये जाने लगे। आंतरिक सदिच्छाओं से रहित सुल्तानों को उनके द्वारा की गई धार्मिक निर्मितियों को आकार लेते या पुनर्निर्मित होते देखना तथा उनके द्वारा की जाने वाली संघ-यात्राओं को अनुमति देने का उपक्रम करना पड़ा। साथ ही कतिपय प्रभावी जैन साधुओं, संतों एवं आचार्यों को समुचित आदर भी देना पड़ा।

3. कई सुल्तानों के अंतःपुर में बलात् ऐसी अनेक हिन्दू ललनाएँ प्रविष्ट कर दी गई थीं जिनमें अपनी सांस्कृतिक गरिमा एवं सहिष्णु भावना अपने मूल घरों की

संस्कारशीलता के कारण विद्यमान थी। उन्होंने भी शासक-वर्ग को, चाहे निर्णायक रूप से न सही, स्थानीय लोगों के प्रति सद्व्यवहार के लिये प्रेरित किया था।

4. समकालीन जैन-जगत् भी विद्यमान स्थिति की यथार्थता को अनुभव कर रहा था। वह अपने व्यापार एवं वाणिज्य तथा धर्म-स्थलों को संरक्षित व सुरक्षित रखने की दृष्टि से इन शासकों और शाही-परिजन को उनकी आवश्यकताओं की परिपूर्ति एवं ऋण मुहैया करने के लिये सामने आने लगा। भाग्य से इन वणिकों की विशाल सम्पदा गुप्त संचयों तथा दूरस्थ ग्रामों से लेकर महानगरों तक विनियोजन के रूप में विकीर्ण थी। उनका यह आर्थिक साम्राज्य राजनीतिक परिधियों से बाहर था। इस कारण शासक-वर्ग को उन्हें उनकी थोड़ी बहुत शर्तों तथा उनके सामाजिक-आर्थिक मानदण्डों के अनुसार सहना और संरक्षित करना आवश्यक हो रहा था।

दिल्ली की सल्तनत की पतनशील स्थिति के कारण जब अनेक क्षेत्रीय राज्य अस्तित्व में आये, तो उनकी सैनिक एवं वित्तीय मांग बढ़ तो गई थी किन्तु अब वे उन प्रजाजनों की लूट-खसोट नहीं कर सकते थे जिनकी सहायता व सहयोग पर उनका अस्तित्व निर्भर था। इस कारण जहाँ एक ओर राजपूत व वैश्य जातियों का महत्त्व बढ़ा, वहीं जैन समाज की प्रतिष्ठा में पूर्वापेक्ष अधिक वृद्धि हो गयी थी।

मुगल काल में भी यही स्थिति बनी रही। भारत में प्रवेश करने के तत्काल बाद उन्होंने अनुभव कर लिया था कि राजपूतों और जैनियों को विश्वास में लिया जाना परमावश्यक है। इसी तथ्य को दृष्टि में रखते हुए महान् सम्राट् अकबर जो अपने शासन-काल के प्रारंभ में धार्मिक उन्माद से प्रपीड़ित रहा, कालान्तर में एक उदार एवं सहिष्णु नीति अपनाने को बाध्य हुआ। इस नीति का अनुसरण उसके क्रमशः उत्तराधिकारी जहाँगीर एवं शाहजहाँ ने भी किया। औरंगज़ेब ने यद्यपि इस नीति को त्याग दिया किन्तु उसका खामियाज़ा मुगल साम्राज्य को झेलना पड़ा। कागज़ों पर तो पर्याप्त लम्बे समय तक उत्तर मुगल शासन चलता रहा किन्तु तथ्यात्मक रूप में विदेशी आक्रमणों और विघटनकारी प्रवृत्तियों की असहनीय मार को सहन करते हुए अत्यंत तीव्रतापूर्वक पतन के गर्त में जाने को बाध्य हुआ था।

इस्लामी शासकों के जैन मतावलम्बियों के साथ इन मधुर संबंधों को देखते हुए तथा अनेक जैन निर्माणों के सुरक्षित बचे रहने के आधार पर कतिपय लेखकों ने यह मत प्रकट किया है कि सूफ़ियों और जैनियों के मध्य एक गुप्त धार्मिक समझौता था तथा मुस्लिम शासकों को भारतीय शासकों के विरुद्ध सैनिक अभियानों के समय धनराशि उपलब्ध कराते समय वे स्वयं अपने धर्म-स्थलों को सुरक्षित रखते हुए राष्ट्रविरोधी कदम उठा रहे थे।

ये दोनों शँकाएं निर्मूल हैं। जैन श्रेष्ठी मुस्लिम शासकों के लिये जो धन जुटा रहे थे, वह मात्र एक बाहरी दिखावा था। वह उनकी उस समय की वैसी ही विवशता थी, जैसी कि मुस्लिम शासकों को जैनियों के प्रति सद्भाव दिखाने की। जैन सामान्यतः एक अहिंसक समुदाय होने से अपने व्यापार-व्यवसाय, धर्म-स्थलों, यात्राओं, आदि को निरापद बनाये रखने के लिये शासक-वर्ग से अपेक्षा रखता रहा है और जब कई क्षेत्रों में हिन्दू शक्तियाँ उन्मूलित हो गईं, तो जैन समुदाय के लिये क्या चारा था। इस तथ्य को विशेष रूप से ध्यान में रखना आवश्यक है कि मालवा आदि क्षेत्रों में अपना आर्थिक एवं बौद्धिक जाल फैलाकर इन्हीं जैनियों ने असहिष्णु मुस्लिम शासकों के राज्य में बहुत बड़ी सीमा तक सहिष्णुता का वातावरण निर्मित कर भारतीय मूल्यों व उनकी अभिव्यक्तियों को सुरक्षित कर रखा था। यह तथ्य भी रेखांकित करने योग्य है कि जैन श्रेष्ठियों ने हिन्दू राजवंशों को खुले हृदय एवं मुक्त-हस्त से सहयोग दिया। आखिर स्वतंत्रता की रक्षा के लिये सर्वस्व न्यौछावर करने वाला भामाशाह जैन ही तो था।

मुगल काल में जैन धर्म

सन् 1526 ई॰ में पानीपत के प्रथम युद्ध में इब्राहीम लोदी की पराजय के साथ ही दिल्ली सल्तनत का उन्मूलन हो गया और मुगल राजवंश सत्तासीन हुआ। मुगल काल में 15 वर्षों के अंतराल में अफगान सूरी वंश का शासन रहा। बाबर (1526-30 ई॰), हुमायूँ (1530-40 ई॰), शेरशाह सूरी (1540-55 ई॰), पुनः कुछ समय के लिये हुमायूँ, अकबर (1556-1605 ई॰), जहाँगीर (1605-27 ई॰), शाहजहाँ (1627-58 ई॰), औरंगज़ेब (1658-1707 ई॰) क्रमशः सम्राट् बने। उपरांत के मुगल सम्राटों में जैन दृष्टि से केवल मुहम्मदशाह का राज्य-काल थोड़ा-बहुत महत्त्व का रहा।

प्रारंभिक मुगल काल में जैन आम्नायों से जुड़े धर्माचार्यों एवं श्रेष्ठी-जन को तो उल्लेखनीय महत्त्व मिला, तीर्थ-यात्रा आदि की स्वतंत्रता मिली, पशु-बलि पर थोड़ा-बहुत राजकीय प्रतिबंध लगा, मन्दिरों के निर्माण अथवा पुनर्निर्माण में पर्याप्त छूट मिली, किन्तु जैन धर्म की समष्टिगत चमक पर्याप्त मन्द हो गई। स्थिति कुछ ऐसी भी हो गई कि जैन साधुओं व साहुओं को राजकीय सम्मान तो मिला किन्तु अनेक जैन-लेखकों को अपने ग्रंथों में सत्ताधारियों की प्रशंसा करने एवं प्रशस्ति-गान की बाध्यता अनुभूत हुई। यह स्थिति मैत्री या समरसता न होकर एक प्रकार का समझौता था जिसे औरंगज़ेब ने एक झटके में तोड़ दिया था।

फिर भी कुछ चमकदार तथ्यों का उल्लेख आवश्यक है। आश्चर्यजनक रूप से जैन वाङ्मय में आये हुए संदर्भों का गुजरात, मालवा, राजस्थान व उत्तरी भारत में पर्याप्त मात्रा

में उपलब्ध इस काल के जैन प्रतिमा-लेखों से पुष्ट प्रमाणन हो जाता है, जो इतिहास को विश्वसनीयता प्रदान करता है।

प्रथम मुगल सम्राट् के समय भट्टारक यशःकीर्ति साहु हेमराज द्वारा निर्मित जिन् मन्दिर में अनेक तीर्थंकर प्रतिमाएँ प्रतिष्ठित की गईं। इस भट्टारक द्वारा रचित *पाण्डव पुराण* एवं *हरिवंश पुराण* भी इसी काल में पूर्ण हुईं। बाबर द्वारा एक जैन कवि महाचन्द्र को सम्मानित किया गया था। दिगम्बर साधु साधप्रसाद एवं सेठ नेमिनाथ को मन्दिर-निर्माण की अनुमति भी प्राप्त हुई थी। यह क्रम हुमायूँ के राज्य-काल में भी जारी रहा। बाबर और हुमायूँ दोनों ही जैन साधु आनन्दमेरु के प्रति श्रद्धा रखते थे। शेरशाह सूरी के समय राजधानी के प्रसिद्ध जैनियों में श्रीचन्द्र, माणिकचन्द्र, देवाचार्य, श्रेयकीर्ति, आदि थे।

हुमायूँ का उत्तराधिकारी जलालुद्दीन अकबर एक महान्, राष्ट्रीय एवं सहिष्णु सम्राट् सिद्ध हुआ। उसके राज्य-काल में हिन्दू एवं जैन दोनों ही धर्मों के प्रति उदार नीति अपनाई गई। उस समय दिल्ली दिगम्बर काष्ठा संघ का केन्द्र था। अनेक श्वेताम्बर यतियों का भी वहाँ के समाज पर अच्छा प्रभाव था। "अकबर शृंगार दर्पण-कार" सुप्रसिद्ध दिगम्बर जैन मुनि पद्मसुन्दर अकबर द्वारा सम्मानित होने वाले प्रथम धर्माचार्य थे। सन् 1581 ई॰ गुजरात के अत्यधिक ख्याति-प्राप्त तपागच्छीय भट्टारक हीरविजय सूरि अकबर के आमंत्रण पर आगरा आये। सम्राट् से उनकी गहरी मंत्रणा हुई। अकबर ने उन्हें "जगद्गुरु" की उपाधि से विभूषित किया। इस मत का निश्चित ही कोई पुष्ट आधार नहीं है कि सूरि हीरविजय के उपदेशों से प्रभावित होकर अकबर ने जैन धर्म अंगीकार कर लिया था। अकबर ने जैन-प्रवक्ता विजयसेन गणि को लाहौर आमंत्रित भी किया था। लाहौर में ही सन् 1592 ई॰ में अकबर ने *अकबर प्रतिबोध रास* के लेखक जिनचन्द्र सूरि को आमंत्रित कर उन्हें "युगप्रधान" की उपाधि प्रदान की थी। अकबर एवं श्रेष्ठी कर्मचंद्र वच्छावत के अनुरोध पर जिनचन्द्र ने अपने शिष्य मानसिंह को जिनसिंह सूरि में रूपान्तरण कर उसे अपना पट्ट प्रदान किया था। अकबर की प्रशंसा काष्ठा संघ के राजमल्ल एवं जिनदास पांडे तथा विद्याहर्ष सूरि, पं॰ बनारसीदास आदि ने अपनी कृतियों में की है। जैन यति भानुचन्द्र के फारसी ज्ञान से भी अकबर पर्याप्त प्रभावित था।

बीकानेर के पूर्व मंत्री एवं आचार्य जिनचन्द्र सूरि के सुयोग्य शिष्य कर्मचन्द्र वच्छावत अकबर के पर्याप्त निकट था। उसके अनुरोध पर सिरोही से दिल्ली ले जाई गई 1050 जैन प्रतिमाएँ राजकीय भंडार से बीकानेर पहुँचाई गई थीं। श्रीमाल ज्ञातिय एवं आबू के मुगल प्रशासक रणकाराय का पुत्र राजा भारमल्ल बड़ा योग्य था। अकबर ने उसे सांभर क्षेत्र का अनेक अधिकार-युक्त प्रशासक नियुक्त किया था। उसका मुख्यालय नागोर था।

वह केन्द्रीय कोष को प्रति वर्ष प्रभूत धनराशि भेजता था। साधु टोडर आगरा का एक उल्लेखनीय जैन भद्र पुरुष था। अकबर को जैन मत के अनुकूल बनाकर उसने आगरा और मथुरा में न केवल नवीन जैन मन्दिर बनवाये अपितु कई पुराने मन्दिरों का जीर्णोद्धार भी किया। अकबर के एक जैन मंत्री खीमजी की योग्यता से प्रभावित होकर उसे रणथम्भौर के दुर्ग का प्रभारी बनाया गया था। एक अग्रवाल साह रणवीर अकबर के समय शाही खजांची व टकसाल अधिकारी था। सहारनपुर नगर की स्थापना उसी ने की थी।

जहाँगीर की जैन धर्म के प्रति नीति अकबर की भाँति ही रही। उसने जिनचन्द्र के पट्टाधिकारी जिनसिंह सूरि से प्रभावित होकर उन्हें "युगप्रधान" की उपाधि दी थी। तपागच्छीय विजयसेन सूरि का वह हीरविजय की भाँति ही आदर करता था और उन्हें "महातपा" की उपाधि से विभूषित किया था।

जहाँगीर के राज्य-काल में पं॰ बनारसीदास एवं आगरा के ओसवाल सेठ हीरानन्द मुकीम का प्रतिष्ठायुक्त सम्मान था। सेठ हीरानन्द जहाँगीर का जौहरी था। उसे जहाँगीर के आतिथेय का सौभाग्य भी मिला था। दुर्भाग्य से एक छोटी सी घटना से दोनों में मन-मुटाव हो गया जिसका दण्ड सेठ मुकीम को भोगना पड़ा। श्रीमाल ज्ञातिय पं॰ बनारसीदास अकबर से लेकर शाहजहाँ तक मुगल शासकों द्वारा एक अत्यंत सम्मानित नाम रहा। दरबार में उसकी बड़ी प्रतिष्ठा थी। उसके पितामह एवं पिता मुगलों की सेवा में उच्चाधिकारी रहे। उसका प्रारंभिक जीवन जौनपुर, यौवन व प्रौढ़ावस्था आगरा तथा वृद्धावस्था प्रयाग में बीता। वह एक महान् कवि, अप्रतिम विद्वान् एवं अनुभवी अध्यात्मविद् था। आगरा में "शैली" नाम से उसकी आवाज़ पर विद्वद्-संगोष्ठियाँ हुआ करती थीं जिनमें भारत के अनेक प्रसिद्ध एवं दुर्लभ विद्वान् भाग लिया करते थे। जहाँगीर का उत्तराधिकारी शाहजहाँ उसके साथ शतरंज खेला करता था और इस माध्यम से चर्चा-परिचर्चा किया करता था। इस समय भी पंडितजी के विद्वद्-सम्मेलन बदस्तूर आयोजित होते रहे। सन् 1635 ई॰ में तिहुना साहु ने आगरा में तथा 1638 ई॰ में सेठ शान्तिदास ने अहमदाबाद में शान्तिनाथ जैन मन्दिर (चिन्तामणि मन्दिर) का निर्माण करवाया। संघवी ऋषभदास संघपति रतनसी, सबलसिंह मोठिया, हेमराज पाटनी, आदि भी जहाँगीर राज्य के चमकदार जैन-रत्न थे। इसी प्रकार शाहजहाँ-कालीन प्रमुख जैन श्रेष्ठियों में संघवी संग्रामसिंह, जौहरी शान्तिदास, संघपति भगवान्दास, आदि अग्रणी स्थान रखते हैं।

औरंगज़ेब एक कट्टर सुन्नी सम्राट् था। वह योग्य तो था, पर था असहिष्णु। उसके काल में मुगल साम्राज्य में जैन धर्म की प्रगति एकदम अवरुद्ध सी हो गयी फिर भी जैन धर्म राजपूत राज्यों में पल्लवित होता रहा।

औरंगज़ेब की पातशाही के समय भारत में दो विश्व-विश्रुत साहूकार हुए। एक थे

सूरत के वीरजी वोरा जो शाहजहाँ के समय एक धनी व्यापारी के रूप में प्रतिष्ठित हो चुके थे। औरंगज़ेब के शासन-काल में समूचे पश्चिम भारतीय तटवर्ती व विदेशी व्यापार पर उनकी गहरी पकड़ बनी रही। वे लोंकागच्छ के अनुयायी थे। उन्हीं की पारिवारिक परम्परा में स्थानकमार्गी ढूंढिया मत के प्रवर्तक लवजी स्वायी (लवण ऋषि) हुए।

दूसरे थे आगरा के ओसवाल सेठ हीरानन्द शाह जो औरंगज़ेब के राज्यकाल में पटना में जा बसे थे। इस समय बिहार एक बार फिर जैन धर्म का केन्द्र बनता जा रहा था। ओसवाल जाति के दो भाई आगरा निवासी कुंवरपाल व सोनपाल इन दिनों पटना में एक जैन मन्दिर बनवा रहे थे। सेठ हीरानन्द कालान्तर में बंगाल की राजधानी मुर्शिदाबाद चले गये। उसके पुत्र माणिकचन्द्र ने काफ़ी प्रगति की और राजा की उपाधि प्राप्त की। मुगल सम्राट् मुहम्मदशाह ने उसके पुत्र फ़तेहचन्द को जगत् सेठ की उपाधि प्रदान की। धीरे-धीरे जगत् सेठ की पीढ़ी भारत का सबसे सम्पन्न व्यापारिक प्रतिष्ठान हो गया। जगत् सेठ शुगनचन्द को सिराजुद्दौला का भय दिखाकर अंग्रेज़ों ने न केवल बुरी तरह लूटा वरन् जगत् सेठ की गौरवमयी परम्परा का समापन भी कर दिया। अन्तिम जगत् सेठ को सम्मेद शिखर पर जल-मन्दिर निर्मित करने का श्रेय प्राप्त रहा।

औरंगज़ेब के समय के श्रेष्ठतम जैन श्रेष्ठियों में धमौनी (दमोह-बुन्देलखण्ड) से संघपति आसकरण, मुल्तान की विद्वद् जैन-मण्डली के प्रेरक वर्धमान नवलखा, फतेहपुर के दीवान ताराचन्द, आदि का नाम उल्लेखनीय है। उत्तर मुगल काल में बादशाह फर्रुखसियर के समय दिल्ली के सेठ घासीराम तथा सम्राट् मुहम्मदशाह के राज्य-काल में लाला केसरीसिंह, जगत सेठ फतेहचन्द, आदि उल्लेखनीय जैन व्यक्तित्व रहे।

उत्तर भारत के राजपूत राज्य

उत्तरी व पश्चिमी भारत में सल्तनत व मुगल काल में अनेक राजपूत राज्य स्थापित हुए। दिल्ली से तोमरों व चौहानों के पराभव के कारण इनकी शाखाएँ दक्षिण या दक्षिण-पूर्व की ओर कई स्थानों को, राजनीतिक स्थिति की अस्त-व्यस्तता का लाभ उठाकर, अपने अधिकार में लेने में सफल हुईं?। यही कारण रहा कि दिल्ली-आगरा के निकटवर्ती क्षेत्रों में हम चन्द्रवाड़, करहल और गणेश कुरी में चौहानों का तथा ऐसाह और ग्वालियर में तोमरों को शासन करते हुए पाते हैं।

चन्द्रवाड़ का चौहान राज्य तेरहवीं व चौदहवीं सदी में अस्तित्व में रहा। उसके संस्थापक चन्द्रपालदास ने चम्बल व यमुना नदियों के मध्य का क्षेत्र अधिकृत कर रायबद्दिय को राजधानी बनाया। यह राजधानी कालान्तर में चन्द्रवाड़ चली गई। चन्द्रपाल के उपरांत भरतपाल, अभयपाल प्रथम, जाहड़, बल्लाल, आहवमल्ल, संभरि राय, सारंगदेव, अभयपाल द्वितीय, जयचन्द, रामचन्द्र व रुद्रप्रताप क्रमशः चन्द्रवाड़ की गद्दी पर बैठे। इन

शासकों में अधिकांशतः जैन मत के अनुयायी थे। कुछ विशिष्ट जैन परिवारों के हाथों में मंत्री, सेनापति व नगर-श्रेष्ठी का पद सुरक्षित था। चन्द्रवाड़ के मंत्रियों में हारूल परिवार के रामसिंह, अमृतपाल, सोढू, कृष्णादित्य व यदुवंशी; जैसवाल परिवार के जसधर, गोकर्ण, सोमदेव और वासाधर प्रमुख रहे। वासाधर तो अत्यंत विद्वान्, धर्मात्मा व जैन-मन्दिरों का निर्माता था। जैन प्रतिमाओं की प्रतिष्ठा एवं पुराने मन्दिरों के निर्माण में वीर सेनापति कृष्णादित्य व श्रेष्ठी नेमिदास भी पीछे नहीं रहे। इस काल में इस क्षेत्र में लक्ष्मण, शिवदेव आदि प्रमुख जैन कवि हुए। प्रसिद्ध कवि धनपाल व महाकवि रइधू भी पर्यटक के नाते चन्द्रवाड़ आये थे। यहाँ भी उनकी कलम चलती रही। काष्ठा संघ के भट्टारक अनन्तकीर्ति ने यहाँ पर्याप्त समय बिताया था।

करहल का चौहान राज्य भी जैन मत के प्रति समर्पित था। यह राज्य पन्द्रहवीं सदी के पूर्वार्द्ध में क्रमशः भोजराज, संसारचन्द्र (पृथ्वीराज), आदि द्वारा शासित रहा। इस राज्य के प्रशासन का दायित्व एक यदुवंशी जैन अमरसिंह एवं उसके परिजनों के हाथ में रहा। लोणा साहु का इनमें सबसे महत्त्वपूर्ण स्थान रहा। इस राज्य द्वारा संरक्षित कवि जयमित्र हल्ल ने *मल्लिनाथ चरित* एवं कवि असवाल ने *पार्श्वनाथ चरित* की रचना की।

ग्वालियर के तोमर

ग्वालियर (प्राचीन गोपाचल या गोपाद्रि) क्षेत्र में कच्छपघातों के पतन के उपरांत तोमर सत्ता प्रभावी हुई। तराईन के द्वितीय युद्ध में दिल्ली से पलायन कर तंवरों की एक शाखा इस क्षेत्र में आ गयी थी। गोपाद्रि में तंवरों का राज्य वहाँ के जैन सम्प्रदायों एवं जैन-निर्माणों के चरमोत्कर्ष का काल रहा। इस तोमर-वंश की चर्चा करना समीचीन होगा।

शहाबुद्दीन गोरी से परास्त होकर दिल्ली के तोमरों ने अन्यत्र पलायन किया था। उनकी एक शाखा अपने एक यशस्वी सरदार अचलब्रह्म के नेतृत्व में उस क्षेत्र में आ बसी जिसे हम सम्प्रति तंवरधार कहते हैं। वे वहाँ अपना एक छोटा राज्य स्थापित करने में सफल रहे जिसका मुख्यालय ऐसाह (संभवतः मूल नाम ऐसाहमणि या ईश-मणि) था। यहाँ से उनकी कुछ शाखाएँ आयुध-जीवियों के रूप में अन्यत्र चली गईं। कालान्तर में उन्होंने मेदिनीराय, सिलहदी आदि के नेतृत्व में पुरबिया राजपूतों के रूप में मालवा क्षेत्र में महत्त्वपूर्ण भूमिका अदा की थी।

अचलब्रह्म की एक पुत्री का विवाह गोपाद्रि के परिहार नरेश मलयवर्मन से हुआ था। इस विवाह ने तोमरों के राजनीतिक अभ्युदय में पर्याप्त योग दिया था। इस वंश की सातवीं पीढ़ी में कमलसिंह (घाटमदेव या कुंवरपाल) हुआ। इब्नबतूता इसका "कलम" नाम से उल्लेख करता है। कमलसिंह वीर एवं महत्त्वाकांक्षी था। उसने निकटवर्ती अलापुर के

आततायी एवं कट्टर असहिष्णु प्रशासक बद्र, उसके पुत्र तथा दामाद को मारकर अपने सपनों को मूर्त्त बनाना चाहा। उसने रापरी के अफ़गान प्रशासक पर आक्रमण किया किन्तु वह असफल रहा। गोपाद्रि दुर्ग को हस्तगत करने के प्रयास में वह सन् 1340 ई॰ के आसपास मारा गया। परिणामस्वरूप तोमर निर्बल पड़ गये और उसके उत्तराधिकारी देववर्मा (देवब्रह्म) को अपने अस्तित्व को बनाये रखने के लिये फिरोज़ तुगलक की सेना में सम्मिलित होना पड़ा। सन् 1388 ई॰ में फिरोज़ तुगलक की मृत्यु होने पर तुगलक साम्राज्य का तेजी से पतन होने लगा। इस स्थिति का लाभ देववर्मा के पुत्र वीरसिंहदेव ने उठाने का प्रयास किया। उसकी राज्यावधि सन् 1375 से 1400 ई॰ तक उससे सम्बन्धित साहित्यिक एवं अभिलेखीय साक्ष्यों के आधार पर मानी जा सकती है। वीरसिंहदेव की स्वतंत्रता-प्राप्ति की महत्त्वाकांक्षा को तुगलक सेनापति इस्लामखान ने बहुत बडी सीमा तक कुंठित किया था। अन्ततोगत्वा उसने तुगलक-प्रशासक के रूप में गोपाद्रि को सन् 1394 ई॰ के आसपास हस्तगत कर दिया। तैमूर के आक्रमण के कारण हुई अस्त-व्यस्तता एवं तुगलक साम्राज्य की डांवाडोल परिस्थिति का लाभ उठाकर वीरसिंहदेव तोमर गोपाद्रि का स्वतंत्र शासक बन बैठा।

वीरसिंहदेव एक साहित्य-रसिक एवं सुसंस्कृत शासक था। *वीरसिंहावलोक* की रचना से उसका संबंध आता है। श्रीकृष्णगच्छ के संस्थापक जयसिंह सूरि के प्रशिष्य तथा हम्मीर-महाकाव्य प्रभूति ग्रंथों के रचयिता नयचन्द्र सूरि उसके राज्य के एक आभावान मुकुट-मणि थे। यह वह काल था जबकि तैमूर के आक्रमण के फलस्वरूप उत्तर भारत के बहुत से जैन श्रेष्ठी एवं धर्माचार्य गोपाद्रि क्षेत्र में आ बसे थे। दिल्ली में पनप रहे काष्ठा संघ व मथुरा से जुड़े माथुरान्वय का इस कारण इस क्षेत्र में पर्याप्त प्रभाव स्थापित हो गया था।

वीरसिंहदेव के उत्तराधिकारी उद्धरणदेव का राज्य-काल अल्पकालीन सिद्ध हुआ। उसके उपरांत वीरता एवं सांस्कृतिक चेतना के अद्भुत सम्मिश्रण वीरमदेव तोमर (1402-23 ई॰) का शासन रहा।

वीरमदेव साहित्य, कला एवं धर्म का संरक्षक सिद्ध हुआ। उसके राज्य-काल में जैन धर्म को फलने-फूलने का पर्याप्त अवसर मिला। उसका मंत्री कुशराय जैन था। उसके आग्रह से पद्मनाथ कायस्थ ने *यशोधरचरित* महाकाव्य की रचना की। कुशराज द्वारा बनवाया गया चन्द्रप्रभुस्वामी का विशाल व कलात्मक मन्दिर कालान्तर में शेख मुहम्मद गौस के मकबरे के रूप में परिवर्तित कर दिया गया। महाकवि रइधू ने *सम्मइचरित* में ग्वालियर के काष्ठा संघ के भट्टारकों की जो पट्ट-परम्परा दी है, उसके अनुसार भट्टारक गुणकीर्ति का यही समय था।

हम्मीर महाकाव्य एवं *रंभा-मंजरी* के रचयिता नयचन्द्र सूरि वीरमदेव के राज्य-काल में भी ग्वालियर की शोभा बढ़ा रहे थे। ग्वालियर दुर्ग के कतिपय जैन अभिलेखों में वीरंग (वीरम) देव का उल्लेख अत्यंत आदर के साथ आया है।

वीरमदेव के उपरांत सन् 1423 से 1425 ई॰ तक गणपतिदेव गोपाद्रि का शासक रहा। इसका उत्तराधिकारी डूंगरेन्द्रसिंह (डूंगरसिंह या डूंगरेन्द्रदेव) हुआ। यह एक प्रतापी व रणकुशल शासक था। उसका उत्तराधिकारी कीर्तिसिंह (1459-80 ई॰) को एक जैन अभिलेख में "हिन्दू सुरत्राण" कहा गया है। वह अपने वीर पिता का सही अर्थों में उत्तराधिकारी था।

डूंगरेन्द्रसिंह एवं कीर्तिसिंह का राज्य-काल जैन धर्म, कला, स्थापत्य एवं साहित्य की दृष्टि से उल्लेखनीय है। ग्वालियर दुर्ग में बनी हुई जैन प्रतिमाएँ, लगभग इन दोनों शासकों के समय ही निर्मित हुईं। शैलोत्कीर्ण गुहा-मन्दिरों में उत्कीर्ण ये विशाल तीर्थंकर प्रतिमाएँ भारतीय कला-जगत् की विलक्षण निधि हैं। उरवाही, दक्षिण-पश्चिम, दक्षिण-पूर्व, उत्तर-पश्चिम और उत्तर-पूर्व इन पाँच समूहों में विभक्त 1500 से अधिक ये प्रतिमाएँ मूर्ति एवं तत्संबंधी स्थापत्य कला का भव्य उदाहरण हमारे सम्मुख प्रस्तुत करती हैं। तीर्थंकरों की प्रतिमाएँ आधिकांशतः खड्गासन या पद्मासन में हैं। विशालता में ग्वालियर दुर्ग की जैन प्रतिमाओं का सानी नहीं है। अनेक प्रतिमा-लेख डूंगरेन्द्र एवं कीर्तिसिंह की महिमा से मंडित हैं। गोपाचल के पट्टधारी भट्टारक यथा गुणकीर्ति, यशकीर्ति, मलयकीर्ति, गुणभद्र, आदि का भी प्रमाण वे देते हैं। महाकवि रइधू भी गोपाचल की शोभा इसी समय बढ़ा रहे थे। प्राकृत भाषा में लगभग 30 ग्रंथों की रचना करने वाले रइधू का कतिपय अभिलेखों में प्रतिष्ठाचार्य के रूप में उल्लेख आया है। इस काल के उल्लेखनीय जैन व्यक्तित्वों की एक बड़ी सूची बनाई जा सकती है। इसमें विवुध, श्रीधर आदि कवियों तथा साहु कमलसिंह, मंत्रीश्वर, कुशराज, ब्रह्म खेल्हा ब्रह्मचारी, असपति, रणमल, खेऊ, हरसी, भुल्लण, तोसठ, हेमराज, संघपति काला, श्रीचन्द, हरिचन्द, साहु लापू, खेमसिंह, नेमदास, होलू, पद्मसिंह, सहदेव, कुमुदचन्द्र, आदि प्रशासकों, संघपतियों एवं श्रेष्ठियों का नामोल्लेख आवश्यक रहेगा।

परवर्ती तोमर शासकों में कीर्तिसिंह के उपरांत क्रमशः कल्याणमल्ल (1488-1516 ई॰), विक्रमादित्य (1516-23 ई॰), रामसिंह, शालिवाहन आदि गोपाद्रि के तोमर शासक रहे। इन सब में मानसिंह सर्वश्रेष्ठ था।

मानसिंह के उत्तराधिकार निर्बल सिद्ध हुए। मानसिंह की दिवंगति के उपरांत उसके उत्तराधिकारी विक्रमादित्य के पर्याप्त प्रयास के उपरांत भी गोपाद्रि इब्राहीम लोदी के

अधिकार में चला गया। तोमर राज्य दिल्ली के अधीनस्थ हो गया और सोलहवीं सदी तक अपना अस्तित्व खोकर इतिहास का विषय बन गया।

गोपाचल में मानसिंह के राज्य-काल की कतिपय प्रतिमाएँ प्राप्त हुई हैं जिससे ज्ञात होता है कि जैन धर्म उसके समय भी पल्लवित रहा था। उसके समय जैन श्रेष्ठी खेमशाह साहित्यकारों को प्रोत्साहित कर रहा था।

ग्वालियर पर मुस्लिम एवं मुगल संप्रभुत्व स्थापित होने से जैन धर्म एवं उससे सम्बन्धित निर्माणों की प्रक्रिया अवरुद्ध हो गयी। भट्टारक एवं जैनाचार्य अन्यत्र प्रस्थित हो गये और जब सन् 1810 ई॰ में ग्वालियर सिंधिया राजधानी के रूप में नये सिरे से उभरा तो नये लोगों ने नयी प्रक्रिया प्रारंभ की। जैन धर्म तो बना रहा किन्तु उसका प्राचीन वैभव सदैव के लिये गोपाद्रि से विदा हो गया।

राजस्थान के राजपूत राज्य

राजस्थान में जैन धर्म का प्रचार-प्रसार प्राचीन काल से ही रहा। इतिहास के सम्पूर्ण काल-खण्डों में यहाँ जैन धर्म के अस्तित्व के प्रमाण प्राप्त होते हैं। पूर्व मध्य काल में राजस्थान और पश्चिमी भारत में अनेक उत्साही जैन साधु, आचार्य, भट्टारक एवं प्रचारक हुए जिन्होंने अपने अथक् प्रयासों द्वारा जैन मत को पर्याप्त लोकप्रिय बनाया। इस कारण भारी मात्रा में हिन्दू परिवारों ने जैन धर्म ग्रहण कर लिया। इनके प्रभाव से राजघरानों की रुचि भी जैन मत के प्रति बढ़ी। प्रतीहारों और चौहानों ने न केवल जैन धर्म को संरक्षण दिया अपितु उसके प्रचार-प्रसार में भरपूर योगदान भी किया। इस प्रकार सातवीं से लेकर बारहवीं सदी तक राजस्थान में जैन धर्म व्यापकतापूर्वक फैला। जैन वाङ्मय, भारी मात्रा में उपलब्ध अभिलेख व प्रतिमाएँ तथा अनेक मन्दिर आज भी उसका साक्ष्य देते हैं।

इस्लामी आक्रमणों ने राजस्थान में हिन्दू व जैन दोनों ही धर्मों के लोगों एवं धर्म-स्थलों पर भारी कहर बरपाया। अरब आक्रमणकारी जुनैद ने राजस्थान में अपना बर्बर सैनिक अभियान किया। तुर्क महमूद गज़नवी के आक्रमण ने तो अपने मार्ग में आने वाले नगरों, धर्म-स्थलों की भरपूर लूट व तोड़-फोड़ की। मुहम्मद गोरी ने किराडू, नाडौल, ओसिया, आदि स्थानों की सामाजिक एवं धार्मिक आस्था को चोट पहुँचाने में कोई कमी नहीं की। सन् 1195 ई॰ में सल्तनत काल के दौरान राजस्थान के जैन वणिकों एवं उनके धर्म-स्थलों को लगातार मुस्लिम आक्रमणों का सामना करना पड़ा। दास काल में कुतुबुद्दीन ऐबक एवं इल्तुतमिश द्वारा अजयमेरु (अजमेर), अर्बुद (अजू), नागह्रद (नागदा), श्रीमाल (भिन्नमाल), रणस्तंभपुर (रणथम्भौर), मण्डोर, जालौर, आदि पर किये गये आक्रमणों, अलाउद्दीन खिलज़ी द्वारा हाड़ौती, मारवाड़ एवं मेवाड़ क्षेत्रों के विरुद्ध चौदहवीं सदी के प्रारंभिक दशकों में किये गये अभियानों आदि के कारण जैन धर्म की अहिंसक

आत्मा पर काफ़ी चोट पहुँची। अजमेर के जैन-निर्माण को "अढ़ाई दिन का झोपड़ा" में परिवर्तित कर उसका इस्लामीकरण कर दिया गया। सांचोर, जालौर, जीरावल्ली, आदि अनेक स्थानों के जैन मन्दिर या तो ध्वस्त कर दिये गये या उनके अवशेषों से मस्जिदों का निर्माण कर दिया गया। तुगलक काल में भी यह प्रक्रिया जारी रही। बयाना में एक तुगलक प्रशासक ने पर्याप्त अनर्थकारी कार्य किये। कतिपय मुस्लिम इतिहासकारों ने एक तरफा संदर्भों का लाभ उठाकर यह सिद्ध करने का प्रयास किया है कि यह युग सूफ़ियों व जैनियों के मध्य सांस्कृतिक समन्वय एवं सामाजिक सौहार्द का था; किन्तु ऐसा करते हुए वे कट्टर सुन्नी उलेमाओं एवं उनके धर्मांध अनुयायी शासकों द्वारा अपनाई जाने वाली नीतियों एवं उनके कारनामों को दृष्टि से ओझल रखते हैं और इतिहास की नीर-क्षीरता के सामने प्रश्न-चिह्न लगाते हैं। सूफ़ियों के औदार्य के गुणगान को सुन्नियों की कट्टरता से भी जोड़ना होगा तभी जैन-इस्लाम संबंधों का निष्पक्ष इतिहास प्रस्तुत हो सकेगा।

मुगल सम्राट् अकबर के राज्य के प्रारंभिक वर्ष मज़हबी कट्टर को ही प्रमाणित करते हैं। सन् 1576 ई॰ में सिरोही के जैन मन्दिरों को तोड़कर वहाँ की 1,000 से अधिक प्रतिमाओं को दिल्ली ले जाना अकबर का ही काम था। लगभग ऐसी ही कहानी अकबर के राजस्थानी क्षेत्र में किये गये सैनिक अभियान की है। अकबर की सहिष्णुता और महानता की पृष्ठभूमि निर्धारित करते समय उसके द्वारा की गई अनाचार भरी कारगुजारियों का लेखा भी रखना होगा ताकि जैन मतावलम्बियों को उसके त्वरित बाद सम्पन्न किये गये निर्माण एवं पुनर्निर्माण का धैर्यपूर्वक सब सहन करके अकबर को नीति-परिवर्तन हेतु प्रेरित करने का श्रेय दिया जा सके। जैन समाज की इस सृजन-शक्ति का सुपरिणाम है कि राणकपुर, केसरियाजी, धुलेव आदि स्थानों पर हुए धार्मिक विध्वंस की तत्काल क्षतिपूर्ति हो सकी। मुस्लिम व मुगल काल में जैन धर्म के अस्तित्व की पृष्ठाभूमि में इन शासकों द्वारा दी गई स्वार्थपूर्ण सुविधाओं एवं जैन समाज की भौतिक सम्पन्नता एवं धर्माचार्यों की आंतरिक ऊर्जा का सम्मिलन था।

राजस्थान का संक्षिप्त राजनीतिक इतिहास

दिल्ली में मुस्लिम शासन की स्थापना के समय राजस्थान छोटे-बड़े अनेक राज्यों में विभक्त था जिन पर विभिन्न राजपूत राजवंश शासनारूढ़ थे।

मेवाड़ राज्य

तेरहवीं सदी लगने पर मेवाड़ का शासक क्षेमसिंह था। वह राणा वंश का था और उसकी राजधानी नागदा (नागह्रद) थी। उसका पुत्र था जैत्रसिंह जिसने चित्तौड़ (चित्रकूट) को अपनी राजधानी बनाया था। उसने सन् 1213 से 1261 ई॰ तक राज्य किया। जैत्रसिंह,

उसके पुत्र तेजसिंह एवं पौत्र समरसिंह के समय जैन धर्म का पर्याप्त पल्लवन हुआ। इस दृष्टि से राणा तेजसिंह की पट्टमहिषी जयतल्ल देवी की विशेष भूमिका रही। चौदहवीं सदी के प्रारंभिक दशक में अलाउद्दीन खिलज़ी ने रानी पद्मिनी के सौन्दर्य से प्रभावित होकर व विस्तारवादी नीति का अनुसरण करते हुए चित्तौड़ पर आक्रमण किया, राणा रत्नसिंह को धोखे से मार डाला गया तथा पद्मिनी सहित सैकड़ों वीर रमणियाँ जौहर की ज्वाला में जल मरीं। इसके बाद कुछ समय तक मेवाड़ का सूर्य अस्त सा रहा। सन् 1326 ई॰ में हम्मीर के नेतृत्व में मेवाड़ में सिसोदिया राजवंश की स्थापना हुई। अपने प्रभाव व वीरता द्वारा इस शासक ने चित्तौड़ को पुनः गरिमा प्रदान की। उसकी यह परम्परा उसके उत्तराधिकारियों खेतसिंह (1364-82 ई॰), राणा लाखा (1382-1421 ई॰) एवं राणा मोकल (1421-33 ई॰) ने भी जारी रखी। मोकल के पुत्र महाराणा कुंभा (1433-68 ई॰) ने गुजरात एवं मालवा के सुल्तानों से सफलतापूर्वक टक्कर लेते हुए एक बार फिर मेवाड़ का तेज सम्पूर्ण उत्तर भारत में प्रकट किया। कुंभा के दो निर्बल एवं अलोकप्रिय उत्तराधिकारी ऊदा एवं रायमल हुए। सन् 1508 ई॰ में रायमल के उपरांत भारतीय इतिहास के एक यशस्वी शासक महाराणा संग्रामसिंह (राणा सांगा) ने शासन-सूत्र संभाला। राणा कुंभा की भांति वह भी एक प्रतापी शासक था किन्तु दुर्भाग्यवश खानवा के युद्ध में यह वीर सेनानायक बाबर के हाथों पराजित हुआ, अपने पीछे रत्नसिंह, विक्रमादित्य और बनवीर जैसे अयोग्य एवं आत्मघाती उत्तराधिकारियों को छोड़कर। कोई आश्चर्य नहीं कि चित्तौड़ इन परिस्थितियों में गुजरात के सुल्तान बहादुरशाह, सूरी शासक शेरशाह एवं मुगल बादशाह अकबर के आक्रमणों का कड़वा घूंट पीने को बाध्य रहा।

सन् 1572 ई॰ में अपने पिता राणा उदयसिंह की मृत्यु के उपरांत राणा प्रतापसिंह शासनारूढ़ हुआ। राणा प्रताप ने अपना सर्वस्व लुटाकर भी मुगल सम्राट् अकबर से टक्कर लेते हुए मेवाड़ के आन-बान व स्वतंत्रता की प्राण-पण से रक्षा करते हुए भारतीय इतिहास में अपना नाम अमर कर लिया।

उसके पुत्र अमरसिंह (1597-1620 ई॰) के समय मेवाड़ की राजधानी उदयपुर हो गई। इस राणा ने मुगलों के साथ जो प्रतिष्ठापूर्ण मैत्रीपूर्ण संबंध स्थापित किये, वे उसके उत्तराधिकारी क्रमशः करणसिंह, जगत्सिंह आदि के समय भी सामान्य उच्चावचन के साथ तब तक जारी रहे जब तक पेशवाओं के अधीन मराठे इस क्षेत्र में निर्णायक भूमिका अदा न करने लगे।

मेवाड़ राजवंश से सम्बन्धित कतिपय राजकुमारों ने भी निकटवर्ती क्षेत्रों में अनेक कारणों से अपना भाग्य आजमाया। सामन्तसिंह ने वागड़ क्षेत्र से भीलों और चौहान सामन्तों को उन्मूलित कर इस क्षेत्र में मेवाड़ का मार्ग प्रशस्त किया। महाराणा जगत्सिंह के समय

राव वीरसिंह (1280-1303 ई॰) ने एक पृथक् राज्य की नींव डाली जहाँ उसके उत्तराधिकारी डूंगरसिंह ने डूंगरपुर बसाकर उसको अपनी राजधानी बनाया। उसके उत्तराधिकारी रावल गोपीनाथ (1424-48 ई॰), उदयसिंह (1497-1527 ई॰) आदि के समय में भी यह राज्य प्रगति करता रहा। कालान्तर में इस राज्य ने मुगलों एवं मराठों के साथ संबंधों में मेवाड़ की ही नीति का अवलम्बन किया।

ठीक यही कहानी बांसवाड़ा राज्य की भी रही। डूंगरपुर के रावल उदयसिंह के द्वारा अपने दो पुत्रों के मध्य राज्य को विभाजित कर देने के कारण जगमाल के नेतृत्व में बांसवाड़ा राज्य अस्तित्व में आया। गुजरात, डूंगरपुर, मुगल, मेवाड़ व मराठों के साथ अनवरत संघर्षरत रहने के बावजूद इस राज्य के शासक कला और संस्कृति के आराधक बने रहे।

मेवाड़ के एक महत्त्वाकांक्षी राजकुमार सूरजमल ने सोलहवीं सदी के प्रारंभिक दशकों में देवलिया-प्रतापगढ़ राज्य की नींव डाली। उसके उत्तराधिकारियों यथा बाघसिंह, संग्रामसिंह, सालमसिंह, आदि ने बड़े धैर्य और चातुर्य से इस राज्य के अस्तित्व व प्रतिष्ठा को कायम रखा।

इन मेवाड़ी राज्यों में जैन धर्म को फूलने-फलने के पर्याप्त अवसर मिले। यह एक विचित्र संयोग था कि जहाँ एक ओर मेवाड़ की भूमि मुस्लिम व मुगल आक्रमणों के परिणामस्वरूप रक्त-रंजित हो रही थी वहीं अहिंसक जैन-समाज उच्च पदों या व्यापारिक प्रतिष्ठानों की वल्गा थामे समूचे मेवाड़ की प्रशासनिक, वाणिज्यीय एवं कलात्मक ऊँचाइयों को प्रकट कर रहा था। कुछ अल्पकालीन अपवादों को छोड़ दें तो मेवाड़ के शासक बड़ी आत्मीयता एवं उत्साह से जैन धर्म को संरक्षण दे रहे थे। राणा कुंभकर्ण (कुंभा) के समय यह स्थिति सर्वोच्च शिखर पर थी जहाँ एक ओर राणा चारों ओर अपनी विजय-पताका फहरा रहा था, वहीं सम्पन्न जैन समाज अपनी दिगम्बरी एवं श्वेताम्बरी चेतना के साथ आकर्षक निर्माणों में व्यस्त था। कुछ चमकदार बिन्दुओं की चर्चा अन्यथा न होगी।

राजपूतकालीन मेवाड़ ने अनेक जैनाचार्यों, भट्टारकों, साधुओं एवं श्रेष्ठियों की पावन स्मृति को अनेक पोथियों, अभिलेखों, धार्मिक-वास्तु एवं प्रतिमाओं के माध्यम से सुरक्षित रखा है। इस काल में चैत्रगच्छ के आचार्य भद्रेश्वर, देवभद्र, सिद्धसेन, जिनेश्वर, विजयसिंह, भुवनसिंह, रत्नप्रभ हों या काछोलीवालगच्छ के रत्नप्रभ के पट्टधारी सर्वानन्द सूरि, तपागच्छीय सूरि, सोमसुन्दर, मुनिसुन्दर, सोमदेव, जयशेखर, जिनहर्ष गणि, रत्नशेखर, माणिक्यरत्न गणि हों या खरतर आचार्य जिनराज, जिनवर्धन, जिनचन्द्र, जिनसागर एवं जिनसुन्दर, इन सब श्वेताम्बरी धर्माचार्यों का मेवाड़ पर ममत्व बना रहा। यह मेवाड़ का क्षेत्र ही था जिसे महान् सूरि हीरविजयजी की प्रशस्ति मिली और यह मेवाड़ ही था जहाँ

तेरहवीं सदी में दिगम्बर भट्टारक केशवचन्द्र, देवचन्द्र, अभयकीर्ति, बसंतकीर्ति, विशालकीर्ति एवं शुभकीर्ति की महनीय परम्परा धर्मचन्द्र के रूप में प्राप्त हुई; साथ ही भट्टारक सकलकीर्ति, भुवनकीर्ति, ब्रह्मजिनराज आदि को समुचित प्रतिष्ठा प्राप्त हुई। काष्ठा संघ के आचार्य धर्मकीर्ति एवं नन्दि संघ सरस्वतीगच्छ बलात्कारगण के प्रभावक आचार्य जिनचन्द्र के पट्टधर अभिनव प्रभाचन्द्र की धार्मिक गतिविधियों का साक्ष्य भी मेवाड़ रहा। इसी सदी में राजमहिषी जयतल्ल देवी ने आचार्य देवन्द्रसूरि एवं प्रद्युम्न सूरि के उपदेशों से प्रेरित हो चित्तौड़ में श्याम-पार्श्वनाथ मन्दिर का निर्माण करवाया था और अपने पति को धार्मिक कार्यों के अनुदान हेतु प्रेरित भी किया था। मेवाड़ बघेरवाल ज्ञातिय सानाक के पुत्र साह जीजा को कैसे विस्मृत कर सकता है जिसने और जिसके दीनाक, नाथ, जीजू और पूर्णसिंह आदि परिजन ने चित्तौड़ में अत्यंत दर्शनीय कीर्ति-स्तंभ का निर्माण करवाया। वह पन्द्रहवीं सदी के उन प्राग्वाट सेठ धन्नालाल, उसके पुत्र रतनाशाह को कैसे विस्मृत कर सकता है जिन्होंने प्रभूत धर्म एवं 65 वर्षों (1433-98 ई॰) की धैर्य-भरी किन्तु अत्यंत व्यय-साध्य शिल्प-साधना द्वारा संगमरमरीय स्तंभों के जादू राणकपुर के सुविशाल जैन मन्दिर का निर्माण करवाया था।

पन्द्रहवीं सदी में राणा रायमल्ल के समय मोड़ासा के एक सामन्त राव शिवसिंह के राज्य काल में आचार्य जिनचन्द्र की प्रेरणा पाकर एक महान् श्रेष्ठी जीवराज पापड़ीवाल ने असंख्य जिन्-बिम्ब बनवाकर अनेक धार्मिक यात्राओं के माध्यम से समूचे भारत के जैन मन्दिरों में प्रतिष्ठित करवाये। इतना बड़ा मूर्ति-निर्माता भारत में दूसरा नहीं हुआ। कई विद्वान् तो इस कारण जीवराज पापड़ीवाल को एक मूर्ति-निर्माण परम्परा के नाम के रूप में ग्रहण करते हैं। इन प्रतिमाओं में अधिकांश संवत् 1548 तदनुसार सन् 1480-81 ई॰ की हैं।

मेवाड़ क्षेत्र में तेरहवीं से सत्रहवीं सदी तक जो उल्लेखनीय धार्मिक एवं कला व स्थापत्य को प्रोत्साहन देने वाले श्रेष्ठी विद्यमान रहे उनमें प्राग्वाट साह नाना, संघपति धनपाल, ओसवाल गुणराज, सोमपुत्र हरपाल, साह हरदान, साह जगसी, भण्डारी वेला, सेठ धरणा, रामदेव नवलखा, हासा, लक्ष्मणसिंह, श्रावक रत्नसिंह, भण्डारी तोलाशाह, दीवान बच्छराज, मंत्री कर्माशाह, शाह आशा, दुर्गपाल भारमल कावड़िया, महात्यागी भामाशाह, आदि का नाम उल्लेखनीय है। आज भी नागदा, चित्तौड़, धुलेव, जावर, बसंतगढ़, नाडोल, आबू, (देलवाड़ा व अचलगढ़), राणकपुर, कमलगढ़, उदयपुर, केसरियाजी, आदि स्थानों के खंडित अथवा पूर्ण निर्माण एवं उस काल में रची गई या प्रतिलिपि की गयी शतशः पोथियों के अंतःसाक्ष्य इनकी कीर्ति-पताका फहराते दिखाई देते हैं।

वागड़ क्षेत्र में भी तपागच्छ खरतरगच्छ का प्रभावी प्रचार हुआ। दिगम्बर आम्नाय के

काष्ठा व नन्दितट व लाड-वागड़ संघ भी यहाँ अपना अस्तित्व प्रकट करते रहे। डूंगरपुर, बांसवाड़ा एवं प्रतापगढ़ के मुख्यालयों के अतिरिक्त 'उपर', गलियाकोट, आंतरी, नौगामा, देवली, झांसदी, आदि जैन धर्म एवं निर्माणों के केन्द्र रहे। जैन धर्म के विकास में वागड़ क्षेत्र के शासकों ने कम रुचि नहीं ली। डूंगरपुर (गिरिवर) तो प्रतिमा-निर्माण का केन्द्र ही रहा। प्राचीन जैन ग्रंथों के प्रतिलिपिकरण में भी यह क्षेत्र पीछे नहीं रहा। जैन धर्म की इस विकास-यात्रा में अमात्य साभा, अमात्य साल्हा, हूम्बड़ दोषी पम्पा व उनके परिजन का विशिष्ट योगदान रहा।

चौहान राज्य

प्रतीहारों के उपरांत चौहानों ने जैन धर्म को पर्याप्त संरक्षण एवं प्रोत्साहन दिया था। प्रारंभिक चौहानों की नाडोल, शाकम्भरी एवं अजमेर शाखाओं के शासकों को इसका श्रेय जाता है।

सन् 1192 ई॰ में तराईन के युद्ध में पृथ्वीराज चौहान तृतीय की पराजय के उपरांत प्रारंभिक चौहानों की सत्ता का लगभग समापन हो गया। पृथ्वीराज के एक पुत्र गोविन्दराज ने जिस रणथम्भौर राज्य की उसके बाद स्थापना की थी, उसके सर्वाधिक प्रतापी एवं स्वाभिमानी शासक हमीरदेव (1283-1310 ई॰) को अलाउद्दीन खिलज़ी के आक्रमण के परिणामस्वरूप संसार से विदा होना पड़ा। इसी के साथ इस चौहान राज्य का अन्त हो गया।

सन् 1205 ई॰ में चौहानों की जालौर शाखा के शासक उदयसिंह ने विस्तारवादी अभियान करते हुए नाडोल, भीनमाल, बाड़मेर, रतनपुर, सांचोरा, किराडू , आदि को अधिकृत कर लिया। उसकी मृत्यु के उपरांत चाचिगदेव व सामंतसिंह क्रमशः शासक बने। कान्हड़देव इस वंश का वीर व योद्धा शासक था। किन्तु अलाउद्दीन की सेनाओं से युद्ध करते हुए उसका प्राणान्त हो गया। इस प्रकार जालौर का चौहान राज्य भी 1310 ई॰ में अस्त हो गया।

उत्तर-मध्यकालीन राजस्थान का एक उल्लेखनीय चौहान राज्य सिरोही का था। सन् 1425 ई॰ में इस राज्य की स्थापना देवड़ा सहसमल ने की थी। इस वंश के एक शासक जगमाल ने मेवाड़ से मैत्री संबंध स्थापित कर बहलोल लोदी को परास्त किया था। उसके पुत्र अखेराज (1523-33 ई॰) ने बाबर के विरुद्ध खानवा के युद्ध में राणा सांगा का साथ दिया था। दुर्भाग्य से सिरोही के परवर्ती शासक निर्बल निकले और अंततः उन्होंने सम्राट् अकबर से मैत्री-संबंध स्थापित कर लिये।

चौहानों की हाड़ा शाखा ने हाड़ौती राज्य की (सन् 1241 ई॰) बूंदी में स्थापना की।

प्रथम शासक था देवसिंह। उसके उत्तराधिकारी क्रमशः राव समरसिंह, नपूजी, वीरसिंह, नारायण, सूरजमल, सुरजन, आदि रहे। सुरजन को सन् 1561 ई० में रणथम्भौर मुगलों को देकर मनसबदारी स्वीकार करना पड़ी। उसके बाद बूंदी का राज्य कमज़ोर हो गया। इस कमज़ोरी का एक कारण यह था कि बूंदी के राव रतन के पुत्र माधोसिंह (1630-48 ई०) को शाहजहाँ ने कोटा को बूंदी से पृथक् कर शासक बना दिया था और पृथक् मनसबदारी भी प्रदान की थी। हाड़ौती के ये राज्य भारत के स्वतंत्र होने तक अस्तित्व में रहे।

इन परवर्ती चौहान राज्यों में भी जैन धर्म को सारी विषम परिस्थितियों के होते हुए भी समुचित संरक्षण दिया गया। सिरोही राज्य में इस काल में सिरोही, आबू, जूना, बाड़मेर, पिंडवाडा, जीरावली, वीरवाड़ा, पेसुवा, मांकरोरा, आदि स्थानों पर या तो जैन मन्दिर बनाये गये या बिम्ब-प्रतिष्ठा समारोह आयोजित किये गये। अनेक स्थानों पर साधुओं अथवा सूरियों ने अपने सत्संग का लाभ दिया। इनमें नागेन्द्रगच्छ के उदयप्रभ सूरि व विजयसेन सूरि, श्वेताम्बर सम्प्रदाय के जिनप्रभ एवं माणक्यसुन्दर सूरि, तपागच्छ के हीरविजय सूरि, पिप्पलगच्छ के हीरानन्द सूरि, आदि का नाम उल्लेखनीय है। इसी प्रकार हाड़ौती क्षेत्र में भी जैन धर्म का पर्याप्त प्रचार रहा। सांगोद के एक जैन व्यापारी कृष्णदास ने औरंगज़ेब की क्रुद्धता का सारा खतरा उठाते हुए चांदखेड़ी में सन् 1689 ई० में एक विशाल प्रतिष्ठा समारोह आयोजित किया था।

जैन साधुओं और लेखकों ने इस काल में इन चौहान राज्यों में अनेक ग्रंथों का सृजन कर जैन वाङ्मय में आशातीत वृद्धि की।

राठौर राज्य

राजस्थान के राठौर राज्यों में जोधपुर एव बीकानेर प्रमुख रहे हैं। तेरहवीं सदी के मध्य में पाली क्षेत्र में कन्नौज के एक गहड़वाल राजकुमार सीहा ने मण्डोर में एक राठौर राज्य की स्थापना की। उसके योग्य उत्तराधिकारियों ने अपने शौर्य एवं वीरता से इस राठौर राज्य का विस्तार किया। समूची चौदहवीं सदी में ये राठौर वीर निकटवर्ती शक्तियों से लोहा लेते रहे। ऐसा करते समय कुछ को युद्ध-भूमि में प्राण भी देने पड़े। राव चूंडा (1384-1428 ई०) के समय मारवाड़ में राठौरों का पर्याप्त अभ्युदय हुआ। उसके सैनिक अभियानों के परिणामस्वरूप निकटवर्ती शक्तियों की सम्मिलित सेनाओं ने आक्रमण कर उसे मार डाला। राठौर राज्य का अगला प्रमुख शासक जोधा (1438-89 ई०) हुआ। उसने सन् 1459 ई० में जोधपुर नगर की स्थापना की। उसके उत्तराधिकारी निर्बल सिद्ध हुए किन्तु मालदेव (1532-62 ई०) के समय जोधपुर राज्य पुनः शक्तिशाली हो गया। इस वंश का यह एक अत्यंत श्रेष्ठ शासक सिद्ध हुआ। उसके निर्बल उत्तराधिकारियों ने पारस्परिक विग्रह का

प्रदर्शन करते हुए मुगल संप्रभुता स्वीकार कर ली। वे मुगलों के मनसबदार ही नहीं बने, उनसे वैवाहिक संबंध भी स्थापित किये। राठौर नरेश जसवंतसिंह (1638-78 ई॰) का मुगल दरबार में बड़ा सम्मान रहा। औरंगज़ेब के काल में मुगल-राठौर संबंध बिगड़ गये और वीर दुर्गादास के नेतृत्व में राठौरों ने मुगल सत्ता को सफलतापूर्वक चुनौती दी। अठारहवीं सदी में राठौर शक्ति को मराठों के अनवरत अभियानों का सामना करना पड़ा।

राठौरों का दूसरा प्रमुख राज्य बीकानेर रहा जिसकी स्थापना बीका (1465-1504 ई॰) ने की थी। बीका राव जोधा का पांचवां पुत्र था। उसने सन् 1488 ई॰ में बीकानेर की स्थापना कर उसे अपनी राजधानी बनाया। सोलहवीं से अठारहवीं सदी तक बीकाजी के उत्तराधिकारी क्रमशः राव नर, राव लूपकरण, जैतसिंह, कल्याणमल, महाराज रायसिंह, दलपतसिंह, सूरसिंह, करणसिंह, अनूपसिंह, आदि हुए। जोधपुर के शासकों की भांति बीकानेर के राठौरों ने भी मुगलों से मधुर संबंध स्थापित कर लिये थे।

राजस्थान में किशनगढ़ एक अन्य लघु राठौर राज्य रहा जिसकी स्थापना सन् 1609 ई॰ में राठौर किशनसिंह ने की थी। यह जोधपुर के मूल राठौर वंश की उपज था। अन्य राठौर राज्यों की भांति किशनगढ़ ने भी अकबर के समय से मुगल मनसबदारी स्वीकार कर ली थी।

राजस्थान के इन राठौर राज्यों ने जैन धर्म की प्रगति एवं प्रचार में कोई बाधा उपस्थित नहीं की। आलोच्य अवधि में इस क्षेत्र में तपागच्छीय भट्टारक हीरविजय, विजयसेन, विजयदेव, विजयकुशल, सहजसागर, विजयसागर तथा खतरगच्छीय आचार्य जिनचन्द्र, जिनसागर, आदि के धार्मिक पर्यटन होते रहे। जैन कवि धर्मवर्धन की रचनाधर्मिता का साक्ष्य इस अंचल ने इस काल में लिया। इन सांस्कृतिक गतिविधियों के परिणामस्वरूप कोकिन्द, नाकोड़ा, कापर्डा, जालौर, मेड़ता, नडौल, मारोठ, कृष्णगढ़, आदि स्थानों के जैन मन्दिरों में अनेक तीर्थंकर प्रतिमाएँ प्रतिष्ठित की गईं। कतिपय उल्लेखनीय मन्दिरों का निर्माण भी इसी समय संभव हो सका।

मारवाड़ क्षेत्र के दो प्रसिद्ध जैन परिवारों का उल्लेख किये बिना विषय अधूरा ही माना जायेगा। एक था भण्डारी परिवार और दूसरा था मेहता (मुहणोत) परिवार। भण्डारी परिवार मूलतः नाडौल के चौहान राजवंश से सम्बन्धित रहा। इस ओसवाल जैन वंश-परम्परा में नारोजी, समरोजी, भानाजी, रघुनाथ, खीमसी, विजय, अनूपसिंह, पोमसिंह, सूरतराम, रतनसिंह जैसे योग्य पुरुष हुए। इसी प्रकार मुहणोत वंश में क्रमशः महाराजजी, रायचन्द्र, वर्धमान, कृष्णदास, आसकरण, देवीचन्द्र, अचलोजी, जयमल, नैणसी, सुन्दरदास, करमसी, बैरसी, समरसी, आदि उल्लेखनीय व्यक्तित्व हुए। ये सब बुद्धिमान, संस्कृतिशील, अच्छे प्रशासक एवं आर्थिक मामलों में दक्ष थे। इनमें सर्वाधिक उल्लेखनीय मुहंता नैणसी हुए।

मारवाड़ क्षेत्र के इस योग्य एवं विश्वस्त प्रशासक ने अपनी *ख्यात* एवं *सर्वसंग्रह* नामक कृतियों के माध्यम से तत्कालीन इतिहास को प्रामाणिक स्रोत प्रदान किये। दुर्भाग्यवश इस मेहता परिवार को अत्यंत ही दुःखद अंत देखना पड़ा। फिर भी जैन धर्म एवं कला के प्रति की गई उनकी सेवाएँ आज भी स्मरणीय हैं।

जैसलमेर का भाटी राज्य

भाटी राजपूतों ने चौदहवीं सदी के प्रारंभिक दशकों में जैसलमेर में अपना पृथक् राज्य स्थापित किया। जैसलमेर के प्रारंभिक शासकों में से तीन देवीदास (1462-97 ई॰), जैत्रसिंह द्वितीय (1497-1528 ई॰) एवं लूणकरण (1528-1550 ई॰) का राज्य-काल जैन धर्म की दृष्टि से महत्त्वपूर्ण रहा। हरराज भाटी जब जैसलमेर का शासक था, तो उसने संधि व वैवाहिक संबंध द्वारा अकबर से मैत्री स्थापित कर ली थी। परवर्ती भाटी नरेशों का राज्य-काल अशान्ति, युद्ध व अराजकता का समय था। फिर भी इस राज्य में सत्रहवीं-अठारहवीं सदी में जैन धर्म का पर्याप्त प्रभाव रहा। भाटी शासकों में खरतरगच्छ के आचार्य जिनसिंह, जिनउदय, जिनयुक्त, जिनचन्द्र, आदि सूरियों के प्रति पर्याप्त श्रद्धा-भाव था। इस कारण उनके राज्य में जैन-समाज ने अनेक जिन् मन्दिरों का जीर्णोद्धार करवाया था तथा अनेक तीर्थंकर प्रतिमाएँ प्रतिष्ठित करवाई थीं।

अलवर का राज्य

मुगल काल में अलवर में यदुवंशी राजपूतों का पर्याप्त राजनीतिक प्रभाव रहा। इसी प्रकार का सांस्कृतिक प्रभाव जैन काष्ठा संघ का भी रहा। परिणामस्वरूप दिल्ली एवं आगरा के कतिपय ज़ैन श्रेष्ठियों द्वारा इस क्षेत्र में धार्मिक-निर्माण सम्पन्न करवाये गए।

आमेर (जयपुर) का कछवाह राज्य

राजस्थान के ढूढाहण अंचल में आमेर का कछवाह राज्य निश्चित ही जैन धर्म के पल्लवन की दृष्टि से उल्लेखनीय माना जा सकता है। इस वंश के एक शासक पूरनमल को मुगल सम्राट् हुमायूँ से अम्बर के राजा की उपाधि मिली थी। राजा भारमल (1548-74) अकबर का समकालीन था। उसने मुगल मनसबदारी स्वीकार की थी तथा अपनी एक कन्या का विवाह अकबर से किया था। उसके उत्तराधिकारी क्रमशः भगवानदास (1574-89 ई॰), राजा मानसिंह (1589-1614 ई॰), भाऊसिंह (1614-20 ई॰), महासिंह (1620-22 ई॰) हुए। मिर्जा राजा जयसिंह (1622-67 ई॰), सवाई जयसिंह (1700-43 ई॰) जयपुर राज्य के प्रमुख शासकों में रहे। जयसिंह द्वितीय की मृत्यु के उपरांत जयपुर राज्य राजवंश में पारस्परिक विग्रह एवं मराठों के आक्रमणों से आक्रान्त हो पर्याप्त निर्बल हो गया।

सोलहवीं से अठारहवीं सदी के मध्य आमेर के कछवाह राजाओं के मुगलों से अत्यंत

मधुर संबंध रहे। इस राज्य के प्रधानमंत्री, दीवान, खजांची अथवा अन्य उच्च स्तरीय पदों को इस काल में अनेक उल्लेखनीय जैन महानुभाव सुशोभित कर रहे थे। एक प्रकार से राज्य का प्रशासन उन्हीं के हाथों में सौंप कछवाह नरेश आश्वस्त थे। जैन धर्म के प्रति सम्पूर्ण निष्ठा से समर्पित ऐसे सुयोग्य प्रशासकों, निर्माताओं एवं श्रेष्ठियों में नानू गोधा, मोहनदास खण्डेलवाल, रतनचन्द्र साह, नन्दलाल, कन्हैयालाल, देवीदास खण्डेलवाल, कनीराम वेद, ताराचन्द बिलाला, किशोरदास महाजन, आदि का नाम उल्लेखनीय है। कासलीवाल, केसरीसिंह एवं दौलतराम पांड्या, राव जगराम, मंत्री कृपाराम, फतेहराम, भगतराम तथा छाबड़ा परिवारों से सम्बंधित बल्लूशाह, विमलदास, दीवान रामचन्द्र, फतेहचन्द्र, किशनचंद्र, विजयराम, लालचन्द्र, नैनसुख श्रीचन्द्र, आदि ने उच्च पदों पर आसीन रहकर अपने परिवार, जाति एवं जैन धर्म को गौरव प्रदान किया।

चित्तौड़ के भट्टारक पट्ट के आमेर-जयपुर में आ जाने से इस राज्य में भट्टारक सम्प्रदाय की गतिविधियाँ काफ़ी व्यापक हो गईं। परिणामस्वरूप मूल संघ के भट्टारक ललितकीर्ति, देवेन्द्रकीर्ति, महेन्द्रकीर्ति, सुरेन्द्रकीर्ति, यशकीर्ति, आदि के अनुयायियों की संख्या में भारी वृद्धि हुई। क्षेत्र की श्वेताम्बर परम्परा को युग-प्रधान जिनचन्द्र सूरि ने पर्याप्त सम्बल प्रदान किया।

कछवाह राज्य में जैन धर्म के प्रमुख केन्द्र आमेर, जयपुर, मौजमाबाद, झुंझनू, सांगानेर, सवाई माधोपुर, जोवनेर, चाटसू, आदि रहे। कछवाह राजाओं की सहिष्णुता व संरक्षण का लाभ उठाकर राज्य के जैन समाज ने इन स्थानों पर अनेक मन्दिरों का निर्माण करवाया एवं मूर्ति-प्रतिष्ठा समारोह आयोजित किये। संघपति मल्लिदास, जेता सेठ एवं संघी कल्याणदास ने विशाल संघ-यात्राएँ आयोजित कीं।

दक्षिण भारत में जैन धर्म

दक्षिण भारत, विशेषकर कर्नाटक, जैन धर्म का एक महत्त्वपूर्ण गढ़ रहा है। मौर्य काल में चन्द्रगुप्त मौर्य अपने जैन गुरु भद्रबाहु के साथ श्रवणबेलगोला गया था और वहाँ चन्द्र पर्वत पर अपने प्राण त्यागे थे। भद्रबाहु के मगध लौट जाने पर सम्राट् सम्प्रति ने वहाँ श्रमण-संस्कृति का प्रचार किया, ऐसी कतिपय विद्वानों की मान्यता है। महान् दिगम्बर जैन आचार्य एवं दार्शनिक कुन्दकुन्दाचार्य भी दक्षिण भारत के ही थे। दक्षिण भारत में प्राचीन काल में शासन कर रही गंग, कदम्ब, परवर्ती चालुक्य, होयसल, आदि राज-शक्तियाँ जैन धर्म की उत्साहित समर्थक थीं। इनकी छत्रछाया में दक्षिण भारत में जैन धर्म न केवल पर्याप्त फला-फूला, अपितु साहित्य-सृजन जैन गुहा, स्तंभ व मंदिर निर्माण तथा प्रतिमा-प्रतिष्ठापन की दिशा में पर्याप्त उल्लेखनीय प्रयास किये गये।

प्रश्न यह उठता है कि दक्षिण भारत में जैन धर्म क्यों व किस रास्ते पहुँचा। स्पष्ट है कि मगध में अशोक एवं उसके उत्तराधिकारियों ने बौद्ध एवं आजीवक सम्प्रदायों को अधिक सम्बल दिया था तथा शुंगों एवं काण्वों ने भागवत सम्प्रदाय को। इस कारण कलिंग-चक्रवर्ती खारवेल के नेतृत्व में कलिंग में जैन धर्म महिमामंडित हुआ व धीरे-धीरे आंध्र व तमिलनाडु की सामुद्रिक पट्टियों से होता हुआ दक्षिण भारत में फैल गया। यह भी संभव है कि मौर्यों के शासन के अधीन अवन्ती जनपद के मार्ग से महाराष्ट्र और आंध्र के क्षेत्रों से होता हुआ यह कुन्तल प्रदेश में जा पहुँचा जहाँ अनुकूल वातावरण व राजकीय संरक्षण पाकर पर्याप्त पल्लवित हुआ।

दक्षिण भारत में उत्तर-मध्य काल के प्रारंभ में जैन धर्म के प्रचार-प्रसार पर खिलज़ियों के सैनिक अभियानों, तुगलकों के शासन एवं बहमनी राज्य के अभ्युदय के कारण पर्याप्त अंकुश अवश्य लगा किन्तु वह मुरझाया नहीं। विजय नगर के हिन्दू साम्राज्य की सहिष्णुता एवं संरक्षण में वह पुनः गतिमान हो गया।

विजयनगर साम्राज्य की स्थापना संगम वंश के दो वीर भाइयों हरिहर एवं तुक्का द्वारा सन् 1336 ई॰ में की गई थी। विजयनगर के इस राजवंश में प्रारंभिक शासक क्रमशः हरिहर प्रथम (1336-54 ई॰), बुक्का प्रथम (1354-77 ई॰), हरिहर द्वितीय (1377-1405 ई॰) तथा देवराय प्रथम (1404-22 ई॰) हुए। देवराय प्रथम की मृत्यु के उपरांत वीरविजय, रामचन्द्र, देवराय द्वितीय, मल्लिकार्जुन (प्रौढ़ देवराय) व विरुपाक्ष विजयनगर पर सन् 1485 ई॰ तक शासन करते रहे किन्तु देवराय द्वितीय के अतिरिक्त अन्य सब निर्बल व असफल सिद्ध हुए। परिणामस्वरूप सेनानायकों ने नरसा नायक के नेतृत्व में संगम सत्ता को उन्मूलित कर सालुव वंशी नरसिंह को शासक बनाया। सालुव वंश के राजाओं में नरसिंह (1485-90 ई॰) व इम्माडि नरसिंह (1490-1505 ई॰) हुए। किन्तु नरसा नायक ही वास्तविक शासक बन बैठा। उसके पुत्र वीर नरसिंह ने सन् 1505 ई॰ में इम्माडि नरसिंह की हत्या कर व स्वयं सत्ता संभालकर तुलुव वंश की नींव डाली। तुलुव वंश में कृष्णदेवराय (1505-29 ई॰) सर्वाधिक योग्य, साम्राज्य-विस्तारक, अच्छा प्रशासक एवं प्रतापी शासक सिद्ध हुआ। उसके उपरांत अच्युतदेवराय (1529-42 ई॰) व सदाशिव (1542-72 ई॰) शासक रहे। अच्युत एवं सदाशिव के शासनकाल में सत्ता एक प्रकार से रामराय के हाथों में रही जो योग्य एवं वीर तो था किन्तु कुटिल भी वह कम नहीं था। उसकी इन गतिविधियों के कारण विभिन्न बहमनी राज्यों की सम्मिलित सेनाओं ने विजयनगर पर आक्रमण कर दिया। रक्षसी-तगड़ी (तालीकोट) में जनवरी, 1565 ई॰ में हुए युद्ध के परिणामस्वरूप राजधानी को ध्वस्त कर दिया गया। यह युद्ध भारत के सर्वाधिक विनाशकारी युद्धों में से एक रहा। यद्यपि इस युद्ध के उपरांत लगभग एक सदी

तक विजयनगर साम्राज्य अस्तित्व में रहा, किन्तु मात्र पतन की गर्त में चले जाने के लिये। सदाशिव अपने प्रमुख मंत्री तिरुमल को लेकर पेनुकोंडा चला गया और वहाँ उसने अंडविदु वंश की स्थापना की।

विजयनगर साम्राज्य से जुड़े कई सामन्तीय वंश रहे। विजयनगर साम्राज्य के पतन के उपरांत उनमें से कुछ स्वतंत्र हो गये। इनमें प्रमुख थे – संगीतपुर के सालुव, कारकल के भैररस, वेलूर के अजिल, विलिकेर के अरसु, वारकुरु के पांड्य, मैसूर क्षेत्र के वंगाल्व व ओडेयर, गगरी के चन्द्रवंशी, बैलगड़ि के मूल, मूल्कि के सावन्त, विलिगे के राजे, आदि। इसी प्रकार प्रेगोडा, तुलुव, चामराजनगर, गेरुसप्पे, आदि क्षेत्रों में भी पृथक्-पृथक् राजवंश अपना अस्तित्व प्रदर्शित कर रहे थे। इन वंशों में अनेक उल्लेखनीय शासक हुए, जो जैन धर्म के प्रति बड़े सहिष्णु व श्रद्धालु थे। उनके अनेक राजमहिषियों, कुमार मंत्री, सेनापति, राजकर्मचारी, आदि जैन धर्म के निष्ठावान अनुयायी थे।

राजाओं के साथ-साथ राजमहिषियों ने भी जैन धर्म के प्रति गहरी निष्ठा प्रकट की। महारानी बुक्कवे, रानी सुगुणिदेवी, महारानी भीमादेवी, राजकुमारी देवमती, रानी चेन्नाभैरव देवी, आदि इस संदर्भ में स्मरणीय हैं।

राजकुलशेखर आलुपेन्द्र देव, संगीतपुर-नरेश सालुवेन्द्र व इन्दगरस (इम्माडि सालुवेन्द्र), वीर पांड्य भैररस, गोपण व हरिहर ओडेयर, नागण्ण वोडेयर, राजा पेरुमालदेव, प्रोम्मिदेव, आदि उप-राजाओं ने भी जैन धर्म के प्रति सम्मान व उत्साह दर्शित किया। विभिन्न सामन्तों, सेनापतियों, श्रेष्ठियों एवं उच्च पदाधिकारियों ने भी जैन धर्म के विकास में भरपूर योगदान किया। दण्डनायक वीर बैचप, मंगप, बुक्कन, दण्डेश इरुक, गुण्ड, जैन महासेनापति इरुगप, मंत्री पद्मनाभ, कूचिराज, गोप महाप्रभु, गोपच मूप, गोप व कम्पन गोंड, पुरुषोत्तम राज कामश्रेष्ठी, सेट्टि भायण्ण, सेठ बुसुवि व गुम्मटण्ण, राजनर्तक मंगायि, आदि ने न केवल जैन मत को सोत्साह पल्लवित किया अपितु अनेक निर्माण-कार्य भी पूर्ण किये।

दक्षिण भारत में दिगम्बर आम्नाय की धूम रही। उत्तर भारत ने जिस प्रकार दक्षिण भारत को जैन-दृष्टि दी थी, उसका ब्याज-सहित चुकाता दक्षिण भारत ने कुन्दकुन्दाचार्य, माधवसेन, विशालकीर्ति जैसे महान् जैन धर्माचार्यों से किया। भट्टारक परम्परा भी दक्षिण से उत्तर की ओर गयी। उत्तर-मध्यकाल में दक्षिण भारत में अनेक जैन मुनि, पंडित, लेखक व कवि, सूरि, भट्टारक, आदि हुए जिन्होंने दक्षिण भारत में जैन धर्म की पुनः प्रतिष्ठा करते हुए धर्म-ध्वजा को विपरीत परिस्थितियों में फहराये रखा। ऐसे धार्मिक नेताओं में हेमचन्द्र भट्टारक के शिष्य तेलुग आदिदेव, मलधारी माधवचन्द्र, रामचन्द्र व केशव, आलुव महाप्रभु, मुनि भद्रदेव, श्रुतमुनि, चारुचन्द्र पंडित, माणिक्यदेव, श्रुतिकीर्तिदेव के शिष्य मुनि आदिदेव, पंडितदेव, न्यायकीर्ति, शुभचन्द्र, नेमिचन्द्र सूरि, मल्लिनाथ, विजयकीर्तिदेव,

भट्टारक ललितकीर्ति, धर्मभूषण, चारुचन्द्र आदि प्रमुखता रखते हैं। सन् 1373 ई॰ के एक श्रवणबेलगोला अभिलेख में भट्टारक वसन्तकीर्ति, देवेन्द्रकीर्ति, विशालकीर्ति, शुभकीर्ति, कलिकालसर्वज्ञ भट्टारक धर्मभूषण, अमरकीर्ति व वर्धमान मुनि का उल्लेख आया है।

इस दृष्टि से जैन कवियों एवं लेखकों की भूमिका को कम नहीं आंका जा सकता। सिंहकीर्ति, उदय भाषा-चक्रवर्ती, पंडित बाहुबलि, केशवर्णी, राजकवि मधुर, अभिनव श्रुतमुनि, चन्द्रकीर्ति, भास्कर, कल्याणकीर्ति, जिनदेव, विजय, आदि ने अपनी रचनाधर्मिता के माध्यम से जैन धर्म, दर्शन, पुरुषों एवं परम्पराओं को गौरवान्वित किया।

इस समय दक्षिण भारत के जैन समाज में स्वेच्छा से प्राण त्याग करने की प्रवृत्ति पर्याप्त लोकप्रिय हो उठी थी। इस प्रक्रिया को समाधि-मरण नाम दिया गया था। हमें इसके पुष्ट प्रमाण प्राप्त होते हैं कि अलाम्बा, कामिगौड़ी, रामिगौड़ि, कालिगौड़ि नामक महिलाओं तथा बेचिगौड़, वेम्मगौड़, मेचक, भद्रदेव, तम्मगौड़, चन्दप्पा, पायण्ण, चन्दगौड़, सिरियण्ण, हारुबगौड़, गोपण, गोपगौड़, मदुकगौड़, जैसे पुरुषों ने समाधि-मरण स्वीकार किया था।

विजयनगर के अतिरिक्त इस काल में कूरगहल्ली, राबन्दूर, मुलगुण्ड, श्रवणबेलगोला, हिरियावली, मुल्लूर, संगीतपुर, मुडबिद्रे, कारकल, बेणूर, भटकल, आदि स्थल जैन धर्म के महत्त्वपूर्ण केन्द्र रहे। इन स्थानों पर अनेक दर्शनीय बस्तियाँ निर्मित की गयीं व जिन्-मन्दिरों का निर्माण हुआ।

इस काल में निर्मित मानस्तंभ आज भी श्रवणबेलगोला, कम्बडहल्ली, हुमचा, हिरियागढ़ी, कारकल, मुल्की, मुडबिद्रे, आदि स्थानों की शोभा बढ़ा रहे हैं।

यह एक विचित्र तथ्य है कि जिस पूर्वी भारत में जैन धर्म का उद्भव व प्रारंभिक विकास हुआ, वह शनैः-शनैः वहाँ से लुप्त होते हुए परवर्ती काल में पश्चिम एवं दक्षिण भारत की ओर प्रसरण करता चला गया। परवर्ती मौर्य एवं शुंग काल में पूर्वी भारत में बौद्ध, आजीवक एवं वैष्णव मतों को अधिक राजकीय संरक्षण मिलने के कारण संभवतः जैन धर्माचार्यों एवं उनके अनुयायियों को अन्यत्र पलायन करना पड़ा होगा।

दिगम्बर एवं श्वेताम्बर आम्नायों में विभाजन के पूर्व ही दक्षिण भारत को जैन धर्म का संस्पर्श उसके मूल रूप में हो गया था। इस कारण तीर्थंकर महावीर से लेकर भद्रबाहु तक की मूल एवं अविभाजित परम्परा ही दक्षिण भारत में पहुँची और उसी रूप में वहाँ पल्लवित और पुष्पित हुई। दक्षिण भारत में जैन मत को वहाँ पल्लवित हो रही विभिन्न धार्मिक मान्यताओं के मध्य अपनी भूमिका सम्पादित करनी थी। इस कारण उसने दार्शनिक विचार-धारा पर अधिक बल दिया। यह निःसंकोच कहा जा सकता है कि जिस प्रकार ब्राह्मण धर्म से सम्बन्धित दक्षिण भारत की अद्वैत, विशिष्टाद्वैत, द्वैत, द्वैताद्वैत आदि

दार्शनिक दृष्टियाँ उत्तर भारत के ब्राह्मण मत-मतान्तरों की आधारशिला बनीं, ठीक उसी प्रकार जैन धर्म की मूल संघ, सरस्वतीगच्छ, बलात्कारगण या उससे सम्बन्धित नन्दी संघ, काष्ठा संघ एवं भट्टारक परम्परा भी उत्तर भारत में आई और शताब्दियों तक दृढ़तापूर्वक अपने आचार-विचार से जन-जीवन को प्रभावित करती रही। इस प्रकार जो श्रमण तत्त्व पूर्वी भारत से लुप्त होता चला गया था, उसका संरक्षण एवं विकास दक्षिण भारत में बहुत बड़ी सीमा तक सम्पन्न किया।

उत्तर मध्यकालीन जैन धर्म का स्वरूप

भारत की जनसांख्यिक संरचना में जैन-मतावलम्बियों का प्रतिशत नगण्य सा ही रहा है किन्तु उनकी जिजीविषा, गति, सृजनशीलता, व्यापारिक एवं औद्योगिक क्षमताएँ, प्रशासनिक योग्यताएँ, कलात्मक एवं दार्शनिक प्रवृत्तियाँ अत्यधिक प्रभावी एवं चमकदार सिद्ध हुई हैं। उनकी इन विशेषताओं का ही परिणाम था कि जैन धर्म अपनी श्रमण संस्कृति एवं अनेकान्तवादी नास्तिक दर्शन के साथ सनातन बना रह सका है और उसने इतिहास के पथ पर अपनी अमिट लीक बनाई है। इतना होने पर भी जैन धर्म स्वयं को वैचारिक एवं व्यावहारिक विभाजन से रोक नहीं पाया। ईसा पूर्व तीसरी सदी में ही उसका दिगम्बर एवं श्वेताम्बर आम्नायों में विभक्तीकरण स्पष्ट हो गया।

समय के साथ ये दोनों ही सम्प्रदाय विभिन्न संघों, गणों, गच्छों, आदि में विभक्त हो गये तथा प्रत्येक की अपनी परम्पराएँ और अपने-अपने अन्वय चले।

प्रश्न यह उठता है कि वे कौन से कारण हैं जो इन गच्छों या गणों के निर्माण की पृष्ठभूमि में रहे? इस तथ्य को समझने के लिये हमें कुछ गहराई से विचार करना होगा।

जैन मत की विभिन्न शाखाओं या प्रशाखाओं में सैद्धांतिक या दार्शनिक भेद उतना नहीं है जितना कि आचार और व्यवहार के संबंध में है। विभिन्न संघों या गच्छों के उद्‌भव की पृष्ठभूमि में सबसे महत्त्वपूर्ण कारण शिथिलाचार का होना है।

किसी संघ या परम्परा में जब कुछ लोगों ने संशोधन कर किसी विद्यमान आचार-संहिता को संशोधित या परिवर्तित करने की कोशिश की तो यह क्रम शिथिलाचार कहलाया। परम्परावादी शिथिलाचार के विरोध में हो गये और संशोधनवादी पक्ष में। अतः संघ-भेद अनिवार्य हो गया।

संघ में साधुओं, आचार्यों और श्रावकों में कई बार कुछ मुद्दों को लेकर प्रतिष्ठा का प्रश्न भी उठ खड़ा होता था। इस प्रश्न ने भी जैन धर्म में विभिन्न प्रशाखाओं या गच्छों के निर्माण में योग दिया। तपागच्छीय परम्परा में श्री जगच्चन्द्र सूरि के उपरांत उनके दो शिष्यों में विजयचन्द्र सूरि व देवेन्द्र सूरि में इसी कारण मतभेद था।

संघ में भेद का तीसरा कारण यह रहा कि किसी आचार्य की दिवंगति पर उसके पट्ट पर उत्तराधिकारी का प्रश्न विवादास्पद हो गया। रिक्त हुए पट्ट पर जब एकाधिक दावेदार सामने आये तो उस पट्ट की परम्परा का स्पष्ट रूप से विभाजन हो गया।

पूर्व मध्य काल में अनेक वैश्य या क्षत्रिय परिवार जैन धर्म में दीक्षित किये गये। जिस साधु या आचार्य ने उन्हें दीक्षित किया, वे उसी गच्छ के अनुयायी बन गये। यह प्रक्रिया उत्तर-मध्य काल में भी जारी रही।

जैन धर्म ने अपरिग्रह की लाख दुहाई दी हो, उसके अनुयायी अत्यंत धनी और समृद्ध रहे हैं। संख्या में तुलनात्मक रूप से कम होने के कारण उस समाज में धार्मिक आग्रह प्रभूत मात्रा में रहा। उनके अधिकतर सांस्कृतिक या सामाजिक कार्य अपने ही समाज के लिये सुरक्षित रहे। इन स्थितियों में आचारगत संकीर्णता की विद्यमानता तथा साम्पत्तिक वैभव का दानरूप में प्रदर्शन एक मनोवैज्ञानिक तथ्य रहा है। श्रावकों के धन-मद और पारिवारिक प्रतिष्ठा की सुरक्षा के आडम्बरपूर्ण प्रदर्शन ने भी जैन समाज को कई शाखा-प्रशाखाओं में विभक्त किया है। ऐसे लोगों के भाग्य से अनेक ऐसे धार्मिक नेता भी हुए जिन्होंने अपने नाम और यश के वशीभूत होकर इस या उस पक्ष का साथ देकर संघ-भेद की प्रक्रिया को प्रच्छन्न रूप से प्रोत्साहित किया।

जैन धर्म अपने वीतराग एवं निवृत्ति-प्रधानता के कारण अपना एक विशिष्ट स्थान रखता है। उसके साधु चाहे दिगम्बर हों चाहे श्वेताम्बर, अपरिग्रह, संयम और संघ-अनुशासन के अप्रतिम प्रतीक माने गये हैं। ऐसा सदियों तक होता रहा किन्तु समय के साथ साधुओं में भी श्रेष्ठता एवं प्रतिष्ठा की छिपी प्रवृत्ति अभिव्यक्त होने लगी। स्थिति इतनी विषम हुई कि पिच्छी या लंगोट जैसी अत्यंत सामान्य बात को लेकर संघ-भेद हो गया। पूजा-विधान को लेकर झगड़े होने लगे और मंदिर एवं स्थानक परम्पराएँ भी स्वयं में रूढ़ होकर एक-दूसरे से काफ़ी दूर चली गईं। साधुओं की मान्यताओं के आधार पर भी सम्प्रदाय चल निकले। कुछ साधु तो आडम्बर और यश के इतने पिपासु हो गये कि उन्होंने इन्हें अपने धार्मिक कार्यों का हिस्सा ही मान लिया। चैत्यवासी या भट्टारक इसी प्रकार के थे।

दो विभिन्न धुरियों के मध्य समन्वय स्थापित करने वाले भी अपना एक पृथक् समूह बनाने के पात्र बने। तेरहपंथी और बीसपंथी परम्पराओं में समन्वय स्थापित करने वाले साढ़े-सोलह पंथी लोग इसका उदाहरण हैं।

जैन धर्म में विद्यमान विभिन्न शाखा-प्रशाखाओं, गणों या गच्छों आदि का विकास वैचारिक मान्यताओं और संघर्षों का परिणाम कम होकर शिथिलाचार, प्रतिष्ठा और अहम् का परिणाम अधिक था। जैन संघ का मूल स्वरूप चूँकि गणतंत्रात्मक रहा, इस कारण

इन सारी विभिन्नताओं के मध्य भी समष्टि रूप में जैन मत अपना अस्तित्व बनाये रख सका। उसके विभिन्न अंग परस्पर आलोचना और प्रत्यालोचना तो करते रहे किन्तु उनकी मूल दृष्टि निर्णायक रूप से एक ओर अविच्छिन्न बनी रही। उसकी इसी सैद्धांतिक एकता ने अनेकान्तवाद को आज तक कायम रखा है।

पूर्व मध्यकालीन भारत में जैन धर्म में एक विचित्र रूपान्तरण हुआ। यद्यपि जैन धर्म का विभाजन शताब्दियों पूर्व दिगम्बर एवं श्वेताम्बर आम्नायों में हो चुका था किन्तु बात केवल वस्त्र-धारण एवं पूर्वी व उसकी वाचना तक सीमित रही थी। उसमें महावीर स्वामी एवं गणधरों के इहलोक छोड़ने के उपरांत भी एक त्याग एवं विरागमय सारल्य था। धर्म जटिल नहीं था। पंच महाव्रत के परम्परागत विधान के प्रति साधुओं और श्रावक-श्राविकाओं में परिपूर्ण निष्ठा थी। शिथिलाचार का प्रवेश तो क्रमशः होने लगा था, किन्तु जैन समाज में सम्प्रदाय-गत विभाजन की कठोर भावना का अभाव था। आचार पर विचार का निरंतर दबाव बना हुआ था। इस कारण जैन धर्म की मूल दार्शनिक एवं सैद्धांतिक दृष्टि अभी भी निर्णायक रही।

जैन धर्म के अपनी मूल उत्स-भूमि से बाहर निकलकर दक्षिण व पश्चिम की ओर प्रस्थित होने के परिणामस्वरूप उस पर क्षेत्रीय तत्त्व हावी होने लगे। उसे अनेक अजैन विधियों और संस्कारों के मध्य अपनी राह निर्धारित करनी पड़ी। आगमों एवं तंत्रों के धार्मिक माया-जाल में आबद्ध पूर्व मध्यकालीन भारतीय समाज में अपना स्थान निर्धारित करने के लिये वनवासियों की अपेक्षा चैत्यवासियों व मूल दिगम्बर दृष्टि की अपेक्षा भट्टारकीय चेतना को पल्लवित होने का अवसर मिल गया। सौभाग्य की बात थी कि जैन समाज स्वयं को बहुत बड़ी सीमा तक लेश्याओं से तो बचा सका किन्तु "ऐषणा" का तत्त्व उसमें प्रविष्ट हो गया। इस प्रश्न को लेकर भी श्रावकों व साधुओं में मतभेद उभरता गया। इससे विचार-दृष्टि पर आचार पक्ष प्रबल होता गया, पारस्परिक शास्त्रार्थ होने लगे और एक जैन समूह द्वारा दूसरे समूह के धर्माचार्यों को पराजित कर देने पर या राजाओं या प्रशासकों द्वारा विशेष सम्मानित हो जाने पर गर्वोक्तियाँ की जाने लगीं। अपने प्रति आकर्षण बढ़ाने की दृष्टि से साधुओं में वैभव के प्रदर्शन एवं धर्म-परिवर्तन की प्रक्रिया को भी प्रोत्साहन दिया गया। परिणामतः पारस्परिक मतभेद अपरिहार्य हो गये।

इस स्थिति ने समकालीन जैन धर्म में वाद, प्रतिवाद एवं सामासिकता के परिदृश्य उपस्थित किये, कुछ हिन्दू निर्गुणिया संत से मूर्ति-विरोधी या आमूल-परिवर्तनवादी सिद्ध हुए। लोंकाशाह एवं तारणस्वामी इस नव-प्रवृत्ति के परिचायक रहे। इस पृष्ठभूमि में उत्तर मध्यकालीन जैन धर्म की विभिन्न शाखाओं और प्रशाखाओं का संक्षिप्त सर्वेक्षण अन्यथा न होगा।

दिगम्बर सम्प्रदाय

तेरहवीं से अठारहवीं सदी तक के भारतीय जैन धर्म का अध्ययन अत्यधिक व्यापक एवं जटिल है। इस विषय पर सविस्तार प्रकाश डालना अत्यधिक श्रमसाध्य, समयसाध्य एवं व्ययसाध्य कार्य है। फिर भी जो कुछ कार्य विद्वानों एवं सुविज्ञ विशेषज्ञों ने इस दिशा में किया है, वह सर्वथा समग्र एवं त्रुटिहीन है, यह कहना कठिन ही है।

मध्यकालीन जैन धर्म धर्मगत एवं समाजगत अनेक विधाओं में विभक्त हुआ। देवसेन के अनुसार मूल साधु संघ से विभक्त होने की प्रक्रिया पांचवीं सदी में वज्रनन्दि द्वारा द्राविड़ संघ की स्थापना से प्रारंभ हुई। इस प्रक्रिया के परिणामस्वरूप जो अनेक दिगम्बर गण, गच्छ या संघ आविर्भूत हुए, उनमें सेनगण, बलात्कारगण, नन्दिगण, देसीगण, द्रमिसगण, क्राणूरगण, सरस्वतीगच्छ, मूल संघ, नन्दि संघ, मयूर संघ, किट्टूर संघ, कुलतूर संप, आदि उल्लेखनीय हैं।

भट्टारक सम्प्रदाय

साधु संघ में पृथक् होकर प्राचीन भारत, विशेषकर दक्षिण से, एक विशिष्ट भट्टारक परम्परा प्रारंभ हुई। उसने प्रमुख रूप से इन दिगम्बर (कुछ सीमा तक उत्तर-मध्यकालीन श्वेताम्बर) गणों एवं संघों में प्रवेश ले लिया था।

भट्टारक परम्परा के प्राचीन संदर्भ नन्दि संघ की पट्टावलियाँ प्रस्तुत करती हैं जिनके अनुसार द्वितीय भद्रबाहु के उपरांत बारहवीं सदी के प्रारंभ तक 51 आचार्य हुए। मूलतः यह पट्ट-परम्परा दक्षिण में भद्दिलपुर से प्रारंभ हुई। सत्ताईसवें आचार्य महाकीर्ति के समय से यह परम्परा उज्जैन आ गई। ग्यारहवीं सदी में लक्ष्मीचन्द्र से लेकर लोकचन्द्र तक के आचार्य उज्जैन छोड़कर चन्देरी चले गये जबकि अन्तिम तीन आचार्य श्रुतकीर्ति, भवचन्द्र एवं महाचन्द्र विदिशा पट्ट को शोभित करने लगे।

मूल संघ

मूल संघ की कुछ चर्चा भी सम्प्रति अभिप्रेत है। यह संघ ईसा की चौथी शताब्दी में दक्षिण भारत में विद्यमान ज्ञात होता है। कालान्तर में इसका पर्याप्त विकास हुआ। देवगण, सेनगण, देशियगण, नन्दिगण, सूरस्यगण, क्राणूरगण, बलात्कारगण, सरस्वतीगच्छ, आदि इसके अंतर्गत रहे। मूलतः दक्षिण भारत की इस परम्परा का उत्तर भारत में भी पर्याप्त प्रचार-प्रसार हुआ। दक्षिण की परम्परा लातूर व कारंजा शाखाओं में विभक्त हुई जबकि उत्तर में इस परम्परा ने चौदहवीं सदी के उपरांत भरपूर विकास किया।

ये भट्टारक विरागमय एवं यायावरी जीवन से भिन्न मठों या मन्दिरों में निवास करते, कीमती वस्त्राभूषण, मुकुट आदि से सुशोभित रहते, विशाल धर्मस्थलों, आवासों एवं भू-क्षेत्रों

के स्वामी होते, राजसी वैभव के साथ अपने पट्टों पर आसीन रहकर विभिन्न प्रतिमाओं एवं यंत्रों का प्रतिष्ठान करते, मंत्र-सिद्धि का दावा करते, प्रदर्शनों एवं कलात्मक मनोरंजनों में भाग लेते तथा अपने प्रभाव एवं प्रबोध से जन-मन को आकर्षित एवं अभिप्रेरित करते प्रतिष्ठापूर्ण जीवन बिताते थे।

परम्परागत जैन साधु एवं श्रावक इन भट्टारकों की गतिविधियों से सहमत नहीं थें क्योंकि उनकी दृष्टि से भट्टारक-गण साधना, सादगी, सात्विकता तथा तपःशीलता की अपेक्षा शिथिलाचार की ओर प्रवृत्त हो रहे थे। फिर भी विवश थे क्योंकि भट्टारकों ने अपने प्रभाव एवं प्रतिष्ठा के कारण पर्याप्त जन-समर्थन एवं अनुसरण जुटा लिया था।

डॉ॰ विद्याधर जोहरापुरकर ने अपनी कृति *भट्टारक सम्प्रदाय* में भट्टारक परम्परा पर सटिप्पण प्रकाश डाला है। उत्तर-मध्यकालीन भट्टारक परम्परा पर उन्होंने जो विवरण दिया है, उसका सार निम्नवत् है –

सेनगण

पूर्व में पंच स्तूपान्वय, ऋषभसेनान्वय, सूरस्यगण एवं पोगरि (पुष्कर) गच्छ के नामों से सम्बन्धित या सम्बद्धित सेनगण का प्रमुख केन्द्र विदर्भ क्षेत्र का कारंजा नगर रहा। सेनगण का प्रभाव-क्षेत्र महाराष्ट्र, कर्नाटक व गुजरात प्रदेशों के कई उल्लेखनीय केन्द्र रहे। अधिकांश अभिलेखीय स्रोतों में इस गण को मूल संघ के अंतर्गत माना गया है। इस गण के प्रमुख भट्टारक चौदहवीं सदी में श्रीधरसेन, पन्द्रहवीं सदी में देवसेन व सोमसेन, सोलहवीं सदी में गुणभद्र, माणिकसेन व सोमसेन, सत्रहवीं सदी में सोमसेन, जिनसेन व समन्तभद्र तथा अठारहवीं सदी में छत्रसेन, नरेन्द्रसेन, शान्तिसेन, सिद्धसेन, आदि रहे। सेनगण की पट्ट-परम्परा आज भी विद्यमान है।

बलात्कारगण

इस गण की विद्यमानता के प्रारंभिक प्रमाण हमें ग्यारहवीं सदी से प्राप्त होने लगते हैं। चौदहवीं सदी में इस गण से सरस्वती (शारदा) गच्छ संपृक्त हुआ। इस गण के तेरहवीं सदी के प्रारंभिक आचार्य देशनन्दि एवं श्रवणसेन (कनकसेन) हुए। उनके उपरांत वनवासी वसन्तकीर्ति, देवेन्द्र विशालकीर्ति, शुभकीर्ति, धर्मभूषण, अमरकीर्ति, सिंहनन्दि, धर्मभूषण, वर्धमान एवं धर्मभूषण क्रमशः इस पट्ट पर आसीन हुए। परवर्ती आचार्यों का विजयनगर राज्य में पर्याप्त प्रभाव रहा।

कालान्तर में बलात्कारगण की कारंजा एवं लातूर शाखाएँ विकसित हुईं।

कारंजा शाखा

सोलहवीं सदी में अस्तित्व में आई शाखा के प्रथम ज्ञात आचार्य अमरकीर्ति हैं। इनके शिष्य वादीन्द्र विशालकीर्ति का दक्षिण के बहमनी एवं विजयनगर शासकों पर अच्छा प्रभाव था। इनके शिष्य विद्यानन्द की भी यही प्रतिष्ठा रही। उनके बाद इस शाखा के पट्टधर क्रमशः देवेन्द्रकीर्ति, धर्मचन्द्र, धर्मभूषण, देवेन्द्रकीर्ति, कुकुदचन्द्र, धर्मचन्द्र, धर्मभूषण हुए। धर्मभूषण सन् 1675 ई॰ तक पट्ट पर आसीन रहे। उनका एक शिष्य विशालकीर्ति कारंजा का पट्टधर बना तथा दूसरे शिष्य अजितकीर्ति से लातूर शाखा प्रारंभ हुई। कारंजा के पट्ट पर सत्रहवीं से उन्नीसवीं सदी तक क्रमशः धर्मचन्द्र, देवेन्द्रकीर्ति, धर्मचन्द्र, देवेन्द्रकीर्ति, पद्मनन्दि, देवेन्द्रकीर्ति व रत्नकीर्ति रहे। उनके उपरांत देवेन्द्रकीर्ति हुए जो इस शाखा के अन्तिम भट्टारक थे।

लातूर शाखा

कारंजा शाखा के दसवें भट्टारक धर्मभूषण के शिष्य अजितकीर्ति से सत्रहवीं सदी के मध्य में यह शाखा प्रारंभ हुई। अजितकीर्ति के उपरांत इस शाखा के पट्टधर क्रमशः विशालकीर्ति, महीचन्द्र, महीभूषण, शान्तिकीर्ति, कल्याणकीर्ति, गुणकीर्ति, चन्द्रकीर्ति एवं माणिकनन्दि रहे।

लातूर में ही बलात्कारगण की एक और भी भट्टारक परम्परा कारंजा के भट्टारक विशालकीर्ति के एक शिष्य पद्मकीर्ति से सन् 1679 ई॰ में प्रारंभ हुई। इस शाखा में उनके उपरांत मध्य काल में क्रमशः विद्याभूषण, हेमकीर्ति, अजितकीर्ति आदि आसीन हुए। यह पट्ट-परम्परा आज भी विद्यमान है।

बलात्कारगण उत्तर शाखा

दिगम्बर सम्प्रदाय का एक प्राचीनतम संघ मूल संघ रहा है। एक ऐसी उत्तरवर्ती मान्यता के अनुसार इस संघ की स्थापना कुन्दकुन्दाचार्य ने की थी। पट्टावलियाँ इस स्थापना का श्रेय आचार्य माद्यनन्दि को देती हैं। ईसा की पाँचवीं सदी तक आते-.आते मूल संघ दक्षिण भारत में सुप्रतिष्ठित हो चुका था। उसके अनेक गण एवं उनसे सम्बन्धित गच्छ पर्याप्त लोकप्रियता प्राप्त कर चुके थे। इनमें विशेष रूप से नंदिसंघ, बलात्कारगण और सरस्वतीगच्छ उत्तर-मध्यकालीन भारत में पर्याप्त प्रभावी सिद्ध हुए।

बलात्कारगण की उत्तर शाखा का जहाँ तक प्रश्न है, इससे सम्बन्धित पट्टावलियाँ इसे बड़ा प्राचीन मानती हैं और गुप्तिगुप्त व माद्यनन्दि से लेकर अभयकीर्ति तक 77 आचार्यों की सूची देती है। यद्यपि इनकी ऐतिहासिकता संदिग्ध है किन्तु 78वें भट्टारक वसन्तकीर्ति निश्चित ही ऐतिहासिक थे। इनकी परम्परा व ज्ञात तिथियाँ इस प्रकार रहीं –

वसन्तकीर्ति (1209 ई॰), शुभकीर्ति, धर्मचन्द्र (1214-39 ई॰), रत्नकीर्ति (1239-53 ई॰) तथा पद्मनन्दि (1253-1397 ई॰)। भट्टारक पद्मनन्दि के उपरांत उनके तीन शिष्यों में गादी का विभाजन हो गया। एक शिष्य शुभचन्द्र (1393-1450 ई॰) से दिल्ली की शाखा प्रारंभ हुई। उनके पट्टधर हुए जिनचन्द्र (1450-1514 ई॰) जिनके एक शिष्य रत्नकीर्ति ने नागोर शाखा तथा दूसरे शिष्य सिंहकीर्ति ने अटेर शाखा का प्रारंभ किया।

इस प्रकार हम देखते हैं कि मूल संघ के बलात्कारगण की एक ही उत्तर शाखा ने विभिन्न शाखाओं का रूप ले लिया। इन आचार्यों की गादी केवल विभाजित ही नहीं हुई, स्थानान्तरित भी हुई। हम पाते हैं कि मूल संघ के आचार्यों की गादी बारां से चित्तौड़ व बघेरा, वहाँ से अजमेर तथा अजमेर से ईडर स्थानान्तरित हुई और भट्टारक गादी बन गई। भट्टारक पद्मनन्दि (1328-93 ई॰) के तीन शिष्यों से तीन शाखाएँ अस्तित्व में आईं — 1. शुभचन्द्र से दिल्ली-जयपुर शाखा, 2. सकलकीर्ति से ईडर शाखा और 3. देवेन्द्रकीर्ति से सूरत शाखा। दिल्ली शाखा में शुभचन्द्र (1393-1450 ई॰) के पश्चात् जिनचन्द्र (1450-1514 ई॰), इनके पश्चात् प्रभाचन्द्र (1514 ई॰) हुए। प्रभाचन्द्र के काल में 1515 ई॰ में दिल्ली से यह गादी चित्तौड़ आ गई। प्रभाचंद्र के गुरु-भाई रत्नकीर्ति ने इसी समय नागोर की गादी पृथक् से स्थापित कर ली। नागोर में पुनः मतभेद उभरने पर एक भाग तो अजमेर चला गया व दूसरा नागोर में ही रहने लगा। इसी प्रकार चित्तौड़ से प्रभाचन्द्र के उत्तराधिकारी चन्द्रकीर्ति के समय गादी चाटसू स्थानान्तरित हुई। इसके बाद यह क्रमशः सांगानेर, आंवा, आमेर और अंत में जयपुर स्थानान्तरित हो गई।

उक्त विवेचन को अधिक पूर्णता देने की दृष्टि से इन विभिन्न शाखाओं के भट्टारकों की सूची देना सम्प्रति अभिप्रेत होगा।

दिल्ली-जयपुर शाखा

पद्मनन्दि शिष्य शुभचन्द्र (1393-1450 ई॰), जिनचन्द्र (1450-1514 ई॰), प्रभाचन्द्र (1514-23 ई॰, इनके समय यह शाखा चित्तौड़ चली गई), चन्द्रकीर्ति (शाखा चाटसू चली गई), देवेन्द्रकीर्ति (1606 ई॰), नरेन्द्रकीर्ति (1634 ई॰), सुरेन्द्रकीर्ति (1665 ई॰), जगत्कीर्ति (1676 ई॰), देवेन्द्रकीर्ति द्वितीय (1713 ई॰), महेन्द्रकीर्ति (1733 ई॰, इनके समय में यह भट्टारक पीठ आमेर-जयपुर चली गई), क्षेमेन्द्रकीर्ति (1758 ई॰), सुरेन्द्रकीर्ति द्वितीय (1765 ई॰), सुखेन्द्रकीर्ति (1795 ई॰)।*

नागोर शाखा

जिनचन्द्र (1450-1514 ई॰), रत्नकीर्ति (1524 ई॰), भुवनकीर्ति (1529 ई॰), धर्मकीर्ति (1533

* कोष्ठक में प्रदत्त वर्ष भट्टारकों के पट्टाभिषेक का है।

ई॰), विशालकीर्ति (1544 ई॰), लक्ष्मीचन्द्र (1554 ई॰), सहस्रकीर्ति (1574 ई॰), नेमीचन्द्र (1593 ई॰), यशकीर्ति (1615 ई॰), भानुकीर्ति (1633 ई॰), श्रीभूषण (1648 ई॰), धर्मचन्द्र (1655 ई॰), देवेन्द्रकीर्ति (1670 ई॰), सुरेन्द्रकीर्ति (1681 ई॰), रत्नकीर्ति (1688 ई॰) आदि इस शाखा के प्रमुख भट्टारक थे।

ईडर शाखा

पद्‌मनन्दि, सकलकीर्ति (1393 ई॰-1453 ई॰), भुवनकीर्ति (1451 ई॰-1470 ई॰), ज्ञानभूषण (1477 ई॰-1503 ई॰), इनके समय में ज्ञानकीर्ति ने भानुपरा शाखा पृथक् से स्थापित की। विजयकीर्ति (1500 ई॰-1511 ई॰), शुभचन्द्र (1516 ई॰-1556 ई॰), सुमतिकीर्ति (1565 ई॰-1568 ई॰), गुणकीर्ति (1574 ई॰-1582 ई॰), वादिभूषण (1595 ई॰-1599 ई॰), रामकीर्ति (1600 ई॰-1625 ई॰), पद्‌मनन्दि (1626 ई॰-1645 ई॰), देवेन्द्रकीर्ति (1656 ई॰-1668 ई॰), क्षेमकीर्ति (1677 ई॰), नरेन्द्रकीर्ति (1705 ई॰), विजयकीर्ति, नेमीचन्द्र** आदि इस शाखा के भट्टारकों में प्रमुख थे।

भानपुर शाखा

ईडर शाखा के द्वितीय भट्टारक भुवनकीर्ति के एक शिष्य ज्ञानकीर्ति ने सन् 1477 ई॰ में इस शाखा की स्थापना की। यह शाखा लगभग सन् 1750 ई॰ तक अस्तित्व में रही। ज्ञानकीर्ति के उपरांत इस शाखा में क्रमशः रत्नकीर्ति, यशःकीर्ति, गुणचन्द्र, जिनचन्द्र, सकलचन्द्र, रत्नचन्द्र, हर्षचन्द्र, शुभचन्द्र, अमरचन्द्र, रत्नचन्द्र एवं देवचन्द्र पट्टधर हुए।

अटेर शाखा

भट्टारक जिनचन्द्र के एक शिष्य सिंहकीर्ति (1463-74 ई॰) से अटेर शाखा प्रारंभ हुई। उनके उपरांत इस पट्ट पर अठारहवीं सदी तक क्रमशः धर्मकीर्ति, शीलभूषण, ज्ञानभूषण, जगत्‌भूषण, विश्वभूषण, देवेन्द्रभूषण, सुरेन्द्रभूषण भट्टारक बने। उपरांत यह शाखा भी दो उप-शाखाओं में विभक्त हो गई।

सूरत शाखा

भट्टारक पद्‌मनन्दि के एक शिष्य देवेन्द्रकीर्ति ने सन् 1436 ई॰ में इस शाखा का प्रारंभ किया। किन्तु उनके उपरांत इस शाखा का भी विभाजन हो गया। मुख्य शाखा पर क्रमशः विद्यानन्दि, मल्लिभूषण एवं लक्ष्मीचन्द्र, वीरचन्द्र, ज्ञानभूषण, प्रभाचन्द्र, वादिचन्द्र, महीचन्द्र,

---

** रत्नकीर्ति के उपरांत पट्ट का अठारहवीं सदी में विभाजन हो गया। मूल पट्ट पर उनके इस गच्छ से सम्बन्धित सारडा पूर्णिमिया, साधु पूर्णिमा, भीमपल्लीय, वटपद्रीय आदि गच्छ रहे।

मेरचन्द्र, जिनचन्द्र, विद्यानन्दि, देवेन्द्रकीर्ति, विद्याभूषण एवं धर्मचन्द्र अठारहवीं सदी के अंत तक पट्टधर रहे।

जेरहट शाखा

सूरत शाखा के पट्टाधीश देवेन्द्रकीर्ति के एक अन्य शिष्य त्रिभुवनकीर्ति ने सन् 1495 ई॰ के लगभग जेरहट शाखा की स्थापना की। उनके उपरांत उनके पट्ट पर क्रमशः सहस्रकीर्ति, पद्मनन्दि, यशःकीर्ति एवं ललितकीर्ति आसीन हुए। ललितकीर्ति के उपरांत उनके प्रमुख शिष्य धर्मकीर्ति (1588-1623 ई॰) ने मूल गादी संभाली। उनके उत्तराधिकारी क्रमशः पद्मकीर्ति, सकलकीर्ति एवं सुरेन्द्रकीर्ति हुए। दूसरे शिष्य रत्नकीर्ति से एक उप-शाखा प्रारंभ हुई जो उनके पट्टधर चन्द्रकीर्ति (1618-24 ई॰) के बाद संभवतः अस्त हो गई। वैसे भी जेरहट शाखा का कोई अस्तित्व सत्रहवीं सदी के उपरांत ज्ञात नहीं होता।

काष्ठा संघ

दिगम्बर भट्टारक परम्परा में मूल संघ के समान ही काष्ठा संघ अत्यंत गतिशील सिद्ध हुआ। इस संघ की स्थापना का श्रेय दक्षिण भारत में नंदियड (वर्तमान नांदेड़) में सातवीं सदी के अन्तिम दशक में आचार्य कुमारसेन को जाता है। यह एक विचित्र संयोग है कि इस संघ का नाम दिल्ली के निकटवर्ती एक ग्राम काष्ठा से संयुक्त हो गया। मूलतः इस संघ का नाम काष्ठा संघ नहीं था। पूर्व मध्य काल में दिगम्बर आम्नाय में जो अनेक संघ या गच्छ पल्लवित हुए थे, उनमें माथुर, वागड़, लाड-वागड़ (लाट-वर्गट), नन्दितट, आदि उल्लेखनीय रहे। ये संघ एवं गच्छ समय के साथ एक-दूसरे के निकट आ गये और बारहवीं सदी के उपरांत अपने-अपने नामों को सुरक्षित रखते हुए एक वृहद् काष्ठा संघ में रूपायित होते चले गये। दक्षिण के पुन्नाट संघ का उत्तर भारत में भी कुछ प्रभाव पड़ा क्योंकि हम मालवा में बदनावर (वर्धमानपुर) में बारहवीं सदी के एक तीर्थंकर प्रतिमा-लेख में वहाँ पुन्नाट संघ का उल्लेख पाते हैं। ऐसा ज्ञात होता है कि यह संघ भी धीरे-धीरे काष्ठा संघ में ही समाहित हो गया। इस प्रकार काष्ठा संघ के अंतर्गत माथुर, लाड-वागड़ एवं नन्दितट गच्छों व पुष्करगण का परिगणन होने लगा। इन गच्छों के उत्तर-मध्यकालीन भट्टारकों की सूची इस प्रकार है –

माथुरगच्छ

बारहवीं से चौदहवीं सदी के आरंभ तक माधवसेन, उद्धरसेन, देवसेन, विमलसेन, धर्मसेन, भावसेन व सहस्रकीर्ति हुए। पन्द्रहवीं एवं सोलहवीं सदी में इस परम्परा में उनके बाद क्रमशः गुणकीर्ति, यशःकीर्ति, मलयकीर्ति, गुणचन्द्र, भानुकीर्ति एवं कुमारसेन भट्टारक पट्ट पर आसीन रहे। उसके बाद इस परम्परा के बारे में कोई सामग्री उपलब्ध नहीं है।

माधवसेन के एक शिष्य तथा उद्धरसेन के गुरु-भाई विजयसेन से इस गच्छ की जो भट्टारक परम्परा प्रारंभ हुई उनके बाद पन्द्रहवीं सदी तक नयसेन, श्रेयांससेन, अनंतकीर्ति, कमलकीर्ति, क्षेमकीर्ति, हेमकीर्ति, कमलकीर्ति (1449-53 ई॰), कुमारसेन व हेमचन्द्र पट्टधर रहे। हेमचन्द्र के उपरांत सोलहवीं सदी में पद्मनन्दि, यशःकीर्ति, क्षेमचन्द्र व त्रिभुवनकीर्ति ने पट्ट संभाला। सत्रहवीं एवं अठारहवीं सदी में इस पट्ट पर क्रमशः सहस्रकीर्ति, महीचन्द्र, देवेन्द्रकीर्ति, जगत्कीर्ति, आदि आसीन हुए। यह पट्ट आज तक अस्तित्व में है।

सोलहवीं सदी के उत्तरार्ध में भट्टारक क्षेमकीर्ति के गुरु-भाई गुणचन्द्र ने जो पृथक् परम्परा स्थापित की थी, वह अल्पकालीन सिद्ध हुई। इस परम्परा में उनके उपरांत केवल सकलचन्द्र एवं महेन्द्रसेन भट्टारक रहे।

लाड-वागड़गच्छ

उत्तर-मध्य काल लगते-लगते इस गच्छ में पुन्नाट एवं वागड़गच्छ समाहित हो गये थे। इस गच्छ का प्रारंभ आठवीं सदी में जयसेन ने किया था। यह गच्छ पन्द्रहवीं सदी के अंत तक अस्तित्व में रहा। इस गच्छ के उत्तर-मध्यकालीन भट्टारकों में महेन्द्रसेन, अनन्तकीर्ति, विजयसेन, चित्रसेन, पद्मसेन, त्रिभुवनकीर्ति, धर्मकीर्ति, मलयकीर्ति, नरेन्द्रकीर्ति, प्रतापकीर्ति व त्रिभुवनकीर्ति को क्रमशः रखा जा सकता है।

नन्दितटगच्छ

इस गच्छ की क्रमबद्ध भट्टारक परम्परा पन्द्रहवीं सदी से उपलब्ध है। भट्टारक रत्नकीर्ति के पट्टधर लक्ष्मीसेन के मूल पट्ट पर सत्रहवीं सदी के समापन तक क्रमशः भीमसेन, सोमकीर्ति भीमसेन, सोमकीर्ति, विजयसेन, यशःकीर्ति, उदयसेन, त्रिभुवनकीर्ति, रत्नभूषण, जयकीर्ति, केशवसेन व विश्वकीर्ति पट्टधर रहे ।

भट्टारक लक्ष्मीसेन के एक अन्य शिष्य धर्मसेन की भट्टारक परम्परा उन्नीसवीं सदी के पूर्वार्द्ध तक अस्तित्व में रही। इस परम्परा में उनके उपरांत क्रमशः विमलसेन, विशालकीर्ति, विश्वसेन, विजयकीर्ति एवं विद्याभूषण, श्रीभूषण, चन्द्रकीर्ति, राजकीर्ति, लक्ष्मीसेन, इन्द्रभूषण, सुरेन्द्रकीर्ति, आदि भट्टारक रहे। सुरेन्द्रकीर्ति के उपरांत उनके तीन शिष्यों लक्ष्मीसेन, सकलकीर्ति एवं देवेन्द्रकीर्ति में गादी का विभाजन हो गया और गच्छ को उसके अन्तिम दिनों की ओर बढ़ा दिया।

विभिन्न भट्टारक-परम्पराओं की यह सूची अन्तिम नहीं है। विदिशा, चन्देरी, सोजित्रा, आदि स्थानों के उत्तर-मध्यकालीन भट्टारकों के बारे में हमारा ज्ञान अल्प है। अनेक साहित्यिक एवं अभिलेखीय प्रमाणों में ऐसे कतिपय दिगम्बर भट्टारकों के संदर्भ भी मिलते

हैं, जिनका उल्लेख उपरोक्त सूचियों में नहीं मिलता। ऐसे भी संकेत मिलते हैं कि अनेक भट्टारकों के पट्ट के लिये उनके शिष्य महत्त्वाकांक्षी हो उठे और उन्होंने अपनी-अपनी गादियाँ स्थापित कर लीं। किन्तु समर्थन के अभाव में ये गादियाँ नितांत अल्पकालीन सिद्ध हुईं।

स्थिति जो भी रही हो, भट्टारक सम्प्रदाय का दक्षिणी, पश्चिमी, मध्य एवं उत्तरी भारत के जैन समाज पर व्यापक प्रभाव रहा। कर्नाटक, आंध्र, महाराष्ट्र, गुजरात, मध्यभारत, राजस्थान, बुन्देलखण्ड, दिल्ली, आदि क्षेत्रों में राजनीतिक एवं भौगोलिक वैभिन्य के विद्यमान होते हुए भी उसका अस्तित्व रेखांकित हुआ। इस प्रभाव का ही परिणाम था कि अनेक ग्रंथों का सृजन हुआ, अनेक भट्टारक एवं धर्माचार्य सम्मानित हुए, अनेक मन्दिरों तथा सैकड़ों की मात्रा में तीर्थंकरों एवं यक्ष-यक्षियों की प्रतिमाओं का निर्माण हुआ। रचित साहित्य एवं प्रतिमा-लेखों ने इस काल के सामाजिक, राजनीतिक एवं सांस्कृतिक जीवन के अनेक पक्ष उजागर किये हैं।

भट्टारक सम्प्रदाय की समकालीन जैन एवं जैनेतर समाज में पर्याप्त आलोचना हुई है। उसे साधुत्व पर राजत्व, अपरिग्रह पर परिग्रह, अचेलकत्व पर चेलकत्व एवं निवृत्ति पर प्रवृत्ति लादने की प्रक्रिया बताया गया है। कई अर्थों में यह आलोचना उचित भी है किन्तु भट्टारकों की भूमिका को पूर्णतः नज़रअंदाज नहीं किया जा सकता। उत्तर-मध्यकालीन भट्टारक दक्षिण में बहमनियों एवं मालवा, गुजरात, दिल्ली और राजस्थान के कई क्षेत्रों में मुस्लिम एवं मुगल शासकों-प्रशासकों द्वारा स्थापित भौतिक एवं अभौतिक व्यवस्थाओं के मध्य अपनी भूमिका सम्पादित कर रहे थे। इस्लाम के सामने अपनी ढहती हुई जैन-आस्था को उन्हें किसी भी स्थिति में कायम रखना था। विभिन्न हिन्दू राजशक्तियों का समुचित संरक्षण भी उनके लिये अपरिहार्य था। इस कारण परम्परागत धर्म की अपेक्षा उनके लिये एक स्थान या पीठ पर रहकर पट्ट स्थापित करना एवं उसके लोकप्रिय बनाने के लिये मंत्र-तंत्र साधना, धार्मिक जीवन में नव प्रयोग करना, संगीत व कला को प्रोत्साहित करना एवं राजसी वैभव का आश्रय लेना आवश्यक प्रतीत हुआ था। उत्तर-मध्य काल तक आते-आते जब जैन जगत् के सामने आने वाली ये चुनौतियाँ मन्द होने लगीं, भट्टारकों का प्रभाव भी दिन-प्रतिदिन क्षीण होता चला गया।

भट्टारक परम्परा के पतन के अन्य भी कई कारण रहे। परम्परागत साधु वर्ग कुछ समय के लिये चाहे निरीह बन गया था, किन्तु उसके पक्षधर भीतर ही भीतर सारी स्थिति से व्यथित थे और जैन धर्म की प्राचीन गरिमा के पुनःस्थापना के पक्षधर थे। ऐसा करने वालों में मूर्ति-पूजक व मूर्ति-विरोधी दोनों ही दिगम्बर जन थे। तारण स्वामी द्वारा प्रवर्तित मूर्ति-पूजा-विरोधी तारण या समैया पंथ इस दृष्टि से बड़ा विद्रोही सिद्ध हुआ।

इस पंथ ने शुद्धात्मा के निराकार स्वरूप की उपासना पर बल दिया तथा भट्टारकों के चमक-दमक भरे जीवन पर एक प्रश्नचिह्न सा लगा दिया। तारण-पंथियों की आलोचना से भट्टारक मान्यताओं को सुरक्षित करने की दृष्टि से एक नवीन सम्प्रदाय "विश्व-पंथ" या "बीस-पंथ" का उदय हुआ, किन्तु भट्टारक सम्प्रदाय का पतन तब और स्पष्ट हुआ जबकि विधिमार्गियों ने उसके विरुद्ध अपनी कमर कस ली। यह एक मूर्ति-पूजन समूह था और बीस-पंथियों द्वारा अपनाई जाने वाली अनेक चर्याओं का विरोधी था। सत्रहवीं सदी में उदित होने वाला तेरा-पंथ इस दृष्टि से अधिक आक्रामक सिद्ध हुआ। इस पंथ की स्थापना सांगानेर में अमरचन्द ने की थी। इस पंथ के अनुयायियों में सर्वाधिक प्रभावी हुए बनारसीदास, जिनके सांस्कृतिक व राजनीतिक क्षेत्रों में अप्रतिम प्रभाव की चर्चा पूर्व में की ही जा चुकी है। उनके द्वारा प्रतिपादित 13 सूत्र इस पंथ की आधारशिला बने। यह तेरा-पंथ श्वेताम्बर तेरा-पंथ से सर्वदा भिन्न था।

अठारहवीं सदी के मध्य में जयपुर में गुमानीराम द्वारा एक और नवीन पंथ स्थापित हुआ जिसे गुमानी-पंथ या शुद्ध आम्नाय कहा जाता है। यह सम्प्रदाय मूर्ति के प्रति जितनी आस्था रखता है, उतनी उसकी पूजा-उपासना के प्रति नहीं। राजस्थान में ही बीस-पंथी और तेरा-पंथी समाज के मध्य समन्वय स्थापित करने के प्रयास में एक और साढ़े सोलह या तोता पंथ का उदय हुआ किन्तु दोनों पंथों द्वारा अमान्य होने से वह अधिक प्रचारित नहीं हो पाया।

समूचा श्वेताम्बर सम्प्रदाय तो भट्टारक परम्परा का भरपूर विरोधी था ही, किन्तु भट्टारकों के आकर्षण से वह स्वयं भी बच न सका। श्वेताम्बर सम्प्रदाय के अनेक आचार्य भी भट्टारक पदवी धारण करने लगे।

इन परिस्थितियों में भट्टारक सम्प्रदाय धीरे-धीरे निष्प्रभावी हो गया। अभी भी कुछ स्थानों पर भट्टारक-गादियाँ विद्यमान हैं किन्तु वे हैं एक महती युगयुगीन परम्परा का एक गौण एवं लघुतम संस्करण मात्र।

श्वेताम्बर सम्प्रदाय

मध्य काल के जैन-जगत् में श्वेताम्बर सम्प्रदाय ने अपनी अद्‌भुत क्षमता का परिचय दिया। उसकी तीव्र गति आठवीं सदी से प्रारंभ होकर अठारहवीं सदी तक निरंतर बनी रही। इस काल में गुजरात, राजस्थान एवं मालवा श्वेताम्बर सम्प्रदाय के प्रमुख केन्द्र रहे। इतना होने पर भी यह सम्प्रदाय एक संगठित एवं अनुशासनबद्ध दृश्य प्रस्तुत नहीं कर सका। पूर्व- मध्य काल में श्वेताम्बर-भित्ति में जो विभाजक-रेखाएँ दिखाई पड़ रही थीं, वे तो उभर ही नहीं पायी किन्तु अनेक विभाजक-रेखाएँ स्पष्टतया विभिन्न गच्छों के रूप में परिलक्षित होती चली गयीं। दसवीं सदी तक परम्परागत रूप में जो 84 गच्छ विभिन्न

पट्टावलियों में परिगणित हो रहे थे, वे न्यूनाधिक होते हुए सामान्यतया इसी संख्या को दर्शित करते रहे, कुछ नाम छूटते रहे, कुछ नये नाम जुड़ते रहे। यद्यपि इन गच्छों की संख्या 100 से ऊपर तक जा पहुँची, फिर भी उनमें अनेक लुप्त एवं अल्पजीवी गच्छ सम्मिलित नहीं हैं।

विभिन्न गच्छों का नामकरण किसी घटना, प्रदत्त उपाधि, सूरि या आचार्य, विशिष्ट स्थान या किसी संयोग के आधार पर हुआ। दसवीं से तेरहवीं सदी के मध्य जिन महत्त्वपूर्ण गच्छों का अस्तित्व रहा है, उनमें वट (कालान्तर में बृहद्), खरतर, उपकेश (उकेश), सांडेर (संडेरक), पूर्णिमिया, आगम, मल्लधारी, ब्रह्माण, निवृत्ति, तपा (लघु एवं वृहद्), वायट, धारा, चन्द्र, यशःसूरि, भावदेव, भावहर्ष, धनेश्वर, काम्यक, ओसवाल, ब्राह्मी, देवाभिदित, पिप्पल, आम्रदेव, भरतरि, जल्वयोधर, वातपीय, आरासणा, कासह्रद, आदि के अभिलेखीय साक्ष्य प्राप्त होते हैं।

तेरहवीं से सोलहवीं सदी के मध्य अस्तित्व में रहे अनेक श्वेताम्बर गच्छों के प्रमाण साहित्यिक एवं अभिलेखीय स्रोतों में प्राप्त हुए हैं। इनका नामोल्लेख अन्यथा न होगा –

बृहद्, बृहद् पौषध, लघु पौषध, खरतर, अंचल, उपकेश, कृष्णार्षि, कोमल, छडायथ, कोरंट, काछोली, चैत्र, जीरापल्ली (जीराउला), थिरापद्रीय, धर्मघोष, नागेन्द्र, निगम, निवृत्ति, पिप्पल, ब्रह्माण, भावडार, महाहड़, मल्लधारी, विमल, संडेरक, सरस्वती, सिद्धांति, चित्रापल्लीय, चित्रावाल, छहितरा, जाखड़िया, जालोहरीय, डेकात्रीय, द्विवंदनीक, नागर, नागोरी, नाणकीय (ज्ञानकीय तावकीय), नाणावाल, पल्ली (पाली, पल्लीवाल, पालिकीय), काशद्रह, पिप्पल, बोंकाड़या, भीनमाल, राज, रामसेनीय, रुद्रपलीय, विद्याधर, वृत्राणा, धारायद्रीय, सीतर, सुविहित, सुधर्म, हर्षपुरीय, हारीज, देवाचार्य, प्रभाकर, व्यवसिंह, हुम्मड, ज्ञानकप्प, नागपुरीय, चन्द्र, हस्तिकुण्डी, भरतरिपुरीय, रतनपुरीय, जापदाना, तावदार, वातपीय, सरवाला, चंचला, प्राया, कासह्रद, आदि। इनमें से कई गच्छ या तो अस्तित्वहीन हो गये या किसी अन्य गच्छ में समाहित हो गये। कालान्तर में कुछ नये गच्छ सामने आये जिनमें कडुआ मत एवं विजय-गच्छ विशेष रूप से उल्लेखनीय हैं।

ऐसा लगता है कि गच्छों के उदय एवं अस्त होने की सर्वाधिक तेज प्रक्रिया मारवाड़, विशेषकर सिरोही क्षेत्र, में रही। जयपुर, हाड़ौती, मेवाड़ व मालवा क्षेत्रों ने भी उसका न्यूनाधिक रूप में अनुसरण किया। उत्तर-मध्यकालीन गुजरात में तपा एवं खरतरगच्छों की एक प्रकार से प्रभावपूर्ण प्रतिस्पर्धा बनी रही। वस्तुस्थिति यह थी कि समूचा श्वेताम्बर विश्व प्रमुख इन्हीं दो गच्छों की धुरी के आसपास घूम रहा था। उपरोक्त कई गच्छ भी संभवतः इन्हीं से सम्बन्धित रहे थे किन्तु प्रमाणों के अभाव में निश्चित रूप से कुछ कह पाना संभव नहीं है।

प्रश्न यह उठता है कि आखिर राजस्थान एवं गुजरात ही क्योंकर जैन धर्म के न केवल संरक्षक अपितु उत्साही प्रचारक सिद्ध हुए। यह तो देखा ही जा चुका है कि जैन धर्म समय के साथ अपनी मूल भूमि से दक्षिण एवं पश्चिमवर्ती हो चुका था। ईसा की छठी सदी के उपरांत राजस्थान एवं गुजरात में राजपूत राजवंशों ने जैन मत को पर्याप्त संरक्षण दिया था। यह एक विचित्र तथ्य सा लगता है कि युद्धप्रिय एवं हिंसारत राजपूतों ने अहिंसक जैन धर्म को प्रश्रय क्यों दिया? इसके कई कारण प्रतीत होते हैं। जैन धर्माचार्यों ने अपनी सादी, त्याग भरी, विरागमयी एवं अहिंसक जीवन-पद्धति से तत्कालीन नरेशों को प्रभावित किया। जैन धर्म के अनुयायी सामान्यतः वणिक्-वर्ग के थे जिनमें परम्परागत संग्रह-वृत्ति एवं धनार्जन का अद्भुत कौशल था। इस कारण यह वर्ग धनी, मितव्ययी एवं धर्मोन्मुखी रहा। युद्धरत राजवंशों व विलासी सामन्तीय वर्ग से लेकर अभावग्रस्त एवं उपेक्षित निम्न वर्ग तक उनके आर्थिक सहयोग एवं ऋण-सुविधाओं के लिये तरसते थे। उनके इस प्रभाव के कारण हिन्दू राजाओं का परम्परागत स्वैच्छिक संरक्षण उन्हें प्राप्त हो रहा था। इस स्थिति का एक परिणाम यह भी रहा कि अनेक वैष्णव महाजनों एवं शाक्त राजपूतों ने जैन धर्म अंगीकार कर लिया। उनके बहुत से तत्त्वों को जैन मत के श्वेताम्बर सम्प्रदाय ने आत्मसात करने में उत्सुकता दर्शित की। इस कारण इस सम्प्रदाय का दिगम्बर सम्प्रदाय की अपेक्षा पश्चिमी भारत में अधिक प्रचार-प्रसार हुआ।

भारी मात्रा में उच्च हिन्दू वर्ग के जैन धर्म को अंगीकार करने के परिणामस्वरूप जैन धर्म को अनेक कुशल प्रशासक एवं वित्त-विशेषज्ञ प्राप्त हो गये। अपने बुद्धिवैभव, अनेकान्तवादी दृष्टि, बहुविध ज्ञान एवं वाक्-चातुर्य के बल पर वे विभिन्न शासकों के राजत्व में मंत्रियों, सेनापतियों, खजांचियों, कोष्ठागारिकों, क्षेत्रीय प्रशासकों, रत्न एवं धातु पारखियों एवं वित्तीय सलाहकारों के पद पर जा बैठे। इनमें से अनेक पद परम्परागत रहे। इस सामाजिक प्रतिष्ठा एवं आर्थिक प्रभाव के बलबूते वे जहाँ एक ओर अपार धन-संग्रह करने में समर्थ हुए, वहीं दूसरी ओर वे अनेक व्यय-साध्य धार्मिक गतिविधियाँ सम्पादित करने एवं अभूतपूर्व एवं आश्चर्यजनक निर्माणों को आकार देने में सक्षम सिद्ध हो सके।

पर जिस नवीन बाह्य तत्त्व ने जैन धर्म में प्रवेश कर लिया था, उसने जैन धर्म में अनेक विकृतियाँ भी पैदा कर दीं। शिथिलाचार एक आम बात बन गई। परम्परागत जैन-समाज भी जैन धर्म के संरक्षण व संवर्धन की दृष्टि से इस स्थिति का विरोध करने में असमर्थ रहा। दिगम्बर सम्प्रदाय की भट्टारक परम्परा के वैभव को देखकर श्वेताम्बर समाज भी बेचैन हो उठा। वनवासी निर्ग्रंथ पीछे धकेल दिये गये तथा सुविधाभोगी चैत्यवासियों ने राज-सत्ता को अपने पूर्व सम्बन्धों के कारण अपने प्रभाव में ले लिया।

भट्टारक सम्प्रदाय की ही भाँति श्वेताम्बर सम्प्रदाय में चैत्यवासी परम्परा का उद्भव

हुआ। शिथिलाचार की ओर उन्मुख हुए श्रमणों को इस परम्परा की स्थापना का उत्तरदायी माना जा सकता है। चैत्यवासी संघ की स्थापना वीर निर्वाण संवत् 850 ई० में की गयी। चैत्यवासी संघ का श्रमण-श्रमणी वर्ग चैत्यवासी नाम से पहचाना जाने लगा। चैत्यवासी साधुओं ने अप्रतिहत विहार का परित्याग कर चैत्यों में ही नियत निवास प्रारंभ कर दिया। इन साधुओं ने अपने भक्तजनों से द्रव्य लेकर अपने-अपने मन्दिर बनवाये। उन मन्दिरों में ही भगवान् को भोग लगाने के नाम पर बड़ी-बड़ी पाक-शालाएँ बनवाकर उन पाक-शालाओं से आधाकर्मी आहार लेना प्रारंभ कर दिया। इस प्रकार खुले व नियमित रूप से चैत्यों में रहना और आधाकर्मी आहार लेना प्रारंभ हो गया। धीरे-धीरे चैत्यवासी परम्परा बड़ी लोकप्रिय हुई तथा पश्चिमी भारत में उसका व्यापक प्रचार-प्रसार हुआ।

ऐसी स्थिति में सूरि जैन आचार्य अधिक समय तक चुप नहीं रह सके। पूर्व-मध्य काल में देव सूरि, नेमिचन्द्र सूरि, उद्योतन सूरि, वर्धमान सूरि, बुद्धिसागर सूरि और सर्वाधिक प्रभावी जिनेश्वर सूरि ने गुजरात में तथा हरिभद्र सूरि एवं जिनवल्लभ सूरि जैसे आचार्यों ने अपने ज्ञान, वाक्-चातुर्य एवं अभूतपूर्व बौद्धिक प्रतिभा से राजस्थान में चैत्यवासियों को पराजित एवं प्रभावहीन कर एक बार पुनः विधि मार्ग को प्रतिस्थापित कर मूल जैन अस्मिता को एक बड़ी सीमा तक लौटा लिया।

फिर भी कुछ गच्छों पर चैत्यवासियों का पर्याप्त प्रभाव बना रहा। ऐसे गच्छों में सांडेरा-गच्छ प्रमुख था जिसका प्रसार चौदहवीं से सोलहवीं सदी के मध्य काठियावाड़ एवं राजस्थान, विशेषकर मेवाड़ क्षेत्र में, पर्याप्त मात्रा में हुआ। इस गच्छ की स्थापना आचार्य यशोदेव सूरि ने राजस्थान के सांडेरा नामक स्थान पर की थी। तलवाड़ा के एक विरक्त नृपति नन्नसूरि से इसी प्रकार की राज गच्छ परम्परा प्रारंभ हुई जो शीघ्र ही वनवासियों की दिशा में उन्मुख हो गई।

यद्यपि इस लघु आलेख में सभी गच्छों एवं उनके आचार्यों का विवरण दिया जाना संभव नही है किन्तु तपागच्छ एवं खरतरगच्छ की उत्तर-मध्यकालीन महत्त्वपूर्ण गतिविधियों का संक्षिप्त विवरण दिया जाना आवश्यक प्रतीत हुआ है।

तपागच्छ

तपागच्छीय परम्पराएँ जैन धर्म की कोई उत्तरकालीन शाखा-प्रशाखा न होकर मूल जैन परम्परा का ही एक विकसित स्वरूप प्रतीत होता है। यह मात्र एक संयोग है कि इस निर्ग्रंथ परम्परा के आचार्य श्री जगच्चन्द्र सूरि की बारह वर्षीय कठोर तपस्या से प्रभावित होकर सन् 1228 ई० में मेवाड़ के महारावल जेत्रसिंह ने उन्हें "महातपा" का विरुद प्रदान किया था। इस कारण यह परम्परा तपागच्छ के रूप में ख्यात हुई। आचार्य जगच्चन्द्र

के एक गुरु-भाई से जो वटगच्छ (वृहत्गच्छ) प्रारंभ हुआ था, उसका एक बड़ा वर्ग भी कालान्तर में इसी गच्छ से सम्बन्धित हो गया।

वस्तुस्थिति यह है कि तपागच्छीय परम्परा में गुरुओं की एक महती और अविच्छिन्न परम्परा रही है। पट्टावलियों के अनुसार आदिगुरु महावीर थे और उन्हीं के पट्ट पर जो अन्य गुरु आसीन होते चले गये, वे पट्टधारी कहलाये। विभिन्न पट्टावलियाँ उनका विवरण प्रदान करती हैं। ये पट्टावलियाँ तपागच्छ की विभिन्न शाखा-प्रशाखाओं, गणों, गच्छों, कुलों आदि का उल्लेख भी करती हैं।

श्री जगच्चन्द्र सूरि के उपरान्त तपागच्छीय परम्पराओं में एक निर्णायक मोड़ आया। उनके दो शिष्यों में से एक श्री देवेन्द्र सूरि अपनी पूर्ववर्ती परम्पराओं के अनुसार आचार करते रहे जबकि उनके गुरु-भाई विजयचन्द्र सूरि ने उसमें कुछ सुविधाएँ ले लीं। परिणामस्वरूप तपागच्छीय परम्परा का विभाजन हो गया। श्री देवेन्द्र सूरि की परम्परा लघु पौषधशालिक कहलाई जबकि विजयचन्द्र सूरि की शाखा वृहद् पौषधशालिक शाखा कहलाई।

पट्टावलियों के अनुसार लघु पौषधशालिक आचार्य परम्पराओं में श्री देवेन्द्र सूरि के उपरान्त क्रमशः विद्यानन्द सूरि, धर्मघोष सूरि, सोमप्रभ सूरि, सोमतिलक सूरि, देवसुन्दर सूरि, सोमसुन्दर सूरि, मुनि सुन्दर सूरि, रत्नशेखर सूरि, लक्ष्मीसागर सूरि, सुमतिसाधु सूरि, हेमविमल सूरि, आनन्दविमल सूरि, विजयदान सूरि, हीरविजय सूरि, विजयसेन सूरि, विजयदेव सूरि, विजयसिंह सूरि एवं विजयप्रभ सूरि हुए।

विजयचन्द्र सूरि द्वारा प्रवर्तित बृहद् पौषध परम्परा में उनके उपरांत क्रमशः क्षेमकीर्ति सूरि, हेमकलश सूरि, रत्नाकर सूरि, रत्नप्रभ सूरि, मुनिशेखर सूरि, धर्मदेव सूरि, ज्ञानचन्द्र सूरि, अभयसिंह सूरि, जगत्तिलक सूरि, रत्नसिंह सूरि, उदयवल्लभ सूरि, ज्ञानसागर सूरि, उदयसागर सूरि, लब्धिसागर सूरि, धर्मरत्न सूरि, अमररत्न सूरि व कल्याणरत्न अठारहवीं सदी तक आचार्य रहे।

लघुपौषध शाखा के लक्ष्मीसागर सूरि के एक शिष्य सोमदेव सूरि से एक भिन्न तपा परम्परा प्रारंभ हुई। इस परम्परा के एक आचार्य कमलकलश सूरि के कारण यह कमलकलश शाखा कहलाई। इस शाखा के आचार्यों के अनेक अभिलेखीय साक्ष्य प्राप्त हैं।

इस परम्परा में सर्वाधिक उल्लेखनीय नाम आचार्य हीरविजय सूरि का है। हीरविजय महान् मुगल सम्राट् अकबर के समकालीन थे। उनके निकट शिष्यों, सूरियों और गणियों द्वारा विभिन्न क्षेत्र में तपागच्छ का व्यापक प्रसार हुआ, ऐसा प्राप्त अभिलेखों से ज्ञात होता

है। इन अभिलेखों से यह भी ज्ञात होता है कि मुगल सम्राटों ने आचार्य हीरविजय सूरि को जगद्गुरु तथा उनके पट्टधर भट्टारक विजयदेव सूरि को "जहाँगीरी महातपा" का विरुद प्रदान किया था।

तपागच्छ की ही शाखाओं के रूप में अनेक संदर्भ हमें पट्टावलियों एवं प्रतिमा-लेखों से प्राप्त हुए हैं। ऐसी शाखाओं में नागपुरीय पार्श्वनाथगच्छ, सत्ययागच्छ, धर्मघोषगच्छ, आगमिक (आगम) गच्छ, पूर्णिमीयगच्छ आदि आते हैं। नागेन्द्र कुल से प्रारंभ हुआ नागेन्द्रगच्छ एवं आचार्य मल्लधारी से प्रारंभ हुआ मल्लधारीगच्छ भी इस दृष्टि से उल्लेखनीय है।

बृहद् तपा पक्ष भी उप-विभाजन से न बच सका क्योंकि हमें इस शाखा के उद्भूत एक आचार्य रत्नाकर सूरि द्वार प्रवर्तित रत्नाकरगच्छ के उल्लेख प्राप्त होते हैं।

सुप्रसिद्ध आचार्य उद्योतन सूरि के एक शिष्य द्वारा जो बृहद्गच्छ प्रारंभ किया गया था, उससे अंचलगच्छ का प्रादुर्भाव हुआ। यह गच्छ कच्छ, गुजरात व मालवा में पर्याप्त लोकप्रिय हुआ। एक विशिष्ट तथ्य यह प्रकाश में आया है कि इस पक्ष के कतिपय प्रमुख उत्तर-मध्यकालीन आचार्य, दिगम्बर आचार्यों की भाँति, अपने नाम के साथ भट्टारक पदवी भी लगाते रहे।

खरतरगच्छ

श्वेताम्बर परम्परा में खरतरगच्छ का एक विशिष्ट स्थान रहा है। "खरतर" शब्द का अर्थ होता है अधिक तीव्र, तेजोमय, गतिमय और शक्तिमय। ईसा की ग्यारहवीं सदी में चैत्यवासियों द्वारा प्रतिपादित शिथिलाचार को उन्मूलित करने एवं सुविहित मार्ग को प्रचारित करने की दृष्टि से गुजरात के अणहिलपाटन में आचार्य वर्द्धमान सूरि के नेतृत्व, बुद्धिसागर सूरि के सहभागित्व एवं जिनेश्वर सूरि की विलक्षणता एवं विद्वता के परिणामस्वरूप चैत्यवासी मुनियों व यतिश्रमणों के विरुद्ध जो तीव्र क्रान्तिकारी आन्दोलन हुआ, वह खरतरगच्छ कहलाया।

विभिन्न पट्टावलियों में इस गच्छ से सम्बन्धित आचार्यों की जो सूचियां दी गई हैं, उनमें पर्याप्त अन्तर है, किन्तु सभी पट्टावलियों में आचार्य जिनेश्वर सूरि का नाम बड़े गर्व एवं श्रद्धा से लिया गया है। गुजरात के चालुक्य नरेश दुर्लभराज के राज-दरबार में चैत्यवासियों को शास्त्रार्थ में पराजित करने के कारण इन्हें प्रदत्त "खरतर" की उपाधि के कारण यह श्वेताम्बर शाखा खरतरगच्छ कहलाई। यह गच्छ धीर-धीरे सिंध, राजस्थान, मालवा व दिल्ली क्षेत्रों में दूर-दूर तक अपना प्रभाव स्थापित करने में सफल रहा। उत्तर-मध्यकालीन खरतर आचार्यों में जिनपति सूरि, द्वितीय जिनेश्वर सूरि, जिनप्रबोध सूरि,

जिनचन्द्र सूरि, जिनकुशल सूरि, जिनपद्म सूरि, जिनलब्धि सूरि, जिनचन्द्र सूरि, जिनोदय सूरि, जिनराज सूरि, जिनभद्र सूरि, जिनसमुद्र सूरि, जिनहंस सूरि, जिनमाणिक्य सूरि, जिनचन्द्र सूरि, जिनसिंह सूरि, जिनराज सूरि, जिनरत्न सूरि, जिनचन्द्र सूरि, जिनसुख सूरि, जिनभक्ति सूरि, जिनलाभ सूरि, जिनचन्द्र सूरि, जिनहर्ष सूरि, जिनसौभाग्य सूरि, जिनहंस सूरि क्रमशः तेरहवीं से अटारहवीं सदी तक खरतर पट्ट को अलंकृत करते रहे। मुगल सम्राट् अकबर एवं जहाँगीर के इस गच्छ के जिनचन्द्र, जिनसिंह, आदि सूरियों से निकट एवं आत्मीय सम्बन्ध रहे।

कालक्रम में यह भी कई शाखाओं में विभक्त हो गया। मधुकर खरतर शाखा 1110 ई॰ में जिलवल्लभ सूरि ने, रुद्रपल्लीय खरतर शाखा 1112 ई॰ में जयशेखर सूरि ने, लघु खरतर 1274 ई॰ में जिनसिंह सूरि ने, तैकट खरतर शाखा 1365 ई॰ में जिनेश्वर सूरि ने, पिप्पलक खरतर शाखा 1404 ई॰ में जिनवर्धन सूरि ने, आचार्यिया खरतर शाखा 1507 ई॰ में शान्तिसागर सूरि ने, भावहर्षीय खरतर शाखा 1555 ई॰ में भावहर्ष ने, लघु आचार्यिया खरतर शाखा 1629 ई॰ में जिनसागर सूरि ने, रंगविजय खरतर शाखा 1643 ई॰ में रंगविजय गणी ने और सारीय खरतर शाखा उपाध्याय सार ने स्थापित की। आचार्य महेन्द्रकीर्ति ने भी 1835 ई॰ में खरतरगच्छ की एक उपशाखा मंडोवरा में प्रारंभ की। इसके अतिरिक्त अभिलेखों में खरतरगच्छ की निम्न शाखाएँ भी देखने को मिलती हैं – जिनचन्द्र सूरि द्वारा स्थापित साधु शाखा, माणिक्य सूरि शाखा, क्षेमकीर्ति शाखा, जिनरंग सूरि शाखा, खरतरगच्छ का चन्द्रकुल, खरतरगच्छ का नन्दिगण, वर्धमान स्वामी अन्वय, जिनवर्धन सूरि शाखा, रंग विजय शाखा।

इस गच्छ के विभिन्न आचार्यों ने अनेकों मूर्तियों की स्थापना की और विपुल साहित्य सृजित किया। राजस्थान के विभिन्न भागों में इसके उल्लेख के अभिलेख पाये जाते हैं; किन्तु जैसलमेर व पश्चिमी राजस्थान में यह विशेष लोकप्रिय रहा। वर्तमान में बीकानेर व जयपुर में इसकी गादियाँ हैं। इस गच्छ के अभिलेखीय प्रमाण 1090 ई॰ से उपलब्ध होते हैं।

खरतरगच्छीय आचार्यों, लेखकों, कवियों, श्रावकों एवं श्राविकाओं ने अभूतपूर्व कौशल का परिचय दिया। इस गच्छ के सदस्यों द्वारा निर्मित साहित्य जितना विशाल है, उतना ही गहरा भी है। निर्माण-कार्यों में भी ये पीछे नहीं रहे। किन्तु इस गच्छ के आचार्यों ने अपनी अभूतपूर्व प्रचार एवं पावन क्षमता का परिचय देकर सहस्रों अजैन, विशेषकर क्षत्रिय, परिवारों को जैन धर्म में दीक्षित कर जैन जनसख्या में पर्याप्त एवं स्थायी वृद्धि की थी।

लोंका पंथ

पूर्व में देखा ही जा चुका है कि श्वेताम्बर परम्परा की मूर्ति-पूजा के विरोध में एक सिरोही

निवासी लोंकाशाह ने अहमदाबाद के यति ज्ञानश्री के उपाश्रय में जैन-ग्रथों का प्रतिलिपिकरण करते हुए पाया कि प्राचीन जैन-शास्त्रों में मूर्ति-पूजा विषयक संदर्भ नहीं है। इस आधार पर उसने सन् 1451 ई॰ में एक पृथक् पंथ की स्थापना की जो प्रतिमा-स्थापन एवं मूर्ति-पूजन का विरोध करता था। विद्यमान परिस्थितियों में लोंकाशाह को इस दिशा में भारी सफलता मिली। लोंकाशाह ने 31 सूत्रीय सैद्धांतिक पक्ष प्रस्तुत कर उनकी शास्त्र-सम्मत व्याख्या की। इस पंथ को पर्याप्त अनुसरण मिला किन्तु यह पंथ भी स्वयं को विभाजन से बचा न सका। इस मार्ग के आठवें पट्टधर के समय वह गुजराती एवं नागोरी शाखाओं में विभक्त हो गया। सोलहवीं सदी के पूर्वार्द्ध में गुजराती शाखा दो पक्षों में तथा नागोरी शाखा तीन उप-शाखाओं में विभक्त हो गई।

चैत्यवासियों जैसे कुछ शिथिलाचार लोंका पंथ में प्रविष्ठ होने के कारण इस पंथ के एक प्रभावी अनुयायी लवजी ने अपने दो साथियों सहित ढंढिया पंथ प्रारंभ किया जो कालान्तर में स्थानक-मार्ग के नाम से ख्यात हुआ। यह मार्ग भी मूर्ति-पूजक नहीं था। यह घटना सन् 1657 की है।

इस पट्ट की आचार्य परम्परा में धर्मदास ने स्वयं ही दीक्षा ग्रहण की। इनके 99 शिष्य कालांतर में 22 शाखाओं (टोलों) में विभक्त हो गये। अतः यह पंथ "बाईसा सम्प्रदाय" या "बाईस टोला" भी कहलाने लगा। ये टोले इस प्रकार थे –

लालचन्द टोला, धनाजी टोला, मनाजी टोला, प्रीथाजी टोला, बालचन्द टोला, लोहोडा पीथाजी टोला, रामचन्द्र टोला, मूलचन्द टोला, ताराचन्द टोला, खेमजी टोला, पंदारथजी टोला, खेमाजीटोला, तलोकजी टोला, पदारथजी टोला, भाण्डास टोला, परसराम टोला, भवानीदास टोला, मुकुटराम टोला, मनोहर टोला, सामीदास टोला, सागजी टोला और समरथ टोला।

कालान्तर में स्थानकवासियों व टोलों से भी कई शाखाएँ पृथक् होती गईं। जैसे धनाजी टोले में रघुनाथ सम्प्रदाय, जयमल सम्प्रदाय, रतनचन्द्र सम्प्रदाय, चौथमल सम्प्रदाय अलग-अलग हुए। इसी प्रकार अन्य टोले भी कई शाखाओं में विभक्त हो गये। राजस्थान में स्थानकवासी सम्प्रदाय सत्रहवीं व अठारहवीं शताब्दी में अत्यधिक लोकप्रिय हुआ और अनेक स्थानों पर स्थानक व उपाश्रय निर्मित हुए।

उक्त उल्लिखित रघुनाथ सम्प्रदाय में आचार्य रघुनाथ के एक शिष्य भीरवण ने सन् 1760 ई॰ में एक पृथक् तेरापंथ की स्थापना की। भीरवण के अनुसार तेरह (तेरा) के अंतर्गत 5 महाव्रतों, 5 समितियों (आचार के नियम) एवं 3 गुप्तियों का समावेश था। यह पंथ भी मूर्ति-पूजक नहीं था। इस पंथ का प्रचार अठारहवीं सदी में मेवाड़ एवं मारवाड़ क्षेत्रों में पर्याप्त मात्रा में हुआ।

लोंका-परम्परा में भी सब कुछ ठीक-ठीक नहीं रहा। इस गच्छ के एक मुनि बीजा (विजय) ने सन् 1513 ई० में एक पृथक् बीजा मत का प्रतिपादन किया जो मूर्ति-पूजक था। इसी प्रकार सन् 1466 ई० में नाडलाई के एक नागर श्रावक कडुआ शाह ने एक मूर्ति-पूजक कडुआ संघ बनाकर श्रावक-वर्ग को प्रमुखता दी। गुजरात में यह पंथ सोलहवीं सदी तक अस्तित्व में रहा।

ऐसा लगता है कि लोंका-परम्परा जहाँ एक ओर गुजरात के वेदान्ती निर्गुणियाओं से प्रभावित हुई, वहीं दूसरी ओर उस पर मूर्ति-भंजक इस्लामी एकेश्वरवादियों का प्रभाव पड़ा। स्थिति जो भी रही हो, इस पंथ ने काफ़ी कुछ मूर्ति-पूजा के प्रति डांवाडोल हुई उस जैन-आस्था को थाम लिया जो इस्लामी आक्रमकों एवं शासकों द्वारा मन्दिरों और प्रतिमाओं के विभंजन द्वारा हो उठी थी।

सामान्य सर्वेक्षण

उत्तर-मध्यकालीन जैन धर्म ने भारत के सांस्कृतिक, सामाजिक, साहित्यिक, प्रशासकीय एवं कलात्मक क्षेत्रों को उल्लेखनीय योगदान किया।

उत्तर-मध्यकालीन जैन धर्म पर एक विहंगम दृष्टि डालने पर उसका एक व्यापक सामाजिक परिप्रेक्ष्य तो दिखाई देता है जो बहुत-कुछ धर्म-परिवर्तन का परिणाम भी रहा, किन्तु उसका धार्मिक परिदृश्य अतिशय विभाजित रहा, श्वेताम्बर एवं दिगम्बर दोनों ही सम्प्रदायों में। विभिन्न जातियों और उप-जातियों में, गणों और गच्छों में, परम्परावादियों और शिथिलाचारियों में, मूर्ति-पूजकों और मूर्ति-पूजा-विरोधियों में, मन्दिरमार्गियों एवं स्थानकमार्गियों में, यथास्थितवादियों और संशोधनवादियों में, अनुदारमार्गियों और क्रान्तदर्शियों के रूप में जैन समाज विभिन्न शाखा-प्रशाखाओं में विभक्त होता रहा। शीर्ष पर दार्शनिक तत्त्व-विज्ञान बना तो रहा किन्तु इस काल ने कोई कुन्दकुन्दाचार्य, उमास्वाति (उमा स्वामी) या हरिभद्र सूरि पैदा नहीं किये। आचार्यों, सूरियों, भट्टारकों, यतियों, गणियों, उपाध्यायों की भारी-भरकम सूचियाँ तो मिलती हैं किन्तु स्याद्‌वादी एवं अनेकान्तवादी दर्शन के प्रचारक धर्माचार्य पारस्परिक विग्रहों और शास्त्रार्थों को अपनी प्रतिष्ठा एवं पराजय का विषय बनाये हुए थे और उन श्रेष्ठियों की सुनहरी वैसाखियों पर कई बार चलना पसंद कर रहे थे जो उनके निर्देशों पर संघ-यात्राएँ आयोजित करते थे तथा मन्दिरों, धर्म-स्थलों, स्तंभों का जीर्णोद्धार या निर्माण करते तथा प्रतिमा-प्रतिष्ठापन को अपना धार्मिक कर्त्तव्य मानते थे। भट्टारक या उनके अनुगामी भौतिक चकाचौंध एवं चमत्कारिक घटनाओं एवं विधियों से संपृक्त रहकर राजसी अथवा सामन्तीय जीवन-पद्धतियों का अहिंसक किन्तु सुविधाभोगी संस्करण बने हुए थे। आचार्यों व साधुओं में भी पद एवं प्रतिष्ठा का बोध गहराई से जड़ें जमाये हुए था। उनके लिये जैन धर्म की केन्द्रीभूत आध्यात्मिक

एवं दार्शनिक अस्मिता की अपेक्षा राजाओं, सुल्तानों या सम्राटों द्वारा प्रदत्त उपाधियों एवं पदवियों का अधिक महत्त्व होने लगा था। वे अपनी राजनीतिक एवं सामाजिक स्वीकृति के प्रति पर्याप्त अभीप्सित थे।

इतना होते हुए भी उनके प्रभाव को अस्वीकार नहीं किया जा सकता। उन्होंने अपने उपदेशों या धार्मिक-विधानों द्वारा जैन धर्म की ध्वजा को फहराये रखा। अनेक ने स्वयं भी लेखन किया तथा अपने अनुयायी कवियों एवं लेखकों को इस दिशा में प्रेरित किया। परिणामस्वरूप पौराणिक-गाथाओं, चरित-काव्यों, संस्मरणों एवं यात्रा-विवरणों, कथानकों एवं गाथाओं, सज्झाओं एवं रासकों, आदि की सर्जना इतनी भारी मात्रा में हुई कि एक विशाल ग्रंथ भी उनकी समीक्षा करने को अपर्याप्त होगा। पुरानी पोथियों को सुरक्षित रखने एवं उनके प्रतिलिपिकरण के प्रति किये गये प्रयास आश्चर्यजनक रहे। कोष, व्याकरण, धातु-विज्ञान, शिल्प-शास्त्र, काव्य-मीमांसा, चिकित्सा विज्ञान के क्षेत्रों में भी सुधी-जैनों ने प्रामाणिक कलम उठाई। उनके इन प्रयासों से तत्कालीन जैन समाज की भौतिकाभौतिक दृष्टि का उल्लेखनीय प्रतिबिम्बन सुरक्षित रह गया, पर्याप्त ग्राह्य और अनुकरणीय हो गया। उपलब्ध अनेक प्रकाशित सामग्री या विभिन्न शास्त्र-भण्डारों या अन्यत्र सुरक्षित पाण्डुलिपियाँ इस तथ्य को प्रमाणित करते हैं। इतना तो फिर भी कहना पड़ेगा कि साहित्यिक एवं सांस्कृतिक सृजन का मौलिक पक्ष परम्परागत पिष्टपेषण से आक्रान्त रहा। अतीत की ओर और अतीत में झांकने की प्रवृत्ति बलवती रही किन्तु इतना होने पर भी समकालीन परिप्रेक्ष्य के प्रति उसकी जो प्रतिक्रिया रही, उसने उसके हिन्दू एवं मुस्लिम प्रतिरूपों को पर्याप्त पीछे छोड़ दिया।

इस काल में जैन समाज ने अपनी परम्परागत सम्पन्नता एवं विशिष्ट उच्चस्तरीय प्रतिभा का गतिपूर्ण प्रदर्शन किया। परिणामस्वरूप उत्तर व पश्चिमी भारत के राजपूत राज्यों, दक्षिण की हिन्दू-शक्तियों और कुछ सीमा तक इस्लाम मतावलम्बी शासकों को उन्होंने सदैव सम्मोहित रखा और उनके लिये अपनी अपरिहार्यता सिद्ध की। वे मंत्री, खजांची, रत्न-पारखी, सेनापति, नगर-श्रेष्ठी, आदि के रूप में स्वतंत्र एवं परम्परागत पदों पर आसीन हो गये और अपनी राजनीतिक सूझ-बूझ, प्रशासनिक कौशल्य, सांस्कृतिक गरिमा, सामाजिक प्रतिष्ठा एवं आर्थिक व साख विषयक दक्षता का स्वर्णिम इतिहास लिखने में सफल रहे। किन्तु, ऐसा लगता है, शासक-वर्ग ने उनकी वित्तीय, प्रशासकीय एवं सैन्य विवशताओं के रहते ऐसा किया था। जैसे ही उसे उन विवशताओं से मुक्ति मिली या अधिक कारगर विकल्प उसके हाथ लगे, उसने संग्रामसिंह सोनी या मुहंता नैनसी आदि अनेक को क्रूरतापूर्वक दर-किनार करने में कोई हिचक नहीं दिखाई।

आलोच्य अवधि एवं क्षेत्रों में जैनों का व्यापारिक संरचना एवं साख-व्यवस्था पर

निर्णायक एकाधिकार रहा किन्तु आय के उपभोग में अत्यधिक सतर्कता बरती गई। अत्यधिक मूल्यवान वस्त्राभूषणों से सजे जैन स्त्री-पुरुष विशाल एवं वैभवभरी अट्टालिकाओं में भी धर्मशीलता, व्रत-उपवास एवं सादगी-भरी चर्याओं में निरत रहा करते थे।

निश्चित ही धनी जैन-श्रेष्ठियों, वणिकों एवं पदाधिकारियों ने उस आम आदमी, विशेषकर अजैन, पर बहुत कम व्यय किया जिससे कि वे धन कमाते थे। इसके विपरीत वे जैन धर्म, विशेषकर उनसे सम्बन्धित समुदाय विशेष, के धार्मिक कार्यों एवं निर्माणों पर प्रभूत एवं अविश्वसनीय राशि खर्च करते थे। एक ओर तो विराट मानवीय चेतना का ऐसा संकुचन था तो दूसरी ओर विशाल एवं अभूतपूर्व निर्माण-कार्यों की स्पर्धाभरी व स्वयंस्फूर्त तत्परता उस विध्वंस को झुठला रही थी जो विधर्मी आक्रामकों एवं शासकों-प्रशासकों का गर्व एवं धार्मिक कर्त्तव्य का हिस्सा बनी हुई थी। जैन समाज ने इस प्रकार विषम परिस्थितियों में भी विध्वंस पर सृजन का अनुकरणीय उद्‌घोष किया।

अनेक अजैनों के जैन समाज में प्रवेश से उसके धार्मिक विधानों, आस्थाओं, जीवन मूल्यों एवं सामाजिक परम्पराओं में परिवर्तन तो आया किन्तु जैन धर्म की मूल सांस्कृतिक चेतना में उनके पचन की प्रक्रिया भी लगातार चलती रही। विघटन और समामेलन की समूचे उत्तर-मध्य काल में चलने वाली इस प्रक्रिया ने बहुत-कुछ खोया, बहुत कुछ पाया और वह सुरक्षित रह गया। अपने विविध आयामों एवं विधाओं को अपने उत्तरवर्ती काल के लिये अधिक तर्कपूर्ण एवं सचेतन रूप में सौंपकर तथा भारत के सांस्कृतिक इतिहास का एक विशद एवं स्मरणीय अध्याय बनकर।

निष्कर्ष रूप से कहा जा सकता है कि जैन धर्म में विद्यमान विभिन्न शाखा-प्रशाखाओं, गणों या गच्छों आदि का विकास वैचारिक मान्यताओं और संघर्षों का परिणाम कम होकर शिथिलाचार, प्रतिष्ठा और अहम् का परिणाम अधिक था। जैन सघ का मूल स्वरूप चूंकि गणतंत्रात्मक रहा, इस कारण इन सारी विभिन्नताओं के मध्य भी समष्टि रूप में जैन मत अपना अस्तित्व बनाये रख सका। उसके विभिन्न अंग परस्पर आलोचना और प्रत्यालोचना तो करते रहे किन्तु उनकी मूल दृष्टि निर्णायक रूप से और अविच्छिन्न बनी रही। उसकी इसी सैद्धांतिक एकता ने अनेकान्तवाद को आज तक कायम रखा है। अतः उत्तर-मध्यकालीन जैन धर्म के स्वरूप का विवेचन इस संदर्भ में करना समीचीन होगा।

18

उत्तर-मध्यकालीन मालवा में जैन धर्म

प्रकाशचन्द्र जैन

मध्यकालीन मालवा का राजनीतिक इतिहास व जैन धर्म

राजनैतिक पृष्ठभूमि

परमार वंश के समापन के उपरांत मालवा का शासन दिल्ली के सुल्तानों के हाथों में चला गया। सन् 1235 ई॰ में इल्तुतमिश ने मालवा पर आक्रमण अवश्य किया था, किन्तु वह मालवा से परमारों की सत्ता का उन्मूलन नहीं कर पाया था। सन् 1305 ई॰ में अलाउद्दीन के सेनापति आइन-उल-मुल्क ने पूर्वी मालवा में परमार नरेश महलकदेव को परास्त कर दिया। इस घटना के बाद परमार सत्ता पूरी तरह लड़खड़ा गई। केवल जयसिंह तृतीय के हाथ नाममात्र की सत्ता रही और चौदहवीं सदी के दूसरे दशक के लगते ही दिल्ली के खिलज़ी सुल्तानों का मालवा पर पूरी तरह प्रभुत्व स्थापित हो गया। खिलज़ी वंश के पतन के उपरांत दिल्ली की सत्ता तुगलकों के हाथ में चली गई। अंतिम तुगलक सुल्तान अपनी सल्तनत को ठीक से कायम नहीं रख पाया। वैसे तो तुगलक वंश फिरोज़ तुगलक के ही समय डांवाडोल हो गया किन्तु उसे वास्तविक चोट तैमूर के आक्रमण ने पहुंचाई। तैमूर के आक्रमण के समय दिल्ली का सुल्तान महमूद तुगलक द्वितीय था जो आक्रमण के कारण मालवा आ गया। उस समय मालवा का सूबेदार दिलावरखाँ गोरी था जिसने संप्रभु का भरपूर सम्मान किया। यद्यपि दिलावरखाँ का पुत्र अल्पखाँ इसके पक्ष में नहीं था।

मालवा के सुल्तानों के समय जैन धर्म

दास वंश के उपरांत मालवा प्रत्यक्ष रूप में खिलज़ी प्रशासन के अधीन बना रहा। इसके उपरांत दिल्ली में तुगलक वंश सत्ता में आ गया। जैन धर्म इस काल में एक बार फिर विकास की ओर चल निकला क्योंकि तुगलक शासकों से जैन श्रावकों के मधुर सम्बन्ध थे। इस स्थिति का प्रभाव मालवा क्षेत्र में भी स्पष्टतया परिलक्षित हुआ। इस क्षेत्र

में सल्तनत-काल से सम्बन्धित कुछ अभिलेख प्राप्त हैं। जहाँ तक दिगम्बर मान्यता का प्रश्न है, सन् 1241 ई॰ का मूल संघ का एक अभिलेख विक्रम विश्वविद्यालय संग्रहालय में है जिसमें आचार्य सागरचन्द्र का उल्लेख है। जयसिंहपुरा दिगम्बर जैन मंदिर उज्जैन में वागड़ संघ के आचार्य कल्याणकीर्ति का उल्लेख करने वाला सन् 1250 ई॰ का एक प्रतिमा-लेख है। तालनपुर का लाड-वागड़गच्छ (काष्ठा संघ) सम्बन्धी मल्लिनाथ का एक प्रतिमा-लेख (*भारत के दिगम्बर जैन तीर्थ*, भाग-3, पृष्ठ 298) है जिसमें आचार्य महेश कीर्ति का उल्लेख है। काष्ठा संघ का एक ऐसा ही अभिलेख धार में उपलब्ध है जिसमें आचार्य गुणकीर्ति का उल्लेख है। धार में ही सन् 1334 का एक प्रतिमा-लेख है जो मूल संघ के आचार्य गुणकीर्ति देव एवं कीर्तिदेव का विवरण देता है।

इस अवधि में श्वेताम्बर परम्परा भी अपना समान अस्तित्व प्रकट कर रही थी। सन् 1265 ई॰ के एक अभिलेख में सांडेरगच्छ के आचार्य यशोभद्र सूरि का उल्लेख है। इसी प्रकार उज्जैन के सन् 1312 ई॰ के एक अभिलेख में मलधारगच्छ के आचार्य श्री तिलक सूरि का उल्लेख आया है। सन् 1321 ई॰ का एक प्रतिमा-लेख शाजापुर में है जो तपागच्छीय आचार्य विजयरत्न सूरि का परिचय देता है। सन् 1341 ई॰ का सांवेर का एक प्रतिमा-लेख मलधारगच्छ के आचार्य राजशेखर सूरि की जानकारी देता है।

दिलावरखाँ गोरी सन् 1390 ई॰ से सन् 1401 ई॰ तक तुगलकों के अधीन मालवा का सूबेदार रहा। महमूद तुगलक द्वितीय के मालवा से विदा होने पर दिलावरखाँ ने सन् 1401 ई॰ में स्वतंत्रता की घोषणा कर दी। इस तरह मालवा स्वतंत्र हो गया। धार अभी भी मालवा की राजधानी थी। परन्तु दिलावरखाँ को शादियाबाद (माण्डू) अधिक प्रिय था और इस कारण मांडू का सहसा बड़ा महत्त्व हो गया। दिलावरखाँ सन् 1405 ई॰ तक स्वतंत्र मालवा का शासक रहा। यह वह समय था जबकि मालवा में पर्याप्त मात्रा में जैन परिवार आ गये थे। उन्हें इसलिए मालवा आकर्षक लगा क्योंकि दिलावरखाँ ने उन्हें जान और माल की सुरक्षा के प्रति आश्वस्त किया था। दिलावरखाँ को इस समय धन की अत्यधिक आवश्यकता थी जिसकी पूर्ति ये जैन परिवार कर सकते थे।[1]

दिलावरखाँ गोरी के समय जैन धर्म पुनः विकास की राह पर चल पड़ा। पाटन के एक प्रसिद्ध श्रेष्ठी पेथड़शाह के एक सम्बन्धी संघपति झांझण को मालवा में उच्च राजनीतिक पद मिला था। यह व्यक्ति सोमेश्वर चौहान के मंत्री जालोर के सोनगरा गोत्रीय श्रीमाल आभू का वंशज था।[2]

---

1. श्यामसुन्दर निगम, *सम एपिग्राफिक एविडेंस ऑफ दी रिवाइवल ऑफ टेम्पल आर्किटेक्चर इन मालवा (1390-1410 ई॰), पद्मश्री डॉ वि॰ श्री वाकणकर अभिनंदन* ग्रंथ, पृ॰ 111.
2. दौलतसिंह लोढ़ा, *मंत्री मंडन और उनका गौरवशाली वंश* (*श्री यतीन्द्र सूरि अभिनंदन ग्रंथ*, पृ॰ 130).

दिलावरखाँ के समय तीर्थंकरों की प्रतिमाएँ बनाई गई थीं। सन् 1401 ई॰ की एक अभिलेखयुक्त पार्श्वनाथ की पीतल की प्रतिमा आज भी उज्जैन नमकमंडी जिनालय में देखी जा सकती है।

होशंगशाह गोरी

इसका मूल नाम अल्पखाँ था। इसका शासनकाल सन् 1406 से 1435 ई॰ माना जाता है। जैन ग्रंथों में इसे आलमशाह भी कहा गया है। होशंगशाह के समय में जैन धर्म काफ़ी पनपा। इसके समय में पेथड़ (बीका) का पुत्र झांझण दिल्ली से नाडलोई होता हुआ पुनः मालवा में आया। झांझण के छः पुत्र थे जिनके नाम चाहड़, वाहड़, देहड़, पद्मसिंह, आल्हू और पाल्हू थे। होशंगशाह इन शासकों को सम्मान की दृष्टि से देखता था। चाहड़ के चन्द्र और खेमराज नामक दो पुत्र थे। वाहड़ के दो पुत्र समंधर और मंडन हुए। मंडन होशंगशाह के समय एक विशिष्ट नाम था। उसे मंत्रीश्वर कहा गया है क्योंकि वह महाप्रधान के पद पर था। वह बड़ा कुशल राजनीतिज्ञ तथा विद्वान् साहित्यकार था। झांझण का तीसरा पुत्र देहड़ था। देहड़ के पुत्र का नाम धनपाल या धनराज था। होशंगशाह के समय मंडन के इस सुयोग्य चचेरे भाई ने संघपति का पद ग्रहण किया। झांझण का चौथा पुत्र पद्मसिंह था। इसने शंखेश्वर तीर्थ की संघ-यात्रा समारोहपूर्वक सम्पन्न करवाई थी, इस कारण इसे संघपति भी कहा जाता था।[3] झांझण का पांचवां पुत्र आल्हू था जिसने मगलपुर और जीरापल्ली तीर्थ की संघ-यात्राएँ कीं। इसी ने ज़ीरापल्ली में एक सभा-मंडप निर्मित करवाया था। पाल्हू झांझण का छठा और अंतिम पुत्र था। यह उदारतापूर्वक धन व्यय करता था। इसने जिन् चन्द्र सूरि की अध्यक्षता में श्री अर्बुद और जीरापल्ली तीर्थ की संघ-यात्राएँ सम्पन्न करवाई थीं।[4]

होशंगशाह का झांझण के छहों पुत्रों के प्रति अत्यधिक सम्मान था क्योंकि ये भ्रातागण न केवल योग्य, विद्वान् तथा धनी थे अपितु सुल्तान होशंगशाह को उत्तम सलाह भी देते थे। इन्हीं के कहने से सुल्तान ने राजा केसीदास, राजा हरिराज, राजा अगरदास तथा वरात, लूनार और बाहड़ नामक विख्यात और स्वाभिमानी ब्राह्मणों को बन्दी-गृह से मुक्त किया था।[5]

होशंगशाह के समय एक और भी उल्लेखनीय जैन व्यक्तित्व मांडव में था। इसका नाम नरदेव सोनी था जो सुल्तान का भंडारिक (कोषाध्यक्ष) व सलाहकार था।* नरदेव

3. *उक्त,* पृ॰ 131-32.
4. *उक्त.*
5. *उक्त.*

* हुसंड. . . . (42)

. . . . .

नरदेव . . . . (44) – बुद्धिसागर प्रशस्ति

एक महान् दानी व्यक्ति था और कभी भी अपने घर आये हुए याचक को निराश नहीं लौटाता था।[6]

होशंगशाह का पुत्र गजनीखाँ था। गजनीखाँ किसी कारणवश अपने पिता से रूठकर मांडवगढ़ के अपने मित्रों के साथ नांदिया ग्राम में आ गया था। इस ग्राम में संधरणा नामक एक अत्यधिक धनी व उदार जैन श्रेष्ठी निवास करता था। गजनीखाँ ने धरणा से तीन लाख रुपये उधार मांगा जिसे धरणा ने इस शर्त के साथ दे दिया कि जब गजनीखाँ मांडव का शासक बने तब वह धनराशि धरणा को लौटा दे। धरणा ने ही कालांतर में गजनीखाँ को समझा-बुझाकर उसके पिता होशंगशाह के पास मांडू के लिए प्रस्थित करवाया था। सुल्तान होशंगशाह को धरणा के इस कार्य ने बड़ा प्रसन्न किया।[7]

पुरातत्त्वीय साक्ष्य भी होशंगशाह के समय जैन धर्म के पल्लवन का प्रमाण देते हैं। उज्जैन के नमकमंडी दिगम्बर जैन मंदिर में पीपल की एक प्रतिमा है जिस पर अंकित लेख के अनुसार वह होशंगशाह के शासन के अंतिम वर्ष की सिद्ध होती है।*

---

6. यू॰एन॰ डे, *मिडिएवल मालवा (मि॰ मा॰)*, पृ॰ 423.
7. दौलतसिंह लोढ़ा, *प्राग्वाट् इतिहास*, 3 पृ॰ 263-64.

* पुरातत्त्वीय साक्ष्य भी होशांगशाह के समय जैन धर्म के पल्लवन का प्रमाण देते हैं। मानवर में मूल संघ के भट्टारक पद्मनन्दि का सन् 1415 ई॰ का एक प्रतिमा-लेख है। इसी वर्ष का एक ऐसा ही अभिलेख अमझेरा में भी है जिसमें पद्मनन्दि एवं उनके शिष्य नेमचन्द्र का उल्लेख आया है। अमझेरा एवं नमकमंडी मंदिर, उज्जैन, में मूल संघ से सम्बन्धित भट्टारक पद्मनन्दि एवं उनके पट्टाधिकारी सकलकीर्ति का उल्लेख करने वाले सन् 1435 ई॰ के प्रतिमा-लेख हैं। यहाँ यह स्पष्ट करना आवश्यक है कि पद्मनन्दि दिगम्बर सम्प्रदाय मूल संघ की भट्टारक परम्परा की उत्तर शाखा के प्रवर्तक आचार्य थे। होशांगशाह के राज्य-काल में विभिन्न श्वेताम्बरगच्छ भी अपना व्यापक अभियान चलाये हुए थे। बाघ के 1414 ई॰, तालनपुर के 1426 ई॰ तथा राजगढ़ (धार) के 1435 ई॰ के प्रतिमा-लेखों में लघुतपागच्छ के आचार्य सोमसुन्दर सूरि का उल्लेख है। सन् 1416 ई॰ के सांवेर के एक प्रतिमा-लेख में सांडेरगच्छ सूरि तथा सन् 1418 ई॰ के मनावर के एक प्रतिमा-लेख में सांडेरगच्छ के आचार्य शांति सूरि का अंकन है। तालनपुर में अंचलगच्छ के आचार्य विजयकीर्ति का प्रमाण जो अभिलेख प्रस्तुत करता है वह 1422 ई॰ का है जबकि उज्जैन के खारा खुआं मंदिर के 1427 ई॰ के एक प्रतिमा-लेख में पूर्णिमा पक्ष के आचार्य जयप्रभु सूरि का उल्लेख है। सुखेड़ा में 1428 ई॰ के एक प्रतिमा-लेख में तपागच्छीय हेमहंस सूरि का नामोल्लेख हुआ है। मनावर के 1432 ई॰ के एक प्रतिमा-लेख में उकेशगच्छ के भट्टारक देवगुप्त सूरि की चर्चा आई है। निसरपुर के एक प्रतिमा-लेख जो सन् 1432 ई॰ का है, बृहद् तपागच्छ के रत्नसिंह सूरि का अंकन है। निष्कर्षतः यह मानना अत्यंत ही समीचीन होगा कि होशांगशाह के समय जैन धर्म की विभिन्न शाखा-प्रशाखाएँ अत्यन्त लोकप्रिय हो रही थीं।

मोहम्मदशाह गोरी (1435-36 ई॰)

होशांगशाह के समय मांडव के दरबारियों के दो समूह हो गये थे। एक समूह का नेता शहजादा उथमनखाँ तथा दूसरे समूह का नेता शहजादा गजनीखाँ था। होशांगशाह ने गजनीखाँ को अपना उत्तराधिकारी नियुक्त किया था। यह करना घातक रहा। 6 जुलाई, 1435 ई॰ को गजनीखाँ मोहम्मदशाह गोरी के नाम से मालवा का सुल्तान बना। महमूदखाँ को उसका संरक्षक नियुक्त किया गया। दुर्भाग्यवश नया सुल्तान अत्यधिक शराबी निकला। उसने सारा शासन-प्रशासन अपने श्वसुर मलिक मुगीस तथा अपने साले व संरक्षक महमूदखाँ के हाथों में केन्द्रित कर दिया। परिणाम अच्छा नहीं निकला। अवसर देखकर महमूदखाँ ने मोहम्मदशाह को ज़हर देकर मार दिया।[8] 8 अप्रैल, 1436 ई॰ को सुल्तान मोहम्मदशाह संसार से विदा हो गया। गजनीखाँ का शासन अत्यन्त ही अल्पकालीन था। उसने नांदिया ग्राम से धरणाशाह को मांडव आमंत्रित किया। उसने उससे उधार लिये तीन लाख रुपयों के बदले में उसे छः लाख रुपये प्रदान किये और दरबार में उच्च पद प्रदान किया। बादशाह का धरणा के प्रति यह अति स्नेह मांडव के अन्य अमीरों को अच्छा नहीं लगा। उन्होंने मोहम्मदशाह के कान भरना प्रारम्भ कर दिये। कमज़ोर मनोबल वाले सुल्तान ने संघ-यात्रा पर निकले धरणा को बन्दी बनाकर कारागार में डाल दिया। धरणा की रिहाई के लिये भी संघ ने अनेक प्रयास किये किन्तु वे व्यर्थ सिद्ध हुए। अंत में धरणा को एक लाख मुद्राएँ देकर स्वयं को मुक्त कराना पड़ा। जब मोहम्मदशाह को अपदस्थ कर महमूद खिलज़ी ने शासन संभाला तो उचित अवसर देख धरणाशाह मांडव से निकल भागा।[9]

महमूद खिलज़ी (प्रथम)

सन् 1436 ई॰ तक महमूदखाँ मांडव का सुल्तान रहा। वह खिलज़ी वंश का था और इस कारण मालवा का सुल्तान वंश उसी के साथ परिवर्तित हो गया। सिंहासन पर बैठने पर उसने अपने पिता मलिक मुगीस को "निजाम-उल-मुल्क" की उपाधि प्रदान कर उसे वजीर पद पर नियुक्त किया। सन् 1442 ई॰ तक उसने अपने आपको पूरी तरह स्थापित कर लिया।[10] महमूद खिलज़ी भी जैन धर्म के प्रति बड़ा सहिष्णु और संरक्षक सिद्ध हुआ। उसके समय में मंडन के चार पुत्र पूजा, जोगा, संग्रामसिंह व श्रीमल्ल को मांडव में विशेष स्थान प्राप्त था। इसके अतिरिक्त भी मांडव इस समय अनेक सम्पन्न व्यापारियों का केन्द्र था। इन व्यापारियों ने जैन कल्पसूत्रों के पुनर्लेखन पर काफ़ी धन अनुदान के रूप में

---

8. यू॰एन॰ डे, *पूर्वोक्त*, पृ॰ 84-85.
9. दौलतसिंह लोढ़ा, *पूर्वोक्त*, पृ॰ 265.
10. *मि॰मा॰*, पृ॰ 94.

दे दिया तथा मांडव में अनेक आकर्षक जिनालयों का निर्माण करवाया।[11] सन् 1450 ई॰ में ओसवंशीय आनन्द मुनि ने *धर्म-लक्ष्मी-महतरा-भाख* नामक अपने ग्रंथ में रत्नाकरगच्छ के रत्नसिंह सूरि के समुदाय की धर्मलक्ष्मी महतरा का ऐतिहासिक परिचय दिया। नरवर नामक स्थान में सन् 1459 ई॰ में खरतरगच्छ की पिटपलक शाखा के संस्थापक विद्वान् जैनाचार्य जिनवर्धन सूरि के शिष्य न्याससुन्दर उपाध्याय ने *विद्या-विलास-नरेन्द्र* नामक चौपाई की रचना की। सन् 1468 ई॰ में मुनि मेरुसुन्दर ने मांडव हुर्म में संघपति धनराज के अनुरोध पर *शीलोपदेश माला बालावबोध* की रचना की। उस समय निमाड़ अनेक जैन तीर्थों से युक्त था। मांडव के अतिरिक्त तारापुर, सिंघाना, तालनपुर, नानपुर, चिकली ढोला तथा लक्ष्मणी आदि स्थानों पर जिनालय विद्यमान थे। इसी सुल्तान महमूद खिलज़ी का एक मंत्री मांडव निवासी जैनचन्द्र साधु था जो चांदासाह के नाम से जाना जाता था।[12] चांदासाह एक कुशल राजनीतिज्ञ और जैन धर्म का प्रबल अनुयायी था। वह बड़ा धर्मात्मा, योग्य संगठक, सरल और उदार था। उसने शत्रुंजय, गिरनार, आदि तीर्थों की संघ-यात्राओं पर काफ़ी धन व्यय करके संघपति का पद प्राप्त किया था। उसने मांडवगढ़ में 72 काष्ठमय जिनालय निर्मित करवाये थे जिनमें अनेक धातु चौबीसी-पट्ट रखवाये थे।[13]

महमूद खिलज़ी के समय का एक अत्यधिक उल्लेखनीय व्यक्तित्व संग्रामसिंह सोनी था। यह पूर्ववर्णित नरदेव सोनी का पुत्र था तथा महमूद खिलज़ी के समय खजांची के पद पर नियुक्त था। संग्रामसिंह सोनी, श्वेताम्बर मतानुयायी जैन (ओसवाल) था। महमूद खिलज़ी के द्वारा राणा कुम्भा और दक्षिण के निज़ाम के साथ लड़े गये युद्धों में संग्रामसिंह सोनी ने मदद की और कीर्ति अर्जित की। संग्रामसिंह सोनी राजनीतिज्ञ ही नहीं वरन् विद्वान् भी था। उसने *बुद्धिसागर* नामक ग्रंथ की रचना भी की थी। इसने एक हजार स्वर्ण मुद्राएँ व्यय करने के लिए अलग-अलग स्थानों पर ज्ञान-भंडारों की स्थापना की थी। इसे सुल्तान ने "नकद-उल-मुल्क" की उपाधि दी थी। यह वही संग्रामसिंह सोनी है जिसने मक्सी पार्श्वनाथ तीर्थ के मंदिर का निर्माण करवाया था।[14]

मांडव में सन् 1498 ईस्वी में पुनर्लिखित *कल्पसूत्र* में महमूद खिलज़ी के समय के एक और जैन परिवार का उल्लेख आया है। इस परिवार में जसवीर नामक श्रेष्ठी का

---

11. *उक्त*, पृ॰ 424.
12. अगरचन्द, नाहटा, *मालवा के श्वेताम्बर जैन भाषा कवि मुनि-द्वय अभिनंदन ग्रंथ*, (मु॰द्व॰अ॰ग्र॰), पृ॰ 272-78.
13. ए॰एच॰ निजामी, कंट्रिब्यूशन ऑफ जैनिज्म टु दी हिस्ट्री ऑफ मालवा *शोध-साधना*, 1986, पृ॰ 90.
14. तेजसिंह गौड़, *मालवा में जैन धर्म का ऐतिहासिक विकास* (*मु॰द्व॰अ॰ग्र॰*), पृ॰ 257; मक्सी के मंदिर के एक भित्तिलेख में संग्रामसिंह का उल्लेख। *भारत के दिगम्बर जैन तीर्थ* (*भा॰दि॰जै॰ती॰*, भाग 3, पृ॰ 250).

उल्लेख है जो बड़ा दानी था और जिसने बावन संघपतियों की स्थापना की थी। उसे संघेश्वर की उपाधि प्राप्त थी।[15]

महमूद खिलज़ी का राज्यकाल मालवा में जैन प्रचार-प्रसार का एक प्रकार से स्वर्ण युग रहा। दिगम्बर सम्प्रदाय के मूल संघ और काष्ठा संघ दोनों ही यहाँ इस काल में पल्लवित हुए। सन् 1447 ई॰ का एक प्रतिमा-लेख उज्जैन के नमकमंडी दिगम्बर जैन-मंदिर में है जो काष्ठा संघ नन्दितटगच्छ तथा भट्टारक धर्मसेन की चर्चा करता है। सन् 1449 ई॰ का काष्ठा (वागड़) संघ के भट्टारक धर्मकीर्ति की चर्चा करने वाला एक अभिलेख जयसिंहपुरा मंदिर, उज्जैन, में है। नमकमंडी मंदिर, उज्जैन, में सन् 1453 का मूल संघ और उसके आचार्य जिनचन्द्र से सम्बन्धित एक प्रतिमा-लेख है। केसूर, जिला धार, में इसी वर्ष का काष्ठा संघ से सम्बन्धित एक प्रतिमा-लेख है जिसमें भट्टारक हेमकीर्ति और उनके पट्टाधिकारी सकलकीर्ति का उल्लेख है। कुक्षी, जिला धार, में मूल संघ बलात्कारगण के आचार्य भट्टारक पद्मनन्दि, सकलकीर्ति और विमलेन्द्र का उल्लेख करने वाला सन् 1456 ई॰ का एक प्रतिमा-लेख है। नमकमंडी मंदिर, उज्जैन, में सन् 1459 ई॰ का एक प्रतिमा-लेख है जो काष्ठा संघ विद्यागण-नन्दितटगच्छ के आचार्य धर्मसेन व सोमकीर्ति से सम्बन्धित है। इसी वर्ष का एक और प्रतिमा-लेख बडवानी में है जो काष्ठा संघ पुष्करगण माथुरगच्छ के आचार्य क्षेमकीर्ति एवं हेमकीर्ति का उल्लेख करता है। इसी प्रकार सन् 1464 ई॰ के उज्जैन के एक प्रतिमा-लेख में मूल संघ बलात्कारगण सरस्वतीगच्छ के भट्टारक सकलकीर्ति एवं भुवनकीर्ति का उल्लेख आया है।

इस काल के कुछ ताम्रपत्र लेख भी प्राप्त हुए हैं। इनमें सन् 1468 ई॰ का एक लेख काष्ठा संघ के भट्टारक गुणभद्रदेव का उल्लेख करता है।

श्वेताम्बर परम्परा ने भी महमूद खिलज़ी प्रथम के राज्यकाल में अपना विशेष प्रभाव सिद्ध किया था।

गयासुद्दीन खिलज़ी (1469-1501 ई॰)

महमूद के बाद उसका ज्येष्ठ पुत्र गियाथशाह गयासुद्दीन खिलज़ी के नाम से मालवा का सुल्तान बना। यह एक विलासी और कला-प्रेमी शासक था। वह धार्मिक दृष्टि से कट्टर था फिर भी जैन धर्म के प्रति सहिष्णु और उदार था। बहुत संभव है कि अत्यधिक विलासी होने के कारण सदैव धन की आवश्यकता पड़ती रही हो और इस कारण वह जैनियों के

15. *मि॰मा॰*, पृ॰ 427.
पुत्रस्तयोः श्री जसवीरनामा कामाभिरामाकृति रूपधारी।
श्री ग्यासुदीनस्य हि यौव-राज्य, प्रधानहांयः प्रवधार राज्ये ॥
– उद्धृत *जर्नल ऑफ मध्यप्रदेश इतिहास परिषद्*, व्हा॰ 4, पृ॰ 89.

प्रति अधिक उदार हो गया।* उसके समय भी जैन कल्पसूत्रों का पुनर्लेखन होता रहा। भट्टारक सम्प्रदाय उसके समय में विशेष रूप से पल्लवित हुआ। सूरत शाखा के भट्टारक मल्लीभूषण उसी के समय मांडव आये थे। भट्टारक श्रुतकीर्ति ने मालवा के मांडव और जेरहट नगर में अपने ग्रंथों की रचना की।[16]

गयासुद्दीन के शासन-काल में मालवा के जवासिया ग्राम में एक प्राग्वाट जातीय परिवार था। इस परिवार के सदस्य बड़ी धार्मिक प्रकृति के थे। इस परिवार के सदस्यों ने तपागच्छ नामक श्री लक्ष्मीसागर सूरि के करकमलों से सुमतिनाथ की प्रतिमा प्रतिष्ठित करवाई थी। जिस देव कुलिका में यह बिम्ब प्रतिष्ठित करवाया गया था, उसे काफ़ी व्यय से बनाया गया था।[17]

इसी प्रकार गयासुद्दीन के राज्य मंडल में सूरा और वीरा नामक प्राग्वाट जातीय दो नर-रत्न निवास करते थे। वे बड़े उदार व दानी सज्जन थे। वे जिनेश्वरदेव के परम भक्त थे। इन भाइयों ने गयासुद्दीन खिलज़ी की आज्ञा प्राप्त कर सुधानन्द सूरि के तत्त्वावधान में मांडवगढ़ से श्री शत्रुंजय महातीर्थ की यात्रा करने के लिए संघ निकाला था जो सिद्धांचल तीर्थ तक पहुंचकर सकुशल मांडवगढ़ आया था।[18]

गियाथशाह के समय मुंजराज नामक एक जैन विद्वान् खालसा भूमि की देख-रेख के लिये वजीर नियुक्त किया गया था। इसे मुंज बवकाल भी कहते थे।[19] राज्य की ओर से उसे "मफर-उल-मुल्क" की उपाधि दी गई थी। मंडन कवि के वंशज मेघ को गयासुद्दीन खिलज़ी ने मंत्री पद दिया था। मेघ को "फक्र-उल-मुल्क" की उपाधि प्राप्त थी। मेघ का भतीजा पुंजराज था। वह भी एक उच्च राज्याधिकारी था। उसे "हिन्दुआराय" वजीर के नाम से जाना जाता था। प्रशासक होने के साथ-साथ वह बड़ा विद्वान् भी था। सन् 1500 ई॰ में उसने *सारस्वत प्रक्रिया* नामक व्याकरण की रचना की थी। उसी की प्रेरणा पाकर ईश्वर सूरि ने *ललितांग-चरित* नामक ग्रंथ की रचना की थी।[20]

ऐसा लगता है कि गियाथशाह के शासन-काल के उत्तरार्द्ध में जैनियों में पारस्परिक स्पर्धा बढ़ गई थी जो समकालीन राजनीतिक परिस्थितियों की देन थी।

---

* मालव देस दुगा मंडवचलु वहड़साहि ग्यासु महाबलु।
साहिणासीरणाम तहणंदणु रायधम्म अणु रायउ बहु गुणु।

— *परमेष्ठी प्रकाशसार*, लेखांक, 524

16. तेजसिंह गौड़, *पूर्वोक्त*, पृ॰ 256.
17. दौलतसिंह लोढ़ा, *पूर्वोक्त*, 303.
18. उक्त.
19. *मि॰मा॰*, पृ॰ 427.
20. तेजसिंह गौड़, *पूर्वोक्त*, पृ॰ 256.

शिवदास बक्काल राजवंश के पारिवारिक विग्रह में शहजादा नसीरशाह के साथ था जबकि मुंज बक्काल शहजादा शुजातखाँ और रानी खुर्शीद के साथ था। इस विग्रह के परिणामस्वरूप दोनों को ही अपने प्राणों से हाथ धोना पड़ा।[21]

महमूद खिलज़ी के समय संग्रामसिंह सोनी का महत्त्व काफ़ी बढ़ गया था। उसका महत्त्व गियाथशाह के समय भी कायम रहा। उसे "नकद-उल-मुल्क" की उपाधि गयासुद्दीन ने प्रदान की थी।

गियाथशाह के समय जैन धर्म के विकास की पर्याप्त सूचना *सुमति-संभव-काव्य* एवं *जावड़ प्रबन्ध* नामक ग्रंथों से भी मिलती है। मांडव के जावड़शाह का उल्लेख करना यहाँ समीचीन होगा। *कल्प-प्रशस्ति* नामक ग्रंथ में जिस खरतरगच्छीय जैन परिवार का उल्लेख आया है, वह श्रीमाली कुल भगट गोत्रीय था। इस वंश में उत्पन्न जसधीर आचार्य जिनसमुद्र सूरि का श्रद्धालु शिष्य था। वह एक दानशील और धार्मिक संघपति था। उसके दामाद का नाम जावड़शाह था जिसे कुछ लेखकों ने भूल से मांडव का प्रसिद्ध मंत्री मंडन मान लिया है। वस्तुतः यह मंडन श्रीमाली कुल के किसी जयता नामक व्यक्ति का पुत्र था और उसका निकट संबंध खरतरगच्छ आचार्य जिनचन्द्र सूरि और जिनसमुद्र सूरि से था।[22]

इसी समय एक और भी जावड़ मांडव में हुआ। यह तपागच्छीय था तथा जसधीर की सबसे छोटी बुआ का पुत्र था। उसके पिता का नाम राजमल्ल था। जावड़ का उल्लेख वाचनाचार्य सोमध्वज के शिष्य खेमराजगणि के गुजराती ग्रंथ *मांडवगढ़-प्रवासी* में आता है। सर्वविजय गणि नामक जैन कवि ने भी अपने काव्य ग्रंथों में उसका उल्लेख किया है। सोमचरितगणि की रचनाओं में भी उसका उल्लेख है। वंश-परम्परा के अनुरूप जावड़ को भी राजदरबार में प्रतिष्ठित पद प्राप्त था। गयासुदीन सदैव उसका सम्मान किया करता था। सुल्तान ने उसे उत्तम व्यवहारों की उपाधि से विभूषित कर कोषाध्यक्ष नियुक्त किया था। इसीलिए उसे सुल्तान का मंत्री कहा गया है। कभी-कभी जावड़ेन्द्र के रूप में भी उसका उल्लेख हुआ है। "श्रीमाल-भूपाल" भी उसका एक विरुद था। इससे स्पष्ट है कि उसे अपने समाज में पर्याप्त प्रतिष्ठा प्राप्त थी।[23] उसे अर्बुदाचल और जीरापल्ली की तीर्थयात्रा करने के बाद "संघपति" की उपाधि दी गई थी। वह तपागच्छीय आचार्य लक्ष्मीसागर सूरि तथा उनके पट्ट-शिष्य सुमतिसाधु सूरि का असीम भक्त था। जावड़ ने अनेक जिन् प्रतिमाओं की प्रतिष्ठा करवाई थी तथा मांडव में तपागच्छ के अनुयायियों का

21. यू॰एन॰, डे, *पूर्वोक्त*, पृ॰ 427-28.
22. क्राउझे (अनु॰ सत्यव्रत), *मांडू के जावड़शाह* (*कर्मयोगी श्री केसरीमलजी सुराणा अ॰ग्र॰*) षष्ठ खण्ड, पृ॰ 87.
23. उक्त, पृ॰ 88-89.

एक विशाल आयोजन सम्पन्न करवाया था। इस अवसर पर 104 जिन्-प्रतिमाएँ प्रतिष्ठित की गई थीं। 23 सेर की एक चांदी की मूर्ति और 11 सेर की एक स्वर्ण प्रतिमा को छोड़कर शेष सभी प्रतिमाएँ पीतल की थीं। उन्हें हीरक-खचित छत्रों तथा बहुमूल्य आभूषणों से सजाया गया था। जावड़शाह ने प्रतिष्ठा समारोह पर 15 लाख रुपये खर्च किये थे।[24]

जावड़ ने मांडू में ऋषभनाथ, शांतिनाथ, नेमिनाथ, पार्श्वनाथ तथा महावीर इन पांचों तीर्थंकरों के विशाल मंदिरों का निर्माण करवाया था। उसके अतिरिक्त भी मांडव में अनेक जैन-मंदिर थे जिनका उल्लेख करना यहाँ समीचीन नहीं है।[25]

गसासुद्दीन के समय हुई जैन मत की प्रगति की गाथा समकालीन प्रतिमाएँ तथा ताम्र-यंत्र भी कहते हैं। उज्जैन के नमकमंडी दिगम्बर जैन मंदिर में गयासुद्दीन के राज्य-काल में निर्मित पार्श्वनाथ के प्रतिमा-लेख सहित धातु प्रतिमाएँ विद्यमान हैं। इसी प्रकार यहाँ इस काल की एक चौबीसी और एक सप्त प्रतिमा भी विद्यमान है। मांडवगढ़ के जैन मंदिर में भी इस काल की एक अम्बिका की पीतल की प्रतिमा विद्यमान है। अनेक पाषाण प्रतिमा-लेखों एवं ताम्र-यंत्र लेखों से भी इस काल के जैन धर्म की प्रगति की सूचना प्राप्त होती है।

ये सूचनाएँ बड़ी महत्त्वपूर्ण हैं। राजगढ़ (धार) के सन् 1470 ई॰ के एक प्रतिमा-लेख में मूल संघ कुंदकुंदाचार्यान्वय के भट्टारक सकलकीर्ति, भुवनकीर्ति और ज्ञानभूषण का उल्लेख आया है। नमकमंडी दिगम्बर जैन मंदिर, उज्जैन, के सन् 1472 ई॰ के एक आलेख में काष्ठा संघ नंदितटगच्छ के आचार्य सोमकीर्ति का उल्लेख आया है। नमकमंडी के ही सन् 1483 ई॰ के एक धातु पत्र पर मूल संघ के भट्टारक जिनचन्द्र, सिंहकीर्ति व विद्यानन्दि का तथा सन् 1487 ई॰ के एक अन्य ताम्रपत्र पर मूल संघ के भट्टारक भुवनकीर्ति देव का विवरण आया है। सन् 1477 ई॰ के एक प्रतिमा-लेख में मूल संघ के बलात्कारगण सरस्वतीगच्छ के भट्टारक सकलकीर्ति व भुवनकीर्ति तथा इसी वर्ष के इसी स्थान के एक अन्य प्रतिमा-लेख में मूल संघ के भट्टारक विद्यानन्दि का उल्लेख हुआ है। सन् 1478 ई॰ के कुक्षी, जिला धार, के एक अभिलेख में तथा नमकमंडी मंदिर, उज्जैन, के प्रतिमा-लेख में मूल संघ के भट्टारक भुवनकीर्ति और ज्ञानभूषण का उल्लेख आया है। सन् 1481 ई॰ का एक प्रतिमा-लेख नमकमंडी दिगम्बर जैन मंदिर, उज्जैन, का मूल संघ के भट्टारक सिंहकीर्ति का उल्लेख करता है। इसी प्रकार इसी मंदिर का सन् 1491 ई॰ का एक प्रतिमा-लेख मूल संघ के भट्टारक जिनचन्द्र का तथा इसी वर्ष का सुरवेड़ा जिला रतलाम का एक प्रतिमा-लेख मूल संघ के भट्टारक चन्द्रकीर्ति तथा कुमुदचन्द्र की सूचना देता है।

24. उक्त, पृ॰ 89 व आगे.

25. उक्त.

नासिरुद्दीन खिलज़ी (1500-11 ई॰)

नासिरुद्दीन के राज्य-काल में भी जैन धर्म और जैन समाज को पूर्ववत् संरक्षण मिलता रहा। उसके समूचे राज्य-काल में संग्रामसिंह सोनी "नकद-उल-मुल्क" की स्थिति में यथावत् बना रहा। मंडन का भतीजा पुंजराज अभी भी "हिन्दुआराय" पुकारा जाता था। जीवणशाह, गोपाल, आदि इस काल के महत्त्वपूर्ण जैन व्यक्ति थे। सन् 1504 ई॰ में ईश्वर सूरि नामक कवि ने *ललितांग-चरित* नामक एक रोचक काव्य-ग्रंथ दशपुर में रचा जिसमें पातिसाह निसीर का उल्लेख आया है। इस ग्रंथ का दूसरा नाम *रासकचूड़ामणि-पुण्य-प्रबन्ध* भी कहा गया है।[26] सन् 1508 ई॰ में मंडपदुर्ग में मलधारगच्छ के कवि हीरानंद ने *विद्या-विलास-पवाड़ो* नामक चरित काव्य की रचना की। इसी समय मालवा के आजणोद, जिला इंदौर, नामक गाँव में सोलंकी रावत पद्मराय की पत्नी सीता के दो पुत्र हुए थे। ये दोनों एक बार तीर्थ यात्रा को गये जहाँ गिरनार में इन दोनों ने रंगमंडन मुनि से दक्षिणा ग्रहण की। इनमें से एक का नाम ब्रह्म कुमार था जो कालान्तर में ब्रह्म मुनि पार्श्वनाथ सूरि की परम्परा में विनयदेव सूरि नामक आचार्य बने।[27]

नासिरुद्दीन के काल में ऐसा लगता है जैन कला और स्थापत्य का लम्बा सिलसिला समाप्त होने लगा था। आश्चर्यजनक रूप से हम उसके राज्य-काल में जैन-प्रतिमाओं का अभाव-सा पाते हैं। दो कारणों से इस समय जैन मत की गति कुंठित हो गई थी। पितृहंता नासिरुद्दीन जैन समाज का चहेता नहीं था तथा दूसरी ओर नासिरुद्दीन के बदमिज़ाज और शराबी व्यक्तित्व से जैन समाज की कोई संगीति नहीं मिल पा रही थी। मांडव के जैनियों में पारस्परिक ऐक्य न होने से दरबार में उनका विरोधी मुस्लिम संप्रदाय भी महत्त्वपूर्ण हो गया था[28] जिसका स्पष्ट प्रमाण नासिरुद्दीन की मृत्यु के बाद देखने को मिला।

नासिरुद्दीन खिलज़ी के एक दशक का यह राज्य-काल जैन धर्म के लिये मिश्रित उपलब्धियों वाला था क्योंकि जहाँ एक ओर मालवा में सत्तारूढ़ वर्ग में जैन धर्म का विरोध प्रारंभ हो गया था, वहीं दूसरी ओर दिगम्बर और श्वेताम्बर सम्प्रदाय अपनी स्थिति को दृढ़ीभूत करने के प्रयास में थे। फिर भी, ऐसा लगता है कि, उन्हें इस काल में वांछित सफलता नहीं मिल पा रही थी। नासिरुद्दीन खिलज़ी और उसके उत्तराधिकारी महमूद खिलज़ी द्वितीय के समय का कोई भी दिगम्बर सम्प्रदाय का प्रतिमा-लेख संभवतः मालवा क्षेत्र में विद्यमान नहीं है। हालांकि नमकमंडी दिगम्बर जैन मंदिर, उज्जैन, में सन् 1504

26. समरथ साहसधीर, श्री पातिसाहनिसीर।
 —उद्धृत : कामताप्रसाद, जैन, *जैन साहित्य का संक्षिप्त इतिहास*, पृ॰ 67.
27. अगरचन्द, नाहटा, *पूर्वोक्त*।
28. डे॰, पूर्वोक्त।

ई॰ का एक ताम्र-यंत्र विद्यमान है जिसमें मूल संघ के भट्टारक जिनचन्द्र एवं सिंहकीर्ति का उल्लेख है।

अलबत्ता श्वेताम्बर सम्प्रदाय से संबंधित कतिपय प्रतिमा-लेख प्राप्त हैं। सन् 1505 ई॰ के राजगढ़, जिला धार, के एक प्रतिमा-लेख में तपागच्छ के आचार्य हेमविमल सूरि का संदर्भ आया है। सन् 1506 ई॰ के सांवेर जिला इन्दौर के एक प्रतिमा-लेख में अंचलगच्छ के आचार्य भावसागर सूरि का उल्लेख हुआ है। इसी वर्ष के इंदौर के एक प्रतिमा-लेख में धर्मघोषगच्छ के दो सूरियों का उल्लेख हुआ है जबकि मक्सी, जिला शाजापुर, के सन् 1507 ई॰ के एक प्रतिमा-लेख में तपागच्छ के आचार्य सोमसुन्दर सूरि, जयकल्याण सूरि तथा हेमविमल सूरि का उल्लेख तथा सन् 1509 ई॰ के रतलाम में विद्यमान एक अभिलेख में नाणाकायगच्छ के आचार्य शांति सूरि का प्रमाण मिलता है। निसरपुर, जिला धार, में आगमगच्छ के आचार्य आणन्दरत्न सूरि का प्रमाण देने वाला सन् 1514 ई॰ का एक अभिलेख है। इसके एक वर्ष बाद का राजगढ़, जिला धार, का एक प्रतिमा-लेख तपागच्छ के आचार्य जयकल्याण सूरि और चरणसुन्दर सूरि का उल्लेख करता है।

उक्त अभिलेखीय साक्ष्यों से ऐसा लगता है कि नासिरुद्दीन खिलज़ी और महमूद खिलज़ी द्वितीय के राज्य-काल में मालवा में दिगम्बर सम्प्रदाय लगभग अस्त हो गया था तथा श्वेताम्बर मत भी कोई विशिष्ट उपलब्धियाँ प्रदर्शित नहीं कर रहा था।

महमूद खिलज़ी द्वितीय (1511-31 ईस्वी)

महमूद को मालवा का सुल्तान बनने के पूर्व अपने भाई शहाबुद्दीन मोहम्मद द्वितीय से गृह-युद्ध लड़ना पड़ा था। ऐसी स्थिति में महमूद ने एक राजपूत नेता मेदिनी राय के सहयोग से सुल्तान पद प्राप्त किया। इस घटना से मेदिनी राय का प्रभाव पर्याप्त बढ़ गया। सुल्तान ने उसको हटाने का प्रयास किया किन्तु यह संभव न देख मालवा का सुल्तान गुजरात चला गया और वहाँ के सुल्तान की सहायता से उसने पुनः मालवा के शासक बनने का प्रयास किया, किन्तु चित्तौड़ के महाराणा सांगा ने बीच में ही उसे कैद कर लिया। काफ़ी कुछ भेंट देकर ही महमूद मांडव लौट सका। महमूद का मांडव लौटना उसके लिये घातक सिद्ध हुआ क्योंकि गुजरात के सुल्तान बहादुरशाह ने सन् 1531 ई॰ में मांडव पर आक्रमण कर उसे उसके सात पुत्रों सहित बन्दी बना लिया। गुजरात ले जाते हुए उसे रास्ते में ही मार डाला गया। इस तरह मांडव से खिलज़ी शासन का अंत हो गया।[29]

महमूद के राज्य-काल में मुस्लिम अमीर पुनः प्रभावशाली हो गये। मेदिनीराय का पतन हो गया। बसंतराय जैसा शक्तिशाली राजनीतिक मारा गया तथा संग्रामसिंह सोनी

29. उक्त, अ॰ 11

को मालवा से निष्कासित किया गया। इन घटनाओं का जैन समाज के अस्तित्व पर प्रभाव पड़ा। मालवा दरबार में जैन प्रभाव लगभग समाप्त हो गया। उनका व्यापार-व्यवसाय दिन-पर-दिन कम होता चला गया और धीरे-धीरे वे या तो मारे गये या मालवा से पलायन कर गये। ऐसी स्थिति में किसी प्रकार के जैन निर्माण की परिकल्पना व्यर्थ ही है।[30]

मालवा के सुल्तानों के समय जैन धर्म ने उल्लेखनीय प्रगति की। चाहे राजनीतिक हो या सामाजिक क्षेत्र, प्रशासकीय दायित्व हो या निर्माण कार्य, सर्वत्र जैन प्रशासकों एवं श्रेष्ठियों की तूती बोलती रही। सांस्कृतिक क्षेत्र में महाकवि मंडन तथा प्रशासकीय क्षेत्र में संग्रामसिंह सोनी इस काल के दो महत्त्वपूर्ण व्यक्ति थे जो मालवा के इतिहास के अत्यन्त ही महत्त्वपूर्ण व्यक्तियों में परिगणित किये जा सकते हैं।

मुगलकालीन मालवा में जैन धर्म

मांडव से खिलज़ी राज्य के पतन के उपरांत मालवा में गुजरात के सुल्तान बहादुरशाह का राज्य स्थापित हो गया किन्तु यह राज्य स्थायी सिद्ध नहीं हुआ क्योंकि 1534 ई॰ में मुगल बादशाह हुमायूं ने बहादुरशाह को मालवा से खदेड़ बाहर किया। हुमायूं की यह सफलता अत्यन्त ही अल्पकालीन सिद्ध हुई क्योंकि शेरशाह ने मालवा के सूबेदार मल्लूखाँ बनाम कादिरशाह को पराजित कर सन् 1542 ई॰ में शुजाअतखाँ को मालवा का सूबेदार बनाया। शुजाअतखाँ सन् 1554 ई॰ तक मालवा का अफ़गान सूबेदार रहा। उसके उपरान्त सन् 1555 ई॰ में उसका पुत्र मलिक बयाजिद बाजबहादुर के नाम से मालवा का सुल्तान बना। बाजबहादुर को सन् 1561 ई॰ में अकबर के सेनापति आदमखाँ ने अत्यन्त ही क्रूरतापूर्वक परास्त कर मालवा को मुगल साम्राज्य का एक प्रांत बना दिया। मालवा अठारहवीं शती के प्रारंभिक दशकों तक मुगलों के अधीन रहा।[31]

हुमायूं के समय की चार धातु प्रतिमाएँ इस समय उज्जैन के नमकमंडी दिगम्बर जैन मंदिर में देखी जा सकती हैं। ये प्रतिमाएँ तीर्थंकर पार्श्वनाथ की हैं। उनका निर्माण क्रमशः 1533, 1534, 1536 और 1555 ई॰ में हुआ।

राजगढ़ (धार) में सन् 1543 ई॰ का अंचलगच्छ से संबंधित एक प्रतिमा-लेख तथा उज्जैन के खाराकुआ मंदिर में सन् 1547 ई॰ का तपागच्छ से सम्बन्धित एक प्रतिमा-लेख विद्यमान है। इसी प्रकार मूल संघ से संबंधित सन् 1536, सन् 1539, सन् 1549 तथा सन् 1583 ई॰ के ताम्रयंत्र लेख मालवा में मिले हैं।

---

30. उक्त का परिशिष्ट डी।
31. "दी मुगल एम्पायर", *दी हिस्ट्री एण्ड कल्चर ऑफ इंडियन पीपल* (*दी॰हि॰क॰इ॰पी॰*) भाग, 7 पृ॰ 112-13).

अकबर

अकबर सन् 1556 से 1605 ई० तक भारत का मुगल सम्राट् रहा। उदार हिन्दू व राजपूत नीति तथा सब धर्मों के प्रति समन्वयात्मक दृष्टिकोण के कारण अकबर को एक राष्ट्रीय सम्राट् के रूप में मान्यता प्रदान की गई है। फतेहपुर सीकरी में विभिन्न धर्मों के प्रतिनिधियों से उसने सत्संग किया था। जैन प्रतिनिधि हीरविजय सूरिजी से भी उसने गहन चर्चा-परिचर्चा की थी।[32] अकबर सूरिजी से बड़ा प्रभावित हुआ था। कतिपय जैन विद्वानों का मत है कि अकबर ने जैन धर्म ही स्वीकार कर लिया था।[33] किन्तु अनेक कारणों से इस मत को मान्य नहीं किया जा सकता –

1. अकबर के सेनापति आधमखाँ ने मालवा के मंदिरों का बुरी तरह विध्वंस किया था। इनमें अनेक जैन-मंदिर भी थे। यही कारण है कि मालवा के मध्यकालीन मंदिर अस्तित्व खो बैठे।
2. अकबर यदि इबादत खाने में सत्संग के बाद जैन हो गया होता तो किसी भी दशा में वह "दीन-ए-इलाही" मत नहीं चलाता।
3. यह सच है कि सूरिजी से मिलने के बाद अकबर ने कुछ उदार व नीतिगत परिवर्तन किये और धार्मिक सहिष्णुता का संकेत भी दिया किन्तु किसी भी समकालीन स्रोत से उसके जैन होने का प्रमाण नहीं मिलता। फिर यह कहना भी कठिन है कि उसकी सहिष्णुता और उदारता केवल हीरविजयजी के कारण ही संभव हुई थी।

इतना सब होते हुए भी अकबर के राज्य काल में मालवा में जैन मत पुनः महत्त्वपूर्ण हो रहा था। सन् 1559 ई० में पूनमगच्छ के मालवा में उत्पन्न हुए एक जैन संत मालवीय द्वारा ऋषिका *सज्झाय* देवास नामक ग्राम में लिखी गई। उसी समय मंत्री ऋषि ने *विजयदेव सूरि विवाहलो* नामक ग्रंथ मालवा में लिखा। सन् 1604 ई० में तपागच्छीय कवि विजय कुशल के एक शिष्य ने सामेर (सांवेर), जिला इंदौर, नामक नगर में *शीलरत्न रास* नामक ग्रंथ लिखना प्रारम्भ किया जिसकी पूर्णता मक्सी, जिला शाजापुर, के पार्श्वनाथ मंदिर में हुई। अकबर के समय में भट्टारक ज्ञानसागर तपागच्छीय कवि प्रेमविजय, खरतरगच्छीय कवि खेमराज तथा भट्टारक सुमतिसागर ने अपनी साहित्यिक कृतियाँ प्रस्तुत कीं।[34]

---

32. मुनि राजविद्या विजयजी, *ए मांक एंड मोनार्क*, अध्याय - 5।
33. एन०एस०, रामास्वामी, आयंगर, *अकबर और जैन धर्म* (जैन गजट, सन् 1922 में प्रकाशित लेख)।
34. अगरचन्द नाहटा, *पूर्वोक्त*।

अकबरकालीन मालवा में अनेक जैन प्रतिमाएँ एवं यंत्रलेख उपलब्ध हैं जो दिगम्बर और श्वेताम्बर दोनों ही सम्प्रदायों से सम्बन्धित हैं। इनमें से कुछ अभिलेखों में बादशाह अकबर का स्पष्ट उल्लेख हुआ है।[35] जहाँ तक दिगम्बर सम्प्रदाय का प्रश्न है नमकमंडी मंदिर उज्जैन के 1570 ई॰ के एक पार्श्वनाथ प्रतिमा-लेख में मूल संघ के भट्टारक सुमलकीर्ति वीराचार्य का उल्लेख आया है। इसी प्रकार इसी मंदिर के सन् 1584 ई॰ के एक ताम्रलेख में मूल संघ बलात्कारगण कुंदकुंदाचार्यान्वय भट्टारक धर्मचन्द्र का उल्लेख आया है। 1602 ई॰ के बदनावर, जिला धार, के पार्श्वनाथ प्रतिमा-लेख में मूल संघ के आचार्य मेरुकीर्ति की चर्चा आई है जबकि 1605 ई॰ के नमकमंडी मंदिर, उज्जैन, के एक ताम्र-यंत्र लेख में काष्ठा संघ नंदितटगच्छ विद्यागण के भट्टारक रामसेनान्वय त्रिभुवनकीर्ति तथा उनके पट्टधर रत्नभूषण का उल्लेख हुआ है।

जहाँ तक श्वेताम्बर सम्प्रदाय का प्रश्न है, तपागच्छ ने इस काल में मालवा क्षेत्र में अपना अत्यधिक प्रभाव प्रदर्शित किया। सन् 1556 ई॰ के शाजापुर के एक प्रतिमा-लेख में भट्टारक विजयसेन तथा पं॰ रामविजय का उल्लेख आया है। सन् 1560 ई॰ के इन्दौर के पिपली बाजार मंदिर में हम धर्मनाथ की एक प्रतिमा के प्रति तपागच्छीय आचार्य सोमविमल सूरि को प्रणाम करता हुआ पाते हैं। शालापुर की सन् 1569 ई॰ की एक शीतलनाथ प्रतिमा पर तपागच्छ के आचार्य हीरविजय तथा विजयसेन सूरि एवं पं॰ रामविजय का संदर्भ मिलता है। शाजापुर की सन् 1588 ई॰ की एक अन्य शीतलनाथ प्रतिमा पर तपागच्छ के हीरविजय सूरि एवं विजयगणि का उल्लेख है। उज्जैन में सन् 1593 ई॰ की एक तीर्थंकर प्रतिमा और एक चरणपादुका पर तपागच्छ के भट्टारक विजयसेन सूरि का उल्लेख आया है। प्रथम अजितनाथ पादुका चन्द्रप्रभु मंदिर, उज्जैन, में प्रतिष्ठित है जबकि अजितनाथ की प्रतिमा वासुपूज्य मंदिर, उज्जैन, में है। उज्जैन के हसामपुरा में सन् 1597 ई॰ की आदिनाथ और महावीर स्वामी की चरणपादुका है जिसमें तपागच्छ के विजयदान सूरि का उल्लेख है जबकि जयसिंहपुरा, उज्जैन, के मंदिर में सन् 1600 ई॰ की आदिनाथ की एक प्रतिमा है जिसकी पादपीठ पर तपागच्छ के हीरविजय सूरि और विजयसेन सूरि का उल्लेख आया है जबकि हसामपुरा, उज्जैन, के मंदिर में सन् 1601 ई॰ की दो पार्श्वनाथ प्रतिमाएँ हैं जिसमें क्रमशः नाणावलगच्छ के श्री महेश तथा तपागच्छ के भ॰ हीरविजय, भ॰ विजयसेन तथा विजयगणि और देवविजयगणि का उल्लेख है। इसी वर्ष की चन्द्रप्रभु स्वामी की एक प्रतिमा मीठाकुआ मंदिर, उज्जैन में है, जो तपागच्छ से सम्बन्धित है, जिसमें भ॰ विजयसेन सूरि तथा विजयगणि और देवविजयगणि का उल्लेख है।

---

35. सं॰ 1541 वर्ष फागुण मासे . . . पातिसाह श्री अकबर विजय राज्ये श्री संघ धाम्नाये बलात्कारगणे सरस्वतीगच्छे कुंदकुंदान्वय श्री पद्मनन्दी देव. . .।

अकबर को इतिहासकारों ने एक राष्ट्रीय और सहिष्णु सम्राट की उपाधि प्रदान की है। यही कारण था कि अकबर इस्लामेतर लोगों का विश्वास और आदर पा सका। मालवा का जैन-जगत् भी इसका अपवाद नहीं रहा और यही कारण है कि दिगम्बर और श्वेताम्बर दोनों ही सम्प्रदायों के प्रतिमा-लेखों में अकबर का नाम बड़े आदर से लिया गया है।

मन्दसौर जिले के रामपुरा नामक नगर में वि॰ संवत् 1664 के दो अभिलेख प्राप्त हुए हैं। ये अभिलेख या तो अकबर के अन्तिम दिनों के हैं या जहाँगीर के राज्यारोहण के प्रारम्भिक वर्ष के। इन अभिलेखों में बघेरवाल जाति के दो श्रेष्ठियों का उल्लेख आया है जिन्होंने वहाँ एक सीढ़ीदार कुआं बनवाया था, जो आजकल "पाथूशाह की बावड़ी" कहलाता है।[36]

जहाँगीर ने सन् 1628 ई॰ तक मुगल सत्ता संभाली। मालवा में जहाँगीर के समय में भी जैन धर्म अस्तित्व प्रगट करता रहा। भट्टारक धर्मकीर्ति मालवा में इस समय सक्रिय रहे। उज्जैन में विष्णु नाम का एक हिन्दू कवि था जिसने जैन धर्म अंगीकार कर लिया था।[37] सन् 1615 ई॰ में कृपासागर नेमिसागर उपाध्याय ने *निर्वाण रास* की रचना मालवा में की।[38] विजयगच्छ के एक कवि मनोहरदास ने दशपुर में सन् 1619 ई॰ में *यशोधर चरित* नामक काव्य का प्रणयन किया।[39]

जहाँगीरकालीन अनेक प्रतिमाएँ एवं ताम्र-यंत्र लेख मालवा क्षेत्र में देखे जा सकते हैं। कुछ में उसका और उसके पिता अकबर का भी उल्लेख आया है।[40] सन् 1606 ई॰ के नमकमंडी मंदिर, उज्जैन, के एक महावीर प्रतिमा-लेख में मूल संघ के भट्टारक गुणकीर्ति और सुमतिकीर्ति का उल्लेख आया है। सन् 1606 ई॰ का ही एक ताम्र-यंत्र लेख नमकमंडी मंदिर, उज्जैन, में है जिसमें काष्ठा संघ विद्यागण के भट्टारक त्रिभुवनकीर्ति तथा उनके पट्टधर रत्नभूषण का उल्लेख है।

इनके अतिरिक्त जहाँगीरकालीन कुछ श्वेताम्बर प्रतिमाएँ भी मालवा में उपलब्ध हुई हैं जिनमें आदिनाथ मंदिर, उज्जैन, की सन् 1602 ई॰ की ऋषभनाथ प्रतिमा पर तपागच्छ के भट्टारक विजयसेन, जयविजय तथा जिनहर्ष गणि का उल्लेख है। जयसिंहपुरा मंदिर,

---

36. *ए॰ इ॰* 36, पृ॰ 121-30.
    सहायक स्रोत, *जैन शिलालेख संग्रह*, भाग 5, पृ॰ 93-98.
37. कामताप्रसाद जैन, *पूर्वोक्त*, पृ॰ 130.
38. नाहटा, *पूर्वोक्त*, पृ॰ 275.
39. उक्त.
40. संवत् 1684 वर्ष माघमासे शुक्ल पक्षे 10 तिथौ भौमवारे . . . प्रतिष्ठितंच इर तपागच्छे श्री अकबर साहि प्रदत्त जगद्गुरु विरुद धारक भ॰ श्री विजयसेन सूरीश्वर स्तपट्टे शाहि श्री जहाँगीर प्रदत्त महातपा विरुद धारक भट्टारक श्री विजयदेव सूरीश्वर।

उज्जैन, में श्रेयांसनाथ की सन् 1604 ई॰ की प्रतिमा पर तपागच्छीय कीर्तिजयदेव का उल्लेख है। इसी प्रकार तपागच्छ के भट्टारक सुमति सूरि तथा विजयदेव सूरि का उल्लेख करने वाला सन् 1608 ई॰ का एक प्रतिमा-लेख पिपली बाजार मंदिर, इंदौर में है। मक्सी, जिला शाजापुर, में तथा गच्छ से सम्बन्धित सन् 1610 ई॰ के एक पादुका-लेख में हीरविजय सूरि, विजयसेन सूरि तथा पं॰ कनकविजयगणि का उल्लेख है। सन् 1627 ई॰ के पार्श्वनाथ मंदिर, उज्जैन, के एक प्रतिमा-लेख में तपागच्छीय आचार्य हीरविजय सूरि व विजयसेन सूरि का उल्लेख आया है। इसी वर्ष के सुखेड़ा, जिला रतलाम, के एक चन्द्रप्रभु प्रतिमा-लेख पर सांडेरगच्छ का उल्लेख हुआ है। उज्जैन में सन् 1627 ई॰ की अनेक प्रतिमाएँ विद्यमान हैं जिनमें से कुछ पर जहाँगीर अंकित है। खाराकुआं मंदिर, उज्जैन, में एक प्रतिमा-लेख पर तपागच्छ के भट्टारक विजयदेव सूरि, चिंतामणि पार्श्वनाथ मन्दिर, उज्जैन की पार्श्वनाथ प्रतिमा पर तपागच्छीय भानुचन्द्र के शिष्य पं॰ लब्धिविजयगणि, उज्जैन के वासुपूज्य मंदिर के एक प्रतिमा-लेख पर तपागच्छ के भट्टारक हीरविजय सूरि, विजयसेन सूरि, विजयदेव सूरि तथा भानुचन्द्रगणि का उल्लेख आया है। खाराकुआं मंदिर, उज्जैन, में ही मुनि सुव्रतनाथ की प्रतिमा पर तपागच्छ के विजयदेव सूरि और धर्मदास का नाम उत्कीर्ण है। वासुपूज्य मंदिर, उज्जैन, की विमलनाथ प्रतिमा पर भी तपागच्छ के भट्टारक हीरविजय सूरि, विजयसेन सूरि तथा रामचन्द्रगणि का प्रमाण मिलता है।

शाहजहाँ ने सन् 1628 ई॰ में शासन-सूत्र हाथ में लिखा। यह महान् निर्माता शासक लगभग 30 वर्षों तक राज्य करता रहा। सन् 1636 ई॰ में मालवा के सारंगपुर, नगर जिला राजगढ़, में गुजरात के लोंकागच्छीय कवि रामदास ने *पुण्यपाल-चरित* नामक ग्रंथ की रचना की।[41]

मांडवगढ़, जिला धार, में सन् 1639 ई॰ की सुपार्श्वनाथ की एक पाषाण प्रतिमा प्राप्त हुई है।

शाहजहाँ के राज्य-काल की कतिपय अन्य प्रतिमाएँ मालवा से मिली हैं। उज्जैन के खाराकुआं मंदिर में सन् 1630 ई॰ की मुनि सुव्रतनाथ प्रतिमा पर तपागच्छ के विजयदेव सूरि, विजयसिंह सूरि तथा विजय विमलगणि का उल्लेख मिलता है। इसी वर्ष की एक विमलनाथ प्रतिमा आदिश्वर मंदिर, मीठाकुआं, उज्जैन, में है जिसमें तपागच्छ के भट्टारक विजयदेव सूरि के साथ-साथ पं॰ जयविजयगणि का नामोल्लेख है। सन् 1646 ई॰ के नागदा (धार) के विमलनाथ प्रतिमा-लेख पर भी तपागच्छ के भट्टारक विजयसेन सूरि एवं विजयदेव सूरि का उल्लेख आया है। बदनावर, जिला धार, के एक प्रतिमा-लेख में पार्श्वचन्द्रगच्छ के श्री पार्श्वचन्द्र सूरि का उल्लेख मिलता है। सन् 1648 ई॰ की उज्जैन

---

41. नाहटा, पूर्वोक्त।

के एक शांतिनाथ प्रतिमा लेख पर तपागच्छ के भट्टारक श्री विजयदेव सूरि तथा सन् 1657 ई॰ के शाजापुर के एक पार्श्वनाथ प्रतिमा-लेख पर तपागच्छ के विजयदेव सूरि एवं विजयप्रभु सूरि का उल्लेख मिलता है।

उज्जैन के नमकमंडी मंदिर में सन् 1641 ई॰ की एक महावीर प्रतिमा पर मूल संघ के भट्टारक पद्मनन्दि का उल्लेख है। इसी मंदिर में सन् 1642 ई॰ का एक ताम्र-यंत्र लेख है जिसमें मूल संघ सरस्वतीगच्छ बलात्कारगण के भट्टारक ज्ञानभूषण एवं उनके पट्टधर जगत्भूषण का उल्लेख है। सन् 1656 ई॰ के कुक्षी, जिला धार, के एक पार्श्वनाथ प्रतिमा-लेख पर मूल संघ सरस्वतीगच्छ बलात्कारगण के भट्टारक देवेन्द्रकीर्ति का नाम प्राप्त होता है।

शाहजहाँ को कैद कर सन् 1658 ई॰ में औरंगज़ेब मुगल सम्राट् बना। औरंगज़ेब की मृत्यु 1707 ई॰ में दक्षिण में हुई। औरंगज़ेब भारतीय इतिहास में धार्मिक दृष्टि से असहिष्णु शासकों में एक माना जाता है। इतना होते हुए भी उसके समय में भट्टारक जयसागर तथा भट्टारक ज्ञानसागर ने मालवा के जैन तीर्थों पर कलम उठाई। मालवा के शाहपुर, जिला खण्डवा, नामक ग्राम में औरंगज़ेब के समय में तपागच्छीय कवि विवेक विजय ने *सती-मृगांक-लेखा-रास* की रचना की। एक आगमगच्छीय कवि मंगल माणिक ने अपनी कृति में उज्जैन का वर्णन किया है। भोपावर, जिला धार, में तपागच्छीय कवि श्रीमानविजय ने *नव-तत्त्व-रास* नामक ग्रंथ की रचना की। अभयदेव सूरि रचित *प्रभावक-चरित* की रचना भी इसी क्षेत्र में इसी काल में हुई।[42]

चांदखेड़ी नामक एक स्थान राजस्थान स्थित मालवा अंचल का एक महत्त्वपूर्ण जैन केन्द्र है। इस स्थान पर किशनदास बघेरवाल नामक एक जैन श्रेष्ठी ने सन् 1695 ई॰ में आदिनाथ की एक प्रतिमा स्थापित करवाकर एक विशाल प्रतिष्ठा-महोत्सव का आयोजन किया था। औरंगज़ेब के कार्यकाल में ऐसा शानदार महोत्सव मनाया जाना वस्तुतः आश्चर्य का विषय है।[43]

मुगल काल में जैन धर्म से संबंधित इन प्रमाणों से यह सिद्ध नहीं होता कि जैन धर्म विकासशील स्थिति में था। ऐसा लगता है कि इस काल में कोई उल्लेखनीय जैन-मंदिर मालवा में नहीं बना जैसाकि मांडव सुल्तानों के समय में संभव हो पाया था। इस काल की जो प्रतिमाएँ उज्जैन आदि स्थानों पर दिखाई देती हैं, वे धातु निर्मित हैं और

---

42. नाहटा, पूर्वोक्त, पृ॰ 276.
43. कासलीवाल, कस्तूरचन्द द्वारा पं॰ ठकुरसी के विवरण के आधार पर प्रस्तुत लेख चांदखेड़ी में संवत् 1746 में आयोजित पंचकल्याणक प्रतिष्ठा महोत्सव का आंखों देखा विवरण (चांदखेड़ी से 1985 में प्रकाशित श्री ऋषभ जयन्ती स्मारिका, पृ॰ 4-9).

पर्याप्त छोटी हैं। साथ ही इस काल के कुछ लघु धातु-पत्र भी मालवा के विभिन्न मंदिरों में उपलब्ध हैं। ऐसा लगता है कि विभिन्न श्रेष्ठियों के घरों में जो गुप्त रूप से लघु-मंदिर निर्मित किये गये होंगे, यह पुरा-सामग्री उससे ही संबंधित रही होगी। इतना होने पर भी जैन कवि और साधु अपनी गतिशीलता और सृजनशीलता बनाये रख सके। हम पाते हैं कि मूल संघ, तपागच्छ, खरतरगच्छ भट्टारक सम्प्रदाय आदि से संबंधित जैनाचार्य एवं कवि-गण अपनी रचना-धर्मिता का प्रमाण हमें दे रहे हैं। अठारहवीं शताब्दी में औरंगज़ेब की मृत्यु के बाद मुगल साम्राज्य का तेजी से पतन हुआ और सारा मालवा मुगलों और मराठों के मध्य राजनैतिक और सैनिक संघर्षों का दृश्य विवशतापूर्वक देखता रहा। अठारहवीं सदी के पूर्वार्द्ध में जब मालवा मराठों से आक्रांत हो रहा था, उस समय मालवा का मुगल सूबेदार गिरधर बहादुर था जिसके प्रशासन में मक्सी जिला शाजापुर में जैन निर्माण हुए थे। इतना अवश्य है कि मराठा काल में भी जैन धर्म पुनः प्रगति की ओर अग्रसर हुआ। महादजी सिंधियाकालीन एक भित्ति-लेख इस कथन की पुष्टि करता है।*

मालवा में पाये जाने वाले संघ, गण और गच्छ

जहाँ तक मालवा क्षेत्र का प्रश्न है, उपलब्ध अभिलेखीय साक्ष्यों द्वारा मूल संघ की दक्षिण और उत्तर दोनों ही परम्पराएँ इस क्षेत्र में प्रमाणित होती हैं। भट्टारक परम्परा पहले दक्षिण भारत में उदित हुई और फिर पश्चिम भारत की ओर बढ़कर अन्ततः उत्तर भारत की ओर प्रसारित हो गई। इस कारण सर्वप्रथम दक्षिण भारत में मूल संघ बलात्कारगण की दो प्रमुख शाखाएँ कारंजा एवं लातूर रहीं। कारंजा शाखा की उपलब्ध पट्टावली में प्रथम योग्य आचार्य अमरकीर्ति थे।

इनके शिष्य वादीन्द्र विशालकीर्ति हुए। आपने सुल्तान सिकंदर, विजयनगर के महाराज विरुपाक्ष और आरंगनगर के दण्डनायक देवप्य की सभाओं में सत्कार पाया था।

विशालकीर्ति के शिष्य विद्यानन्द हुए। आपने श्रीरंगपट्टण के वीर पृथ्वीपति सालुव कृष्णदेव, विजयनगर के सम्राट् श्री कृष्णराय, आदि शासकों से सम्मान पाया था। आपका सम्मान दिल्ली के एक सुल्तान ने भी किया था। आपका स्वर्गवास शक संवत् 1463 (सन् 1541 ई०) में हुआ।

---

* श्री सं० 1843 आश्विन मासे शुक्ल पक्षे दशम्पां चन्द्रवारे श्री मनजी पूज्य श्री 108 श्री विजयजिनेन्द्र सूरीश्वर राज्य श्रीमन् शान्तिविजय जित्संवेगीना श्री मदचन्द्रप्रभु प्रासादे जीर्णोद्धार प्रतिष्ठाकारि कृतीयं जिनालयः सकलसंघ शिरोमणि संघवीजी श्री वासुदेवजी तदात्मजसं अमरसिंघजी तदात्मज जिनवचन शौरत्व षटपदतुल्य संघवीजी श्री वर्धमानजी चिरं लक्ष्मीचंदेन संहाति चयमनजी विजयेन महाजी सिंधिया राज्ये।

विद्यानंद के शिष्य देवेन्द्रकीर्ति हुए। आपके शिष्य वर्धमान ने शक संवत् 1464 (सन् 1542 ई०) में *दशभवत्यादि महाशास्त्र* की रचना की।

देवेन्द्रकीर्ति के पट्ट शिष्य धर्मचन्द्र हुए। आपने शक संवत् 1487 (सन् 1565 ई०) में एक पद्मावती मूर्ति स्थापित की।

इनके अनन्तर धर्मभूषण भट्टारक हुए। आपने शक संवत् 1503 (सन् 1581 ई०) की फाल्गुन शुक्ल 7 को चन्द्रप्रभु-मूर्ति स्थापित की।

इनके पट्ट शिष्य देवेन्द्रकीर्ति हुए। उपर्युक्त प्रतिष्ठा में आपने भी नेमिनाथ की एक प्रतिमा स्थापित की। एरंडवेल में रहते हुए शक संवत् 1521 (सन् 1599 ई०) में आपने हर्षमती के लिये *अम्बिका-रास* की एक प्रति लिखी। इनके शिष्य आदशेटी ने नंदिग्राम में शक संवत् 1514 (सन् 1592 ई०) की पौष शुक्ल 13 को मराठी *द्वादशानुप्रेक्षा* की एक प्रति लिखी। इनके लिखे हुए *नेमिनाथ-पूजा* और *नंदीश्वर-पूजा* – ये दो पाठ उपलब्ध हैं।[44]

मालवा क्षेत्र में इस शाखा के देवेन्द्रकीर्ति प्रथम तथा उनके क्रमशः पट्टधर धर्मचन्द्र, धर्मभूषण एवं देवेन्द्रकीर्ति का उल्लेख मिलता है। एक अभिलेख में भट्टारक देवेन्द्रकीर्ति और उनके पट्टधर धर्मचन्द्र का उल्लेख आया है। इसी प्रकार एक अन्य प्रतिमा-लेख पर धर्मचन्द्र तथा उनके पट्टधर देवेन्द्रकीर्ति का उल्लेख हुआ है। उक्त दोनों अभिलेख क्रमशः शक संवत् 1492 तथा शक संवत् 1503 के नमकमंडी दिगम्बर जैन मंदिर, उज्जैन, में प्राप्त हुए हैं। जयसिंहपुरा दिगम्बर जैन मंदिर तथा नमकमंडी के दिगम्बर जैन मंदिर, उज्जैन, में विद्यमान कतिपय ताम्र-यंत्र लेखों में भट्टारक धर्मचन्द्र तथा उनके क्रमशः पट्टधर धर्मभूषण एवं देवेन्द्रकीर्ति का उल्लेख आया है।

उत्तर भारत में नंदि संघ की आचार्य परम्परा का संबंध भट्टारक परंपरा से हुआ। विभिन्न आचार्यों ने अपने नाम के साथ भट्टारक उपाधि लगाना उचित माना। उत्तर शाखा की प्रारंभिक भट्टारक परम्परा बसन्तकीर्ति से प्रारंभ होती है। उनके पट्ट पर क्रमशः विशालकीर्ति (प्रख्यातकीर्ति), शुभकीर्ति, धर्मचन्द्र, रत्नकीर्ति प्रभाचन्द्र और पद्मनन्दि हुए।[45] पद्मनन्दि का समय चौदहवीं शताब्दी का उत्तरार्द्ध रहा। उनका पट्ट काल संवत् 1385 से संवत् 1450 माना जाता है।[46] उत्तर भारत की विभिन्न भट्टारक शाखाएँ-प्रशाखाएँ पद्मनन्दि से ही मानी जाती हैं। पद्मनन्दि के तीन प्रमुख शिष्य रहे। पहले शिष्य शुभचन्द्र चित्तौड़ के पट्टाधीश हुए। उनके शिष्य जिनचन्द्र थे। जिनचन्द्र के मूल पट्ट पर प्रभाचन्द्र आये। प्रभाचन्द्र के उपरांत भट्टारक चन्द्रकीर्ति चित्तौड़ के पट्ट को चाटसूं ले

44. विद्याधर जोहरापुरकर, *भट्टारक सम्प्रदाय,* पृ० 71-72.

45. उक्त, पृ० 93-94.

46. उक्त, पृ० 95.

गये। चन्द्रकीर्ति के शिष्य देवेन्द्रकीर्ति के समय यह पट्ट-परम्परा आमेर की ओर गई जो कालांतर में दिल्ली-जयपुर शाखा में विकसित हुई।[47] चित्तौड़ के इन्हीं भट्टारक जिनचन्द्र के एक शिष्य रत्नकीर्ति से नागोर की भट्टारक परम्परा[48] तथा एक अन्य शिष्य सिंहकीर्ति से अटेर की भट्टारक परम्परा का विकास हुआ।[49] इस प्रकार उत्तर शाखा के प्रमुख भट्टारक पद्मनन्दि के शिष्य शुभचन्द्र की परंपरा से चित्तौड़, नागोर, अटेर, आदि भट्टारक शाखाओं का विकास हुआ। अटेर की शाखा से अठारहवीं शताब्दी के अंतिम दशक में सोनागिरी उपशाखा का विकास हुआ।[50]

आचार्य पद्मनन्दि के एक और भी महत्त्वपूर्ण शिष्य देवेन्द्रकीर्ति हुए। इनसे सूरत की भट्टारक परम्परा आरम्भ हुई। यह परम्परा देवेन्द्रकीर्ति के उपरांत उनके दो शिष्यों विद्यानन्दि और त्रिभुवनकीर्ति में विभक्त हुई। विद्यानन्दि सूरत की गादी पर देवेन्द्रकीर्ति के उत्तराधिकारी हुए जबकि त्रिभुवनकीर्ति ने जेरहट नगर से अपनी एक पृथक् भट्टारक परम्परा आरम्भ की।[51]

आचार्य पद्मनन्दि के एक और शिष्य सकलकीर्ति थे जो ईडर की भट्टारक परम्परा के प्रवर्तक हुए। यह भट्टारक परम्परा भी विभाजन से बच नहीं पाई। सकलकीर्ति के उपरांत भट्टारक भुवनकीर्ति ईडर के पट्ट पर आसीन हुए जबकि उनके गुरुभाई ज्ञानकीर्ति ने भानपुर में एक पृथक् भट्टारक की शाखा को प्रारम्भ किया। निष्कर्ष रूप में हम पाते हैं कि आचार्य पद्मनन्दि से उत्तर भारत में जिस भट्टारक परम्परा का पुरस्सरण चौदहवीं शताब्दी में हुआ, वह पन्द्रहवीं और सोलहवीं शताब्दी में दिल्ली, जयपुर, नागोर, अटेर, सूरत, ईडर, जेरहट नगर, भानपुर, आदि शाखाओं में विभक्त हो गई।

मालवा क्षेत्र के अनेक दिगम्बर एवं श्वेताम्बर मंदिरों तथा संग्रहालयों में जो जिन्-प्रतिमाएँ विद्यमान हैं, उन पर उत्कीर्ण लेखों से इस भट्टारक परम्परा के प्रभाव की मालवा में विद्यमानता के पर्याप्त प्रमाण प्राप्त होते हैं। सन् 1166 ई॰ की पुरातत्त्व संग्रहालय, उज्जैन, की पार्श्वनाथ प्रतिमा-लेख में विशालकीर्ति, शुभकीर्ति, सागरचन्द्र (धर्मचन्द्र) तथा रत्नकीर्ति का उल्लेख प्राप्त होता है। सागरचन्द्र का उल्लेख एक और भी प्रतिमा-लेख से प्राप्त होता है। 1942 ई॰ की यह ऋषभदेव की प्रतिमा विक्रमकीर्ति पुरातत्त्व संग्रहालय, उज्जैन में है। ऊन, जिला खरगौन, से प्राप्त सं॰ 1252 की एक महावीर प्रतिमा-लेख में

---

47. उक्त, पृ॰ 110.
48. उक्त, पृ॰ 121.
49. उक्त, पृ॰ 132.
50. उक्त, पृ॰ 135.
51. उक्त, पृ॰ 207.

रत्नकीर्ति के शिष्य प्रभाचन्द्र का उल्लेख हुआ है। सन् 1415 ई॰ के दो अभिलेख मालवा में विद्यमान हैं। मनावर, जिला धार, के एक पार्श्वनाथ प्रतिमा-लेख में पद्मनन्दि का उल्लेख है जो संवत् 1472 का है। इसी संवत् का अमझेरा, जिला धार, से प्राप्त मूल संघ के एक शान्तिनाथ प्रतिमा-लेख में मुनि पद्मनन्दि और उनके शिष्य नेमचन्द का उल्लेख है। अमझेरा में ही सन् 1435 ई॰ के एक और शान्तिनाथ प्रतिमा लेख में भट्टारक पद्मनन्दि और उनके शिष्य सकलकीर्ति का उल्लेख हुआ है। इसी वर्ष का एक ऐसा ही महावीर स्वामी प्रतिमा-लेख नमकमंडी के दिगम्बर जैन मंदिर, उज्जैन में भी है। सन् 1456 ई॰ का एक चन्द्रप्रभु प्रतिमा-लेख कुक्षी, जिला धार, में भी है जिसमें मूल संघ कुंदकुदाचार्यान्वय बलात्कारगण के भट्टारक पद्मनंदि तथा उनके पट्टोत्तराधिकारी सकलकीर्तिदेव तथा विमलेन्द्र का उल्लेख है। नमकमंडी मंदिर, उज्जैन, में सन् 1464 का एक महावीर स्वामी प्रतिमा-लेख देखा जा सकता है जिसमें सकलकीर्ति और उनके शिष्य भुवनकीर्ति का उल्लेख है। सन् 1470 ई॰ में राजगढ़ (धार) के एक जैन-मंदिर के आदिनाथ प्रतिमा-लेख में भट्टारक सकलकीर्तिदेव, भट्टारक भुवनकीर्ति तथा भट्टारक श्री ज्ञानभूषण का उल्लेख आया है। नमकमंडी मन्दिर, उज्जैन, का एक प्रतिमा-लेख सन् 1477 ई॰ में भट्टारक सकलकीर्ति और भुवनकीर्ति का तथा सन् 1478 ई॰ का दूसरा सप्त प्रतिमा-लेख भट्टारक भुवनकीर्ति और ज्ञानभूषण का उल्लेख करता है। ऐसा ही उल्लेख जो इसी वर्ष का है, कुक्षी, जिला धार, के एक अन्य अभिलेख से भी प्राप्त है। यहाँ यह स्पष्ट करना आवश्यक है कि उक्त अभिलेखों में जिन् भट्टारक पद्मनन्दि की चर्चा आई है, वे उत्तर भारतीय भट्टारक परम्परा के मूल आचार्य थे तथा सकलकीर्ति, भुवनकीर्ति व ज्ञानभूषण ईडर शाखा के क्रमशः पट्टाधीश्वर थे। ज्ञानभूषण के शिष्य भट्टारक विजयकीर्ति हुए, जिनसे संबंधित 1519 ई॰ का एक पार्श्वनाथ प्रतिमा-लेख सुखेड़ा, जिला रतलाम, के जैन मंदिर व 1533 ई॰ का दूसरा पार्श्वनाथ अभिलेख नमकमंडी दिगम्बर जैन मंदिर, उज्जैन में विद्यमान है। ईडर शाखा से संबंधित कुछ और भी प्रतिमा-लेख यहाँ उपलब्ध हुए हैं जिनमें 1570 ई॰ के एक पार्श्वनाथ प्रतिमा-लेख में भट्टारक सुमलकीर्ति, वीराचार्य रत्नकीर्ति की चर्चा आई है। ये भट्टारक विजयकीर्ति के प्रशिष्य थे। इसी प्रकार सन् 1606 ई॰ के एक महावीर प्रतिमा-लेख में भट्टारक गुणकीर्ति व सुमतिकीर्ति का उल्लेख हुआ है। भट्टारक गुणकीर्ति के उपरांत ईडर के पट्ट पर भट्टारक वादिभूषण और उनके पट्ट पर भट्टारक रामकीर्ति हुए जिनका उल्लेख सन् 1624 ई॰ के पार्श्वनाथ प्रतिमा-लेख कुक्षी, जिला धार, में आया है। रामकीर्ति के पट्ट पर ईडर में पद्मनन्दि उत्तराधिकारी हुए जिनका उल्लेख सन् 1641 ई॰ के एक महावीर प्रतिमा-लेख नमकमंडी मंदिर, उज्जैन में मिलता है। इनके शिष्य भट्टारक देवेन्द्रकीर्ति का उल्लेख सन् 1656 ई॰ के एक पार्श्वनाथ प्रतिमा-लेख में है जो कुक्षी, जिला धार से प्राप्त हुआ है। इस प्रकार हमें ईडर गादी के अनेक भट्टारकों

की क्रमबद्ध सूचना मालवा से प्राप्त प्रतिमा-लेखों में मिलती है। इसी ईडर भट्टारक परम्परा से भट्टारक ज्ञानकीर्ति के नेतृत्व में जो पृथक् भानपुर शाखा निकली, उससे संबंधित एक प्रतिमा-लेख भी जयसिंहपुरा दिगम्बर जैन मंदिर में है जिसमें इस परम्परा के आचार्य गुणचन्द्र, जिनचन्द्र और सकलचन्द्र का उल्लेख है। ऐसा लगता है कि इस शाखा के आचार्यों ने स्वयं को भट्टारक कहलाने की अपेक्षा मंडलाचार्य कहलाना अधिक उपयुक्त समझा।

पद्मनंदि के शिष्य शुभचन्द्र को चित्तौड़ की भट्टारक परम्परा विकसित करने का श्रेय जाता है। शुभचन्द्र के शिष्य जिनचन्द्र हुए। जिनचन्द्र के समय गुजरात के मुड़सा नगर के एक महान् श्रेष्ठी जीवराज पापड़ीवाल ने सैकड़ों जिन्-प्रतिमाएँ निर्मित करवाकर अनेक स्थानों पर प्राण प्रतिष्ठा की। इन प्रतिमाओं में से अधिकांश पर वि॰ संवत् 1548 का तथा भट्टारक जिनचन्द्र का उल्लेख आया है। मालवा के अनेक श्वेताम्बर और दिगम्बर जैन मंदिरों में जीवराज पापड़ीवाल द्वारा निर्मित की गई मूर्तियाँ प्रभूत मात्रा में देखी जा सकती हैं जो उज्जैन के मंदिर व विक्रम विश्वविद्यालय तथा जयसिंहपुरा संग्रहालय में विद्यमान हैं। इसके अलावा शाजापुर, मक्सी, नलखेड़ा, बदनावर आदि स्थानों के मंदिरों में इन प्रतिमाओं का भंडार देखा जा सकता है। वैसे भी कई अन्य लेखों में पद्मनन्दि, शुभचन्द्र, जिनचन्द्र और उनके शिष्य प्रभाचन्द्र का उल्लेख आया है। उदाहरण के लिये नमकमंडी मंदिर, उज्जैन के सन् 1583 ई॰ के एक ताम्रपत्र लेख में मूल संघ बलात्कारगण सरस्वतीगच्छ कुंदकुंदान्वय परम्परा के भट्टारक श्री पद्मनन्दि देव तथा उनके पट्ट पर क्रमशः आसीन होने वाले शुभचन्द्र, जिनचन्द्र, प्रभाचन्द्र तथा ललितकीर्ति, चन्द्रकीर्ति आदि का उल्लेख आया है। सन् 1485 ई॰ के एक ताम्र-यंत्र लेख में जो इसी मंदिर में उपलब्ध है, पद्मनन्दि के पट्ट पर सकलकीर्ति, जिनचन्द्र, प्रभाचन्द्र, आदि का उल्लेख आया है। इसी मंदिर के एक और ताम्र-यंत्र लेख में पद्मनन्दि के पट्ट पर क्रमशः शुभचंद्रदेव और जिनचन्द्रदेव के विराजमान होने का उल्लेख है।

जयसिंहपुरा के दिगम्बर जैन मंदिर, उज्जैन, के सन् 1636 ई॰ के एक ताम्र-यंत्र लेख में भट्टारक धर्मकीर्ति और उनके पट्ट पर आसीन होने वाले भट्टारक जगत्कीर्ति का उल्लेख आया है। इसी मंदिर के सन् 1576 ई॰ के ताम्र-यंत्र लेख में भी ऐसी ही सूचना अंकित है। चन्द्रकीर्ति के शिष्यों की दिल्ली-जयपुर शाखा में एक अनवरत परम्परा रही, किन्तु उस परम्परा से संबंधित प्रतिमा-लेख कम ही मिले हैं। सन् 1652 ई॰ का एक ताम्र-यंत्र लेख नमकमंडी दिगम्बर जैन मंदिर, उज्जैन, में है जिसमें इस परम्परा के भट्टारक नरेन्द्रकीर्ति का उल्लेख आया है। भावगढ़ के दिगम्बर जैन मंदिर, उज्जैन, में इसी वर्ष का एक अन्य पीतल-यंत्र लेख है जिसमें दिल्ली-जयपुर शाखा के भट्टारक देवेन्द्रकीर्ति और उनके पट्ट पर आसीन भट्टारक नरेन्द्रकीर्ति का उल्लेख आया है।

जिनचन्द्र के एक शिष्य थे सिंहकीर्ति, जिनसे अटेर शाखा का प्रादुर्भाव हुआ। नमकमंडी के दिगम्बर जैन मंदिर, उज्जैन में सन् 1482 ई॰ का एक ताम्र-यंत्र लेख है जिसमें मूल संघ के भट्टारक श्री जिनचन्द्र, सिंहकीर्ति तथा विद्यानन्दि का उल्लेख आया है। इसी प्रकार इसी मंदिर में सन् 1532 ई॰ का एक और भी ताम्र-यंत्र लेख है जिसमें आचार्य जिनचन्द्र, भट्टारक सिंहकीर्ति एवं भट्टारक विद्यानन्दि का उल्लेख है। ऐसा लगता है कि भट्टारक विद्यानन्दि ने इस परम्परा को त्यागकर सूरत के भट्टारक देवेन्द्रकीर्ति का शिष्यत्व ग्रहण कर लिया था। नमकमंडी मंदिर, उज्जैन में ही सन् 1641 ई॰ का एक और ताम्रपत्र-लेख है जिसमें अटेर शाखा के भट्टारक विश्वभूषण का उल्लेख हुआ है। जयसिंहपुरा दिगम्बर जैन मंदिर, उज्जैन में विद्यमान सन् 1707 ई॰ के एक ताम्र-यंत्र लेख में अटेर शाखा के भट्टारक विश्वभूषण और उनके पट्टधर देवेन्द्रभूषण का उल्लेख आया है।

भट्टारकों की उत्तर शाखा के आचार्य पद्मनन्दि के शिष्य देवेन्द्रकीर्ति से सूरत शाखा प्रारम्भ हुई। देवेन्द्रकीर्ति के एक शिष्य विद्यानन्दि सूरत शाखा में उनके पट्ट पर आसीन हुए। विद्यानन्दि का उल्लेख सिंहकीर्ति के साथ मालवा के प्रतिमा व यंत्र-लेखों में आया है। विद्यानन्दि के गुरु-भाई त्रिभुवनकीर्ति थे, जिनसे जेरहट शाखा का प्रादुर्भाव हुआ। उज्जैन के नमकमंडी दिगम्बर जैन मंदिर में एक ताम्र-यंत्र लेख है जो भट्टारक त्रिभुवनकीर्ति का संवत् 1544 उल्लेख करता है। दिगम्बर जैन मंदिर, जयसिंहपुरा, उज्जैन में भी सन् 1600 ई॰ का एक अभिलेख है जिसमें सूरत शाखा के भट्टारक लक्ष्मीचन्द्र का उल्लेख आया है। जेरहट शाखा में धर्मकीर्ति, पद्मकीर्ति, सकलकीर्ति, आदि भट्टारक हुए।

काष्ठा संघ

दिगम्बर सम्प्रदाय में मूल संघ के साथ-साथ जो अन्य संघ पल्लवित हुआ, उसे काष्ठा संघ के नाम से पुकारा गया। इस संघ की उत्पत्ति भी सामान्यतया दक्षिण भारत से मानी जाती है। इस संघ का पूर्ववर्ती नाम पुन्नाट संघ था।

इस समूह से संबंधित विभिन्न लेख मालवा में देखे जा सकते हैं। बदनावर, जिला धार, में सन् 1170 ई॰ का पुन्नाट संघ से सम्बन्धित एक प्रतिमा-लेख मिला है जिसमें पंडिताचार्य चन्द्रकीर्ति और उनके शिष्य माधवचन्द्र का उल्लेख है। इसी स्थान पर सन् 1193 ई॰ के एक प्रतिमा-लेख में लाड-वागड़ान्वय की एक आचार्य परम्परा दी गई है जिसमें क्रमशः वादिभसेन, दामसेन, वीरसेन, कुमारसेन तथा चन्द्रकीर्ति का उल्लेख हुआ है। यह कहना कठिन है कि उक्त दोनों अभिलेखों में उल्लेखित चन्द्रकीर्ति एक ही रहे

हैं या भिन्न। इतना तय है कि यह परम्परा अन्यत्र ज्ञात नहीं है। धार से 1230 ई॰ के लाड-वागड़ान्वय से सम्बन्धित एक प्रतिमा-लेख की प्राप्ति की सूचना है। इसमें आचार्य कल्याणकीर्ति, जयकीर्ति, अजयकीर्ति और नयकीर्ति का क्रमशः उल्लेख हुआ है। यह आचार्य परम्परा भी अन्य स्रोतों से ज्ञात नहीं होती। सन् 1251 ई॰ के वागड़ संघ से सम्बन्धित तीन अभिलेख जयसिंहपुरा मंदिर, उज्जैन में देखे जा सकते हैं। ये आचार्य कल्याणकीर्ति का उल्लेख करते हैं। सन् 1268 ई॰ का एक अभिलेख तालनपुर जिलाधार की प्रतिमा पर है जो लाड-वागड़ान्वय आचार्य उदयकीर्ति, विशालकीर्ति और नयकीर्ति का उल्लेख करता है।

नन्दितट से सम्बन्धित कुछ प्रतिमा-लेख स्रोत-सामग्री के रूप में प्रस्तुत किए जा सकते हैं। इनमें सबसे प्राचीन उच्चानगढ़, जिला रतलाम, का प्रतिमा-लेख है जो बारहवीं सदी का प्रतीत होता है और जिसमें पंडिताचार्य देवसेन का उल्लेख करने वाला सन् 1447 ई॰ का एक प्रतिमा-लेख नमकमंडी दिगम्बर जैन मंदिर, उज्जैन में है। नंदितटगच्छ की यह परम्परा रत्नकीर्ति से प्रारम्भ होती है। इनके दो शिष्यों से दो परम्पराएँ प्रारम्भ हुईं। भीमसेन से प्रारम्भ होने वाली परम्परा में क्रमशः सोमकीर्ति, विजयसेन, यशकीर्ति, उदयसेन, त्रिभुवनकीर्ति, रत्नभूषण, जयकीर्ति, केशवसेन, विश्वकीर्ति, आदि आते हैं जबकि दूसरे शिष्य धर्मसेन की परम्परा में क्रमशः विमलसेन, विशालकीर्ति, विश्वसेन, विजयकीर्ति, विद्याभूषण, श्रीभूषण, आदि का उल्लेख हुआ है।[52]

इन आचार्यों में भीमसेन की परम्परा में पट्टधर सोमकीर्ति, विजयसेन, त्रिभुवनकीर्ति तथा रत्नभूषण का उल्लेख करने वाले प्रतिमा-लेख में क्रमशः संवत् 1529, 1533, 1662, 1663 मालवा में विद्यमान हैं। इसी प्रकार नमकमंडी दिगम्बर जैन मंदिर उज्जैन में सन् 1605 ई॰ के एक ताम्र-यंत्र लेख में काष्ठा संघ नंदितटगच्छ विद्यागण रामसेनान्वय भट्टारक त्रिभुवनकीर्ति और उनके पट्टधर रत्नभूषण का अंकन मिलता है।

तालनपुर, जिला धार, के सन् 1268 ई॰ के एक प्रतिमा-लेख से काष्ठा संघ लाड-वागड़गच्छ के आचार्य-द्वय महेशकीर्ति एवं विपुलकीर्ति का ज्ञान मिलता है। इस परम्परा का मूल योजना अन्य स्रोतों के अभाव में कठिन है। अलबत्ता काष्ठा संघ, वागड़ संघ, पुष्करगण, माथुरगच्छ आदि से संबंधित एक बड़ी परम्परा का ज्ञान प्रतिमा एवं ताम्र-यंत्र लेख प्रदान करते हैं। माथुर संघ से संबंधित सन् 1152 ई॰ का एक अभिलेख बदनावर, जिला धार, में है जिसमें कुमारसेन का उल्लेख आया है। इसी कुमारसेन तथा उनके साथ साधु चन्द्रकीर्ति का उल्लेख करने वाला माथुर संघ का सन् 1159 ई॰ का एक और प्रतिमा-लेख बदनावर में ही है। सन् 1169 ई॰ का बदनावर के एक प्रतिमा-लेख में

52. उक्त, पृ॰ 298-99.

माथुरान्वय के पंडिताचार्य चरित्रसेन का उल्लेख आया है, जबकि बदनावर के ही सन् 1171 के तथा सन् 1177 ई॰ के माथुर संघ से संबंधित दो अभिलेखों में धर्मकीर्ति एवं उनके पट्टधर ललितकीर्ति का उल्लेख है। सन् 1248 ई॰ के जयसिंहपुरा मंदिर, उज्जैन, के एक प्रतिमा-लेख में सहस्रकीर्ति का उल्लेख आया है।

श्वेताम्बर सम्प्रदाय

मध्यकालीन मालवा श्वेताम्बर सम्प्रदाय का भी एक प्रमुख केन्द्र रहा है। श्वेताम्बर सम्प्रदाय अनेक गच्छों में विभक्त रहा है। हस्तिमलजी महाराज ने श्वेताम्बर सम्प्रदाय के 72 गच्छों का उल्लेख किया है। वैसे सामान्य धारणा यह है कि श्वेताम्बर सम्प्रदाय के कुल गच्छ 84 हैं। जहाँ तक मध्यकालीन मालवा का सवाल है, यहाँ जिन गच्छों का उल्लेख प्राप्त होता है, उनमें प्रमुख रूप से निम्न गच्छों का संदर्भ प्राप्त होता है —

पट्टावलियों के अनुसार तपागच्छ से संबंधित अनेक आचार्य व सूरि हुए। उनसे अनेक गच्छों और शाखा-प्रशाखाओं का आविर्भाव हुआ। एक आचार्य उद्योतन सूरि के शिष्यों ने जिस बड़गच्छ का प्रवर्तन किया था, वह आगे चलकर वृहत्गच्छ के नाम से अभिहित हुआ। इसी वृहद्गच्छ में से आर्यरक्षित सूरि के समय अंचलगच्छ का प्रादुर्भाव हुआ। आर्यरक्षित सूरि का कार्य-क्षेत्र मालवा का दशपुर (मंदसौर) नगर था।

तपागच्छ परम्परा से ही धर्मघोषगच्छ निकला। यह गच्छ बारहवीं या तेरहवीं शताब्दी में धर्मघोष सूरि द्वारा प्रवर्तित किया गया। इस गच्छ का पश्चिमी मालवा पर पर्याप्त प्रभाव था। इस सिलसिले में आगम या आगमिक गच्छ का उल्लेख करना आवश्यक है। तपागच्छ के ही एक उपगच्छ पूर्णमियगच्छ के दो आचार्यों शीलगुण सूरि तथा देवभद्र सूरि द्वारा इसे प्रवर्तित किया गया था। वैसे इस गच्छ का प्रारम्भ बारहवीं शताब्दी के उत्तरार्द्ध में हो चुका था, किन्तु पन्द्रहवीं और सोलहवीं शताब्दी में इसका पर्याप्त प्रसार हुआ।

पूर्णमियगच्छ का दूसरा रूप सार्थपूर्णमियगच्छ कहलाया। यह गच्छ बारहवीं शताब्दी में प्रकाश में आया। इसका प्रवर्तन काल लाट नरेश कुमारपाल का समय था।

नागेन्द्रगच्छ में नागेन्द्र एक कुलनाम है। इस गच्छ की स्थापना ग्यारहवीं सदी के लगभग शीलगुण सूरि ने गुजरात के पाटन नगर में की थी। मल्लधार नामक गच्छ तेरहवीं सदी के एक आचार्य मल्लधारी के नाम पर पड़ा था। राजस्थान के सिरोही ग्राम से प्रारम्भ होने के कारण एक गच्छ का नाम नाणावाल या नाणागच्छ पड़ा।

रत्नाकर नामक गच्छ वृहद् पौषधशालिक आचार्य रत्नाकर सूरि के नाम से प्रसिद्ध हुआ।

इन गच्छों से संबंधित विभिन्न उल्लेख मध्यकालीन मालवा के साहित्यिक और अभिलेखीय स्रोतों में आये हैं।

जहाँ तक तपागच्छ और उससे सम्बन्धित गच्छों का प्रश्न है, अनेक साहित्यिक साक्ष्य उनके मालवा में अस्तित्व का भान कराते हैं। *प्रबंध-चिंतामणि* के लेखक मेरुतुंगाचार्य ने अपनी रचनाओं में मालवा का काफ़ी उल्लेख किया है। आचार्य मेरुतुंग नागेन्द्रगच्छ से सम्बन्धित रहे। मालवा का एक लेखक ओसवंशीय आनन्द मुनि ने अपना समय संवत् 1507 बताया है। ये रत्नाकरगच्छ से संबंधित थे। वे संवत् 1565 में मलधारगच्छ के कवि हीरानंद मंडप-दुर्ग में अपनी एक कृति पूर्ण कर रहे थे। पूनिमिया (पूर्णिमा) गच्छ के एक प्रसिद्ध लेखक मालवी ऋषि ने मालवा में ही संवत् 1616 में अपनी *"सज्झाए"* पूर्ण की थी। संवत् 1638 में कवि मंगलमाणिक ने अपना *रास* मालवा में ही पूर्ण किया था। यह कवि आगमगच्छ से सम्बन्धित था। संवत् 1662 में उज्जैन में एक तपागच्छीय कवि प्रेमविजय के निवास का प्रमाण मिलता है। संवत् 1672 में उज्जैन में ही एक और भी कवि कृपासागर ने अपना *रास* लिखा था। इसी समय सांवेर, जिला इंदौर, नगर में तपागच्छीय आचार्य विजयकुशल के एक शिष्य ने अपना रास रचा था।[53]

संवत् 1718 में भोपावर, जिला धार, में एक और भी *रास* लिखा गया जिसके लेखक तपागच्छीय कवि मानविजय थे। इसी प्रकार एक अन्य तपागच्छीय कवि विवेकविजय ने मालवा के शाहपुर नामक ग्राम में संवत् 1730 में अपना *रास* लिखा।[54]

कुछ और गच्छों का उल्लेख भी उपलब्ध है। परमार नरेश भोज के समय धारा नगरी में वादिवैताल शांति सूरि नामक आचार्य थे, जो बड़गच्छ से संबंधित थे।[55] दशपुर (मंदसौर) में मनोहरदास नाम के एक कवि का संदर्भ प्राप्त होता है जिसने संवत् 1667 में अपनी एक रचना को पूर्णता दी थी। इसी सदी में विजयगच्छीय उदयसागर सूरि ने भी मालवा क्षेत्र में अपनी रचना पूरी की थी।[56]

भट्टारकों की ही भांति श्वेताम्बर सम्प्रदाय में चैत्यवासी परम्परा का उद्‌भव हुआ। शिथिलाचार की ओर उन्मुख हुए श्रमणों को इस परम्परा की स्थापना का उत्तरदायी माना जा सकता है। चैत्यवासी संघ की स्थापना वीर निर्वाण संवत् 850 में की गई। चैत्यवासी संघ का श्रमण-श्रमणी वर्ग चैत्यवासी नाम से पहचाना जाने लगा। चैत्यवासी साधुओं ने

---

53. अगरचन्द नाहटा, *मालवा के श्वेताम्बर जैन भाषा कवि, (मुनि द्वय अभिनन्दन ग्रंथ)* पृ॰ 272-78.
54. उक्त.
55. *जैन धर्म का मौलिक इतिहास,* (*जै॰ध॰मौ॰इ॰*), भाग 3, पृ॰ 783.
56. अगरचन्द नाहटा, *पूर्वोक्त*।

अप्रतिहत विहार का परित्याग कर चैत्यों में ही नियत निवास प्रारम्भ कर दिया। उन चैत्यवासी साधुओं ने अपने भक्त-जनों से द्रव्य लेकर अपने-अपने मंदिर बनवाये। उन मंदिरों में ही भगवान् को भोग लगाने के नाम पर बड़ी-बड़ी पाकशालाएँ बनवाकर उन पाकशालाओं से आधाकर्मी आहार लेना प्रारम्भ कर दिया। इस प्रकार धीरे-धीरे वीर निर्वाण संवत् 850 में ही खुले रूप में नियमित रूप में चैत्यों में रहना और आधाकर्मी आहार लेना प्रारम्भ हो गया। धीरे-धीरे चैत्यवासी परम्परा बड़ी लोकप्रिय हुई तथा पश्चिमी भारत में उसका व्यापक प्रचार-प्रसार हुआ।[57]

कालांतर में चैत्यवासी परम्परा विघटित होकर अनेक गच्छों में विभक्त हो गयी। इनमें से एक गच्छ था – सांडेरगच्छ। इस गच्छ की स्थापना काठियावाड़ निवासी एक आचार्य यशोदेव सूरि ने मारवाड़ के सांडेरा नामक स्थान पर की थी। सांडेरगच्छ का राजस्थान में पर्याप्त प्रचार-प्रसार हुआ। चौदहवीं से सोलहवीं सदी तक सांडेरगच्छ ने मेवाड़ क्षेत्र में उल्लेखनीय प्रभाव प्रदर्शित किया।[58] सहज है कि यह प्रभाव न्यूनाधिक रूप से पश्चिमी मालवा में भी दर्शित हो और यही कारण है कि हम संवत् 1561 में दशपुर (मंदसौर) नामक स्थान में सांडेरगच्छ के कवि ईश्वर सूरि को *ललितांगचरित* नामक ग्रंथ की रचना करता हुआ पाते हैं।[59]

श्वेताम्बर परम्परा में एक यशस्वीगच्छ राजगच्छ रहा है। इस गच्छ में अनेक प्रभावक और ग्रंथकार आचार्य हुए हैं। इस गच्छ की परम्परा नन्नसूरि से प्रारम्भ हुई। नन्नसूरि तलवाड़ा नामक स्थान का शासक था। मृगया के समय हुई वितृष्णा के कारण यह राजा विरक्त हो गया तथा कालान्तर में वनवासीगच्छ के एक आचार्य से दीक्षा लेकर उसने श्रमण धर्म में प्रविष्ट किया। नन्नसूरि का जन्म राजवंश में हुआ था। इस कारण लोग उन्हें राजर्षि और उनके गच्छ को राजगच्छ कहने लगे।[60] इसी गच्छ में ग्यारहवीं शताब्दी में आचार्य अभयदेव सूरि हुए। आचार्य अभयदेव की कर्मभूमि भी धार रही। वे प्रसिद्ध जैन विद्वान् प्रभाचन्द्र के समकालीन थे।[61]

तपागच्छ

तपागच्छ परम्पराएँ जैन धर्म की कोई उत्तरकालीन शाखाएँ-प्रशाखाएँ न होकर अपनी मूल परम्परा का ही विकसित स्वरूप हैं। यह मात्र एक संयोग है कि यह निर्ग्रन्थ परम्परा श्री

57. पं॰ कैलाशचन्द्र शास्त्री, *जैन धर्म* (1970), पृ॰ 217.
58. के॰सी॰ जैन, *जैनिज्म इन राजस्थान*, पृ॰ 65.
59. अगरचन्द नाहटा, *जैन साहित्य में दशपुर* (दशपुर जनपद संस्कृति, पृ॰ 21).
60. *जै॰ध॰मौ॰इ॰*, भाग 3, पृ॰ 711.
61. उक्त, भाग 3, पृ॰ 147.

जगच्चन्द्र सूरि के समय से तपागच्छ नाम से अभिहीत हुई है। हुआ यह कि विक्रम संवत् 1285 में जगच्चन्द्र सूरि की बारह वर्षीय कठोर तपस्या से प्रभावित होकर मेवाड़ के महाराजा ने उन्हें "महातपा" की उपाधि दी थी। चूंकि जगच्चन्द्र सूरि मूल निर्ग्रन्थ परम्परा के एक विद्वान् पट्टधर थे, अतः उनके महातपा विरुद के आधार पर इस परम्परा का नाम ही तपागच्छ हो गया।

वस्तुस्थिति यह है कि तपागच्छीय परम्परा में गुरुओं की एक महती और अविच्छिन्न परम्परा रही है। पट्टावलियों के अनुसार आदि गुरु महावीर थे और उन्हीं के पट्ट पर जो अन्य गुरु आसीन होते चले गये, वे पट्टधारी कहलाये। विभिन्न पट्टावलियाँ उनका विवरण प्रदान करती हैं। ये पट्टावलियाँ तपागच्छ की विभिन्न शाखा-प्रशाखाओं, गुणों, गच्छों, कुलों, आदि का उल्लेख भी करती हैं।

श्री जगच्चन्द्र सूरि के उपरान्त तपागच्छीय परम्पराओं में एक निर्णायक मोड़ आया। उनके दो शिष्यों में से एक श्री देवेन्द्र सूरि अपनी पूर्ववर्ती परम्पराओं के अनुसार आचार करते रहे जबकि उनके गुरु-भाई विजयचन्द्र सूरि ने उसमें कुछ सुविधाएं ले लीं। परिणामस्वरूप तपागच्छीय परम्परा का विभाजन हो गया। श्री देवेन्द्र सूरि की परम्परा लघु पौषधशालिक कहलाई जबकि विजयचन्द्र सूरि की शाखा वृह्द पोषधशालिक शाखा कहलाई।

पट्टावलियों के अनुसार लघु पोषधशालिक आचार्य परम्पराओं में श्री देवेन्द्र सूरि के उपरान्त क्रमशः विद्यानन्द सूरि, धर्मघोष सूरि, सोमप्रभ सूरि, सोमतिलक सूरि, देवसुन्दर सूरि, सोमसुन्दर सूरि, मुनिसुन्दर सूरि, रत्नशेखर सूरि, लक्ष्मीसागर सूरि, सुमतिसाधु सूरि, हेमविमल सूरि, आनन्द-विमल सूरि, विजयदान सूरि, हीरविजय सूरि, विजयसेन सूरि, विजयदेव सूरि, विजयसिंह सूरि एवं विजयप्रभ सूरि हुए।[62]

मालवा से प्राप्त अभिलेखों में श्वेताम्बर सम्प्रदाय के विभिन्न गच्छों से संबन्धित भट्टारकों या सूरियों का उल्लेख मिलता है। इनका विवरण विभिन्न गच्छों के माध्यम से करना सम्प्रति उचित होगा।

वृहद् पौषधशालिक तपागच्छ

वृहद्तपा पक्ष से सम्बन्धित मालवा का सबसे प्राचीन प्रतिमा-लेख सन् 1431 ई॰ का है जो निसारपुर, जिला धार, से प्राप्त है। इसमें रत्नसिंह सूरि का उल्लेख आया है। सांवेर, जिला इंदौर, में इन्हीं रत्नसिंह सूरि से सम्बन्धित सन् 1445 ई॰ का एक प्रतिमा-लेख उपलब्ध है। इसी प्रकार टांडा, जिला धार, के जैन मंदिर में सन् 1449 ई॰ का एक प्रतिमा-

62. पं॰ कल्याणविजय गणि, *श्री पट्टावली पराग संग्रह*, पृ॰ 182-86.

लेख है। इसमें भी रत्नसिंह सूरि का उल्लेख आया है। सन् 1470 ई० के बदनावर, जिला धार, के एक प्रतिमा-लेख में वृहद् तपापक्षीय श्री ज्ञानसागर सूरि का उल्लेख आया है। इसी प्रकार कुक्षी, जिला धार, के सन् 1489 ई० के एक प्रतिमा-लेख में इस पक्ष के भट्टारक उदयसागर सूरि का उल्लेख आया है। वृहद्तपा पक्ष से सम्बन्धित बहुत कम प्रतिमा-लेख मालवा-निमाड़ क्षेत्र से प्राप्त होने से यह धारणा बना लेना अनुचित नहीं होगा कि इस पक्ष का प्रचार इन क्षेत्रों में अधिक नहीं हुआ। इस स्थिति का कारण संभवतः यह है कि वृहद्-तपापक्ष के अनुयायी मुख्यतया गुजरात के ही थे जबकि लघु पोषध की परम्परा का प्रारंभ मालवा के ही देवेन्द्र सूरि से हुआ था। यही कारण है कि मालवा क्षेत्र में लघु तपापक्ष का व्यापक प्रचार-प्रसार हुआ। इस तथ्य का प्रमाण भारी मात्रा में मिले प्रतिमा-लेखों से सहज ही हो जाता है।

लघु पौषधशालिक तपा पक्ष

इस पक्ष का सबसे पुराना प्रतिमा-लेख सन् 1321 ई० का है जो विजय सूरि की चर्चा करता है। यह प्रतिमा शाजापुर में है। बाघ, जिला धार, में सन् 1413 ई० की एक प्रतिमा पर सोमसुन्दर सूरि का उल्लेख आया है। इन्हीं का उल्लेख तालनपुर, जिला धार, के सन् 1425 ई० की एक प्रतिमा राजगढ़ (धार) के सन् 1434 ई० के तथा पिपली बाजार, इंदौर, के 1438 ई० के प्रतिमा-लेखों में भी आया है। पट्टावलियों के अनुसार सोमसुन्दर सूरि के उपरान्त मुनिसुन्दर सूरि आचार्य हुए। यह तथ्य हमें सुखेड़ा, जिला रतलाम, के सन् 1444 ई० के एक प्रतिमा-लेख से प्राप्त होता है।

सोमसुन्दर सूरि के उपरांत यद्यपि मुनिसुन्दर सूरि का पट्टधर के रूप में उल्लेख आता है और मुनिसुन्दर के उपरांत रत्नशेखर सूरि को क्रम दिया गया है, किन्तु मालवा में कुछ अभिलेख सोमसुन्दर सूरि के शिष्य के रूप में रत्नशेखर सूरि का उल्लेख करते हैं। ऐसे तीन प्रतिमा-लेख अभी तक उपलब्ध हैं। सन् 1452 ई० के बख्तगढ़, जिला धार, के एक प्रतिमा-लेख में तपागच्छ के सोमसुन्दर सूरि के शिष्य रत्नशेखर सूरि का अंकन है। इसी प्रकार के उल्लेख सन् 1454 ई० के केसूर, जिला धार, के एक प्रतिमा-लेख तथा मोहनखेड़ा, जिला धार, के इसी वर्ष के एक अन्य प्रतिमा-लेख में है। सन् 1467 ई० का एक प्रतिमा-लेख राजगढ़ (धार) में है जिसमें रत्नशेखर सूरि और उनके पट्टधर लक्ष्मीसागर सूरि का उल्लेख है। लक्ष्मीसागर सूरि से संबंधित कुछ अन्य प्रतिमा-लेख भी मालवा में मिले हैं। सन् 1465 ई० का एक प्रतिमा-लेख कुक्षी, जिला धार, में है जो लक्ष्मीसागर सूरि के साथ-साथ सोमदेव सूरि का उल्लेख करता है। तालनपुर, जिला धार, के सन् 1472 ई० के एक प्रतिमा-लेख में लक्ष्मीसागर सूरि को तपाश्री कहा गया है जबकि सुखेड़ा, जिला रतलाम, के सन् 1473 ई० के प्रतिमा-लेख में भी उनका उल्लेख है। धार जिले के राजगढ़ नामक

स्थान पर सन् 1482 ई० का एक प्रतिमा-लेख है जिसमें तपाश्री सुमतिसाधु सूरि व उदयन सूरि का उल्लेख हुआ है। पट्टावलियाँ हमें बताती हैं कि ये दोनों लक्ष्मीसागर के शिष्य थे और लक्ष्मीसागर सूरि के उपरांत क्रमशः पट्टधर बने थे।

उज्जैन के ऋषभदेव मंदिर में भी लक्ष्मीसागर सूरि से संबंधित सन् 1485 ई० का एक प्रतिमा-लेख है। बख्तगढ़, जिला धार, में सन् 1493 ई० का जो प्रतिमा-लेख है उसमें तपागच्छीय लक्ष्मीसागर जिलासागर सूरि के दो शिष्यों सुमतिसाधु सूरि और हेमविमल सूरि का उल्लेख आया है। पट्टावलियाँ बताती हैं कि लक्ष्मीसागर सूरि के दो शिष्य सुमतिसाधु सूरि तथा हेमविमल सूरि हुए। हेमविमल सूरि ने लक्ष्मीसागर सूरि के हाथ से दीक्षा ली थी तथा सुमतिसागर को आचार्य पद दिया था। हेमविमल सूरि का उल्लेख रतलाम के सन् 1494 के एक प्रतिमा-लेख तथा राजगढ़ (धार) के सन् 1504 ई० के एक अन्य प्रतिमा-लेख में हुआ है। इसी प्रकार मक्सी (जिला शाजापुर) के सन् 1506 ई० के एक प्रतिमा-लेख में तपागच्छ की परम्परा में श्री सोमसुन्दर सूरि के उपरांत जयकल्याण और हेमविमल सूरि का उल्लेख आया है, जबकि राजगढ़ (धार) के सन् 1514 ई० के एक प्रतिमा-लेख में जयकल्याण और चरणसुंदर सूरि का उल्लेख आया है। इन नामों से जुड़ी परम्परा की संगीति हमें पट्टावलियाँ प्रदान करती हैं। उनके अनुसार लक्ष्मीसागर सूरि के उपरांत सुमतिसाधु व हेमविमल सूरि हुए। हेमविमल के उपरांत आनन्दविमल ने पट्ट संभाला किन्तु लक्ष्मीसागर सूरि के शिष्य सोमदेव सूरि से एक भिन्न परम्परा चली। उसमें क्रमशः सुधानंदनसूरि, सुमतिसुन्दर सूरि, राजप्रिय सूरि और कमलकलश सूरि हुए। कमलकलश सूरि के नाम से यह परम्परा कमलकलश शाखा कहलाई। कमलकलश के उपरांत शाखा में जयकल्याण सूरि, कल्याण सूरि तथा चरणसुन्दर सूरि हुए।

लघु पौषध की मुख्य परम्परा में आनन्दविमल सूरि के उपरांत विजयदान सूरि हुए। इस परम्परा से संबंधित प्रमुख आचार्यगण हीरविजय सूरि, विजयदेव सूरि, विजयसिंह सूरि, विजयप्रभु सूरि, विजयरत्न सूरि, आदि का उल्लेख मालवा के प्रतिमा-लेखों में पर्याप्त मात्रा में हुआ है। इन अभिलेखों से बहुत सी राजनीतिक व धार्मिक सूचनाएँ भी मिलती हैं। इस कारण इनका गंभीरतापूर्वक अनुशीलन करना अन्यथा न होगा।

इस परम्परा में सर्वाधिक उल्लेखनीय नाम आचार्य हीरविजय सूरि का है। हीरविजय महान् मुगल सम्राट् अकबर के समकालीन थे। उनके निकट शिष्यों, सूरियों और गणियों द्वारा मालवा क्षेत्र में तपागच्छ का व्यापक प्रसार हुआ ऐसा प्राप्त अभिलेखों से ज्ञात होता है। इन अभिलेखों से यह भी ज्ञात होता है कि मुगल सम्राटों ने आचार्य हीरविजय सूरि को जगद्गुरु तथा उनके पट्टधर भट्टारक विजयदेव सूरि को "जहाँगीर के महातपा" का विरुद प्रदान किया था।

प्राप्त अभिलेखों के विवेचन का संक्षिप्त अनुशीलन करना उचित होगा। शाजापुर में सन् 1488 ई॰ का एक अभिलेख है, जिसमें तपागच्छाधिराज हीरविजय सूरि और उनसे सम्बन्धित विजयगणि का उल्लेख है।

शाजापुर में सन् 1555 ई॰ का एक प्रतिमा-लेख में तपागच्छीय भट्टारक श्री विजयसेन तथा पं॰ श्री रामविजय का उल्लेख है। इसी स्थान पर एक अन्य लेख में श्री हीरविजय सूरि, विजयसेन सूरि तथा उनके शिष्य पं॰ रामविजय का अंकन है। उज्जैन के अनेक मंदिरों में भी इस परंपरा के भट्टारकों का उल्लेख है। उज्जैन के हीरविजय मंदिर में सन् 1546 ई॰ के एक प्रतिमा-लेख में विजयदेव सूरि का उल्लेख आया है। वासु-पूज्य मंदिर में सन् 1592 ई॰ के एक प्रतिमा-लेख में विजयसेन मुनि व उनके पट्टधर विजयदेव सूरि का नामोल्लेख है। चन्द्रप्रभ मंदिर के सन् 1592 ई॰ के ही एक पादुका-लेख में तपाधिराज भट्टारक श्री विजयसेन सूरि का उल्लेख है। सन् 1600 ई॰ के दो अभिलेखों में विजयसेन सूरि तथा विजयगणि व देवविजयगणि का उल्लेख आया है। इसी वर्ष का एक और अभिलेख जयसिंहपुरा मंदिर, उज्जैन में भी है जिसमें तपागच्छ से सम्बन्धित हीरविजय व विजयसेन का उल्लेख आया है। चन्द्रप्रभ मंदिर, उज्जैन, में भी इस वर्ष का जो एक और प्रतिमा-लेख है, वह विजयसेन, जयविजय तथा जिनहर्षगणि का संदर्भ देता है। मक्सी, जिला शाजापुर, के जैन मंदिर में विद्यमान पादुका-लेख के अनुसार भट्टारक श्री हीरविजय सूरि, प्रभाकर, विजयसेन सूरीश्वर तथा पंडित कनकविजयगणि का अंकन है। इंदौर के पिपली बाजार मंदिर में सन् 1607 ई॰ के एक प्रतिमा-लेख में आचार्य सुमति सूरि व विजयदेव सूरि का उल्लेख आया है। उज्जैन के सन् 1622 ई॰ के एक प्रतिमा-लेख में भट्टारक विजयदेव सूरि व जयविजयगणि की चर्चा आई है। यहीं के ऋषभदेव मंदिर में सन् 1624 ई॰ का एक प्रतिमा-लेख है जो विजयसेन व विजयदेव सूरि के साथ-साथ भानुचन्द्र व लब्धिचन्द्र की चर्चा करता है। वासु-पूज्य मंदिर, उज्जैन, के सन् 1624 ई॰ के ही एक प्रतिमा-लेख में भट्टारक हीरविजय, भ॰ विजयसेन, भ॰ विजयदेव सूरि के उपाध्याय श्री भानुचन्द्रगणि व उनके शिष्य पंडित लब्धिचन्द्रगणि का नामोल्लेख हुआ है। चन्द्रप्रभु मंदिर, उज्जैन, का सन् 1626 ई॰ का एक प्रतिमा-लेख बताता है कि तपागच्छीय आचार्य विजयदेव सूरीश्वर के निर्देश पर किसी धर्मदास ने प्रतिमा प्रतिष्ठा करवाई थी। खाराकुआं, उज्जैन के महावीर मंदिर के सन् 1626 ई॰ के एक प्रतिमा-लेख द्वारा भट्टारक हीरविजय सूरि, विजयसेन सूरि, विजयदेव सूरि की परम्परा मिलती है; जबकि अवन्ती पार्श्वनाथ मंदिर, उज्जैन, के एक प्रतिमा-लेख में इस त्रयी के साथ उपाध्याय भानुचन्द्रगणि के शिष्य लब्धिगणि का उल्लेख हुआ है। इसी वर्ष के एक अन्य अभिलेख में इनके नाम के साथ पं॰ रामचन्द्र का भी उल्लेख है। आदिनाथ मंदिर, उज्जैन, के सन् 1629 ई॰ के एक प्रतिमा-लेख में भ॰ विजयदेव सूरीश्वर के साथ प॰ जयविजय की चर्चा की गई है।

मक्सी, जिला शाजापुर, में सन् 1640 ई॰ में भ॰ हीरविजय सूरि की पादुका स्थापित की गई थी। यह तथ्य उसके लेख से ज्ञात होता है। नागदा (धार) के एक प्रतिमा-लेख से तपागच्छाधिराज श्री विजयदेव व उनके पट्टधर विजयसिंह सूरि का उल्लेख है। शाजापुर में जो सन् 1656 ई॰ का प्रतिमा-लेख है वह विजयदेव सूरि, विजयप्रभ सूरि तथा पं॰ भानुचन्द्र व ऋद्धिचन्द्र का उल्लेख करता है। सन् 1724 ई॰ का मक्सी, जिला शाजापुर, का एक अभिलेख तपागच्छाधिराज भ॰ श्री विजयरत्न सूरीश्वर तथा उनके शिष्य विजयक्षमा सूरि की चर्चा करता है, जबकि 1798 ई॰ का राजगढ़ (धार) का एक अभिलेख आचार्य विजयजिनेन्द्र सूरि तथा पं॰ अमरविजयसेनगणि का संदर्भ देता है।

तपागच्छ का एक नागपुरीय संस्करण पार्श्वनाथगच्छ कहलाया। यह एक प्राचीन गच्छ था जिससे सम्बन्धित एकाधिक प्रतिमा-लेख मालवा क्षेत्र से मिले हैं। सन् 1427 ई॰ के सुखेड़ा, जिला रतलाम, के एक प्रतिमा-लेख में इस गच्छ के आचार्य हेमहंस सूरि का उल्लेख आया है। उज्जैन के चन्द्रप्रभ मंदिर के सन् 1448 ई॰ का एक प्रतिमा-लेख इस गच्छ के तपाश्री जयचन्द्र सूरि का संदर्भ देता है। काफ़ी समय बाद का सन् 1646 ई॰ का बदनावर, जिला धार, का एक प्रतिमा-लेख इसी गच्छ के श्री पार्श्वनाथ सूरि की चर्चा करता है।

तपागच्छ की ही शाखाओं के रूप में विकसित या उससे सम्बन्धित अन्य अनेक श्वेताम्बर गच्छों से सम्बन्धित अभिलेख मालवा क्षेत्र में उपलब्ध हैं। सत्ययागच्छ सोला संघ से सम्बन्धित सन् 1165 ई॰ का एकमात्र अभिलेख उज्जैन के जयसिंहपुरा संग्रहालय में विद्यमान है। अंचलगच्छ भी श्वेताम्बर सम्प्रदायों के प्राचीन गच्छों में से एक रहा है। इस गच्छ के एक आचार्य जयकीर्ति सूरि से सम्बन्धित एक प्रतिमा-लेख तालनपुरा, जिला धार में है। पिपली बाज़ार के मंदिर (इंदौर) में सन् 1461 ई॰ का एक प्रतिमा-लेख है जो जयकेशर सूरि का नामोल्लेख करता है। उज्जैन के महावीर मंदिर में इसी सूरि की चर्चा करने वाला सन् 1471 ई॰ का एक प्रतिमा-लेख तथा सन् 1506 ई॰ का सांवेर, जिला इंदौर, का एक प्रतिमा-लेख आचार्य भावसागर सूरि का स्मरण कराते हैं; जबकि राजगढ़ (धार) में इस गच्छ से सम्बन्धित आचार्य गुणनिधान सूरि से संबंधित सन् 1543 ई॰ का एक प्रतिमा-लेख विद्यमान है।

सांडेरगच्छ के आचार्य यशोभद्र सूरि व सालिसूरि की चर्चा करने वाला एक अभिलेख जयसिंहपुरा दिगम्बर मंदिर, उज्जैन में है जिसकी तिथि सन् 1266 ई॰ है। सांडेरगच्छ से संबंधित सन् 1418 ई॰ का जो प्रतिमा-लेख मनावर, जिला धार, में है वह आचार्य शान्ति सूरि का उल्लेख करता है। सुखेड़ा, जिला रतलाम, में भी सन् 1625 ई॰ का इस गच्छ से सम्बन्धित एक प्रतिमा-लेख है।

मलधारगच्छ का श्वेताम्बर सम्प्रदाय में बड़ा नाम है। मालवा में इस गच्छ से सम्बन्धित सबसे प्राचीन प्रतिमा-लेख चन्द्रप्रभु मंदिर, उज्जैन में, विद्यमान है। सन् 1313 ई॰ का यह लेख आचार्य तिलक सूरि की चर्चा करता है। इस गच्छ से संबंधित दो लेख सांवेर, जिला इंदौर, के जैन मंदिर की प्रतिमाओं पर देखे जा सकते हैं। एक प्रतिमा सन् 1341 ई॰ की है जिसका लेख श्री राजशेखर सूरि का प्रमाण देता है, जबकि सन् 1416 ई॰ का एक प्रतिमा-लेख इस गच्छ के आचार्य मानसागर सूरि का उल्लेख करता है। सन् 1456 ई॰ का इस गच्छ से सम्बन्धित एक प्रतिमा-लेख तालनपुर, जिला धार, में है जो आचार्य विषासागर सूरि और उनके पट्टधर गुणसुन्दर सूरि का नामोल्लेख करता है।

पूर्णिमागच्छ के अभिलेखीय प्रमाण भी मालवा में मिले हैं। ऋषभदेव मंदिर, उज्जैन, में सन् 1427 ई॰ का प्रतिमा-लेख पूर्णिमापक्षीय आचार्य जयप्रभ सूरि का स्मरण कराता है। सन् 1493 ई॰ का इस पक्ष से सम्बन्धित एक अभिलेख महावीर मंदिर में भी है।

धर्मघोषगच्छ और उकेशगच्छ की मालवा में अभिलेखीय विद्यमानता को विस्मृत नहीं किया जा सकता है। जहाँ तक धर्मघोषगच्छ का प्रश्न है, इस प्राचीन परम्परा के मध्यकालीन अभिलेख मालवा में विद्यमान हैं। सन् 1467 ई॰ के मांडवगढ़, जिला धार, के एक प्रतिमा-लेख में विजयचन्द्र व साधुरत्न सूरि का उल्लेख है। इसी स्थान पर सन् 1484 ई॰ का ऐसे ही विवरण वाला एक और भी प्रतिमा-लेख प्राप्त हुआ। महावीर मंदिर, उज्जैन, में इस गच्छ से सम्बन्धित सन् 1501 ई॰ का जो प्रतिमा-लेख है, वह भट्टारक पदमाणंद सूरि व उनके पट्टधर नंदिवर्धन सूरि का नामोल्लेख करता है। इसी प्रकार उकेशगच्छ के भट्टारक देवगुप्त सूरि का उल्लेख करने वाला सन् 1432 ई॰ का एक प्रतिमा-लेख मनावर, जिला धार, के जैन मन्दिर में है। सन् 1453 ई॰ का इस गच्छ से सम्बन्धित बांगरोद, जिला रतलाम, का एक प्रतिमा-लेख तथा सन् 1454 ई॰ का बदनावर, जिला धार, का एक अन्य प्रतिमा-लेख इस गच्छ के सुप्रसिद्ध आचार्य भट्टारक कक्क सूरि का स्मरण कराते हैं।

कुछ और प्रतिमा-लेख भी अतिरिक्त सूचना लिये हुए मालवा में हैं। महावीर मंदिर, उज्जैन का सन् 1444 ई॰ का एक प्रतिमा-लेख भावड़ागच्छ के भट्टारक विजय सूरि तथा वीर सूरि की चर्चा करता है। राजगढ़ (धार) में रुद्रपल्लीय श्री देवसुन्दर सूरि और उनके पट्टधर सोमसुन्दर सूरि का प्रमाण देने वाला सन् 1449 ई॰ का एक प्रतिमा-लेख है। चन्द्रप्रभु मंदिर, उज्जैन, में आगमगच्छ के आचार्य हेमरत्न सूरि का प्रमाण देने वाला एक प्रतिमा-लेख है। इसी के निकट आदिनाथ मंदिर में इस गच्छ के अमरप्रभ सूरि का उल्लेख करने वाला सन् 1455 ई॰ का प्रतिमा-लेख है। आगमगच्छ का ही एक सन् 1514 ई॰ का प्रतिमा-लेख निसारपुर, जिला धार, में विद्यमान है जो आनन्दरत्न सूरि का स्मरण कराता है। उज्जैन के चन्द्रप्रभु मंदिर में सन् 1459 ई॰ के एक प्रतिमा-लेख में

जीरापल्लीगच्छ के भट्टारक उदयचन्द्र सूरि का नामोल्लेख है। नागेन्द्रगच्छ के आचार्य द्वय गुणसमुन्द्र सूरि और गुणदेव सूरि का प्रमाण देने वाला एक प्रतिमा-लेख मनावर, जिला धार, में है जो सन् 1461 ई॰ का है। बख्तगढ़, जिला धार, में सन् 1490 ई॰ का जो प्रतिमा-लेख है, वह पल्लीगच्छ के एक सूरि भट्टारक का मालवा में होने का प्रमाण देता है, जबकि सन् 1509 ई॰ का रतलाम का एक प्रतिमा-लेख नाणाकायगच्छ के आचार्य शान्ति सूरि का प्रमाण देता है। सन् 1601 ई॰ का नाणावालगच्छ से सम्बन्धित एक प्रतिमा-लेख उज्जैन के निकट हसामपुरा के जैन मंदिर में देखा जा सकता है।

इन गच्छों से सम्बन्धित प्रतिमा-लेखों की खोज का कार्य अभी समाप्त नहीं हुआ है। बहुत संभव है, मालवा क्षेत्र में विद्यमान और भी प्रतिमाएँ दिखाई दें, उनके अभिलेख पढ़े जाएं, उपरोक्त गच्छों से सम्बन्धित कुछ और आचार्यों का ज्ञान हो तथा कुछ और भी गच्छों और उनसे सम्बन्धित आचार्यों का परिचय प्राप्त हो।

खरतरगच्छ

श्वेताम्बर परम्परा में खरतरगच्छ का एक विशिष्ट स्थान है क्योंकि यह गच्छ बड़ा लोकप्रिय और प्रभावी सिद्ध हुआ। विभिन्न पट्टावलियों में इस गच्छ से संबंधित आचार्यों की जो सूचियाँ दी गई हैं, उनमें पर्याप्त अंतर है किन्तु आचार्य जिनेश्वर सूरि का नाम सभी पट्टावलियों में बड़े आदर से लिया गया है। जिनेश्वर सूरि से पूर्व के आचार्यों में देव सूरि, नेमिचन्द्र सूरि, उद्योतन सूरि और वर्धमान सूरि रहे। जिनेश्वर सूरि, वर्धमान सूरि के प्रभावशाली शिष्य थे। उन्होंने गुजरात के प्रमुख नगर पाटन के नरेश दुर्लभराज के दरबार में चैत्यवासियों को पराजित किया था। उनकी विलक्षणता को देखकर महाराज दुर्लभराज ने उन्हें "खरतर" की उपाधि देकर सम्मानित किया। तब से उनका गच्छ खरतर कहलाने लगा।[63]

समय बीतने पर खरतरगच्छ कई शाखाओं एवं गच्छों में विभक्त हो गया। परिणामस्वरूप राजस्थान के क्षेत्रों में अनेक गच्छ अस्तित्व में आये। उपरांत खरतरगच्छ मालवा में भी लोकप्रिय होता चला गया। खरतरगच्छ के आचार्य जिनेश्वर सूरि की दीक्षा उनके गुरु वर्धमान सूरि से धारा नगरी में हुई थी। मालवा में जिन जैन आचार्यों और लेखकों ने खरतरगच्छ की ओर से लेखन किया, उनमें अभयदेव (द्वितीय), जिनवल्लभ सूरि, जिनदत्त सूरि, आदि का नाम प्रमुख है। इनका समय ग्यारहवीं और बारहवीं शताब्दी ईस्वी का है। पन्द्रहवीं शताब्दी में मालवा में जिनभद्र सूरि, न्यायसुन्दर उपाध्याय, मुनि मेरुसुन्दर जैसे खरतरगच्छीय लेखक हुए। खरतरगच्छ का मध्यकालीन मांडव में पर्याप्त प्रभाव रहा। पेथड़, झांझण, जसधीर, जावड़शाह, मंडन, आदि श्रेष्ठी-गण खरतरगच्छ के ही अनुयायी

63. *खरतरगच्छ का इतिहास*, पृ॰ 7; कैलाशचन्द्र शास्त्री, पूर्वोक्त, पृ॰ 309.

थे। इस समय मांडव में खरतरगच्छ के जिन आचार्यों का उल्लेख प्राप्त होता है, उनमें आचार्य जिनचन्द्र सूरि तथा आचार्य जिनसमुद्र सूरि का नाम उल्लेखनीय है।[64]

खरतरगच्छ का मालवा में भी काफ़ी प्रचार-प्रसार हुआ। अठारहवीं सदी तक आते-आते पश्चिमी मालवा में खरतरगच्छ के अनेक श्रावक परिवार प्रभावी हो चुके थे।

खरतरगच्छ के जिन कतिपय मध्यकालीन सूरियों का मालवा क्षेत्र में घनीभूत संबंध रहा उनमें आचार्य जिनचन्द्र सूरि, जिनसागर सूरि, जिनराजसूरि, आदि का नाम प्रमुख है। खरतरगच्छ परम्परा में आचार्यों के नाम की पुनरावृत्ति होती गई है, इस कारण विभिन्न आचार्यों को उनके समय के मान से ही पृथक् किया जा सकता है। एक आचार्य जिनभद्र सूरि सन् 1417 ई॰ में आचार्य जिनराज सूरि के पट्ट पर स्थापित किये गये थे। जिनभद्र मांडव आये थे और वहाँ उन्होंने एक नवीन ग्रंथ-भंडार की स्थापना करवाई थी।[65] आचार्य जिनभद्र की परम्परा में आचार्य जिनचन्द्र सूरि हुए। इनका समय पन्द्रहवीं सदी का उत्तरार्द्ध है। इन्होंने मालव देश में विहार किया था।[66] इनके पट्टोत्तराधिकारी आचार्य जिनसमुद्र सूरि रहे जिन्हें जिनसागर सूरि भी कहा गया है। इनके दीक्षा-समारोह का नन्दि महोत्सव मंडप दुर्ग के निवासी श्रीमालवंशीय सोनपाल ने किया था।[67]

इन आचार्यों से सम्बन्धित कुछ प्रतिमा-लेख मालवा क्षेत्र में उपलब्ध हैं। आगरा, जिला शाजापुर, में सन् 1440 ई॰ के एक प्रतिमा-लेख में आचार्य जिनचन्द्र सूरि व जिनसागर सूरि का उल्लेख है। चन्द्रप्रभ मंदिर, उज्जैन, के सन् 1445 ई॰ के एक प्रतिमा-लेख में जिनभद्र सूरि व जिनचन्द्र सूरि का अंकन है। राजगढ़ (धार) का एक प्रतिमा-लेख इस गच्छ के आचार्य जिनसागर सूरि की चर्चा करता है, जबकि सांवेर, जिला इंदौर, का सन् 1458 ई॰ का एक प्रतिमा-लेख तथा उज्जैन का चन्द्रप्रभु मंदिर का सन् 1462 ई॰ का एक प्रतिमा-लेख आचार्य जिनभद्र सूरि व उनके पट्ट पर स्थापित जिनचन्द्र सूरि का नामोल्लेख करता है। खरतरगच्छ की इस परम्परा में कुछ दशाब्दियों के बाद आचार्य जिनराज सूरि हुए लगता है, इनका सम्बन्ध भी मालवा से रहा होगा क्योंकि बांगरोद, जिला रतलाम, के जैन मंदिर में इनसे सम्बन्धित सन् 1618 ई॰ का एक प्रतिमा-लेख विद्यमान है।

खरतरगच्छ परम्परा में आचार्य जिनकुशल सूरि का एक बड़ा नाम है। वे न केवल

---

64. सी॰ क्राउझे, *माण्डू के जावड़शाह* (अनु॰ सत्यव्रत) *कर्मयोगी श्री केसरीमलजी सुराणा अभिनंदन ग्रंथ*, पृ॰ 88.
65. *खरतरगच्छ का इतिहास*, पृ॰ 188.
66. उक्त, पृ॰ 189.
67. उक्त, पृ॰ 190.

एक महान् लेखक थे अपितु जिन्-धर्म के एक उत्साही प्रचारक भी थे।[68] उन्होंने अनेक खतरे उठाकर जैन धर्म और श्रीसंघ के लिए पश्चिमी भारत के दूरदराज के क्षेत्रों में चौदहवीं शताब्दी के पूर्वार्द्ध में यात्राएँ की थीं। इस कारण उन्हें अत्यन्त ही पूज्य माना जाता रहा है और यही कारण है कि उज्जैन के छोटा सर्राफ़ा क्षेत्र के मंदिरों में न केवल उनकी चरण-पादुकाएँ स्थापित करवाई गई हैं, अपितु उनकी एक दर्शनीय प्रतिमा भी पूजार्थ प्रतिष्ठित की गई है।

स्थानक-मार्गीय परम्परा

श्वेताम्बर परम्परा मूलतः दो भागों में विभक्त रही है। प्रथम है – मंदिर-मार्गीय और द्वितीय है स्थानक-मार्गीय। मंदिर-मार्गीय मूर्ति-पूजक हैं जबकि स्थानक-मार्गीय पूजा में विश्वास न रखकर अपने उपाश्रयों में ही धार्मिक विधान सम्पन्न करते हैं।

स्थानक-मार्गीय परम्परा का प्रारंभ लोंकाशाह से माना जाता है। लोंकाशाह का जन्म संवत् 1472 में हुआ था। वे गृहस्थ थे। युवा होने पर वे अहमदाबाद के सुल्तान के अधीन खजांची हो गये किन्तु राजनीतिक आपाधापी के कारण उनका मन वहाँ नहीं लगा और वे प्राचीन शास्त्रों और ग्रंथों की नकल करवाने का काम करने लगे। वे विद्वान् तो थे ही, सुन्दर एवं शुद्ध-लेखन में भी बड़े दक्ष थे। एक बार वे ज्ञानजी ऋषि नामक जैनाचार्य के सम्पर्क में आये और उनके निर्देशानुसार ग्रंथ लेखन करने लगे। धीरे-धीरे उन्होंने पाया कि जैन धर्म में अनेक मूल बातों का अनुसरण नहीं हो रहा है। चैत्यवासियों के शिथिलाचार और परिगृहिता को देखकर उनका हृदय क्षोभ से भर उठा। पर्याप्त स्वाध्याय के उपरांत उन्होंने पाया कि जैन धर्म के मूल ग्रंथों में मूर्ति-पूजा का कहीं विधान नहीं है।[69]

लोंकाशाह को धीरे-धीरे लोकप्रियता मिलने लगी। परिणामस्वरूप वे श्रमण दीक्षा देने लगे। उनकी मृत्यु के उपरांत उनके शिष्यों ने लोंकागच्छ की स्थापना उनकी स्मृति में कर डाली। लोंकागच्छ भी कालान्तर में एकाधिक गच्छों में विभक्त हो गया।[70]

राजगढ़ जिले के सारंगपुर नगर में एक लोंकागच्छीय कवि रामदास हुए जिसने सन् 1636 ई॰ में *रास* की रचना की।[71] इंदौर में पोतिया (पत्तरिया) गच्छ से सम्बन्धित राज कवि रामचन्द्र मुनि ने सन् 1679 ई॰ में *पातरियागच्छ पट्टावली* की रचना की। इस ग्रंथ

---

68. उक्त, पृ॰ 146-47.
69. गजसिंह राठौड़, *जैन धर्म का मौलिक इतिहास*, भाग 4, पृ॰ 640.
70. मदन मोदी, *श्रमण संस्कृति और उसकी परम्परा*, पृ॰ 52.
71. अगरचन्द नाहटा, *मालवा के श्वेताम्बर जैन भाषा कवि* (*मु॰द्व॰अ॰ग्र॰*, पृ॰ 275).

में उसने लोंकाशाह का परिचय दिया।[72] इससे ऐसा लगता है कि पातरिया (पापोतिया) गच्छ लोंकाशाह की परम्परा से सम्बन्धित रहा।

मालवा में जैन गच्छों और उनके आचार्यों आदि की गतिविधियों की सूचना अधिकांशतः प्रतिमा-लेखों से प्राप्त होती है। स्थानक परम्परा मूर्ति-पूजक नहीं होने से उनमें संबंधित प्रतिमा-लेख प्राप्त नहीं होते हैं। अन्यत्र भी अभिलेख उत्कीर्ण कराने की इस शाखा में परम्परा लोकप्रिय नहीं रही है। यही कारण है कि स्थानक परम्परा से सम्बन्धित अभिलेखों का अभाव है। इसका अर्थ यह बिल्कुल नहीं है कि स्थानक-मार्गीय उपाश्रयों का मालवा में अभाव रहा था। अभिलेखों के अभाव में स्थानकवासी आचार्यों, गणियों तथा प्रतियों का नामोल्लेख करना संभव नहीं हो सका है।

उक्त सीमा के होते हुए भी इस सम्प्रदाय के अठारहवीं सदी के एक आचार्य धर्मदास महाराज का परिचय देना यहाँ सम्प्रति अभिप्रेत है। ये गुजरात के एक लोंकागच्छीय श्रावक थे जिनके गुणों से आकर्षित होकर उनके अनुयायी संघ ने संवत् 1721 में मालव प्रांत के मुख्य नगर उज्जैन में भव्य समारोह के साथ आपको आचार्य पद से विभूषित किया।[73]

धर्मदासजी ने कच्छ, काठियावाड़, वागड़, खानदेश, पंजाब, मेवाड़, मालवा, हाड़ोती और ढुढार आदि प्रान्तों में धर्म का प्रचार करते हुए परिभ्रमण किया।[74]

धर्मदासजी की शिष्य-परम्परा तत्कालीन साधुओं में सर्वाधिक है। आपके 99 शिष्य थे जिनमें से 35 तो संस्कृत और प्राकृत के विद्वान् थे। इन 35 विद्वान् साधुओं के साथ शिष्यों का एक-एक समुदाय बन गया था।[75]

इतने शिष्यों और प्रशिष्यों के बड़े परिवार की व्यवस्था तथा शिक्षण का प्रबन्ध करना एक व्यक्ति के लिए अत्यन्त कठिन था। इस कारण धर्मदासजी ने धारानगरी में समस्त शिष्य परिवार को एकत्रित कर संवत् 1772 में 22 सम्प्रदायों में विभाजित कर दिया। स्थानकवासी समाज में 22 सम्प्रदायों का नाम अत्यधिक प्रचलित है। इसे बाईस टोला भी कहा जाता है। ये एक ही गुरु के परिवार की अलग-अलग बाईस टोलियाँ हैं।[76]

धर्मदासजी के स्वर्गवास की घटना उनके जीवनकाल से भी उज्ज्वल और रोमांचक है। जब आपने यह सुना कि धारानगरी में आपके एक शिष्य ने संथारा धारण किया है किन्तु मन के भाव शिथिल पड़ जाने के कारण और अनशन की प्रतिज्ञा नहीं निभा सकने

72. *जै.ध.मौ.इ.*, भाग 4, पृ. 704.
73. मदन मोदी, *पूर्वोक्त*, पृ. 63.
74. उक्त, पृ. 64.
75. उक्त.
76. उक्त.

के कारण तोड़ना चाहता है, तो यह बात सुनते ही आपने यह संदेश पहुंचाया कि मैं वहाँ आता हूँ और मेरे आने तक तुम प्रतिज्ञा भंग न करना। उस साधु ने आपकी आज्ञा मान ली।

महाराज ने शीघ्रता से विहार किया और संध्या होते-होते धारानगरी में पहुंच गये। भूख और प्यास से आकुल-व्याकुल संथारा लिये हुए साधु अन्न और जल के लिये बिलबिला रहे थे। महाराज ने इस साधु को प्रतिज्ञा-पालन के लिये खूब समझाया किन्तु साधु के साहस और सहनशीलता की शक्ति का बांध टूट चुका था। अतः उन पर उपदेश का कुछ भी असर न पड़ा।

महाराज ने शीघ्र ही अपने कंधे पर का बोझ उतारा। सम्प्रदाय की जिम्मेदारी मूलचन्दजी महाराज को दी। समस्त संघ के सम्मुख अपना मंतव्य प्रगट किया और शीघ्र ही धर्म की दीप-शिखा को जाज्वल्यमान बनाये रखने के लिये अपने उस शिष्य के स्थान पर खुद संथारा करने बैठ गये।

संवत् 1779 अथवा 1772 में धर्म की कीर्ति की रक्षा के लिये आपने शरीर का इस प्रकार बलिदान दिया।[77]

धर्मदासजी की ही भाँति लवजी ऋषि का स्थान भी स्थानकवासी श्वेताम्बर परम्परा में बड़े आदर से लिया जाता है। इनका समय भी सोलहवीं सदी का उत्तरार्द्ध और सत्रहवीं सदी का पूर्वार्द्ध रहा। लवजी ऋषि की परम्परा में अठारहवीं सदी में रामलाल जी महाराज हुए। उनके दूसरे शिष्य रामरतनजी मालवा प्रांत में काफ़ी विचरे थे और आपका शिष्य सम्प्रदाय मालवा सम्प्रदाय कहलाया।[78]

धर्मदास एवं लवजी ऋषि के ही समकालीन एक और लोंकागच्छीय संत हरजी ऋषि थे। उनकी पट्ट परम्परा का भी मालवा क्षेत्र में कालान्तर में प्रचार-प्रसार हुआ। यह परम्परा साधु-मार्गी परम्परा के नाम से जानी जाती है जिसमें आचार्य शिवलाल जी, उदयसागरजी, चौथमलजी, श्रीलालजी, जवाहरलालजी, आदि उल्लेखनीय आचार्य हुए।[79]

इस प्रकार यह स्पष्ट है कि आलोच्य अवधि में मालवा क्षेत्र में दिगम्बर एवं श्वेताम्बर सम्प्रदायों का अपनी विभिन्न शाखा-प्रशाखाओं, गणों और गच्छों आदि के माध्यम से पर्याप्त प्रचार-प्रसार हुआ जिसका इतिवृत्त साहित्यिक एवं अभिलेखीय प्रमाणों द्वारा प्रस्तुत करना संभव हो सका है।

---

77. उक्त, पृ॰ 65.
78. उक्त, पृ॰ 68.
79. उक्त, पृ॰ 72.

मालवा की दिगम्बर जैन जातियाँ

आठवीं से अठारहवीं शताब्दी के मध्य मालवा में अनेक जैन जातियों की विद्यमानता के अभिलेखीय प्रमाण प्राप्त होते हैं। इस आधार पर निम्न विवरण प्रस्तुत किया जाना संभव हो सका है।

अग्रवाल

अग्रवाल उत्तर भारत की एक प्रमुख जाति है। यह जाति जैन और वैष्णव दोनों ही धर्मों से सम्बन्धित है। सुखद पक्ष यह है कि दोनों ही धर्मों के अनुयायियों के मध्य रोटी और बेटी के सम्बन्ध विद्यमान हैं।

अग्रवाल जाति की उत्पत्ति हरियाणा के हिसार प्रांत में स्थित अग्रोहा नामक एक प्राचीन ऐतिहासिक नगर से मानी जाती है। ऐसी अनुश्रुति है कि अग्रोहा (अग्रोदक) के एक राजा अग्रसेन से इस जाति का उद्भव हुआ। संवत् 1411 में संघारु कवि ने *प्रद्युम्न चरित* लिखते हुए कहा है – "अग्रवाल की मेरी जात पुर अगरोए महि उतपत्ति"। . . . 694 *इण्डियन एण्टीक्वेरी* में अग्रोहा का नाम अगरोदन दिया गया है, साथ ही अग्रोहक वैश्यों का वर्णन किया गया है।[80]

ऐसी मान्यता प्रगट की गई है कि लोहाचार्य द्वारा अग्रवालों को जैन धर्म में दीक्षित किया गया और उनके 18 गोत्र रहे।[81] इन्हीं लोहाचार्य ने राजा अग्रसेन और 17 अन्य राजाओं को क्षत्रियों से जैन धर्म में परिवर्तित कर दिया।

आज मालवा में अनेक स्थानों पर विभिन्न गोत्रों के वैष्णव एवं जैन अग्रवाल निवास करते हैं। ऐसा लगता है कि मालवा क्षेत्र में इन अग्रवालों का प्रवेश काफ़ी बाद हुआ क्योंकि इस जाति से सम्बन्धित प्रतिमा-लेखों का मालवा में अभाव ही रहा है। नमकमंडी स्थित दिगम्बर जैन मंदिर, उज्जैन में संवत् 1525 का एक ताम्र-यंत्र लेख अवश्य विद्यमान है जिसमें मीतल गोत्र के एक अग्रोवकान्वय परिवार का उल्लेख है।

परवाल

परवाल या पोरवाल जाति का संबंध अधिकतर दिगम्बर सम्प्रदाय से रहा है। प्रारम्भ में यह जाति प्राग्वाट कहलाती थी। उपरांत पोरवालान्वय, परवाल, पोरवाल, पोरवाड़, आदि नामों से अभिहीत हुई। अग्रवालों की भाँति यह जाति भी वैष्णव और जैन समाजों में विभक्त है किन्तु दोनों समाजों के बीच पारस्परिक संबंध कम ही देखा गया है।

---

80. *इण्डियन ऐण्टीक्वेरी,* भाग 15, पृ॰ 343.
81. कस्तूरचन्द, कासलीवाल *खण्डेलवाल जैन समाज का वृहत इतिहास,* भाग 1, पृष्ठ 50.

पंडित फूलचंद शास्त्री के मतानुसार परवार जाति को प्राचीन काल में प्राग्वाट नाम से अभिहीत किया जाता रहा है लेकिन ब्रह्मजिनदास ने *चौरासी जाति जयमाल* में पोरवाड़ शब्द से परवार जाति का उल्लेख किया है। अपभ्रंश ग्रंथों में परवार को पुरवाड़ा शब्द से अभिहीत किया गया है। महाकवि धनपाल का *बाहुबलि चरिउ*, रइधू कवि श्रीपाल का *सिद्धचक्र चरिउ*, आचार्य श्रुतकीर्ति का *हरिवंश पुराण* एवं पंडित श्रीधर का *सुकुमाल चरिउ* की ग्रंथ प्रशस्तियों में पुरवाड़ शब्द का ही प्रयोग किया गया है। लेकिन श्रावकों की 72 जातियों वाली एक पांडुलिपि में अष्टसखा पोरवाड़, दुसखा पोरवाड़, चौसखा पोरवाड़, जागड़ा पोरवाड़, पद्मावती परवार, सोरठिया पोरवाड़ नामों के साथ परवार नाम को भी गिनाया है। ऐसा लगता है कि परवार जाति भेद एवं प्रभेदों में इतनी बंट गई थी कि इनमें परस्पर रोटी एवं बेटी का व्यवहार भी बंद हो गया था। चौसखा समाज वर्तमान में "तारणपंथ" समाज के नाम से जाना जाता है। कविवर बख्तराम साहू ने अपने *बुद्धिविलास* में परवार जाति के सात स्वरूपों का उल्लेख किया है।[82]

मालवा में पोरवाल या प्राग्वाट जाति से सम्बन्धित अनेक प्रतिमा-लेख विद्यमान हैं। जयसिंहपुरा संग्रहालय, उज्जैन में संवत् 1222 का जो प्रतिमा-लेख है, उसमें पोरवालान्वय सा॰ गागा, बुनना, लीमदेव, सीमदेव आदि का उल्लेख आया है। धार का संवत् 1288 का एक अभिलेख भी पोरवालान्वय श्रेष्ठी बावली व उसके परिवार का उल्लेख करता है –

जयसिंहपुरा, उज्जैन के संवत् 1308 के एक अभिलेख में प्राग्वावन्याचार्य सहा सलका, उसकी भार्या तथा पुत्र का नामोल्लेख है। तालनपुर, जिला धार, के संवत् 1310 के एक प्रतिमा-लेख में प्राग्वाट ज्ञातीय मंत्री गोसल और उसके परिवार का उल्लेख है। धार में जो संवत् 1328 का अभिलेख है, वह सलखनपुर वास्तव्य पोरवालान्वय साधु वासव तथा उसके पुत्र, पौत्र और उनकी भार्याओं का उल्लेख करता है। उज्जैन में संवत् 1424 एवं संवत् 1440 के दो प्रतिमा-लेख प्राग्वाट जाति का उल्लेख करते हैं। इसी प्रकार का उल्लेख इंदौर के संवत् 1496; सुखेड़ा, जिला रतलाम के संवत् 1502; सांवेर, जिला इंदौर के संवत् 1503; बखतगढ़, जिला धार के संवत् 1510; मोहनखेड़ा, जिला धार के संवत् 1512; केसूर, जिला धार के संवत् 1512; मांडवगढ़, जिला धार के संवत् 1517; मंडपदुर्ग, जिला धार के संवत् 1521; बरलूट (मारवाड़) के संवत् 1521; कुक्षी, जिला धार के संवत् 1523; बदनावर, जिला धार के संवत् 1528; व उज्जैन के संवत् 1528 के प्रतिमा लेखों में भी आया है। इन समस्त अभिलेखों में प्राग्वाट वंश के विभिन्न परिवारों का नामोल्लेख है। इसी प्रकार राजगढ़ (धार) के संवत् 1540; मांडवगढ़, जिला धार के संवत् 1541; उज्जैन के संवत् 1543; उज्जैन के ही संवत् 1550; बखतगढ़, जिला धार के संवत् 1551;

82. उक्त, पृ॰ 5.

मांडवगढ़, जिला धार के संवत् 1551; रतलाम के संवत् 1552 आदि के प्रतिमा-लेखों में भी प्राग्वाट जाति से सम्बन्धित विभिन्न परिवारों का उल्लेख आया है। शक संवत् 1492 का पातसाह अकबर साहि के समय का महेश्वर, जिला खरगोन का एक अभिलेख जांगड़ा पोरवाल जाति व चौधरी गोत्र के एक पटेल परिवार का उल्लेख करता है। मक्सी, जिला शाजापुर के संवत् 1564, राजगढ़ (धार) के संवत् 1566 तथा संवत् 1572 के प्रतिमा-लेख भी प्राग्वाट ज्ञातीय परिवारों का उल्लेख करते हैं। उज्जैन का संवत् 1604 का एक प्रतिमा-लेख पोरज्ञातिय अवन्ती वास्तव्य सा, महाकाल व उसके परिवार का संदर्भ देता है। संवत् 1659 का बदनावर, जिला धार का एक प्रतिमा-लेख जांगड़ा परिवार जाति का तथा उज्जैन का इसी वर्ष का एक अन्य अभिलेख प्राग्वाट ज्ञातीय बृहत शाखा का प्रमाण प्रस्तुत करता है। विक्रम विश्वविद्यालय पुरातत्त्व संग्रहालय, उज्जैन के संवत् 1667, उज्जैन के संवत् 1682 तथा उज्जैन के ही संवत् 1684 के प्रतिमा-लेखों में भी प्राग्वाट ज्ञातीय बृह्द शाखा के अवन्तीनगर वास्तव्य विभिन्न प्राग्वाट परिवारों का उल्लेख आया है। नागदा (धार) में जो संवत् 1703 का प्रतिमा-लेख है, वह बुरहानपुर वास्तव्य प्राग्वाट ज्ञातीय एक परिवार का प्रमाण देता है। संवत् 1714 का एक प्रतिमा-लेख शाजापुर में है जिसमें लालपुर वास्तव्य प्राग्वाट सा॰ भानजी व उसकी भार्या व पुत्रों का उल्लेख आया है। बदनावर, जिला धार में संवत् 1829 का एक प्रतिमा-लेख विद्यमान है जो पोरवाड़ गजसिंघ घासीराम की चर्चा करता है।

उक्त अभिलेखों से ज्ञात होता है कि मालवा क्षेत्र में जैन पोरवालों का अस्तित्व ईसा की तेरहवीं सदी से लेकर आज तक बना हुआ है। विभिन्न अभिलेखों से ज्ञात होता है कि मालवा में पोरवाल जाति के अस्तित्व के प्रमुख केन्द्र धार, रतलाम और उज्जैन जिले रहे। ऐसा लगता है कि उत्तर परमार काल में प्राग्वाट जाति के लोग भारी मात्रा में मंडप-दुर्ग और उसके निकटवर्ती क्षेत्रों में आ बसे थे। यही कारण है कि हमें धार जिले के दूरस्थ ग्रामों में पोरवाल या प्राग्वाट जाति से सम्बन्धित अनेक प्रतिमा-लेख प्राप्त होते हैं। यह खेद का विषय है कि इन अभिलेखों में प्राग्वाट परिवारों ने अपने गोत्रों का उल्लेख नगण्य ही किया है!

खंडेलवाल

खंडेलवाल जैन जाति का उद्भव राजस्थान के खंडेला नामक स्थान से माना जाता है जो सीकर जिले में स्थित है। खण्डेला के इतिहास की अभी पूरी खोज नहीं हो सकी है लेकिन श्रीहर्ष की पहाड़ी पर जो जैन अवशेष मिलते हैं, उससे पता चलता है कि शैव पाशुपतों का केन्द्र बनने के पहले खण्डेला नगर जैनों का प्रमुख केन्द्र था। इसका पुराना नाम खण्डिल्लक-पत्तन अथवा खण्डेलगिरि था। भगवान् महावीर के दसवें गणधर भेदार्य

ने खण्डिल्लक-पत्तन में आकर कठोर तपस्या की थी, ऐसा उल्लेख आचार्य जयसेन ने अपने ग्रंथ *धर्म रत्नाकर* की प्रशस्ति में किया है। आचार्य जयसेन ग्यारहवीं शताब्दी के महान् संत थे।

खण्डेला का राजनीतिक इतिहास अधिकांश रूप में अंधकारपूर्ण है। प्रारम्भ में यहाँ चौहान राजाओं का राज्य रहा। रायसलजी के समय में खण्डेला चौहानों के हाथों में से निकलकर शेखावतों के हाथों में आया।[83]

ऐसी मान्यता है कि एक बार महामारी फैलने पर खण्डेला में ब्राह्मणों के कहने पर जैन मुनियों की आहुति दी गई थी। खण्डेला नरेश का यह कृत्य निश्चित ही अमानवीय था। जब राजा को भी रोग ने ग्रसित किया तो जैनाचार्य जिनसेन ने न केवल उनका रोग निवारण किया अपितु प्रतिबोध देकर ज्ञान भी प्रदान किया। जब राजा सहित 82 क्षत्रिय गांवों के सामंत और दो स्वर्णकार ग्रामों के समूह जैन धर्म में परिवर्तित हो गये तो जैन खंडेलवालों के 84 गोत्र अस्तित्व में आये।[84]

मालवा में अनेक प्रतिमा लेखों में खंडेलवाल जैन व उनसे सम्बन्धित गोत्रों का उल्लेख आया है। विक्रमकीर्ति मंदिर, उज्जैन के संवत् 1299 के एक प्रतिमा लेख में खंडेलवालान्वय सा॰ भरहा और उसकी भार्या गोरी का उल्लेख है। संवत् 1502 के सांवेर, जिला इन्दौर के एक प्रतिमा-लेख में पाटनी गोत्र के एक खंडेलवाल परिवार का संदर्भ है। नमकमंडी मंदिर, उज्जैन में संवत् 1510 के एक प्रतिमा-लेख में सहा गोत्र के खंडेलवालान्वय सा॰ गोलन, उसकी भार्या व पुत्र-वधू का उल्लेख है। इसी मन्दिर के संवत् 1593 के एक ताम्रपत्र-लेख में खंडेलवालान्वय जाति के अजमेरा गोत्र के सा॰ विमल और उसकी भार्या विमलोद का अंकन है। इसी मंदिर में इसी वर्ष का एक और ताम्र-यंत्र लेख है जो खंडेलवालान्वय व पाटनी गोत्र का प्रमाण देता है। इसी प्रकार संवत् 1710 के एक ताम्रलेख में पाटनी गोत्र के कुछ महत्त्वपूर्ण व्यक्तियों का उल्लेख आया है।

इन अभिलेखीय साक्ष्यों से प्रमाणित होता है कि मालवा क्षेत्र में खंडेलवाल जाति का अस्तित्व तेरहवीं शताब्दी से लेकर आज तक रहा है। मालवा में खंडेलवाल नाम से वैष्णव, वैश्य और ब्राह्मण जातियाँ भी अस्तित्व में रही हैं। ये जातियाँ भी खण्डेला से ही अपना उद्भव मानती हैं किन्तु इनका कोई संबंध खंडेलवाल जैन समाज से ज्ञात नहीं होता।

बघेरवाल

बघेरवाल एक महत्त्वपूर्ण दिगम्बर जैन जाति है। मालवा में काफ़ी समय से बघेरवाल

83. उक्त, पृ॰ 64.

84. गुणाथी, *राजस्थानी जातियों की खोज*, पृ॰ 53.

जाति के लोग निवास करते रहे हैं। बघेरवाल जाति का उद्गम राजस्थान के बघेरा नामक ग्राम से माना गया है। ऐसा ज्ञात होता है कि इस नगर का प्राचीन नाम व्याघेरक था। यह जाति 52 गोत्रों में विभक्त मानी गई है। इनमें से 25 गोत्र काष्ठा संघ तथा 27 गोत्र मूल संघ से संबंधित माने गये हैं। मालवा में बघेरवालों का आगमन मेवाड़ या हाड़ोती से होते हुए हुआ। महा पंडित आशाधर का अधिकांश कार्य-क्षेत्र मालवा रहा है। वे बघेरवाल जाति के ही थे।[85] इसी प्रकार पन्द्रहवीं सदी के भट्टारक जिनचन्द्र का जन्म भी बघेरवाल जाति में ही हुआ था।[86]

मालवा क्षेत्र में बघेरवाल जाति से सम्बन्धित कतिपय प्रतिमा-लेख उपलब्ध हैं। जयसिंहपुरा मंदिर, उज्जैन के एक प्रतिमा-लेख में श्री बागड़ संघ के आचार्य श्री कल्याणकीर्ति का उल्लेख काष्ठा संघ तथा बघेरवाल जाति से संबंधित एक परिवार द्वारा उत्कीर्ण प्रतिमा-लेख में है। धार में संवत् 1392 का जो प्रतिमा-लेख है, उसमें बघेरवालान्वय सा॰ बरु व उसकी भार्या नयनसिरी का नाम है। धार जिले के टोडा नामक स्थान पर एक बघेरवाल परिवार का प्रमाण देने वाला प्रतिमा-लेख है जो संवत् 1470 का है। उज्जैन के नमकमंडी मंदिर में शक संवत् 1503 का जो प्रतिमा-लेख है, उसमें बघेरवाल के स्थान पर व्याघेरवाल शब्द का प्रयोग हुआ। जिस परिवार से सम्बन्धित यह अभिलेख है वह बठूला गोत्र का था। इसी वर्ष का एक प्रतिमा-लेख जयसिंहपुरा मंदिर, उज्जैन में भी विद्यमान है जिसमें बघेरवाल जाति तथा चामर गोत्र का उल्लेख आया है। नमकमंडी मंदिर, उज्जैन के एक ताम्र-यंत्र लेख से यह प्रमाण मिलता है कि यह यंत्र संवत् 1606 में बघेरवालान्वय सा॰ धना और उसके पुत्र द्वारा उत्कीर्ण करवाया गया था। संवत् 1664 का एक कूप लेख रामपुरा, जिला मंदसौर में मिलता है। यह लेख बघेरवाल का एक जाति की बजाय एक गोत्र के रूप में उल्लेख करता है। सत्रहवीं शताब्दी में रामपुरा का यह सेठिया परिवार उल्लेखनीय था। पाथू नाम के एक धनवान सज्जन का पुत्र जोगा रामपुरा के राजा अचलदास की सेवा गें नियुक्त था। उसका पौत्र नाथ रामपुरा के राजा दुर्गराज का मुख्यमंत्री बना। उसने रामपुरा में मंदिर बनवाया और रथ-यात्रा का आयोजन किया। पाथू ने नगर के पश्चिम में एक विशाल बावड़ी बनवाई जो अभी भी पाथूशाह की बावड़ी कहलाती है।

चित्तौड़ा

चित्तौड़ा जैन समाज मूलतः मेवाड़ प्रदेश का है। इस जाति का उद्गम चित्रकूट (चित्तौड़)

---

85. कासलीवाल, पूर्वोक्त, पृ॰ 52-53.

86. *दिगम्बर जैन बघेरवाल समाज का इतिहास,* कोटा प्रांतीय विवरणिका (1990)।

से माना जाता है।[87] यह जाति दिगम्बर मूल संघ से सम्बन्धित रही। मालवा क्षेत्र में प्रारंभ में यह चित्रकूटान्वय कहलाई। बाद में इसने एक जाति का रूप ग्रहण कर लिया। ऊन (पावागिरि), जिला खरगोन में संवत् 1252 का एक प्रतिमा-लेख विद्यमान है जिसमें एक चित्रकूटान्वय परिवार आचार्य श्री प्रभाचन्द्र को प्रणाम करता पाया जाता है।

मेड़तवाल

मारवाड़ में मेड़ता नामक जो नगर विद्यमान है, उसका प्राचीन नाम मेदान्तक या मेड़ान्तक या मेड़तपुर रहा है।[88] मध्य काल में यह स्थान मेदिनीपुर पुकारा गया। ग्यारहवीं-बारहवीं शताब्दी में यहाँ के अनेक हिन्दू परिवारों ने जैन धर्म ग्रहण कर लिया। यह स्थान आचार्य जिनचन्द्र सूरि, जिनकुशल सूरि, हीरविजय सूरि आदि का कार्य-क्षेत्र भी रहा है। मेड़ता से जो हिन्दू बाहर चले गये, वे मेड़तवाल कहलाये जो जैन परिवार यहाँ से अन्यत्र गये, वे भी मेड़तवालान्वय के नाम से पुकारे गये। विक्रमकीर्ति मंदिर संग्रहालय, उज्जैन में संवत् 1223 के एक प्रतिमा-लेख में एक मेड़तवालान्वय जैन परिवार का उल्लेख है जिसके सदस्यों के नाम सा॰ साहू मोगा, उसकी भार्या सावित्री, पुत्र माखिल तथा विल्हू तथा पुत्र-वधुओं का उल्लेख है। यह परिवार, जैसाकि इस अभिलेख में स्पष्ट रूप से अंकित है, दिगम्बर सम्प्रदाय तथा मूल संघ से सम्बन्धित रहा।

हुम्मड़ या हुम्बड़

इस जाति का उत्पत्ति-स्थान ज्ञात नहीं है। संभवतः अन्य जातियों की तरह यह भी राजस्थान के ही किसी स्थान से उत्पन्न हुई होगी। राजस्थान में इस जाति के लोग डूंगरपुर, बांसवाड़ा और प्रतापगढ़, जो कि प्राचीन वागड़ प्रदेश में स्थित रहे हैं, में पाये जाते हैं। ये दिगम्बर और श्वेताम्बर दोनों ही सम्प्रदायों के हैं। ये अधिकांशतः काष्ठा संघ के भट्टारकों से सम्बन्धित रहे। यह जाति भी अन्य जातियों की तरह आठवीं शताब्दी में अस्तित्व में आई प्रतीत होती है। इस जाति के लोगों ने कई प्रतिमाओं और मंदिरों के स्थापना समारोह सम्पन्न करवाये। झालरा-पाटन, जिला झालावाड़, राजस्थान का प्रसिद्ध शान्तिनाथ दिगम्बर जैन मंदिर हुम्मड़ जाति के साहू पीवा के द्वारा ही निर्मित बताया जाता है।[89]

मालवा के अनेक प्रतिमा-लेखों में हुम्बड़ जाति का उल्लेख आया है। मालवा में हुम्बड़ जाति का प्रवेश अधिकांशतः वागड़ क्षेत्र में हुआ प्रतीत होता है। निसारपुर, जिला

87. कासलीवाल, पूर्वोक्त, पृ॰ 59.
88. *एपिग्राफिया इंडिका*, 18 पृ॰ 98.
89. राजेश जैन, *मध्यकालीन राजस्थान का इतिहास*, पृ॰ 165.

धार, के संवत् 1408 के एक प्रतिमा-लेख में हुम्बड़ जातीय तेजा तथा उसकी भार्या और सुत का उल्लेख है। अमझेरा, जिला धार के संवत् 1472 के एक प्रतिमा-लेख में इस जाति के श्रेष्ठी लखमा, उसकी भार्या, पुत्र और पुत्रवधू का नामोल्लेख है। निसारपुर, जिला धार में ही संवत् 1489 का एक और प्रतिमा-लेख है जिसमें जिस हुम्बड़ परिवार का उल्लेख है, वह मात्रर गोत्र का था। नमकमंडी मंदिर, उज्जैन में संवत् 1492 के एक अभिलेख में इस जाति के श्रेष्ठी स्वर्ण का नाम आया है। इसी स्थान के संवत् 1504 के एक अन्य प्रतिमा-लेख से इस जाति के मास-वान गोत्र का प्रमाण मिलता है। कुक्षी, जिला धार का संवत् 1513 का एक अन्य प्रतिमा-लेख क्रमशः हुम्बड़ जाति तथा हुम्बड़ श्रेष्ठी का उल्लेख करता है। नमकमंडी मंदिर, उज्जैन का ही संवत् 1525 का एक अभिलेख हुम्बड़ सा, जसराज की पुत्री कल्लों का प्रमाण देता है। इसी मंदिर में संवत् 1534 का एक प्रतिमा-लेख और भी है जिसमें हुम्बड़ जाति के एक परिवार का गोत्र खिरज बताया गया है। इसी मन्दिर के एक अन्य प्रतिमा-लेख में हुम्बड़ श्रेष्ठी वक्ता, उसकी भार्या तथा पुत्र और पुत्र-वधू का नामोल्लेख है। इसी मंदिर के संवत् 1627 के एक अन्य प्रतिमा-लेख में हुम्बड़ जातीय श्री रत्नवा गोत्र के एक परिवार का विवरण है। सिद्धवर-कूट, जिला खरगोन में हुम्बड़ जाति से सम्बन्धित एक प्रतिमा-लेख में भवरेज गोत्र का उल्लेख आया है।

नीमा

मालवा की महाजन जातियों में नीमा जाति भी अपना विशिष्ट स्थान रखती है। इस जाति का मूल स्थान गुजरात रहा है तथा इसके अधिकांश परिवार वैष्णव धर्म के अनुयायी हैं। फिर भी मालवा में कुछ ऐसे प्रतिमा-लेख प्राप्त हुए हैं जिनसे नीमा जाति के कुछ लोगों का जैन होने का प्रमाण भी मिलता है। उज्जैन में संवत् 1506 के एक प्रतिमा-लेख में जिस वणिक परिवार का उल्लेख आया है, वह नीमा जातीय था। सुखेड़ा, जिला रतलाम के संवत् 1531 के एक प्रतिमा-लेख में नीमा जाति के एक डोसी परिवार का उल्लेख है। संवत् 1532 का तालनपुरा, जिला धार का एक अभिलेख एक नीमा जातीय श्रेष्ठी परिवार के सदस्यों का नामोल्लेख करता है।

नागर

कुछ अभिलेख नागर जाति से सम्बन्धित भी मिले हैं। नागर जाति गुजरात से सम्बन्धित रही है। यह जाति मूलतः ब्राह्मण है। ऐसा लगता है कि कुछ नागर परिवार जैन धर्म में दीक्षित हो गये थे। यह कहना कठिन है कि किस जैन सम्प्रदाय से सम्बन्धित थे। राजगढ़ (धार) के एक प्रतिमा-लेख में एक नागरान्वय जैन परिवार का उल्लेख करता है। इसी

प्रकार का एक अभिलेख उज्जैन में भी उपलब्ध हुआ है, जो संवत् 1220 का है। यह अभिलेख भी नागर जैन से संबंधित है।

नागद्रह या नागदा

नागद्रह (आधुनिक नाम नागदा) राजस्थान में मेवाड़ स्थित एक प्राचीन नगर रहा है। इस स्थान से जो ब्राह्मण अन्यत्र गये, वे नागदा ब्राह्मण कहलाये। जो जैन जातियाँ यहाँ से निकलीं, वे नागद्रह या नागदा जैन जाति के नाम से पुकारी गईं। यह स्थान मालवा क्षेत्र के पश्चिम में राजस्थान में एकलिंगजी के पास है। इस कारण नागदा से निकली हुई जातियों का मालवा की ओर निकल आना सहज ही है।

मालवा में नागद्रह जैन जाति ने अपने अस्तित्व के प्रमाणस्वरूप कुछ प्रतिमा-लेख छोड़े हैं। मनावर, जिला धार में संवत् 1489 का नागद्रह गोत्र से सम्बन्धित एक अभिलेख है। इस अभिलेख में नागद्रह एक गोत्र है किन्तु संवत् 1606 के जयसिंहपुरा मंदिर, उज्जैन के व कुक्षी, जिला धार के संवत् 1681 के प्रतिमा-लेखों में नागद्रह या नागध्रा जातीय परिवारों का उल्लेख आया है। ऐसा लगता है कि जब प्रारंभ में दिगम्बर नागद्रह लोग इस क्षेत्र में आये तो वे एक गोत्र के रूप में थे किन्तु शीघ्र ही उन्होंने यहाँ अपनी एक पृथक् जाति बना ली थी, जैसाकि अभिलेखों द्वारा प्रमाणित होता है।

जयसवाल

इस दिगम्बर जैन जाति का उद्भव जैसलमेर से माना जाता है। उत्तर-पश्चिमी मालवा में अनेक जयसवाल जैन परिवार आज भी निवास करते हैं। नमकमंडी मंदिर, उज्जैन में संवत् 1319 का जो प्रतिमा-लेख है, उसे एक जैसवालान्वय परिवार ने उत्कीर्ण करवाया था।

नरसिंहपुरा

मेवाड़ के नरसिंहपुरा नामक ग्राम से एक दिगम्बर जैन जाति का उद्भव मध्यकाल में हुआ।[90] इस जाति से सम्बन्धित एक प्रतिमा-लेख नमकमंडी मंदिर, उज्जैन में विद्यमान है। यह लेख संवत् 1529 का है एवं नारसिंघ जाति के सापड़िया गोत्र के एक परिवार के सदस्यों का परिचय देता है।

विभिन्न दिगम्बर अन्वयों से सम्बन्धित प्रतिमा-लेख

बदनावर, जिला धार का प्राचीन नाम वर्धमानपुर रहा है। यह स्थान परमाल काल में दिगम्बर जैन समाज का महत्त्वपूर्ण केन्द्र रहा है। यहाँ पर विद्यमान या यहाँ से जयसिंहपुरा

90. के॰ सी॰ जैन, *जैनिज्म इन राजस्थान*, पृ॰ 107.

संग्रहालय, उज्जैन में ले जाई गई अनेक प्रतिमाओं पर जो लेख अंकित किये गये हैं, वे दिगम्बर सम्प्रदाय का परमार काल में बदनावर में व्यापक प्रभाव प्रदर्शित करते हैं। जिन परिवारों से सम्बन्धित ये लेख हैं, वे लाड-वागड़, काष्ठा, पुन्नाट या माथुर संघ से सम्बन्धित हैं। ये परिवार स्थायी रूप से बदनावर में निवास करने लगे थे और स्वयं को वर्धमानपुरान्वय या वर्धनपुरान्वय कहते हैं। ऐसे अभिलेख अधिकांशतः जयसिंहपुरा संग्रहालय उज्जैन में देखे जा सकते हैं और इन पर संवत् 1182, संवत् 1216, संवत् 1229, संवत् 1234, संवत् 1251, संवत् 1296 तथा 1308 की तिथि अंकित हैं।

कतिपय और भी अभिलेख ऐसे मिले हैं जो अन्वय तथा अन्वय के साथ-साथ सम्बन्धित परिवारों के गोत्रों का उल्लेख भी करते हैं। उज्जैन का संवत् 1324 का एक प्रतिमा-लेख एक दशपुरान्वय परिवार का उल्लेख करता है। इसी नगर के संवत् 1340 के एक प्रतिमा-लेख में अंकित परिवार महिपुरा पाग्रायन्वय है। संवत् 1398 सांवेर, जिला इंदौर, के एक अभिलेख से सम्बंधित परिवार गोशलान्वय व गांधी गोत्र का था। इसी स्थान का संवत् 1473 का एक प्रतिमा-लेख जिस जैन परिवार को सुरक्षित रखे हुए है, वह बाभ गोत्र का था।

राजगढ़ (धार) का संवत् 1506 का प्रतिमा-लेख लोढ़ा गोत्र का; टांडा (जिला धार) का संवत् 1507 का प्रतिमा-लेख चींवट गोत्र का; बदनावर, जिला धार का संवत् 1511 का प्रतिमा-लेख आदितानाग गोत्र के एक परिवार के विभिन्न सदस्यों का नामोल्लेख करता है। संवत् 1563 के इन्दौर के एक प्रतिमा-लेख में मांगूला गोत्र का उल्लेख आया है। इसी प्रकार बांगरोद, जिला रतलाम, के संवत् 1675 के एक प्रतिमा-लेख में शंखवाल गोत्र; सुखेड़ा, जिला रतलाम, के संवत् 1682 के एक प्रतिमा-लेख में भंडारी गोत्र; जयसिंहपुरा, उज्जैन के संवत् 1691 के एक ताम्र-यंत्र लेख में भण्डारी गोत्र; तथा जयसिंहपुरा, उज्जैन के संवत् 1691 के एक ताम्र-यंत्र लेख में मेंठा गोत्र का उल्लेख आया है।

यह कहना निश्चित ही कठिन है कि उपरोक्त गोत्र किन जैन जातियों से संबंधित रहे थे।

श्वेताम्बर जैन जातियाँ

गुर्जर

गुर्जर जैन जाति मूलतः गुजरात से सम्बन्धित रही है। ऐसा लगता है कि इस जाति के कुछ सदस्य राजस्थान होते हुए मालवा क्षेत्र में आ गये। उज्जैन में संवत् 1512 का एक प्रतिमा-लेख है जिसे एक गुर्जर जातीय परिवार ने उत्कीर्ण करवाया था। जयसिंहपुरा

मन्दिर, उज्जैन में संवत् 1632 का एक ताम्र-यंत्र लेख है जिसमें गुर्जर गोष्ठ का उल्लेख है। गुर्जर जैन जाति एक श्वेताम्बर जाति रही है।

सोहितवाल

सोहितवाल जाति का उद्‌भव राजस्थान के किसी सोहित नामक स्थान से प्रतीत होता है। यह एक श्वेताम्बर जैन जाति थी। इस जाति से सम्बन्धित संवत् 1573 का एक प्रतिमा-लेख रतलाम में विद्यमान है जिसमें एक सेठ परिवार के विभिन्न सदस्यों का उल्लेख है।

ओसवाल

ओसवाल जाति एक महत्त्वपूर्ण जैन जाति है जो श्वेताम्बर जैन सम्प्रदाय से सम्बन्धित रही है। ओसिया राजस्थान में जोधपुर से 52 किलोमीटर दूरी पर विशाल मंदिरों का एक नगर रहा है। अभिलेखों और प्रशस्तियों में उसके नाम उवशिण और उपकेश भी आये हैं। स्थानीय रूप से उसे उकेश भी कहा गया है।[91] ओसिया का संबंध विशिष्ट रूप से जैन मत से आया है। यहाँ के जैन वणिक् ओसवाल नाम से पुकारे गये। ऐसा माना जाता है कि जैनाचार्य रत्नप्रभ सूरि ने यहाँ के राजा और अनेक प्रजाजनों को हिन्दू धर्म से जैन मत में परिवर्तित किया था। बारहवीं शताब्दी के जैन लेखक सिद्धरोन सूरि ने ओसिया की प्रशस्ति गाई है। श्वेताम्बर जैनमत के उपकेशगच्छ का नाम इसी नगर के आधार पर पड़ा। कालांतर में ओसवाल जैन भारत के अन्य क्षेत्रों में चले गये। मालवा क्षेत्र भी उनके आगमन का अपवाद नहीं रहा। यहाँ प्राप्त उनके प्रतिमा-लेखों को दो वर्गों में विभाजित किया जा सकता है।

(अ) *वे अभिलेख जिनमें इस जाति का नामोल्लेख ओसवाल, उसवाल या उसिवाल के नाम पर आया है* — उज्जैन का संवत् 1501 का प्रतिमा-लेख जिस जैन परिवार का उल्लेख करता है, वह उसिवाल जाति तथा प्राधेवा गोत्र का था। बिड़वाल, जिला धार, में उसवाल वंश से सम्बन्धित संवत् 1509 का जो प्रतिमा-लेख है, वह बांबल गोत्र के एक परिवार से सम्बन्धित है। नागदा (धार) का संवत् 1518 का प्रतिमा-लेख तथा मांडवगढ़, जिला धार का संवत् 1536 का प्रतिमा-लेख ओसवाल जाति का उल्लेख करते हैं जबकि कुक्षी, जिला धार, के संवत् 1547 तथा राजगढ़ (धार) के संवत् 1562 के प्रतिमा-लेख उसवाल जाति के अस्तित्व का परिचय देते हैं। सांवेर, जिला इंदौर, के संवत् 1590 के एक प्रतिमा-लेख में भी ओसवाल जाति का उल्लेख हुआ है। संवत् 1658 का उज्जैन का एक प्रतिमा-लेख उज्जैन वास्तव्य एक ऐसे ओसवाल जातीय परिवार से सम्बन्धित है जिसका गोत्र ठाकुर है तथा जो ओसवालों की लघु शाखा का उल्लेख करता है। इस

---

91. के॰ सी॰ जैन, *एंशियण्ट सिटीज़ एंड टाउंस ऑफ राजस्थान*, पृ॰ 180.

अभिलेख से यह ज्ञात होता है कि यह परिवार निश्चित ही जैन धर्म को स्वीकार करने के पूर्व राजपूत रहा होगा।

(ब) *वे अभिलेख जिनमें उकेश तथा उपकेश जाति या वंश की चर्चा आई है* – मनावर, जिला धार या संवत् 1475 का एक अभिलेख मालवा में उकेश जाति का सबसे पहला अभिलेखीय प्रमाण देता है। उसके बाद इस जाति का प्रमाण देने वाले तीन प्रतिमा-लेख क्रमशः मांडवगढ़, जिला धार; सुखेड़ा, जिला रतलाम; तथा मनावर, जिला धार में विद्यमान हैं जो क्रमशः संवत् 1483, संवत् 1485 तथा संवत् 1489 के हैं। सुखेड़ा, जिला रतलाम का अभिलेख षोड़ाहड़ा के एक छजलानी परिवार का है। आगरा, जिला शाजापुर, में संवत् 1497 का उकेश वंश के जिस परिवार से सम्बन्धित प्रतिमा-लेख विद्यमान है, उसका गोत्र रांका था। उज्जैन में संवत् 1502 का जो प्रतिमा-लेख विद्यमान है, उससे सम्बन्धित परिवार उकेश वंश के डोसी गोत्र का था। बड़ोद, जिला शाजापुर, का संवत् 1506 का प्रतिमा-लेख उकेश वंश के चोहित गोत्र; बिड़वाल, जिला धार, का संवत् 1509 का प्रतिमा-लेख बांबल गोत्र; तालनपुर, जिला धार, का संवत् 1513 का प्रतिमा-लेख चंडालिया गोत्र; सांवेर, जिला इंदौर, का संवत् 1515 का प्रतिमा-लेख आयरिय गोत्र; तथा रतलाम का संवत् 1548 का प्रतिमा-लेख रांका गोत्र का प्रमाण देते हैं। संवत् 1658 का उज्जैन का एक प्रतिमा-लेख जिस अवन्ती वास्तव्य परिवार का नाम सुरक्षित किये हुए है, वह उकेश जाति की लघुशाखा से संबंधित था। जयसिंहपुरा संग्रहालय, उज्जैन में संवत् 1661 का उकेश जाति के सुराणा गोत्र के एक परिवार का प्रमाण देता है। इंदौर के पिपली बाजार मंदिर में संवत् 1665 का एक प्रतिमा-लेख अवन्ती वास्तव्य उस उकेश जातीय परिवार का संदर्भ देता है जो जांपोचा गोत्र का था। उज्जैन में संवत् 1680 का उकेश जाति से सम्बन्धित एक प्रतिमा-लेख और भी है।

अभिलेखीय प्रमाणों से सिद्ध होता है कि उकेश या ओसवाल जाति सत्रहवीं सदी में वृहद् और लघु शाखाओं में विभक्त हो गई थीं। मांडवगढ़, जिला धार, का 1682 संवत् का प्रतिमा-लेख वृहद् शाखा से तथा उज्जैन का संवत् 1684 का प्रतिमा-लेख लघु शाखा से संबंधित है। उज्जैन के तीन अभिलेख भी उकेश जाति से सम्बधित हैं। ये अभिलेख क्रमशः संवत् 1684, 1687 तथा संवत् 1705 के हैं। इनसे संबंधित परिवार स्वयं को अवन्ती-वास्तव्य मानते हैं। बदनावर में संवत् 1705 का एक भित्ति-लेख है जो पहले माहेश्वर जाति के साहरड़ा गोत्र का था किन्तु बाद में वह उपकेश जाति और तांतहड़ गोत्र का बनकर जैन धर्म का अनुयायी हो गया था।

श्रीमाल

श्रीमाल जाति का उद्भव श्रीमाल (भीनमाल) नामक नगर से माना जाता है। यह नगर

अत्यन्त प्राचीन रहा है तथा भारत के विशालतम नगरों में इसकी गणना की जाती रही है। यह नगर जैन धर्म का एक महत्त्वपूर्ण केन्द्र रहा है। उद्योतन सूरि, सिद्धसेन सूरि, जिनप्रभ सूरि, धनपाल, आदि जैन लेखकों ने अपने ग्रंथों में इस नगर का उल्लेख किया है। श्रीमाल से जो लोग अन्यत्र गये, वे श्रीमाली कहलाये। श्रीमाली जैन भी होते हैं और ब्राह्मण भी। ऐसी भी एक मान्यता है कि पोरवाल जाति का उद्गम भी यहीं से हुआ। आठवीं सदी में श्रीमाल के अनेक हिन्दू परिवारों को रत्नप्रभ सूरि ने जैन धर्म में अंतरित किया था।[92] इस जाति की कई शाखाएँ हुईं जो प्राचीन राज्यों के नामों पर आधारित हैं; जैसे टांक श्रीमाल, हरियाणा श्रीमाल, सोनगरिया श्रीमाल, आदि। बीकानेर से प्राप्त कतिपय अभिलेखों से तान्वी श्रीमाल, धंडनिया श्रीमाल और कुमकुमलोत श्रीमाल का भी उल्लेख मिलता है। इस जाति के विभिन्न गोत्र व्यवसाय, स्थान एवं अन्य आधारों पर निर्मित हुए।[93]

लगभग चौदहवीं सदी के प्रारम्भ में श्रीमाल जाति के लोगों ने मालवा में प्रवेश कर लिया था। जैनाचार्य वादिवैताल शान्ति सूरि श्रीमाल जाति के थे। मांडव के सुल्तानों के अधीन जो सुप्रसिद्ध सोनगरा परिवार मंत्री मंडन जैसे प्रभावी एवं सुयोग्य व्यक्तियों के साथ सुशोभित था, वह श्रीमाली जाति का ही था।

जहाँ तक अभिलेखीय साक्ष्यों का प्रमाण है, मालवा में दसियों प्रतिमा-लेख श्रीमाल जाति का उल्लेख करते हैं। सबसे प्राचीन अभिलेख संवत् 1370 का उज्जैन में है जो श्रेष्ठी लूणसिंह, उसके भाई व पुत्र का प्रमाण देता है। बाघ, जिला धार के संवत् 1471; तालनपुर, जिला धार के संवत् 1479 एवं संवत् 1483; तथा उज्जैन के संवत् 1506 के प्रतिमा-लेख में श्रीमाल जातीय श्रेष्ठियों का उल्लेख आया है। इसी प्रकार टांडा, जिला धार के संवत् 1507; मांडवगढ़, जिला धार के संवत् 1509; रतलाम के संवत् 1502; उज्जैन के संवत् 1513; ग्यारसपुर, जिला विदिशा के इसी वर्ष के; तथा मनावर, जिला धार के संवत् 1518 के प्रतिमा-लेखों में श्रीमाल जाति के परिवारों द्वारा निर्मित या अर्पित जैन प्रतिमाओं का प्रमाण मिलता है। इनमें रतलाम के अभिलेख में बड़वध्र गोत्र की चर्चा भी आई है। मांडवगढ़, जिला धार में संवत् 1524 का जो प्रतिमा-लेख है, उसमें श्रीमाल जाति के उस ठाकुर गोत्रीय परिवार का विवरण है जिसने खरतरगच्छ के आचार्य श्री जिनचन्द्र सूरि की प्रेरणा से प्रतिमा प्रतिष्ठित करवाई थी। राजगढ़ (धार) का संवत् 1525 का एक प्रतिमा-लेख श्रीमाल जाति का उल्लेख करता है। उज्जैन में संवत् 1528 का एक प्रतिमा-लेख विद्यमान है जो श्रीवंश के एक परिवार की चर्चा करता है। ऐसे ही एक श्रीवंश की चर्चा मांडवगढ़, जिला धार के संवत् 1515 के एक प्रतिमा-लेख में भी आई

---

92. उक्त, पृ॰ 162-63.
93. राजेश जैन, पूर्वोक्त, पृ॰ 156.

है। मांडवगढ़ के ही संवत् 1541 के एक प्रतिमा-लेख में जिस श्रीमाल जातीय परिवार का वर्णन आया है, वह संघवी था तथा उसका गोत्र धरायल था। इस परिवार के लगभग सभी पुरुष सदस्य स्वयं के नाम के आगे संघवी लगाते थे। रतलाम के संवत् 1545, उज्जैन के संवत् 1546 तथा संवत् 1553, मांडवगढ़ के संवत् 1555, निसारपुर के संवत् 1571, राजगढ़ के संवत् 1581, मांडवगढ़ के संवत् 1597, राजगढ़ (धार) के संवत् 1600, उज्जैन के संवत् 1658, आदि प्रतिमा-लेखों में भी श्रीमाल जाति का नामोल्लेख है। मांडवगढ़ में संवत् 1696 के दो नागपुरीय परिवार थे, जो श्रीमाल जाति के थे। इसी वर्ष का एक अभिलेख धार से भी मिला है जिसमें श्रीमाल जाति का उल्लेख है।

अन्य

मालवा क्षेत्र के कुछ प्रतिमा-लेखों में ऐसे परिवारों का उल्लेख आया है जो स्वयं को सिंधी या सिंधवी कहते हैं। ऐसे परिवार श्वेताम्बर और दिगम्बर दोनों ही सम्प्रदायों में हो सकते हैं। दोनों ही सम्प्रदायों में संघ-बद्ध होकर तीर्थ स्थानों का अरन किया जाता था, इस कारण जो संघ-बद्ध होकर यात्रा करते थे या ऐसी यात्रा हेतु आवश्यक व्यय जुटाते थे, उन्हें सिंधी या सिंधवी कहा जाता रहा। इस तरह प्रारम्भ में यह शब्द धार्मिक और आर्थिक प्रतिष्ठा का सूचक था। ऐसा लगता है कि धीरे-धीरे ऐसे विशिष्ट परिवारों ने अपनी एक पृथक् से जाति बना ली थी, जैसाकि प्राप्त अभिलेखों से ज्ञात होता है।

ऊन, जिला खरगोन, के संवत् 1263 के एक प्रतिमा-लेख में सिंधी तरंग सिंध और उसके सुत जीत सिंध का उल्लेख है। जयसिंहपुरा संग्रहालय, उज्जैन में संवत् 1326 के जिस प्रतिमा-लेख में सांडेरकगच्छ का उल्लेख आया है, उससे सम्बन्धित परिवार संघी था। राजगढ़ (धार) के संवत् 1492 का एक प्रतिमा-लेख एक सिंधी श्रेष्ठी के परिजनों का उल्लेख करता है। संवत् 1516 का एक प्रतिमा-लेख नमकमंडी मंदिर, उज्जैन में है जिससे सम्बन्धित परिवार सिंध जातीय मिलन गोत्र का है। इसी मंदिर के संवत् 1520 के एक प्रतिमा-लेख में एक सिंधवी परिवार का उल्लेख है।

गोत्र

जातियों का अविच्छिन्न सम्बन्ध गोत्रों से होता है। गोत्र किसी कुल विशेष की विशिष्ट पहचान होती है। धार्मिक, सामाजिक एवं वैवाहिक कार्य के समय गोत्रों की आवश्यकता पड़ती है। सामान्यतः एक ही गोत्र के परिवारों में परस्पर वैवाहिक सम्बन्ध नहीं होते हैं। इन गोत्रों की एक विशेषता यह भी होती है कि धर्म बदल जाने पर भी गोत्रों में बहुत कम परिवर्तन होते हैं। राजस्थान में आठवीं से तेरहवीं शताब्दी के मध्य अनेक जैन आचार्यों ने कई राजपूत, ब्राह्मण एवं वैश्य परिवारों को जैन धर्म में परिवर्तित कर लिया। इन

आचार्यों में हरिभद्र सूरि, उद्योतन सूरि, रत्नप्रभ सूरि, वर्धमान सूरि, जिनेश्वर सूरि, अभयदेव सूरि, जिनचन्द्र सूरि, जिनकुशल सूरि, जिनभद्र सूरि, आदि का नाम विशेष उल्लेखनीय है। इन आचार्यों ने जिन परिवारों को जैन बनाया उनमें से कइयों ने अपने मूल हिन्दू गोत्र कायम रखे। कई परिवारों ने नये गोत्र अंगीकार कर लिये। कुल मिलाकर गोत्र प्रणाली भारत के सामाजिक जीवन की एक अत्यन्त महत्त्वपूर्ण पहचान रही है। इसका अपवाद जैन समाज भी नहीं रहा। इस समाज की विभिन्न जातियों के विभिन्न गोत्र रहे हैं। यदि इन सब गोत्रों की एक सम्मिलित सूची बनाई जाये तो उनकी संख्या कई सौ तक पहुंचेगी। राजस्थान में विभिन्न गणों और गच्छों के साथ-साथ जातियों और गोत्रों का भी अम्बार पाया जाता है। भाग्य से मालवा क्षेत्र के जैन समाज में इतना सामाजिक वैविध्य नहीं है। जो भी गोत्र मालवा क्षेत्र में प्राप्त होते हैं, उनका वर्गीकरण अनेक आधारों पर किया जा सकता है।

स्थान विषयक गोत्र

जातियों की ही भांति गोत्र भी स्थान विषयक होते रहे हैं। इन गोत्रों से सम्बन्धित जातियों के उद्‌भव के क्षेत्र या स्थान का पता लगता है। कई बार विभिन्न परिवार गोत्रों की अपेक्षा अपना मूल स्थान अन्वय के रूप में प्रगट करना भी पसंद करते रहे हैं। मालवा के प्रतिमा-लेखों का सम्यक् अध्ययन करने पर यह तथ्य प्रगट होता है कि राजस्थान व गुजरात के बहुत से जैन परिवार जब इस क्षेत्र में आये तब वे काफ़ी समय तक अपने अन्वय या गोत्र से पहचाने जाते रहे। धीरे-धीरे ऐसे सारे परिवारों ने एक जाति का रूप ग्रहण कर लिया। यह दूसरी बात है कि उस जाति में दसा या बीसा, तेरह-पंथी या बीस-पंथी या तोता-पंथी अथवा वृहद् और लघु जैसे भेद विद्यमान रहे। हम देखते हैं कि कई आरंभिक लेखों में बघेरवालान्वय, खंडेलवालान्वय, मेड़तान्वय आदि पारिवारिक पहचान की शब्दावली प्रयुक्त हुई किन्तु कालांतर में गोत्र और अन्वय जाति के रूप में उभर आये। मालवा की विभिन्न जैन जातियों के अध्ययन के आधार पर उनके अन्वयों एवं गोत्रों के संबंधों का निम्न विवेचन भी प्रस्तुत किया जा सकता है।

व्यावसायिक आधार पर

कई परिवार उनके द्वारा सम्पन्न किये गये या किये जा रहे व्यवसाय के आधार पर अपने गोत्रों का नाम रखते रहे। कोठारी, भंडारी, पाण्ड्या, सोनी, आदि इसी प्रकार के गोत्र रहे।

व्यक्तिपरक आधार

अनेक गोत्र उनसे सम्बन्धित विशिष्ट व्यक्तियों के आधार पर रखे गये। मोहणोत, छाजेड़, बांठिया, हरखावत, लूणिया, सुराणा, सांखला, बोथरा, आदि गोत्र इसी प्रकार के हैं।

मूल हिन्दू जाति से सम्बन्धित गोत्रों के आधार पर

आठवीं से तेरहवीं सदी के मध्य बहुत से ब्राह्मण, राजपूत और महाजन जातियों ने जैन धर्म अंगीकार कर लिया। उनका धर्म और जाति तो परिवर्तित हो गई किन्तु गोत्र में परिवर्तन नहीं हुआ। यही कारण है कि काश्यप, तंवर, नागर, सिसौदिया, सोनगरा जैसे गोत्र जैन समाज में प्रविष्ट हो गये।[94]

किसी विशिष्ट संदर्भ के आधार पर

कई बार विभिन्न जैन परिवारों को किसी विशिष्ट संयोग या घटना के साथ जुड़ना पड़ा। इस कारण वे उस संयोग या घटना से सम्बन्धित माने गये और उनका गोत्र उनकी नवीन ख्याति के अनुरूप हो गया। पारख, नाहटा, बोहरा, सामरिया, कटारिया, संघवी, सेठिया, चोपड़ा, आदि गोत्र इसी प्रकार अस्तित्व में आये।

मालवा क्षेत्र में इस प्रकार अनेक जैन जातियाँ अपने विभिन्न गोत्रों के साथ परमार काल से लेकर आज तक विद्यमान रही हैं, जैसाकि उक्त विवेचन में देखा जा चुका है। इनका सम्बन्ध एवं नामकरण विभिन्न क्षेत्रों, स्थानों, व्यवसायों, धार्मिक सम्प्रदायों, विशिष्ट संयोगों या घटनाओं आदि से रहा है। इस प्रक्रिया ने सामाजिक इतिहास के लेखन में बड़ी सुविधा उत्पन्न की है क्योंकि इसके आधार पर विभिन्न जैन जातियों की मूल स्थिति, जैन धर्म में उनका परिवर्तन, उनका मूल स्थान एवं उद्गम तथा विभिन्न स्थानों पर उनके आवागमन का क्रम ज्ञात हो जाता है।

---

94. गुणार्थी, *राजस्थानी जातियों की खोज*, पृ॰ 53.

ग्रंथ-सूची

मौलिक ग्रंथ

अथर्ववेद, संपा॰ सायण की टीका के साथ एल॰पी॰ पंडित, बंबई, 1895-8।

—— अनु॰एम॰ ब्लूमफील्ड, बंबई, जि॰ 42, ऑक्सफोर्ड, 1897।

अनुउगद्वार, चूर्णि, जिनदास गणि, रतलाम, 1928।

——, *टी॰*,हरिभद्र, रतलाम 1928।

——, *टी॰*,मलधारी हेमचन्द्र, भावनगर, 1939।

अंगुत्तर निकाय, संपादक, आर॰ मोरिस एवं ई॰ हार्डी, पी॰टी॰ एस लंदन 1885-90 अनु॰ एफ॰ एल॰ बुडवर्ड एवं इ॰ एम॰ हारे, *द बुक ऑफ द ग्रेजुएल सेइंग्स*, 5 जिल्द पी॰टी॰एस॰ लंदन, 1932-36, 1 और 2 जिल्द 1931।

अन्तगडड़साओ, टी॰ अभयदेव, सम्पादक, एम॰ सी॰ मोदी, अहमदाबाद, 1932, संपादक पी॰एल॰वैद्य, पूना, 1932।

अपदान, संपादक मेरी ई॰ जिल्ले, पी॰टी॰एस॰ लंदन, 1925-27।

असग का वर्धमान चरित, शोलापुर, 1931।

आउपपासिक, संपा॰ एन॰जी॰ सुरू॰, पूना, 1936।

आचारांग – *निर्युक्ति*, भद्रबाहु।

——, *चूर्णि*, जिनदास गणि, रतलाम, 1941।

——, *टी॰शीलांक*, सूरत, 1935।

——, अनु एच॰ याकोबी, *से॰ बु॰ ई॰*, 22 लंदन।

आपस्तम्ब धर्मसूत्र, संपादक, जी ब्यूहलर, बंबई संस्कृत सीरीज़, बम्बई, 1892-94।

आपस्तम्ब गृह्यसूत्र, *से॰ बु॰ ई॰*, जिल्द, 30।

आश्वलायन गृह्यसूत्र, संपादक ए॰एफ॰ स्टेज्लर, लिपजिंग, 1864।

आवश्यक निर्युक्ति, भद्रबाहु।

—— *भाष्य*,

—— *चूर्णि*, जिनदारागणि, रतलाम, 1928।

—— *टी॰*,हरिभद्र आगमोदय समिति, बंबई, 1916।

—— *टी॰*,मलयगिरि, आगमोदय समिति, बंबई, 1928।

—— *निर्युक्ति दीपिका*, माणिक्य शेखर, सूरत, 1939।

ओधनिज्जुत्ति टी. द्रोणाचार्य, बम्बई, 1919।
—— *टी.* अभयदेव, द्वितीय संस्करण, सूरत, वि. सं. 1914।
उत्तराध्ययन निर्युक्ति, भद्रबाहु।
—— *चूर्णि,* जिनदासगणि, रतलाम, 1933।
——, अंग्रेज़ी अनु. एच. याकोबी, *से. बु. ई.,* 45 देहली, रिप्रिंट, 1964।
——, संपा. जे. कार्पेण्टर, उप्सल, 1922।
उवासगदसाओ, अंग्रेज़ी अनुवाद ए.एफ.आर. होर्नले, कलकत्ता 1888 संपा. पी.एल. वैद्य पूना, 1930।
ऋग्वेद, संहिता और पद, टी. सायण, संपा. एफ् मैक्समूलर (द्वितीय संस्करण) 1890-2, संहिता और पद, टी. सायण संपा. वैद्य संशोधक मंडल, पूना, 4 जिल्द, 1933 आदि।
ऐतरेय ब्राह्मण, सम्पादक के.एल. अगर्षे, पूना 1896।
——, अनु.ए.बी.कीथ., एच. ओ.एज. जिल्द 25, कैम्ब्रिज, 1920।
कल्पसूत्र, अनु. एच. याकोबी, *से. बु. ई.,* 22, देहली, 1968 दूसरा प्रिन्ट।
काष्ठक संहिता, संपादक वॉन श्रेडर, लिपजिंग, 1900-11।
कुंदकुंद का प्रवचनसार, पुरातन प्रबंध संग्रह, संपा. जिनविजय, मुनि, सिंधी जैन सीरीज, 2 कलकत्ता, 1936।
कौषितकि ब्राह्मण, संपादक ई.बी. कोवेल, कलकत्ता, 1891 अनु. ए.बी. कीथ, एच.ओ.एस. 25, केंब्रिज, 1920।
गुणचन्द्र का महावीर चरित्र, बम्बई, 1929, गुजराती अनुवाद भावसागर, वि.सं. 1994।
गौतम धर्म सूत्र, अनु.*से. बु. ई.,* II
गोपथ ब्राह्मण, संपा. राजेन्द्र मिश्रा एवं विद्या भूषण, कलकत्ता 1872।
छान्दोग्य उपनिषद्, संपादक बोहतलिंगक, लिपजिंग, 1889।
जटासिंह नंदि का वर्धवरागचरित, संपा. ए.एन. उपाध्ये, बंबई 1933।
जातक, संपा, पास बॉल, लंदन 1877-97, अंग्रेज़ी अनुवादक ई.बी. कावेल, 7 जिल्द, केम्ब्रिज, 1895-1913।
जिनप्रभ सूरि का विविध तीर्थकल्प, संपा. मुनिजिनविजय सिंधी जैन सीरीज़, 10, शान्तिनिकेतन, 1934।
जिनपाल उपाध्याय की खरतरगच्छ की बृहद्गुरुवावलि, संपा. मुनि जिनविजय, बम्बई, 1956।
जिनवल्लभ सूरि का संघपट्टक।
जिनसेन और गुणभद्र का महापुराण (आदिपुराण और उत्तर पुराण), इंदौर, वि.सं. 1973-75, हिन्दी अनुवाद सहित भारतीय ज्ञानपीठ, काशी, 1951-54।
जिनसेन सूरि का हरिवंश पुराण, भारतीय ज्ञानपीठ, काशी, 1962, हिन्दी अनुवाद, बम्बई।
जिनहर्ष का वस्तुपाल चरित्र, संपा. मुनि कीर्तिविजय, अहमदाबाद, 1941।
जीवाभिगम, टी. मलयगिरि, बम्बई, 1919।
तैत्तिरीय संहिता, संपा. ए. बेबर, बर्लिन, 1871-72।
तंदुलवेयालिय टी. विजय विमल, देवचन्द लालभाई।
थानांग टी. अभयदेव, अहमदाबाद, 1937।

थेरगाथा, संपा॰ पिश्चल, पी॰टी॰एस॰, लंदन, 1883।

——, अंग्रेज़ी अनु (प्लामस् ऑफ द सिस्टर्स) श्रीमती रीज डेविड्स, पी॰टी॰एस॰, लंदन, 1909।

थेरीगाथा, संपा॰ ओल्डेबर्ग, पी॰टी॰एस॰, लंदन, 1883।

दशवेयालिय निर्युक्ति, भद्रबाहु, *चूर्णि*, जिनदास गणि, रतलाम, 1933, *टी॰*हरिभद्र बम्बई, 1918, इन्ट्रोडक्शन एंड नोट्स डब्ल्यू शुब्रिंग।

देवचन्द्र की राजावलि कथा।

देवसेन का दर्शनसार, संपादक, नाथुराम प्रेमी, बोम्बे, वि॰ सं॰ 1974।

दीपवंश, संपा और अनु॰ एच॰ ओल्डनबर्ग, लंदन, 1879।

दीर्घनिकाय, संपादक, टी॰डब्ल्यू रिज डेविड्स और जे॰ई॰ कार्पेण्टर, 3 जिल्द, पी॰टी॰एस॰,लंदन, 1890, 1903, 1911, अंग्रेज़ी अनुवाद (*डायलॉग्स ऑफ द बुद्ध*) टी॰डब्ल्यू रिज डेविड्स, 3 जिल्द; *से॰ बु॰ ई॰* लंदन, 1889-1910, 1921, राहुल सांकृत्यायन द्वारा हिन्दी में अनुवादित *दीर्घनिकाय*, महाबोधि सभा सारनाथ, 1936।

दिव्यावदान, संपा॰ ई॰बी॰ कोवेल एवं आर॰ए॰ नेइक, केम्ब्रिज, 1886।

दुर्गदेव का रिष्टसमुच्चय, संपा॰ ए॰एस॰ गोपाणी, सिंधी जैन सीरीज, 21 बम्बई, 1945।

—— अंग्रेज़ी अनु॰ (प्लामस ऑफ द ब्रदर्न) श्रीमती रीज डेविड्स, पी॰टी॰एस॰, लंदन, 1913।

धम्मपद, संपादक राहुल सांकृत्यायन, रंगून, 1937 अंग्रेज़ी अनु॰ एफ॰ मैक्समूलर, *से॰ बु॰ ई॰*, ऑक्सफोर्ड, 1898 संपादक रिज डेविड्स, *से॰ बु॰ ई॰*, लंदन, 1931।

धम्मपद कमेंट्री संपादक एच॰सी॰ नार्मल, 5 जिल्द पी॰टी॰एस॰, लंदन, 1906-15 अंग्रेज़ी अनुवाद (बुद्धिस्ट लीजेंड्स) ई॰डब्ल्युबरलिंगम्, 3 जिल्द केम्ब्रिज, 1921।

धर्मदास की वासुदेवहिंडी, भावनगर, 1930।

नन्दि, देववाचक, चूर्णि, जिनदासगणि, रतलाम, 1928।

नायाधम्मकहा, संपा॰ एन॰बी॰ वैद्य, पूना, 1940 टी॰ अभयदेव, आगमोदय, बम्बई, 1919।

निर्यावलियाओ, टी॰ चन्द्रसूरि, अहमदाबाद, 1938 संपा॰गोपानी और चोक्षी, अहमदाबाद, 1934 संपा॰ पी॰एल॰पैद्य, पूना, 1932।

निद्देस, महानिद्देस संपा॰ एल॰डे॰ज॰ वल्से पौसिजन एवं ई॰जे॰ थॉमस, पी॰टी॰एस॰, लंदन, 1916-17, *चुल्लनिद्देस*, संपा॰ डब्ल्यू स्टेडे, पी॰टी॰एस॰, लंदन, 1918।

निशीथ भाष्य

——, *चूर्णि* जिनदासगणि, संपा॰ विजयप्रेम सूरीश्वर, वि॰सं॰ 1995।

——, *एक अध्ययन*, दलसुख मालवनिया।

नेमिचन्द्र का त्रिलोकसार, बम्बई।

नेमिचन्द्र देवेन्द्र गणिका महावीर चरित, जैन आत्मानंद सभा, भावनगर, 1933।

नेमिदत्त का आराधना कथा कोष, हिन्दी अनुवाद, बंबई, 1915।

पचविंश ब्राह्मण, संपादक ए॰ वेदान्त बागीश, कलकत्ता 1869-74।

पट्टावली समुच्चय, श्रीचारित्र स्मारक ग्रंथमाला, वीरमगाम, गुजरात, 1933।

पण्हवागरण टी॰ अभयदेव, बम्बई, 1919।

पैण्णदस, बंबई, 1927।

पण्णवणा टी॰ मलयगिरि, बम्बई, 1918-19।

——, गुजराती अनुवाद, भगवानदास, अहमदाबाद वि॰सं॰ 1991।

प्रभाचन्द्र का प्रभावक चरित, संपा॰ जिनविजय मुनि, सिंधी जैन सीरीज, 13 अहमदाबाद।

पाणिनि की अष्टाध्यायी, अनु एस॰सी॰ वसु, वाराणसी, 1891-1898।

पारस्कर गृह्यसूत्र, संपा॰ गोपाल शास्त्री, नेने, बनारस, 1926।

पिण्डनिज्जुति, टी॰ मलयगिरि, सूरत, 1918।

पूज्यपादका दशममगोदिसंग्रह दण्डी का दशकुमारचरित, संपादक जी॰ ब्यूह्लर और पी॰ पैटरसन, बम्बई, 1887, 1891 द्वितीय संस्करण अंग्रेजी अनुवाद ए॰ डब्ल्यू, राइडर, शिकागो, 1927।

पेतवत्थु, संपा॰ मिनयेण्ण, पी॰टी॰एस॰, लंदन, 1888।

बाण कादम्बरी, संपा॰ पी॰ पेटरसन, बम्बई, 1900 अंग्रेज़ी अनुवाद, सी॰एम॰ रीडिंग, लंदन, 1896।

बुद्धचर्या, हिन्दी अनुवाद या त्रिपिटक और अहकथा से चुने हुए अंश राहुल सांकृत्यायन, द्वितीय संस्करण, सारनाथ, 1952।

बृहदारण्यक उपनिषद्, संपादक ओ॰ बोहतलिंगक, लिपजिंग, 1889।

बृहत्कल्प भाष्य, संघदासगणि *टी॰,* मलयगिरि और क्षमाकीर्ति आत्मानंद जैन सभा भावनगर, 1933-38।

बृहत्कल्पसूत्र, हरिषेण का बृहत्कथा कोश।

बौधायन धर्मसूत्र, संपादक डबल्यू॰ केलेंड, कलकत्ता, 1904-23।

बौधायन गृह्यसूत्र, संपादक आर॰ शामा शास्त्री, मैसूर, 1920।

भगवद् गीता, संपादक के॰एज॰ अगषे, पूना, 1909 अं॰अनु॰के॰टी॰टेलंग, *से॰ बु॰ ई॰,* 2, संपा॰ ऑक्सफोर्ड, 1908।

भगवती टी॰, अभयदेव, आगमोदय, समिति बम्बई, 1921, रतलाम, 1937 संपादक जोज़ेफ़ डेलेड भूमिका सहित, "डे" टेम्पेज टेम्पेलहोप, 37 श्रीत्री ब्रोगी (बेइगी)।

भागवत पुराण, संपादक वी॰एल॰पंसीकर, बॉम्बे, 1920।

भद्रबाहुचरित।

मज्झिम निकाय, संपा, ट्रेंकनेर और आर॰ चाल्मर्स, पी॰टी॰एस॰, लंदन, 1888-1902 अंग्रेज़ी अनुवाद (*फर्दर डायलॉग्स ऑफ द बुद्ध*) फोर्ड चाल्मर्स, 2 जिल्द, *से॰ बु॰ ई॰,* लंदन, 1926-27 अनु॰ हिन्दी में राहुल सांकृत्यायन, महाबोधि सभा, सारनाथ, 1933।

मत्स्य पुराण, अंग्रेज़ी अनुवादक तालुकदार, इलाहाबाद, 1916-17।

महाभारत, अंग्रेज़ी अनुवाद एम॰एन॰ दत्त, कलकत्ता 1905।

महानिशीथ, संपा॰ डब्लू, शुब्रिंग, बर्लिन, 1918, गुजराती अनुवादक नरसिंह भाई।

महावग्ग, संपा, एन॰के॰ भगत, दो जिल्द, बम्बई, 1944-1952।

महावंश, संपा॰ और अनु॰ गीजर, पी॰टी॰एस॰, लंदन, 1912।

महावस्तु, संपा॰ ई॰ सेनर्ट, पेरिस, 1882-97।

मिलिन्द पन्हो, संपादक वी॰ ट्रेक्नर, लंदन, 1880 अंग्रेज़ी अनुवादक टी॰ डब्ल्यू॰ रिज डेविड्स, *से॰ बु॰ ई॰,* ऑक्सफोर्ड, 1890-94।

मेघविजय का दिग्विजय महाकाव्य, संपादक, अंबालाल प्रेमचन्द शाह, सिंधी जैन सीरीज़, 14,

बम्बई, 1945।

मेरुतुंग का प्रबंध चिंतामणि, अनु॰ हजारीप्रसाद द्विवेदी, सिंधी जैन सीरीज़, 3, बम्बई, 1940।

मैत्रायणी संहिता, संपादक वॉन श्रेडर, लिपजिंग, 1881-86।

यतिवृषभ का तिलोयपण्णति, संपा॰ ए॰एन॰ उपाध्ये और एच॰एल॰ जैन॰,सोलापुर, 1951।

राजशेखर का प्रबंध कोश, संपा॰, जिनविजय, सिंधी जैन सीरीज, 6 शांतिनिकेतन, 1955।

रामायण, अंग्रेजी में अनु॰ एम॰एन॰ दत्त, कलकत्ता, 1890-94।

रायपसेणिय टी॰ अभयदेव, अहमदाबाद, वि॰सं॰ 1994।

——, अंग्रेज़ी अनु॰ एन॰वी॰ वैद्य, अहमदाबाद, 1938।

ललितविस्तार, संपा॰ आर॰ मिश्र कलकत्ता, 1877 संपा॰ एस॰ लेपमंत, हेले, 1902-08।

वराहमिहिर का वराहसंहिता, संपादक एच॰कर्न॰, बी॰आई॰ कलकत्ता, 1865 अनु॰ अंग्रेज़ी, वी॰सुब्रह्मण्य शास्त्री एवं एम॰ रामकृष्ण भट्ट, 2 जिल्द, बेंगलोर, 1947।

वस्तुपाल का नरनारायण नन्द महाकाव्य, संपा॰ सी॰ डी॰ दलाल, बडौदा, 1916।

वसिष्ठ धर्म सूत्र, संपादक ए॰ए॰फ्यूहरर, बम्बई, 1916।

विमलसूरि का पउमचरिउ, संपा॰ एच॰ याकोबी, भावनगर, 1914।

विवागसुय टी॰ अभयदेव, बड़ौदा, वि॰सं॰ 1922।

——, संपा॰ ए॰टी॰ उपाध्ये, बैसगांव, 1935।

वीरसेन और जिनसेन का कसाय-पाहुंड (जयधवल), जिल्द, 1 और 2 मथुरा, 1944।

वेदांतसार, संपादक, कोवेल।

व्यवहार, भाष्य टी॰ मलयगिरि, भावनगर, 1926।

शतपथ ब्राह्मण, संपादक ए॰ बेबर, लंदन, 1885।

——, अनु॰ एग्गेलिंग, *से॰ बु॰ ई॰,* 12, 26 41, 43, 44 (XLI XLIII XLIV XLI), ऑक्सफोर्ड 1882-1900।

शांकायन गृह्यसूत्र, से॰ बु॰ ई॰, जि॰ 29 XXIX।

श्रीमाल पुराण अथवा श्रीमाल माहात्म्य, संपा॰ जटाशंकर लीलाधर और केशवजी और विश्वनाथ, अहमदाबाद, 1899, वि॰सं॰ 1955।

समवायांग सूत्रकृतांग, टी॰ अभयदेव, अहमदाबाद, 1938।

——, *निर्युक्ति* भद्रबाह।

——, *चूर्णि,* जिनदासगणि, रतलाम, 1941।

——, शीलांक आगमोदय समिति, बम्बई, 1917।

संघनिकाय, संपा॰ लेओनप्रीअर, पी॰टी॰एस॰, लंदन 1884-98 इंडेक्सेज, श्रीमती रीज डेविड्स लंदन, 1904, अंग्रेज़ी अनुवाद (बुक ऑफ द किंडर्ड सेइंग्ज और गुपड़ सुत्ताज) श्रीमती रीज डेविड्स एंड ऑफ अल वुडवर्ड, पी॰टी॰एस॰ लंदन, 1917-30।

सर्वदर्शन संग्रह, अनु॰ कोवेल और गोउध।

सुत्तनिपात, संपा॰ डी॰ एंडरसेन और एच॰ स्मिथ, पीटीएस, लंदन, 1913 अंग्रेज़ी अनुवाद वी॰ फाल्सबोल, *से॰ बु॰ ई॰,* ऑक्सफोर्ड, 1898, संपा, राहुल सांकृत्यायन।

सुबन्धु का वासवदत्ता।

सुमंगल विलासिनी, टी॰ दीर्घनिकाय पर संपा॰ टी॰ डब्लू॰ रिज डेविड्स, पी.टी.एस., लंदन, 1886।

सोमचरित्रगणिका गुजगुण रत्नाकर काव्य, संपा॰ इन्द्रविजय की यशोविजय जैन ग्रंथ माला, जि॰ 24 बनारस, वी.नि.सं॰ 2437।

सोमेश्वर का कीर्तिकौमुदी का महाकाव्य, संपा ए.वी॰ कथवते।

——, अंग्रेज़ी अनुवाद, एच.याकोबी, *से॰ बु॰ ई॰,* एकस XLV देहली, रिप्रिंट, 1964।

हरिचन्द्र का जीवंधर चम्पू, हिन्दी अनुवाद भारतीय ज्ञानपीठ काशी, 1958।

हरिभद्र का घूतख्यान, अनु.ए.एन॰ उपाध्ये, सिंधी जैन सीरीज़, 15, बंबई 1944।

हरिभद्र का सम्मरैच्चकहा, संपा॰ एच॰ याकोबी, बिबलिओथिका इंडिका, कलकत्ता 1926।

हरिभद्र का संबोध प्रकरण, जैन ग्रंथ प्रकाशक सभा, अहमदाबाद, वि.सं॰ 1972।

हेमचन्द्र का द्वयाश्रयमहाकाव्य, संपा॰ ए.वी॰ कथवते, 2 भाग, बम्बई, 1915।

हेमचन्द्र का परिशिष्ट, पर्वन, संपा, एच॰ याकोबी, कलकत्ता, द्वितीय संस्करण, 1932।

हेमचन्द्र का त्रिषष्टिशलाका पुरुष चरित, अनु॰ जोहनसन, बड़ौदा, 1930।

क्षमाश्रमण, टी॰ हरिभद्र, रतलाम, 1928, टी॰ मलयगिरि, बम्बई, 1921।

सामान्य आधुनिक ग्रंथ

अग्रवाल, वा.श., *इंडिया एज़ नोन टू पाणिनि,* लखनऊ, 1953 इंडियन आर्ट वाराणसी, 1965।

अमृतलाल, मदनलाल, संपादक, *श्री प्रशस्ति संग्रह,* अहमदाबाद, वि.सं॰ 1993।

अल्तेकर, ए.एस., *स्टेट एंड गवर्नमेंट इन एंशियंट इंडिया,* द्वितीय संस्करण, बनारस, 1955 *द पोजीशन ऑफ वीमेन इन हिन्दू सिविलाईजेशन,* वाराणसी।

——, *एजूकेशन इन एंशियंट इंडिया,* वाराणसी, 1957।

——, *द राष्ट्रकूट्स एण्ड देयर टाइम्स*।

ओझा, जी.एच., *भारतीय लिपिमाला,* अजमेर, 1918।

——, *राजपूताना का इतिहास,* अजमेर, 1937।

——, *उदयपुर राज्य का इतिहास,* अजमेर, वि.सं॰ 1985।

उपाध्ये, ए.एन., रूपा., *महावीर एंड हिज़ टीचिंग्स,* बंबई, 1917।

उपासक, सी.एस., *द हिस्ट्री एंड पालिओग्राफी ऑफ मौर्यन ब्राह्मी स्क्रिप्ट,* वाराणसी, 1960।

एडवर्ड, टॉमस इलिओट एंड डॉसम, *जैनिज्मः द अर्ली फेथ ऑफ अशोक,* लंदन, 1877, सं॰ *हिस्ट्री ऑफ इंडिया एज़ टोल्ड बाइ इट्स ओन् हिस्टोरियन्स,* लंदन, 1906-07।

एलम, जे., *कैटलाग ऑफ क्वाइन्स ऑफ एंशियंट इंडिया,* 1936।

कनिंघम, ए., *एंशियन्ट ज्योग्रफी ऑफ इंडिया,* कलकत्ता, 1924; आर्क्योलाजिकल सर्वे ऑफ इंडिया रिपोर्ट्स।

——, *क्वाइंस ऑफ एंशियंट इंडिया,* लंदन, 1891।

कर्न,एच., *मैनुअल ऑफ इंडियन बुद्धिज्म,* स्ट्रैजबर्ग, 1896।

कल्याणविजय, *श्रमण भगवान् महावीर,* जालौर, वि.सं., 1930।

कामताप्रसाद, संपा., *प्रतिमा लेख संग्रह,* आरा.वि.सं॰ 1994।

काने,पी॰व्ही॰, *हिस्ट्री ऑफ धर्मशास्त्र*, पूना, 1941।

कांतिसागर, संपा॰, *जैन धातु प्रतिमा लेख संग्रह*, सूरत, 1950 ई॰।

कासलीवाल, कस्तूरचन्द, संपा॰, *प्रशस्ति संग्रह*, जयपुर, 1950।

गांधीलालचन्द भगवानदास, *ए कैटलाग ऑफ मैनुस्क्रिपट्स इन द जैन भंडार्स एट पाटन*, जी॰ ओ॰ एस, LXXVI 1937।

गोयलीय अयोध्याप्रसाद, *राजस्थान के जैन वीर*, देहली, 1933।

घोष, ए॰, संपादक, *जैन आर्ट एंड आर्किटेक्चर*, 3 जिल्द, न्यू देहली।

चटर्जी, ए॰के॰, *ए कॉम्प्रिहेंसिव हिस्ट्री ऑफ जैनिज्म*, I एवं II कलकत्ता, 1978-1984।

चंदनमल, *श्री केशरियाजी तीर्थ का इतिहास*, सादड़ी, 1933।

चौधरी, गुलाबचन्द, *जैनिज्म इन नॉर्दर्न इंडिया*, 700-1300 ई॰ अमृतसर, 1954।

——, *जैन साहित्य का बृहद् इतिहास*, I–VI, वाराणसी, 1973।

जयसवाल, काशीप्रसाद, *हिन्दू पोलिटी*, तृतीय संस्करण, बंगलौर, 1955।

जैन, कैलाशचन्द्र, *जैनिज्म इन राजस्थान*, शोलापुर, 1963।

——, *मालवा थ्रू द एजेज़*, देहली, 1972।

——, *एंशियंट सीटीज़ एंड टाउंस ऑफ राजस्थान*, देहली, 1972।

——, *लॉर्ड महावीर एंड हिज़ टाइम्स*, द्वितीय संस्करण, देहली, 1981।

——, *प्रीहिस्ट्री एंड प्रोटोहिस्ट्री ऑफ इंडिया*, न्यू देहली, 1979।

——, *मध्य प्रदेश थ्रू द एजेज़*, I एंड II, न्यू देहली, 1996।

जैन, कस्तूरचन्द, सुमन, *जैन अभिलेख परिशीलन*, जयपुर 1994, आहार क्षेत्र के अभिलेख, आहारजी, 1995।

जैन, छोटेलाल, *जैन बिबलियोग्राफी*, कलकत्ता।

जैन, जगदीशचन्द्र, *जैन लाइफ़ इन एंशियंट इंडिया एज़ डेपिक्टेड इन द जैन कैनन्स*;

——, *प्राकृत साहित्य का इतिहास*, वाराणसी, 1961;

——, *भारत के प्राचीन जैन तीर्थ*, बनारस, 1962।

जैन, जिनेश्वरदास, *अंत्रकोर के पंचमेरु मंदिर, इतिहास के नवीन परिप्रेक्ष्य में*, लखनऊ, 1999।

जैन, ज्योतिप्रसाद, *द जैन सोर्सेस् ऑफ द हिस्ट्री ऑफ एंशियंट इंडिया*, देहली, 1964।

——, *उत्तर प्रदेश और जैन धर्म*, लखनऊ, 1976।जयंतविजय, संपादक, *अर्बुदाचल, प्रदक्षिणा जैन लेख संदोह*, भावनगर, वि॰सं॰ 2005।

जैन, बलभद्र, *भारत के दिगम्बर जैन तीर्थ*, पांच भाग, बम्बई, 1974-1988।

जैन, बूलचन्द, *लॉर्ड महावीर (ए स्टडी इन हिस्टॉरिकल पर्सपेक्टिव)*, बनारस, 1948।

जैन, हीरालाल, *भारतीय संस्कृति में जैन धर्म का योगदान*, जबलपुर, 1962।

जिनविजय मुनि, संपा॰ *जैन पुस्तक प्रशस्ति संग्रह*, सि॰धी॰ जैन सीरीज़, अहमदाबाद, 1943।

जिम्मर, एच, *फिलॉसफीज़ ऑफ इंडिया*।

जोहरापुरकर, वी॰पी॰, *भट्टारक सम्प्रदाय*, शोलापुर, 1958।

टॉड, *एनल्स एंड एंटिक्विटीज ऑफ राजस्थान*, बंबई, 1920।

टोंक, उमरावसिंह, *सम डिस्टिंगुइस्ड जैन्स*, आगरा, 1918।

डे, उपेन्द्रनाथ, *मेडिवल मालवा*, देहली, 1965।

डे, एन॰एल॰, *ज्योग्रफिकल डिक्शनरी ऑफ एंशियंट मेडिवल इंडिया*, लंदन 1926।

डेविड्स, रिज॰, *बुद्धिस्ट इंडिया*, नवा संस्करण, देहली, 1970।

तिवारी, बी॰के॰, *हिस्ट्री ऑफ जैनिज्म इन बिहार*, गुड़गांव, 1996।

तुलसी, *प्रिवैदिक एक्जिसटेंस ऑफ श्रमण ट्रेडिशन*।

थोमस, ई॰जे॰, *हिस्ट्री ऑफ बुद्धिस्ट थॉट*, न्यू दिल्ली, 1953।

दत्त, एस॰के॰, *अर्ली बुद्धिस्ट मॉनिथिज्म*, लंदन, 1924।

देव, एस॰बी॰, *हिस्ट्री ऑफ जैन मानिकिज्म*, पूना, 1956।

देवहोति, *हर्ष, ए॰ पोलिटिकल स्टडी*, ओक्सफोर्ड, 1970।

देसाई, दुलीचन्द्र, मोहनलाल, *जैन साहित्य छंद नो संक्षिप्त इतिहास*, बंबई, 1933।

देसाई, पी॰बी॰, *जैनिज्म इन साउथ इंडिया एंड सम जैन एपिग्राफ्स*, शोलापुर, 1957।

दिवाकर, आर॰ आर॰, संपादक, *बिहार थ्रू द एजेज*, कलकत्ता, 1959।

द्विवेदी, एच॰एन॰, *ग्वालियर राज्य के अभिलेख*, ग्वालियर, 1947।

नरसिंह, आचार्य, संपा॰, *एपिग्राफिया कर्नाटका*।

नरसिंहराव, *इंसक्रिपशंस ऑफ श्रवणबेलगोला*, बेंगलोर, 1928।

नागराज, *आगम और त्रिपिटक एक अनुशीलन*, 1969।

नाहटा, अगरचन्द, संपा॰, *ऐतिहासिक जैन काव्य संग्रह*, कलकत्ता वि॰सं॰ 1994।

नाहटा, अगरचन्द और भंवरलाल, संपा, *बीकानेर जैन लेख संग्रह*, कलकत्ता, वी॰नि॰सं॰ 2482।

——, *दादा श्री जिनकुशल सूरि*, कलकत्ता, वि॰सं॰ 1996।

——, *युग प्रधान श्रीजिनचन्द्र सूरि*, कलकत्ता, वि॰सं॰ 1992।

——, *मणिधारी श्री जिनचन्द्र सूरि*, कलकत्ता, 1997।

नाहर, पी॰सी॰, संपादन, *जैन इंसक्रिपशन्स* (अभिलेख I, II, और III कलकत्ता, 1918-19)।

निगम, एस॰एस॰, *मालवांचल के जैन लेख*, उज्जैन, 1995।

पटेल, मणिलाल, अनु॰, *लाइफ ऑफ हेमचन्द्र*, सिंधी जैन सीरीज, अहमदाबाद।

पाण्डे, जी॰सी॰, *स्टडीज़ इन द ऑरिजिंस ऑफ बुद्धिज्म*, इलाहाबाद, 1957।

पाण्डे, आर॰ बी॰, *इंडियन पालिओग्राफी*, बनारस, 1952।

——, *विक्रमादित्य ऑफ उज्जयिनी*, बनारस, 1954।

प्रदीप, शास्त्री, *जिन भारती संग्रह*, जबलपुर।

प्रेमी, नाथुराम, *जैन साहित्य और इतिहास*, बंबई, 1942।

फिक, आर॰, *द सोशल आर्गनाइजेशन इन नार्थ ईस्ट इंडिया इन बुद्धिस्ट टाइम*, अनुवादक, एस॰ के॰ मैत्र, कलकत्ता, 1920।

फोरलोग, जे॰जी॰आर॰, *शॉर्ट स्टडीज़ इन द साइंस ऑफ कम्पेरेटिव रेलिजियन्स*, लंदन, 1997।

फ्लीट, जे॰एफ॰, *कार्पस इंस्क्रिप्शन्स*, जि॰ 3 कलकत्ता 1988।

बंदोपाध्याय, एन॰सी॰, *इकोनॉमिक लाइफ एण्ड प्रोग्रेस इन एंशियंट इंडिया*, कलकत्ता, 1945।

बरुआ, बी॰एम॰, *ए हिस्ट्री ऑफ प्रिबुद्धिस्टिक इंडियन फिलॉसफी*, रिप्रिंट, 1970, देहली, गया और बोध गया, कलकत्ता, 1934।

बशम.ए.एल., *हिस्ट्री एण्ड डाक्ट्रीन ऑफ द आजिविक्स,* लंदन, 1951।

बेनर्जी, जे.एन., *डेवेलपमेंट ऑफ हिन्दू आइक्नोग्राफी,* कलकत्ता, 1956।

बेनर्जी, एस.सी., *धर्मसूत्राज़ – ए स्टडी इन देयर ऑरिजिन एंड डेवेलपमेंट,* कलकत्ता, 1962।

ब्राउन, नोर्मन, संपादक, *स्टोरी ऑफ कालक,* वाशिंगटन, 1933।

ब्यूहलर, जे.जी., *द इंडियन सेक्ट ऑफ द जैन्स,* लंदन, 1903 ओन द इंडियन ओरिजन ऑफ़ द ब्राह्मी अल्फ़ाबेट।

भंडारकर, डी. आर., *लेक्चर्स आन द एंशियंट हिस्ट्री ऑफ इंडिया,* (कार माइकल लेक्चर्स, 1918, कलकत्ता, 1919)।

भोगीलाल, जे. संडेसरा, *लिट्रेटरी सर्किल ऑफ वस्तुपाल एण्ड इट्स कंट्रिब्यूशन टू संस्कृत लिट्रेचर,* सिं. जै. सि., 33, बंबई।

मजुमदार, आर.सी., संपा., *द वैदिक एज,* बम्बई 1988 (5 संस्करण)।

——, संपा., *द एज ऑफ इंपीरियल यूनिटी,* बम्बई, 1990 (6 संस्करण)।

——, संपा., *द क्लासिकल एज, बंबई,* 1988 (चौथा संस्करण)।

——, संपा., *द एज ऑफ इंपीरियल कन्नौज,* बम्बई 1984 (तीसरा संस्करण)।

——, संपा., *द स्ट्रगल फॉर एम्पायर,* 1889 (चौथा संस्करण)।

माथुर, जे.सी. एंड मिश्रा योगेन्द्र, संपा, *होमेज टू वैशाली,* 1948।

मार्शल, सर, जोहन, *मोहेनजोदड़ो एंड द इंडस सिविलाइजेशन,* 3 जिल्द, लंदन, 1931।

मित्तल, अमरचन्द, *अर्ली हिस्ट्री ऑफ उड़ीसा,* बनारस, 1962।

मिश्रा, योगेन्द्र, *एन अर्ली हिस्ट्री ऑफ वैशाली,* देहली, 1962।

मुकरजी, राधाकुमुद, *ए हिस्ट्री ऑफ इंडियन शिपिंग,* लंदन, 1912।

——, *एंशियंट इंडियन एजूकेशन,* लंदन, 1951।

——, *हिन्दू सिविलाइजेशन,* लंदन, 1936।

मुखतार, जुगलकिशोर, *जैन साहित्य और इतिहास पर विशद प्रकाश,* देहली, 1956।

——, संपादक, *जैन ग्रंथ प्रशस्ति संग्रह,* I, देहली, 1954।

——, संपादक, *पुरातन जैन वाक्य सूची,* सारवल, 1950।

मेहता, रतिलाल एन., *प्री बुद्धिस्ट इंडिया,* बंबई, 1939।

मैक्समूलर, *हिबर्ट लेक्चर्स*।

मैक्रिंडल, *एंशियंट इंडिया एज़ डेस्क्राइब्ड बाई मेगस्थनीज़ एंड एरियन,* लंदन, 1877।

रत्नप्रभविजय, मुनि, *श्रमण भगवान महावीर,* 8 जिल्द अहमदाबाद, 1947, अंग्रेजी।

राइस, संपा., *एप्रिग्राफिका कर्नाटका,* बेंगलोर।

——, संपा., *इंसक्रिपशन्स एट श्रवणबेलगोला,* बेंगलोर, 1899।

——, संपा., *मैसूर और कुर्ग फ्रॉम इंसक्रिपशंस,* लंदन, 1909।

राय चौधरी, एच.सी., *पॉलिटिकल हिस्ट्री ऑफ एंशियंट इंडिया,* कलकत्ता 1953।

राय चौधरी, पी.सी., *जैनिज्म इन बिहार,* पटना, 1956।राव, हनुमंत, *रेलिजियन इन आंध्र,* गन्तूर, 1973।

रेप्सन, ई.जे., संपा., *केम्ब्रिज हिस्ट्री ऑफ इंडिया,* द्वितीय संस्करण, देहली, 1962।

रोकहिल, डब्लू.डब्लू, *द लाइफ ऑफ द बुद्ध*, द्वितीय संस्करण, लंदन, 1884।

ला, बिमलचरण, *इंडिया एज डिस्क्राइब्ड इन अर्ली टैक्सट्स ऑफ बुद्धिज्म एंड जैनिज्म*, लंदन, 1941।

——, *हिस्ट्री ऑफ पालि लिट्रेचर*, 2 जिल्द, लंदन, 1933।

——, *महावीर, हिज़ लाइफ एंड टीचिंगस्*, लंदन, 1937।

——, *ज्योग्रफी ऑफ अर्ली बुद्धिज्म*, लंदन, 1932।

——, *सम जैन केनॉनिकल सूत्राज़*, बम्बई, 1949।

——, *इंडोलॉजिकल स्टडीज़*, I और II, कलकत्ता, 1942।

लुहाड़िया, कमल चन्द, *श्री दिगम्बर जैन महा अतिशय क्षेत्र*, नरायना (राजस्थान)।

लोढ़ा, दौलतसिंह, *प्राग्वाट जाति का इतिहास*, राणी (मारवाड़), 1953।

वाटर्स, *ऑन युवान च्वांगस ट्रेवल्स इन इंडिया*, लंदन, 1804-05।

विजयेन्द्र, *तीर्थंकर महावीर*, बंबई, वि.सं. 2017।

विद्याविजय, संपा., *प्राचीन लेख संग्रह*, भावनगर, 1929।

विद्याविजय, मुनिराज, *सूरीश्वर और सम्राट अकबर*, आगरा, वि.सं. 1980।

विंटरनिट्ज, एम, *ए हिस्ट्री ऑफ इंडियन लिट्रेचर*, कलकत्ता, 1933।

विलास, ए.संघवे, *जैन कम्युनिटी: ए सोशल सर्वे*, बंबई, द्वितीय संस्करण, 1980।

शर्मा, जी.आर., *द एक्सकेवेशन्स एट कौशाम्बी*, इलाहाबाद, 1960।

शर्मा, मथुरालाल, *कोटा राज्य का इतिहास*, कोटा, 1939।

शर्मा, श्रीराम, *द रिलीजियस पॉलिसी ऑफ द मुगल एम्पायर्स*, नई दिल्ली, तीसरा संस्करण, 1988।

शास्त्री, के.ए.एन., *द पाण्डयन किंगडम*, लंदन, 1929।

शास्त्री, के.सी., *जैन साहित्य का इतिहास*, वाराणसी, 2489।

शास्त्री, परमानंद, *जैन धर्म का प्राचीन इतिहास*, देहली।

——, संपा., *जैन ग्रंथ प्रशस्ति संग्रह*, II, देहली, 1963।

शास्त्री, पी.वी. परब्रह्म, *द काकतियाज*, हैदराबाद, 1978।

शाह, सी.जे.एल., *जैनिज्म इन नॉर्थ इंडिया*, लंदन, 1932।

शाह, यू.पी. और ढाकी, एम.ए., संपा., *एस्पेक्ट्स ऑफ जैन आर्ट एण्ड आर्किटेक्चर*।

शाह, त्रिभुवनदास, *एंशियंट इंडिया*, I, II और III बड़ौदा, 1939।

शारदा, एच.बी., *अजमेर हिस्टॉरिकल एंड डिसक्रिपटिव*, अजमेर, 1941।

शीतलाप्रसाद, *मध्यप्रांत, मध्यभारत और राजपूताने के प्राचीन जैन स्मारक*, सूरत, 1926।

श्रीवास्तव, ए.एल., *द सल्तनत ऑफ देहली*, आगरा, 1953।सत्य भक्तः जैन धर्म भीमांसा।

संकालिया, एच.डी., *आरक्यॉलाजी ऑफ गुजरात*, बम्बई, 1941।

सरकार, डी.सी., *इन्सक्रिपशंस ऑफ अशोक*, देहली, 1967।

——, *सेलेक्ट इन्सक्रिपशंस*, जिल्द, कलकत्ता, 1965।

——, *द सकसेसर्स ऑफ द सातवाहनज़ इन द लोवर दक्खन*, कलकत्ता, 1939।

——, *एंशियंट मालवा एंड द विक्रमादित्य ट्रेडिशन*, देहली, 1969।

———, संपा०, *इंडियन प्रिहिस्ट्री*, पूना, 1964।

सेठ, सी०बी०, *द जैनिज्म इन गुजरात 1100-1600 AD*, बम्बई 1953।

सेन, अमूल्य चन्द्र, *स्कूल्स एंड सेक्ट्स इन जैन लिट्रेचर*, कलकत्ता, 1931।

सेलीटोर, बी०ए०, *मेडिवल जैनिज्म विद स्पेशल रेफरेंस टू विजयनगर एम्पायर*, बंबई, 1938।

सिंह, एम०एम०, *लाइफ इन नॉथ-ईस्टर्न इंडिया, प्री०मौर्यन टाइम्स*, 1967।

स्मिथ, वी०ए०, *जैन स्तूप एण्ड अदर एंटिक्विटीज फ्रॉम मथुरा*, इलाहाबाद, 1901।

———, *अर्ली हिस्ट्री ऑफ इंडिया*, ऑक्सफोर्ड, 1924।

———, *हिस्ट्री ऑफ इंडिया*, ऑक्सफोर्ड, 1923।

———, *अकबर द ग्रेट मुगल*, द्वितीय संस्करण, देहली, 1958।

हंडीकी, के०के०, 1974, *यशस्जिक एंड इंडियन कल्चर*, शोलापुर, 1949।

हस्तीमल, *जैन धर्म का मौलिक इतिहास*, I, जयपुर, 1971।

हीरालाल, संपा०, *कैटलॉग ऑफ संस्कृत एंड प्राकृत मैनुस्क्रिपट्स इन सी०पी० एण्ड बरार*।

हीरालाल, हंसलाल, *जैन गोत्र संग्रह*, जामनगर, 1933।

ज्ञानसुन्दरजी, *भगवान पार्श्वनाथ की परम्परा का इतिहास*, फलोधी, 1943।

पत्र, पत्रिकाएँ और रिपोर्ट्स

अध्यात्म – पर्व-पत्रिका, झांसी।

इंडियन ऐंटीक्वेरी।

इंडियन कल्चर।

इंडियन हिस्टॉरिकल क्वार्टर्ली, कलकत्ता।

एनल्स ऑफ भंडारकर ओरियंटल रिसर्च इंस्टीट्यूट, पूना अनेकांत देहली।

एप्रिग्राफिया कर्नाटका।

ऐनुअल प्रोग्रेस रिपोर्ट ऑफ द आर्क्योलॉजिकल डिपार्टमेंट, जम्मू एण्ड कश्मीर।

ऐनुअल रिपोर्ट ऑफ द आर्क्योलाजिकल डिपार्टमेंट, ग्वालियर, स्टेट, ग्वालियर – *एनसाइक्लोपीडिया आफ जैन रेलिजियन एंड एथिक्स*।

ऐनुअल रिपोर्टस् ऑफ आर्क्योलॉजिकल सर्वे ऑफ इंडिया।

ऐनुअल रिपोर्ट ऑफ साउथ इंडियन एपिग्राफी अर्हत वचन।

ऐनुअल रिपोर्ट इंडियन एपीग्राफी।

किलहोर्न लिस्ट।

के०डी० बाजपेयी फेलिशिटेशन वॉल्यूम।

जैन शिलालेख संग्रह, I, बम्बई, 1928, देहली 1971।

जैन जर्नल, महावीर जयंती स्पेशल, कलकत्ता।

जैन सत्य प्रकाश, अहमदाबाद।

जैन साहित्य संशोधक, अहमदाबाद।

जैन सिद्धांत भास्कर (हिन्दी व अंग्रेजी), आरा।